献给热爱、保护内蒙古大草原的人们！

内蒙古草原畜牧业发展问题探索

——纪念赵真北先生文集

涛娣　敖仁其　编辑整理

民族出版社

赵真北和夫人娜琳结婚照（于内蒙古呼和浩特，1962 年 2 月 3 日）

1979 年与夫人娜琳于内蒙古呼和浩特

1971 年 8 月与家人于内蒙古呼和浩特

1979 年与家人于内蒙古呼和浩特

2006 年 2 月 3 日庆祝与娜琳结婚 44 周年（于内蒙古呼和浩特）

1993 年 7 月 28 日与女儿涛娣于内蒙古伊克昭盟伊金霍洛旗成吉思汗陵

1990 年代初与夫人和女儿于家中庭院

1993 年夏与夫人娜琳于家中庭院

2003 年 5 月与夫人娜琳于呼和浩特内蒙古农委大院

工作照：1950 年代初在锡林郭勒盟工作期间

1950 年代初于锡林郭勒盟（后排右 2 为赵真北，右 1 为赛音乌力吉）

工作照：1955—1968 年在内蒙古党委农牧部、内蒙古畜牧厅工作期间

1955 年与内蒙古党委农牧部同事合影（前排右起：赵真北、官布、特格希；二排右为扎那；三排右起：巴图、孙志、苏启发）

在内蒙古畜牧厅工作期间下乡调研（1964—1968 年，后排右 2 为赵真北）

1960 年代在牧区调研（后排左 5 为赵真北）

工作照：1979—1980 年在锡林郭勒盟任职期间

1979 年在锡林郭勒盟任职期间

1980 年春在中央党校学习期间于北京丰泽园

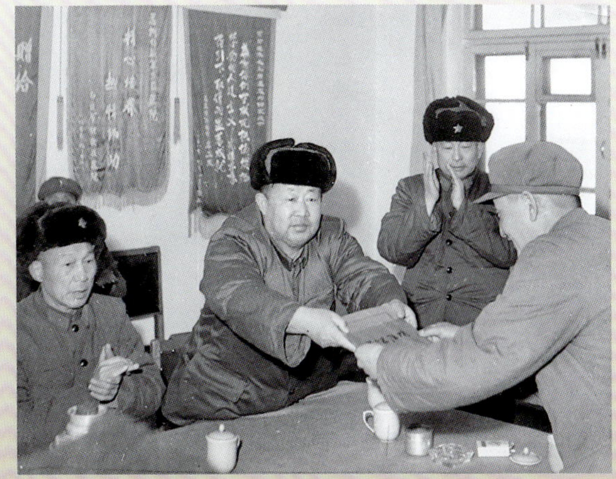

在锡林郭勒盟任职期间为盟军分区颁奖

1979 年锡林郭勒盟历任盟委领导合影（左 4 为赵真北）

1980 年春在中央党校学习期间合影（左 2 为赵真北）

工作照：1980—1983 年在内蒙古畜牧厅任职期间

1981 年 10 月随中国畜牧业考察团访问西德（左 2 为赵真北）

1982 年与内蒙古畜牧厅同事合影（右 2 为赵真北，左 1 为倪东法）

1983 年 4 月 11 日参加内蒙古自治区第五届人大常委会第十六次会议时与会人员合影（第三排右 7 为赵真北），赵真北在会上做《〈内蒙古草原管理条例（试行）〉起草情况报告》

工作照：1985—1993 年在内蒙古工商局、内蒙古个体劳动者协会任职期间

在内蒙古工商局工作期间调研

在内蒙古工商局工作期间调研时和牧童交谈

1989 年在牧民职业学校蒙医班毕业典礼上致辞

受内蒙古自治区科协委派赴蒙古人民共和国进行乳制品加工技术考察交流，1990 年 6 月于乌兰巴托（右 2 为赵真北）

为牧区招商引资，1987 年夏于锡林郭勒盟（右 1 为赵真北，右 3 为日商渥美智雄）

1985 年 7 月于锡林郭勒盟，在电影《成吉思汗》外景地

1990 年在锡林郭勒盟与历任盟领导合影（左起：赛音乌力吉、赵真北、博彦额穆和）

《锡林郭勒盟畜牧志》编审人员（前排为顾问，前排左起：博彦额穆和、刘震乙、许令妊、赵真北、赵学波；后排左起：主编齐伯益，特邀编审张秉铎、武斌，责任编辑王世喜）

1991 年夏于内蒙古蒙文专科学院（左起：那木亥若希、赵真北、阿迪雅）

2000 年在草原上（左 2 为赵真北）

2005 年 8 月《党的教育珍贵摇篮——锡察干部团回忆录》编审人员在赵真北家中（左起：旺庆苏荣、赵真北、高·拉西扎布）

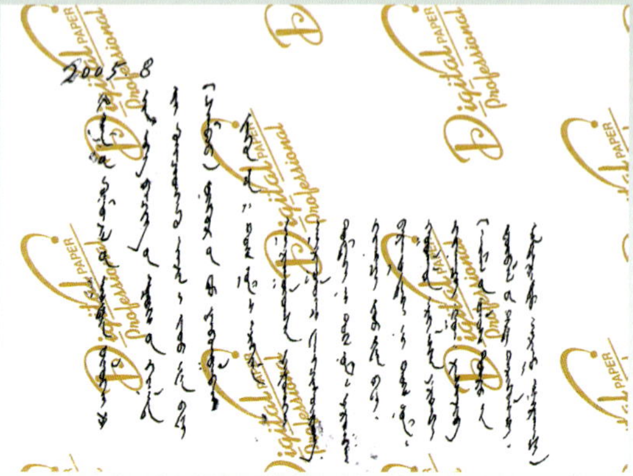

《党的教育珍贵摇篮——锡察干部团回忆录》一书最后审订工作在赵真北（桑布）同志家中进行。［左起：本书责任编辑、总编旺庆苏荣，总审赵真北，责任总审高·拉西扎布（盟政协副主席、著名诗人）］

求学岁月忆往

1999 年底 2000 年初《求学岁月——蒙古学院蒙古中学忆往》一书倡议人、撰稿人、责编合影。前排左起：赵真北、杨达赖；后排左起：卜永生、荣青海、忒莫勒、吉木生格、潮乐濛、肖瑟、鄂淑清

2001 年 10 月 22 日于内蒙古呼和浩特向蒙古族中学老师赠送《蒙古学文库》丛书（左起：金海如、赵真北、老师、荣青海）

1950 年代初与苏和

与土默特小学同学王有才，于 1980 年代末

1996 年 7 月 18 日于布和家（左起：布和、赵真北、友人）

2020 年 10 月 18 日《纪念赵真北先生文集》座谈会与会者合影，于内蒙古呼和浩特（前排左起：特力更，雅柱，暴庆五，敖仁其，孟慧君，达林太；后排左起：吉雅，杨理，阿拉坦宝力格，那顺巴雅尔，文明，盖志毅，代琴）

工作笔记：在锡林郭勒盟任职期间，关于畜牧业调整及锡盟面临的问题（1979年10月29日—1980年2月）

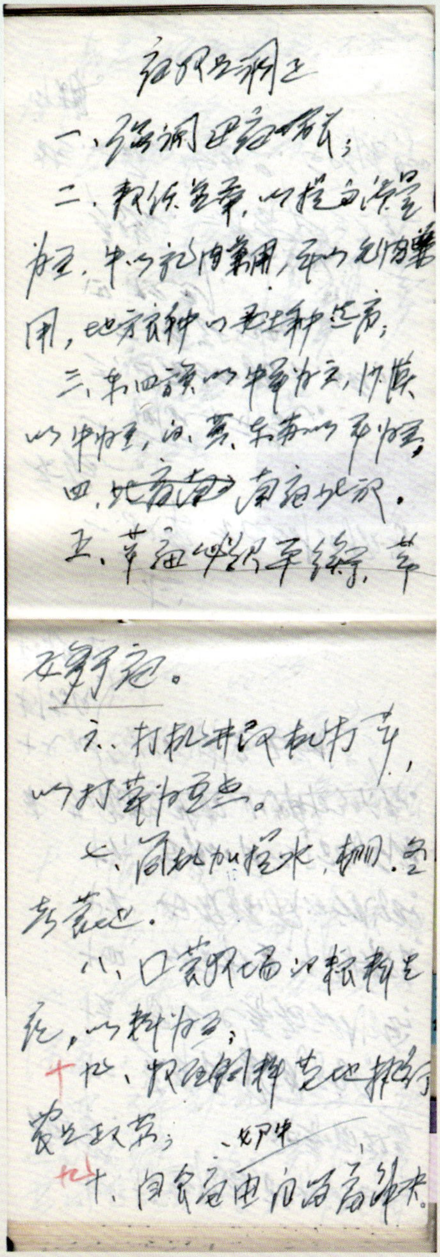

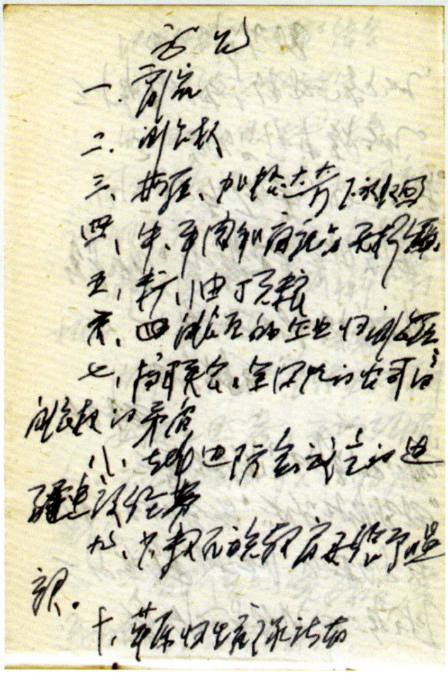

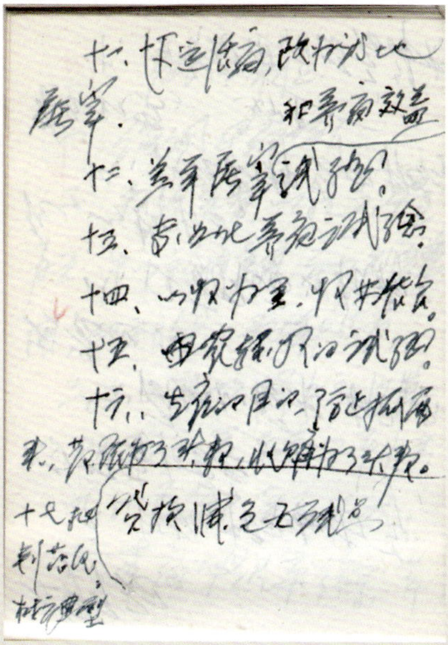

工作笔记：在锡林郭勒盟任职期间调研及工作交接（1980 年夏）

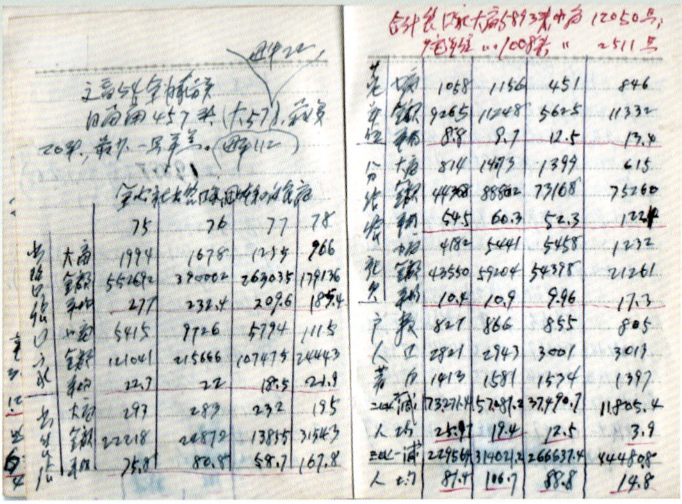

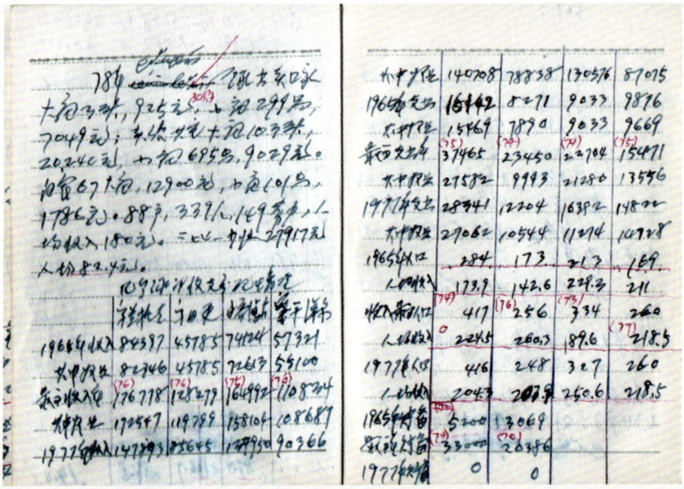

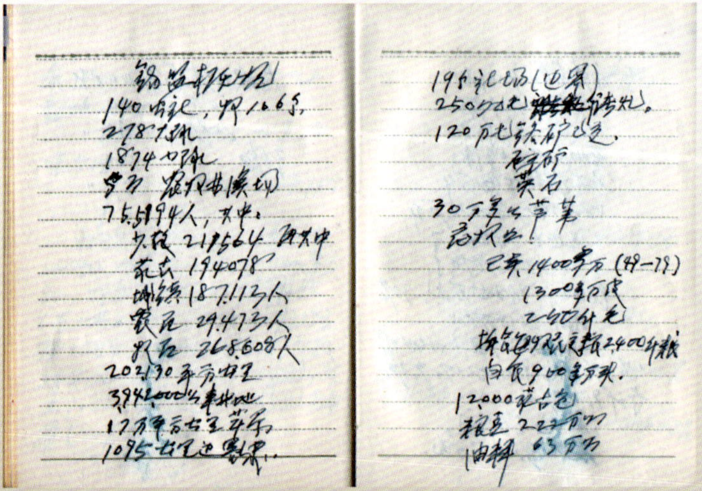

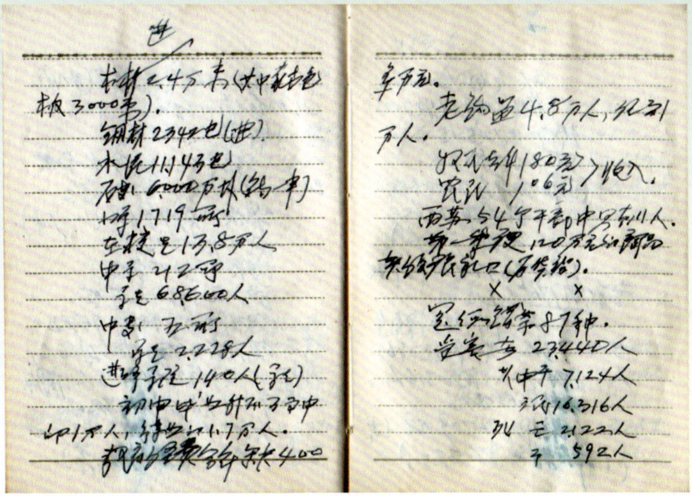

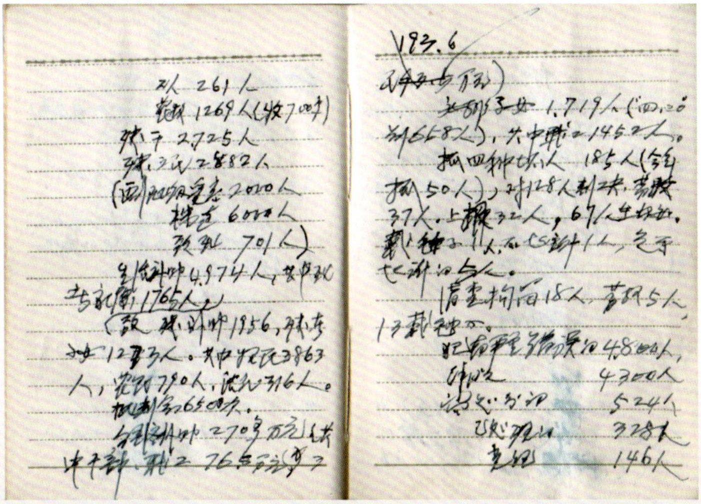

工作笔记：1981 年 3—4 月在内蒙古畜牧厅任职期间主持制定《内蒙古自治区草原管理条例》

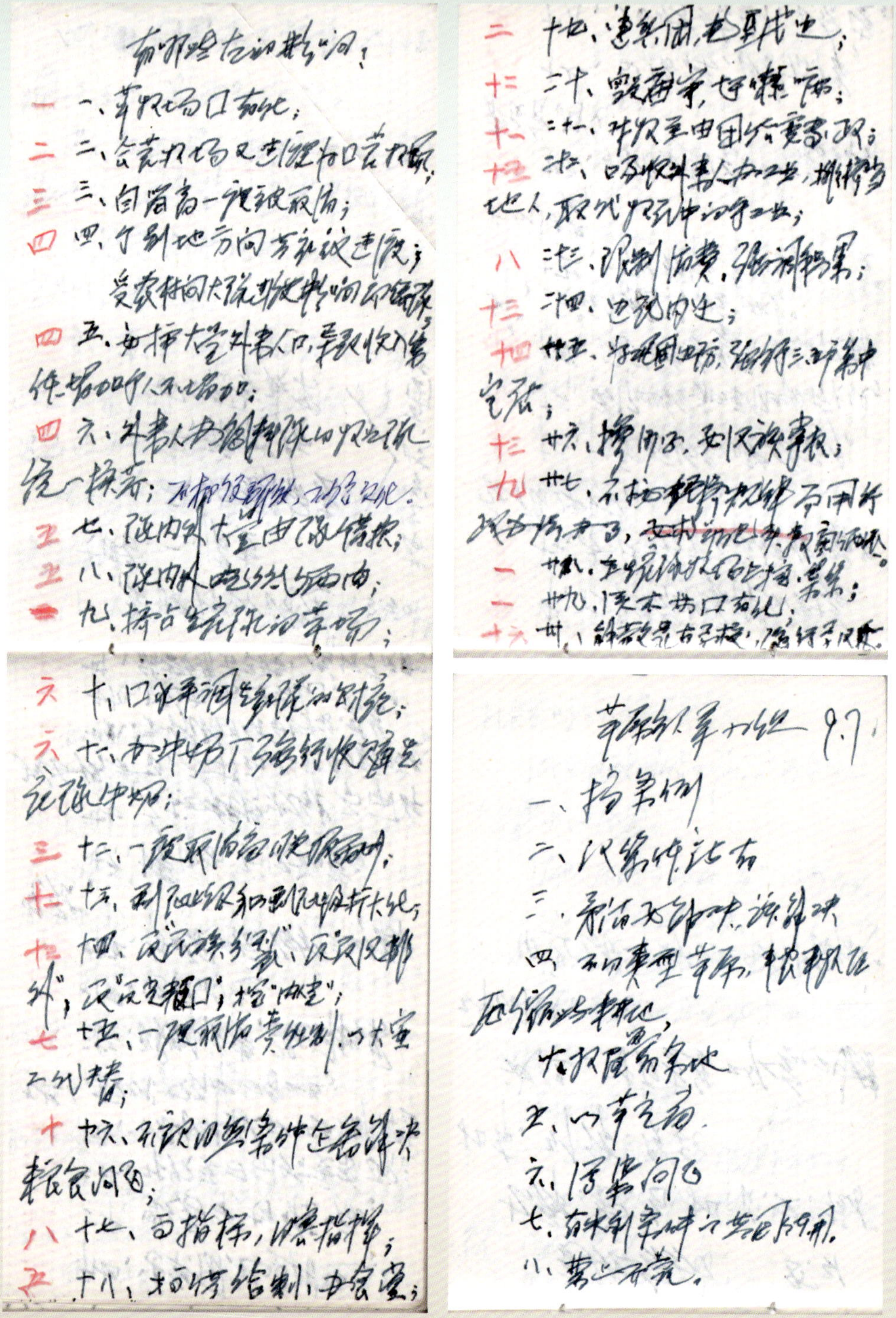

工作笔记：1981 年 11 月在内蒙古畜牧厅任职期间介绍西德畜牧业的情况

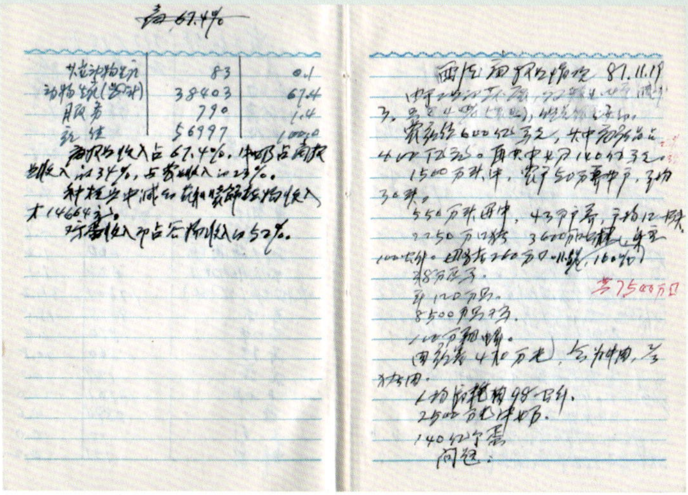

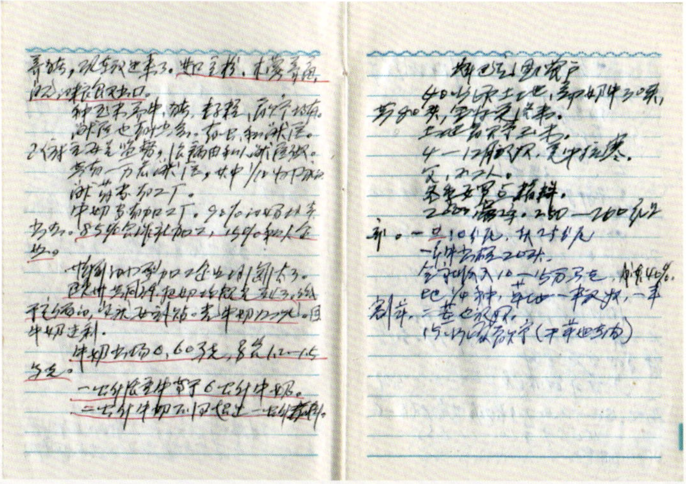

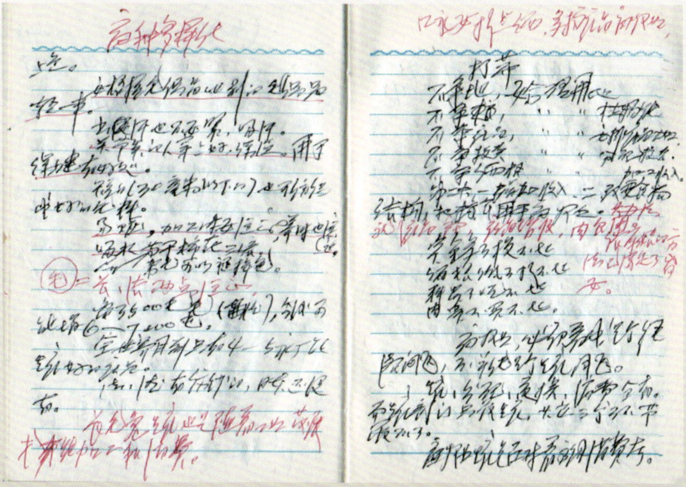

工作笔记：1982 年 12 月在内蒙古畜牧厅任职期间在呼盟调研及与有关单位座谈

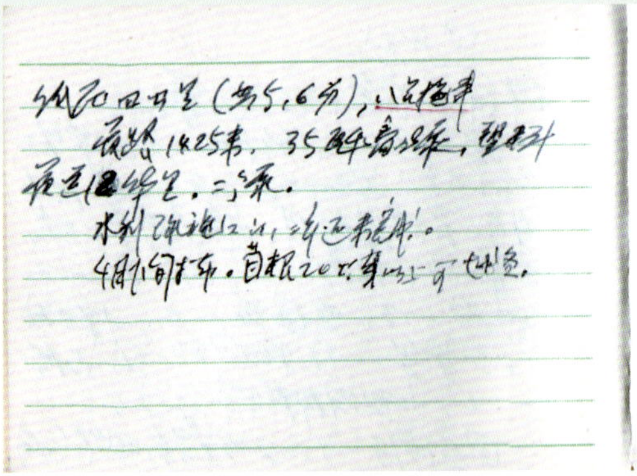

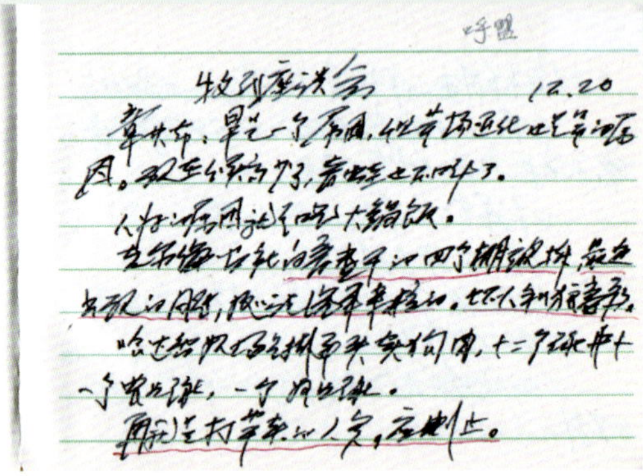

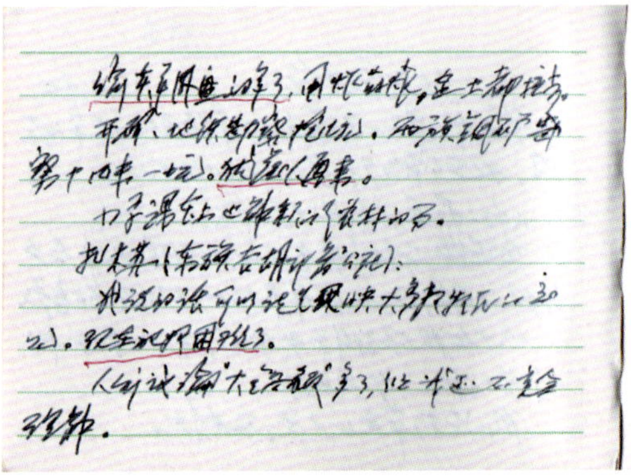

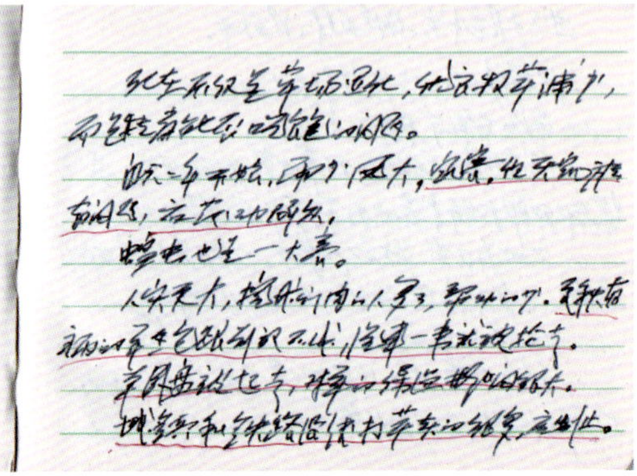

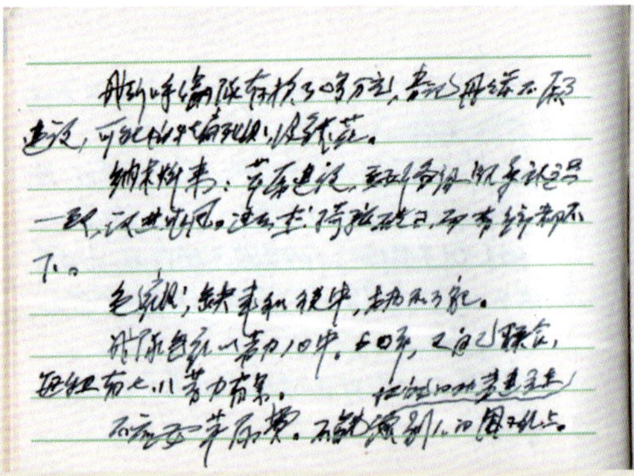

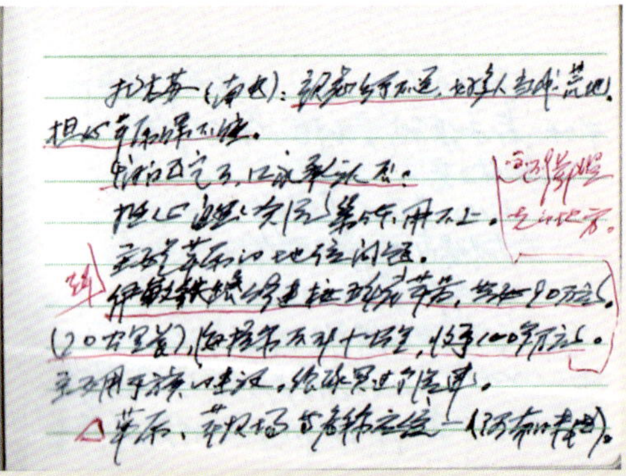

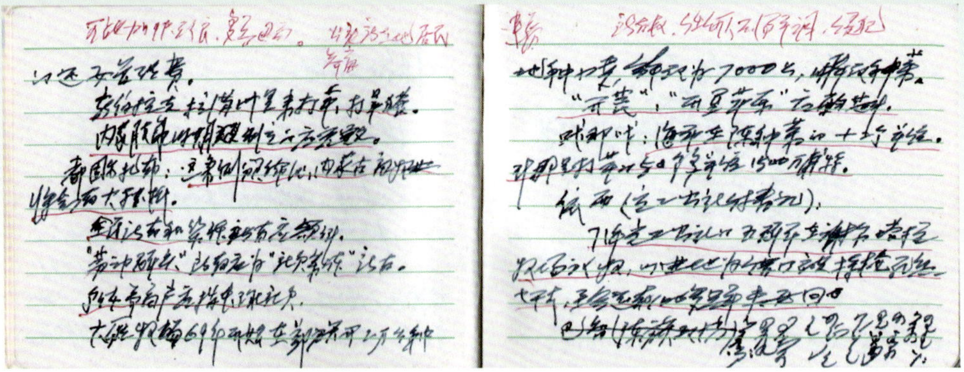

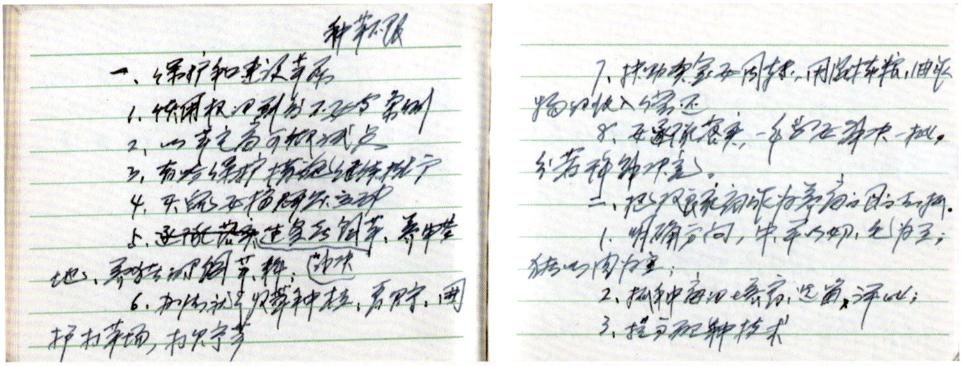

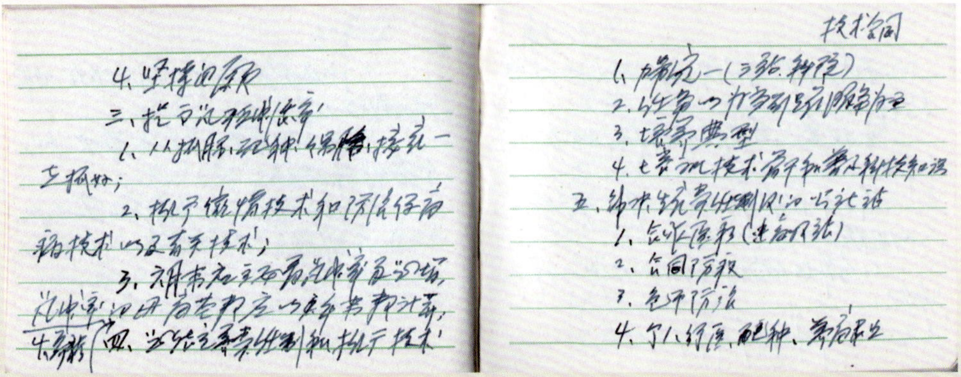

工作笔记：1983 年 5—9 月在内蒙古畜牧厅任职期间工作交接

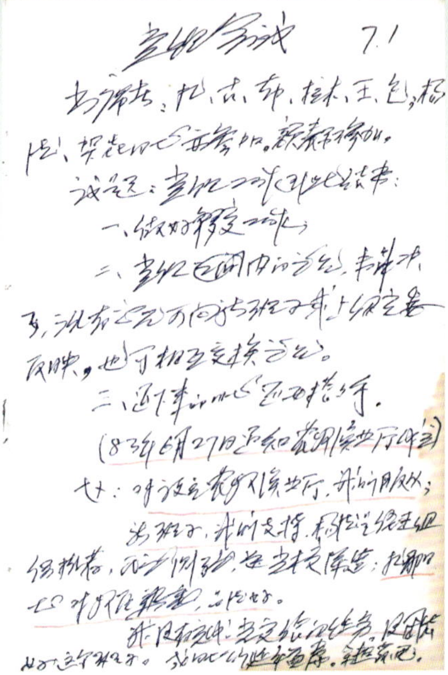

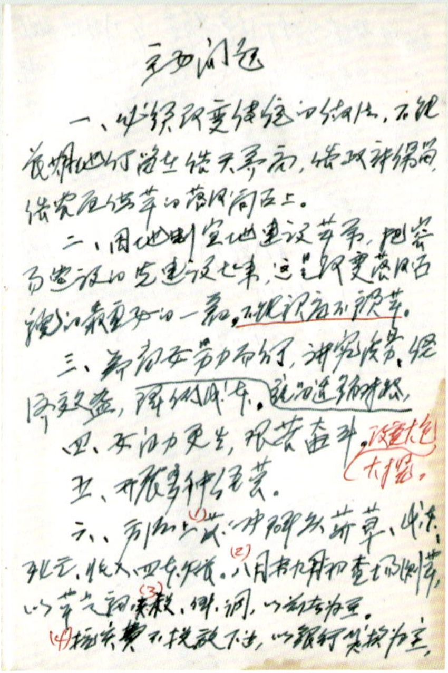

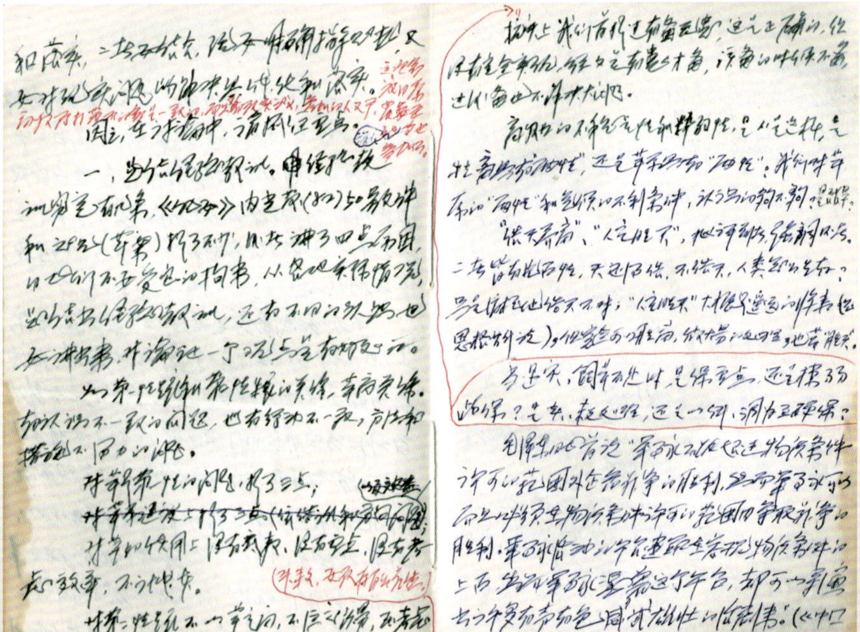

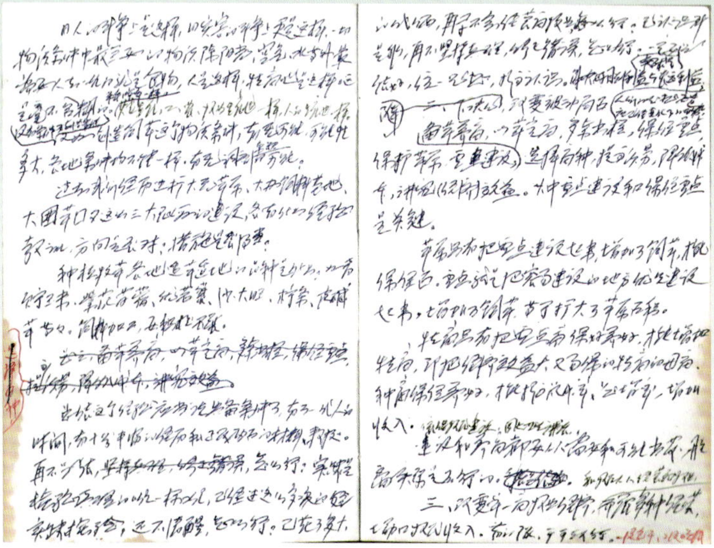

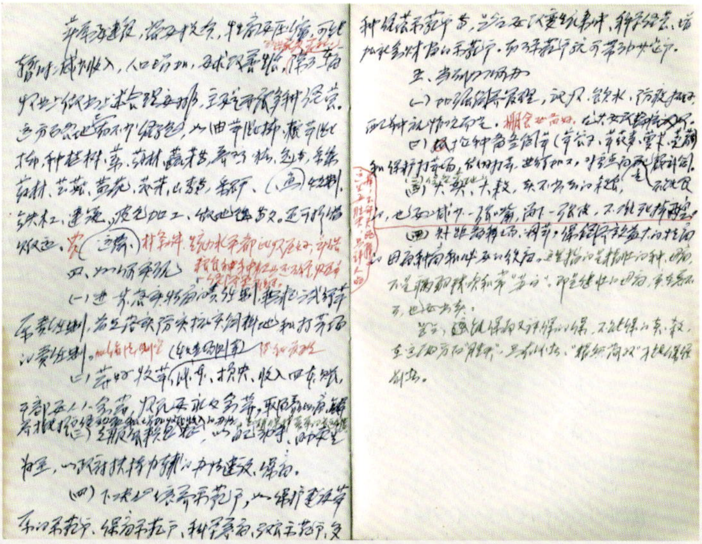

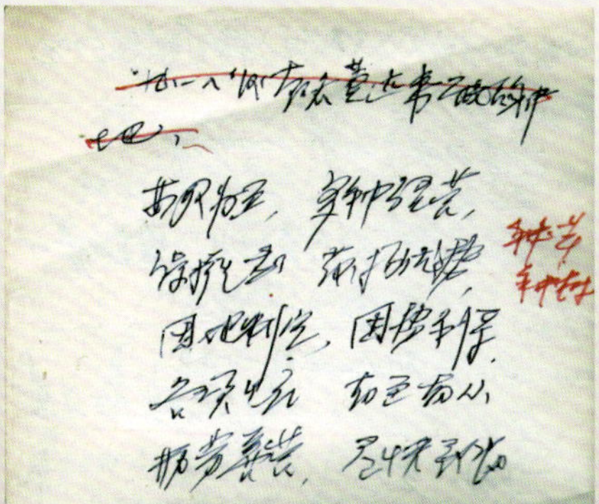

草原所有权证

内蒙古自治区
草原所有证
内蒙古自治区人民政府制

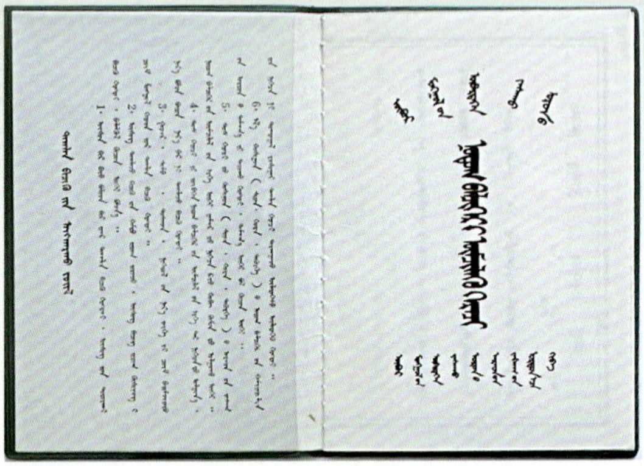

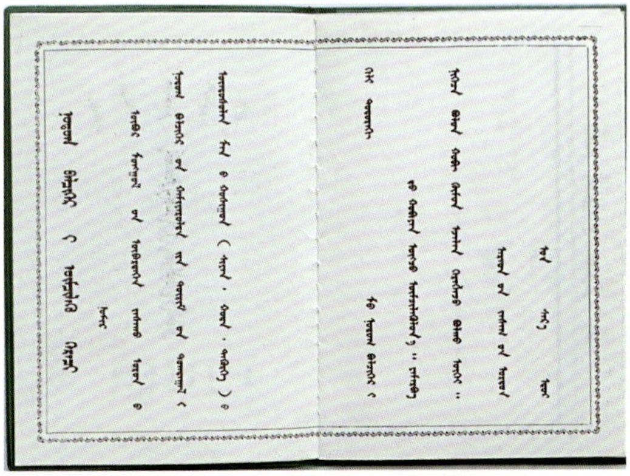

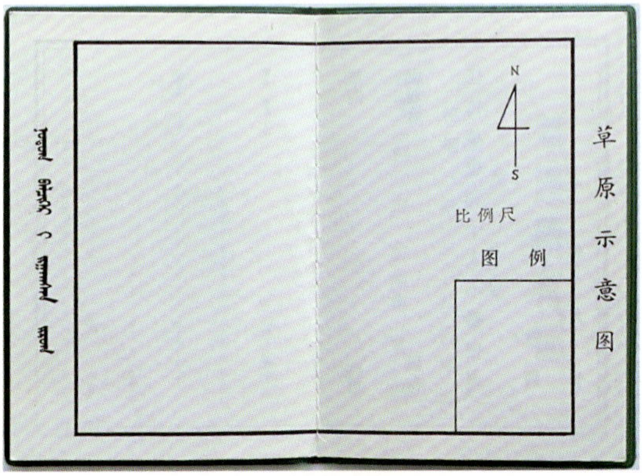
N
S
比例尺
图 例
草原示意图

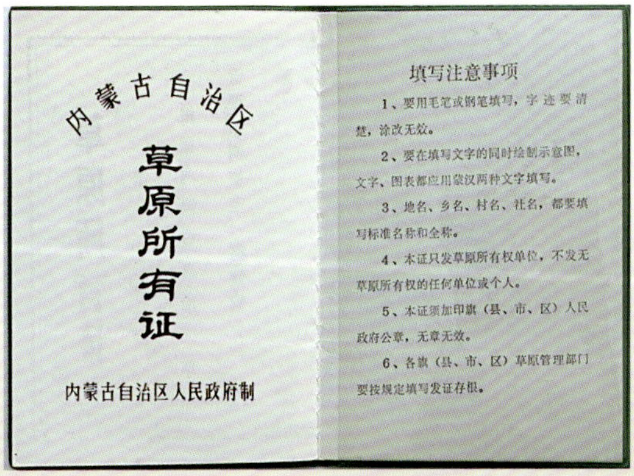
内蒙古自治区
草原所有证
内蒙古自治区人民政府制
填写注意事项
1、要用毛笔或钢笔填写，字迹要清楚，涂改无效。
2、要在填写文字的同时绘制示意图，文字、图表都应用蒙汉两种文字填写。
3、地名、乡名、村名、社名，都要填写标准名称和全称。
4、本证只发草原所有权单位，不发无草原所有权的任何单位或个人。
5、本证须加印旗（县、市、区）人民政府公章，无章无效。
6、各旗（县、市、区）草原管理部门要按规定填写发证存根。

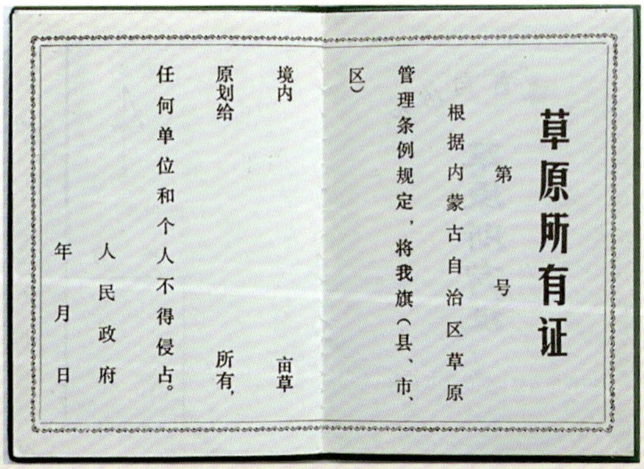
草原所有证
第 号
根据内蒙古自治区草原管理条例规定，将我旗（县、市、区）
境内 亩草
原划给 所有，
任何单位和个人不得侵占。
人民政府
年 月 日

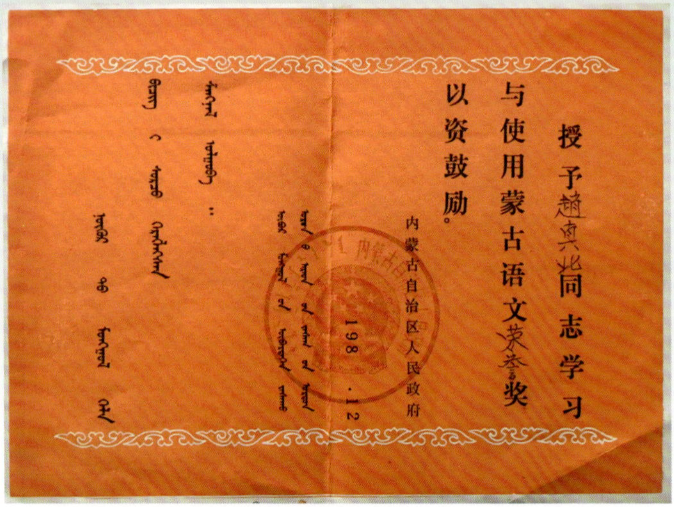
授予赵真北同志学习
与使用蒙古语文荣誉奖
以资鼓励。
内蒙古自治区人民政府
198 .12

学习使用蒙古语文荣誉奖（1981 年 12 月）

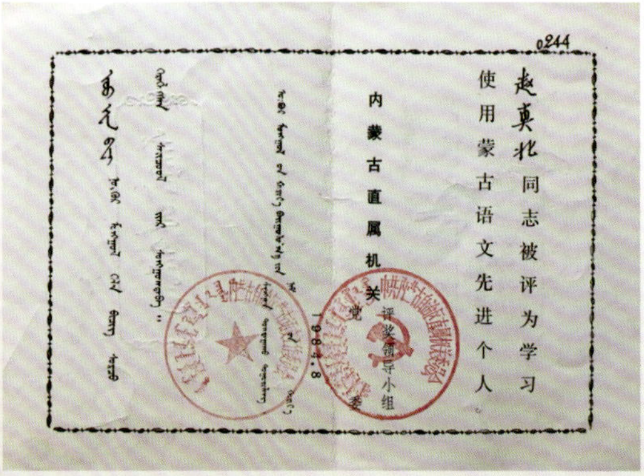
0244
赵真北同志被评为学习
使用蒙古语文先进个人。
内蒙古直属机关评奖领导小组
1984.8

学习使用蒙古语文先进个人（1984 年 8 月）

文章手稿

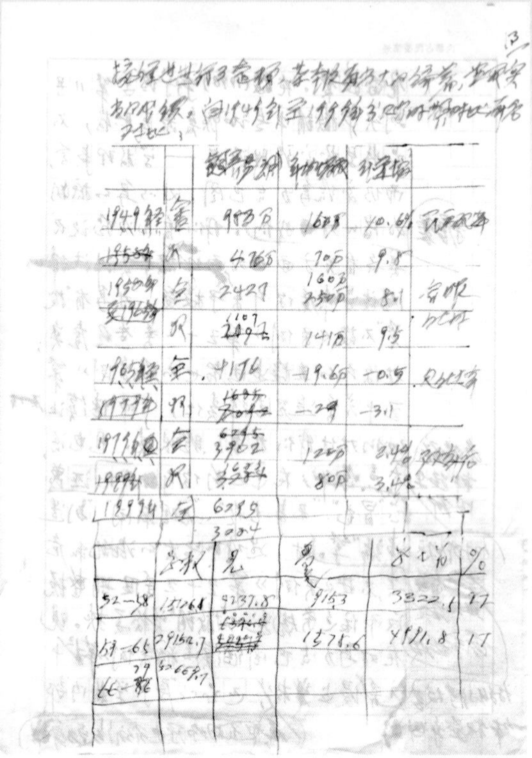

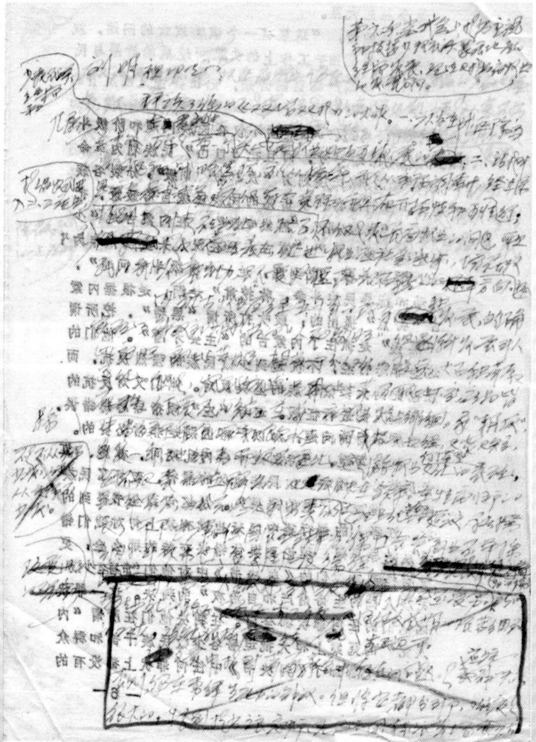

序　一

赵真北同志是内蒙古自治区成立后最早的一批畜牧业工作者之一，长期工作在畜牧业生产、管理第一线，参与了各项重大牧业政策的制定和实施，致力于草原保护、牧区现代化建设和民族经济发展。

赵真北同志的生活和工作经历是我党民族政策深得人心的最好例证。和那个年代的其他蒙古族青年一样，为了生存和被尊重，赵真北走上了革命的道路，是中国共产党的民族政策坚定了他振兴民族的信念，让他毕生致力于实现蒙古族和其他各民族的共同繁荣，达到民族间真正的事实上的平等。通过实践和学习研究，赵真北认为，党和国家长期以来将民族平等和民族区域自治列为宪法和政治原则是实现这一理想切实可行的有力保障。

也正是因为党的民族政策的核心——民族平等和民族区域自治制度，让赵真北保持坚定的共产主义信念。尽管在不同历史时期受到迫害和不公，他始终对党保持高度信任，严格以共产党员的标准来要求自己，在工作中“实行‘知无不言，言无不尽’”的原则[①]。赵真北为人正直、实事求是、不唯上、不唯权，他曾和家人说过：“经过文革后，我得出经验，作为党员，按《党章》规定发表意见，作为公民，在《宪法》范围内说话办事，就应该无所畏惧。”他的家人回忆他曾反复强调，干部切忌做劳民伤财的事，“我们这些干部是不会有损失，工资照发，可老百姓怎么办？”[②]

赵真北根据亲身工作经历和长期以来潜心钻研，对内蒙古自治区成立初期在牧区实行的“三不两利”和“稳、宽、长”政策方针，都在实践的基础上进行

① 《中国共产党党章》，北京，人民出版社，1977。

② 见本文集所收录的《我的爸爸 我的英雄》。

了充分的理论论证，证明这些政策是内蒙古自治区成立后，解放和发展牧区生产力，提高牧民生活水平，增强民族团结的“必由之路”①。

根据长期在畜牧业生产管理工作的经验，赵真北在1981年发表的《实行以草定畜　变被动抗灾为主动防灾》一文中指出，在牧区多年被动抗灾，劳民伤财，成效甚微，究其根源，在于整体指导思想和政策上没有重视草和畜之间的平衡。为此，赵真北提出必须要实行“以草定畜”，保持“畜草平衡”。

赵真北主持了中国第一部关于草原管理的地方性法规——《内蒙古自治区草原管理条例》(试行)的制定，该条例对我国草原的利用、保护和建设进行了开创性的重大改革：其中一项历史性突破就是改变了草原单一全民所有制为全民和集体两种所有制，进而开启了限制并防止草原长期以来被滥占、滥用的状况；“以草定畜、畜草平衡”原则也首次以法规形式成为我国草原保护和建设的基石②。

针对牧区过牧超载的情况，赵真北率先提出牧区改革必须调整产业结构，改变依靠单一传统畜牧业的生产方式，促进社会分工，在此基础上发展多种经营、发展二、三产业，特别是鼓励扶持少数民族个体工商业的发展，从而减轻草原压力③。牧区的全面发展需要我们重新认识合作化经济，赵真北指出，畜牧业生产的特点和我区畜牧业生产水平决定了合作制的必要性④，牧区各项发展中的很多问题是个体家庭力所不能及的，需要发扬牧民互助合作的传统，按照自愿互利的原则，通过不同形式的合作来解决。

赵真北多年的实践和研究对当今草原生态保护、牧区现代化、民族经济发展、畜牧业政策制定依然有借鉴意义。很高兴看到有关专家学者有意对他的工作

① 赵真北:《试述内蒙古牧业区的民主改革》，载《草原春秋》，1994(11)。

② 赵真北:《〈草原管理条例(试行)〉试点工作的基本总结——在〈草原管理条例(试行)〉试点经验交流会议上的报告》，载《内蒙古畜牧业》1983年增刊《草原管理条例》专辑(1)，38～43页;《关于〈内蒙古自治区草原管理条例〉修改起草情况的说明》，1983年4月11日在内蒙古自治区第五届人大常委会第十六次会议上的发言。

③ 赵真北:《兴畜牧业，一靠草场，二靠市场》，见《内蒙古畜牧业》杂志编:《“念草木经兴畜牧业”论文集》(内部资料)，呼和浩特，1986;《为实现各民族共同繁荣 积极扶持发展少数民族工商业》，见中国民族贸易经济研究会编:《少数民族个体商业的崛起》，153页，北京，中国商业出版社，1991。

④ 赵真北:《对牧区经济体制改革的一些思考》，见《内蒙古畜牧业》杂志编:《内蒙古畜牧业经济论文集》(内部资料)，7～11页，呼和浩特，1992。

实践和理念进行研究，结合当前情况，提出相关政策建议和理论依据，薪火相传，继续不断努力，保护好、利用好草原，保护祖国生态屏障，发展牧区经济，最终实现各民族共同繁荣。

原国家民族事务委员会副主任

原内蒙古自治区政府副主席

2021 年 2 月 5 日

序　二

2021年4月10日午夜，网络上偶然看到的一条新华社报道提醒了我，再不动笔、有负重托。这条报道称："内蒙古自治区锡林郭勒盟2.24亿亩草原陆续开始实施春季牧草返青期休牧。"从2018年初开始，锡林郭勒盟在"山水林田湖草"生态环境建设的实践中，开始实施全盟草畜平衡区春季牧草返青期休牧措施。目的是遵循自然规律，在春季草原植被萌发、返青之际实施保护，以利于牧草的充分生长，保障畜牧业的发展和牧民的利益。无疑，这是锡林郭勒盟以新发展理念为引领，贯彻生态优先、绿色发展、建设现代畜牧业的重要举措。

这一措施聚焦的草原保护及其科学利用，是畜牧业发展之本。正是在这个意义上，四十年前，从锡林郭勒盟盟委第一书记转任内蒙古自治区畜牧厅厅长的赵真北前辈的一段话，今天读起来仍令人心存感佩："管好用好草原是草原畜牧业取得饲草最经济最有效的办法，是第一位重要的工作。"[①] 虽然赵真北先生已故去多年，但是他将保护草原作为"第一位重要的工作"的执念，无疑已成为后人薪火相传的实践。

锡林郭勒草原，是内蒙古地区草原生境中最具代表性的草原区块之一，也是从古及今承载游牧民族及其畜牧业的天然优质草场之一。这片草原，在历史上因忽必烈建上都而驰名中外，元人"上京行纪"的诗文中多有对金莲滩草原景致的记述，如萨都剌描绘的"牛羊散漫落日下，野草生香乳酪甜"[②]，其田园意境足以令人遐想万千；有意思的是，许有壬以草原沙菌为题的诗文中"牛羊膏润足，物产借英华"[③]一语，文绉绉地揭示了牛羊肥壮的草原物产得益于草原植被中沙菌

① 赵真北：《实行以草定畜　变被动抗灾为主动防灾》，载《内蒙古社会科学》（汉文版），1981（5）。

② 萨都剌：《雁门集》卷三，"上京即事"，《四库全书》。

③ 许有壬：《至正集》卷十三，"律诗五言七十五首·沙菌"，《四库全书》。

这类“英华”。这就如同时下坊间推介本地羊肉品质时，常能听到“我们的羊是吃沙葱长大的”民间俗语一样。的确，近世以来，中华老字号东来顺的兴盛，使锡林郭勒羊肉声名远扬；而现代影视作品《狼图腾》，则将“天边草原”乌拉盖推上了草原旅游的高端，2019年旅游旺季，截止到7月底乌拉盖就接待游客93万余人、旅游收入5亿多；等等。凡此种种，生境、牲畜、牧人，草是根本。

作为内蒙古自治区的一位蒙古族老干部，赵真北先生不仅在上个世纪五十年代、七八十年代两度任职和主持锡林郭勒盟的工作，而且他在自治区层级的工作经历，也以主持内蒙古畜牧厅的工作最为倾心竭力，堪称老一辈干部中的畜牧业专家。长期从事畜牧业领导工作的经历，在深入实际、调查研究、不断积累实践经验的基础上，从理论上、政策上研究草原畜牧业的现代发展，是他工作经历中难能可贵的一大亮点。他对草—畜—人的逻辑关系的认知，从植物能转化为动物能，从动物能转化为提高人民生活水平的思考，是确立保护和合理利用草原“是第一位重要的工作”原则的思想基础。虽然用他的话来说：“畜以草为本，本是一个普通常识”，[①] 但是在畜牧业发展的实践中，为这一“普通常识”付出的代价却绝不“普通”。这是我们保护草原、修复生态、构筑我国北方重要生态安全屏障值得深思的前车之鉴，也是我们深刻领悟赵真北先生将“普通常识”置于“第一位重要的工作”的价值所在。

时过境迁，今天我们对草原生态保护的认识和行动，的确展开了新境界、采取了新举措，即如春季牧草返青期休牧等措施。但是，这都是基于历史经验、教训，在一代代“老畜牧”呕心沥血探索前行铺就的基石上成就的。从这部以畜牧业为主题记录赵真北先生工作经历、理论思考、政策实践的书卷中，不仅可以深刻认识自治区成立初期牧区经济社会变革所创造的“内蒙古经验”，而且可以较系统地了解到上个世纪八十年代以降，内蒙古畜牧业生产经营体制改革变迁过程中的草—畜—牧民的互动关系。从中不难体会赵真北先生心系草原、畜牧业和牧民的高度责任感。其中，1980年他主持畜牧厅工作期间为自治区依法管理草原做出的努力，尤为引人注目。

1983年7月21日内蒙古自治区第六届人民代表大会常务委员会第二次会议

① 赵真北：《兴畜牧业，一靠草场，二靠市场》，见《内蒙古畜牧业》杂志编：《“念草木经兴畜牧业”论文集》（内部资料），呼和浩特，1986。

通过的《内蒙古自治区草原管理条例（试行）》，即是在自治区直接领导下，由他主持起草、组织试点、总结经验基础上成就的一部草原管理地方法规。本书中收录了他对这部条例草案先行试点工作给予的条分缕析总结，在此无需赘言介绍。值得一提的是，当时自治区制定这部条例的政治站位和战略立意，为我们认识和理解今天自治区战略定位中的“两个屏障”提供了历史镜鉴。

当时，起草组向自治区人大常委会提交的《内蒙古自治区草原管理条例（送审稿）》第一条，强调了“草原是国家的重要资源，是畜牧业生产基本生产资料的重要组成部分。草原同种植业的耕地具有同等重要的地位。”在赵真北先生向大会做《内蒙古自治区草原管理条例》修改起草情况的说明时，他对制定这一条例的重要性强调指出：“管好、用好、保护建设好草原，保持良好的草原生态条件，对保护祖国生态屏障，保障我区各少数民族的合法权利和利益，加强各民族人民的团结，加速畜牧业的发展，实现工农业总产值翻两番的战略目标，都有十分重要的意义。”其中“保护祖国生态屏障”一语尤其值得注意。也许这是第一次将内蒙古草原保护工作从“保护祖国生态屏障”的高度做出的论述。无论如何，这一认识得到会议的响应并体现在条文修改之中。大会通过的《内蒙古自治区草原管理条例（试行）》第一条开宗明义地规定：“内蒙古草原是国家的重要资源，是畜牧业的基本生产资料，是发展自治区畜牧业经济的物质基础，也是维护祖国北部生态环境的天然屏障。”这段表述中的国家意识之强和政治站位之高，特别是从“维护祖国北部生态环境的天然屏障”的战略高度依法管理草原的立论，无疑与当下内蒙古自治区战略定位的“两个屏障”中“构筑我国北方重要的生态安全屏障”相契合。可见，四十年前起草、制定这部草原管理条例时，包括赵真北先生在内的领导小组、起草组的同志们，就意识到了内蒙古草原作为祖国北部生态安全“屏障”的战略地位。遗憾的是，1991 年修订这部条例时，对内蒙古自治区具有战略定位意义的这一条远见卓识却被删除了。毫无疑问，这一条例及其实施细则，在之后的岁月中根据草原管理的国家法律、政策和自治区草原建设的发展要求多次修订完善，但是“万事开头难”昭示的前人奋斗精神、思想境界、工作经验、优良传统则始终告诉我们，没有昨天的努力，不会有今天的成就。

事实上，虽然这部著作中收录的赵真北先生的工作报告、调研报告、学术论文、回忆录等文章，截止到2007年[①]，但是，在关涉草原畜牧业这一主题的各篇文论中，选题立意、思想理论、政策实践、数据分析、存在问题、咨政建议等内容并没有过时，而是鲜活地反映了一个“老畜牧”领导干部致力于草原生态保护、畜牧业科学发展和牧民生产生活改善的动态思考，展示了内蒙古自治区草原经营体制变革和畜牧业发展的历史脉络，为今天内蒙古建设“两个基地”的“农畜产品基地”提供了可贵的历史经验。在实践中，赵真北先生曾面对的问题有些已经解决，有些大为缓解而不成为主要矛盾，包括他关注的草畜平衡、以草定畜等方面的问题都成为“普通常识”体现在草原保护和畜牧业发展实践中。但是，有些他曾直言面对的老问题，则积重难返，甚至较过去更为严重。诸如草原地区矿产资源的无序开发、污染排放等违法违规的乱象，都是当前内蒙古自治区着力治理的中心任务之一。

党的十八以来，以习近平同志为核心的党中央确立了新时代“五位一体”总体布局和“四个全面”战略布局的治国理政总方略。习近平总书记在内蒙古自治区考察期间和每年出席全国人民代表大会内蒙古代表团会议时，对内蒙古自治区经济社会高质量发展、民族团结进步事业登高望远做出了一系列重要指示。其中生态环境的屏障地位和草原生态保护的重要性，强调尤多。赋予了新时代内蒙古自治区“两个屏障”“两个基地”“一个桥头堡”的战略定位，提出了“把祖国北部边疆这道风景线打造得更加亮丽”的任务。我以为，对内蒙古来说，风景线的亮丽有两个支点，一是以生态优美，一是文化繁荣。2019年7月，习近平总书记在内蒙古考察时曾指出：蓝蓝的天上白云飘，白云下面马儿跑。每当听到这优美的歌声，人们眼前便浮现出内蒙古大草原的优美意境。这种优美意境，就是草原生态与民族文化融为一体产生的亮丽风景线。

近年来，内蒙古自治区党委和政府，坚定不移地贯彻新发展理念，在探索符合战略定位、体现内蒙古特色、践行以生态优先、绿色发展为导向的高质量发展方面做出了重大努力。其中，在草原生态保护的战略意义方面做出了新的全面论述。2020年3月，内蒙古自治区党委书记、人大常委会主任石泰峰在锡林郭勒盟调研考察时指出：“草原是广大牧民群众赖以生存的命根子和精神家园，内蒙古大草原是我国北方重要的生态安全屏障，做牧区工作一定要把保护草原生态作

① 指出版时间。

为第一位的、压倒性的任务，当经济建设和草原生态环境保护出现矛盾时，一定要旗帜鲜明地把草原生态保护挺在前头。”① 从牧民群众安身立命和精神层面阐释草原—人—文化（精神家园）的关系，体现了新发展理念在草原保护方面的人文境界。

从锡林郭勒盟春季牧草返青期休牧，到石泰峰书记在锡林郭勒盟论说草原生态保护是牧区工作“第一位”“压倒性”任务，其实并非局限于一隅的议论。正如赵真北先生在锡林郭勒盟的工作经历，是他成就“老畜牧”资深地位的实践基础，但是他思考和研究的范围不仅聚焦于全区的草原保护和畜牧业发展，而且关涉到全区诸多工作和思想领域，其中既有关于什么是社会主义的理论探讨，也有党的民族理论和民族政策实践研究，乃至扶持发展少数民族工商业的论述，以及通过自治区建立前后牧区和畜牧业改革的研究、对前人业绩的回顾等，展开了内蒙古自治区建设和发展历程中的诸多精彩篇章。赵真北先生的这些著述，体现了他坚持以马克思主义的立场、观点和方法研究问题、指导工作的思想修养，昭示了他不忘初心、牢记使命的坚定信念。

作为序言，篇幅已似太长。作为学习体会，又似言不及义。身为晚辈，给前辈做序本来就是难事，况且赵真北先生的夫人娜琳教授，是我求学时敬仰的老师。无论如何，这一学习的过程是令人感动的，内蒙古自治区长期享有模范自治区的荣誉，不正是这一代代前辈敬业奋斗而创建、呵护的吗？他们留下来的这些实证记录、理论思考和体现在字里行间的使命感、责任心，是一代代后人继承前辈革命传统、弘扬前辈优良学风的宝贵资产。我相信，赵真北先生的这部著作面世，对内蒙古自治区建设祖国北部边疆更加亮丽的风景线，大有裨益。

中国社会科学院学部委员　郝时远

2021 年 4 月 12 日

① 石泰峰：《毫不放松抓好草原生态保护让草原不再遭受创伤永葆美丽容颜》，载《内蒙古日报》，2020 年 6 月 25 日。

目　录

第一部分　人生速写

第二部分　研究与思考

草原生态保护

牧区经济体制改革、畜牧业现代化和经济发展

少数民族个体工商业发展

畜牧业政策发展回顾

少数民族经济发展

赵真北求学、参加工作历程

第三部分　学者评述

第四部分　难忘的回忆

附　录

第一部分　人生速写

赵真北的理念与实践

涛娣　敖仁其

赵真北是内蒙古自治区成立后最早的畜牧业管理工作者之一，长期工作在畜牧业生产、管理第一线，参与了各项重大牧业、牧区经济政策的制定和实施。他是一位优秀的少数民族领导干部，又是一位孜孜不倦的学者。

赵真北积累了丰富的牧区工作经验，并始终坚持学习研究国内外畜牧业生产管理、牧区经济发展和马克思主义经济理论，无论是在繁忙的工作岗位上，还是赋闲中、离休后，他一直笔耕不辍，在亲自实地调研的基础上，撰写发表了大量论文，提出不少具有理论价值的观点。

赵真北在草原生态保护、牧区现代化建设和经济发展等方面均卓有建树，而且对内蒙古自治区在20世纪40年代末到50年代中期在牧区民主改革和社会主义改造过程中的重要政策也有深入研究。他的实践和理念在几十年后的今天，对内蒙古自治区草原保护和牧区发展的研究、政策制定依然有重要的参考价值和借鉴意义。

一、关于“三不两利”和“稳、宽、长”政策的思考

20世纪40年代末到50年代中期，赵真北亲自参与了内蒙古牧区民主改革和合作化工作，亲眼目睹了牧区生产力获得解放，畜牧业生产快速发展，牧民生产积极性高涨、生活水平提高，牧民以“跟着太阳走不会挨冻，跟着党走不会有错”（原文为蒙古语）来表达当时的欢欣。

赵真北根据亲身工作经历，长期钻研内蒙古畜牧业政策调整对畜牧业发展的影响，撰写了多篇论文。对内蒙古牧区民主改革中实行的草原民族公有，放牧

自由，“禁止开荒，保护牧场”和“三不两利”及宗教信仰自由、贸易自由等一系列政策以及1950年代初牧区社会主义改造时期牧业合作化进程中的“稳、宽、长”的方针，都在大量实践的基础上进行了充分的理论论证。

在这些文章中，赵真北从牧区的经济结构、社会制度、牧主经济的性质、阶级状况、社会主要矛盾和民主改革的任务几个方面，分析了上述方针政策对马克思主义理论和中国共产党民族政策的灵活应用，对恢复和发展畜牧业生产、稳定人心的积极推动作用，论证了这些从实际出发制定的政策是内蒙古自治区成立后，解放和发展牧区生产力，提高牧民生活水平，稳定社会秩序的必由之路而非策略性的政策。

在《我区牧区合作化和人民公社化的回顾》[①]《近代牧区畜牧业政策之变迁》[②]《对六十年代畜牧业政策调整的回忆》文[③]中，赵真北指出，内蒙古自治政府创造性地制定并实行了保存牧主经济的“三不两利”和在牧业区“自由放牧，增畜保畜”“保护牧场，禁止开荒”等政策，也是符合内蒙古实际情况的，内蒙古的自然条件决定了内蒙古更适合发展畜牧业。内蒙古牧区民主改革的方针、政策和经验受到中央的肯定，于1953年经周恩来签署并发布《内蒙古自治区及绥远、青海、新疆等若干牧业区畜牧业生产的基本总结》(“五三总结”)，作为全国牧区民主改革和发展畜牧业生产的指导方针和政策。

进入社会主义改造阶段后，在贯彻过渡时期总路线的过程中，根据1954年中央指示“在某些少数民族中进行社会主义改造事业，将比汉族地区开展的晚一些”“可以用更多的时间和更和缓的方式逐步地实现”，乌兰夫代表内蒙古政府提出了畜牧业社会主义改造，要以“稳、宽、长”为基本方针[④]。这一方针得到中央的肯定，并批转全国牧业区执行。《我区牧区合作化和人民公社化的回顾》论证了这一方针是切合内蒙古实际情况因地制宜贯彻中央政策的又一创举，按照

① 赵真北：《我区牧区合作化和人民公社化的回顾》，见内蒙古政协文史资料委员会编：《“三不两利”与“稳、宽、长”回忆与思考》，《内蒙古文史资料》(第59辑)(内部资料)，107～115页，呼和浩特，2006。

② 赵真北：《近代牧区畜牧业政策之变迁》，见敖仁其主编：《制度变迁与游牧文明》，111～132页，呼和浩特，内蒙古人民出版社，2004。

③ 赵真北：《对六十年代畜牧业政策调整的回忆》(未刊稿)，1999年12月31日。

④ 稳即稳重慎进，在稳定发展生产的基础上，逐步实现畜牧业社会主义改造；宽即对个体牧民和牧主的政策要宽，让他们自觉自愿加入合作社或合营牧场；长即贯彻总路线的时间要长一些，以确保稳重慎进和宽松政策。

这一方针，包括牧主和民族宗教上层在内的所有公民都有公民权，都可以自愿加入合作社或公私合营牧场，对牧主和庙仓的牲畜采取赎买政策，对加入公私合营牧场的牧主、牧民入社的牲畜支付定息。[①]

但是这些切合实际的方针、政策和制度都被后来的大跃进、人民公社和三面红旗所否定。因为这些“左”的影响和对经济体制的误解，内蒙古也曾一度要求高速度发展畜牧业，实现农牧业大跃进，以至于30%草原被开垦，大批外来人口又加重了牧区供应负担，破坏了草原植被，影响了牧民生产生活和畜牧业发展[②]。

二、“以草定畜”“畜草平衡”

草原生态相对于农田比较脆弱，被破坏后恢复周期长，有时甚至无法恢复从而导致草场退化，进而荒漠化。由于中国历朝历代多以农耕为主，除少数民族统治的若干朝代外，统治者对保护草原生态的重要性认识不足，允许甚至鼓励中原农民到蒙古草原耕垦。尤其是在近现代，中央政府更是鼓励或默许内地农民到内蒙古草原开垦蒙地，从事农业。这种盲目开垦导致草原荒漠化。内蒙古解放初期在“三不两利”和“稳、宽、长”政策指导下，曾经一度“人畜两旺”，草原生态得到一定程度的恢复，牧民们欢欣鼓舞地给新生儿取名“纳敏呼”（蒙古语党赐予的儿子）。但是好景不长，大跃进、公社化等政治运动掀起了又一波大规模的外来非牧业人口移入和盲目滥垦，尽管1963年中央批准通过的国家民委《关于少数民族牧业区工作和牧区人民公社若干政策规定（草案）》中提出天然草场是发展畜牧业的物质基础，不是荒地，必须保护草原[③]，但是这并没有制止对草原的过度开垦，人口机械化猛增而过度放牧。

在长期积累的牧区工作经验的基础上，根据多年钻研，赵真北在国内率先推

---

① 这些政策还包括：（1）完善畜群生产组的责任制，实行“按畜群组包工”和“三包一奖”（后改为“两定一奖”），（2）对牧主经济和庙产采取灵活政策、两定一奖（定工定产，超产奖励），（3）牧区生产方针调整为“以牧为主，农牧结合”“发展多种经济”，（4）调整畜牧业政策，坚持公有制改造由公社经济发展和牧民自愿来决定，（5）通过合作制和公社化将牧民组织起来，改进牲畜放牧饲养管理、推广新技术、家畜防疫和改良、促进基本建设和发展文教卫生等。见赵真北：《我区牧区合作化和人民公社化的回顾》《近代牧区畜牧业政策之变迁》及《对六十年代畜牧业政策调整的回忆》。

② 赵真北：《对六十年代畜牧业政策调整的回忆》（未刊稿），1999年12月31日。

③ 赵真北：《我区牧区合作化和人民公社化的回顾》，见内蒙古政协文史资料委员会编：《“三不两利”与“稳、宽、长”回忆与思考》，《内蒙古文史资料》（第59辑）（内部资料），107～115页，呼和浩特，2006.

出了“以草定畜”的理念，全面阐述了畜草平衡的重要意义和应采取的措施[①]，1982年《红旗》杂志“经济调查”发表了赵真北、倪东法、通拉嘎撰写的《建设草原，以草定畜，镶黄旗畜牧业出现新局面》[②]一文，把“以草定畜，畜草平衡”的理念介绍到全国，“以草定畜”成为了牧区发展和草原生态环境保护的战略性指导意见[③]。这一基于长期实践并结合科学方法观的主张也成为《内蒙古草原管理条例》（试行）的核心性指南，继而成为中国第一部草原法的立法基础。（详见下文“主持制定《内蒙古自治区草原管理条例》”）

赵真北在《实行以草定畜　变被动抗灾为主动防灾》[④]中指出，中华人民共和国成立以来，自治区在畜牧业生产指导思想上和布局上的失误导致了对自然资源和生态平衡的严重破坏，从而影响了畜牧业的可持续发展，造成了内蒙古畜牧业长期被动抗灾，耗费大量人财物力却事倍功半。内蒙古牧区自然条件差，各种灾害不断，畜牧业生产水平落后，长期处于靠天养畜状态。赵真北指出，畜牧业是以植物能源的产出为基础的能量转化，所以畜牧业生产发展取决于饲草料的数量和质量。虽然草原是可再生资源，但是其脆弱性决定了畜草平衡是一个不可违背的客观规律。纠正这些失误的重中之重是要端正指导意见和工作布局，实行以草定畜。

通过多年在畜牧业生产管理第一线的亲身经历，走访牧区和牧民家庭，调查摸底，在内蒙古畜牧业经济学会1982年会上做的题为《扎扎实实地发展畜牧业经济，为开创社会主义现代化建设作出更大贡献》的讲话中，赵真北提出，为保证畜牧业生产可持续发展，必须要实行以草定畜，做到畜草平衡。一方面要根据饲草料的供应来部署畜牧业生产，并调整畜种、载畜量和畜群结构，提高饲料回

---

① 熊德邵：《锡林郭勒盟畜牧志—序言》，见齐伯益主编：《锡林郭勒盟畜牧志》，呼和浩特，内蒙古人民出版社，2002。

② 赵真北、倪东法、通拉嘎：《内蒙古镶黄旗畜牧业新局面》，见《红旗》杂志编：《经济调查》（第一辑），84～89页，1983；《内蒙古畜牧业》杂志编：《草原管理条例》专辑（1），1983年增刊，44～51页（标题为《建设草原以草定畜镶黄旗畜牧业新局面》，文字略有不同）。

③ 1987年国务院批转全国牧区工作会议纪要指出：“牧草是畜牧业的基础，发展草业是发展畜牧业的前提。必须加强管理，保护草原，建设草原，发展草业，逐步做到以草定畜，增草增畜，平衡发展。”以草定畜的原则得到国家确认，推广到全国。详见《国务院批转全国牧区工作会议纪要的通知》（国发[1987]73号），1987年8月13日。

④ 赵真北：《全盟各族人民团结起来，为打好我盟畜牧业现代化建设的第一个战役而奋斗——在锡林郭勒盟盟委三级干部会议上的工作报告》，1980年3月7日（赵真北当时在中央党校学习，他人代为宣读。赵真北于同年2月27日在锡林郭勒盟党委常委扩大会议上做过该报告）。

报率，取得最佳经济效益；同时在对草原进行普查勘测的基础上，加强保护，合理利用。

实行以草定畜并在牧区建立防灾基地的建议受到自治区政府高度重视，并为国内其他省区牧业工作提供了重要的思路。然而，在之后相当长的时间内，尽管中央和地方都出台了草原管理法律法规，但是在“牲畜过亿头”等盲目追求数量的要求下，以草定畜、畜草平衡并没有真正落实，导致草原持续退化，其中各类人为因素中，过度放牧被认为是造成草地退化的主要原因[①]。

三、依法保护草原

（一）主持制定《内蒙古自治区草原管理条例》

基于草原是发展畜牧业的物质基础这一重要认识，赵真北提出要“保护好、建设好和利用好草场”“保护建设是为了利用，利用要服从保护，保护要制定具体措施，建设要因地制宜”[②]。

在1980年3月的“三干”会议讲话中，赵真北要求锡林郭勒盟各旗县制定出有约束力的制度来保护、利用草原，“保护草原人人有责，一定要严禁开荒”“要千方百计把草场保护好，世世代代经营下去，而且越经营越好。”

1980年赵真北任内蒙古畜牧厅厅长期间，受内蒙古人民代表大会之托，主持和领导畜牧厅牵头制定《内蒙古自治区草原管理条例》（试行）（以下简称《条例》），经过近3年的调查研究和起草修改，期间反复听取各地区、各部门和有关专家、科技人员的意见，于1982年3月将《条例》发到全区7个盟市40多个旗县进行了试点，很多问题通过试点得到解决[③]，《条例》于1983年4月提交自治区第五届人大常委会第十六次会议审议，并于同年7月21日内蒙古第六届人大常委会第二次会议通过。

在内蒙古自治区第五届人大常委会第十六次会议上关于《条例》修改起草

① 农业部《2014年全国草原监测报告》。

② 赵真北：《全盟各族人民团结起来，为打好我盟畜牧业现代化建设的第一个战役而奋斗——在锡林郭勒盟盟委三级干部会议上的工作报告》，1980年3月7日。

③ 赵真北：《〈草原管理条例（试行）〉试点工作的基本总结——在〈草原管理条例（试行）〉试点经验交流会议上的报告》，载《内蒙古畜牧业》，1983年增刊《草原管理条例》专辑（1），38～43页；《关于〈内蒙古自治区草原管理条例〉修改起草情况的说明》，1983年4月11日在内蒙古自治区第五届人大常委会第十六次会议上的发言。

情况说明的发言中，赵真北将草原管理保护建设和草原生态保护提升到保护国家生态屏障的高度，同时强调这些工作对加强各民族人民的团结，加速畜牧业的发展，实现国家经济增长战略目标的重要的意义。①

这是中国历史上第一部针对草原权属、管理、保护、利用和建设的专门性地方法规，对我国草原所有制和保护建设进行了重大改革。在我国第一次以法律形式确定了草原的全民和集体两种所有制，规定草原保护和建设实行“以草定畜、畜草平衡”的原则。该条例也为1985年全国人大制定颁布的《中华人民共和国草原法》提供了重要的立法基础和框架。

内蒙古在1956年和1973年分别颁布过《内蒙古自治区草原管理暂行条例》和《内蒙古自治区草原管理条例》，但均未经立法程序成为法律②。它们的确为内蒙古乃至中国的草原管理奠定了重要基础，但受限于当时整个国家的法律基础、政治环境以及对草原管理的认知程度，这两部条例对草原管理没有做出全面可行的规定。

内蒙古在制定《条例》时，正值“文化大革命”结束初期，百废待兴，1978年修订的《中华人民共和国宪法》对草原的所有权、使用权都没有明确规定，而仅规定森林、荒地、矿藏、水流等资源为全民所有，如果把草原算做荒地而非生产资料，那么草原应为全民所有③；1982年12月4日通过实施的新《宪法》才增加了对草原所有权的规定，确立了草原的两种所有制，即全民所有和集体所有。

比较之前的条例，作为地方性部门法的《条例》在当时的1978年《宪法》规定的框架内做出了历史性的跨越，其中最重要的就是对草原所有制的重大改革，这一创举是内蒙古从实际出发，充分行使《宪法》所赋予的民族区域自治权

① 赵真北：《关于〈内蒙古自治区草原管理条例〉修改起草情况的说明》，1983年4月11日在内蒙古自治区第五届人大常委会第十六次会议上的发言。

② 《内蒙古自治区草原管理条例（试行）》于1983年4月11日提交内蒙古自治区第五届人大常委会第16次会议审议；同年7月21日自治区第六届人大常委会第二次会议通过，并决定从9月1日起在全区全面试行。根据试行的经验，1984年对试行《条例》进行了修改，于同年6月7日自治区第六届人大会议第二次会议通过，自治区人大常委会副主任色音巴雅尔在会议上所做的《关于〈内蒙古自治区草原管理条例（修改草案）〉的说明》中指出“自治区人民委员会曾于1956年颁布过《内蒙古自治区草原管理暂行条例》；1973年自治区革命委员会又颁布了《内蒙古自治区草原管理条例》……由于这两个《条例》本身有些内容不够完善，又未经过立法程序，不具有法律效力。”

③ 1978年《宪法》第6条：矿藏，水流，国有的森林、荒地和其他海陆资源，都属于全民所有。

利的体现。[①]

《条例》在我国立法中首次明确规定草原实行全民和集体两种所有制，改变了长期以来草原单一的全民所有制。

在 1978 年《宪法》规定的范围内，通过确立草原是畜牧业的基本生产资料[②]，《条例》第一次以法律形式明确了历来将草原等同于荒地的观念和做法是不符合草原畜牧业实际情况的。

通过各地的试点证明，对草原实行两种所有制符合自治区草原的实际情况，而且有利于保护和建设草原。

在有关《条例》的讲话中，赵真北指出，长期以来因为草原为全民所有制，草原的主要使用者是集体（合作社、人民公社），造成了对草原所有权和使用权脱节，权责利不匹配，影响了牧民保护、管理和建设草原的积极性，同时外来非牧业人口和外单位以草原属全民所有为借口侵占、滥用草原，出现了“草原无主，破坏无妨，违法无罪，牧民无权”的状况，也影响了民族关系。《条例》规定人民公社、生产队经营的草原归牧民集体所有，同时通过落实使用权和管理责任制，激发了牧民管理、保护和建设草原的积极性。

另外，之前耕地为集体所有，草原为全民所有，在实践中出现了擅自将草原开垦为耕地后将所有制变为集体所有，实际上变相鼓励了开垦草原；退耕还牧后又转为全民所有，所有制的不确定也不利于发展畜牧业，造成了民族间的不平等，影响民族团结。

草原实行两种所有制也有利于打破吃草原“大锅饭”。牲畜为集体所有，通过确立草原集体所有制，形成了畜牧业劳动资料和生产资料所有制的一致性，从而将草原的权责利统一起来，对落实牧区生产责任制中的关键问题——草原责任制，起到了积极作用。在试点中，颁发了草原所有权证、使用证，草原所有权单位（生产队）与牧民联户组和个体签署了使用、保护和建设草原合同书。

《条例》也对畜草关系进行了改革，要求各旗县政府核定载畜量，实行“以

① 赵真北：《关于〈内蒙古自治区草原管理条例〉修改起草情况的说明》，1983 年 4 月 11 日在内蒙古自治区第五届人大常委会第十六次会议上的发言。1978 年《宪法》第 39 条：民族自治地方的自治机关可以依照当地民族的政治、经济和文化的特点，制定自治条例和单行条例。

② 1978 年《宪法》第 5 条：中华人民共和国的生产资料所有制现阶段主要有两种：社会主义全民所有制和社会主义劳动群众集体所有制。

草定畜，做到畜草平衡”[①]。

赵真北提出，实践证明，全方位防范措施才是对草原有效的保护，如果说明确了草原两种所有制是对破坏草原的外界因素的防范，那么以草定畜就是制止来自内部的破坏的措施[②]。

对“以草定畜”不能仅从字面理解，认为是靠天养畜的消极生产方式，或是对畜牧业发展的限制。另外“以草定畜”也绝不是一成不变的，而是草增畜可增[③]。因此“以草定畜”是根据畜牧业生产特点，从实际出发的理念在畜牧业生产和管理上的具体应用，它鼓励的是积极稳定、可持续的畜牧业发展。《条例》在其他方面也开创了以下几个“第一次”：

（1）在专门性地方法规中提出保护生态环境（第一条、第三条）、生态效益概念（第一条）。

（2）在立法中提出可持续发展概念（第三条）。

（3）以立法形式将草原所有权和使用权与草原保护建设、禁止破坏植被挂钩，权责关联（第二章）。

（4）以立法形式规定严禁开垦草原、破坏植被（第十九条），并制定出可操作性强的处罚措施[④]。

《条例》中所涉及的保护措施基本上都是从实践中总结出来的。有些是通过试点，有些是赵真北根据他的工作实践提出的，例如第十条规定对草原所有权和使用权方面的争议[⑤]，其中就有赵真北本人在牧区的工作实践。在锡林郭勒盟任职期间，外来非牧业人口在白音锡勒牧场的林场圈地限制牧民放牧，赵真北与林场协商，由林场设定围栏范围，仅限于优良林地，允许牧民在围栏外放牧。又如，《条例》第二十四条对草原道路管理和养护做出了明确规定。在锡林郭勒盟任职期间，赵真北看到草原上汽车碾压出来多条便道，他曾经亲自徒步丈量，发

① 《内蒙古自治区草原管理条例（试行）》。

② 赵真北：《关于〈内蒙古自治区草原管理条例〉修改起草情况的说明》，1983 年 4 月 11 日在内蒙古自治区第五届人大常委会第十六次会议上的发言。

③ 同②。

④ 例如要求违法开垦或破坏植被者种草植树，恢复植被，并取消了 1973 年《内蒙古自治区草原管理条例》中经过盟和旗县批准可分别开垦一千亩和五百亩以内草原的规定。

⑤ 本着有利于民族团结，有利于发展生产和互谅互让的精神，通过协商，合理解决。

现最多时可达 72 条宽窄不等的便道。[①]

《条例》的试点和实施让牧民们亲眼看到了草原的改变，他们称《条例》是拯救草原的法宝，认为“这是土改以来，共产党又办的一件好事”[②]，进一步激发了草原儿女心向党、坚定信念跟党走的强大力量。[③]

（二）依法保护草原生态

1998 年在布和（原自治区畜牧厅副厅长，赵真北的老同事）的建议和推动下，赵真北和布和一起协助巴彦淖尔盟乌拉特前旗沙德格苏木党政领导解决当地长期以来的氟污染问题。该苏木毗邻包钢，由于包头钢铁公司常年大量排放含氟烟气造成严重氟污染，损害了当地牧民的生命和财产安全，致使牧民们生活陷入极端困苦，甚至背井离乡逃荒到其他盟旗。两位已经退居二线的老人实地考察后，致信自治区政府主席、副主席及卫生厅厅长，反映情况的严重性，并提出了既有针对性又着眼于未来的具体建议，包括要求包钢做出经济赔偿，并从上交的排污费中划拨专款对该苏木进行长期补偿；政府出资帮助牧民恢复重建；促请有关部门对当地氟污染问题进行专题研究寻求防治措施，并长期监测包钢对排放量和减排执行情况。他们还同时鼓励苏木领导积极发展多种经营，减少对单一畜牧业的依赖。[④] 经过多方长期努力，包钢向当地牧民做出来赔偿。

四、探索牧区改革与发展的前沿

（一）家庭承包与合作经济

1980 年代初内蒙古开始进行牧区经济体制改革，首先实行了牧区以家庭为单位，联产承包为主要形式的家庭承包责任制，随后实施了退股经营和集体畜作价归户，又推行了草畜双承包制，这些政策和改革措施解放了牧区生产力，调动了牧民的积极性，畜牧业经济快速发展。

赵真北认为，要实现内蒙古繁荣和振兴，牧区经济体制改革势在必行。衡量

① 涛娣采访原锡盟阿巴嘎旗领导们记录，锡林浩特，2017 年 7 月。

② 赵真北：《关于〈内蒙古自治区草原管理条例〉修改起草情况的说明》，1983 年 4 月 11 日在内蒙古自治区第五届人大常委会第十六次会议上的发言。

③ 包林慧：《〈内蒙古自治区草原管理条例〉背后的故事》，载内蒙古自治区人大常委会办公厅主办《内蒙古人大》，2019（9）。

④ 内蒙古畜牧厅、内蒙古畜间氟防小组、巴彦淖尔盟行政公署等合编，赵真北主编：《关于乌拉特前旗沙德格苏木畜间氟中毒防治资料汇编》（内部资料），1998。

改革成败在于是否解放和发展了生产力，承包制度有利于解放和发展生产力，但是这只是手段之一。就这一问题，赵真北分析了以往有利于牧区发展的政策和措施，通过调研，结合马克思主义经济学原理，撰写论文并致信自治区政府，提出了想法和建议。

赵真北提出，任何改革都应该由政策制定者、研究人员和主管部门首先明确改革的目的和领域，制定和实施改革政策过程中要兼顾这些领域，以确保既实现改革的目的又不劳民伤财。

因此，制定家庭承包政策之前，有关部门应该先理清畜牧经济增长缓慢、牧民生活贫困、草原生态恶化的原因，过去的成功经验和应该汲取的教训，务必从实际出发，对症下药。明确新政策之间是否相得益彰、相为互补，会不会相互冲突而带来新问题，新政策是否有利于牧区经济的可持续发展，以实践来检验真理，通过试点来验证政策的可行性，边试点边调整。这些都需要领导和干部们更新观念，尊重科学，实事求是。

1. 观念更新、知识提升

赵真北认为要认识到上层建筑和生产关系对牲畜增长的影响。牧区牲畜“增长最快的两个阶段 1962—1965 年和 1978—1983 年，是上层建筑和生产关系比较好的阶段，第一个时期，集体经济内部管理有初步办法，自留畜、畜股报酬均已恢复，经济上‘左’的错误在纠正，政治上‘左’的错误在滋长；第二个时期，集体经济内部管理、集体和个人之间的经济关系均已恢复，政治上平反，‘左’的错误正在纠正。”①

他指出不能把集体经济和合作制简单地等同于平均主义和“大锅饭”，要了解牧区民主改革和合作化的成功经验（详见上文“关于‘三不两利’和‘稳、宽、长’政策的思考”）。要根据畜牧业的特点和牧区的具体情况，分析集体经济、合作化的利弊，认识到政府指导上的失误、现在改革试点中合作制的成效和不尽如人意之处，并兼顾牧民的意愿。

1980 年代的草畜双承包制度实际上造成了畜牧业发展迟滞，因为畜牧业生产被带回到了个体“小生产”阶段。造成这种状况的原因包括不了解畜牧业和合

① 赵真北：《就〈为建设现代化畜牧业而奋斗〉（讨论稿）致函锡林郭勒盟盟委》（未刊手稿），1987 年 10 月。

作制，缺乏制定政策的理论基础，没有从实际出发，而是套用了农村改革措施，将集体经济和合作制与平均主义和吃“大锅饭”混为一谈。[①]

2. 总结经验、汲取教训

赵真北根据亲身经历，在《对牧区经济体制改革的一些思考》[②]中分析了牧区民主改革和合作化中的不足之处和成因。

不足之处包括，政策实施得有些仓促，模式单一，管理不完善，分配上有平均主义倾向，加上当时政治上各种干扰，牧区的发展不完全尽人意。赵真北认为，出现的问题不是集体经济和合作制造成的，而是因为当时对合作制和与之相关的经济理论认识不足，导致政策上失误，对集体经济进行了不必要的干预。受左的影响，将消灭私有制和全面公社化当做发展经济的手段，也限制了合作社的自主权。加上片面追求数量，对草原一味索取，忽视建设。这些都影响了畜牧业生产和经济发展，伤害了牧民的积极性，也使民主改革、合作化初期的经济增长成为了历史。

3. 内蒙古牧区民主改革和合作化的实践证明了牧区畜牧业经济发展存在实行合作制的必然性和必要性[③]。

赵真北认为1980年代牧区经济体制改革不应放弃合作制和集体经济。他一贯坚持用实践来检验真理，进行实地调研试点，并根据实际情况调整政策和措施。事实证明，随着牧区经济体制改革的推广，过分强调个体承包，忽视集体经济的管理职能和牧民的互助合作，导致牧区牲畜增长速度下降，牧民生活依然贫困。

根据试点工作总结，赵真北在西三盟畜牧业经济学会1986年年会上题为《深入改革，提高经济效益》[④]的发言中建议，以不改变牧民牲畜所有权为前提，以自愿为原则，鼓励基层组织牵头吸收牧民组成联合体，给牧民提供全方位的指导，和产前、产中、产后服务。根据情况变化，赵真北进一步提出，除了自

① 赵真北：《解放思想 调整结构 共同繁荣》，见《内蒙古畜牧业》杂志编：《草原牧区游牧文明论集》（内部资料），呼和浩特，2000。

② 赵真北：《对牧区经济体制改革的一些思考》，见《内蒙古畜牧业》杂志编：《内蒙古畜牧业经济论文集》（内部资料），7～11页，呼和浩特，1992。

③ 同②。

④ 1987年2月22日。

愿互利外，还要以民办、民有、民受益为原则，并保证干部勤政廉洁。

牧区经济体制改革进入第十年后，根据调研，对比了保留部分集体所有、双层经营和集体畜作价归户后重新联合的三个典型，赵真北总结，各种形式的合作制都有利于畜牧业发展、保护和建设草原、调动牧民积极性、增加牧民收入、提高生活水平、推广新技术、增进牧民商品意识，更重要的是这几个典型都很重视牧民子女教育，发展文化和社会福利事业。他提出应该按照中央在农村改革中一贯强调的原则——该统则统，该分则分，统分结合，尊重牧区与农村的不同之处和牧区之间的不同之处，具体问题具体分析。赵真北认为，合作是农牧区商品经济发展的必然产物，发展社会主义商品经济更需要合作。①

赵真北提出，牧区改革过程中，对畜种和畜群的调整需要通过牧民自愿合作互助、集体管理才能实现②。同时畜产品流通体制的改革也要以合作社原则把牧区供销社建成牧民商业合作组织，完善商品生产服务体系，支持牧民组织起来进入流通，这有利于完善牧民生产和经营权的责权利统一。③

（二）尊重自然和经济规律，开展牧区经济体制改革

赵真北是改革开放初期内蒙古畜牧业经济研究会发起人之一。他对牧区建设和发展的想法和实践没有停留在依靠传统单一畜牧业、靠天养畜上。结合马克思经济理论和多年钻研，他认为牧区经济健康可持续发展有赖于改革经济结构和经营方式、发展新的生产力、促进社会分工。④

牧区经济体制改革应该覆盖促进牧区全面发展的各领域。解放初期的牧区改革就涉及保草原、兴畜牧和兴贸易三个领域。针对自治区政府在五三总结中的“发展工业、手工业对牧区生产力的发展就要有进步的作用和重大意义”，毛

① 赵真北：《对牧区经济体制改革的一些思考》，见《内蒙古畜牧业》杂志编：《内蒙古畜牧业经济论文集》（内部资料），7 ~ 11 页，呼和浩特，1992。

② 赵真北、倪东法、通拉嘎：《内蒙古镶黄旗畜牧业新局面》，见《红旗》杂志编：《经济调查》（第一辑），84 ~ 89 页，1983；《内蒙古畜牧业》杂志编：《草原管理条例》专辑（1），1983 年增刊，44 ~ 51 页（标题为《建设草原以草定畜镶黄旗畜牧业新局面》，文字略有不同）。赵真北：《对锡林郭勒盟牧区生产结构改革与“完善流通体制和合作体制”的一些粗浅看法》，1986 年 6 月 16 日在内蒙古畜牧业经济学会主办的畜牧业经济讨论会上的发言，见乌力吉图、陈志远主编：《大牧业经济文选》（第一卷），47 ~ 55 页，呼和浩特，内蒙古畜牧业经济学会、内蒙古社会科学院情报研究所编印，1986。

③ 赵真北：《在国外畜牧业经济座谈会上的总结发言》，1986 年 12 月 12 日，见内蒙古自治区畜牧业经济协会、内蒙古自治区科学技术协会、内蒙古自治区社会科学院等合编，陈志远、图门、乌力吉图等主编：《国外畜牧业经济讨论文选》（第二卷）（内部资料），呼和浩特，1987。

④ 同①。

泽东提出要“防止和克服孤立地发展畜牧业的狭隘的职业观。”

但从大跃进、公社化以来，牧区发展集中在单一的传统畜牧业，没有有意识地发展蒙古族的工业和其他产业，特别是“文化大革命”后，在蒙古族聚居区不但没有出现新的社会分工，原有的家庭手工业（如制革、制毡和手工艺品等）和副业（如盐业、狩猎业等）反而几乎消失，至1980年代中期内蒙古牧民收入的96%来自传统的畜牧业。造成这种局面最重要的因素之一在于违背自然和经济规律，单纯以牲畜头数增长作为生产发展标准的指导意见。

赵真北在锡林郭勒盟任职期间，在初步完成了“文化大革命”三大假案的平反工作后，遵照中央和自治区党委的政策要求，将全盟工作重点转移到大力发展畜牧业上。他指出，在以牧为主的同时，必须改变单一的畜牧业，要发展多种经营，兴办队办企业，增加牧民收入。他要求各级单位在“认真落实生产责任制，实行超产奖励”的同时，要积极鼓励并帮助牧民“发展家庭副业”“不要怕社员群众多卖几个钱，允许一部分社员先富起来”，应对这一工作进行专门研究并制定出政策和方案“交给农牧民群众进一步讨论落实”①。

在《提高生产力，推动社会进步，振兴蒙古民族》②和《对锡林郭勒盟牧区生产结构改革与“完善流通体制和合作体制”的一些粗浅看法》③等文章中，赵真北认为“对草原禁止开荒，用以经营畜牧业，是符合自然规律的，提倡发展工业、手工业和多种经营是符合经济规律的”。他指出任何一个国家和民族的振兴需要有稳定持续增长的基础经济，但更需要经第二、第三产业。以畜牧业发达的澳大利亚为例，其经济迅速健康发展是在发展畜牧业的基础上大力发展第二、三产业。他强调牧区一定要大力发展建立在社会分工基础上的商品经济，“牧民不仅从事畜牧业，还要从事其他生产和各种事业；……他们不仅有畜产品而且有工、副业产品，不仅有原料，而且有成品、半成品；他们的生产不仅同工、农

① 赵真北：《全盟各族人民团结起来，为打好我盟畜牧业现代化建设的第一个战役而奋斗——在锡林郭勒盟盟委三级干部会议上的工作报告》，1980年3月7日。

② 赵真北：《提高生产力，推动社会进步，振兴蒙古民族》，载《咨询与信息》专刊，1987年6月25日，并收录于《内蒙古畜牧业》杂志编：《“念草木经兴畜牧业”论文集》（内部资料），呼和浩特，1986。

③ 赵真北：《对锡林郭勒盟牧区生产结构改革与“完善流通体制和合作体制”的一些粗浅看法》，1986年6月16日在内蒙古畜牧业经济学会主办的畜牧业经济讨论会上的发言，见乌力吉图、陈志远主编：《大牧业经济文选》（第一卷），47～55页，呼和浩特，内蒙古畜牧业经济学会、内蒙古社会科学院情报研究所编印，1986。

产品交换，而且他们相互之间也进行交换；他们到市镇不仅是一卖一买，而且是从事生产的经济的活动”。赵真北指出，商品经济发展了，才有可能发展新的生产力，逐步对畜牧业进行根本上的技术改造，使各种生产有机地协调发展，牧区才能真正地繁荣。

赵真北坚持务实、求真、求变。针对蒙古族没有大规模从事工商业的历史和不习惯经商的状况，根据当时中央大力发展商品经济的精神和对农村发展多种经营的建议，赵真北提倡建立以乡、苏木畜牧业工作综合站为核心，而且在不改变农牧民对牲畜所有权的前提下组织由农牧民自愿参加的不同形式的牧工商联合体。联合体应该是具备独立法人资格的技术型的集体经济组织，指导农牧民根据市场需要进行生产、销售，为他们提供服务。他还提醒不要以收入高掩饰生产力的落后，在经济发展上应该先富民后富旗，避免旗政府所在地房子越盖越高，牧草越长越低，人口越来越多，牲畜越来越少。

五、发展民族工商业，促进民族经济产业多元化

1980 年代国家提倡发展商品经济，在农业方面着力改革农产品流通体制，同期民族工作的重点转移到经济建设上来，确定了新时期民族工作要在“坚持四项基本原则，坚持改革、开放、搞活的基本国策，紧密结合少数民族地区和少数民族的实际，从民族平等、民族团结、民族进步、相互学习、共同致富出发”这一总的指导思想下，“以经济建设为中心，全面发展少数民族的政治、经济和文化，不断巩固社会主义的新型民族关系，实现各民族的共同繁荣”为根本任务[①]。国家把牧区发展商品经济作为振兴牧区经济，实现民族进步的不可逾越的阶段，是必由之路[②]。

1985 年赵真北到内蒙古工商局任职后，按照当时中央发展个体私营经济的精神，结合内蒙古的实际情况，他提出，要实现各民族的共同繁荣，必须发展

① 1986 年 10 月中共中央书记处书记习仲勋在全国民委主任（扩大）会议上做重要讲话，会后中央、国务院批转了中央统战部和国家民委《关于民族工作几个重要问题的报告》，并以中共中央 [1987]13 号文件发给全国县团级以上单位，要求各地“结合实际情况贯彻执行”，见“中共中央、国务院与批转《关于民族工作几个重要问题的报告》的通知”，内容来源于中共中央发 [1987]13 号文件。

② 田纪云：《争取我国牧区经济有个较大的发展》，见《田纪云文集》（农业卷），112 页，北京，中国民主法制出版社，2016。

基于社会分工的少数民族工商业，提高生产力，发展真正的商品经济；同时必须全面落实党的民族政策和宪法赋予少数民族的各项权利，以法律和政策为少数民族经济文化各方面的发展保驾护航；发展经济的同时还必须保护好草原。利用多年畜牧业管理的经验，他坚持实地调研，并安排主要处室的干部进行调研，摸清扶持发展少数民族个体经济的具体问题和解决方法。①

1990 年赵真北代表内蒙古商业经济学会、内蒙古民族贸易经济研讨会、内蒙古个体劳动者协会在全国发展少数民族个体商业研讨会上的发言中②，提出了发展少数民族个体工商业的具体落实措施，并对各级政府从立法、政策和管理上提出建议：1、做好服务，例如工商管理部门上门服务，国家工商总局多年后才提出类似的建议，2、多维度的扶持政策和措施，如税收优惠、重点发展少数民族聚居区、与扶贫相结合、发挥能人的示范效应，3、自治地方人大和政府制定以发展少数民族工商业为重点专门法规。他强调，工商管理部门应该做到注重对个体工商户的教育；法律面前人人平等，管理者和被管理者都要依法、守法，工商管理部门要先以身作则遵守法律和职业道德，在管理上真正做到两个公开、双向监督。

尽管改革开放后少数民族地区收入有所增加，甚至一些地区增幅较大，赵真北意识到这不代表少数民族生产力的提高，提醒主管部门要看到被地区繁荣掩盖着的少数民族整体的落后。为此他呼吁，应该在思想上引导干部和少数民族群众端正对蒙古族等少数民族开展工商业的态度，在政策上进行侧重扶持，体现以“民族平等、民族团结和各民族共同繁荣”为目的的民族政策。他从以下几个方面阐述了少数民族发展工商业的问题：

第一，在少数民族发展工商业过程中所遇到的各种障碍的重中之重是思想认识和理论上的误区。

长期以来的普遍观点是发展单一的传统畜牧业是蒙古族等少数民族发展的唯一途径，这一观点在十一届三中全会后一度依然是内蒙古的统一指导思想。另一个误区是将提高牲畜的商品率这一小商品生产等同于基于社会分工的商品

① 涛娣采访潘景玉记录，北京，2019 年 9 月 13 日。

② 赵真北：《为实现各民族共同繁荣　积极扶持发展少数民族工商业》，见中国民族贸易经济研究会编：《少数民族个体商业的崛起》，153 页，北京，中国商业出版社，1991。

经济。第三个误区是将各项增长数字等同于少数民族生产力的提高，而没有看到数字背后的问题，上文提到的牧民收入增加的原因并非生产力提高，而是因为近年来畜产品价格上升。

第二，赵真北指出，在实际工作中对少数民族发展工商业、商品经济全方位的扶持不足，包括以下问题：法律政策的教育上不到位。尽管早在 1949 年起临时宪法作用的《共同纲领》中就确立了民族区域自治制度，并载入后来每一部《宪法》，1984 年通过了《民族区域自治法》，但是实际中并没有遵照中央指示的精神，把民族平等和各民族共同繁荣上升到关系到国家命运①的高度上。工作中对各族人民进行“以平等为基础，以团结为保障，以共同繁荣和共同进步为目的”和保障少数民族合法权益的教育还有待加强。

在工作中对培养少数民族在发展工商业中自我发展重视不足，在平等相待上尚需提高。工商管理部门应鼓励少数民族发扬各民族间互学互助的传统，增强少数民族的造血机能，让他们养成求助而不依赖，各级有关部门则应帮助而不包办。对少数民族的帮助扶持应该有针对性，政府部门要协助解决他们在发展过程中存在很多包括信息、技术、资金、交通等方面的现实困难。毛泽东在 1954 年说过“必须使你们②在经济上、文化上、人口方面重新强大起来，才是我们对你们的真正帮助。”

对于缺乏工商业的少数民族地区来说，个体工商业代表着新的生产力和繁荣的希望。应当将发展少数民族工商业、经济列入自治地方国民经济和社会发展规划，作为考核党政主要领导和有关部门的一项重要内容。

六、后人评述追忆

作为一位管理干部，赵真北对工作和研究并没有局限于这一角色，而是从研究者、管理者和政策制定者的综合角度来思考问题。

不少草原生态保护、畜牧业政策、牧区经济等领域的专家学者在学术研究中都读过赵真北的论文和讲话稿，从中受到启发。本书中有关专家学者们的文章从

① 中央统战部、国家民族事务委员会《关于民族工作几个重要问题的报告》(中共中央 [1987]13 号文件)。

② 指藏族、蒙古族。

不同角度对赵真北在上述领域理论和实践的开拓性和价值进行了分析和点评。

解放后内蒙古畜牧业发展的历程证明，牧区的实际情况、畜牧业的特点和牧民们合作互助传统决定了集体化和合作化的必然性，也是实现内蒙古牧业区人民和全国各族人民共同富裕的合理路径。内蒙古历史上有过合作化的成功经验也有过教训，任何形式的改革都必须从实际出发。解放初期，在锡林郭勒盟西部联合旗工作期间，赵真北对解放前牧区经济状况做了调查，用事实和数据论证了“三不两利”政策是正确的、符合牧区实际情况的（暴庆五）。在亲身实践的基础上，赵真北撰写的牧区畜牧业经营方式和政策的文章阐述了牧区实行集体化和合作化的历史、政策、实践和经验教训，对当前和今后内蒙古畜牧业政策制定和牧区发展都有重要的理论和实践价值（额尔登布和、吉雅）。借鉴民主改革和社会主义改造时期的“牧民自愿入社”的经验，通过宣传培训，让牧民正确理解新型合作社，采用牧民容易接受的合作方式，逐步实现合作社在牧区的普及（吉雅）。

草原是畜牧业最基本的生产资料，针对内蒙古畜牧业生产的实际情况，赵真北提出“以草定畜”、草畜平衡和以草为基础的牧区畜牧业可持续发展（连雪君），其出发点是推动草原畜牧业发展基础上的草原生态经济系统持续发展（文明）。在改革开放初期提出这一主张，体现出赵真北能够打破既定框架，看到问题实质的远见和魄力（文明），他这种“不唯上、不唯书、只唯实”的精神才是我们需要向改革先行者学习的思想精髓（杨理）。从“以草定畜”提出来至今已30年，通过践行“以草定畜”思想，开展集技术和数据的应用、气候变化规律的掌握、牧民智慧和经验的发挥、现代草原畜牧业的发展融为一体的系统性工程（文明）。

落实“以草定畜”“畜草平衡”是从草原生态内部进行保护，同时还需要防止和减少来自外界的破坏——外来非牧人口挤占草原导致严重超载过牧。2000年代初开始北京持续发生沙尘暴天气，有记者发表调查文章指出环境恶化的重要原因之一就是外来非牧民人口挤占草原导致超载过牧，部分干部占用草原与牧民争利。朱镕基总理考察内蒙古，强调严禁超载过牧和对草原的掠夺性经营；要求调查整顿侵占草原破坏生态的问题。内蒙古自治区2003年出台了《内蒙古自治区党委、政府关于清理非牧民占用牧区草场和依法规范草牧场使用权流转的意见》(内党发〔2003〕3号)。意见对清理非牧民占用草原的工作进行了全面安排和部署，取了很大的成效。其核心和自治区成立以来（“文化大革命”时期除外）的草原管理使用保护政策措施一脉相承：草原是畜牧业的基本生产资料，是牧民赖以生存的基础，不能以任何借口侵犯牧民的合法权益、破坏草原（特力更）。

在做到“以草定畜”“畜草平衡”的同时，赵真北还提出要大力发展少数民族工商业，减少牧民对草原和单一畜牧业的依赖，从而减轻对草原的压力，保护草原生态。他的这些思想，在今天仍然对实现牧区的生产、生态和生活的“三生统一”有诸多启发，有很大时代价值。发展工商业有助于提高牧民素质进而增加收入，但是发展不应以破坏草原生态环境和民族文化为代价，因为草原生态事关国防等大计，草原上的牧民是草原文化的母体和传承者（盖志毅）。赵真北提出，要实现牧区纵向分工而深化经济结构调整，推动牧区经济结构的多元化，最后才能实现牧区商品经济可持续发展，他的牧区可持续发展观对于我们当前认识牧区的转型与发展具有重要的意义（连雪君）。实现草原畜牧业的现代化关键是“草”“畜”和“人”三要素的合理配置，从“以草定畜”到发展工商业，各个方面相辅相成，最终做到均衡畜牧业“三要素”，促进畜牧业可持续发展（巴图）。

赵真北推动从法律上对草原所有权进行重新界定，使牧区基层组织成为了草原集体所有者，他力求在法律上使牧民生产集体拥有草原所有权的深层次考虑之一就是草原生态环境保护问题，能够像他那样在1983年就将内蒙古草原生态保护放在祖国生态屏障的高度上来认识和解释的人少之又少（那顺巴依尔）。草原所有制的落实是草原责任制落实的前提，赵真北关于草原所有制的论述，在现在看来仍然有助于明确草原的资源属性和国家所有草原的使用权的内容（代琴）。

赵真北工作实践和学术研究的精髓在于他的实事求是、不唯上、不唯书的工作作风，他的超前意识，以及对草原和畜牧业特殊性的深刻理解，对科学和客观规律的尊重，更重要的是坚持从草原和牧民的角度思考问题。

和赵真北共过事或有过接触的老同志们对他在工作中的务实和好学精神和远见卓识记忆犹新，认为他是领导干部里的学者。他们通过亲身经历，给我们呈现出赵真北对牧区和牧民多年如一日的关心，为牧区繁荣孜孜不倦的努力，一切从实际出发的工作作风。

赵真北建议内蒙古蒙文专科学校设立“牧区经济系”，专门为牧区培养人才（阿迪雅）。他的这个建议是建立在他一贯的理念上的——经济特别是工商业是一个民族的生存和发展之本。

牧民不能仅仅依靠传统畜牧业，从事工商业是必经之路。原锡林郭勒盟苏尼特左旗巴彦乌拉苏木巴彦塔拉嘎查长和书记车登扎布 1984 年组织 20 个嘎查的牧民投资兴建了 350 吨容量的大型冷库，为自治区培养了首批农牧民产业人员，冷库筹建过程中得到了赵真北的关心和支持，并成为多篇论文和讲话中范例证明拿牧鞭的蒙古人也能从事工商业。车登扎布担任了苏木党委书记后，于 1993 年带领当地 16 名蒙古族牧民在鼓浪屿北山公园筑起了 5 个蒙古包，建了“蒙古民俗城”①，这一创举也饱含着赵真北对牧区产业多元化的不懈推动和疾呼（车登扎布）。赵真北建议牧区工作管理部门要积极发掘牧民中的工匠，保护民间工艺技术；鼓励牧区经商的能人活跃市场，像过去供销合作社那样（雅柱）。

赵真北虽然 1983 年就离开了内蒙古畜牧厅，但他引领内蒙古畜牧业和草原上的牧民走向了承前启后的历史性时刻（那顺巴依尔）。他是一个普通的领导干部，但是他有理想、认真工作、真实做人、没有任何私心，这让他与众不同；他属于他的时代，他不负他的时代（张卫国）；他是一个心地无私、坦坦荡荡的人，他倾尽毕生精力义无反顾地追求理想；他从来没有忘记自己是那个吃百家饭长大的苦孩子，这个世界上没有什么可以让他畏惧或是值得去委曲求全的。赵真北的一生是为牧区发展鞠躬尽瘁的一生，是为提高牧民生活水平不懈努力的一生。

我们共同保留、传承赵真北的理论创新、工作作风和工作方式，谨记他的实事求是的作风，“不唯上、不唯书、只唯实”，薪火相传，实现几代人的共同理想——保护生态、发展牧区、实现民族繁荣。

---

① 从中国旅游协会了解到，因其特殊地理位置，鼓浪屿 1980 年代才向内地省区开放，“蒙古民俗城”为鼓浪屿开放后入驻的第一家外省区旅游项目。“民俗城”主要经营苏尼特羊肉火锅，饭店里有蒙古长调和马头琴文艺表演，还展示蒙古搏克手和蒙古服饰，吸引了许多游客。一些东南亚报刊还做了报道。

一生守护草原　终生心系牧民

——赵真北生平

涛娣[①]

赵真北（1926—2010），蒙古族，中国共产党党员。1945年11月参加革命，任内蒙古土默特左旗旗政府会计。1946年在内蒙古军政学院学习，同年5月加入中国共产党。历任中共锡察工委地方干部训练团（下称锡察干部团）组教科副科长、中共锡林郭勒盟西部联合旗工委书记兼旗长、锡林郭勒盟畜牧处处长、中共锡林郭勒盟工委[下称锡盟（工）委[②]]及中共锡林郭勒盟盟委会（下称锡盟盟委）委员、锡盟（工）委及盟委组织部部长、内蒙古自治区党委农村牧区工作部三处处长、内蒙古自治区畜牧厅副厅长、内蒙古自治区农牧林委员会党组副书记、副主任兼畜牧局局长、内蒙古自治区农牧场管理局副局长、中共内蒙古锡林郭勒盟盟委第一书记兼锡林郭勒盟军分区第一政委、内蒙古自治区畜牧厅厅长、内蒙古自治区工商行政管理局党组书记、局长、内蒙古政协六届常委。

一、早年经历

赵真北于1926年10月24日[③]（农历九月十八）出生于内蒙古自治区呼和浩特市土默特左旗东沟门村的一个蒙古族农民家，名字为额尔敦扎布，汉文名字赵

① 赵真北的女儿。

② 锡盟（工）委于1953年11月改为中共锡林郭勒盟委员会，见《锡林郭勒盟志》编纂委员会编：《锡林郭勒盟志（下）》，1532页，呼和浩特，内蒙古人民出版社，1996。

③ 农历九月十八日，公历应为10月24日，早年填写履历时农历转换公历时误作10月26日。

昌秀（小名秀秀）。入学后因蒙古文不好用汉文拼写名字，又遇当时的蒙古族老师汉文不太好，遂被称为额尔敦桑布（亦称额尔敦桑宝、桑宝）。在把什板申小学念书时，冯文华老师给他起名赵珍壁，后改为赵真北。[①]

赵真北的先人于明末清初从大兴安岭北部迁移到胡鲁齐沟门（现在的土左旗东沟门）来看护山林[②]，在当地定居下来。清朝时期东沟门被编为土默特右翼三甲第五苏木。胡鲁齐沟出产煤炭，后来胡鲁齐沟门西边迁来汉族居民，于是胡鲁齐沟门改为东沟门，西边称西沟门。

赵真北的父亲赵红红（1884—1936），务农兼行医，1933 年加入中国共产党。他在乡间邻里活动面比较广泛。其"梳头儿子"云光霖[③]在 1920 年代末加入乌兰夫同志把什村秘密组织的农民协会，开展地下工作，赵红红成为其所培养的农会积极分子之一。因为东沟门村人烟稀少，相对比较偏僻，赵红红家便成为云光霖召集会议的场所[④]。1933 年由中共绥远特委组织部长吉合作介绍人，赵红红与云光霖一起在东沟门村赵红红家中入党，成为中共绥远特委在土默川的秘密工作小组成员之一[⑤]。赵真北的母亲武葡萄（出生年月不详，土默特左旗小里堡村的蒙古族[⑥]）于 1929 年去世。赵真北唯一的姐姐在他出生前就夭折了。他五岁时父亲续弦，继母赵玲玲是土默特左旗陶思浩村的一位丧偶无子女的蒙古族妇女，于 1962 年去世。

赵真北于 1933—1935 年在土默特左旗西沟门村私塾读书；1935 年入位于把

① 这些名字在不同时期使用过：赵珍壁（1941 年之前和 1945 年冬至 1947 年夏），额尔敦桑布（桑宝）（1941—1945 年 8 月），赵真北（1947 年起）[1947—1954 年期间赵真北和桑布（桑宝）两个名字同时使用]。

② 看护山林这一说法系赵真北的先辈口头述说，没有史料记载。

③ 云光霖，蒙古族，原名李善庆（1911—1973），出生于内蒙古呼和浩特市土默特左旗察素齐镇把什村。幼年时只读过几年私塾便回家务农，青年时期参加革命，对土默特的党建工作做出了不可磨灭的贡献。1945 年抗战胜利后，他与察素齐党组织负责人罗仲群联系，成立了中共土默特办事处。1946 年 1 月根据组织的要求撤离察素齐，他辗转到达位于张家口的内蒙古军政学院，在那里学习后被分配到察哈尔盟公署工作。1947 年入锡林郭勒盟干部团学习，之后在锡察军区供给部工作。1950 年调内蒙古自治区民委工作，1952 年调包头云母石棉矿任矿长，1964 年任内蒙古建设厅处长。1973 年 5 月 21 日离世。1980 年内蒙古建设厅党委为其彻底平反。见《把什村史》编纂委员会编：《把什村史》，233 ~ 235 页，呼和浩特，内蒙古人民出版社，2003。巴特尔、魏铎：《呼和浩特革命人物丛书》第一集，359 ~ 364 页，呼和浩特，内蒙古人民出版社，2017 年。按照蒙古人习俗，青年结婚时须认"莫日古鲁格森阿爸额吉"，汉语意为"梳头父母"，相当于干亲。蒙古族姑娘传统上梳一条辫子，结婚时梳头母将新娘的辫子分为两条，俗称"分头"。

④ 纳日碧力戈采访赵真北的记录，呼和浩特，1996 年 2 月 13 日。

⑤ 见《把什村史》编纂委员会编：《把什村史》，235 页，呼和浩特，内蒙古人民出版社，2003。

⑥ 小里堡因邻村大里堡而得名。大里堡原为藏语人名"大里豹"。赵真北生母的姓氏"武"可能由武吉彦特氏演变而来。小里堡村的赵真北生母家族在民国时期因绥远地区鼠疫而绝户。

什板申村（现把什村）的新式学堂，土默特旗立初级小学（第八国民小学校，后改称把什板申小学，现为土默特左旗把什民族学校）；1939 年入位于呼和浩特的土默特旗立厚和豪特小学（俗称“南高”，又称“土默特小学”、“土小”，现为呼和浩特土默特学校）蒙文班读书；1941 年春入厚和蒙古中学[①]，1944 年 12 月毕业后和同学们一起被送往位于张家口的兴蒙学院[②]，未入学，随即和同行的蒙古中学同学赛音乌力吉、阿斯楞转去也位于张家口的蒙古高等学院[③]就读，1945 年 8 月 15 因日本战败，学校停办而返回家乡。

失去亲生父母的赵真北早年生活非常艰辛。父亲去世后，留下 20 多亩旱地，继母长年有病，年幼的赵真北身体单薄，他们只好把土地出租他人耕种，因为是孤儿寡母，租种土地的人常常拒绝交租，他们的收入勉强果腹。如果没有善良的亲友接济，他可能早就流离失所甚至无以生存，更谈不上念书了。

在旗立初级小学和土默特小学就读期间寒暑假返乡时，赵真北住在好心的但也并不富裕的姑母[④]、姨母[⑤]和二伯[⑥]家。有一年寒假从呼和浩特回时，因为没有棉鞋路上冻伤了脚，多亏姨表妹凤芝给他做了一双棉鞋，才能够返校。念书期间靠二伯资助才能假期返乡。赵真北的二伯对他视同己出，甚至偏爱有加。在土小上学期间，二伯时常去呼和浩特看他，带他去吃烧卖，临走前总会给他留一些

① 赵真北：《忆厚和蒙古中学暨悼念学友华兴嘎烈士》，见呼和浩特市政协文史和学习委员会编：《求学岁月——蒙古学院　蒙古中学忆往》，《呼和浩特文史资料》（第十三辑），49 ~ 60 页，2000。有关厚和蒙古中学历史沿革，见忒莫勒《蒙古学院、蒙古中学校概述》，见《求学岁月——蒙古学院　蒙古中学忆往》，1 ~ 10 页，2000。

② 兴蒙学院前身为 1939 年 11 月在张家口成立的蒙旗学校，该校专收王公子弟受训。蒙古联合自治政府机构改革后，1941 年该校改称兴蒙学院，而且也招收一般蒙古青年，学校设预科、本科及师范科。金海、姚金峰：《蒙疆政权时期内蒙古西部地区教育述略》，载《蒙古史研究》，2007（9）。

③ 蒙古高等学院的前身为 1941 年 8 月成立的蒙古留日预备学校。该校由“财团法人蒙古留学生后援会”主办，招收蒙古族学生，主要补习日语为留学日本做准备，属于私立公助性质。1943 年 3 月蒙古自治邦政府（惯称蒙疆政府）将该学校改建为蒙古高等学院，并由私办公助转变为官办，仍由吴鹤龄兼任院长。蒙疆政权的教育体制中以兴蒙学院、蒙古高等学院等以培养教师、官吏及技术人员为目的的学校代替高等教育（同上）。当时兴蒙学院以培养师资为主，赵真北和赛音乌力吉、阿斯楞等几位同学因为不愿意毕业后当教师，向院方提出转校，获准。见赵真北：《忆厚和蒙古中学暨悼念学友华兴嘎烈士》；涛娣采访赵真北记录，呼和浩特，2002 年 12 月 28 日至 2003 年 1 月 3 日。

④ 赵玉玉，赵真北父亲的胞妹，出嫁到把什板申村。

⑤ 武淑莲，赵真北生母的亲叔伯妹妹，当时住在把什板申村。赵真北丧母后，姨母经常照顾他，他和姨母姨父感情深厚。他曾和荣世章（表叔）、荣静娴（表妹，乳名凤芝，武淑莲的长女）一起在把什板申村的旗立初级小学上学。

⑥ 赵二喇嘛（昵称），赵真北父亲的胞弟，土默特蒙古人称伯伯（音百百）。

钱。赵真北在土小上学时平生第一次使用的牙刷牙膏，是同年入学的堂兄赵昌生（二伯的长子）给他买的。赵真北的堂妹赵瑞生（二伯的次女）回忆，她的姐姐赵连生曾说过，小时候她们的父亲去察素齐镇卖了煤之后，买提江饼回来，只给赵真北吃，没有给和他年纪相仿的连生。

厚和蒙古中学发放的服装、被褥使在外读书多年的赵真北第一次用到了真正的被褥，之前借住在姨母家上学时的被子是生母生前的一件蒙古式棉袍，在返乡安葬父亲途中还被人偷走了。在土默特小学时，同学王有才看到他衣不蔽体，于是发动同学募捐，给他凑齐了冬衣。对于曾经给予过他帮助的亲友的恩情，赵真北始终铭记在心，尽其所能予以报答。①

尽管生活穷困不堪，但是天资聪颖、勤奋用功的赵真北在学业上一直出类拔萃。刚入土默特小学时，因蒙古语基础不太好，被分到蒙文乙班，半年后因成绩优异，老师把他调到甲班。报考厚和蒙古中学时，他又因为蒙古语基础不太好被编入预备班，次年开学，学校进行统一考试，根据成绩重新编班，分为本科四年级、三年级、二年级（分甲乙班）、一年级（分甲乙班）、预备班，赵真北因为考试成绩突出，直接从预备班进入二年级甲班。②

二、走上革命道路

赵真北的生活和工作经历是中国共产党民族政策深得人心的最好例证。在那个年代，为了生存和被尊重，赵真北走上了革命的道路。是中国共产党的民族政策坚定了他振兴民族的信念，让他毕生致力于实现蒙古族和其他各民族的共同繁荣，达到民族间真正的事实上的平等。

土默特蒙古人长期受压迫和歧视，这反而激发了他们对民族的热爱和寻求解放的渴望。中国共产党长期以来关注少数民族的解放和发展，制定实施的一系列民族政策，让土默特蒙古人看到了实现民族平等的希望。赵真北也不例外，从参加革命工作，接受共产主义的启蒙开始，他从来没有动摇过对共产主义和对中国

① 赵真北：《忆厚和蒙古中学暨悼念学友华兴嘎烈士》，见呼和浩特市政协文史和学习委员会编：《求学岁月——蒙古学院蒙古中学忆往》，《呼和浩特文史资料》（第十三辑），49～60页，2000。涛娣采访赵真北记录。

② 同①。

共产党的信仰。

（一）从学校走上革命道路

1945 年 8 月 15 日日本战败后蒙古高等学院解散了，赵真北回乡路过呼和浩特，和同学图门巴雅尔（云其阁）去看望土默特小学校长恒升老师①，恒老师以浅显易懂的方式教育他们蒙古人像蒙古国一样相信共产党才有出路，不能相信蒋介石和国民党，他们实行的是大汉族主义，欺压蒙古人。回乡后一天在察素齐街头看到由中共绥远蒙古政府主席云泽（乌兰夫）签署的布告，赵真北第一次看到蒙古人做政府主席，于是觉得恒升老师讲得有道理：中国共产党是蒙古人的希望②。

回乡不久，经表叔荣世章介绍，赵真北于 1945 年 11 月在八路军建立的土默特左旗察素齐市人民政府参加工作，管理财务。12 月绥（远）包（头）战役后，组织上决定向东部撤退。12 月 12 日经察素齐市市长罗仲群介绍，赵真北成为中国共产党预备党员。当天他和潮洛濛受命前往位于集宁的由乌兰夫任院长的绥蒙建国学院学习。

1945 年 12 月内蒙古自治运动联合会在张家口成立，并成立了内蒙古军政学院③，自治运动联合会主席乌兰夫决定把绥蒙建国学院的所有蒙古学生调往军政学院。1946 年 1 月赵真北和其他 31 位绥蒙建国学院同学一起，由集宁经丰镇前往军政学院，1 月 13 日途经丰镇附近的官屯堡时遇到国民党傅作义下属绥西联军的王英部队，他和其他 26 位同学被捕，王英部队将他们交给管辖当地的阎锡山部队。2 月又被押至大同市，编入阎锡山部队省防第五军第三十八师，看守仓

① 恒升是当时的社会知名人士、老革命者，1926 年曾任内蒙古人民革命军上尉副官，1930 年代在中共西北特委工作并赴蒙古国学习，抗日期间任土默特小学老师、校长，并曾帮助大青山抗日根据地购买运输物资、向延安输送进步青年。抗战结束后辞职返乡。见赵真北：《厚和蒙古中学暨悼念学友华兴嘎烈士》，涛娣采访赵真北记录。

② 赵真北：《忆厚和蒙古中学暨悼念学友华兴嘎烈士》，见呼和浩特市政协文史和学习委员会编：《求学岁月——蒙古学院蒙古中学忆往》，《呼和浩特文史资料》（第十三辑），49 ~ 60 页，2000。涛娣采访赵真北记录。

③ 1945 年 12 月 18 日内蒙古自治运动联合会在张家口创办了内蒙古军政学院，自治运动联合会执行主席乌兰夫兼任院长，次年 1 月正式开学。学院设政治部、军事部和中学部，分别培养党政、军事干部，并教育文化程度较低的青年。详见郝维民主编：《内蒙古自治区史》，8 页，呼和浩特，内蒙古大学出版社，1991；谢江：《培养少数民族干部的摇篮——内蒙古军政学院》，《教学与科研》，1991（2）。

库。同年4月7日他和一起被俘的荣青海、云光同学一起寻机逃离，于4月底到张家口入内蒙古军政学院学习。

被俘期间受到的国民党大汉族主义的歧视和侮辱，更坚定了赵真北和其他蒙古青年的革命信念，陆续从国民党羁押中逃脱的蒙古青年无一投奔国民党，可见党的民族政策对蒙古青年的吸引力。

赵真北于1946年5月28日再度成为中国共产党预备党员①，8月7日提前结束预备期正式成为中国共产党党员，9月学习结业后留校在内蒙古军政学院组织注册科工作②。同年10月内蒙古军政学院撤离张家口转移到贝子庙（今锡林浩特），赵真北和其他人员改编为武工队，后改为隶属于中共锡林郭勒盟、察哈尔盟工委的锡察地区地方干部培训团③，历任干事、班主任、组教科副科长等职。

赵真北根据自己的亲身经历认识到，民族平等是民族团结的基础，正确的民族政策必须以民族平等为核心。中国共产党自成立伊始就团结各少数民族，对他们平等相待，所以解放战争时期，仅有80万蒙古族人口的内蒙古，仅从中东部地区就动员骑兵2万多人，“人口不足万人的锡林郭勒盟正蓝旗有1200名牧民自带鞍马参军参战”，为解放全中国和全内蒙古做出了重要贡献④。

（二）学习和使用蒙古语

赵真北的故乡土默特旗，自明代就有中原人来此耕种。因为紧邻长城接壤晋、冀两省北部，加上乾隆年间清廷将归化城土默特两旗改制为与察哈尔八旗等同的“内属旗”，受朝廷直接统辖，这里成为清代最先被开垦的地区。到嘉庆五

① 1945年12月12日经罗众群介绍赵真北入党后，交给他一封信让他到集宁后转交杨植霖。到了集宁后赵真北没有找到杨，因不知信件内容，误以为是入学（绥蒙建国学院）介绍信，就没有再留意，之后历经被俘、逃离，这封信也不知去向了。次年在军政学院入党时，赵真北才意识到罗的信件很可能是党的组织关系介绍信，因为介绍信遗失，故于1946年再度成为预备党员。见赵真北“文化大革命”材料。涛娣采访赵真北记录。

② 赵真北：《忆厚和蒙古中学暨悼念学友华兴嘎烈士》，见呼和浩特市政协文史和学习委员会编：《求学岁月——蒙古学院蒙古中学忆往》，《呼和浩特文史资料》（第十三辑），49～60页，2000。涛娣采访赵真北记录。

③ 中共锡察工作委员会于1946年11月决定建立锡察地区地方干部培训团。鉴于当时的紧张局势，以及中国共产党尚处于着力在群众中扎根的初期阶段，因此通过培养地方干部积极来向群众宣传党的政策迫在眉睫，从牧民中招收符合条件的学员。详情见本书收录的赵真北、旺庆苏荣：《党的教育的珍贵摇篮——锡林郭勒盟、察哈尔盟地区干部培训学习团的回忆》一文，见锡林郭勒盟政协编：《锡、察盟地方干部培训团回忆录》（内部资料），2002。原文为蒙古文，奥运翻译，万喜修订。

④ 赵真北：《对草原生态保护与执行党的有关政策问题》（未刊稿），2004年5月。

年（1800年）该地区汉族人口已经远远超过蒙古人[①]。到20世纪初和中期，土默特旗蒙古人已经大多不会说蒙古语。

赵真北的祖母6岁之前不会汉语，但是赵真北幼年时期，家乡的亲友大多数蒙古语已经不流利或者不会蒙古语，不会读蒙古文。他的父亲因外出行医会去达茂旗等牧业区，所以蒙古语流利。在赵真北幼年时期，父亲教过他一些日常用语，他上小学时学过蒙古文，但是平时没有更多的机会练习口语。在厚和蒙古中学读书期间，蒙古族老师上课都用蒙古语，日本老师上课用日语，学校要求同学之间必须说蒙古语或日语。刚入校时，他曾经因为蒙古语说得不好而被有些老师和同学排挤，但是他很幸运得到好心同学的帮助，经过努力加上从小学习蒙古文的基础和自身禀赋优异，入学半年后他已经能够大体听懂讲课内容并和同学交谈了。[②]

由于有之前打下的蒙古文基本功底，内蒙古军政学院撤退到贝子庙后，在锡察干部团工作的三年对赵真北提高蒙古语文水平大有裨益。他和学员们一起听课，他认真留意蒙古语口译的翻译，参加学员们的讨论；在管理学员生活的过程中和他们打成一片。功夫不负有心人，在之前打下的蒙古文基础上，通过勤奋好学和用心专注，他在几个月后便逐渐能够开始翻译教材，引导学员们讨论。干部培训团墨志清政委[③]讲授新民主主义、社会发展史等课程时，赵真北可以为他当翻译[④]，后来还可以用蒙古语讲课，从此赵真北“与广泛使用蒙古语的牧区、半农半牧区的工作结下了不解之缘”[⑤]。不少当年锡察干部培训团毕业的锡盟的干部多年后见到他，依然称他为“桑宝巴克什”（蒙古语桑宝老师的意思）。赵真北是他同龄人中屈指可数的可以熟练使用蒙古语文的土默特蒙古族，他曾受邀在内蒙古党校用蒙古语讲课，获得过内蒙古自治区“学习与使用蒙文奖”。

---

① 1700年土默特蒙古人人口约为42,120人，1800年该地区汉人人口达120,776人。阎天灵：《汉族移民与近代内蒙古社会变迁的研究》，18页，北京，民族出版社，2004。

② 赵真北：《忆厚和蒙古中学暨悼念学友华兴嘎烈士》，见呼和浩特市政协文史和学习委员会编：《求学岁月——蒙古学院蒙古中学忆往》，《呼和浩特文史资料》（第十三辑），49～60页，2000。涛娣采访赵真北记录。

③ 墨志清，蒙古族，曾用名云林宝，1917年9月出生，呼和浩特市土默特左旗双号村人，历任内蒙古骑兵第16师政治部主任、锡察干部培训团政委、内蒙古军区骑兵一师政治部主任、内蒙古团委组织部部长、包头市副市长、包头市政协主席、包头市人大常委会副主任、内蒙古顾问委员会常委。

④ 赵真北、旺庆苏荣：《党的教育的珍贵摇篮——锡林郭勒盟、察哈尔盟地区干部培训学习团的回忆》；涛娣采访赵真北生前好友旺庆苏荣记录，锡林浩特，2017年8月30日。

⑤ 同②。

三、与牧区工作初结缘（1946年—1955年）

1946年10月赵真北来到锡林郭勒盟之后开始和牧区工作结缘，锡林郭勒盟也成为了他的第二故乡。

1. 锡林郭勒盟、察哈尔盟工委地方干部培训团（1946年11月—1950年2月）

1946年9月内蒙古自治运动联合会决定从张家口撤退到锡林郭勒盟贝子庙。撤退的人员男女老少背景和年纪各不相同，有军政学院在校生，还有临时安排在学院的从集宁前方撤退下来的一些人员，也有伪满时期的人员，还有当过僧人的。军政学院领导让赵真北带队撤退，当时赵真北还不满二十周岁，从未担当过这样的重任，忐忑不安。一路上赵真北白天领着大家赶路，晚上还要安排站岗、查岗，担心大家睡着了，敌人来袭击，也担心有人借机逃跑。到了贝子庙，他看到一起撤退的人全部都到齐，中间也没有发生任何问题，才松了一口气。赵真北受到了上级表扬，多年后回想起来，他认为这很可能就是军政学院的教育和经历让大家感受到了民族平等，再加上蒙古人民共和国建立了共产党领导的国家的影响，从一个繁华的城市（张家口）撤退到荒凉的草原地区，人们不但没有抱怨反而高高兴兴地安定下来。

按照中共锡察工委“凡具有初小文化，身体健康，拥护共产党的主张，拥护内蒙古自治区运动，不论出身和宗教信仰，愿意参加革命的青年均可报名”的原则，锡察地区地方干部培训团自成立起到1949年底，共培训400多人，包括100多名女学员和僧人出身的学员，绝大多数都成了各机关的骨干人员，充实到盟、旗、苏木政权机构中。在此工作期间，赵真北先后担任干事、班主任和组教科副科长。

1948年初，干部培训团参加内蒙古民主改革运动，负责一个旗的工作。一开始学内地农村斗地主分田地，在牧区也进行斗牧主分牲畜。当赵真北和同事们刚把群众发动起来诉苦的时候，干部团政委接到内蒙古党委电报，要求停止分斗，指出在牧区分斗是错误的。当时进行过分斗的牧区普遍出现了两个主要问题：群众生活水平下降，政治不稳定，王公贵族上层因为担心被分斗而发生叛乱。当时赵真北和同事们还不太理解自治区党委的决定，思想上有点想不通。他们在牧民家里看到他们的生活的确非常贫困，牧民们告诉他们，分斗前，如果生活有困难，他们可以到牧主家或者喇嘛庙去干活，还能挣到点炒米砖茶，还能挣一点工资。分斗以后没有人再雇他们干活了，吃饭生活都靠分给他们的牲畜，很快就消耗掉了。赵真北恍然大悟，照搬农村土改的方式打破了牧区过去的生产生活关系，之后只靠牧民自己单纯放牧，又没有其他出路。

2. 中共锡林郭勒盟工委、西部联合旗、盟畜牧处、中共锡林郭勒盟委员会（1950 年 3 月—1955 年 4 月）

赵真北于 1950 年 3 月任锡盟（工）委秘书。1951 年 1 月任锡林郭勒盟西部联合旗①工委书记兼旗长、供销社主任。因在西部联合旗期间抗灾保畜工作成绩突出，于 1952 年 6 月调任锡盟（工）委畜牧处处长；1953 年 2 月调往锡盟（工）委组织部，同年 5 月任副部长，1954 年 9 月任部长；历任锡盟（工）委及锡盟盟委委员（1953 年 4 月至 1955 年 4 月②）。

通过在锡林郭勒盟参加牧区民主改革工作和执行“三不两利”政策的亲身经历，赵真北意识到牧区社会性质和畜牧业的特点，也目睹了自治区党委和政府制定实施的一系列符合牧区实际情况的方针和政策，改善了锡盟牧区的生产生活，牧区人口开始增长，一片欣欣向荣景象，牧民们欢唱《草原上升起不落的太阳》，歌唱新生活和共产党，发自内心拥护党的政策。③

四、投身牧区工作亲历牧业政策变迁（1955 年—1968 年）

赵真北在锡林郭勒盟与牧区工作结缘，锡林郭勒盟的工作经历开启了他为牧业、牧区和牧民无私奉献的历程。

① 1949 年春，锡林郭勒盟、察哈尔盟进行一次较大的区域划分和调整。锡林郭勒盟将原有的十个旗改为五个旗：乌珠穆沁右、左翼两旗和浩齐特左翼旗合并为东部联合旗；浩齐特右翼、阿巴嘎左翼旗和阿巴哈纳尔左翼旗合并为中部联合旗；阿巴嘎右翼旗和阿巴哈纳尔右翼旗合并为西部联合旗；苏尼特左右翼两旗建置未变动。详见《锡林郭勒盟志》编纂委员会编：《锡林郭勒盟志（上）》，69 页，呼和浩特，内蒙古人民出版社，1996。

② 见《锡林郭勒盟志》编纂委员会编：《锡林郭勒盟志（下）》（卷十六），1534 页，呼和浩特，内蒙古人民出版社，1996。其中记载赵真北担任盟委委员至 1956 年 11 月，实应为 1955 年，赵真北于是年 4 月调离锡林郭勒盟。

③ 赵真北个人简历。涛娣采访赵真北记录，2004 年 1 月 4 日。

（一）内蒙古自治区党委农村牧区工作部（1955 年—1964 年）

赵真北于 1955 年 5 月调中共内蒙古自治区党委农村牧区工作部三处（牧区政策处）任处长。在此期间，主要负责内蒙古牧区合作化、公社化以及“四清”工作。

社会主义改造开始时，内蒙古党委提出在牧区实行“稳、宽、长”方针，乌兰夫同志强调牲畜是劳动人民的劳动成果，不能剥夺，这是合作化工作从上到下贯彻的一条马克思主义原则，务必吸取民主改革时期分斗的教训，不能搞运动、破坏生产。

针对畜牧业本身脆弱和牲畜可通过繁殖而自然增值的两个特点，内蒙古牧区采取了牲畜作价归社，给予固定报酬的办法，实现了公社化。同时在牧区的自留畜上，也采取了宽松一些的政策。同时延续了民主改革时期的草场归公有和实行自由放牧两项制度，大大解放了牧区的生产力。

在农牧部工作期间，赵真北感受到的最大的一个特点就是作风民主。工作上，在重大原则问题上大家基本没有不同意见，但是具体事情上常常各有不同观点，从部长到普通干部各抒己见，最后由部长根据大家的意见做决定，从未因发表不同意见而被认定不尊重领导。这种工作作风在 1957 年全党整风反右期间，使赵真北和同事们免遭劫难。他曾被支部书记列入“民族右派”名单上报农牧部领导审批，常振玉副部长请处长们交换意见，二处处长李生荣对支书歪曲事实、扩大是非予以批评，其他同志也对支书提出批评意见，另外高增培部长和常振玉副部长也不同意，赵真北幸免于难。

支部书记试图将赵真北划为“民族右派”与赵真北根据在牧区调研所见所闻发表意见有直接关系。1957 年内蒙古牧区遭遇严重旱灾，赵真北和同事们去伊克昭盟鄂托克旗阿尔巴斯抗旱。伊盟历来草场条件不及其他地区，是年因干旱而情况恶化，阿尔巴斯刚成立合作社，当地领导干部没有考虑到这些具体情况，教条地试图将所有自愿入社的几十个牧户集中于同一片草场，但是无法找到足够容纳这些牧民的草场，于是只能紧急求助毗邻的巴彦淖尔盟磴口县，将这些牧户分散开来安排到磴口县的零散草场上。赵真北向部领导汇报时提到，合作化有优越性，但是如果干部领导无方，也发挥不了其优越性。另外一件看似不起眼的小事也成为支部书记眼中赵真北“右倾”的“证据”。赵真北和支书都喜欢下象棋，有时会一起下棋、聊天。在反右、整风期间，有一次支书问赵真北，部里的蒙古族干部中有多少人意见大，赵真北告诉他，整个农牧部只有四五个蒙古族干部，他们没有什么意见，只是偶尔有几个人会提到一些生活上遇到的问题，比如，没有蒙古族幼儿园，孩子们把蒙古语忘了；有时候订不上牛奶，熬不了奶茶，布票有限制，做不了蒙古袍，诸如此类的闲谈。未曾想支书向农牧部机关党委和部长汇报：赵真北认为合作化没有优越性；赵真北还说 50% 以上的蒙古族干部反对共产党。当时这两桩“证据”就足以将赵真北划为“右派”了。部长不同意，认为不能不允许干部讨论问题时发表不同意见，而且赵真北并没有犯支书指控的任何错误，而只是如实反映情况。①

1963 年“四清”开展后，赵真北和高新赛还有另外几位农牧部的干部被抽调组成牧区社教办公室，直属自治区党委农村牧区社会主义教育领导小组，负责掌握牧区“四清”运动中的情况，向自治区领导汇报。“四清”运动在内蒙古除了要重新抓阶级斗争、组织阶级队伍，整党内走资本主义道路当权派（走资派）外，因为中苏、中蒙关系恶化，在内蒙古牧区还要开展反修防修，在干部中打“民族右派”，在牧民中也要反对“反汉排外”。组织阶级队伍就要求在牧区划阶级。

上文提到民主改革和社会主义改造中内蒙古都没有在牧区划分阶级，牧区一片欣欣向荣。内蒙古党委在运动初期也没有要求划分阶级，但是迫于压力提出在牧区要划阶级、组织阶级队伍、让贫苦牧民和不富裕的牧民监督走资派等要求。赵真北和高新赛依然无法认同这些要求，但是鉴于当时强调阶级斗争，另外基层干部由于牧区一直没有划阶级而阶级观点模糊，他们抱怨在工作中稍有问题就被批评为走“牧主路线”，要求上级划清牧主和贫牧的界限，于是赵真北和高新赛两人开始着手制定牧区划分阶级的方案。

在提交领导小组的方案中，赵真北和高新赛等同事按照内地农村的标准提出剥削量（即剥削收入占总收入的比例）在 50% 以上划为牧主。上级领导仍然不同意在牧区划阶级，于是他否定了方案中的标准，提出剥削量要达到 70% 以上。当时即使以 50% 为标准也大约只能划出 1% 的牧主，如果按 70% 来划分，就基

① 赵真北个人简历。涛娣采访赵真北记录，2004 年 1 月 4 日。

本上没有符合牧主标准的了。于是社教领导小组组长、分管农牧业的自治区党委书记王铎提出折中方案，以 60% 为标准，这一标准写进了正式方案。

赵真北和高新赛经研究认为牧区并不存在所谓的“反汉排外”的情况。大跃进造成经济严重衰退，60 年代初的大饥荒更导致内地农村大量灾民涌入全国各地牧区、林区，不少人来到内蒙古。这期间进入内蒙古的灾民加上来到内蒙古后其所生育的子女，据统计共计六百万人左右，其中很多都在牧区。因为牧区当时经济相对稳定，生活水平相对较高，粮食（基本上都是细粮）由国家供应，还有牛羊肉，牧民们的粮食消耗量很低，所以牧区的食物供应质量兼具。当时全国进入牧区的灾民也参加牧民劳动所得的分红，导致牧民收入减少。另外开始出现偷盗抢劫，社会治安变差，牧民们对此表示不满。结果牧民们的不满情绪被认定为“反汉排外”。根据实地调研了解到的情况，赵真北和高新赛向分管“四清”工作的自治区党委书记权星垣汇报，提出牧民不是反对所有的汉人，只是对上面提到的两个问题不满意。鉴于华北局和中央的要求，他们的意见没有被采纳。

（二）内蒙古自治区畜牧厅、自治区畜牧局、自治区革委会农牧组、生产建设指挥部（1964 年—1975 年）

赵真北于 1964 年 9 月任内蒙古自治区畜牧厅第一副厅长（主持工作）、党组副书记；1966 年 2 月内蒙古政府进行机构调整，成立“五大委”[①]，畜牧厅归属内蒙古自治区农牧林委员会（农委），成为自治区农委畜牧局[②]，赵真北任农委党组副书记、副主任兼畜牧局局长、政治部主任；1966 年 9 月内蒙古政府撤销“五大委”，恢复了畜牧厅，赵真北任畜牧厅副厅长（正厅长一职为空）。1967 年 5 月至 10 月任内蒙古革命委员会筹备小组农牧组负责人，1967 年 11 月内蒙古自

① 1966 年 2 月 9 日内蒙古自治区人民委员会设立农林牧委员会、计划委员会、财政委员会、工业交通委员会、文化教育委员会（简称五大委），撤销厅局。1954 年绥远省与内蒙古合并，绥远省建制撤销，绥远辖区划归内蒙古自治区。1955 年 4 月内蒙古自治区第一届人民代表大会第二次会议决定，内蒙古自治区人民政府委员会改称内蒙古自治区人民委员会（简称人委）。1958 年和 1964 年自治区人大选举产生了内蒙古自治区第二、第三届人委。1967 年 6 月至 1979 年 12 月内蒙古革命委员会为自治区领导机构，1979 年 12 月恢复内蒙古人民政府。见《内蒙古自治区志·畜牧志》第十一章“机构设置”第一节“行政机构”。

② 同上。

治区革委会成立，按照“三结合”方针[①]，赵真北被结合为委员，并于1968年2月至10月担任内蒙古自治区革委会生产建设指挥部副主任。[②]

1968年11月，赵真北因为是自治区革委会委员中唯一的蒙古族地方干部而被定为“新内人党”第三套班子，“王再天、特古斯揪出后，是主要负责人”，并被批判为“叛徒，成吉思汗党骨干分子”[③]，被关押在内蒙古畜牧厅办公楼至1969年6月7日。被关押期间遭受了身体上和精神上的迫害，导致肋骨两处骨折、腰椎永久性伤残，严重影响了正常生活，尤其在晚年备受伤痛折磨；1969年6月至1970年4月，赋闲在家；1970年5月至1971年9月，在呼和浩特内蒙古自治区直属机关留守干部学习班学习；1971年10月至1972年在唐山内蒙古自治区直属机关留守干部学习班学习；1972年至1975年9月，在内蒙古自治区直属机关干部学习班学习。[④]

五、拨乱反正整顿和恢复时期

1975年1月召开的第四届全国人民代表大会后，邓小平在毛泽东支持下主持中央日常工作，着手对多方面工作进行整顿，包括整顿各领域的各级领导班子，加快落实干部政策，恢复了一大批干部的工作。赵真北也重返畜牧业领导岗位，致力于让满目疮痍的内蒙古牧区重现人畜两旺，让受尽磨难的牧民可以再度欢欣鼓舞。

（一）内蒙古自治区农牧场管理局（1975—1979年）

赵真北于1975年9月末至1979年2月任内蒙古自治区农牧场管理局副局长，负责主持建设兵团改制后的国营农牧场的接收工作。

在调研中，赵真北发现大量国营农牧场普遍存在这样的问题：开垦了大量不

① 1967年2月17日和3月21日《人民日报》发表题为《坚决捍卫“三结合”的正确方针》，《革命的“三结合”是夺权斗争胜利的保证》两篇社论。其中心议题是：革命领导干部代表、革命造反派代表和人民解放军当地驻军代表实行“三结合”，这是夺权斗争的基本保证，是实行夺权的正确方针。

② 1966年5月16日，内蒙古自治区畜牧厅进入瘫痪状态。1968年8月30日，内蒙古自治区畜牧厅停止行使职权。内蒙古自治区畜牧厅下属单位，由内蒙古自治区革命委员会生产建设指挥部直接领导。

③ 图们、祝东力：《康生与“内人党”冤案》，164页，北京，中央党校出版社，1995。

④ 赵真北个人简历。涛娣采访赵真北记录，2004年1月4日。

适宜耕种的土地，破坏了当地的环境，影响了当地群众生活，而且粮食始终未能自给，政府财政压力大，同时知青生活艰苦，情绪也不稳定。于是赵真北提出，要下决心撤销存在这种情况的农牧场，他强调撤销过程中必须采取稳妥措施，解决好知青安置问题，并建议当地领导派遣工作组，和知青原籍政府沟通，说明知青在内蒙古的生活状况，争取获得原籍政府的支持，接收知青返回原籍。于是由内蒙古和各地政府配合，有组织有计划安排知青返城，内蒙古知青回城工作平稳完成①。同时，赵真北建议当地国营农牧场领导核算固定资产和流动资金并移交当地地方政府，作为兵团开垦草原给当地造成的损失的补偿。至此接收工作平稳顺利完成。

（二）锡林郭勒盟（1979 年 3 月—1980 年 8 月）

1979 年 3 月至 1980 年 8 月，赵真北任锡林郭勒盟盟委第一书记兼锡林郭勒盟军分区第一政委。

1. 落实政策，平反假案、错案

任职期间，赵真北首先着手处理相关历史遗留问题，认真落实党的各项政策。在贯彻落实党的民族政策、干部政策、知识分子政策、统战政策以及平反右派平反等方面，做了大量工作，并且将落实政策的工作重点放到基层。

2. 发展畜牧业改变落后

在进行平反工作的同时，根据中央国务院和自治区政府的各项文件要求，赵真北代表锡林郭勒盟委和公署从实际出发提出“人重教育、畜重草、以牧为主、以草定畜、建设草原、发展多种经济、改变落后”的工作方针②。同时采取各种措施贯彻落实中央国务院及有关部委、自治区的指示，保护草原生态、恢复重建牧区生产生活。

在 1980 年 3 月初召开的锡林郭勒盟盟委三级干部会议上的工作报告中，赵真北提出工作重点转移到生产建设，主要是畜牧业经济建设上来。为此，他要求各级干部要首先认清自己肩负的历史责任——发展经济、满足人民物质文化生活

---

① 涛娣采访张卫国记录，北京，2015 年 8 月 3 日。

② 赵真北：《全盟各族人民团结起来，为打好我盟畜牧业现代化建设的第一个战役而奋斗——在锡林郭勒盟盟委三级干部会议上的工作报告》，1980 年 3 月 7 日。

的需要，要总结历史经验，从锡林郭勒盟的实际出发，大力发展畜牧业，把锡林郭勒盟建设成为现代化畜牧业基地，作为祖国的边疆，锡林郭勒盟的经济繁荣关系到国防安全问题。其次，要认真贯彻落实党的民族政策，党的民族区域自治政策是解决我国民族问题的正确而且行之有效的基本政策；同时也要坚决贯彻落实党的经济政策，认真落实生产责任制，超产奖励，鼓励牧民发展家庭副业，“允许一部分社员先富起来”，他特别强调本次会议要对这一问题进行专题讨论，制定出政策和方案“交给农牧民群众进一步讨论落实”。再次，要大力发展畜牧业生产就必须着重建设其物质基础——草原，要“保护好、建设好和利用好草场”，“保护建设是为了利用，利用要服从保护，保护要制定具体措施，建设要因地制宜”；由于“草畜不平衡、利用不平衡，造成草牧场退化，生态平衡受到一定程度的破坏，影响了畜牧业生产的发展”，所以要“核定合理的载畜量，做到草畜平衡”，“牧区要以草定畜”，“搞好草牧场建设规划，合理放牧”，制定有约束力的制度来保护草原，保护草原人人有责，严禁开荒；要狠抓畜牧业科学技术，加快畜牧业现代化建设，提高商品率；以牧为主的同时发展多种经营，增加牧民收入。然后，“要实现畜牧业现代化，必须提高科学文化水平，抓好民族教育”，提高干部的业务能力。最后，赵真北指出要继续控制人口流入，还要按照中央和自治区的文件精神开始清理流入牧区的外来人口，并提出了关于清理对象的建议。

3. 部署落实中央和自治区要求，控制清理外来人口，保护草原生态平衡

时隔33年，赵真北再度回到锡林郭勒盟工作。呈现在他眼前的是，当年风吹草低见牛羊的草原退化程度严重，牧区生产生活秩序混乱，牧民有苦难言。临行前，自治区党委书记刘景平①和他谈话时提到，锡林郭勒盟的外来人口越来越多，今后可能会更多，他建议吸取以前农进牧退的教训，把牧民集中到自然条件好的地方。赵真北到任不久，自治区党委副书记李文去锡盟视察后提出“人口要控制，否则草原破坏了，外来人口可以返回原籍或去别的地方，牧民无处可去。”②

1977年锡林郭勒盟遭受百年不遇的特大雪灾，盲目流入锡林郭勒盟牧区的

① 刘景平（1917—1980），汉族，直隶（今河北）人，1946年起历任内蒙古骑兵十六师副政委、政委、锡察盟工委委员、察盟工委书记、内蒙古自治区党委书记。云继光主编：《忆景平同志光辉的一生》，2、140页，呼和浩特，内蒙古人民出版社，1996。

② 赵真北：《对草原生态保护与执行党的有关政策问题》（未刊稿），2004年5月。涛娣采访赵真北记录。

外来人口返乡或去外地务工。灾后国家及时支援灾区，政府通过出资购买牲畜等方式赈济牧民，外出务工的外来人口灾后返回锡林郭勒盟，和牧民一起申请国家救灾补贴，如上文所述，盲目流入人口中有不少在“文化大革命”中大肆“打砸抢”，侵占集体财物，侮辱迫害牧民，致使牧民敢怒不敢言。针对这种情况和锡林郭勒盟粮食供应需要自治区政府补贴等问题，赵真北到锡林郭勒盟后，盟政府进行了核算，每增加一个人口，盟政府财政负担每年增加 70 元。锡盟的城镇待业青年比例在全自治区最高，受灾后牧民们的牲畜死了很多，牧民和锡林郭勒盟的待业青年无工可做，无畜可放，出现了劳动力剩余的状况。于是锡林郭勒盟盟委多次向内蒙古党委反映这一情况[①]。

控制自流人口也是当时中央国务院部署的一项急迫的重要工作。内蒙古牧业区人口激增导致超载过牧，加剧了草原退化，盲目流入人口也严重影响了畜牧业生产发展和社会秩序的稳定，不利于安定团结。当时中苏、中蒙关系仍处于僵冷、对峙时期，对于接壤蒙古人民共和国的锡林郭勒盟，草原生态保护事关国防安全。

这项工作对当时的锡林郭勒盟是一个史无前例的挑战。首先，在当时，能够像赵真北这样清醒的认识到人口激增，特别是外来人口造成的机械增长给草原生态、畜牧业生产、牧区社会稳定和国防安全等各方面造成的负面影响，并做出全面深刻的分析，制定出应对措施的实属凤毛麟角。此后多年，越来越多的专家开始逐渐认识到中国的草原正以历史上最脆弱、最严峻的生态环境，供养着历史上最大规模的人口，负担着历史上最大规模的人类活动，成为我国当代最突出的问题之一。专家总结，草原退化加速的诸多原因中，牧区人口快速增长是根本原因，而其他问题都由此衍生而来，牧区人口增长以外来人口的机械增长为主[②]。另外，自发盲目流入内蒙古牧区的外来人口基本上来自内地省份农村，控制其流入的复杂程度和难度尤为突出。

当时，国民经济濒危，社会秩序混乱，各方面的恢复重建势在必行。人口压

---

① 赵真北：《对草原生态保护与执行党的有关政策问题》（未刊稿），2004 年 5 月。涛娣采访赵真北记录。

② 以锡林郭勒盟为例，1958—1960 年牧区人口机械增长率分别为 39.1%,115% 和 249.9%。详见《关于锡盟人口发展情况及今后控制意见的报告》（内部资料），1980 年 8 月；包红霞、恩和：《内蒙古牧区人口变动研究》，载《内蒙古大学学报》（哲学社会科学版），2009（4）；卢琦、杨有林主编：《全球沙尘暴警世录》，北京，中国环境科学出版社，2001。

力位居首位，全国人口十年间增加近2亿，1976年全国总人口达到9亿多[①]。计划经济时期实行粮食统购统销，粮食供应紧张成为了一个会影响到安定团结的重大问题。在当时的户籍制度下，人口盲目流动严重影响了公安部门的户籍管理工作，也影响到社会治安的稳定；国营机构违规使用计划外用工干扰了劳动人事管理制度。针对诸如此类的问题，国家进一步加强了对流动人口、商品粮和用工制度的管理。自从1977年“拨乱反正”以来，中央和国务院发布了一系列文件[②]，要求控制农村人口盲目流入城市、牧区和林区。1978年3月第五届全国人大第一次会议通过的《中华人民共和国宪法》第53条规定“国家提倡和推行计划生育”，计划生育第一次载入宪法[③]。这一切旨在压缩吃商品粮的人口，减轻粮食供应压力，缓解政府财政压力，恢复和发展国民经济，稳定社会秩序以促进安定团结。

人口盲目流动和吃商品粮人口激增使全国粮食供应雪上加霜。中华人民共和国建立后围绕巩固政权和建立发展计划经济体系，国家建立了一系列制度并通过了相关法律法规，其中控制人口流动的户籍制度是一项核心制度[④]。从1951年的《城市户口管理暂行条例》开始到1958年的《中华人民共和国户口登记条例》，正式形成了中华人民共和国户籍制度。与之相配套的是粮食统购统销，通过户口制度划分农业和非农业人口，在户口基础上设立指标来管理粮食供应，将粮食计划供应和户口直接挂钩，从而严格控制农业人口迁入非农业人口地区。因同期经济政策失误导致农村生存条件恶化，大批农村人口涌入城市和包括内蒙古在内的边疆地区，中央颁布了一系列文件指示严厉限制农村人口外流[⑤]。这一整套制度

① 中共中央党史研究室：《中国共产党历史》(第二卷)，1396～1402页，北京，中共党史出版社，2011。

② 国务院批转公安部《关于处理户口迁移的规定的通知》(国发[1977]140号文件)、国务院批转《全国粮食会议纪要》(中发[1979]87号文件)、内蒙古批准自治区粮食局《关于1979年度粮食统销工作意见》(内蒙古革发[1979]184号文件)、中央关于转发《西藏工作座谈会纪要》([1980]31号文件)、国务院批转国家计划委员会《关于清理压缩计划外用工的办法》(国发[1979]108号)、国务院批转公安部、粮食部《关于严格控制农业人口转为非农业人口的意见的报告》(国发[1979]162号文件)、批转《山东省四个县户口迁移情况的调查报告》(中办发[1979]40号文件)。

③ 张丽萍：《中国少数民族人口的生育转变》，载《黑龙江社会科学》，2013(5)。

④ 王海光：《城乡二元户籍制度的形成》，载《炎黄春秋》，2011(12)；包红霞、恩和：《内蒙古牧区人口变动研究》，载《内蒙古大学学报》(哲学社会科学版)，2009(4)；王跃生：《中国当代人口迁移政策演变考察——立足于20世纪50—90年代》，载《中国人民大学学报》，2013(5)。

⑤ 1956—1957年国务院连续发布《关于防止农村人口盲目外流的指示》《补充指示》《关于防止农民盲目流入城市的通知》《关于各单位从农村中招用临时工的暂行规定》和《关于制止农村人口盲目外流的指示》。

一直沿用了40多年，统购统销制度直到1993年才最终结束[①]，户籍制度延续至今。但是这些都没有能阻挡内地农村人口盲目或有组织地流入内蒙古牧区、林区。

十一届三中全会以来，内蒙古党委和政府除积极响应落实中央国务院文件要求外，也针对内蒙古的具体情况，于1980年2月9日发布《关于畜牧业方针政策的几项规定》(“牧业十五条”)，制定了“以牧为主，农林牧结合，因地制宜，各有侧重，多种经营，全面发展”的方针。同时，要求坚持社队的自主权，社队“有权抵制任何人的瞎指挥和随意安插流入人口”。牧业十五条严禁任何单位和个人到牧区滥垦、滥牧、破坏植被。其中第十三条明确要求必须坚决制止和严格控制盲目流入牧区的人口和由农村户口转为牧区户口的人口，要逐户逐人地清理流入牧区的人口。凡是没有落户的，或虽已落户但没有固定职业的，都要动员遣返，“从哪里来的再回哪里去”。已落户并有生产岗位的，要加强管理，教育他们尊重少数民族风俗习惯，严守政府法令。已落户但不适宜在边境地区的，也要动员遣返。今后要严格控制流入牧区的人口，并禁止牧区内各机构私自安排接收外来人员。

内蒙古党委第一书记周惠1978年到任后，即刻前往农村牧区视察。目睹了牧区的状况后，他在各种会议和讲话中反复强调控制人口增长，清退“盲流”，要大力从本地人口中解决(用人需求)。他认为内蒙古从模范自治区沦为重灾区，从“贡献户”变成“救济户”的重要原因之一就是人口增长速度快，吃商品粮人口比例在全国排名第二[②]。1973年到1979年初担任锡林郭勒盟革委会主任、

① 中央和国务院于1993年11月5日发布《关于当前农业和农村经济发展的若干政策措施》，宣布“经过十多年来的改革，粮食统购统销体制已经结束，适应市场经济要求的购销体制正在形成。”

② 辽宁省排名第一。内蒙古解放初吃商品粮比例为8:1，“文化大革命”期间4:1，现在(1978—1980年)2:1。“三大灾害”还包括“文化大革命”和天灾。一个内蒙古变成三个是指内蒙古总人口从解放初的600万增加到“文化大革命”后的1800万。这期间吃商品粮人口从75万增加到600万，外省区流入人口(包括自然增长)共计600万。见周惠1980年3月在内蒙古党委常委扩大会上讲话摘要(内部资料)。涛娣采访赵真北记录。“盲流”是“农民劳动力盲目外流”的简称，后来未经有关部门批准而盲目到外地流窜或找工作的农村居民都称为“盲流”，1950年代的政府文件中已有该用语。谯珊：《从劝止到制止：20世纪50年代的“盲流”政策》，载《兰州学刊》，2017(12)。

盟委第一书记的赵会山也是一位长期从事畜牧业的老同志[①]，他在任职期间按照中央国务院和自治区党委和政府的指示，开始部署控制盲目流入牧区的外来人口，要求以1978年为界，严格控制盲目流入人口。

人口压力给本已脆弱的国民经济增加了重大压力。中华人民共和国成立后政策上的偏差，尤其是“文化大革命”对国家各方面都产生了灾难性的后果。以国民经济为例，“文化大革命”时期经济发展受到严重损失，正常的生产秩序和经营活动难以维持，国民经济濒临崩溃，加上人口剧增，10年间人民生活水平基本上没有提高，有些方面甚至有所下降[②]。

作为全国最大的牧区，地处北部边疆的内蒙古所面临的困境又具有其地方特点。畜牧业是内蒙古的主体经济，其中草原是畜牧业生产的重要支柱。在千百年来重农轻牧、重生产轻生态的观念影响下，大批内地农村人口涌入草原，他们的粗放经营致使草原被滥垦、滥采、滥用，生态恶化，严重影响了畜牧业生产和牧民的生活。这种情况在“文化大革命”中达到顶点，期间内蒙古纯自由流入人口达75万多，这些人除流入城镇、矿区和国有农牧场外，大多数进入了水草条件好的牧区和林区。

赵真北到任后，盟委盟公署对锡盟人口情况进行了调查摸底。调查显示锡林郭勒盟1949年人口20.5万，1979年增长到75.5万，增幅大大高于全国，其中机械增长累计约19万人，绝大多数机械增长人口来自农村盲目流入人口。据1979年—1980年统计，全盟未落户的自流人口为12355人，其中近60%来自内地农村。据统计，1949年、1959年、1966年、1976年和1979年锡林郭勒盟牧民人均占有牲畜头数分别为20、50、60、18和30头（只）；每增加一个非牧业人就要吃掉1只羊，需供应360斤商品粮，粮食部门赔22.51元。国家每年需要多支出各项费用共9000万元，而全盟1980年财政收入仅2000万元。人口盲目

① 赵会山于1971年1月至1973年1月任中共锡林郭勒盟盟委第二书记，其后至1979年3月任第一书记。见锡林郭勒盟志编纂委员会编:《锡林郭勒盟志（上）》，108，111，121页，呼和浩特，内蒙古人民出版社，1996。1963年的全国牧区工作会议上，农业部部长廖鲁言接受了当时内蒙古党委农村牧区工作部副部长赵会山提出将“包工、包产”改为“定工、定产”的建议，会后形成了“两定一奖”的政策并在全国牧区推广。赵真北:《我区牧区合作化和人民公社化的回顾》，见内蒙古政协文史资料委员编:《“三不两利”与“稳、宽、长”回忆与思考》，《内蒙古文史资料》（第59辑）（内部资料），107～115页，呼和浩特，2006。

② 《人民日报》编:《学习〈关于建国以来党的若干历史问题的决议〉》，143页，北京，人民日报出版社，1981。

增长与牧区经济发展不相适应，加重了政府财政负担；草原生态失衡，导致畜牧业衰退，影响了当地牧民生产生活秩序，使牧民生活水平下降，进而影响民族团结，也关系到国防安全。①

经济形态、生产方式和环境意识方面的不同是造成草原生态遭破坏的重要原因之一②。赵真北在锡林郭勒盟开展平反落实政策过程中，从基层了解到的情况表明，外来人口滥垦滥用草原，重利用轻保护，破坏了畜牧业赖以生存的根基，这是自秦始皇指挥中原农民到内蒙古垦殖起，牧民最为不满之处。除了普遍性的肆意侵占草原和资源、破坏生态和植被外，这些从内地省份农村流入锡林郭勒盟的人口与历史上自发流入塞外的内地农村的贫民、饥民和游民一脉相承③，其中游手好闲、懒汉、二流子的比例依然未减④，他们扰乱牧区正常社会秩序、影响牧民正常生活，牧区发生的刑事案件中大多为自流外来人口作案。盟委盟公署在对人口情况的调查摸底中发现，这些自流外来人口在"文化大革命"期间更是胆大妄为，强行落户，强占社队财产；住集体房屋不交房租反而索要政府救灾发放的财物；不劳动却向集体借款而不还；遇到大灾外出务工挣钱，灾后回到牧区不仅不偿还欠款还申请受灾救济。

在回顾畜牧业政策的发展的文章中，赵真北曾多次指出，新中国建立后，特

① 《关于学习讨论中央三十一号文件情况的报告》(锡党发[1980] 57号)，1980年10月14日；《关于锡盟人口发展情况及今后控制意见的报告》(内部资料)，1980年8月；《有关人口牲畜草牧场情况变化的资料》(内部资料)，1980年11月5日。

② 张正明：《内蒙古草原所有制问题面面观》，载《内蒙古社会科学》，1981(4)；麻国庆：《"公"的水与"私"的水》，载《开放时代》，2005(1)；Dee Mack Williams, Beyond Great Walls: Environment, Identity, and Development on The Chinese Grasslands of Inner Mongolia. Stanford, CA: Stanford University Press, 2002, 65-68；草原对游牧民族而言不是荒地，而是"地球的绿色卫士，是牧民的命根子"，如果没有人为破坏，牧草生长繁殖能力极强。厚和、陈志远：《放垦与土地沙化》，见内蒙古档案局、内蒙古档案馆编：《内蒙古垦务研究》(第一辑)，47页，呼和浩特，内蒙古人民出版社，1990。国际公法上的"无主地"准则的一个重要理论依据就是亚里士多德的自然法关于发掘和利用环境的潜力是人类本性的观点，欧洲殖民者和美国的西进运动籍此主张仅居住但没有充分开发土地的人不享有土地所有权，这样的土地由此成为"无主地"。据此，与自然和谐相处不过度索取的原住民和游牧人世代居住的土地属于未被"开发"的无主之地。直到1970年代国际法院裁定西撒哈拉已有游牧民族居住，故不属于无主地，才阻止了殖民者将其非法掠夺的土地合法化。1990年代澳大利亚联邦法院在Mabo v Queensland (No 2) 的判决中认定澳大利亚并非无主地，在欧洲殖民者占领前，原住民已经长期在此居住，故享有土地所有权。见Andrew Fitzmaurice (2007) The Genealogy of Terra Nullius, Australian Historical Studies, 38:129, 1-15。

③ 他们当中多为极度贫困，或不安分守己、空想暴发的好吃懒做之徒，还有在原籍影响恶劣"不见容于家庭的十足的无赖"。阎天灵：《汉族移民与近代内蒙古社会变迁的研究》，5页，北京，民族出版社，2004。

④ 赵入坤：《20世纪五六十年代之交的人口流动与管理》，中华人民共和国国史网，2015年6月30日。

别是通过继续推行“三不两利”政策，保持草原为蒙古民族公有的制度，内蒙古草原生态平衡得以恢复，促进了畜牧业生产发展和人民生活改善，实现了人畜两旺。但是传统的重农轻牧观念和草原全民所有制取代民族公有制，导致草原再度遭滥垦，从1950年代末到1976年，内蒙古牧区历经三次滥垦高潮，相伴而来是人口激增。1964年夏，全国人大常务委员会委员长朱德视察呼伦贝尔盟时曾赋诗：

三大草原两失败，我国草原依然在。
夏草如茵望千里，马牛羊驼肥壮快。
暑去秋来天气爽，牧民飞腾相比赛。
长得青草盖沙漠，收获年年出意外。
竟有世界经济家，开辟草原为民害。
沙尘飞扬数万里，顺风吹出无国界。
保护东北大草原，富及子孙惟所赖。

1950年代中到1960年代初，内蒙古牧区迎来了第一个人口增长高峰期①，一方面来自大跃进引发的大规模盲目流入人口，另一方面，当时片面强调“以粮为纲”，需要扩大耕地面积，政府便组织内地农民进入内蒙古牧区开垦草原②。国家组织的移民始于中华人民共和国成立初期的支边，1950年代农垦系统在内蒙古牧区大规模开荒办农业，1960年代末建立北京军区内蒙古生产建设兵团，其后10年全国知青上山下乡运动，大批青年涌入内蒙古牧区，为解决他们的粮食问题，大片草原被开垦。天性纯朴善良的牧民收留了在国家经济困难时期背井离乡来到牧区的饥民，“三千孤儿入内蒙古”，草原额吉奉献爱心抚养“国家的孩子”这样的佳话仅为其中一例。蒙古族阿爸额吉也让远离父母来到草原的知青感受到温暖和关爱。

1965—1979年是内蒙古牧区人口增加的第二个高峰期，仅1965年一年就增

① 锡林郭勒盟1958—1960年每年人口机械增长率分别为39.1%，115%、249.9%。资料来源于《关于锡盟人口发展情况及今后控制意见的报告》。

② 王树盛、郝玉峰：《乌兰夫年谱》上卷，415、643页，北京，中共党史资料出版社，1989。

加 5.8 万人，其中锡林郭勒盟的增量占这一总增量的 80%①。究其缘由，除前述历史遗留思想观念外，“文化大革命”期间内蒙古领导认为牧区没有农田耕地，牧民吃了“亏心粮”，提出“农业要上，牧业要让”，于是再度组织外地农民到牧区开垦，尽管受到了周恩来总理批评，但是并没有影响外来人口的涌入和草原被开垦。②

1978 年 12 月召开了历史性的十一届三中全会，从中央到地方，各级政府在揭批“四人帮”罪行、平反冤假错案、稳定局势的同时，还要立即着手整顿和恢复生产、经济和社会等方面秩序，努力为建设社会主义现代化强国而奋斗。针对当时的经济状况，中央和国务院采取了一系列围绕紧缩政府开支的措施，其中包括上文所提的各项政策要求。此后几年内中国的经济体制仍以计划经济为主。如前所述，锡林郭勒盟还肩负守护中国北疆安全的重任。

在这样的背景下，赵真北 1979 年春到锡林郭勒盟后，本着保护草原生态和畜牧业生产、维护牧民合法权益、促进民族团结的原则，组织盟委开始着手“三清”③工作的试点，盟委于 1979 年 5 月发布了《关于严格控制城镇、牧区人口和清理盲目流入人口》的通知（锡党字 [1979]29 号、锡公字 [1979]52 号），控制外来人口流入，尚未做清理，旨在减少吃商品粮的人口，缓解政府财政压力。

随着中央和自治区要求进一步加强对流动人口、商品粮和用工制度的管理，特别是牧业十五条出台后，锡林郭勒盟盟委和公署面临中央和自治区“有指示，群众有呼声，当地政府有负担”的状况，按照中央和自治区的指示精神，1980 年初赵真北前往中央党校学习前与盟委研究决定，在 1979 年控制人口流入试点工作的基础上，制定有步骤地清理盲目流入牧区人口的方案，并进行试点。同年 3 月召开的锡林郭勒盟三级干部会议上将“三清”列入整个工作部署，会后盟委三清领导小组制定了《关于进一步做好三清工作的方案》（征求意见稿），根据

① 1965—1977 年锡林郭勒盟人口机械增长 122,686 人，平均每年增长 1 万人，其中政府组织移入人口占 43%，农业人口 27%，其他（调动、招生招工）30%。见《关于锡林郭勒盟人口发展情况及今后控制意见的报告》。

② 孙学力：《内蒙古牧区人口迁移流动分析》，载《北方经济》，2006（3）。参加 1970 年 9 月国务院北方农业会议的内蒙古自治区负责人汇报工作时提出在内蒙古牧区草原上“开荒”，并提出了“牧民不吃亏心粮”的口号。周恩来总理批评：“内蒙古怎么能提‘牧民不吃亏心粮’的口号呢？牧区发展畜牧业就是对国家的贡献。”见乌日吉图主编：《内蒙古大事记》，615 页，呼和浩特，内蒙古人民出版社，1997。

③ “三清”指清理盲目流入人员、无户口人员和计划外用工。

牧业十五条的规定，将“文化大革命”期间的打砸抢分子和长期不归队人员也作为清理对象遣返原籍，费用由盟政府财政承担①，先在三个旗进行两个月的试点，之后在全盟开展分期分批清理。锡林郭勒盟盟委和公署将该清理方案呈报自治区党委批准后，开始着手清理工作试点。

针对出现的情况，周惠书记曾表示：“清理盲流如有问题，区党委承担责任。”锡林郭勒盟盟委立即检查了“三清”工作情况，发现部分在“文化大革命”中受到过外来人口中“打砸抢”分子迫害的干部群众在清理工作中表现出情绪化，也有的因沟通不畅而产生误解；并对被遣返人员在“文化大革命”中的“打砸抢”事实做了进一步核实，向自治区党委进行了汇报，区党委也派人前往锡林郭勒盟调查。自治区党委于 1980 年 6 月 5 日电报锡林郭勒盟党委肯定了锡林郭勒盟的清理工作，并提出了一些建议和指导②。尽管清理试点刚开始便告结束，但还是产生了深远的影响。

从锡林郭勒盟清理工作的政策制定和遣返安置工作安排可以看出，赵真北坚持了他一贯的工作作风——结合实际、注重实效。如上文所述，锡盟的工作由控制外来人口流入开始，逐步转为清理。除盟政府财政负担遣返费用外，清理工作采取了先试点、区分具体情况而非一刀切的做法，清理对象不包括已安居乐业而且安分守己，没有违法犯罪行为的外来人口。与同期兄弟省份大规模的清理自流人口相比，锡林郭勒盟的清理工作在规模上远小于兄弟省份，措施上似乎更为人性化③。从中也可以看出赵真北在执行国家和党的政策过程中，态度认真严谨，落实过程中，绝不生搬硬套，而是在透彻地领会政策精神的基础

① 费用包括对被遣返人员的自留畜、房屋等作价，路费、生活费、若干个月的口粮、沿途补贴，并允许从自留畜中带走耕马供其返乡后使用。见锡林郭勒盟正镶蓝旗查干淖尔公社登记大队致中央办公厅信函，1980 年 6 月，转引自赵真北：《对草原生态保护与执行党的有关政策问题》（未刊稿），2004 年 5 月。涛娣采访赵真北记录。

② 清理盲目流入牧区的人口是有必要的，有利于严控流入牧区人口，加强牧区的安定团结，有计划地发展牧区经济建设。在运动中犯有严重错误、民愤大、有罪行的，如属于应清理的盲流人口，应在查清以后做出适当处理并坚决遣返。同时建议锡林郭勒盟盟委在清理工作中避免采取搞运动的方式。（内党发[1980]19 号）。

③ 黑龙江省 1980 年对自由流入人口采取了三条措施：加强劝阻、堵卡，不准入境；加强管理和控制，不给“盲流”落脚之地；对已流入的，坚决贯彻以动员遣返为主的原则进行清理。详见张增智：《自流人口问题刍议》，载《理论研究》，1982（9）。黑龙江从 1973 年开始恢复收容遣送机构，将自流人口遣送返籍和动员自费还乡，到 1980 年 8 月底共计遣返 61 万人。见黑龙江省地方志编纂委员会编：《黑龙江省志·民政志》，436 页，哈尔滨，黑龙江人民出版社，1993。黑龙江的遣返工作受到表扬。转引自赵真北：《对草原生态保护与执行党的有关政策问题》（未刊稿），2004 年 5 月。

上，务实稳妥，始终坚持党和人民利益至上。这与他的成长经历不无关系。他永远铭记着青少年时代受尽歧视凌辱之时，是中国共产党向这位贫苦的孤儿张开了双臂，是当时得民心顺民意的党的民族政策让他和他的同伴们感受到了被尊重，受到了平等相待。可以用千百年来驰骋在蒙古大草原上的蒙古马来形容赵真北，不华丽不耀眼，安之若素，坚韧不拔，不畏艰难。他的确是草原的守护者，牧民的知心人。

接下来，各级政府和领导在清理管控外来人口上的态度没有发生实质性变化。例如，周惠书记于1981年1月15日在内蒙古自治区党代会上的讲话中说："要严格制止区外人口盲目流入区内，严禁农村人口流入城市、牧区、林区……在牧区和林区首先把正在流动的人口坚决控制住，流到哪里由哪里遣返……自治区的包袱越来越重，人口畸形发展，失去控制。一个内蒙古变成三个内蒙古，非农业人口增长四五倍，人口的增长大大超过了粮食增长的速度，特别是机械增长的人口和吃商品粮的人口增加过猛过快。以上问题是造成自治区经济困难的基本原因，也是深痛的教训。如果不吸取历史的教训，不从'左'的错误束缚下解放出来，不认真解决问题，自治区的财政经济状况就可能遭到破坏，三中全会以来各族人民已经取得的实惠就可能重新失掉。"自治区政府主席孔飞于同年3月3日在自治区第五届人代会第三次会议上做的《政府工作报告》中指出，流入人口增长远超粮食增长速度，特别是机械增长人口和吃商品粮人口增加迅猛，粮食销量出现了巨大差额，长期不能自给。30年来全国总人口增长不到一倍，我区增长了两倍，从1949年的608万增长到1979年的1851万人，其中机械增长人口达410万人。全区非农业人口从1949年的75万人增长到1979年的480万人，农业人口与非农业人口的比例从7:1变为2.8:1，远高于全国5:1的比例。粮食虽有增产，但人均占有量却下降了一半，使我区从余粮户变成了缺粮户。1968年以前我区一直是为国家做贡献的粮食调出地区；从1969年开始需要国家调入粮食。同年8月13日自治区党委副书记廷懋在自治区党委工作会议第二次全体会议上的讲话中指出："流入人口是个难管的问题，但非管不可！流入来的，他没户口，不选举，不参加民兵，不服兵役，好多义务没有他的事，但他照样吃饭、生孩子，照样得解决他的商品供应，不管行吗？人口问题处理不好，对保卫边疆，对生产建设都不利。”1981 年 9 月 29 日自治区人民政府发布的关于《当前人口管理问题的指示》(简称六条)[①]要求今后严格控制区内外农村人口流入城镇、牧区、林区和猎区。12 月孔飞主席在自治区直属机关党支部书记会议上的讲话中指出“《中央书记处讨论内蒙古工作的纪要》肯定了‘今后不向内蒙古移民的方针是对的’，‘六条’是对《内蒙古工作的纪要》关于人口问题的最好解释。”2007 年 12 月自治区政府办公厅《关于规范管理外省区人员流入我区从事第一产业的通知》内政办发 [2007]123 号文件，禁止外省区人员进入农村牧区进行粗放经营、掠夺性生产。中央国务院也继续要求各地严格控制农转非和计划外用工[②]。

由于历史原因和种种现实因素，内蒙古草原生态保护工作成效不及草原沙化程度和速度。2002 年 5 月朱镕基总理考察锡林郭勒盟时做了“治沙止漠，刻不容缓，绿色屏障，势在必建”的重要指示。针对锡林郭勒盟沙化面积已达 11 万平方公里，占全盟总土地面积的 55% 以上的状况，朱镕基认为，近年频发沙尘暴天气的重要原因就是北方一些地区毁林毁草开荒，乱采滥挖，草原过度放牧，植被遭到严重破坏，生态环境日益恶化，造成了土地沙化不断扩大[③]。看到报道后，不少人向赵真北表示祝贺，“你这么多年来的坚持是对的”。

赵真北于 1980 年 1 月至 7 月在中央党校省部级干部培训班学习，学习结束后于同年 8 月被调离锡林郭勒盟。

① 原载《内蒙古日报》，1981 年 9 月 30 日第 1 版。

② 《国务院关于严格控制农村劳动力进城做工和农业人口转为非农业人口的通知》(国发 [1981]181 号文件)，1981 年 12 月。《国家计划委员会、劳动人事部关于继续清理压缩计划外用工的通知》1982 年 8 月 23 日，其中提到吉林 1980 年末已把农村来的计划外用工大部分清退回去；安徽在前两年清退工作的基础上，针对工作中存在的问题，于 1981 年 7 月向全省发出通知，要求各级党委和政府把清退农民工作为端正党风的一项重要内容来抓，有力地推动了清退工作，取得很好成绩，受到了中央领导的表扬。《劳动人事部、国家计委关于严格控制计划外用工的通知》，1986 年 8 月 22 日。

③ 《朱镕基在河北内蒙古考察时强调治沙止漠，刻不容缓，绿色屏障，势在必建》，原载《人民日报》2002 年 5 月 15 日第 1 版。朱镕基在考察中指出，要认真总结经验教训，构筑绿色屏障，遏制土地沙漠化趋势。他指出政府在防治荒漠化上的治理力度远不够，一些地方还在边治理边破坏。加强生态环境建设是一项关系到中华民族生存与发展的千秋伟业，他要求大家要为此不懈奋斗，工作中要讲求生态和经济效益相结合，但主要是生态效益，有了生态效益，就会有经济效益，要把保护和改善生态环境放在首要位置。要狠抓落实，不能讲空话；要注重实效，不能做表面文章。

（三）内蒙古畜牧厅（1980 年 8 月—1983 年 6 月）

赵真北于 1980 年 8 月至 1983 年 6 月任内蒙古自治区畜牧厅厅长、党组书记。这是他时隔 16 年后再次担任内蒙古畜牧厅领导职务。在长期积累的丰富的牧区工作经验的基础上，特别是他在锡盟工作期间制定的“畜草平衡、以草定畜”的工作方针和实践，并根据多年的钻研和深厚的理论基础，赵真北在全国率先推出了“以草定畜”的论述[①]，“全面阐述了畜草平衡的重要意义和应采取的措施”[②]。1982 年《红旗》杂志“经济调查”发表了赵真北、倪东法、通拉嘎撰写的《建设草原，以草定畜，镶黄旗畜牧业出现新局面》一文，把“以草定畜，畜草平衡”的理念介绍到全国，“以草定畜”成为了牧区发展和草原生态环境保护的战略性指导意见[③]。这一基于长期实践并结合科学方法论的远见卓识也成为《内蒙古自治区草原管理条例》（试行）的核心指南，继而成为中国第一部草原法的立法基础。赵真北指出，1949 年以来自治区在畜牧业生产指导思想上和生产布局上的失误导致了对自然资源和生态平衡的严重破坏，从而影响了畜牧业的可持续发展。纠正这些失误的重中之重是要端正指导思想和工作布局，实行“以草定畜”。

在畜牧厅任职期间，受内蒙古人民代表大会之托，在赵真北的主持和领导下，畜牧厅牵头制定《内蒙古自治区草原管理条例》（试行）（以下简称《条例》），经过近三年的调查研究和起草修改，期间反复听取各地区、各部门和有关专家、科技人员的意见，于 1982 年 3 月将《条例》发到全区七个盟市四十多个旗县进行了试点[④]，该《条例》于 1983 年 7 月 21 日内蒙古第六届人大常委会第二次会议上通过。这是中国历史上第一部针对草原权属、管理、保护、利用和建设的专门性地方法规，也为 1985 年全国人大制定颁布的《中华人民共和国草原法》提供了重要的立法基础和框架。

---

① 赵真北：《实行以草定畜　变被动抗灾为主动防灾》，载《内蒙古社会科学》（汉文版），1981（5）。

② 熊德邵：《锡林郭勒盟畜牧志—序言》，见齐伯益主编：《锡林郭勒盟畜牧志》，呼和浩特，内蒙古人民出版社，2002。

③ 1987 年国务院批转全国牧区工作会议纪要。

④ 赵真北：《〈草原管理条例（试行）〉试点工作的基本总结——在〈草原管理条例（试行）〉试点经验交流会议上的报告》，载《内蒙古畜牧业》，1983 年增刊《草原管理条例》专辑（1），38 ~ 43 页。

比较之前的条例，作为地方性部门法的《条例》在当时施行的1978年《中华人民共和国宪法》规定的框架内做出了历史性的跨越，其中最重要的就是第一次确立了草原的全民所有和集体所有两种所有制，这一创举是内蒙古自治区在《宪法》范围内，从内蒙古牧区实际出发，充分行使《宪法》所赋予的民族区域自治权利的具体体现。

草原实行两种所有制解决了多年来在草原保护、使用和建设管理方面的诸多问题。（1）明确了草原不是荒地，而是畜牧业的基本生产资料，因此草原实行两种所有制是符合1978年《宪法》对生产资料的全民和集体两种所有制的规定[①]；（2）将草原所有权和使用权一致化，统一草原的权、责、利，消除“草原无主，破坏无妨，违法无罪，牧民无权”的状况，进而促进民族团结；（3）打破吃草原“大锅饭”现象，通过确立草原集体所有制，建立了畜牧业的劳动资料和生产资料所有制的一致性，对落实草原责任制这一牧区生产责任制中的关键问题起到了积极的作用。

该《条例》第一次在中国立法中提出“以草定畜”“畜草平衡”原则方针，打破了从前重畜轻草的观念。

六、第二次赋闲再度复出

（一）赋闲（1983年6月—1985年8月）

1983年6月27日内蒙古畜牧厅因自治区机构改革而解散，赵真北被免职赋闲在家。[②]

这期间，他继续研究发展牧区商品经济、牧区改革和畜牧业现代化方面问题并撰文《要大力发展我区畜牧业商品性生产》[③]《集体畜作价归户是社会主义范

① 1978年《中华人民共和国宪法》第五条规定生产资料现阶段分为全民所有制和集体所有制。

② 1983年6月27日自治区政府将农口厅局合并组建自治区农牧渔业厅，下设畜牧局；1985年4月撤销农牧渔业厅，成立内蒙古自治区农业委员会，下设畜牧局。见《内蒙古自治区志·畜牧志》第十一章《机构设置》第一节“行政机构”。

③ 1983年12月在内蒙古畜牧业经济学会1983年年会上的讲话，载《内蒙古畜牧业》，1984（2）。

畴的劳动牧民个体所有制》[①]《浅谈畜牧业现代化的先决条件》[②]等。

虽然赋闲，赵真北仍然深入牧区走访牧户家庭，倾听牧民和当地领导的意见，并致信内蒙古农牧渔业厅及自治区政府请求主管机关协助解决当地在建设草原、发展商品经济过程中遇到的问题[③]。在内蒙古实行牧区家庭承包责任制伊始，赵真北就提醒主管部门要根据畜牧业的特点和不同地区的情况，在推行“伊胡塔”[④]形式的“包畜到户”的同时，也要开展集中承包并发展专业经营，组织多余劳力从事各项生产服务和多种经营，让传统的畜牧业和与之配套的服务性行业结合起来，实现畜牧业生产社会化、专业化、商品化，以促进畜牧业向现代化发展。[⑤]

（二）复出——内蒙古工商行政管理局（1985 年 8 月—1989 年 6 月）

1985 年 8 月 29 日赵真北被任命为内蒙古工商行政管理局局长兼党组书记。

任职期间，适逢中国改革开放从以计划经济为主、市场调节为辅进入经济体制改革阶段，中央和政府提出发展个体私营经济。同期民族工作的重点转移到经济建设上来，确定了新时期民族工作“以经济建设为中心，全面发展少数民族的政治、经济和文化，不断巩固社会主义的新型民族关系，实现各民族的共同繁荣”的总的指导思想和根本任务[⑥]。国家把牧区发展商品经济作为“振兴牧区经济，实现民族进步的不可逾越的阶段，是必由之路”[⑦]

按照当时中央和政府的发展个体私营经济的精神，本着从实际出发、理论结合实际、尊重法律、尊重经济规律的态度，结合内蒙古的实际情况，赵真北提出，要“实现各民族的共同繁荣”，必须发展基于社会分工的少数民族工商业，提高生产力，这样才有可能发展真正的商品经济；同时必须全面落实党的民族政策和宪法赋予少数民族的各项权利，以政策支持少数民族经济文化各方面的发

① 赵真北：《集体畜作价归户是社会主义范畴的劳动牧民个体所有制》，载《内蒙古畜牧业》，1984（4）。

② 赵真北：《浅谈畜牧业现代化的先决条件》（未刊稿），1983 年 12 月 1 日。

③ 赵真北：《伊盟考察报告》（未刊稿），1984 年 9 月 25 日。

④ 指 1982 年内蒙古自治区哲里木盟科尔沁左翼后旗伊胡塔公社实行的“作价保本，提留包干，现金兑现，一定几年”的承包方式。

⑤ 1983 年 12 月在内蒙古畜牧业经济学会 1983 年年会上的讲话，载《内蒙古畜牧业》，1984（2）。

⑥ 中央统战部和国家民委《关于民族工作几个重要问题的报告》（中共中央发 [1987]13 号文件）。

⑦ 田纪云：《争取我国牧区经济有个较大的发展》，见《田纪云文集》（农业卷），112 页，北京，中国民主法制出版社，2016。

展，为少数民族商品经济发展保驾护航；发展经济的同时还要必须保护好草原。

赵真北利用多年从事畜牧业管理的经验，坚持实地调研，并安排主要处室的干部走出办公室去实地调研，摸清扶持发展少数民族尤其是蒙古族个体经济有什么样的具体问题，这些问题应该在哪一个层面解决。①

（三）内蒙古个体劳动者协会会长（1988 年—1993 年）；内蒙古自治区六届政协常委（1988 年 6 月—1993 年 5 月）

1990 年赵真北代表内蒙古商业经济学会、内蒙古民族贸易经济研讨会、内蒙古个体劳动者协会在全国发展少数民族个体商业研讨会上的发言中，提出了发展少数民族个体工商业的具体落实措施，并对各级政府从立法、政策和管理上提出具体建议。他强调，工商管理部门应该做到注重对个体工商户的教育；法律面前人人平等，管理者和被管理者都要依法、守法，工商管理部门要先以身作则遵守法律和职业道德，在管理上真正做到两个公开、双向监督。

尽管改革开放后少数民族地区经济有所增长，赵真北提醒主管部门要看到被地区繁荣掩盖着的少数民族生产力的落后。为此他呼吁，应该在思想上引导干部和少数民族群众端正对蒙古族等少数民族开展工商业的态度，在政策上进行侧重扶持，体现以“民族平等、民族团结和各民族共同繁荣”为目的的民族政策。

在内蒙古个协任会长期间，赵真北率团出访蒙古人民共和国，与蒙古国私人工商业者和合作社代表交流发展个体工商业的经验，并与蒙古人民共和国就协助发展工商业签署了合作协议。

七、退而不休

赵真北于 1995 年 5 月离休。他退而不休，一边继续调查、研究、思考并撰文阐述他毕生关心的草原生态保护、牧区发展方面的想法，一边给自治区有关单位献计献策，一边还发挥余热为牧区和牧民解决实际问题。

1998 年在布和（原内蒙古自治区畜牧厅副厅长，赵真北的老同事）的建议

① 涛娣采访潘景玉记录。

下，赵真北和布和一起协助巴彦淖尔盟乌拉特前旗沙德格苏木党政领导解决氟污染问题。该苏木毗邻包头钢铁公司（简称包钢），由于包钢常年大量排放含氟烟气造成严重氟污染，损害了当地牧民的健康，对牲畜和草场造成损害，当地牧民饲养的山羊因饮用受污染的水患“长牙病”，无法咀嚼草料，因饥饿而死亡，给畜牧业带来危机，致使牧民们生活极端困苦，甚至背井离乡逃荒到其他盟旗。赵真北和布和一方面进行实地考察，并鼓励苏木领导积极发展多种经营，减少对单一畜牧业的依赖，另一方面致信自治区政府云布龙主席和两位副主席及卫生厅厅长，要求敦促包钢减排，呼吁政府采取措施，给予当地经济赔偿和政府资金扶持，他们提出了有针对性、长期性的具体建议。

1. 长期监测包钢的排放量和减排；

2. 包钢做出经济赔偿，并从其上交排污费中划拨专款对该苏木进行长期补偿；

3. 政府投入资金帮助牧民恢复重建；

4. 对当地氟中毒的牧民应立即予以治疗、监测，设专职领导负责防氟工作；

5. 促请有关部门对该苏木氟污染问题进行专题研究，设课题组研究该苏木人、畜间氟污染问题和防治措施。

经过多方努力，包钢向该苏木做出了赔偿。据有关资料显示，这是中国环境污染民间维权第一例，而且是首例面向大型国企维权并获赔偿的案例。

八、家庭

赵真北在内蒙古党委农牧部工作期间，经娜琳[①]的堂姐铭安介绍，两人相识，于1962年2月3日在呼和浩特结婚。娜琳是原内蒙古军区副司令员阿思

① 娜琳（1934年10月16日—2019年8月2日），又名娜琳高娃，蒙古族，内蒙古师范大学历史系教授，现代民族高等教育家和历史学家，是新中国首位用蒙古语为大学生讲授“中国近代史”的蒙古族女教师。历任内蒙古师范大学历史系党总支书记、系主任。2022年8月26日于呼和浩特举行了“草原般的胸怀承载民族希望额吉似的慈慧成就万千学子——娜琳高娃教授逝世三周年追思会”，详见内亚草原文化论坛。

根[1]的长女，1934年出生于辽宁省沈阳市，1950年入东北师范大学历史系学习，于1956年从该校历史系研究生毕业后回到内蒙古，在内蒙古师范学院（现内蒙古师范大学）历史系任教，2002年离休。

婚后，一个贫苦的孤儿有了一个温暖的家，夫妻志同道合，相濡以沫，携手经历了48年的风风雨雨。他们两人的组合是“严母慈父”，配合默契，抚育了三个儿女。因为工作关系，赵真北很多时间在牧区调研、抗灾，娜琳一面照顾家中老母亲和三个孩子，一面兼顾教学、行政管理和科研。在赵真北第二次赋闲期间，她经常教育子女要向父亲学习：“这才是真正的大丈夫，能屈能伸。”赵真北曾经说过，娜琳对他非常关心，而且很支持他的工作。在家务和子女教育上，他做得很不够，全靠娜琳了，而且她没有因此影响自己的事业，令人钦佩。[2]

2006年2月22日赵真北因突发脑出血被送入内蒙古医院，经抢救脱离危险之后在内蒙古医院住院休养。娜琳风雨无阻四年如一日，每天前往医院看望照顾赵真北，直至他病逝。

九、逝世

2010年8月7日，赵真北因心肺功能衰竭抢救无效在呼和浩特逝世。

赵真北追悼会于2010年8月13日在呼和浩特举行。当天，追悼会会场外悬挂黑色挽幛“一生清廉刚直不阿留忠骨，一身正气半世辛劳传千秋”。在追悼会即将开始时，会场外又有人悬挂出巨幅挽联“一身正气仗义执言坚持真理典范留后世，情系草原民族英雄高风亮节精神传千古”。赵真北遗像两侧的挽联写道：“一身正气两袖清风，革命一生无私奉献”。遗体旁摆放着蒙汉两种文字的挽联：汉文“用一生守护草原绿色可歌可泣，为贯彻民族政策呕心沥血。你为人正派勇

① 阿思根（1908年1月15日—1948年1月31日），又名阿拉坦仓、李友桐，蒙古族，出生于内蒙古哲里木盟科尔沁左翼中旗腰林毛都，1940年代东蒙自治运动领导人之一，内蒙古骑兵创始人。1938年毕业于日本陆军大学。历任内蒙古东蒙人民自治政府内防部长、东蒙自治军司令员、东蒙军政干部学校副校长、内蒙古人民自卫军兴安军区司令员，中共辽吉军区蒙汉联军司令员，内蒙古自治运动联合会军事部部长、内蒙古人民解放军副司令员、内蒙古自治区政府委员、中共内蒙古工委候补委员等职。见娜琳《阿思根将军传》（蒙古文），内蒙古人民出版社出版，2000年；“阿思根：转战草原建奇功的司令员”。

② 涛娣采访赵真北记录。

于坚持真理，你刚正不阿敢于维护正义。你用科学与实践甘当草原守护神，你用真诚与执著做牧民的贴心人。青山垂首悼念一代革命前辈，草原悲歌痛别万世楷模”；蒙古文“为追求真理的高尚品德和勇气将永垂青史”，“您热爱自己民族的一生和为追求真理的勇气将万古长青”。

赵真北的家人、亲属、生前友好和社会各界人士出席了追悼会，内蒙古工商局党组书记王玉英致悼词：“赵真北一生光明磊落，追求正义和真理，以自治区的富强、蒙古民族的强盛、草原的葱郁为理想”，“他虽然离开了我们，但他为党和国家的事业、民族的利益奋斗不息的崇高精神，为人民服务的高尚品德和求真务实的优良作风，我们将永远铭记在心中”。

赵真北的生前友好包括国家民族事务委员会原副主任文精、内蒙古自治区政府原副主席阿拉坦奥其尔以及赵真北生前工作过的单位的领导和各界人士出席追悼会。众多亲友、机构敬献了花圈和挽联，包括第八届全国人大常委会副委员长、内蒙古自治区政府原主席布赫，国家民族事务委员会原副主任苏和、文精，内蒙古自治区第七届人大常委会主任巴图巴根，内蒙古自治区党委统战部原部长、自治区第五届人大常委会副主任克力更，内蒙古自治区政府原副主席云世英、阿拉坦奥其尔、伊钧华，内蒙古自治区计委原主任、自治区第五届政协副主席暴彦巴图，内蒙古自治区妇联原主任、自治区第六届政协副主席云曙芬，内蒙古自治区党委宣传部副部长、自治区第五、第六届政协副主席云照光，内蒙古自治区政府原副秘书长金海如、哈斯，内蒙古自治区高级人民法院原院长杨达赖、巴士杰、高原，中国工程院副院长旭日干，内蒙古军区军事部原部长白音图，呼和浩特市委原副书记、市八届人大常委会原主任和兴革等。

赵真北的骨灰安放在呼和浩特内蒙古革命公墓。

赵真北生前曾说过，去世后，他最在意的是老百姓，尤其是牧民对他的评价。以下摘录的部分挽联内容是对赵真北一生最真实、最贴切的写照。

用一生守护草原绿色可歌可泣，为贯彻民族政策呕心沥血。你为人正派勇于坚持真理，你刚正不阿敢于维护正义。你用科学与实践甘当草原守护神，你用真诚与执着做牧民的贴心人。青山垂首悼念一代革命前辈，草原悲歌痛别万世楷模。①

一身正气仗义执言坚持真理典范留后世，情系草原民族英雄高风亮节精神传千古。②

为牧区发展鞠躬尽瘁的一生，为提高牧民生活水平顽强奋斗的一生。③

崇拜长生天坚韧不拔的忠诚者，守护草原的坚强不屈的英雄。④

为追求真理的高尚品德和勇气将永垂青史，您热爱自己民族的一生和为追求真理的勇气将万古长青。⑤

一生献给草原，为贯彻民族政策与保护草原奋斗终生，成果卓著，可歌可泣！你为人正派，勇于坚持真理和正义，其道德风范将流芳百世永存不朽！品格高尚，勇于探索，忘我劳动成疾，鞠躬尽瘁死而后已，呜呼，此不可谓伟大乎！⑥

你那求是的道德勇气、为追求真理奋不顾身的精神，将永存不朽！⑦

① 内蒙古大学生命科学学院薛晓先教授集赵真北生前友好钦达木尼及若干内蒙古农牧业界老领导兼友人丁岐山等所献挽联之要义所撰。

② 内蒙古大学部分教师。

③ 原文为蒙古文，赵真北夫人娜琳翻译。

④ 同③。

⑤ 同③。

⑥ 钦达木尼、赛音朝克图撰写。

⑦ 同③。

从实际出发，艰苦奋斗，一生走遍内蒙古草原，贯彻少数民族政策，结丰硕成果；以科学发展，保护生态环境，请滥砍滥伐者远走高飞，他处发财，沙漠现绿野。①

民族的脊梁，后人的典范。②

① 丁岐山撰写，原内蒙古自治区农业厅厅长。

② 巴图苏和撰写，原内蒙古自治区工商行政管理局局长。

第二部分　研究与思考

草原生态保护

全盟各族人民团结起来，为打好我盟畜牧业现代化建设的第一个战役而奋斗

——在锡林郭勒盟盟委三级干部会议上的工作报告①

（记录稿）

赵真北

同志们：

经过盟委常委几次研究，决定召开这次盟委三级干部会议。参加这次会议的有旗县、公社和国营农牧场的负责同志以及盟、旗县直属有关部门的负责同志。这是粉碎“四人帮”以后，我盟规模最大的一次工作会议。

这次会议重点是学习讨论五中全会公报和邓小平同志关于目前的形势和任务的报告，传达自治区党委召开的盟市委第一书记会议精神和全区计划会议精神、全区组工会议精神。这次会议的中心议题是研究讨论经济建设问题，重点是畜牧业生产和农业生产以及如何贯彻执行自治区两个政策文件的问题。同时，围绕这个中心，还要研究讨论民族政策问题，干部问题和工商业、财政、教育等问题。我们这次会议的目的，就是用五中全会公报和邓小平同志的报告统一各级领导的思想认识，深刻理解和积极创造四化建设必须具备的四个条件，在一九八〇年把全盟工作着重点全面转移到经济建设上来。

为了开好这次会议，盟委和各旗县委做了一定的准备。在春节前各旗县都举办了公社书记训练班，盟委举办了局处长训练班，围绕这次会议的主题，进行

① 1980 年 3 月 7 日赵真北当时在中央党校学习，他人代为宣读。赵真北于同年 2 月 27 日在锡林郭勒盟党委常委扩大会议上做过该报告。

了酝酿讨论。盟和旗县的主要负责同志还亲自做了一些调查研究工作。同时，各旗县、公社都召开了党代会或党员大会，总结了过去的工作，选举产生了新的领导核心。更重要的是全盟的清查工作取得了胜利，冤假错案得到了平反昭雪，党的各项政策进一步得到落实。我们这次会议就是在这样的一个基础上召开的。现在，党的路线、方针、政策都明确了，各级新的领导核心产生了，摆在我们面前的一个突出的问题，就是如何结合锡林郭勒盟的实际，具体地、切实地把各项任务落实下去，使全盟各级干部、各族群众积极行动起来，聚精会神、争分夺秒、全力以赴地为实现我盟建设现代化畜牧业基地的第一个战役的奋斗目标而努力。

下面根据盟委常委和盟委常委扩大会议研究讨论的问题，我讲几点意见。另外，满都拉乎同志还要讲计划问题，博彦额穆和同志还要讲民族政策问题。他们要讲的问题，我在这里就不细讲了。

一

如何估计我盟过去一年来的工作，这是我们正确认识形势，确定新的战斗任务的基本出发点。对我们过去的工作，对形势的看法，大多数认识是一致的，但是也有一些不同的议论和反映。我们认为，总结过去一年的工作，应该说，我们各级党组织是坚定地、积极地贯彻执行了党的三中全会确定的路线、方针、政策的。一年来，全盟形势发展很快，超出了我们的预料。各级党委围绕工作着重点的转移做了大量工作，重点抓了农牧业生产和落实政策两件大事，取得了很大成绩，变化是显著的。可以说，全盟的工作着重点已经基本转移到经济建设上来了。总的说政治、经济形势是好的，全盟是安定团结的。这是必须肯定的。

一年来，我们一个最大的变化，就是思想、政治路线发生了根本地转变，长期以来，林彪、“四人帮”推行极“左”路线，用所谓的阶级斗争代替生产斗争，用所谓的政治冲击经济，在思想、理论、路线、政策上造成了极大的混乱。过去的一年，我们学习三中全会的精神，深入批判极“左”路线，开展真理标准问题的讨论，干部群众的思想有了很大解放，党内外思想更活跃了，人们敢于讲话了，大是大非分清了，党的实事求是的思想路线重新得到了恢复。广大干部群众认识到当前最大的政治是搞四化不再是以阶级斗争为纲了，人们吃够了这个苦头。人心思治，人心向往四化。这种思想上的大变化，或者说根本的转变，是人们都体会得到的。这是我们工作着重点转移后的一个最明显的变化。

一年来，我们认真地抓了三大冤错假案的平反昭雪和历史遗留问题的处理，认真地落实了党的各项政策。在贯彻落实党的民族政策、干部政策、知识分子政策、统战政策以及右派的摘帽和改正、地富分子的摘帽等方面，做了大量工作。落实政策的工作重点放到了基层。现在，在冤错假案中受害的干部群众四万四千多名同志在政治上彻底平了反。各地层层召开了平反大会，对迫害致死的两千五百多名同志做出了政治结论，开了追悼会。受害的同志经济上的困难和子女安排问题也得到了适当解决。全盟用于落实政策经费二百三十七万元；安排子女一千八百人，多数同志是满意的。同时，我们对查清的四种坏人依法进行了打击。对罪行严重、民愤很大、证据确凿的犯罪分子，依法捕判了一百五十七人。在落实政策中，我们从安定团结的大局出发，以教育为主，正确处理了犯有严重错误的同志的问题，对他们进行了批评教育。大多数能够认识错误，态度较好，已经解脱出来；不认错，不检查而受到党籍、政纪处分的是极少数。全盟对右派的摘帽改正工作、地富摘帽工作已经完成。全部纠正了牧区重划阶级的错误。我们的干部队伍更加团结了，各族人民群众更加团结了。现在，落实政策工作大体可以告一段落了。问题还有一些，但不多了，争取今年上半年结束。去年我们在这方面花费了很大力气，是必要的、值得的。只有把这些问题解决好，才能调动起更多人的积极性，集中精力搞四化。

在过去的一年中，我们下大力气抓了农牧业生产。牧业获得了大丰收，年末全盟牲畜总头数达到四百九十一万头只。白旗超过历史最高水平，蓝、太、多旗县超过了灾前水平；重灾区的东苏、东乌、黄旗恢复到灾前的百分之八十以上；特重灾区的阿纳、西乌、阿巴嘎旗恢复到灾前的百分之五十。全盟牲畜总增率百分之三十九点四，纯增率百分之十九点九，保畜率百分之九十六点四。全盟打草八亿一千万斤，比前年多打两亿斤。农业生产，我们克服了社员口粮不足、牲畜饲草饲料不足、籽种不足的困难，战胜了倒春寒、虫灾、雹灾、早霜等多种灾害，获得了丰收。全盟粮食产量三亿零三百万斤，这是我盟三十年来第三次突破三亿大关。平均单产一百三十五斤，是我盟历史上最好水平。油料总产量达到三千七百一十万斤。粮油全部超额完成了包干任务。林业建设超年度计划百分之三十。水利建设、农牧业机械化建设、气象工作，社队企业等都做了大量工作，有了一定发展。加强了防火、打火工作。各国营农牧场也做了大量工作，减少了亏损，取得了农牧业丰收。我们所以取得农牧业生产上这些成绩，主要是我们各级党委狠抓了三中全会精神的贯彻落实，人们的精神面貌发生了大变化，党的路线、方针、政策深得人心，全盟有一个安定团结的政治局面。特别是农村牧区贯彻了中央两个农业文件，明确了生产责任制度，基本上落实了按劳分配的政策，调动了广大农牧民和基层干部的积极性。这些成绩的取得，靠了人和，当然总的说天时也不错，主要是人和，是我盟各级干部和各族群众、各条战线、各行各业共同努力的结果。我盟是受林彪、“四人帮”干扰破坏的重灾地区，七七年又遭了大灾，在这样困难的情况下，我们取得了农牧业的丰收，这就说明了我盟各族人民在各级党委领导下，是有能力把我盟的事情办好的。

在抓紧当年生产的同时，我们还认真地抓了受灾地区的生产自救和群众生活的安排。发动群众，广开门路，千方百计地增加社员收入。并且积极抓了农牧八种副产品的物价调整，全盟牧民平均增加收入十九元六角，农民增加十五元六角。还对牧民看病、子女上学等方面给予经济补助。牧区共投放救济费二百三十五万元，贷款五百八十二万元，解决了灾区一些实际困难。前年受了大灾，可是没有出现逃荒要饭的，没有饿死、冻死人，整个农村牧区人心安定，形势稳定。这是一件很了不起的事情。

工业生产，全盟工业总产值达到八千五百七十七万元，完成计划的百分之一百零三点四，比七八年增长百分之一点四。全盟工交战线贯彻调整、改革、整顿、提高的方针，认真进行了企业整顿，提高了企业管理水平，广泛地开展了增产节约运动，加强了经济核算，取得了扭亏增盈的显著效果。全盟企业亏损比七八年下降百分之五十六点八。特别是盟直几个“老大难”企业，变化比较突出。盟直和各旗县厂矿企事业单位认真抓了清产核资、清仓查库工作，摸清了家底。按照经济规律办事，已经成为当前企业的主要课题，这也是二十多年才弄清楚了的一个问题。二轻系统开始注意计划经济和市场调节相结合，提高产品质量，增加花色品种，参加市场竞争，既促进了思想解放，又促进了生产发展。基本建设战线也完成了年度计划任务。

财贸战线，全盟财政总收入二千二百多万元，超额百分之二十三点七完成了计划，比七八年增加百分之八点二。财政支出八千九百四十八万多元，没有突破控制数。商品零售总额达到一亿九千九百八十二万元。内外贸易都有了很大发展。市场供应开始好转，物资比以前丰富一些了，城乡群众生活有了一定的改善。

科技战线，调整了科研机构，充实了科技队伍，恢复了盟科学技术协会，盟、旗县科技部的业务力量得到了加强。各地开始评定技术职称。学术讨论和情报交流逐步活跃。科技工作正在被重视起来。科学技术是生产力的观点正在被人们所接受。有些科研项目取得了初步成果。文化教育开始走上正轨，正在着重解决民族教育中的问题。七九年全盟建立民族中学七所。教育投资三百二十万元，其中盟内自筹一百四十万元。蒙医得到了恢复。计划生育取得了显著成绩，全盟汉族人口出生率降到千分之十一。

去年，劳动就业已经提到各级领导的议事日程，全盟待业人员二万二千多人，已经安置了六千多人。

我们还根据中央指示加强了政法工作，充实加强了政法队伍，广泛开展了社会主义法制教育，组织干部群众学习七个法律文件，认真整顿了社会治安，打击了刑事犯罪活动。虽然我们还有些手软，打击不够有力，群众还不满意，但总的是向好的方面发展的。

一年来，我们加强了边境管理，保证了边境地区的安全。在全盟范围内，我们还认真抓了三清工作。蓝旗清理计划外用工搞得比较好。现在城镇牧区非法落户问题基本上卡住了。

根据三中全会精神，去年一年，我们认真抓了各级领导班子的调整充实，加强了主要领导力量。一批老干部恢复了工作；一些帮派骨干、打砸抢分子从各级领导班子中清了出去；一些不适宜担任领导职务的作了调整；有的则根据工作需要做了个别调整。现在，我们各级大多数班子是团结的，是好的和比较好的。旗县、公社党代会以后，总的讲领导力量又进一步加强了，领导作风也有了一定的转变。正镶白旗去年在畜牧业、农业生产上都取得了很好的成绩，全面完成了粮油和牲畜收购任务，落实政策，草原建设也很突出。盟财政局从年初开始就狠抓增收节支，并协助有关部门到造纸厂搞财政包干、企业管理试点。去年全盟财政收支情况是比较好的一年。盟计委、畜牧局、工业局、统计局的工作都很主动。

我们在全体党员中认真学习了《党内政治生活若干准则》，党内民主生活进一步活跃了，党的优良传统和作风得到了恢复和发扬，党的纪律加强了。盟和旗县各级纪委在这方面做了大量工作。

一年来，我盟宣传、统战、政协工作，工会工作、共青团工作、妇联工作、贫协工作、民兵工作以及新闻、广播、体育等各项工作都取得了新的成绩。

以上这些，是我们对过去一年工作的基本总结。事实说明，我们是做了大量工作的，成绩也是显著的。但是，由于林彪、“四人帮”的流毒影响很深，在他们的干扰破坏下造成的问题成山、困难成山、麻烦成山，我们只能集中力量解决主要问题，解决全部问题还需要较长时间。再就是我们主观上的一些原因，工作重点转移上还存在不少问题，有些应该办好的事情还没有办好，还有很多差距。如果我们转得好的话形势还会更好一点。我们的主要差距和问题是什么呢？

第一，从总的方面来说，我们对三中全会的精神理解的还不深，对工作重点的战略转移的认识还很不够。对为什么转移，怎样转移，转移的条件是什么？还不十分清楚。我们盟委从思想上、组织上做的工作还很不够的。虽说重点抓农牧业，实际上由于落实政策任务重，加之我们在一些工作上摆布不当，因此在某种程度上影响了抓农牧业生产。

第二，我们的思想还不够解放。一是有怕字，心有余悸，还没有完全从林彪、“四人帮”设置的种种“禁区”和精神枷锁下解放出来。对“左”的流毒批得不狠，对右的干扰排得不力。在落实政策上，求安怕乱。也有农牧民富了是否再割尾巴、贯彻少数民族政策是否说是民族分裂等这些余悸。比如在农村经济政策的落实上，太旗春季包产到组曾到百分之六十，但安徽的文章一出来，只剩下了百分之二十。我们对社会上不安定的因素及时分析研究也不够，对打击刑事犯罪分子表现手软；二是在经济建设上，还不能完全从实际出发，条条框框还不少，小生产的习惯势力还严重存在。对如何搞现代化畜牧业，思想还没有开动起来。各行各业如何紧紧围绕畜牧业现代化建设搞好自己的工作，这个问题也没引起一些同志足够的注意。

第三，我们虽然把生产建设摆在了首位，但抓得不实，抓得不力。从盟委来看，会议开了不少，真正集中研究解决经济建设上的问题并不突出。比如，国民经济调整，工业生产只议论了几次，并没有下工夫解决这个问题。农牧业虽然取得丰收，但在执行政策和生产管理方面的问题也不少。教育上的问题我们早就发现了，可是基本没有得到解决。造成这种状况的原因，有客观因素，也有我们主观上的原因。就是说，我们头脑中多年来受林彪、“四人帮”的流毒还很深，还没有在实际工作中把经济建设作为最大的政治，放到压倒一切的位置上，还没有集中全部精力抓，在生产上下工夫还不够大，没有很好地完成三中全会交给我们的任务。

第四，我们的工作作风还不够深入，虽然调查研究比以前有所进步，但还没有真正钻进去。工作抓得不扎实，具体指导、狠抓落实不够，情况若明若暗。在少数领导班子中还不够团结。大些同志还有生活特殊化问题。群众对我们这种工作状况还有些意见。

总之，我们工作者重点虽然是基本转移了，但还没有转好，存在问题还不少，还没有调动起一切积极因素搞生产建设。我们的工作还不完全适应四化的形势。我们必须这样认识问题，才能促进今后工作重点的进一步转移。

二

现在，我们的工作已经有了一个较好的条件和基础。今年就更应该把一切精力集中到生产建设上来，使我盟有一个显著的、像样的变化，这是摆在各级领导面前需要认真研究解决的问题。这里，归纳起来有三个问题，即：对四化建设的认识问题，当前贯彻执行的方针政策，打好四化建设第一个战役的任务和措施。

第一个问题，要解决四化建设的认识问题和认清我们担负的历史责任。

首先，要提高广大干部群众，特别是各级领导干部搞四化的思想觉悟，必须弄清三中全会把四化定为我党政治路线的伟大意义，认清四化建设是我国无产阶级革命和无产阶级专政任务的历史必然性。叶副主席讲：“国家的巩固，社会的安定，人民物质文化生活的改善，最终都取决于现代化建设的成功，取决于生产的发展”。最近，邓副主席又讲，台湾回归祖国，实现祖国的统一和国际反霸斗争我们发挥作用的大小，也取决于四化和经济发展的快慢、大小。社会主义制度的巩固及优越性，首先也要表现在经济发展的速度和效果方面。社会主义取代资本主义就是要解放生产力，不断提高劳动生产率，满足人民物质和文化生活的需要。这是社会主义革命的根本目的。无产阶级取得了全国政权，特别建立了社会主义制度之后，必须坚定不移地把工作重点放在经济建设上，大力发展社会生产力，逐步改善人民生活。这是天经地义的。毛主席在《关于正确处理人民内部矛盾的问题》中指出："革命时期的大规模的急风暴雨式的群众阶级斗争基本结束"，"我们的基本任务已经由解放生产力变成在新的生产关系下面保护和发展生产力"。一九五六年在毛主席主持下召开的八大明确提出："党的一切工作的根本目的，是最大限度地满足人民的物质生活和文化生活的需要，因此，必须在发展生产的基础上，逐步地和不断地改善人民的生活状况"。但是这一任务没有执行多久，由于工作上的失误，特别是"文化大革命"中林彪、"四人帮"的破坏，而中断了，歪曲了。没有林彪、"四人帮"的干扰破坏，没有人祸，我们的生产建设和群众生活肯定不是现在这个样子。

林彪、"四人帮"被粉碎已三年了，经过揭批其罪行，拨乱反正，平反了他们制造的种种冤错假案，明确了现在的主要矛盾不再是阶级矛盾，而是尽快实现四化，发展生产力，提高人民物质和文化生活，这是最大的政治。"团结全国各族人民，调动一切积极因素，同心同德，鼓足干劲，力争上游，多快好省地建设现代化的社会主义强国"，是党在新的历史时期的总路线。我们只有认清这些问题，才会有自觉性；有了自觉性，才会有坚定性、积极性和创造性，才会去掉怕变、怕批的疑虑，才能正确对付面前的困难和问题，排除各种干扰，带领各族人民坚定不移搞四化。

其次，要总结历史经验。从锡林郭勒盟的实际出发，我们一定要把全盟的工作着重点转移到备牧业经济建设上来。大家知道，锡林郭勒盟地区在历史上就是蒙古族人民聚居的以畜牧业为主的地区。全盟总面积十七万五千四百平方公里，其中十五万平方公里是广阔的天然草场。自然条件宜于畜牧业生产，发展畜牧业经济有着巨大的潜力和广阔的前途。中华人民共和国成立以后，我们坚持以牧为主的方针，畜牧业有过很大发展，牲畜最高达到八百三十六万头只，对国家、对人民做出了应有的贡献。但是必须看到，我盟的畜牧业还没有完全摆脱靠天养畜、小生产式的落后的状态。再加上林彪、"四人帮"十几年来的干扰破坏和七七年的大雪灾，使本来就落后的牧业生产力又遭受了重大损失，伤了元气。同时，还应该看到，我们这个地区是边境地区，有个谁影响谁的重大问题。我们不仅在政治上翻身解放，当家做主，而且必须在经济上繁荣富强起来。这样才能充分显示出社会主义制度的优越性，从而有力地影响国外修正主义、资本主义统治下的人民。各级领导一定要经常地想到这一点，树立起一定要把祖国边疆建设好的强烈责任感。我们一定要通过四化建设，逐步达到事实上的平等，彻底改变蒙古族及其他少数民族人民经济上、文化上的落后状态，跻于国内先进民族的行列。

所以，根据我盟的特点和国家对我们的要求，大力恢复发展畜牧业，把我盟建设成为现代化畜牧业基地，就是我盟整个四化建设的中心任务。我们的一切工作都必须围绕着这个中心，全心全意地为这个中心服务。

第二个问题，要认真贯彻落实党的民族政策和在农村牧区的各项政策。

（一）要认真贯彻落实党的民族政策。各级党委要组织各族干部群众认真学习马、恩、列、斯和毛主席关于民族问题的论述，学习周总理一九五七年在青岛民族工作座谈会上的讲话和乌兰夫同志在全国边防工作会议上的讲话。全面贯彻落实中发（79）52号文件，努力发展少数民族的经济、文化，使少数民族能用自己的腿走路。畜牧业现代化建设必须与贯彻党的民族政策紧密结合起来，少数民族需要现代化，现代化需要少数民族。因此要尽快地做到使少数民族在政治上站立起来；在经济上富裕起来；在文化上繁荣起来；在技术上拿得起来。所谓政治上站立起来，就是自己敢于同先进民族平等，这就必须在经济上、文化上、科学技术上自己能基本上承担起来，大大减少依赖性，按照民族的特点和形式，加快四个现代化建设的步伐。先站立起来，然后才能自己走路。文化上至少能在近几年内普及小学五年制教育，扫除文盲。技术上能掌握目前的一些生产技术和经营管理知识，培养自己的科学技术和经营管理人才。我们现在的任务就是要学习、领会和贯彻好乌兰夫同志的讲话精神①，全面贯彻落实党的民族政策。但是，由于林彪、“四人帮”的反动的大汉族主义的流毒没有肃清，民族政策再教育没有很好地开展起来，特别是年轻人对党的民族政策很不了解。所以有些人对贯彻党的民族政策的重要性认识不足，甚至抱有抵触情绪。有的说，贯彻党的民族政策“只对少数民族有利”。我们共产党历来就是办对少数民族有利的事，因为这样符合无产阶级的根本利益。各地都要认真分析一下，贯彻执行党的民族政策中

① 《乌兰夫文选》（下册），258～263页，北京，中央文献出版社，1999。

究竟存在一些什么问题，主要问题是大汉族主义还是地方民族主义；是诚心诚意帮助少数民族当家做主，用自己的腿走路，还是包办代替？对这些问题都要通过民族政策再教育搞清楚，以提高大家的认识，并采取有力措施，切实解决执行民族政策中存在的问题，把党的民族政策落实到基层，增强各族人民的大团结，把我盟的各项工作搞好。

对于运动中的遗留问题要继续解决好，做到善始善终。要把安定团结和落实政策统一起来。落实政策是为了调动积极因素，为了安定团结。不落实政策就不能安定团结，方法不对也会影响安定团结。所以，原则要坚持，方法也要对头。这样才能把政策落到实处。

（二）要坚决贯彻落实党在农村牧区的各项经济政策。中央两个农业文件和自治区有关规定贯彻后，农牧民初步得到了实惠，他们是非常欢迎的，是深得人心的。最近，自治区党委和人民政府又颁发了《关于农村牧区政策问题的补充规定》和《关于发展畜牧业方针政策问题的几项规定》，我们要认真贯彻执行。现在的问题是，如何结合锡林郭勒盟的实际，把政策全面落实下去，取信于民，把元气恢复起来。当前要着重贯彻落实好以下几项政策：

1. 切实尊重生产队的自主权。牧业生产队的草牧场使用权，今年一定要固定下来，旗政府颁发执照，任何单位和个人不得侵占。要给予法律上的保护。这个保护要见之于行动，不是说说而已，必须大张旗鼓地宣传，使所有的人都知道。草场纠纷问题，今年盟旗要成立专门班子加以解决。社队范围内的小片自然林、沙柳和芦苇按照规定下放到生产队，由生产队负责保护经营，只许管好，不许破坏。

国营企业、社办企业和生产队都是独立核算单位，任何单位不准向生产队摊派任务。如有经济往来，应在自愿互利的原则下签订合同，共同遵守，谁也不得违反。如谁不执行或违反合同，要负经济责任，给对方赔偿。

2. 要减轻生产队的负担，特别是牧区生产队的负担。任何单位和个人都不准到生产队购买低价肉，更不准赊购肉。当地驻军的肉食，自己牧场供应不足部分由指定商业单位供应。坚决反对以任何借口从生产队“卡油”。给生产队供货缺两短秤，办事刁难等不正之风，必须制止。

其他加在生产队身上的负担，如防疫费、各种人员训练的误工补贴等问题，怎样解决，要专门研究，成熟一个解决一个。

要认真解决欠生产队的债务问题。队内社员欠的债，由生产队定出办法逐步收回；生产队外欠的债，是一个公社的由公社负责催要。是社外的，由旗县有关部门负责催要，调离本旗的，如是本盟内的，由欠债者所在单位负责催要。调离本盟的，也要设法追回。有些人欠债太多，一时还不起，可给他们创造条件，增加收入，尽快把债还清。共产党员、国家干部要带头归还欠债。总之要制定具体办法，配备强有力的领导，把债务清理完。特别是欠灾区的债，应提早归还。

3. 牧业生产队的饲料基地，如规模小，可以实行联系产量计算报酬、超产奖励的办法，但定额要合理，生产队与饲料基地之间大体上做到互利，谁也不要吃亏。如是规模大，应单独核算。单独核算的饲料基地，要分别情况对待，有经营农业条件的，以农业队的政策对待；没有经营农业条件的，有草场的，可改为牧业队，如草场也没有，可改为基建队或其他副业队。

4. 要认真落实生产责任制度，这是调动生产积极性的一个重大措施。牧区的超产结算，年终按年初定产指标结算，特殊的歉年，应以实际完成的平均数计算。牛、羊按本队的完成水平计算；马、驼因群数少，可按公社或相同条件的几个队的平均数计算。

超产奖励，牧区可多奖牲畜，到自留畜大体达到允许经营的头数时，可改为多奖现金或工分；农村可多奖粮食，到农民的口粮和储备粮基本满足时，可改为奖现金或工分。奖牲畜要注意放牧员、接羔员、配种员、兽医，也要注意到打草、搭棚等其他人员。对子女多的蒙古族和其他少数民族社员，在同样条件下优先给予照顾。

5. 在最近几年要加快自留畜的发展速度。在自留畜问题上，有不少同志思想还不解放。目前存在怕批、怕变、怕减少集体畜、怕管理麻烦等思想认识问题。应该认识到：在目前的生产水平低，收入少的情况下，集体经济满足不了社员生活的各种需要，必须要有自留畜作为补充；自留畜对集体经济也是个补充，今后社员自留畜多了，肉食可以逐步用自留畜解决，既减轻了集体负担，又克服了实物分配上的平均主义。解决的办法不是集体拨出一批牲畜，而是用超产奖励、老弱畜饲养分成等办法解决。对集体牲畜和自留畜在一起经营的，要制定合理的制度。有条件的生产队和个人，自留畜可以按政策规定的数量先发展起来，不要强求一律。农区的猪饲料地已落实，但一定要用到养猪上。从今年起不能再给超计划生育出生的子女增加三自留。国营农牧场职工，也应按政策规定，允许养自留畜。

要积极鼓励、帮助社员发展家庭副业。在不影响集体生产，不剥削他人，不破坏自然资源的前提下，可以放手去搞。一些季节性的采集，可以给社员放几天假，不要怕社员群众多卖几个钱。允许一部分社员先富起来，在政策上要给予保障。这次会议，要把这个问题作为一个专题，认真研究讨论使农牧民富裕起来有什么途径和办法，思想上政策上有什么问题要解决，每个部门如何配合等问题，搞出一个意见来，交给农牧民群众进一步讨论落实。

6. 要认真实行保护母畜的政策，也要制定鼓励培育优良种育的政策。今后的种畜要有统一标准，要进行签订，不合格的不能出场，不准使用。对培育出特别好的种畜的人，要给予荣誉的和物质的奖励，以使我们的牲畜质量不断提高。

7. 社队企业要加强经营管理，实行单独核算，自负盈亏。除办好现有企业外，要积极试办社队联合企业，可以生产队办、跨社跨队联办、也可以搞季节性和临时性的，特别是在牧区更要提倡这种队办企业，把多余的劳力组织起来，举办畜产品加工、基建队、饲料队、打草队、造林队等等，使牧民增加入，开阔眼界，增长知识，增加自力更生的能力，减少依赖性。

8. 控制人口流入，包括区外流入区内，农村流入城镇、牧区。农区也要严格控制区外人口流入，否则一边实行计划生育，一边又接收外来人随便入户，这同样增加负担。

牧区人口的清理，除“牧业十五条”上规定的以外，还有几种人也应清理动员回原籍。如打砸抢进来的，长期外流不归队、不向生产队交收入的，等等，生产队有权拒绝给它安插的外来人口，生产队自己接收外来人口也要服从政府户口管理政策。

盟旗所在地、工矿区和国营农、牧、林、渔场（站）的人口清理，应按中央国务院有关规定执行。

在控制、清理人口上，目前阻力很大，有人公开反对，有人消极抵制。什么原籍不要，回去没有房子住，来这落户多年了，清了多年清不动，先从大楼清，等等，这些借口都是不能成立的。要做好思想工作，教育他们从大局出发，从我盟的负担能力出发，把这项工作搞好。对实在不听、坚持错误的人也要采取适当措施。这一工作必须同劳动就业一起抓，争取在一两年内解决有人没活干，有活没人干，雇用外来人这种不正常状况。各级劳动部门要把整个社会的多余劳动力管起来统筹安排，统一调度。要广开门路做好劳动就业工作。不论哪个部门和地区，自己有待业人员不安排或上边给他安置待业人员他不要，偏雇用外来人员，这是不允许的。劳动部门要定出管理制度，有关部门要按制度办事。

各级政府都要组织力量，抓紧抓好计划生育工作，尽快达到国家要求。

第三个问题，关于打好我盟四化建设第一战役的任务和措施。

1. 畜牧业生产。首先是抓基础建设。草原是发展畜牧业的物质基础，没有这个物质基础就没有畜牧业。对草场要保护好、建设好和利用好。保护建设是为了利用，利用要服从保护，保护要制定具体措施，建设要因地制宜。我盟牧业生产几起几落，发展缓慢，一个主要原因，就是冬春没有饲草保障。这些年来，由于草畜不平衡、利用不平衡，造成草牧场退化，生态平衡受到一定程度的破坏，影响了畜牧业生产的发展。为解决这个问题，当前，一是要固定草牧场使用权；二是要测定正常年景产草量，按队、按浩特、按各季牧场核定合理的载畜量，做到草畜平衡，克服盲目性；三是要搞好草牧场建设规划；四是要划分四季牧场，合理放牧；五是要划定专门打草场，加以保护培育。今后，要勘查选留一部分缺水草场，作为专门打草场，不再打井。据调查，我盟还有三万平方公里的缺水草场，合四千五百万亩。如果拿出两千万亩做打草场，每年打一千万亩，按正常年景每亩产干草一百五十斤计算，就可以打草十五亿斤，加上其他零星小片草场上打的草，再搞一些青贮和其他种植饲草料，争取二三年内使每头过冬牲畜有三百斤干草的贮备。这样，牲畜过冬过春就有可靠保证了。今后旗县对草原的保护、利用要定出法律性的制度，保护草原人人有责，一定要严禁开荒。超过规定载畜量的地方，要么买草，要么种草，要么将超载的牲畜卖掉、放“苏鲁克”或借场放牧。总之要千方百计把草场保护好，世世代代经营下去，而且越经营越好。

另外还要搞好棚圈建设和牧区水利建设，建设好冬春营地，提高抗灾能力，尤其是四季饮水问题应在一两年内全部解决。

2. 要抓生产手段。我们搞现代化畜牧业，不能靠人海战术，靠增加劳动力的办法，这样不能提高劳动生产率。要靠科学，靠机械化，靠人的利用科学、机械的能力，要提高农牧民的科学文化水平。这些年来，科学养畜搞的不多，搞了一点机械化，效果也不显著。要改变原始的游牧经济状况，改变畜产品原料调出的落后状况，就要狠抓畜牧业科学技术，大力推广科学养畜，加快牧业机械化建设。目前，有许多畜牧业科学技术问题急待研究解决，如畜群结构、草牧场划分与建设、打贮草的时间和方法、牧草的培育、优良种畜的培育、饲养技术、风能和太阳能的研究利用等等，都需要我们尽快拿出成果来，并在群众中普及。牧业机械化主要是抓研制、生产、推广和维修。应在近几年内实现种草、打草、捆草和运草机械化，改良草场（松土补播）植树造林机械化，饲料加工机械化，剪毛机械化，畜产品加工机械化。这样才能在我盟地广人稀的情况下，大大提高劳动生产率。从目前的实际出发我们还要机械、半机械、畜力几条腿走路。打、贮草的组织形式，尽量分散为好，集体为好。必要的话也可搞国营的。总之，一定要在机械化上下功夫，要在科学养畜上下功夫，提高劳动生产率。

3. 要明确生产的目的性。我们搞畜牧业生产，就是为了提供大量的畜产品，不断满足人民不断增长的物质生活的需要，为国家多做贡献。为此就要坚持稳定、优质、高产、低成本的方针，从草原的利用，生产手段的使用，生产费用的安排，抗灾保畜的准备到畜种改良和发展，都要搞经济核算，合乎经济规律和自然规律。生产队要把牧业当做社会主义企业来经营，注意讲求经济效果。我们要求，在过去开展的安全群、百母超百仔运动的基础上，逐步开展好稳定、优质、高产、低成本的四好畜群竞赛，看谁能创造四好畜群，哪个生产队、公社、旗县能创造出更多的四好畜群，为四化建设提供更多的、更好的、更便宜的肉、毛、皮张、奶食品。为了达到这个目的，就必须提高牲畜的总增率，提高牲畜的质量，提高牲畜和畜产品的商品率。今后，牲畜的纯增，主要是提高母畜的增长速度。牲畜的增长要根据物质条件、生产需要和国家市场需要来决定。到今年年底，全盟母畜要达到二百一十九万头只，到八五年达到四百万头只，超过历史最高水平。只有母畜的绝对数增加了，牲畜质量提高了，才能够提高总增，提高商品率，增加牧民收入，提高生活水平。在这次会议上，我们要研究一下今明两年牧业生产和牧民生活要达到的标准。我看可分成四类地区：南部是一类，此部灾区是一类，没有灾的算一类，农区也要划一类。中等水平人均收入大体可定三百元左右，南部可低点，二百五十元。今明两年要解决蒙古包床板。逐步解决冬春住房，达到冬有“百姓房”，夏有木板床。对生产发展得快，社员生活搞得好的社队干部，要给予奖励。

搞规划，包括区域规划和计划都要根据自然条件以及国家的需要、人民生活的需要来安排。今后的计划要反映人民生活水平的提高程度。今年计划全盟牲畜总增百分之二十八点五，纯增百分之四点三。考虑到灾后恢复，北部地区的纯增可在百分之五到六之间安排，这只是个建议数，而且是按老办法提的，今后应按上述原则由下而上的安排计划。

4. 以牧为主，但必须改变单一的畜牧业，发展多种经营，积极植树造林，兴办队办企业，尽快改变牧区面貌，增加牧民收入。要把林业放在仅次于畜牧业的地位，能造林的地区要大兴造林。牧区要以草定畜，以畜定劳力，将多余牲畜调出，多余的劳力组织起来办队办企业，搞草原建设，还可以搞基建、烧砖、烧石灰，拣发菜、拣蘑菇、采黄花、挖药材以及养猪、养鸡、打猎、搞畜产品加工。特别是重灾区更应抓好这些工作，搞好生产自救。在有条件的地方，要种饲草饲料，可以几个队合办。

5. 农业生产要从我盟实际出发，逐步向半农半牧过渡。当前在保障口粮自给和粮食任务大包干的前提下（大包干指征购和超购包干），多种树，多种油料，多种草，多种土豆，养猪、养牛、养羊、饲养家禽，尽快提高土壤肥力，逐步增加畜牧业比重，增加社员收入。要因地制宜地搞好农田建设。

今年的粮、油生产任务，在计划会上详细安排落实，还要研究如何执行粮油收购合同的问题。整个农区要力争年内把土壤普查搞完，包括山地、草场的普查，为我们因地制宜、合理利用土地资源提供科学依据。要突出抓好积肥、造肥，搞好农田水利工程的新建和配套，扩大水浇地面积。要抓好农业生产的各个环节，狠抓经营管理。在春播前，各生产队都要把联系产量计算报酬、超产奖励的生产责任制度落实好，力争今年农业有个大丰收。

6. 林业建设，不论农村、牧区、城镇工矿区，只要能种树的地方，尽量多种树。农区以营造农田防护林为主，同时搞好四旁绿化，发展薪炭林和经济用材林。牧区主要发展小片林，争取在五年内每人至少一亩树，所有的居民点都要绿化。要提倡集体种，鼓励个人种，谁造谁有。最近几年，主要是管理保护好现有的林业资源，同时要大搞植树造林，抓好育苗。沙窝子地区要就地取材，营造好防风固沙林。

7. 国营农、牧、林、渔场要整顿，也有关、停、并、转的问题。有的场二十几年一直亏损，就是国家花钱养了一批人，这样的场子要坚决下马，有的可以改成集体性质。国营农牧场系统的工业也要按八字方针调整。农牧场吃大锅饭的问题必须解决。要体现按劳分配的原则，搞得好的，职工可以多分，搞不好的就少分。场与场、分场与分场、个人与个人之间允许有差别，不能搞平均主义。各场都要把联系产量计算劳动报酬的生产责任制度建立起来，搞定额管理。国营农牧场系统及内部的附属单位，也要搞好调整、整顿工作。农牧场除个别的搞粮食、蔬菜生产外，其余都要转向以牧业为主的生产方针。农牧场要在场内挖潜力，系统内搞协作，社会上找门路。农牧场多余的劳力，可以组织专业队，为城镇承包挖煤、打草、运输、基建和其他服务项目。在今明两年内，国营农牧场也要有一个显著的像样的变化。其他事业性质的农牧林单位，也要整顿，不能长期不见成效。整个国营农牧场的调整、整顿问题，在这次会议上要专门研究一下，乌盖拉办事处、盟农管局要先拿出一个方案。拿不出具体方案，也要讨论出几条原则来。

8. 工交战线今后一定要调整到为农牧业服务的轨道上来。要从我盟的地区特点出发，按客观规律办事，赔本的买卖不干。第一、二季度主要是深入调查研究，摸清情况，第二、三季度就要动手调整，看准了的就要下狠心调整。工矿企业普遍要进行整顿，要搞扩大自主权的试点。要抓好煤、电、运，特别是煤的问题，要下点功夫解决。要优先安排好轻工业生产，要广泛开展增产节约运动，提高质量，增加产量，降低消耗，节约原材料。亏损企业要限期扭转亏损。

9. 财贸战线，总的要求是按照“发展经济，保障供给”的方针，积极为农牧业生产和人民生活服务。当前也有个调整的问题。财政制度要改革，总的精神是“分灶吃饭”。内蒙古对盟市实行财政大包干，盟对旗县、企事业和行政机关也要实行财政大包干。各地各单位从现在起就要抓紧，突破指标不予弥补。各级领导要注意抓收入，抓节约，开源节流。外贸、商业，供销体制要调整，一定要保证流通渠道的畅通和方便农牧民。有的分得过细了，重叠机构要合并。要加强物价管理，严禁擅自提价涨价。商业收购不准压等压价，不准克扣群众。基层商业、供销部门要实行群众监督的制度。要供货到基层，奇缺商品要保证供应到农牧民手中。几个进货渠道要调整，缩短运程，减少驻外人员。

10. 文化教育工作重点要抓好民族教育。要实现畜牧业现代化，必须提高民族科学文化水平。现在牧区出现了不少新文盲，民族教育很不适应四个现代化的要求。从今年起，我们宁可在别的方面紧一点，也要在这方面花一点钱。要抓好民族师范和牧区小学，升不了学的应届高、初中民族毕业生，可招收到民族师范或技工学校，加快培训师资。今年牧区大部分适龄儿童要入学，这要作为各级党组织的一项政治任务来对待。北部牧区公社的队办小学大部分要转到公社办小学。办好牧区小学一是师资要配好，提高教学质量；二是解决好食宿，由国家、集体、个人分别负担；三是搞好生活管理。要大力开展农牧区的扫盲工作，村村、队队都要有专人包下来，完成了扫盲任务给予一定的工分报酬，好的要奖励。在一两年内要把文盲扫完。城镇、农村的中小学也要继续加强，提高教学质量。要大力开展学校的文体活动，特别是牧区更要搞好。

卫生部门要突出抓好计划生育，抓好疾病防治，环境保护，改善牧区、农村、城镇的卫生面貌。

11、组织各级干部学习社会主义经济建设的理论。我们要认真总结经验教训，学习和掌握社会主义经济建设的理论，这样才能担负起建设社会主义的责任，这是摆在我们面前的一项严肃的政治任务。各级干部都要很好地学习叶剑英同志在国庆三十周年大会上的讲话，学习邓小平同志关于目前形势和任务的报告，学习斯大林同志的《苏联社会主义经济问题》以及有关政策，研究如何按照经济规律搞畜牧业和农业，如何使农牧民尽快富裕起来。当前要进一步研究这样几个问题：第一，我们过去的经济建设上哪些是“左”的，哪些是右的，怎样破坏、阻碍了生产力的发展？首先要把这个问题搞清楚；第二，我盟经济建设中如何体现党的民族政策、民族特点，是帮助少数民族当家做主，用自己的腿走路，还是包办代替？各个地区、各个部门都应该提出解决的意见；第三，研究人口增长和经济发展的关系，如何控制人口的增长和清理外来人员；第四，如何解决在我们这个地区有活儿没人干、有人没活儿干的反常现象，如何搞好劳动力的调整安排和待业人员的就业。这个问题我们要认真对待，要采取积极措施，要把劳力调整和待业人员的安置作为一项重要的工作来抓。盟委意见，国家单位、国营农牧场的劳力都要调整一下，基本建设要按施工力量去搞，不能用盲流，要把自己的劳力组织起来，把待业人员安排好；第五，怎样安排积累和消费的比例，怎样解决积累少、消费大的问题。

各行各业，包括政法、武装、群众团体等都要围绕着生产建设，特别是农牧业生产搞好自己的工作，真正实现自己的工作重点转移。检查各行各业工作的标准，就看对农牧业生产直接或间接做了多大贡献。看一个地区工作的好坏，就要看生产发展了没有，人民生活提高了没有。

三

当前，摆在我们面前的任务是很繁重的，困难和问题还不少。但是，我们应该充满信心。只要我们加强党的领导，坚持四项基本原则，转变领导作风、团结全盟各族干部和群众一起奋斗，我们就一定能够不断把社会主义建设事业推向前进。这里关键是坚持和改善党的领导、提高党的战斗力。这是使社会主义现代化建设顺利进行的最重要的保证。在我们这里首先是改善党的领导。要改善党的组织，改善党的作风，改善党的思想状况。把党的状况大大改善了，坚持党的领导就容易了。当前，摆在我们面前的迫切问题，就是恢复党的战斗力。现在影响战斗力的问题，主要是不坚持原则，不服从组织，不负责任，不深入实际，不调查研究，不讲求工作实效，有的闹派性、不团结，搞极端个人主义，搞无政府主义、自由主义，有的存在官僚主义、形式主义、特殊化、贪图享受，计较名利地位，意志衰退等。总书记讲还有三种人，一种对三中全会咬牙切齿，一种是对党的政策顽固地抵制，一种是胡作非为。这三种人，我们这里虽然不多，但不是没有的，人数虽少，可是影响不小。这些问题不解决，我们就不能团结战斗，就不能适应新的任务，就不能得到群众信任和拥护。全盟各级党组织，要组织全体党员认真学习邓小平同志的报告，要全面地贯彻执行《关于党内政治生活若干准则》，结合对党章修改草案的讨论，要在党员中进行一次坚持党的政治路线和思想路线，加强党的团结和统一，加强党的民主集中制和组织性纪律性的思想政治教育，切实解决党内思想不纯、作风不纯、组织涣散等方面存在的问题。各地要认真分析一下各级党组织和党员的状况，党员中有多少合格的，有多少基本合格的，多少不合格的，影响战斗力的问题有哪些，要有针对性地批评教育，大多数是提高的问题。党的各级组织和每一个党员，都要对照准则的规定，认真检查自己的工作和作风。凡是违背该准则规定的，必须及时地、切实地纠正过来。个别党组织和某些党员无组织无纪律、继续闹派性和各行其是的现象必须彻底改变。各地一定要把党员轮训抓紧抓好。要建立健全党的组织生活。党员在各项工作中都要充分发挥先锋模范作用。每个共产党员都要做贯彻执行党的路线、方针、政策的模范。这样才能增强党的战斗力，才能坚持党的领导。我们党自己管不好自己，就无法领导群众。我们要进一步恢复和发扬党的优良传统和作风，特别是各级领导班子成员更要按照准则的规定，严格要求自己，积极工作，敢于坚持原则，敢于负责，敢于修正错误，敢于同出现的形形色色的资产阶级思潮和坏作风作斗争。各级领导同志都要深入实际搞调查研究，抓好典型，坚持实事求是，当实干家，不说空话，要挑起担子来，要把腰杆挺起来，要敢抓、敢干。要使我们的思想和工作紧紧围绕四化，适应四化，服从四化，服务于四化。至于上边说的那三种人，如在领导班子中，那就只好拿下来。

要加强党的领导，必须坚持党的民主集中制的原则，必须严明党的纪律。“个人服从组织，下级服从上级，少数服从多数，全党服从中央”，这是党的组织原则，也是组织纪律，一定要贯彻执行。要统一思想，统一行动，切实保证党的领导。

今后，党的工作重心，就是领导好四化，这对我们是个新课题。要领导四化，就必须懂得四化，熟悉四化，钻研四化。这就需要学习。要学政治，学经济，学科学技术，学管理。在我们这里还要特别强调学习蒙古文蒙古语。要把造就坚持社会主义道路，具有专业知识和业务能力的各族干部队伍，尤其是这样的蒙古族干部队伍，当成我盟人民用自己的腿走路的战略任务。特别是党的领导干部更要带头学习，使自己成为精通某一方面的专家。长期安于当外行，就没有领导四化的资格。今后提拔干部必须具备一定的专业知识，具有胜任工作的业务能力。现在我们必须看到，大部分干部还不适应四化的要求，这就必须加强对干部的轮训，举办各种轮训班，提高他们的文化和科学技术水平。特别是基层干部要学经营管理，学科学文化，对农牧民要普及科学知识，要在两三年内对所有干部轮训一遍，党校训，各业务部门都要训。对现有的科学技术干部要安排好，使用好。要进一步做好技术职称的评定工作，充分发挥他们的作用。今年上半年要突出抓好教师归队，科技人员归队，经营管理人员归队。

加强党的领导，一定要加强各级党委的组织建设，选好接班人，抓好干部队伍的建设。选拔接班人是关系到党的事业兴旺发达后继有人的大问题。这里关键是打破框框，解放思想，破除论资排辈的思想障碍。各级党委要按照叶副主席提出选拔干部的三个条件提出干部预备名单。应该积极地、慎重地，大胆地选拔中青干部。要吸收那些坚定地执行党的路线、具有独立工作能力而又年富力强的同志参加领导工作。对新提拔的干部要交任务，压担子，老同志搞好传帮带。选拔接班人要集体研究，不能个人说了算，要坚持德才兼备的标准，不能搞任人唯亲。要特别注意培养选拔当地少数民族干部和妇女干部。

加强党的领导，一定要使党委从一般行政事务中解放出来，集中精力抓党的路线、方针、政策的贯彻执行，克服以党代政现象。现在旗县、公社党委和政府的班子都配齐了，不要再搞一揽子的领导方法了。我们这样要求，绝不意味着削弱党的领导，而是为了使党委更好地调查研究大政方针，抓大事，更有效地加强党的领导。还要加强基层的工作，加强支部的工作。大批干部要下去协助做好工作。

最后讲一点，就是要巩固发展全盟安定团结的政治局面。总的看全盟是安定团结的，形势都很好，农村牧区形势就更好一些。但是，我们必须清醒地看到，不安定的因素依然存在。林彪、“四人帮”的影响还没彻底肃清，还有新的打砸抢分子，还有流氓、盗窃等刑事犯罪分子，还有无政府主义和极端个人主义等等，这些都影响了正常的社会秩序、工作秩序、生活秩序、教学科研秩序、交通秩序。我们一定要按党中央的指示，严厉打击各种刑事犯罪活动，对犯罪分子不能手软，要从重处理。在人民内部要加强民主与法制的教育，特别要加强对青少年的奉公守法和共产主义道德品质的教育，一定要把我们的社会风气搞好。政法部门的机构健全了，力量加强了，一定要负起责任来，要使坏人怕共产党，而不是共产党怕坏人。

同志们，我们已经进入了大有作为的年代。我们正在从事着伟大的事业。我们一定要坚决响应五中全会的号召，紧密团结在党中央的周围，刻苦学习，努力工作，兢兢业业，毫不动摇，带领全盟各族人民，鼓足干劲，力争上游，为加快我盟农牧业生产发展而紧张战斗。我们一定要有雄心壮志，切切实实为人民办几件好事，在今年就力争使我们的工作有个显著的、像样的变化，使人民生活有一个看得见的、显著的提高。按照党中央提出的各项方针，努力完成和超额完成今年的国民经济计划，在各条战线上创造出优异的成绩来，迎接党的十二大的召开。我们一定要把锡林郭勒盟建设成社会主义现代化畜牧业基地，为祖国的四个现代化做出较大的贡献。

实行以草定畜　变被动抗灾为主动防灾①

赵真北

多年来，在我区畜牧业生产中，几乎年年都要进行声势浩大的抗灾保畜斗争，要在抗灾保畜斗争中投入大量人力、物力和财力。灾一定要抗，畜也一定要保，这是毫无疑义的。正是因为我们进行了抗灾保畜斗争，才保证了畜牧业达到了现在的生产水平。但也必须看到，我区的抗灾保畜斗争，基本上都在灾害已经形成，生产极度困难的情况下进行的临时救急措施，是被动抗灾保畜，效果比较差，事倍而功半。花了很多人力、物力、财力，死了大批牲畜，损失了大批畜副产品。据不完全统计，从一九六三年到一九七九年，仅自治区下拨的抗灾保畜费就达六千一百八十六万元，加上从六三年到七九年东三盟和西三旗的抗灾经费，再加上地方自筹、社队负担、农牧民支出和社会救济资金，已远远超过上述数字。但仍有大批牲畜死亡，从一九五七年到一九八〇年，全区共死亡牲畜六千五百二十一万头，平均每年死亡二百七十二万头。牲畜夏壮、秋肥、冬瘦、春死的局面长期不能改变，繁殖成活率长期徘徊在百分之六十左右，出栏率、商品率低的问题长期不能扭转。这个问题不解决，畜牧业生产的落后面貌无法改变，畜牧业的现代化也就无从谈起。

造成畜牧业长期被动抗灾的原因很多。从客观看，我区地域辽阔，自然条件比较复杂，风沙大，十年九旱，灾害多，旱灾、风灾、黑灾、白灾连年不断。我区从旧社会接收过来的畜牧业基础十分薄弱，生产水平十分落后，一直处于靠天养畜的状态，抵御自然灾害的能力很差，大灾大减产，小灾小减产，风调雨顺增点产。中华人民共和国成立以来，我们搞了一些建设，但基本生产条件仍无多大

① 赵真北：《实行以草定畜　变被动抗灾为主动防灾》，载《内蒙古社会科学》（汉文版），1981（5）。

变化。从主观方面看，由于长期受“左”倾思想的影响，我们在畜牧业生产的指导原则上，在生产工作的布局上有失误。主要是：

第一，在畜牧业生产的发展上，违背了草原资源和草料生产能力的实际，片面强调增加牲畜头数，造成草场载畜量过高，畜草比例失调，在一定程度上搞了无米之炊。解放初由于牲畜少，强调发展头数是对的，但后来不看条件，一味强调头数，就违背了客观规律。中华人民共和国成立三十多年来，我区牲畜头数已经增加3.24倍，而草原面积不仅不可能增加，反而有所减少。据有关资料推算，我区草原在一般年景可生产鲜草一千三百三十六亿多公斤，可养七千八百三十六万羊单位牲畜。按照合理使用的原则，每年至少要有百分之三十的轮休面积，再减去采食时损失的百分之三十，每年起作用的草原不到一半。而去年六月，实有牲畜六千八百零一万羊单位，年末也有五千九百五十九万羊单位，显然草场载畜量是过高了。被认为草牧场有余的呼盟牧区和锡林郭勒盟阿巴嘎以东四个旗，如按合理利用的要求计算也已到载畜量适宜的程度，虽然这个数字不是很精确，但总是大体上反映了畜草关系的面貌。于是冬春季节在一些地区，牲畜严重缺草甚至无草，这就必然要加重抗灾保畜的任务，被动抗灾就不可避免。

问题还不仅于此，由于牲畜增多，畜草不平衡，过牧草场逐步退化。据有关资料分析，全区约有三分之一的草原不同程度退化。伊盟退化草场占百分之八十，镶黄旗有百分之六十草原已退化。就是草原最好的呼盟，也有百分之十二的草原退化了。加上旱年牧草减产、冬春枯草期牧草数、质量的下降等，满足不了现有牲畜的需要。草场越退化，过牧越重，退化越烈，造成恶性循环。

第二，在畜牧业生产方面，处理积累和消费关系上违背社会主义基本经济规律和社会主义生产的根本目的，强调扩大再生产，追求高指标，高积累，把牲畜的总增和纯增，特别是把纯增当做衡量畜牧业生产的唯一标志，而不着眼于牲畜的出栏率和商品率。中华人民共和国成立以来，我区牲畜的出栏率平均只有百分之十五左右，商品率只有百分之八左右。而且，这个比例是大体固定的，生产再好，增殖牲畜再多，消费比例不能突破，无节制地扩大积累，扩大再生产。在这种思想指导下，扩大了畜草矛盾，在遇到自然灾害，牲畜无草可吃的情况时，也不愿意处理，还要惜售，甚至不惜一切代价死保。这就不能不增加抗灾保畜的压力。

第三，在畜牧业建设上，违背自然规律和经济规律，搞贪大求洋、瞎指挥、一刀切、形式主义，建设效果不好，建设赶不上破坏。中华人民共和国成立以来，国家投资在畜牧业方面搞了许多建设工程，搞了一大批饲料基地，修了一大批草库伦，打了一大批机井，建了一大批水利工程，搞了一大批定居建设，引进了一大批各式农牧业机具，也兴建了一大批国营农牧林场和企事业单位等等。应当肯定，这些生产建设，在一定的历史时期，在一定的条件下，起了不同程度的作用。我区畜牧业生产达到目前的水平，同这些建设的作用是分不开的。但也应该看到，这些建设并没有使畜牧业生产条件和落后面貌有多大变化，畜牧业生产抵御自然灾害的能力也并没有多大提高。由于忽视对草原的保护，虽然建设面积达到可利用面积的百分之三点五，而退化面积却达三分之一。同时在一些问题上还有副作用，造成许多遗留问题，给畜牧业生产带来严重的困难。由于大批外地人员流入牧区，不仅使牧区人口激增，城镇居民点畸形发展，给牧区生产、生活、社会秩序带来严重影响，而且盲目开垦草原，又使大面积草原退化、沙化。造成农业吃牧业，风沙吃农业的局面。这些问题集中到一点就是严重破坏了草原资源，严重破坏了草原畜牧业的自然生态平衡，给草原畜牧业生产造成了严重的潜在危机。

第四，在畜牧业抗灾保畜指导上，违背自力更生的原则，光算政治账，不算经济账，在一定程度上是国家出钱，群众保畜，吃大锅饭。这里的问题，一是有灾国家就要拿钱支援群众抗灾保畜，大灾大拿钱，小灾小拿钱；二是花钱同保畜效果不统一，有时花钱很多，保畜效果很差，保活一头牲畜的钱比牲畜本身的价值还高。群众受灾，国家适当支援，本是无可非议的，我区是边境地区，又是民族自治区，国家扶助群众抗灾更是必要的，这也是社会主义优越性的体现，这笔政治账是必须算的。问题是在算政治账的同时，也应算经济账，一有灾情，草靠向外边买，料靠国家调，钱靠政府拨，这种做法并不好，它既耗费了大量资金，也容易造成一些基层干部和群众的依赖思想，不利于改变被动抗灾的局面。

要变被动抗灾为主动防灾，要做多方面的工作。当前最重要的是认真清理“左”的思想，总结经验教训，拨乱反正，端正在畜牧业生产上的指导思想和工作布局。在这里，一个很重要的问题就是要实行以草定畜。

畜牧业生产是搞能量转化的，就是通过牲畜将植物能转化为动物能，满足人类的各种需要，属于第二性生产。畜牧业既然是第二性生产就应以第一性生产为前提、为条件、为基础，它的生产规模、水平和质量，取决于植物能源生产的数量和质量，也就是饲草饲料的数量和质量。违反了就要受到惩罚。

我们讲以草定畜，致力于增加饲草饲料生产，千方百计提高草料生产供应水平，包括增加农业和林业生产所提供的饲草饲料，在增加草料的基础上发展畜牧业。根据草料的生产和供应水平，保持生态平衡，部署畜牧业生产。

要根据草料生产、供应的特点，自觉地调整畜牧业生产布局，制定最佳养畜方案，提高饲料报酬，取得最佳经济效果。因此，以草定畜就是从实际出发、量力而行的思想在畜牧业中的具体体现，是积极、稳妥的发展畜牧业的口号，不是消极的砍掉畜牧业的口号。当然在有一些地区，牲畜过多，载畜量过高，已经破坏了生态平衡，就需要适当调整养畜规模，压缩牲畜头数，首先压缩非繁殖母畜，同时要改进养畜方案，广开草料来源，扩大畜牧业再生产，增加群众收入。这样可以保护自然资源，保持生态平衡，保证畜牧业生产长期持续进行。去年秋季有些盟旗因旱缺草，积极压缩了过冬畜，冬春虽又遇雪灾，但死亡畜很少，取得明显效果。相反，如不适当压缩牲畜，反而一味盲目增加，草原资源和生态平衡还要受到严重破坏，这是杀鸡取卵、竭泽而渔的办法，绝对不可取。这样的苦头已经吃够了，再也不能蛮干下去了。

以草为基础，实行以草定畜，变被动抗灾为主动防灾，首先要切实抓好草的工作。

第一，加强对草原的保护管理和合理利用。我区草原广阔，无论牧区、半农半牧区或农区以及一些城镇郊区，都有相当数量的草地、草山和草原。管好用好草原是草原畜牧业取得饲草最经济最有效的办法，是第一位重要的工作。应该说我区的畜牧业最主要的是靠自然草原发展起来的，我区畜牧业成本比较低，要是依靠利用自然草原的结果。保护管理好草原，可以使畜牧业长期使用下去，草原破了，草原畜牧业也就不复存在了。因此，保护管理好草原是十分重要的。现在我们强调保护管理草原，是针对目前对草原的严重破坏而提出来的，是有的放矢的。像列宁揭示的对那种“只要我能多捞一把，哪怕它寸草不生”这种小私有者的观点还牢固地保持着的现象，我们必须对之进行艰苦的工作。

实践证明，加强对草原的保护管理，关键是要解决好草原的立法问题，用法律手段保护好草原。一九七三年，我区曾颁布了《内蒙古自治区草原管理条例》，对保护草原起了应有的作用。现在自治区政府决定，要对《条例》进行进一步的修改，准备再次颁布。党的三中全会后，内蒙古自治区党委和人民政府发过《关于农村牧区若干政策问题的决定》、《关于畜牧业方针政策的几项规定》、《关于农村牧区若干经济政策问题的布告》等文件，都要求保护好草牧场，对破坏者要追究法律责任，依法惩办。但在实际工作中贯彻得很不够，破坏草原的行为未能制止。这是我们畜牧工作部门的失职，未尽到应尽的责任。应当积极地认真地宣传、贯彻保护草原的有关政策、法令，使草原受到法律的保护。为实现这一任务，在《条例》颁布前，要按原《条例》规定，做好固定牧场使用权的工作，第一步先把争议不大和容易做到的草牧场使用权固定好。生产队对下属的畜群组也要大体划定草牧场的使用范围，解决好保护管理草原的责任制问题。

要保护管理好草原，还必须对草原资源进行普查摸底，在此基础上制定畜牧业发展或调整规划，确定每块草场的合理载畜量和轮休制度。这是以草定畜的基础工作，草的底细不清，以草定畜就无从谈起。进行草原普查摸底，要采取两条腿走路的办法，一靠草原勘测设计部门，二靠群众。但目前草原勘测队伍力量薄弱，又不可能在短期内完成这一任务，最实际的办法是采取领导、群众和科技人员三结合，对本单位草原进行初步的普查摸底。同时要在每年秋季对牧草的生长情况进行测产，以确定当年的载畜量，并发现、解决在草牧场使用中存在的问题。

第二，下大力气搞好草原建设。这是增加草料生产，实现积极的、高水平的畜草平衡的重要措施。不搞草原建设，畜牧业的扩大再生产很难实现，畜牧业生产条件很难改变。一定要搞草原建设，这是社会主义生产的性质决定的，是社会主义基本经济规律决定的。

由于自然、经济、技术条件的限制，我们对草原建设的作用必须作恰如其分的估计，一方面不仅在短期内就是在今后相当长时期内不可能根本改变靠天养畜的局面，要走靠建设养畜的道路；另一方面，不能因为困难就不去建设，必须有“愚公移山”的精神，一块一块地去建设。坚持下去终究能改变面貌的。

草原建设，一要因地制宜，从实际出发。就是根据山地条件，适合怎么办就怎么办，能种树的种树，能种草的种草，能种什么草就种什么草，能建库伦的建库伦，能灌溉的灌溉，能施肥的施肥，能松土的松土，能补播的补播，农区能草田轮作的轮作，不搞瞎指挥和一刀切，要量力而行。就是要根据我区的人力、物力、财力和技术条件来确定建设规模和布局，不能贪大求洋，急于求成，盲目铺摊子。二要讲求实效。就是要注意投资和经济效果的统一，不搞形式主义，不搞无效劳动。三要依靠群众。就是一般不搞“官”办的或全由政府投资办，更不要从外地调人去办，一个队劳力不足的，可以几个队协作或联办，技术问题可以培训或带徒弟，资金不足可以贷款或由政府给予必要的辅助，物资不足，如种、打、捆草机具、水泥铁丝、提水工具、草籽、苗条等，应由有关部门设法供应。

草原建设在现阶段主要是解决冬春备荒草。每年适时打草，妥善保管，灾年多用，非灾年少用，节余贮存，经过三五年的努力，每头牲畜贮草达到：荒漠草原三百斤，典型草原四百斤，草甸草原五百斤，农区六百斤。这个问题解决了，抗灾保畜的主动性就能大大提高。

对草原的保护、利用、建设三者的辩证关系必须有个正确的认识。在草原工作内部讲保护和合理利用是薄弱环节，就整个草原工作讲，三者都落后于畜牧业生产的需要，必须坚决改变落后状况，把草原工作放在整个畜牧业生产的第一位去抓。

实行以草定畜，变被动抗灾为主动防灾，还必须认真调整养畜方案。根据饲草饲料的供应水平和供应特点，最经济、最有效、最充分地利用饲草饲料。饲料报酬最高，能够生产最多、最好、最适应社会需要的畜副产品的养畜方案。也就是采用最佳养畜方案。调整养畜方案，主要抓以下三点：

1. 调整畜种和品种。不同的畜种和品种，对草场、对饲草饲料的要求，饲料报酬以及生产畜副产品的数量、质量、用途和经济价值是各不相同的。使用良种可以增产，这是尽人皆知的普通常识。但各种不同畜种和品种对饲料消耗和转化率都不同，对草原类型的适应性和破坏性也不同，如何根据草原资源和饲草饲料特点以及社会需要选择和配置畜种品种就显得特别重要。这是一项很复杂的工作，有很多文章可作。这里很重要的是要进行家畜改良工作，尽可能采用良种畜，搞好家畜家禽改良区域规划，做到适草适畜适种。这几年我区的家畜改良工作是很有成绩的，现在全区已有良种、改良中牲畜一千零六十万头，约占牲畜总数的百分之二十六，培育了一批生产性能适合当地条件的牲畜品种，在调查研究的基础上制定了家畜改良区域规划，也开始了一些改革畜群结构和养畜方案的试验。当然这些工作还是很初步的，同客观需要差距很大，需要不断改进和提高。要不断总结经验，坚持下去，畜种和品种的布局必将越来越合理。

2. 调整载畜量。就是使养畜规模同草场生产力相适应，做到畜草平衡。调整载畜量应当包括三个方面的内容：一是调整地区之间的载畜量。草场潜力大的地方要尽快发展牲畜，以便充分利用草原资源；草原载畜量基本饱和的地区，牲畜头数要大体稳定，努力提高牲畜质量，并在提高草场生产力和增产饲草饲料的基础上发展畜牧业；草场载畜量过高，已经超饱和的地区，就要适当调减牲畜，努力改革养畜方案，使之与草场生产力大体相适应，同时要尽量增加草料生产，努力提高草场生产力，在增加草料生产的基础上恢复和发展畜牧业。二是调整年度之间的载畜量。就是根据年成好坏草料生产的水平决定饲养牲畜规模，丰年适当多养些，灾年就要少养些，根据草料情况适当浮动。三是调整季节之间的载畜量。就是使养畜规模适应草场生产力年变化的规律，夏秋青草季节牧草数量多、质量好，要多养一些、养好一些；冬春枯草季节牧草数量少、质量差，要少养一些。在我区历史上，每年入冬前都要处理一部分牲畜，既是生产消费的需要，在一定意义上，也是调整载畜量的一种措施。

不论调整畜种品种和草场载畜量，既要考虑到草料供应水平和经济效益，更要考虑对自然资源的保护，这是决不能忽视的。

现在一部分干部和群众对一些地区调减牲畜思想上通不过，认为是砍掉畜牧业。这里有长期受头数畜牧业、高指标、高积累的“左”倾思想影响，也有实际问题，就是有可能影响群众收入。对此问题一方面要注意做思想疏导工作，同时要帮助群众切实解决实际困难。要在调减牲畜的同时，尽可能提高牲畜质量，调整养畜方案，开展多种经营，做到牲畜虽有减少，但收入不减而且还要增加，特别是要从各方面去帮助群众把草料生产搞上去。在调整工作上也应当采取慎重稳妥的办法，切忌瞎指挥和强迫命令。

3. 调整畜群结构。调整畜群结构的基本着眼点是缩短饲养周期，提高出栏率，生产尽可能多的最终产品。进行羔羊和犊牛短期育肥屠宰是调整畜群结构的一种很有希望的措施。目前世界上许多畜牧业发达国家都已这样做了，我区也已开始对这个问题引起重视，并进行了许多尝试，效果都很好。锡林郭勒盟黑城子种畜场对利木赞杂种种牛犊进行短期育肥，经济效果很显著，四百五十三头犊牛在八十二天强度肥期，每头日增重 2.68 斤，共增重 234 斤。每增重一斤消耗精料 3.85 斤，干草 6.59 斤，十三个月龄活重达到八百一十多斤。在东乌旗进行了万头当年羔屠宰试验，在自然放牧条件下，六个月龄当年羔屠宰结果平均净肉近 25 斤。这个试验分析表明，当年羔的生产水平不低，进行当年羔育肥屠宰很有前途，大体有以下几种好处：(1) 牲畜提前出栏，可以减少冬春季草场压力；(2) 减少冬春季损失；(3) 增加母畜，并可集中人力、物力养好母畜，提高繁殖成活率，增加收入；(4) 降低生产成本；(5) 腾出力量进行基本建设，开展多种经营。总之，在草场饱和的情况下，这样做只有好处，没有坏处。

《草原管理条例（试行）》试点工作的基本总结①

——在《草原管理条例（试行）》试点经验交流会议上的报告

赵真北

一

内蒙古自治区《草原管理条例（试行）》（以下简称《条例》）发出以后，全区各地根据自治区党委和政府的部署，广泛深入地开展了对《条例（试行）》的试点工作。据最近了解已经和正在进行试点的有呼、兴、哲、昭、锡、乌、伊盟和包头市等四十个旗县。从辽阔的草原牧区到半农半牧区、农区和城市郊区，从大兴安岭脚下到青山南北、黄河两岸，都有草原管理条例试点。直接从事试点工作的各级领导、专业技术人员和基层干部不下三四千人。为了搞好试点，各盟市、旗县以及试点公社都成立了由领导干部、部门负责人和科技人员参加的领导小组和办公室。

各地在《条例》试点中，主要做了以下几个方面的工作：（一）划清了行政界线和草场界线，妥善处理了有关边界的问题，昭盟阿鲁科尔沁旗用十多个月的时间，花了很大的气力，采取以协商为主，辅以上级裁决的正确方法妥善解决旗内二十五个社、场间七十七条边界，恰当地处理了边界问题。在此基础上又妥善解决了各社场内部各单位之间的边界问题。锡林郭勒盟公署领导同志帮助苏尼特右旗和镶黄旗通过协商，不搬一家一户，不拆一棚一圈，不损坏一亩草库伦，顺利地解决了两旗之间二百三十多华里的边界问题，消除了三十多年的权属纠纷。四子王旗继划清了旗内农牧业社队界线之后，又划清了十个牧区公社、五十二

① 赵真北：《〈草原管理条例（试行）〉试点工作的基本总结——在〈草原管理条例（试行）〉试点经验交流会议上的报告》，载《内蒙古畜牧业》，1983 年增刊《草原管理条例》专辑（1），38 ~ 43 页。

个生产大队间的六十一条、总长一千一百八十三公里的全部生产界线。（二）落实了草牧场所有权和使用权，颁发了草原所有证和使用证，解决了草原权属问题。呼、哲、兴、昭、锡、乌盟的试点地区都已按照《条例》规定和本地区的实际情况，落实了草原所有权和使用权，有些地方已经颁发了草原所有证和使用证，有的正在做发证前各项准备工作。在兴安盟科右前旗代钦塔拉公社通过试点将全社九十七万多亩放牧场、六万三千多亩打草场、一万三千多亩人工种草地和八千九百多亩人工造林地的所有权、使用权分别落实到生产队、组、户，签发了草原所有证、使用证、林权证和国有次生林经营委托书。（三）落实了草牧场经营责任制，制定了保护管理草原的规章制度。哲盟科左中旗白音花公社在落实草牧场所有权的基础上，将二十三万四千多亩放牧场都落实到基本核算单位和个体承包户，其中个体承包的二十八个畜群落实了十一万七千亩、占百分之四十八。二万三千亩打草场和二万四千亩人工种草地已全部落实到一百二十个联户组和四十六个个体户长期使用。生产大队同联合组和个体户签订了一百三十六个利用、保护、建设草原的合同书，发放了一百八十五张草牧场使用证，同时绘制了二百零五份草牧场分布图，公社大队两级成立了十三个草牧场管理委员会。落实草牧场责任制，已经收到了良好的经济效果，基本上解决了吃草原“大锅饭”的问题，促进了草原建设。（四）对滥垦、滥占、滥牧，和滥砍、滥挖、滥搂草原植被，破坏草原的问题进行了处理，刹住了破坏草原的歪风。乌盟四子王旗在试点中对部队副食品基地、工矿企业、国营牧场、机关单位牲畜占用牧场以及牧区的农业队、借场放牧、揽畜放牧等问题进行了妥善处理或提出了处理意见。昭盟阿鲁科尔沁旗、巴林左旗、右旗，克什克腾旗在进行《条例》试点中对破坏草原和破坏草原建设的事件进行了认真严肃的处理，捕了一些人，罚了一批人，教育了一片人，刹住了破坏草原的歪风。

通过《条例》试点解决了四个问题：一是提高了对草原所有制和管理体制进行改革的必要性和迫切性的认识。只有把草原的所有制和牲畜的集体所有制一致起来，把草原的权、责、利统一起来，才能真正调动农牧民对草原保护和建设的积极性。二是对广大干部群众进行了一次生动实际的保护管理草原的法制教育，提高了运用法律手段管好、用好、保护建设好草原的积极性和遵纪守法的自觉性。三是对《条例（试行）》的基本内容和基本要求进行了实践，积累了经验，对《条例》的正确性和可行性在实践中进行了检验，为进一步修改《条例》以及《条例》颁布后的贯彻实施发动了群众，培训了干部，创造了条件，奠定了比较坚实的思想基础和物质基础。四是为进一步落实和完善农牧业生产责任制，特别是在落实农牧业生产责任制中必须同时落实和完善草原责任制方面做了一些实际工作，有了一个良好的开端，起了积极的作用。

总的看来，这一段草原管理条例试行试点工作发展很快，进展顺利，效果很好，成绩显，需要通过试点解决的问题大多已经解决或可以得到解决，原来担心可能发生的问题，特别是担心改变草原所有制后在确定草原权属时可能发生“寸土必争”、全面紧张的问题并没有发生，群众对这一段试点工作很满意，他们担心失掉草原的疑虑被打消了，他们说“牧民对草原当家做主的时代到了”认为这是像落实农牧业生产责任制一样，共产党为农牧民群众办的又一件大好事。

二

这次《条例（试行）》的试点和实施的规模、声势、效果，都是过去十几年两个《条例》的实施过程中从未达到的。这次试点和实施搞得比较好，我们的体会主要是：

第一，自治区党委、人民政府以及地方各级党和政府的正确领导。《条例》发出后，自治区就同各地联系，确定了试点地区，指派负责同志帮助试点。九月，自治区人民政府召开试点工作经验交流会议，自治区党委、政府联合发文批转了会议报告，并且提出要像当年进行土地改革，农牧业生产合作化和前几年落实农牧业生产责任制试点一样，搞好《条例》试点。紧接着区党委又发了传真电报，要求大胆地、坚决地、迅速地搞好《条例》的试行试点。今年三月，自治区人民政府召开了第二次试点工作经验交流会，区党委和政府又联合发文批转了会议纪要和党委领导同志在会议上的讲话。自治区还成立了负责《条例》修改起草、试行试点和贯彻实施的领导小组和工作班子。按照自治区的部署，开展试点的盟、市、旗县、社队也都成立了领导小组和工作班子。从上到下已经形成了一个贯彻《条例》的工作网。阿鲁科尔沁旗委、政府在十多个月的试点工作中坚持做到：领导工作再忙，不抽分管试点的领导做其他工作；人员变动再大，始终保持试点工作队伍稳定；试点遇到问题再大、再多，旗委、旗政府要出面解决，不使试点半途而废。从而圆满完成试点任务。

第二,《条例》贯穿改革精神，受到群众欢迎。经过宣传、宣讲和试点，群众认为，这个《条例》实事求是地总结了我区三十多年草原管理的经验教训，贯穿了改革精神，实行了一系列的改革，敢于接触矛盾，解决问题。认为《条例》符合三中全会以来中央的路线，方针和政策，符合《宪法》规定，同时又鲜明地体现了自治区的地区特点、民族特点和经济特点。特别是《条例》规定我区草原实行两种所有制，规定人民公社、生产队经营的草原归劳动群众所有；规定在落实草原所有权和使用权的基础上，落实草原管理责任制，使群众真正得到了实惠。群众欢迎《条例》，认为这是挽救草原、保护草原、保护他们切身利益的法律武器，从而激发了他们搞好试点、管好草原的积极性。

第三，采取正确方针，首先解决边界问题。边界问题不解决，内部一系列问题很难解决。这次试点工作搞得比较好，重要的一条就是较好地解决了边界问题。各地试点证明，解决边界问题，首先要有一个正确的指导思想，根据国务院关于解决行政边界的规定，要坚持有利于生产，有利于团结，照顾少数民族的合法权利和利益。在解决的方法上，昭盟做了很好的概括，这就是“四先四后”。一是先划界后定权，先划清行政界线，再落实草原所有权、使用权和责任制。二是先协商后裁决，协商解决的问题有利于贯彻执行，有利于安定团结、而且大部分边界通过协商可以妥善解决，据不完全统计，各地在试点中解决的四百一十九条边界中，三百七十三条是通过协商解决的，占百分之八十八点九。对通过协商解决不了的问题，领导机关要下决心裁决，不能迁就，久拖不决，实践证明，裁决是必不可少的，有裁决，有利于协商解决，裁决的边界一般也是行得通的。三是先易后难，一时难以解决的问题，可以先放一放，创造条件集中力量解决，不要因少数疑难问题影响整个工作。呼盟鄂温克自治旗开始试点时，把主要精力用在解决难度大的旗界问题上，影响了试点工作的开展。以后把工作重点放到内，使试点工作顺利发展。四是先内后外，先解决盟旗、社队内部界线，再解决外部边界。

总之,《条例》试点工作搞得比较好，反映了自治区各级党和政府的正确领导，反映了《条例》深得人心，群众拥护，反映了十二大以后，各级干部为开创社会主义建设新局面而努力奋斗的精神面貌，反映了广大农牧民群众管好草原、解决吃草原“大锅饭”问题的强烈愿望。

三

前段《条例》试点已经打开了局面，取得了可喜的成绩，但也存在一些问题，需要认真解决。

一是试点工作开展得很不平衡，还有一些盟、市、旗县至今未开展试点。一般说来，东部区试点多，西部区试点少，牧区、半牧区试点多，农区、城市郊区试点少；在集体所有制单位试点多，在全民所有制单位试点少。自治区党委和人民政府一再要求各盟市都要搞好一两个旗县试点，各旗县都要搞好一两个公社试点，但仍有一些盟市、旗县至今没有动静。试点工作没有搞起来，有客观原因，如西部地区灾大，但主要是领导问题，主要又是对草原所有制改革的必要性和迫切性认识不足的重畜轻草的问题没有得到很好的解决。还有一些地区成立了试点领导班子，也发了文件，但并不做工作，只摆了一下样子；也有一些领导挂帅不出征，把工作推给了业务部门，使试点工作不能顺利进行，有些问题长期得不到解决。

二是多数盟市、旗县之间的界线因为没有上级领导参加而得不到解决。从各地反映的情况看，队间界线比社间界线解决得好，社间界线比旗县间界线解决得好，旗县间界线又比盟市间界线解决得好。由于外部界线不解决，至今仍敞着口子，影响内部许多单位所有权、使用权和责任制的落实，计算、制图和一系列的工作都不好搞，试点工作也搞不彻底。四子王旗由于与苏尼特右旗的旗界未解决，牧区 52 个生产队中还有 19 队的队界不能闭合。这个问题，各地区在试点中一再要求解决，但有些地区一直排不上队。

三是对草原所有制问题仍有一些疑虑。我区对草原所有制的规定同《宪法》规定不矛盾但也不完全一致。《宪法》公布后，有些地区对草原所有制问题提出了一些疑问，希望自治区明确，有些地方草原所有权已经落实到社队，也发了草原所有证，《宪法》公布后，他们担心还要变，还有一些地方草原所有权落实以后还不发证，还要看一看所有制会不会变。

四是结合《条例》试点落实草原责任制的工作还刚刚开始，面还不大，多数试点地区还没有落实。从已经落实草牧场责任制的地方的经验看，落实农牧业生产责任制，必须同时落实草牧场责任制，不然农牧业生产责任制不可能真正落实和完善；落实草牧场责任制也必须同农牧业生产责任制形式相结合，不然，吃草原“大锅饭”问题也不可能真正解决。

五是对各行各业如何管理，保护好草原和尊重生产队对草原所有权的教育做得不够，对存在的问题还没有来得及解决。

各地在试点中也反映了一些具体问题，如部队试验场地和副食品基地占用草牧场的问题。据最近了解有三个大军区、六个省军区、四个兵种二百二十九个单位在全区十一个盟市、六十三个旗县建立了四百四十六个农副业生产基地和军事场点，占地九百八十万亩，其中耕地一百三十五万亩，这个问题面宽量大，几乎到处都有，而且比较复杂，不好解决。又如工矿企业和城镇占地问题、学校占用草场问题，地质勘探钻眼放炮、碾压草原的问题，林业用地和草牧场界限以及自然植被归属问题，农村小片草场不易按队划分问题等等。有些问题规定得不够明确，有些问题不好执行，关于草原警察问题，《条例》写进去了，但具体问题都不明确，各地在试点中大都没有涉及，这些问题都需要妥善解决。

四

根据上述情况和问题，我们认为，现在应注意抓好以下几个方面的工作：

（一）要从改革的高度认识改变草原所有制的重要意义。把草原单一的全民所有制改为全民和集体两种所有制是一项重大的改革，是整个改革的一部分。改革是生产力发展的要求，是开创新局面的要求，是进行社会主义现代化建设的要求，发展畜牧业生产力，为翻番做贡献。对草原的所有制和管理体制不进行改革，就不适应畜牧业生产力的发展。

解放以来对草原的管理、保护和建设采取了一系列的方针政策，取得了很大成绩。如果没有这些成绩，畜牧业是不可能有今天这个状况。但是有个基本问题没有解决，即所有权为单一的全民所有，大部分草原的使用者为集体牧民，权、责、利不结合，尽管采取了很多政策，但草原还是受到很大的破坏。

刚一解放自治区就宣布“禁止开荒，保护牧场”，以后又对开荒做了具体限制和要求，实际上开荒没禁止住，二十多年三次大开垦三千一百万亩。保护牧场也没保护好。滥采、滥伐、滥挖等情况很严重，伊盟每年挖甘草、割麻黄破坏草原约在二十五万亩以上；农牧民滥牧、抢牧、过牧造成的破坏更为严重。据估计全区草原面积比一九四九年减少九千万亩，约有三分之一草原退化，产草量减少百分之三十至百分之四十。伊盟沙化面积达百分之八十六，阿拉善盟梭梭林由合作化前的一千七百万亩减少到不足一千万亩；水草丰美的鄂温克旗的草原退化面积也占可利用面积的百分之二十四。退化、破坏的情况还在继续发展。对草原所以滥用、滥抢、滥占一个重要的原因，就是草原全民所有，群众没有禁止开荒和保护牧场的权利和责任，因而只使用、不保护、不建设，也保护不住，建设不了。出现了“草原无主、破坏无妨，违法无罪，牧民无权”的状况。再加上一些人“只要能多捞一把，哪怕它寸草不生”的小私有者观点和我们多年来在实际工作中重畜不重草的偏向，使草原的破坏越来越严重。这是一个重大的教训。

过去我们曾经颁发过两个草原管理条例，其目的当然也是为了管好、用好、保护好草原，但条例规定对生产队只给使用权，不给所有权，没解决吃“大锅饭”的问题，又由于“左”的错误正在盛行，固定使用权也没有全面落实和执行，对草原的破坏也没有制止住。

三中全会后，由于思想开始解放，由于三十多年破坏的后果暴露得更加明显，才使我们认识到对草原吃“大锅饭”的制度有改革的必要，才有了改革的紧迫感。又经过几年清理“左”的思想，酝酿讨论，区党委决定对草原的所有制和管理体制进行改革，将草原单一全民所有制改为两种所有制。

自治区草原实行两种所有制的规定是正确的。符合《宪法》精神的，必须坚持：

（一）《宪法》规定草原等可以由法律规定为集体所有。《宪法》还规定自治区有权制定自治条例和单行条例。草原管理条例就是自治区制定的单行条例。具有法律效力，可以对草原所有制作出法律规定。（二）对草原实行两种所有制符合我区草原的实际情况，对解决草原吃“大锅饭”问题有利，群众拥护。这个问题在最近各地进行的《条例（试行）》试点中得到了证实。（三）牲畜的所有制和草原所有制应当一致起来，才适应当前的生产力水平。（四）公社的农田为集体所有，草原为全民所有，结果出现把草原开垦了就变成集体所有，退耕还牧又变成全民所有。这对发展畜牧业，保护草原是不利的，在民族关系上是不平等的，使农田和草原的所有制应当一致起来。

对草原实行两种所有制，自治区党委和政府决心是很大的，态度是坚决的。文件已经规定，报纸已经报道，电台已经广播，各地也正在实践，有的已经颁发了草原证。区党委和政府在农村牧区推行责任制是走在前边的，对草原所有制的改革也是走在前边的。要记取过去推行责任制上一度跟不上的教训，要解放思想、消除“左”的影响，振作精神，坚决执行区党委的决定。

提高对草原制度改革的认识，既要提高各级领导干部和做农牧业工作的干部和基层干部的认识，更要注意提高各行各业的同志们的认识。否则，改革是做不好的。

（二）各地试点情况充分说明《条例（试行）》稿的主要规定是正确的，切实可行的。这个《条例》发出后经过一年时间后大面积的试行试点，现在正式颁布的条件已经基本成熟，应立即着手正式颁布前的各项具体工作。我们的意见，会议期间把修改《条例》作为一项主要任务，集中各地对《条例》的修改意见，会后组织党委、政府、人大有关人员对《条例》进行最后修改，同时起草《修改说明》和一系列宣传文章资料。争取在三月上中旬将《条例》送审稿和《修改说明》报自治区党委和政府审议，以便在三月下旬提交自治区五届人大常委会第十六次会议审议，同时报全国人大常委会批准。

（三）《条例（试行）》的试点工作到此就告结束，会后就应全面贯彻执行。现在正在进行的试点要善始善终搞好。自治区、盟市和旗县要帮助下面解决实际问题，使工作顺利进行，工作的内容要缺什么补什么，特别是要把草牧场责任制落实好，点上的工作结束以后要有计划地逐步向面上扩展，尚未开展工作的地区，还应按区党委和人民政府要求迅速把工作开展起来，不要等《条例》正式颁布后再才行动。《条例》正式颁布后，要以更大的规模和声势加以贯彻实施。要求用一两年时间把草原的所有权、使用权和责任制落实好，把保护、利用、建设草原规章制度搞好，把加强对草原法制管理的基础建设搞好。

（四）要下决心，下功夫帮助下面把草牧场边界问题解决好。首先要重申分级负责制，队与队的界线由公社负责解决，社场界线由旗县负责解决，旗县界线由盟市负责解决，盟市界线先由有关盟市协商解决，解决不了的报自治区解决。要组织专门班子指定专人抓这项工作，一般说来各地《条例》试点领导小组和民政部门应当负起责任，抓好这项工作。各地经验说明，解决边界问题应以协商为主，协商划定的边界，有利于双方贯彻执行，也有利于边界区的安定团结，而且大部分地区通过协商是可以妥善解决的，对通过协商确实解决不了的问题，上级领导部门要在充分调查研究和听取双方意见的基础上下决心裁决，不能迁就，不能久拖不决，裁决是必不可少的，裁决的边界一般都是行得通的。

实践表明，自治区草原管理条例起草领导小组和各地的试点领导小组对前一段《条例》的修改起草和试行试点工作起了很好的作用，是一个很好的组织形式。鉴于会后试点工作的任务仍很重，特别是《条例》贯彻实施中更有大量工作要做。我们的意见，自治区《条例》的修改起草领导小组和各地的领导小组不应撤销，没有成立的还要成立。由于机构改革，领导小组的成员可以作适当的调整。

内蒙古自治区《草原管理条例》按照《宪法》规定制定并完成了立法程序的一部重要经济法规，它充分体现了《宪法》精神和内蒙古自治区的地区特点、民族特点和经济特点。《草原管理条例》的颁布和贯彻实施必将对加强我区草原的法制管理，对管、用好、建设好草原，发展畜牧业，加强民族团结产生积极的作用。希望这次会议把《条例》试点工作经验切实总结好，把《条例》的最后修改工作搞好，为开创草原管理、建设的新局面作出新的贡献。

关于《内蒙古自治区草原管理条例》修改起草情况的说明[①]

赵真北

各位委员：

《内蒙古自治区草原管理条例》（以下简称《条例》）经过近三年的修改起草，其间又进行了一年的试行和试点，现在提请人大常委会审议。我受自治区人民政府委托，对《条例》的起草修改和试点情况做一些说明，供审议《条例》时参考。

一、原《条例》修改的必要性

我区草原十三亿亩，约占土地总面积的百分七十以上，其中可利用草原十点二亿亩，是我区畜牧业最基本的生产资料。中华人民共和国成立三十多年来，我区累计饲养牲畜十亿多头次，所需饲草的百分之九十以上来自于草原。管好、用好、保护建设好草原，保持良好的草原生态条件，对保护祖国生态屏障，保障我区各少数民族的合法权利和利益，加强各民族人民的团结，加速畜牧业的发展，实现工农业总产值翻两番的战略目标，都有十分重要的意义。

自治区人民委员会曾于一九六五年颁布了《内蒙古自治区草原管理暂行条例》。一九七三年，自治区革命委员会又颁布了《内蒙古自治区草原管理条例》。两个《条例》的颁布实施，对加强草原的管理、保护起了一些积极的作用，建

① 1983年4月11日在内蒙古自治区第五届人大常委会第十六次会议上的发言。1980年春，内蒙古自治区决定起草新的《草原管理条例》，责成畜牧厅进行准备；1981年9月成立起草领导小组和办公室；1982年春将《条例（试行）》印发到12个盟市的60多个旗县进行内部试点；内蒙古自治区于1982年9月和1983年2月召开两次试点工作经验交流会。

设上取得了一定的成就。但从多年的实践看，原《内蒙古自治区草原管理条例》的一些重要规定有明显的问题和弊端。最主要的是坚持了草原单一的全民所有制，使吃草原“大锅饭”合法化，人民公社生产队对草原的合法权益受到损害，使用权得不到保障，在开垦草原、占用草原、破坏草原植被方面都开了很大的口子，法律效力也不大。正因为此，原《条例》并没有，也不可能得到很好的贯彻落实，没有起到预期的作用，对一些老问题没有很好解决，有些问题反而越来越严重。

近二十多年来，我区三次大开垦，共开垦草原三千一百万亩，其中在《暂行条例》颁布以后，就开垦一千四百万亩，而且直到现在开垦还没有停止。许多地方“一年开草场，二年打点粮，三年变沙梁”。近几年挖甘草、割麻黄在伊盟每年破坏草原二十五万至二十八万亩。砍柴使阿盟的梭梭由公社化时的一千七百万亩到现在减少到不足一千万亩。一九七九年十月至一九八〇年二月，拥进苏尼特右旗八个社场搂发菜的有五万多人次，所到之处，六十四间房屋、棚圈被破坏，七十二眼水井被填。牧区道路破坏草原十分惊人，据调查，从赛汉塔拉到锡林浩特的公路，最多的地段有五十余条。机关、部队、企事业单位到牧区办农牧场的相当多，占用的草原也相当大。区外和农区到牧区放牧的牲畜也很多，仅乌盟农区每年约有六十五万羊单位牲畜到牧区放牧。草原超载过牧的情况也越来越严重。据有关资料分析，全区六十年代草原总产草量约一千三百三十六亿公斤鲜草，可养七千八百三十六万羊单位牲畜，如减去合理利用轮休的草原以及牲畜采食过程的损失，可养四千三百八十八万羊单位牲畜，加上农作物秸秆共计能养四千七百八十六万羊单位牲畜。去年六月底，全区实有牲畜约七千多万个羊单位，超载二千多万羊单位牲畜，使草原无法轮休和合理利用。

由于滥垦、滥牧、滥占草原，滥砍、滥挖、滥搂破坏草原植被，造成草原严重退化、沙化。估计全区约有三分之一草原不同程度退化，即使是水草丰美的鄂温克自治旗退化的草原还占可利用面积的 24%，草原可利用面积比中华人民共和国成立初期减少九千万亩，牧草产量减少 30%—40%。伊盟不同程度沙漠化面积达到 86%，草原退化，饲草不足，牲畜质量下降。

造成草原退化的原因很多，有人口和牲畜的大幅度增长，也有工矿企业的增加和牧区机械化发展，以及干旱严重等等原因。但是对草原实行单一的全民所有制，没有对草原管理、保护建设的责任制，缺乏法制管理而造成的吃草原“大锅饭”应当说是一个主要的原因。

这种情况说明，必须切实解决吃草原“大锅饭”的问题，必须加强对草原的法制管理。必须对原《条例》进行大的修改。

二、《条例》送审稿的主要内容

《条例》送审稿共有五章二十七条，在内容、结构和文字上都对原《条例》做了大的修改。

（一）关于草原所有制问题。原《条例》规定：“自治区境内的草原均为全民所有”。现在改为“自治区境内的草原所有制，为社会主义全民所有制和社会主义劳动群众集体所有制。”

这是一项原则性的重大改动，是对生产关系的一项重要改革。改革的主要理由是：

第一，单一的草原全民所有制使牧民对草原的合法权益得不到保证，不利于草原的管理和保护，谁也可以以草原为全民所有作借口侵占草原，形成“草原无主，牧民无权，侵占无妨，破坏无罪”的状况，使吃草原“大锅饭”合法化。

第二，草原是畜牧业最基本的生产资料，也是广义的农业用地的一种土地形态，它同种植业的耕地有同样的性质，我国《宪法》规定农业的土地实行两种所有制，对草原也可以实行两种所有制，应当允许牧民对草原有集体所有权。乌兰夫同志在全国人大民委五届二次会议讲话指出：“农民历来靠着在耕地上播种为生，牧民历来靠着在草原上放牧为生，农民对耕地有集体所有权，牧民对草原没有集体所有权，这显然是不合理的。”如果对草原仍实行单一的全民所有制，就会出现耕地和草原的所有制不一致，农村的草地同牧区的草原所有制不一致，牲畜的所有制同草原的所有制不一致的混乱状态，而且同“禁止开荒，保护牧场”的政策也有矛盾。社队不开垦和退耕还牧的草原就是全民所有，开垦的草原就变成集体所有，实际上成了鼓励开垦草原的政策。

第三，实行单一的草原全民所有制同当前畜牧业生产力水平不相适应。当前我区畜牧业生产水平还很低，生产工具还很落后，每百亩草原产值还不到百元，而且生产很不稳定，同农业，特别是生产发展较快地区的农业相比，我区畜牧业生产力水平更低。对生产水平较高的农业社队的土地尚且实行集体所有制，对生产水平很低的牧区社队经营的草原更应实行集体所有制。

第四，对草原实行两种所有制，规定人民公社、生产大队、生产队、农牧业生产合作社经营的草原为集体所有，符合我区草原的实际情况，符合我区草原所有制的演变过程，对落实草原管理责任制有利，对解决吃草原"大锅饭"有利，群众拥护。

第五，对草原实行两种所有制符合新《宪法》[①] 基本精神。《宪法》规定森林、山岭、草原、荒地、滩涂等可以由法律规定为集体所有[②]，《宪法》还规定，自治区人民代表大会有权制定自治条例和单行条例。《草原管理条例》就是自治区制定的单行条例，具有《宪法》赋予的法律效力，可以对草原所有制作出法律规定，这是最主要、最基本的法律根据。

值得注意的是，提出和实行单一草原全民所有，是"一大二公"，越大越好的"左"倾思想的产物。六一年我们提出草原全民所有制，六二年《农村人民公社工作条例修正草案》规定社队的草原为集体所有，六三年中央关于牧区工作"四十条"规定，牧区生产队范围内的草原划归为生产队固定使用，我们在长时期内执行"四十条"的规定没有改过来。今天我们拨乱反正，清理和纠正"左"的思想，对单一的草原全民所有实行改革，改为两种所有制就是理所当然，顺理成章的了。

（二）关于草原责任制问题，《条例》送审稿规定："各草原所有权单位应将草原的使用权固定到最基层的生产单位、牲畜承包组、承包户、个体养畜户或草原建设承包组、承包户长期使用建设，落实草原管理、利用、保护、建设责任制"。把对草原的权、责、利同最基本的经营者直接联系起来，使草原的责任制同畜牧业生产责任制直接联系起来，这是对草原管理体制的一个重大改革。如只解决所有权，不解决责任制，吃草原"大锅饭"的问题还是不能完全解决。

落实畜牧业责任制，主要应落实草原责任制。草原和牲畜的关系，是第一性生产和第二性生产的关系。第一性生产责任制不落实，第二性生产是没有保证

① 指 1982 年 12 月 4 日公布实施的《宪法》。

② 1982 年《宪法》第九条规定矿藏、水流、森林、山岭、草原、荒地、滩涂等自然资源，都属于国家所有，即全民所有；由法律规定属于集体所有的森林和山岭、草原、荒地、滩涂除外。

的。实践证明，只落实牲畜的责任制而不落实草原责任制，将加重吃草原“大锅饭”的问题，加剧对草原的破坏。因此，落实和完善畜牧业生产责任制，必须把草原责任制落实好。

（三）关于严禁开垦草原的问题。“禁止开荒，保护牧场”是我党的一贯政策，但三十多年来一直没有解决好。为了有效地解决这个问题，我们在《条例》送审稿中作了明确而又坚决的规定，首先规定“草原不是荒地，它同种植业耕地具有同等重要的地位。”这是对重农轻牧，把草原当做荒地的传统观念的改革。其次规定“坚决贯彻‘禁止开荒，保护牧场’的政策，严禁开垦草原”，干脆在《条例》中把开垦草原的口子堵住，不留余地。第三，对已经开垦的草原规定了五条，凡是符合其中一条的，都要坚决封闭，这五条大体上概括了已开垦草原中的主要问题。以上三个方面得到贯彻执行，就可以在理论和实践上杜绝继续开垦草原的问题，也可以逐步消除过去开垦草原的遗留问题。

这里有一个问题需要说明。《条例》只规定了严禁开垦草原，对今后开垦草原应具备什么条件、如何履行审批手续，没有作具体规定，这并不是说，以后任何情况下都不能开垦草原，这个问题将由自治区人民政府拟定《条例》的实施办法解决。

（四）关于核定草场载畜量和“以草定畜”的问题。《条例》送审稿规定“各旗县级人民政府都要根据不同类型草原制定合理的载畜量，实行‘以草定畜’，做到畜草平衡，防止草原退化、沙化。”这是对畜草关系的重要调整，也是对重畜轻草、顾畜不顾草的老观念、老章法的重要改革。这个问题，是从我区草原干旱、生态脆弱和严重退化而又不易恢复的教训提出来的，是从当前草原不断超载过牧、继续退化的严重情况提出来的，是从保持和不断提高草原生产力、长远发展畜牧业的要求提出来的。草原的保护应对来自外界的内部的破坏都加以制止，如只注意外来的破坏，内部不注意，不“以草定畜”，草原还是保不住的；只消极的保护也是不够的，还必须加上积极建设，才能更有效地保护。

我们讲“以草定畜”，是符合畜牧业生产特点的。家畜饲养繁殖这个第二性生产的规模和水平是取决于第一性生产的规模和水平的，如果超过它，是弊多利少的。所以首先，要千方百计提高草料的生产；其次，在保护生态环境前提下，根据草料情况部署畜牧业生产；再次，根据草料供应情况和特点，调整畜群结构，采用最佳养畜方案，提高饲料报酬，取得最好经济效益。“以草定畜”，绝不是一成不变的，而是草增畜可增，草减畜必减，这是客观事实，要从实际出发，量力而行。

（五）关于解决行政和草牧场边界问题。解决行政和草牧场边界问题是落实草原所有权、使用权和责任制的前提和重要组成部分。《条例》送审稿对解决这个问题规定的原则主要是根据一九八一年国务院发布的《行政区域边界争议处理办法》及自治区人民政府转发的这一文件的《通知》的精神提出的；关于社队界线以合作化时为准，是因为合作化才形成集体经营的草原。合作化以来有些社边界虽然有变化，但也是可以解决的。对集体要放宽，该划给社队的尽量划给社队，国营企业单位不要与民争利；社队之间要从实际出发，协商解决辅以裁决。各级政府都要按照《宪法》保障各少教民族的合法的权利和利益，各方都要坚持有利于各族人民的团结、有利于畜牧业生产的原则。在试点中各地根据这个规定解决的旗、社、大队边界四百一十九条，其中三百七十三条是协商的，四十六条是裁决的。实践证明《条例》规定的原则和方法是正确的，行得通的。

（六）关于借用、占用和调剂草牧场问题。这是个大量存在而又十分混乱的问题，存在着严重的无政府状态和吃“大锅饭”的现象，但借用、占用和调剂草牧场的问题在相当长时间内不可避免。为了正确处理这个问题，《条例》规定了三个方面的原则：一是尊重草原所有权单位的自主权，借用、占用调剂草牧场要征得草原所有权单位的同意；二是要坚持平等互利，要向被占被借单位交纳草原养护费；三是侵占草原所有权单位利益或不按规定交纳草原养护费的要惩处。有了这三条，并且得到很好贯彻实施，就可以解决在占用、借用和调剂草牧场问题上的无政府状态和吃“大锅饭”的现象。

（七）关于实行以法治草和发挥旗县级人民政府政权的作用问题。《条例》规定对草原实行两种所有制，各草原所有单位和使用单位对草原有管理、保护、利用、建设的权利；还规定用法律保护他们的合法权利。多年实践经验证明，没有这一条，劳动群众对草原的集体所有权还是没有保证的。贯彻实施本《条例》，很大部分工作是在旗县级人民政府，《条例》赋予旗县级人民政府的权力是很大的。旗县级人民政府要敢于和善于行使自己的职权，保护群众的合法权利。各单位、各部门不论其级别多高，隶属关系在哪，都要模范地遵守本《条例》，尊重和支持旗县级人民政府依法行使自己的权力，遵守当地人民政府的规定，在法律面前人人平等，《条例》规定的奖惩原则对任何部门、单位和个人都是适用的。

（八）关于《条例》的执行机关及其职权问题。《条例》送审稿规定本《条例》由自治区各级人民政府贯彻实施，还规定自治区、盟市、旗县级畜牧部门设草原管理机关，在草原纠纷大的地区设草原警察或监理员，在人民政府领导下负责本《条例》贯彻实施的各项具体工作。这样规定，使《条例》的贯彻执行有人管、有人做具体工作，保证贯彻实施。

三、《条例》的修改过程和试点情况

党的十一届三中全会后，随着拨乱反正的不断深入，也为在草原上拨乱反正，进行改革，修改和颁布新的《草原管理条例》创造了良好的条件。

一九八〇年春，自治区党委、人民政府决定对原《条例》进行修改，责成畜牧厅着手修改。一九八〇年秋，在全国人大民委五届二次会议上，自治区提出了要对原《条例》进行修改的动议和修改要点。一九八一年春，自治区人民政府通知各盟市旗县，征求各地对原《条例》的修改意见，一九八一年九月，自治区人民政府成立起草修改《草原管理条例》的领导小组和办公室。领导小组对原《条例》进行了多次认真的修改和调查研究，并反复听取了各地区、各部门和有关专家、科技人员对意见，同年十一月，自治区党委常委会听取了《条例》修改情况的汇报，对一些重大问题做了决定。一九八二年初，在自治区党委召开的旗委书记会议上，再一次征求了对《条例》的修改意见，进行了认真的修改。同年三月，自治区党委将修改后的《内蒙古自治区草原管理条例（试行）》发到各盟市、旗县试行和试点。

据最近了解，已经和正在进行试点的有呼、兴、昭、锡、乌、伊、阿盟和包头市的四十多个旗县，一百多个公社。直接参加试点工作的各级领导和专业技术人员不下二三千人。自治区人民政府先后两次召开了《条例》试行试点经验交流会，自治区党委和人民政府几次发文件，对试点工作进行部署和指导。

总的看来《条例》的试点工作发展很快，进展顺利，效果很好，成绩显著。需要提供试点解决的问题大多已经解决或可以得到解决，原来担心可能发生的问题，特别是担心改变草原所有制确定草原权属时会发生的“寸土必争，全面紧张”的问题并没有发生。群众对《条例》是非常拥护的，他们称《条例》是拯救草原的法宝，他们原来担心的失掉草原的疑虑开始打消，说：“牧民对草原当家做主的时代到了”。在农区、半农半牧区落实了草牧场所有制和责任制的社队，群众说：“这是土改以来，共产党又办的一件好事”。很多地方反映，这件事办晚了，如果早解决会更好些。要求尽快颁发正式《条例》。这反映了农牧民对草原制度改革的强烈愿望。

《草原管理条例》试点已经取得了预期的效果，试点工作已经圆满完成任务，《条例》正式颁布实施的条件基本已经成熟，《条例》的修改任务也基本完成，现在提请各位委员审议的《条例》送审稿是经过上述过程和试点的实践经验修改而成的。

试点中反映出的问题，大部分吸收到《条例》上，还有些具体问题，不便列入《条例》，如机关、部队的牧场，牧区饲料基地，收取草原养护费的标准等，拟在《条例》实施办法中解决。

《条例》通过后，打算在今明两年把所有权、使用权和管理责任制落实好。整个管理工作和一些多年形成的问题的解决，还需一个相当长的过程。有了《条例》及其执行机关，在各级党、政机关的领导下，政府部门的有力支持下，肯定会解决的。

各位委员：现在提请审议的《内蒙古自治区草原管理条例》体现了《宪法》基本精神，也鲜明地体现了我区特点、经济特点、民族特点，体现了各族人民的共同利益和共同要求。《条例》的贯彻实施，在经济上将为畜牧业生产建设开创新局面创立一个重要前提，在政治上，贯彻党的民族政策、民族区域自治政策和加强各民族人民的团结方面都将产生积极的作用和深远的影响。

我就说明这些，请审议。有何不妥，请批评指正。

附：内蒙古自治区第五届人民代表大会常务委员会第十六次会议文件之九①

内蒙古自治区草原管理条例
（送审稿）

第一章　总则

第一条　草原是国家的重要资源，是畜牧业生产基本生产资料的重要组成部分。草原同种植业的耕地具有同等重要的地位。为了加强对草原的法制管理，管好、用好、保护建设好草原，促进畜牧业的发展，增强各民族人民的团结，根据《宪法》和有关法律，结合我区实际情况，制定本条例。

第二条　自治区境内的一切草原（包括农区、半农半牧区、林区和城市郊区的小片草牧场），都在本条例管理范围之内。

第二章　草原的所有权和使用权

第三条　自治区境内的草原所有制，为社会主义全民所有制和社会主义劳动群众集体所有制。

全民所有制草原，系指经旗、县以上人民政府批准的国营企业、事业单位经营的草原和尚未划归社队经营的草原。国营企业、事业单位未经批准而占用原为集体经营的草原，如确实需要继续占用的，要正式履行审批手续。

集体所有制草原系指人民公社生产大队、生产队、农牧业生产合作社经营的草原。

第四条　草原上的水面、林木、灌木、芦苇、药材、蘑菇、发菜等野生植物资源及动物资源，除确有必要划出单独经营，经旗、县级以上人民政府批准的以外，均属草原所有权单位所有。

---

① 内蒙古自治区第五届人民代表大会常务委员会第十六次会议于1983年4月2日至11日在呼和浩特举行，会议期间听取了自治区畜牧厅厅长赵真北关于《内蒙古自治区草原管理条例草案》修改起草情况的说明并审议了这个条例草案。

第五条 自治区人民政府授各旗、县级人民政府颁发草原证。一个单位所有的草原分属两个或几个旗（自治旗、县、市、郊区）的，应分别由所属旗、县级人民政府颁发草原证。

第六条 草原（包括改作他用的草原）因界线不清，权属发生争议，按下述原则处理：本自治区与邻省区之间的界线，以解放当时为准；区内社队之间的界线，以合作化时为准；场（厂）社之间的界线，以按合法手续批准的为准；旗、县以上人民政府通过合法手续裁决过的界线，以裁决的为准。

本条例颁布前未经批准或裁决的，以及虽经批准或裁决而仍有争议的，按照保障各少数民族的合法的权利和利益，有利于团结，有利于畜牧业生产的原则，协商解决，或由旗、县级以上人民政府裁决。在草原权属争议未解决前，有关各方都应保持现状，搞好睦邻关系，不得以任何借口挑起事端，不得兴建永久性建设，不得破坏已经建成的生产设施。草原权属一经裁决，有关各方都必须严格执行。

第七条 解决草原权属争议实行分级负责制。旗、县级所属单位之间的争议由旗县级人民政府解决；旗（自治旗、县、市、郊区）之间的争议由有关盟公署、市人民政府解决；盟（市）之间的争议由有关盟市协商解决，解决不了的报自治区人民政府解决；上下级所属单位之间的争议由旗、县级人民政府解决，解决不了对报上一级政府或其归属单位解决；本自治区与兄弟省区或中央所属单位之间的争议，由自治区人民政府同有关省、区、单位协商解决，解决不了的报国务院裁决。

第八条 各单位的草原所有权和国营企业、事业单位的草原使用受本条例保护，任何单位和个人不得侵犯。禁止买卖、变相买卖和转让草原。凡需变更草原所有权的，必须经过旗、县级人民政府批准。草原所有权单位和使用草原的国营企业、事业单位对草原的管理、保护、利用、建设要遵守本条例的规定。

第九条 国家建设需要占用草原时，按照《国家建设征用土地条例》精神，结合各地草原实际情况办理。

尚未利用的全民所有制草原，授权旗、县级人民政府管理。

第十条 各草原所有权单位应将草原的使用权固定给基层生产单位、牲畜承包组、承包户，个体养畜户或草原建设承包组、承包户长期使用建设，落实草原管理、保护、利用、建设责任制。

第十一条 外单位和个人借用草原放牧，需经草原所有权单位同意，签订合同，向被借用单位交纳草原养护费，经苏木（乡）级或旗、县级人民政府批准，报上级草原管理机关备案。

遇到特大自然灾害需要临时调剂草原，因建设需要联合使用草原，或按照习惯相互调剂草原的，要本着自愿互利的原则，由有关各方协商解决。

任何单位和个人不得到外单位草原上建立居民点、坟场等，已建立的要逐步迁出。

第三章 草原的保护和建设

第十二条 坚决贯彻“禁止开荒、保护牧场”的政策，严禁开垦草原。属于下列情况之一者，都要坚决封闭，种树种草。

（一）机关、部队、国营和集体企事业单位以及个人，未经草原所有权单位同意，未履行正式审批手续开垦的草原。

（二）社队之间不经草原所有权单位同意，越界开垦的草原。

（三）在草原权属有严重争议地区开垦的草原。

（四）沙区、陡坡地，以及易于破坏生态平衡的耕地，已经造成土地严重风蚀、沙化、水土流失的耕地。

（五）旗、县级以上人民政府或授权主管部门核定退耕还牧还林的耕地。

第十三条 各旗、县级人民政府都要根据不同类型草原制定合理的载畜量，实行“以草定畜”，做到畜草平衡，防止草原退化、沙化。已经严重退化、沙化的草原要暂停使用或采取措施恢复植被，种树种草。

第十四条 草原所有权单位，使用单位和个人，都有管理、保护草原和草原建设成果的权利和责任，各级人民政府保护他们到合法权利，督促他们履行应尽责任。

第十五条 自治区人民政府可根据需要对区内珍贵的、特有的、稀有的或者遭到严重破坏的动物资源，划定自然保护区。

草原上的鹰、猫头鹰、百灵鸟、狐狸、沙狐、鼬科动物和各地认为需要保护益鸟兽都不准捕猎。

第十六条 任何单位和个人到草原上砍伐、采集、捕猎都必须取得草原所有权单位同意，经旗、县级人民政府批准，接受管理，遵纪守法，按规定交纳草原养护费。

社员采樵要固定地块，逐步做到自种、自繁、自采。

第十七条 防止工业废水、废气、废渣污染草原。因“三废”污染草原，排放单位要负责清理，赔偿损失。

第十八条 住在草原区和过往草原的任何单位和个人，都必须遵守自治区和和当地人民政府有关防火规定，违者按有关规定处理。

第十九条 草原上的公路干线，交通部门要划定路线，负责维修，对随意压出的便道，都要封闭。社、队范围内的公路也要固定，不得随意碾压草原。离开固定线路行驶的车辆要罚款。地质勘探等部门的机动车辆在作业时压坏草原，要酌情缴纳草原养护费。

收养路费不养路而使车辆乱压草原造成损失的，由交通部门负责赔偿。

第二十条 商业部门收购的牲畜，离开集中点后，按指指定的路线赶运和放牧，酌情缴纳草原养护费。

第二十一条 在草原上打井、开矿、采石、地质勘探、取土沙石、挖药材等造成的坑槽，动土单位和个人必须及时填平，因破坏植被影响放牧的，要酌情缴纳草原养护费。

第二十二条 凡使用草原和住在草原区的任何单位和个人，都有按照当地政府的规划完成每年种草植树的义务。集体或个人在本单位的草原上按照统一规划进行种树种草等各项草原建设，谁建设归谁所有。

第四章 奖励与惩罚

第二十三条 对认真执行本条例，做出显著成绩的单位和个人，具备下列条件之一者，给予精神鼓励或物质奖励。

（一）在草原的管理、保护、利用、建设工作上做出显著成绩的。

（二）模范执行本条例，同各种违反本条例的行为进行斗争，有显著功绩的。

（三）在草原科研、教育、资源调查和技术推广工作上有显著成绩的。

第二十四条 违反本条例，有下列行为之一者，给予批评教育，或根据情节分别同时处以罚款、赔偿经济损失、没收非法所得财物，追究刑事责任。

（一）买卖或变相买卖草原的。

（二）侵犯拥有草原所有权单位和个人管理、保护、利用、建设草原合法权益的。

（三）违反规定占用草原或开垦草原的以及超载放牧造成草原严重退化不采取恢复措施的；违反规定滥挖、滥搂、滥采草原植被资源，捕猎益鸟益兽的。

（四）破坏草原建设成果，造成损失的。

（五）在解决草原权属纠纷中无理取闹，不服裁决，挑起事端，造成损失的。

（六）不按本条例规定交纳费用或赔偿损失的。

（七）不履行合同义务，不执行协议造成损失的。

（八）不接受草原管理机关监督检查的。

第五章　附则

第二十五条　本条例的修改权和解释权归自治区人民代表大会常务委员会。本条例由自治区各级人民政府贯彻实施。

第二十六条　自治区、盟市、旗（自治旗、县、市、郊区）畜牧部门设草原管理机关。并可根据需要设草原警察机构或草原监理员，在人民政府领导下负责本条例贯彻实施的各项具体工作。

草原管理机关的职责是：

（一）贯彻执行本条例及有关法令，开展宣传教育。

（二）审核草原所有权和使用权，办理草原登记，发放草原证，调解处理草原纠纷。

（三）办理调剂草原，借用和征用草原的审批工作。

（四）对草原的管理、保护、利用、建设情况进行监督。

（五）办理奖惩事宜，协助政法部门对有关草原事件和破坏草原案件进行处理。

（六）办理国家建设征用草原的具体事项。

（七）收取并管理草原养护费。

第二十七条　本条例自公布之日起施行。

内蒙古自治区草原管理条例（试行）
（1983 年 7 月 21 日自治区第六届人民代表大会常务委员会第二次会议通过）

第一章　总则

第一条　内蒙古草原是国家的重要资源，是畜牧业的基本生产资料，是发展自治区畜牧业经济的物质基础，也是维护祖国北部生态环境的天然屏障。

为了加强对草原的管理、保护、利用和建设，充分发挥草原的经济效益和生态效益，促进自治区畜牧业生产的发展，增强各族人民的团结，根据《中华人民共和国宪法》和国家有关法律、法规的规定，结合内蒙古自治区的实际情况，特制定本条例。

第二条　本条例适用于自治区境内的一切草原，包括牧区、半农半牧区、农区和林区的草场以及草场上的野生植物、野生动物资源和水面。

第三条　加强对草原的管理、保护、利用和建设，是自治区各级人民政府的重要职责。

自治区各级人民政府对所辖区域内的一切草场资源，要全面进行勘测，制定总体规划，严格管理保护，合理开发利用，有计划有步骤地进行建设，以保障草原的生态平衡和永续利用。

自治区各级人民政府要对各族人民经常进行保护草原、遵纪守法的教育。对于保护草原确有贡献者要给予奖励；对于破坏草原情节严重者要予以惩处。

第四条　保护草原是一切单位和每个公民应尽的义务。对违反本条例规定，破坏草原的行为，每个公民都有权监督、检举和控告。

第二章　草原的所有权和使用权

第五条　自治区境内的草原，属于社会主义全民所有和社会主义劳动群众集体所有。

（一）凡是国家依法拨给国营企业、事业单位使用的草原，没有开发利用的草原和其他不属于集体所有的草原，都属于全民所有。

（二）凡是农村、牧区人民公社、农牧业生产合作社等集体经济组织固定使用的草原，都属于劳动群众集体所有。

（三）草原上的森林、矿藏、水流、自然保护区属于全民所有；小片林木、灌木、芦苇、药材等野生植物和水面除经旗县以上人民政府批准划给国营企业、事业单位单独经营的，属于全民所有以外，均属拥有草原所有权的单位所有。

第六条 草原所有权确定之后，必须造册登记。属于集体所有的草原，要发给《草原所有证》。《草原所有证》由自治区人民政府统一印制，旗县人民政府颁发。

第七条 拥有草原所有权的单位可将草原的使用权承包给所属的基层生产单位或个人长期使用，落实草原管理、保护、利用、建设的责任制，使其同牲畜的承包责任制统一起来。

承包草原的单位和个人，对所承包的草原有管理和利用的权利，也有保护和建设的责任。对于因管理、保护不善而造成草原严重退化或植被破坏，又不积极改良和恢复的，拥有草原所有权的单位可以停止其承包并收回使用权。

没有开发利用的属于全民所有的草原，由旗县人民政府统一管理。

第八条 草原的所有权和使用权受法律保护，任何单位和个人不得侵犯。

第九条 禁止买卖和变相买卖草原，或以其他方式非法转让、侵占草原。

第十条 草原（包括已经变更用途的草原）的所有权或使用权发生争议时，有关各方面应本着有利于民族团结，有利于发展生产和互谅互让的精神，通过协商，合理解决；达不成协议的，由各级人民政府进行调解或仲裁。

（一）集体经济组织之间和集体经济组织与旗县所属单位之间的争议，由旗县人民政府进行调解或仲裁。

（二）旗县之间和旗县与盟市所属单位之间的争议，由盟公署、市人民政府进行调解或仲裁。

（三）盟市之间和盟市与自治区所属单位之间的争议，由自治区人民政府进行调解或仲裁。

（四）本自治区与毗邻省、自治区以及中央、国家机关各部门之间的争议，由自治区人民政府进行协商，或报请国务院处理。

第十一条 草原权属争议一经裁决，有关各方必须严格执行。对各级人民政府的仲裁决定不服的，可以在收到仲裁决定书后三十天内向上一级人民政府申请复议；也可以向有管辖权的人民法院起诉，由人民法院依法审理。超过规定期限没有提出申诉或起诉的，各级人民政府的仲裁决定即发生法律效力。

第十二条 在调解、裁决草原权属纠纷时，对于因界限不清而发生的争议，应按下列原则处理：

（一）本自治区与邻省、自治区之间的界线，以解放当时为准。

（二）区内旗县之间和集体经济组织之间的界线，以合作化时为准。

（三）场（厂）社之间的界线，以按合法手续批准的为准。

（四）上述各款规定时间之后发生的争议，凡是经旗县以上人民政府作过裁决的，以裁决结果为准。

第十三条 在草原权属争议未解决前，有关各方都应从团结的愿望出发，严格保持现状，搞好睦邻关系，不得以任何借口挑起事端，不得在争议地区兴建永久性建筑，不得破坏争议地区已经建成的生产设施。

第三章 草原的管理、保护、利用和建设

第十四条 拥有草原所有权和使用权的单位，对所经营的草原，要进行资源调查，制订利用和建设的具体规划，根据资源特点，合理配置畜种，发展畜牧业和工、副业生产，搞好资源的综合利用。

第十五条 旗县人民政府对所辖区域内的草原，必须根据不同类型、不同年份，分别规定适宜载畜量，并严格加以实行。

草原使用单位要定期对草场进行查场测草，根据实际产草量，确定每年牲畜的饲养量和年末存栏量，实行以草定畜，做到畜草平衡。

草原管理部门对于因超载过牧而出现严重退化、沙化的草原，可责成使用单位采取轮歇休闲、封滩育草、建设草库伦或补播牧草等措施，恢复植被。

第十六条 草原承包单位和个人，对所经营的草原，必须按照统一规划，有计划有步骤地进行改良和建设。要积极种草植树，建设人工和半人工草场，不断提高草原的生产力，维护草原的生态平衡，防止草原退化和沙化。

草原建设的成果，谁建设归谁所有，任何单位和个人不得侵犯。草原使用权转移时，接收单位或个人对已有的建设成果要给予合理补偿。

第十七条 国家建设需要征用集体所有的草原，要给予补偿。具体办法由自治区人民政府参照《国家建设征用土地条例》另行规定。

第十八条 遇到大的自然灾害需要在旗县或盟市之间调剂使用草原，或集体经济组织之间临时借用草原的，要本着团结互助，自愿互利的原则，由有关各方协商，签订合同，报上一级草原管理机关批准。

第十九条 严禁开垦草原，破坏植被。对于已经开垦的草原，凡有下列情况之一者，都要坚决封闭，并由开垦单位种草植树，恢复植被。

（一）开垦后出现严重沙化、风蚀和水土流失的。

（二）在草原权属发生争议的地区强行开垦的。

（三）未经拥有草原所有权的单位同意越界开垦的。

（四）旗县以上人民政府核准退耕还牧还林的。

第二十条 在草原上进行捕猎活动，必须按照国家和本自治区有关保护野生动物的法律、法规严加控制。禁止在草原上捕猎鹰、雕、猫头鹰、沙狐、狐狸和鼬科动物等鼠类天敌。

第二十一条 到草原上采集野生植物，必须取得草原使用单位的同意，经旗县草原管理机关批准，在指定区域内进行。严禁乱挖滥采，破坏资源和植被。

第二十二条 自治区人民政府根据需要对区内珍贵的、特有的或稀有的动物、植物资源，划定自然保护区。在自然保护区内，非经自治区人民政府批准，禁止进行砍伐、采集、捕猎和其他生产活动。

第二十三条 防止工业废水、废气、废渣污染草原。对已经造成的污染，排污单位必须遵守国家和本自治区有关环境保护的法律、法规，积极进行治理，并对受害单位赔偿损失。

第二十四条 对草原上的主要公路，交通部门必须明确划定，设立标志，负责养护。随意碾压出来的便道，要加以封闭。离开固定线路行驶的机动车辆，不听劝阻者，草原管理部门对驾驶人员可处以罚款。

第二十五条 商业、供销部门长途赶运牲畜，必须按当地草原管理机关指定的路线进行。

第二十六条 在草原上进行地质勘探、打井、开矿、采石、取沙、挖药材等造成的坑槽，动土单位和个人必须负责填平。

第二十七条 在草原防火期内，对草原上一切可能引起火灾的活动，必须采取安全措施，严加管理，一旦发生火情，当地人民政府要迅速组织力量扑灭。对违反草原防火规定，造成草原火灾的肇事者，必须追究责任。

第二十八条 凡是因借场放牧、采集野生植物、进行地质勘探、工程建设、打井、开矿、采石、取沙、长途赶运牲畜等活动，影响或破坏草原植被者，要缴纳草原养护费。草原养护费由旗县草原管理机关统一收取和管理，除提取少量手续费外，都要返还给草原所有单位，用于草原建设。具体收费办法和提取比例由自治区人民政府另作规定。

第四章 草原管理机关

第二十九条 本条例由自治区各级人民政府负责实施，各级畜牧部门代行草原管理机关的职能，协助各级人民政府管理所辖区域内的草原。

第三十条 草原管理机关的职责是：

（一）贯彻执行本条例及有关的法律、法规，开展宣传教育工作。

（二）组织草场资源勘测，会同有关部门编制草原开发利用的总体规划，提出各类草场的适宜载畜量。

（三）对草原使用单位管理、保护、利用、建设草原的情况进行指导和监督。

（四）办理草原所有权和使用权的造册登记事项，受同级人民政府委托发放《草原所有证》。

（五）组织调剂、借用草原。

（六）办理国家建设征用草原的具体事项。

（七）参与处理草原纠纷。

（八）办理奖惩事宜，协助政法部门处理有关破坏草原的案件。

（九）收取并管理草原养护费。

（十）办理同级人民政府和上级主管机关交办的有关草原管理事项。

第三十一条 旗县人民政府可根据实际需要，在重点地区设置草原监理所，由旗县人民政府委派草原监理员。草原监理员在旗县草原管理机关领导下，负责检查、监督实施本条例的具体工作。

第五章　奖励与惩罚

第三十二条　对执行本条例做出显著成绩的单位和个人，具备下列条件之一者，由各级人民政府给予精神鼓励或物质奖励。

（一）在草原的管理、保护、利用、建设工作上做出显著成绩的。

（二）模范执行本条例，同各种违反本条例的行为进行斗争，有显著事迹的。

（三）在组织或参加扑灭草原火灾中有显著贡献的。

（四）在草原科学研究、资源调查和技术推广等工作上有显著成绩的。

第三十三条　凡违反本条例有下列行为之一者，由草原管理机关对当事人给予批评、警告；情节严重的，由各级人民政府或草原管理机关对领导人员和直接责任者，分别处以罚款，收回草原使用权，赔偿经济损失，没收非法所得财物；构成犯罪的必须依法追究刑事责任。

（一）买卖或变相买卖草原的。

（二）侵犯拥有草原所有权、使用权的单位和个人管理、保护、利用、建设草原的合法权益的。

（三）违反规定占用草原或未经批准擅自开垦草原的。

（四）超载放牧造成草原严重退化，经草原管理机关指出后仍不采取恢复措施的。

（五）违反规定滥砍、滥挖、滥搂、滥采，破坏草场资源和植被，捕猎益鸟益兽的。

（六）超过规定标准排放工业废水、废气、废渣污染草原，不积极治理的。

（七）破坏草原建设成果，造成损失的。

（八）在解决草原权属纠纷中，违反本条例规定，挑起事端，造成损失的。

（九）不按本条例规定缴纳费用或赔偿损失的。

（十）无正当理由而不履行合同，不执行协议造成损失的。

（十一）违反草原防火规定，造成草原火灾的。

（十二）其他违反本条例的行为。

第六章　附则

第三十四条　本条例自 1983 年 9 月 1 日起试行。

第三十五条　本条例的实施细则，由自治区人民政府另行制定，公布执行。

内蒙古镶黄旗畜牧业新局面[①]

赵真北　倪东法　通拉嘎

镶黄旗原来是内蒙古自治区锡林郭勒盟九个牧业旗中最穷的一个，一直被称为“穷黄旗”。党的十一届三中全会以来，镶黄旗旗委和人民政府领导群众拨乱反正，清理“左”倾思想影响，进一步端正发展畜牧业的指导思想，落实一系列经济政策，落实畜牧业生产责任制，使畜牧业生产开始出现新的局面；草原建设健康发展，建设成果越来越明显；实行以草定畜，主动搞好畜草平衡；牲畜数量增加，质量提高，发展稳定，畜群结构更加合理；单一的畜牧业在改变，多种经营开始发展；对国家贡献越来越大，畜牧业经济效果显著提高；牧民得到的实惠越来越多，收入成倍增长，生活不断改善。“穷黄旗”正在迅速富裕起来。

一

镶黄旗从七十年代初就开始搞草原建设，但在“牧业学大寨”思想影响下，也走了许多弯路。一是指导思想不对头，盲目追求大干快上，水、草、林、机齐头并进，建设重点不突出，用很大的财力、物力、人力大搞水利建设，打大井、截伏流、修水库，结果大部分不能用，效果很差。二是在草库伦建设上搞形式主义，修大草库伦，围干山头，搞“草原长城”，只顾数量，不顾质量，不

① 赵真北、倪东法、通拉嘎：《内蒙古镶黄旗畜牧业新局面》，见《红旗》杂志编：《经济调查》（第一辑），84 ~ 89 页，1983；《内蒙古畜牧业》杂志编：《草原管理条例》专辑（1），1983 年增刊，44 ~ 51 页（标题为《建设草原以草定畜镶黄旗畜牧业新局面》，文字略有不同）。

讲求实效。这年的大雪灾，全旗因缺草死亡牲畜5.3万多头，牲畜头数下降了19.8%。

三中全会以来，他们认真总结经验，把集中力量抓冬春饲草和冬春牧场建设作为草原建设的中心，对草库伦进行了调整、配套、提高。草原建设逐步走上正轨，正在健康地发展。据最近统计，全旗共有备案的草库伦178座，共64万亩，占全旗草原总面积的9.9%，以过冬牲畜计算，平均每头有草库伦2亩多一点。经过调整、配套、提高，草库伦面积减少了38.5%，但质量大大提高，大多具有以下几个特点：（一）充分利用地形优势和植被优势。主要围封山凹、河滩、低洼下湿地、过水地、芨芨滩和灌木丛。这些地方土质条件和水分条件较好，也便于采取补播、松土、洪灌等改良措施，封育后可以很快见效。（二）在这些草库伦里还造林、建苗圃、种饲草、种饲料、种蔬菜，实行封种结合，多种经营。目前草库伦中已有林面积9280亩，人均0.58亩。（三）这些草库伦，大都采用水泥杆和六道刺丝围建，代替了过去的石头墙和土打墙，既经济实用，整齐美观，围护作用大，使用年限长，又不破坏植被。而且造价低，建设快。石头墙草库伦每万亩造价7万—8万元，需一年多时间；用水泥杆刺丝每万亩造价5万—6万元，有三个月就可以建成。（四）落实建设、管理、保护责任制。建设草库伦先由社队提出计划，按投资比例筹足经费，报旗草原管理部门审批。审查批准后，旗草原管理部门按投资比例拨给建设经费物资。生产队负责建设管理，所有权和使用权归队，一切收益归队，草库伦的基本情况和每年生产情况，在旗草原管理部门造册登记，旗人民政府保护生产队草库伦的所有权和使用权，任何人不得侵犯，扩建、改建、撤除草库伦都要经旗草原管理部门审查批准。

由于草库伦质量提高，收到了显著的经济效果。主要是：（一）产草量大幅度增加。据1979到1982年连续四年现场测产，草库伦内平均亩产干草276.6斤，比草库伦外的提高197.7%。今年5至8月降水量只有174.2毫米，比去年少103.6毫米，但产草量大体保持去年的水平，说明经过几年封育，抗旱能力增加，生产性能提高。（见表1）

表 1　草库伦内外亩产干草量比表

单位：斤

年度	草库伦外	草库伦内	草库伦内比草库伦外提高 %
1979	134	343	156.0
1980	43	206	379.1
1981	105	287	173.3
1982	89.8	270.6	201.3
4 年平均	92.9	276.6	197.7

草库伦外产草量高低差为 3.12∶1，草库伦内为 1.67∶1，这说明草库伦内产草量受降水条件变化较小，比较稳定。

（二）草群结构明显改善，植被盖度增加。经过四五年封育以后，特别是进行松土、补播、灌溉等改良以后，植被结构明显变化，优良牧草增加，杂类草减少，草场盖度提高 20% 左右。新宝力格公社查干德力苏草库伦，建设前碱草比重很少，现在碱草成了建群植物，经过耕翻松土的 30 亩草场全长碱草，叶层高 90 公分，覆盖度达 70% 以上，亩产干草 1053 斤。宝格都乌拉公社额很乌苏草库伦内 2000 来亩撂荒地，围封前长的都是一年生杂草，围封三四年后基本上恢复到开垦前的植被结构，草场盖度达到 50%，亩产干草 261.5 斤。那仁乌拉公社哈登胡硕草库伦围建前有一块 1000 多亩的明沙，经过补播和四年封育，变成优良牧草和小灌木丛生的草场，植被覆盖度达到 45% 左右，草高六七十公分，今年每亩平均产干草 466.9 斤。这种情况生动地说明，经过若干年封育，自然生态开始恢复，草原退化趋势开始逆转。

草库伦建设为畜牧业解决了两个主要问题。一是基本上解决了冬春贮草问题，在建设草库伦以前，镶黄旗打草场很少，年打草量一般只有 1000 万斤左右，畜均贮草几十斤。近四年平均打草 5200 万斤，畜均贮草 170 多斤。80% 以上的贮草来自草库伦。1981 年开始过冬饲草自给有余，目前全旗还有贮存的备荒草 1671 万斤。二是解决了牲畜冬春牧场。无论割过草或没有割草的草库伦，草好、植株高大，又有围栏保护，都是良好的过冬牧场，每年冬春季节，有一半左右的牲畜，特别是良种、改良牲畜，母畜和弱畜在草库伦内放牧。1980 年大旱，草库伦外长草很少，全旗90%左右的牲畜在草库伦里放了一冬一春。这一年保畜率达到97.9%。由于较好地解决了冬春饲草和冬季牧场，改变了过去冬春季节因缺草而搂黄草、挖草根，超强度放牧，严重破坏草原的状况，使库伦内外的草场都得到了较好的保护。

过冬过春是我区草原畜牧业的最大难关。冬春死亡牲畜约占全年死亡牲畜总数的90%以上，牲畜“冬瘦、春死”几乎是草原畜牧业的普遍规律。镶黄旗通过草原建设较好地解决了冬春饲草和冬春牧场，这是一大突破。镶黄旗草库伦面积只有全旗草原的十分之一，但是解决了全旗牲畜过冬过春的绝大部分饲草和一半以上牲畜的冬春牧场，这又是草库伦建设的一大功绩。实践经验说明，在镶黄旗和类似镶黄旗这样的干旱草原区，没有草库伦就没有打草场，没有草库伦就没有冬春保命放牧场，没有草库伦，也就没有稳定的畜牧业。为什么镶黄旗的牧民能够把草库伦建设变为自己的自觉行动坚持不懈，原因也就在这里。

镶黄旗在前段草原建设中，国家投了一些资金，实践证明，这些投资起了良好的作用，得到了明显的经济效益，积累了建设草原的实践经验，调动了群众建设草原的积极性。

二

在加强草原建设，提高草场生产力的同时，镶黄旗从1979年开始实行以草定畜。就是主动调整畜草关系，搞好积极的畜草平衡。集着力于提高草场载畜量，又根据草场情况调整牲畜存栏量；既要注意牲畜和畜产品数量不断增加，质量和经济价值不断提高，又要保护草原，防止退化。镶黄旗实行以草定畜，除加强草原建设以外，主要还抓了两项工作。

（一）进行查场测草，查清冬春饲草贮存量，决定过冬牲畜饲养量。四年来每年秋季牧草停止生长前，组织干部和技术人员对全旗各社队的各类草场和草库伦普遍进行查场测草，查清冬春季节贮草总量（包括地面上留存的草和打贮的草），计算出全旗和各社队过冬牲畜的合理存栏数，对超过部分的牲畜，下决心进行处理，以保持畜草平衡，减少因缺草而死亡牲畜。1980年，全旗大旱，过冬草场产草量加上上年的备荒草只有4.7亿斤，只能保活25万—26万头牲畜。旗委和旗人民政府作出决定，要“多吃一点、多卖一点、多处理一点”，下决心把过冬牲畜压缩到了26.2万头。这一年，共出栏牲畜15.1万头，出栏率达到36.4%，是解放以来出栏牲畜最多的一年。这样处理的结果，同1977年冬春大雪灾相比，少死亡牲畜4.4万多头，向国家和社会多提供牲畜8.2万多头。仅少死亡的牲畜相当于增加收入177.7万元，人均110元，减少抗灾保畜支出89万元，人均55.6元，收到了利国利民、一举多得的效果。1981年雨水较多，草长得好，当年打草6231万斤，贮草总量达8.7亿斤。在这种情况下旗委决定：“适当多留一点，多保一点，多发展一点”，保留过冬牲畜32万头。这一年由于饲草充足，保畜率仍达到98.8%，取得了畜牧业总增32%，纯增13%的大丰收。今年贮草产量8亿斤，拟留过冬畜31万头。总之根据草的情况，决定过冬牲畜数量，草多多保，草少少保，有张有弛，主动搞好畜草平衡。用镶黄旗同志的话说，就是不让老天爷当计委主任，自己当计委主任。

（二）努力改良畜种，提高牲畜质量，改革畜群结构，使有限的饲草取得最大的经济效益，提高饲料转化率。在这个问题上，镶黄旗主要抓了两条：一条是提高经济价值较高的绵羊和牛，特别是绵羊的饲养量，压缩山羊和马的饲养量，把草场腾出来养绵羊和牛。1982年，绵羊饲养量达到32.98万头，比1978年提高35.9%。同1958至1978年21年平均数相比，绵羊饲养量增加了10.9万头，提高49.32%，绵羊在畜群中的比重由65.4%提高到80.2%；1978年共有牛3.43万头，1982年达到3.98万头，增加16%，牛占大牲畜的比重由过去21年平均69.6%提高到73.4%。与此同时，山羊和马的饲养量和比重都有较大幅度的下降。一条是努力提高牲畜质量，重点是提高绵羊的质量，多养大羯羊，提高羊毛产量和质量。1978年有良种和改良种牲畜16.96万头，占牲畜总数的53.8%，1982年增加到26.72万头，占牲畜总数的64.9%。1978年有良种改良种绵羊16.65万头，占绵羊总数的68.6%，1982年达到23.09万头，占绵羊总数的75.1%。（见表2和表3）

表 2　牛和绵羊在畜群的比重对比表

单位：万头

年度	牛总头数	占大畜（%）	绵羊总头数	占牲畜总数（%）
1958 至 1978 年平均	3.58	69.4	22.10	65.4
1978	3.43	74.6	24.26	76.9
1979	3.76	74.3	28.72	77.5
1980	4.47	75.5	32.22	77.6
1981	3.62	71.6	28.92	79.6
1982	3.98	73.4	32.99	80.2
1979 至 1982 年平均	3.95	73.8	30.71	78.8

表 3　良种改良种牲畜比重对比表

单位：万头

年度	良种改良种牲畜	占牲畜总数（%）	良种改良种绵羊	占牲畜总数（%）	占绵羊总数（%）
1958 至 1978 年平均	7.91	21.6	7.8	23.15	29.0
1978	16.96	53.8	16.65	52.8	68.6
1979	19.89	53.7	21.51	58.09	74.9
1980	23.61	56.8	23.23	55.93	72.1
1981	21.56	59.4	21.24	58.4	73.5
1982	26.72	64.9	26.38	64.11	80.0
1979 至 1982 年平均	22.94	58.7	23.09	59.19	75.1

1982 年，全旗羊毛收购量达 143 万斤，比 1978 年的 108 万斤提高 32.4%。每只羊的平均产毛量由 1978 年的 4.7 斤提高到 1982 年的 6 斤，提高 27.6%。1982 年，全旗从集体绵羊得到的收入 290 多万元，占集体总收入的 78.49%，人均 181 元。那仁乌拉公社乌兰图克大队改良绵羊已占牲畜总数的 83.72%，基本上消灭了本地绵羊和山羊，平均每只集体羊产毛 8.2 斤，仅羊毛收入就达 47500 元，人均 211.1 元。各社队还涌现了一批自留羊羊毛一年收入超过 2000 元的牧户。镶黄旗通过发展绵羊增加收入，使牧民较快地富裕起来。群众把这种情况说是“发了羊（洋）财”。

三

加强草原建设，实行以草定畜，积极提高牲畜质量，开展多种经营，大大提高了畜牧业生产的经济效益，从而使镶黄旗的畜牧业生产和牧民生活发生了八个方面的可喜变化。

（一）畜牧业稳定发展，牲畜数量不断增加。1982 年牲畜总头数达到 41.2 万头，比 1978 年增加 9.7 万头，增长 30.8%，牲畜总头数是第二个历史最高年。在牲畜总头数增加的同时，1982 年社员自留畜由 1978 年的 33270 头增加到 150352 头，增加 352%。自留畜在牲畜总数中的比重由 8.47% 提高到 36.54%。自留畜的迅速发展，不仅较好地解决了牧民生活必需问题，也大大增加了社员的经济收入。（见表 4）

表 4　自留畜及其比重对比表

单位：头

年度	自留畜数	在畜群中（%）
1978	33270	8.47
1979	44466	14.11
1980	74089	17.84
1981	99995	27.53
1982	150352	27.53

（二）畜牧业生产各项主要经济指标都有明显提高。三中全会以后的四年中，平均每年死亡成幼畜 7775 头，比 1978 年少死亡 45555 头，比从 1958 到 1978 年 21 年平均每年死亡 25228 头，少死 17453 头，牲畜死亡率由过去 21 年的 7.3% 下降到 2.1%。这四年平均每年繁殖成活仔畜 12.76 万头，比 1978 年多 2.74 万头，提高了 27%。比过去 21 年平均每年 11.69 万头，提高 9%。这四年平均每年总增牲畜 10.99 万头，比 1978 年多增加 8.38 万头，总增率由 1978 年的 6.64% 提高到 30.39%。（见表 5 和表 6）

表5 主要生产指标对比表

单位：万头

年度	繁殖仔畜	成活仔畜	仔畜成活率（%）	繁殖成活率（%）	成幼畜死亡	成幼畜死亡（%）
1958至1978年平均	11.69	9.99	86.0	65.6	2.52	7.3
1978	10.02	7.94	79.3	43.2	5.33	13.6
1979	12.75	11.65	91.3	72.9	0.79	2.5
1980	13.44	12.16	90.5	72.7	0.81	2.2
1981	11.85	11.01	92.9	58.0	0.89	2.1
1982	12.99	12.27	94.4	74.1	0.62	1.7
1979至1982年平均	12.76	11.77	92.2	69.4	0.78	2.1

表6 总增牲畜对比表

单位：万头

年度	繁殖仔畜	成活仔畜
1958至1978年平均	2.61	6.64
1978	10.86	34.44
1979	11.36	30.67
1980	10.12	24.36
1981	10.12	24.36
1982	11.65	32.07
1979至1982年平均	10.99	30.39

（三）牲畜质量提高，畜群结构改善，单位牲畜畜产品产值提高。1981年每百头牲畜畜产品产值2698.0元，比1978年的1395.6元提高93.3%。（见表7）

表7 单位牲畜畜产品产值对比表

年度	总产值（万元）	每百头牲畜产值（元）	每百头牲畜产值比1978年增长（%）
1978	548.46	1395.6	—
1979	611.98	2100.4	50.50

续表

年度	总产值（万元）	每百头牲畜产值（元）	每百头牲畜产值比 1978 年增长（%）
1980	1140.48	3079.5	120.66
1981	1120.88	2698.0	93.32

（四）畜群周转加快，出栏增加，畜产品有较大幅度提高。近三年平均每年出栏牲畜 9.6 万头，比过去 21 年平均每年多出栏 2.1 万头，提高 27.8%。这四年平均每年出卖牲畜 5.25 万头，比 1978 年多 0.82 万头，增加 18.6%。从 1979 年至 1981 年平均每年产肉 463.8 万斤，比 1978 年增加 114.2%；平均每年产毛 135 万斤，比 1978 年增加 25%。

（五）单位草场畜产品产量和产值明显提高。从 1979 至 1981 年三年平均每百亩草场每年生产肉 70.6 斤，毛 21.6 斤，鲜奶 18.73 斤，分别比 1978 年多生产 37.8 斤，3.7 斤和 6.03 斤，分别提高 115.24%，20.67% 和 47.48%。这三年平均每百亩草场每年畜产品产值为 146.6 元，比 1978 年的 83.1 元提高 76.4%，去年达到 166.8 元，比 1978 年提高一倍。如果全区单位面积草原的生产力达到镶黄旗现在的水平，那么，仅草原牧区畜牧业产值就可以比目前全区畜牧业总产值翻一番。（见表 8）

表 8　每百亩草场生产力对照表

年度	畜产品产量（斤、张）				产值（元）					
	肉类	绒毛	皮张	鲜奶	肉类	绒毛	皮张	鲜奶	合计	比 1978 年产值增长（%）
1978	32.8	17.8	1.1	127	29.5	32.9	5.5	15.2	83.1	—
1979	36.4	21	0.8	180	34.6	39.9	4.2	21.6	100.3	20.70
1980	99.5	24.3	0.9	198	96.8	47.4	4.8	23.8	172.8	107.94
1981	76	19.8	0.9	184	80.1	43.6	6.3	36.8	166.8	100.72

（六）畜牧业生产费用下降，抗灾开支减少。1978 年全旗畜牧业支出 110.8 万元，1981 年下降到 91.4 万元，下降 17.51%。1978 年抗灾保畜费共支出 123 万

元，平均每头牲畜 4.20 元，1981 年，平均每头牲畜只 0.15 元。这两年都是大灾年，灾情差别不大，但抗灾开支却大不一样。

（七）多种经营有所发展，单一的畜牧业经济开始改变。这几年各社队大力开展植树造林、建苗圃，还因地制宜地种饲料、种蔬菜、种油料，有的社队还养鱼、办矿、开展多种经营。去年，全旗社队企业收入 32 万元，今年可以达到 50 万元。哈音哈拉瓦公社德力本胡图克大队这几年从林地中间伐出椽材 8000 多根，树苗 30 多万株，折价 1 万元；那仁乌拉公社英图大队的片林中已有一批长成檩材。哈音哈拉瓦公社社办金矿，去年收入 10 万多元，给每个队分配纯收入几千元。这个公社哈夏图大队近几年生产饲料 3.7 万多斤、鱼 1.4 万多斤，收入近 1 万元。新宝力格公社哈夏图大队今年在 200 亩牧草地混播油料，产油 1.6 万斤，折合收入 6400 元。

（八）社员收入成倍增长，牧民得到的实惠越来越多。1978 年，全旗各社队集体总收入 312.6 万元，1981 年达到 440 万元，增加 40.7%；1978 年社员集体分配人均收入 102 元，1981 年提高到 213 元，提高 108%。1978 年以前社员家庭副业收入很少。据最近对全旗 9 个公社 26 个牧业队 1478 户的典型调查，1981 年社员家庭副业收入人均 150 元。1981 年社员集体收入和家庭副业收入合计人均 363 元。（见表 9）

表 9　集体收入对比表

年度	集体总收入（万元）	人均分配收入（元）	人均收入比 1978 年增长（%）
1978	312.58	102	—
1979	401.35	156	52.94
1980	497.85	171	67.65
1981	439.98	213	108.82

由于收入增加，集体和个人欠款减少，存款增加。1978 年，全旗各社队共有集体贷款 40.96 万元，1981 年减少到 20.97 万元，下降了 48.8%；1978 年各社队集体存款 143.9 万元，1981 年增加到 254.2 万元，增加 76.6%。1978 年全旗共有社员欠款 73.3 万元，1981 年减到 52.7 万元，下降 28.1%，有的队已没有欠款

户；1978 年社员存款 41.2 万元，1981 年提高到 64.6 万元，提高 56.8%。

随着生产发展，收入增加，牧民生活有了显著改善。现在牧民中的普遍情况是：自留畜多、钱多、肉食多、奶食多、购买新“三大件”（录音机、望远镜、摩托车）多，盖新房多。仅哈夏图队 68 户牧民中近二三年内盖新房 52 间，购置摩托车 6 辆。

我们在调查中高兴地看到：在昔日的“穷黄旗”，现在牧民生活充裕，思想安定，生产热情高涨，对全面开创畜牧业现代化新局面充满信心，到处是一派繁荣景象。

（1983 年 2 月稿）

就内蒙古乌拉特前旗沙德格苏木畜间氟中毒防治问题给内蒙古自治区有关领导信函 ①

赵真北　布和

云布龙主席：

我俩因原在畜牧厅帮助过乌拉特前旗沙德格苏木的防氟工作，上年 8 月末该苏木党、政机关邀我们去看防氟工作的成就。

该苏木牧户 360 户，牧业人口 1680 人。近十几年发展变化很大，牲畜（主要是山羊）由 1984 年的 3.8 万只到去年增加到 81450 万只，人均 48 只，牧民收入大幅度增加，80% 多牧户通电；同时打破了单一畜牧业的格局，粮料种植 3500 万亩，户均 10 亩，还建铁矿选矿厂和花岗岩、黄金的开采。牧民商品意识增强，多种经营意识树立，是一大进步，令人高兴。但去年羊和羊绒价格分别下降 1/3 和 40% 多，花岗岩销价也降，包钢欠 200 万元收不回来，给牧民生产、生活带来很大困难。其中受危害重的三个嘎查，人均羊才 46 只，低于全苏木人均占有量，特别是受危害最重的毕克梯嘎查，无畜户 22 户，100 只以下的 12 户，二者占全嘎查户的 33%，全嘎查欠债 40 万元，因污染全苏木每年死羊 5000 只左右，损失 75 万元；重灾区每年因污染更新畜 1.5 万只，每只损失 70 元，计 105 万元，人均 100 元，另外该苏木山区半山区面积占 90%，畜均草场在 5.65 亩，三个重灾区嘎查更是山多而且陡，岩石裸露，植被难以恢复，有待保护好压缩载畜量。

畜间防氟经多年实验找到一些路子，但是饲草料成本太高，每只需 40 元。

① 内蒙古畜牧厅、内蒙古畜间氟防小组、巴彦淖尔盟行政公署、乌拉特前旗人民政府等合编，赵真北主编：《关于乌拉特前旗沙德格苏木畜间氟中毒防治资料汇编》(内部资料)，287 ~ 289 页，1998。

为此需加强畜种改良，相对降低成本，扩大饲料基地建设，减少购买饲草料支出；同时继续积极开展多种经营，拓宽牧民增加收入的门路。对扩大饲料基地建设上，要求政府给予35万元的投入，以补偿因污染造成的损失。

但是人的防氟任务还很艰巨。

一、包钢的吨排氟量降低，但生产量增加，总排氟量并未减少，甚至还增加，需要长期监测；

二、人的氟中毒急需监测和进行防治和实验；

三、对已中毒的儿童需采取紧急措施。对人的防氟要有人负责，苏木干部反映，群众要领上中毒儿童上访。

1992年8月国务院副秘书长徐志坚同志带领十四部委、云布龙主席带领十三厅局的负责同志亲临灾区，现场办公，给灾区极大的支持，使灾区人民受到鼓舞，会后从国务院机动资金中拨款150万元。主要用于沙德格的生态恢复、环保监测、医院、选矿好饲草料基地的建设，给旗环保局20万元，远远不够弥补氟污染所造成的损失。

对此，我们回来后，也向有关领导和部门做过反映，至今未得到解决，最近旗苏木领导又委托我们再向政府主席反映，应召开有关部门对该苏木氟污染问题进行专题研究，对把该苏木人、畜间氟污染作为课题分别组织科研小组研究；从包钢上交的排污费中切出一部分对该苏木因污染造成的损失，进行长期补偿。

赵真北
布和
1998.10

附：给郝益东、宝音德力格尔副主席报告各一份。

郝益东副主席：

我俩上周应乌拉特前旗沙德盖苏木党委、政府邀请赴该苏木看防氟污染工作取得的成就。该苏木近十几年变化很大，牲畜主要是山羊，由1984年的3.8万只增加到81450万只，绒产量达0.5斤/只，人均占有为48只，牧民收入大幅度提高。80%的牧户通电，饲料种植达3500亩，户均10亩。与包钢联合建一选矿厂，年产1.2万吨，还有花岗岩、黄金等开发。在选矿厂及为其服务的人员中蒙古牧民有25人。牧民的商品观念增强，多种经营意识开始树立，是一大进步，应当鼓励。但，今年绒价由上年的120元/斤降到70元/斤，羊的平均价也由上年的150元/只降到100元左右/只；花岗石销售下降，包钢累计欠款200万元要不回来。给牧民的生产、生活带来相当困难。

氟污染重灾区的三个嘎查，人均有羊46只，低于全苏木人均占有量；每年因病更新1.5万只，每只亏损70元，计105万元，人均达100元；若采用防氟实验成功的办法，在枯草期对羔舍饲，购买草料，其成本每只需40元。特别是受污染最严重的毕克梯嘎查至今有无畜户22户，100只以下的12户，二者占全户数的33%，嘎查欠债近40万元。另外，该苏木山区、半山区占90%，畜均占有可利用草场面积5.65亩，尤其重灾区的三个嘎查更是山多而且陡，陡坡岩石裸露，其植被无法恢复，亟待保护，压缩载畜量。对无畜户拟动员其从事农业。从这些情况看，苏木计划在重灾区集中开发的700亩水浇地，对增加草粮生产，缓减草场压力，降低草料成本，减轻氟中毒，减少更新畜的损失，以及对扶贫和进一步促进牧民建设养畜，多种经营发展都是有利的。从对其受灾损失的角度考虑，给以一定的补偿也是应该的，因而对他们的要求望能给以支持。（附其专题报告）。

同时，我们向苏木干部建议：

受氟污染固然是件坏事，经与之斗争中，懂得应用科学技术，多种经营发展。应继续运用这些经验加速发展，利用好靠近包头市这一有利条件，适应市场经济，发挥能人、勤人优势，克服依赖性和懒人劣势，在资源分配和劳力安排引导上，都应扬长避短，人尽其力，物尽其用，见人也见物；坚持自力更生，增强自我发展能力，奖励先进，改造落后和惰性及“游而不牧”。尽量腾出多余的人力、财力用于第一产业的建设，电、路、通讯建设，新产业的开发和文化教育的建设，不断地改变全苏木面貌。

一、草原畜牧业，应将草原工作放在第一位。对草原不能破字当头，而应用字当头，保在其中，建在其间。目前要适当控制载畜量尤其对陡山区要减少载畜量，建设与保护相结合，经营新建饲料基地的牧户，相应地减少载畜量；增草增畜，以草定畜，实行轮牧。

二、对畜产品销售要有市场和行情信息的服务或建立牧民的联销组织。

三、狠抓山羊质量。一位牧民用阿尔巴斯羊改良，二、三代平均产绒 9.52 两（250 只）。若再改良一、二代和加强饲养管理，每只产一斤多绒是完全有把握的。这样，将饲量减半，绒产量也不会减少；不仅有利于保护草原，减少饲养成本和劳动用工，而且对防氟措施舍饲羔羊的投入也合得来，一举多得。这点已引起苏木领导和不少牧民的注意，也打算建议上级畜牧部门给以支持指导。

畜间防氟已有些经验，也找到了实施的路子。但人间的防氟尚未引起重视，现在其危害已在儿童中十分明显地暴露。急需自治区人民政府和直属有关部门给以特别关注。

赵真北

布和

1998.9.2

宝音德力格尔副主席：

卫生厅哈斯巴根厅长：

我俩上周应乌拉特前旗沙德盖苏木党委、政府的邀请去看该苏木近十多年防氟污染斗争取得的成就。生产建设和人民生活有很大改观。畜间防氟已有些经验和实施的办法，但人间氟污染相当严重，科技部门已有调查，布和同志和苏木达纳顺巴雅尔曾多次向自治区卫生厅系统有关领导人做过汇报，并未引起重视。现在群众反应强烈，甚至要领上中毒儿童上访。我们认为，对一些污染原因和防治措施仍有探讨和实验的必要。

我们希望自治区和卫生厅能给予高度重视，并采取具体措施。

赵真北

布和

1998.9.2

牧区经济体制改革、畜牧业现代化和经济发展

应该以畜群为基础考虑问题①

赵真北

王存仁、王玉珍和余水三同志关于畜牧业总增、纯增与消费的讨论文章（见本刊一九六二年第七期、第十一、十二期和一九六三年第一期——编者注），提出了不少正确的意见，对我有很大启发。但也有些意见在我看来是值得商榷的。为了互相学习，推动进步，共同促进我区畜牧业生产的发展，愿将自己某些不成熟的看法提出来。和同志们商讨。

畜牧业生产，包括牲畜的生产与产品的生产两个方面。我们所研究的畜牧业总增、纯增与消费，实际上只是牲畜的生产、积累与消费的问题，而且还只是大、小畜的生产、积累与消费的问题；至于另一个方面的问题，即产品的生产、积累与消费的问题，由于不是讨论的中心，本文便不着重研究了。

我认为，研究畜牧业的总增、纯增与消费，应该紧紧抓住畜牧业经济的特点，否则便难以得出正确的结论来。在社会主义制度下，畜牧业的总增、纯增与消费之间的关系和其他经济（如工业和农业）比较起来有其相同的一面，也有其不同的一面。其相同的一面表现在生产的增加会提高消费和积累；消费的增加有助于调动人民群众的积极性，促进生产的发展，从而又可以增加积累；有了积累就可以扩大再生产，从而又能提高消费。其不同的一面则表现在：畜牧业的总增、纯增与消费是以畜群为基础的（这里所说的畜群就是基础牲畜或圈存数）。这是因为，畜牧业经济从总的方面说来，生产、积累与消费是不可分离的，但它在一个年度内，生产、积累与消费却在很大程度上是脱节的。为了说明这一问

① 赵真北：《应该以畜群为基础考虑问题》，载《实践》，1963（2）。另见1978年全国畜牧业经济科学规划座谈会编：《畜牧业经济论文选》，1978。

题，不妨对牲畜的生产、积累与消费的过程作一个大致的分析。我们知道，畜牧业当年新增的仔畜是畜群中原有的适龄母畜繁殖的。这些初生的仔畜，除特种畜产品（如羔皮用羊）外，一般都不能消费（并非绝对不能，只是很不经济），只能作为产品继续培养；经过培育（除去中间死亡的），才能直接转入消费（如育成后宰杀食用或出卖）或间接转入消费（如育成后经过使役、繁殖、出奶再宰杀食用或出卖）；在进行培育和消费的同时，又有新出生的仔畜不断补充进来。在这个新陈代谢的过程中就形成了庞大的畜群。这个过程表明：牲畜从出生到育成，再到消费，需要若干年的时间。当年出生的牲畜虽然数量上增加了，但一般不能消费，更不能繁殖。当年消费的主要是畜群中前几年生的已经育的或已经老、残了的牲畜；当年能够繁殖的也只能是前几年出生的已经育成的适龄母畜。由此可见，牲畜的生产（其他畜产品也同）来自畜群，消费的牲畜来自畜群，再生产和扩大再生产的生产资料牲畜也来自畜群。畜牧业的一切都是以畜群为基础，没有畜群便没有畜牧业生产，更没有畜牧业的积累和消费。因此，我们在研究畜牧业的生产、积累与消费的时候，必须以畜群为基础来考虑问题。

我之所以首先说明这个问题，是因为我和一些同志的不同看法，大多是从这里引起的。为了叙述方便起见，我先从消费问题谈起。

消费和畜群有什么关系呢？一般说来，畜群基础数大，消费数就可能大；畜群的基础数小，消费数就可能小。直接决定着当年消费量的是畜群的基础数和组成情况，而不是当年新增加的仔畜。因此，在确定当年消费量的时候，应该对畜群进行具体分析，并根据长远利益和目前利益相结合的原则，在不影响再生产的前提下，合理处理牲畜。我同意王存仁同志的这一意见，即消费的牲畜应该主要是育成的肉畜和需要消费的耕、役畜和失去生产能力的老、残畜以及过不了冬春的瘦弱牲畜。但是，究竟在一年之中具体应该消费多少，是否会超出这个范围，那还要取决于当年灾情大小，取决于我们的经营能力和国家人民的需要，不应当有个固定的比例。在这方面我与王存仁同志有不同的看法。王存仁同志虽然也承认应当把社会需要考虑在内，但最后却根据两个五年计划期间统计数字平均计算，得出了在正常年景下消费 15% 为适宜的结论。固然，从过去两个五年计划的结果来看，消费率一般都在 15% 左右，但是光看百分比是不够的。因为：第一，畜牧业在生产上（即总增率上）的不稳定，反映在消费上也不可能稳定；第二，两个五年计划期内基础牲畜中的大小畜比重有相当大的变化，今后还会有更复杂的变化；第三，劳力、牧场、机具设备与牲畜数量之间的比例，过去变化很大，今后还要有变化；第四，两个五年计划期间畜牧业经济的性质有很大变化，当时畜牧业经济正处于由个体逐步向集体过渡的时期，畜牧业经济上的改造与反改造的斗争，不可避免地会给生产和消费带来某种程度的影响；第五，整个国民经济形势对畜牧业生产、积累与消费有着很大的影响。基于上述分析，我认为，在第一个五年计划期间，由于畜牧业基本上是个体经济，因而15%的平均消费率在很大程度上是自发形成的；在第二个五年计划期间，由于刚刚实现集体化，还缺乏计划经济的经验，因而15%的平均消费率，是根据以前自发形成的比例加以有计划地安排而来的，它既没有完全反映畜群可消费牲畜的比例，也没有完全反映社会的全部需要。因此，仅仅依照这个历年统计的平均数字，很难作为今后指导工作的正确依据。同时，各个地方、各个畜群的情况不同，也不能一律要求，否则势必造成只看比例，不看实际，不是超过可消费的范围，就是积压可消费的牲畜的偏向。

事实上，对待消费的问题就有这样两种类似的偏向，即盲目地扩大消费和盲目地限制消费。这两种偏向的通病是：一、未能把目前利益和长远利益结合起来；二、对畜群不加具体分析；三、消极地看待消费。前者往往只顾眼前利益而不考虑长远利益，认为消费的多少对今后牲畜的发展的快慢没有多大关系，或者认为畜群中的所有牲畜都可以消费，因而把提高消费的要求扩大到不应当消费的牲畜上；后者往往只顾长远利益，不考虑当前利益，认为畜群中的所有牲畜都可以生产，只要消费牲畜就会影响生产，因而把限制消费适龄母畜、幼畜和产品牲畜的政策误用到可消费的牲畜上。这两种偏向都是错误的。

我们不能一律抽象地看待消费。在消费的牲畜中，有一部分的确是用于生活需要而消费了，有一部分则是用于再生产或扩大再生产的投资了，只是改换了一下实物形态；还有一部分仅仅是所有权转移了，如甲把牲畜作为商品出卖了，乙把它买来作为生产资料继续饲养起来。这些正常的消费对生产不仅没有坏处，而且还有很多好处：一则可以解决养畜者的生活需要，提高他们的生产积极性；二则可以解决畜牧业再生产和扩大再生产的投资；三则可以促进城乡交流，农牧互助；四则可以有利于提高生产率，减少损失，节省劳动力和饲养开支，便于集中精力做好其余牲畜的经营管理；五则可以使畜牧业生产逐渐得到合理的布局。因此，应该从积极方面看待消费，决不应把提高消费的要求扩大到不应该消费的牲畜上，也不应把限制消费适龄母畜政策扩大到可以消费的牲畜上。

在一般情况下，消费的牲畜应该是前面所指出的那些牲畜，只要不超出这个范围，就不会影响当年的生产，更不会影响今后的消费。但是，在特殊情况下，例如：在遇到灾年的时候，在牧场劳力不足的时候，在国家有紧急需要以及支援其他地区发展畜牧业的时候，消费就会超出上述范围。遇到这些情况，我们固然应该看到其对今后增加消费和扩大畜群的不利影响，但也不要消极地看待这个问题。前两种情况虽然在目前的生产条件下是难以避免的，但是，只要把那些实在照顾不了的牲畜及早加以妥善处理，就可以避免造成更大损失。至于后两种情况，虽然牲畜是减少了，但对畜牧业本身的发展也是有间接的好处的。这种按实际可能与需要来消费牲畜和按僵化比例或盲目扩大限制消费的做法，是性质不同的两回事。何况，在特殊情况下减少一些牲畜总是一种暂时现象，以后还会恢复，并不像王存仁同志所说的那样会“使牲畜资源逐渐枯竭。”

纯增和畜群的关系又是怎样的呢？我们知道，畜群是由纯增而来的，每年新的纯增又使畜群基础牲畜增加并为扩大再生产奠定基础。畜群一般由三大部分组成：一为生产资料牲畜，即适龄母畜和必要的种、役畜以及产品牲畜等；二为可消费的生活资料牲畜；三为幼畜。作为扩大再生产基础的畜群主要应由第二、三两部分牲畜组成，纯增一般也应该增加这两部分牲畜。当然，随着这两部分牲畜的发展，在畜牧业年度的后半年（即日历年度的前半年）也会增加新的可消费的牲畜。

在纯增上，也有盲目地扩大纯增和否定纯增的两种偏向。这两种偏向与消费上的两种偏向实质上是一样的，也是没有把当前利益和长远利益结合起来。盲目扩大纯增的偏向往往不是把消费作为生产的目的，而是把纯增作为生产的目的，不是用提高总增、增加生产资料牲畜、幼畜和新的消费资料牲畜的办法来提高纯增，而是用保留消费资料牲畜的办法或者用畜群中价值低、繁殖快的小畜抵价值高、繁殖慢的大畜的办法来提高纯增。这对扩大再生产实际是有害的。因为育成的牲畜和老弱残畜增多了，只能成为累赘，既不能增加产值，又影响集中精力饲养好精壮牲畜，小畜增多，大畜减少，虽然从数字上看提高了纯增，但实际价值却可能降低。这无疑是错误的。

盲目限制纯增的偏向，往往忽视纯增对扩大再生产的作用。王玉珍同志一方面也认为扩大再生产的基础是母畜，另一方面又否认纯增对扩大再生产的作用，这就矛盾了。难道母畜不是前几年的纯增提供的，不是由前几年的幼畜育成的，而是凭空而来的吗？不可否认，从纯增的幼畜成为适龄母畜的几年培育期间会受到自然条件的影响，也不免会死掉一些；整个畜牧业生产离开自然条件和人的工作当然也是不可能进行的。但是，如果仅仅根据这一点就说“影响牲畜总增最主要的因素是自然条件”，“纯增的高低，只是为以后扩大再生产的能力创造了并不可靠的可能性”，那是站不住脚的。从道理上说，牲畜是畜牧业发展的内因，自然条件和人的工作是外因，外因只有通过内因才能起作用；从事实上说，无论是全区或伊盟，都找不到可以作为否定纯增作用的实际根据，相反的事例却很多。例如呼盟岭南地区比伊盟的面积大，自然条件也好得多，但是他们现有的牲畜却比伊盟现有的牲畜少好几倍。这怎么能说是自然条件起主要作用呢？王玉珍同志还引用了伊盟几年来牲畜发展的统计材料，说明总增的多少不受纯增影响，这是把总增数与总增率混为一谈了。就以伊盟情况来讲，1961 年总增率仅为 14%，1958 年总增率则为 20%，但由于 1961 年的基础数大，因而总增数仍比 1958 年多 7 万多头，1961 年末虽然基础数比 1960 年下降了 5.9%，但也由于它比 1958、1959 年的基础数大，所以仍然比这两年末的基础数多。伊盟与全区一样，消费的牲畜愈来愈多，这也主要是由于基础牲畜数的增加提供的，而不是自然条件恩赐的。

在当前情况下，尤其不能忽视纯增的作用。因为我们主要还是采取粗放经营的方法，而不是采取集约经营的方法。粗放的方法虽然也要注意提高牲畜质量，但主要是依靠不断增加牲畜头数、依靠天然牧场、依靠增加劳动力来发展生产的。因此，忽视纯增就会严重影响畜牧业生产的发展。就是将来完全采用集约的方法，建立了稳固的饲料基地，实行了畜牧业的机械化、电气化，主要依靠提高牲畜质量、增加畜产品来发展畜牧业生产，这时候还是要不断地增加牲畜数量，也不能忽视纯增的作用。现在有的地方，牲畜的发展按牧场算已到了饱和点，但他们在采取集约方法的同时，还是逐步增加牲畜数量，也绝不是从此就永远不要纯增了。

至于总增和畜群的关系，那是很明显的。没有畜群便没有牲畜的生产，还有什么总增？而总增就是对畜群进行保护，补充和扩大。一般说来，畜群的牲畜数量大，质量高，总增的数量就可能大，质量就可能高；反之，畜群的牲畜数量小、质量低，总增的数量就可能小，质量就可能低。具体到一个地方，要分析畜群构成的具体情况。如畜群中繁殖母畜比重大、大畜多、改良畜多，总增的数量就大，质量就高；反之，总增的数量就少，质量就低。因此，必须注意提高基础牲畜的数量和质量，才能提高总增的数量和质量。

在目前粗放经营的条件下，把总增作为畜牧业生产的第一个标志，比过去单纯强调纯增是很大的进步。但是总增只是从数量上标志着增畜保畜的成果，它并不能代表整个畜牧业的生产水平，不能标志牲畜质量和产品（指畜牧业的全部产品）的高低。按照经济学的定义，总增既不是总产品，也不是总收入。因为把总增作为总产品，它不包括牲畜质量和畜产品，同时又减去了生产过程中的部分消耗（成、幼畜死亡）；把总增作为国民收入，它又既不包括上述产值，又未减去生产消耗（如医药费、生产工具消耗费等）。所以总增不可能把畜牧业生产的质量全部包括在内。余水同志提出总增应包括质量在内，这种想法虽然是好的，但在实际上却是不可能的。我们知道，总增就是从当年成活的仔畜中减去当年成、幼畜的死亡数的余额。这个数占基础牲畜的百分比，就是总增率。由此看来，总增是不反映质量的。事实也是这样，例如，第二个五年计划期内，全区改良畜的圈存数比过去增加了近十倍，但在总增上是没有反映的。又如，一九五四年和一九五九年总增率差不多，但前者大畜的总增率高，后者大畜的总增率低，前者成畜死亡多，后者成畜死亡少，这在质量上是很不一样的，但也未能在总增上反映出来。还有一种情况是：两个地方的牲畜死亡率相同，但一个是主动处理老弱残畜，一个是没有主动处理老弱残畜；两者质量也不同，但也都无法在总增中反映出来。另外，笼统地看总增率，还有一个很容易迷惑人的现象。如一九六二年伊盟总增 26.6%，哲盟总增 26.5%，看起来无疑是伊盟比哲盟高一点，其实不然。如分别大小畜计算，伊盟大畜纯增率 12.4%，小畜 28%，哲盟大畜纯增率 12.5%，小畜 34.3%。这种现象主要是因为在总增率高的小畜占畜群的比重上，伊盟的大（91.1%）、哲盟的小（53.7%）而出现的。正是根据这种情况，我认为，既要强调总增，又不能过分强调，过分强调的话，就会产生只注意数量、忽视质量和产品率的偏向。应当在保证质量的前提下逐步提高总增，在要求提高总增的同时提出提高质量的要求。因为我们发展畜牧业生产的目的，是为了不断地提供畜产品，不是为了增加牲畜数量。形象地说，是为了吃羊肉，而不是为了啃羊头。

王存仁同志在这里是忽视质量的，他认为，“只有总增提高了，才有可能适应人民生产生活的需要，顺利解决供需之间的矛盾。”他认为，每年总增 25%、消费 15% 左右，就可以适当解决国家收购和人民生活的需要。至于消费 15% 的牲畜是牛是羊，每头牲畜出多少肉和多少产品，他都未提到。在他看来，似乎不论质量高低，只要有 15% 的头数就够用了。

综上所述，总增、纯增和消费都是以畜群为基础的，是畜群数量变化的几个主要方面，因而应该根据畜群实际可消费的牲畜和客观的需要进行消费，根据畜群的繁殖能力和人力、物力条件，在不妨碍质量的前提下提高总增，从而使畜群得到不断的补充和扩大。在实际工作中，还应该本着目前利益和长远利益相结合的原则，处理畜牧业总增、纯增和消费与畜群的关系。只有这样，才可以避免“左”的或右的偏向，才能够促进畜牧业稳定、全面、高速度地发展。

兴畜牧业，一靠草场，二靠市场[①]

赵真北

大畜牧业是根据我区特点，引导农林牧区的生产，逐步走向以畜牧业为重点，农林牧综合经营，种、养、加工协调发展的社会性大生产体系。要因地制宜，各有侧重，但都要发展畜牧业，逐步扩大经营畜牧业的范围，增加畜种品种，改善生产条件，提高经营水平，增加在第一产业中的比重，改变经营方式，加强同工农业的有机配合。它同过去和现在的“小畜牧业”有本质的区别。

大畜牧业是个需要长期努力才能实现的目标，也是急需狠抓的紧迫任务。实现它必然要遵循自然规律与经济规律，要根据现有饲料条件与畜产品的消费情，通俗点说，一曰草场，二曰市场。

现在全区上下大都在“念草木经，兴畜牧业”，抓住了畜牧业的根本，端正了对草、畜关系的指导思想，对畜牧业大发展将会起到不可估量的作用。但对认识的统一，政策、措施的制定和落实，还有一个过程，还需要做大量的工作。

畜以草为本，本是一个普通常识，像办工厂必须有原料的道理一样简单，但作为畜牧业生产的指导思想，却在很长时期内有过一个莫大的模糊认识，即重畜轻草。解放后废除了封建制度，解放了生产力，由于有广阔的草原，在草的问题上只实行了“禁止开荒，保护牧场”的政策和打井开辟草场等措施，在畜牧业上取得空前的成就，加上长期的游牧习惯，便形成了重畜轻草的观念。不问草原的生产能力，一味要求大量增加牲畜，甚至限制牲畜出栏，造成草原退化，牲畜损失严重，质量也有所下降，发展很不稳定。在五十年代末期，有的地方对牧草

① 赵真北：《兴畜牧业，一靠草场，二靠市场》，见《内蒙古畜牧业》杂志编：《“念草木经兴畜牧业”论文集》（内部资料），呼和浩特，1986。

供不应求已有察觉，但是我们重视不仅对此没有重视，反而批判其为“牧场饱和论”，过去农业上的“人有多大胆，地有多大产”，早已被批判和纠正；畜牧业上虽无类似成为套话的高调，实际上有过“人欲多养畜，地必大长草”或只知多养畜，不问有无草或光讲草原大，不看产量低的唯心论和片面观，并在很长时期内未得到批判或加以克服。以后，由于在自然规律面前多次碰壁，才开始对草、畜关系有所认识。八一年中央对我区确立“林牧为主，多种经营”的方针时指出“目前主要任务是发展和扩大草原，保护草原，改良草原。草原发展了，不仅畜牧业可以得到迅速的发展，还可以调节气候增加降雨量，保护水土，减少风沙”。如果认真学习这一指示，会使感性认识上升到理性认识的高度，但没有这样做。

草，在这里泛指饲草料。畜以草为本，不只是个定性问题，也有定量问题。不同的畜种、品种、年龄、性别、用途的牲畜对草都有不同的量和质的需求。这是其一。

其二，草原为我们提供了最廉价的饲草，但天然牧草的数量和质量都与牲畜大发展的要求不相适应。我区有相当可观的草原，使我们的畜牧业有可能大发展。但由于水、热条件的限制，草原的生产能力很低而且很不稳定，在不同地区，不同年份和季节，产量和质量悬殊。好的地区往往被积雪覆盖，有草无法使用；加上近年来的夏旱程度增加，影响面积扩大，造成牧草严重减产，有的地方找不到水源，只能在雪季放牧或运水进去运草出来。荒漠、半荒漠草原牧草矮疏，无法收割调剂余缺。依靠天然牧草的话有很多限制因素，现在加上农副产品，也往往难以满足牲畜的需要，特别是过冬春的需要。

其三，现在我们采取种植饲、贮藏饲草、加工饲草等最先进最科学的方法，提高土地生产力和饲料报酬。这是我们的发展方向，但这也仅仅是起步，同样受到自然条件的限制；加上主观因素，发展得还不很理想，远远满足不了需要。即使在饲料生产比较发达的国家也都还没有做到供求平衡。

其四，对牧草不足我们还采取过调草移牧等措施，这只能是调剂饲草余缺的应急办法，是权宜之计，不是根本大计，经过这种努力还是做不到草畜平衡。

理论和实践都要求“以草定畜”，要有定性和定量分析，有草才能养畜，有一定数量的草才能养一定数量的畜。要以积极的姿态发展第一性生产和第二性生产，以发展第一性生产来促进第二性生产，以第一性生产的规模来确定第二性生产的规模，反之便会遭到自然的和经济的惩罚，不论宏观、微观莫能除外。认识到草的重要性和供不应求的现状，才会去积极建设草原，种草种树，创造发展畜牧业的物质基础；认识到畜、草的比例关系，才能懂得不论现有牲畜安排，还是今后的发展，都取决于草的供给能力，都需要“兵马未动、粮草先行”。第二性生产要量力而行第一性生产也得量力而行，都要实事求是，既充分发挥主观能动性，又必须使主观愿望符合客观实际。

“念草木经”，建立大畜牧业生产体系，与小农式的掠夺式生产不同，必然要科学地对待和处理对草原的保护、使用和建设的关系。保护主要是防止破坏植被和破坏地表，前者主要是合理利用，禁止过度放牧、打草、采集等，以使牧草得以正常生长，正常地牧养牲畜，防止土地沙化和水土流失，调节气候，净化空气，美化环境；后者要把建设需要的破土与违背自然规律的滥垦加以区分。种草种树的破土只能是为了更好地增加植被，而不至于造成相反的结果；因工程的破土造成的坑沟必须填平加种草木。总而言之，要千方百计地使草原在使用过程中得到保护和改善，使之永盛不衰，永远为人民造福。

大畜牧业，必然要以科学的态度看待和发展农林牧业，只有高度发达的种植业才有畜牧业的大发展，反之亦然，农林牧结合是最基本的科学措施。发展大畜牧业不是指放松农业，而正是要以种草养畜肥田的科学方法促进其大发展和良性循环；借助牲畜的机能，转化人们不能直接利用和利用不到的农林副产品，以提高其经济效益。不仅要考虑经济效益，还必须兼顾生态效益和社会效益。农民在粮食供应有保证的前提下才愿经营畜牧业。

市场要求商品生产者按照市场需要生产；商品生产者要求其产品从市场能得到相当于或高于社会商品的价格。违背前者商品就无人问津；违背后者就无人生产或无人出售价低的商品。解放以来，我区牲畜的增减、畜种、品种的变换，无一不受这一规律的支配。大畜牧业更是商品性生产，必须遵循这一规律。

畜产品的生产成本高于一般农产品的成本。畜产品不论是用于食品还是用做其他消费品的，其销售水平是随着工业的进步、人民收入的提高和发展而增加的，其价格也随着消费水平的提高而增加。畜牧业只能随着社会消费的增加取得的收益向前发展，不论是畜牧业发达的国家，还是我国近几年的畜牧业发展是沿着这一规则前进的，否则企图畜牧业大发展是不可能的。近几年全区牲畜商品率比过去提高一倍，除了其他因素外，就是在消费水平提高和价格倍增的物质利益刺激下出现的。今后商品率还会提高，随着草的供应能力的增强和各方面政策的理顺，饲养量也将会回升。

畜产品进入市场，需要经过加工。对畜产品进行加工，变产品为成品，变粗为精，增加和改变品种花样，把滞销变畅销，适应人们的需要。

畜产品加工业是带动畜牧业发展的传动带，不论世界工业、牧业发展史，还是我国、我区工、牧业发展史，工业对畜牧业发展都起着主导作用，宏观是这样，微观也是这样。如羊毛工业带动了养羊业和羊只的改良，乳品工业带动了奶牛业等等。畜产品加工业和畜牧业一带一、一超一,一步一步交替向前迈进。目前畜产品原料不足是发展中必然产生的不均衡（其中当然也有一定的盲目性），这将推动畜牧业的大发展。如果均衡了，畜牧业及其加工业就都会停滞不前。完全有必要有计划有选择地主动地以畜产品加工业推动畜牧业发展。当然还需要工业为畜牧业提供各种生产工具、建设材料、运输工具、冷藏保鲜设备、孵化设备、药品器材、饲料添加剂、能源等等，以提高其劳动生产率。工业发展了，国家会有较大的财力投资于畜牧业，有较先进的技术装备畜牧业。

在工业进步，市场销量不断扩大的基础上，畜牧业生产者必然会大力增加畜牧业生产，扩大种植业和饲料业，并且注重先进技术和先进的管理方法，改革生产结构，改进经营方式。

大畜牧业，一靠日益改善的草场，一靠不断繁荣的市场；一面同高度发达的种植业相结合，一面同高度发达的工业相结合；同工农业相辅相成，同人民生活的提高相伴相行。它既抓住了我区的经济特点，又抓住了我国社会主义现代化建设的时代特点，必然为全区经济建设开创一个崭新的局面。

改革单一经济结构　促进牧区社会分工[①]

赵真北

一

依赖天然草原，实行自给、半自给性单一的畜牧业生产，在内蒙古广大牧区有着悠久的历史。尽管人类社会发展经历了三次大的分工，但是在内蒙古牧区，自从进入游牧经济以后的漫长年代，再没有出现社会分工的变革。到了近代，单一的畜牧业生产，虽有了一定的剩余产品，但因都是同样的产品，内部相互间形不成交换，所以不得不同内地进行产品交换。在历史上曾为通商互市有过激烈的斗争。后来，也有许多蒙古族牧民兼营农业或完全变为农民，在牧区也出现了林木加工、盐碱生产和某些小手工业、小商贩等，但是从整体上看，他们大部分是从属于畜牧业的，这种变化并没有动摇单一畜牧业经济的根基。

解放后，在内蒙古牧区主要是进行生产关系领域的革命。这种变革，对于发展畜牧业生产力，组织城乡物资交流，促进牧区经济发展，支援国家建设，改善人民经济文化生活，起了很大的作用。但是，近40年来，内蒙古在促进牧区社会分工，发展商品生产方面，却没有下大功夫。五六十年代，牧区实行合作化以后，集体经济内部有了较大的分工，这无疑是一大进步。但是，由于我们没有重视促进牧区社会分工对于发展商品生产的重要作用，没有认清“在一个单位内部分工再进步，也不发生商品交换，只有让社会分工才能发生交换”的原理，只满足集体经济内部的分工，没有促使从畜牧业中分离出新的生产部门，增加新的

① 戈夫主编:《畜牧业论文集》，175～180页，呼和浩特，内蒙古人民出版社，1989。曾获1984—1986年度内蒙古第二届哲学社会科学优秀成果评选二等奖。

生产力，发展商品经济。直至1985年，呼、锡、乌、巴盟[①]的牧民，收入的近90%来自畜牧业，基本上还是单一畜牧业经济。甚至有些地方对已经改行的牧民，采取硬性“复员”的措施，迫使他们重操旧业。这种做法，使牧区的一些家庭手工业（如制革、熟皮、制毡、铁、木加工和手工艺品等）和副业（如盐业、狩猎业等）已经消失或即将消失。

马克思、恩格斯在《费尔巴哈》一文中指出：“一个民族的生产力发展水平，最明显地表现在该民族分工的发展程度。”[②]这段精辟论述，对于内蒙古的民族进步和社会发展有着十分深远的指导意义。应当说，根据牧区的自然条件和牧民生产习惯，实行以牧为主，并同城乡进行必要的分工，以增进各民族的平等、互助，无疑是正确的。但是，如果忽略了“各民族之间的互相关系取决于每一个民族的生产力、分工和内部交往的发展程度”的原理，长期使牧民的生产单一化、固定化，没有“分工和内部交往”，就无力同先进民族、先进地区发展真正的平等、互助关系。这在内蒙古经济、社会发展中，是一条较为深刻的教训，我们应当引以为戒。

二

造成单一畜牧业经济结构的因素是多方面的。尤其是在指导思想上，一些落后的传统观念禁锢着人们的思想，制约着牧区经济的发展和社会的进步。

单纯“以牲畜头数的增长作为生产发展标准”的思想，是牧区社会分工进步的一大桎梏。按照马克思主义的原理，单纯扩大生产力的量，是不会扩大社会分工，促进生产发展的。早在1953年当时的政务院在《关于内蒙古自治区及绥远、青海、新疆等地若干牧业区畜牧业生产的基本总结》中就曾指出：“发展工业和手工业，对牧业区生产力的发展具有进步的作用和重大的意义。”而我们内蒙古牧区解放后的近40年，恰是沿着单纯追求扩大生产的量，缩小分工的路子走过来的。其结果是，耗费了大量人力、物力、财力，牲畜的数量不但没有继续扩大，反而使许多必要的生产条件没有改善，甚至遭到限制和破坏。时至今日，大部分牧区连饲料生产自给问题也没有解决。一遇灾害，总是让牧民去买草抗灾保畜。发展

① 指呼伦贝尔盟、锡林郭勒盟、乌兰察布盟、巴彦淖尔盟。

② 《马克思恩格斯全集》（第三卷），24页，北京，人民出版社，1960。

当地的工业和手工业各地都注意了。有的地方工业，或以畜产品为原料的加工业所得的利税占其财政总收入的3/4或1/2。但是，对把发展牧区的工业、加工业等新的产业作为改革牧区经济结构的重大战略措施，认清其“进步作用和重大意义”，却相差甚远。尽管工业有了一定的发展，但是牧民却很少能够参加当地新的产业，甚至从他们原有的手工业中被排挤出来，只得依然从事单一的畜牧业生产。

一般说来，禁止开垦草原用以经营畜牧业，主要讲的是顺应自然规律的内容；而发展小型工业、手工业、商业，讲的是符合经济社会发展规律的问题，二者之间是有区别的。可是，我们在实际工作中，要么开荒种田，让“牧民不吃亏心粮”，要么牧民人人、代代都从事经营畜牧业。这是把对草原资源的利用和人的社会生产活动混为一谈。其结果是，畜牧业没有完全成为牧区蒙古族和其他少数民族的民族经济，而牧区蒙古族和其他少数民族倒成为完全的“畜牧民族”。对这一状况，我们有必要进行认真的反省。

在牧区建设上还长期存在着“牧区缺劳力，牧民没技术”的观念，以致出现了畜牧业生产以外的经济活动很少或根本不考虑吸收牧民参加的习惯。这种观念在立论上就站不住脚。早在民主革命时期，我们在牧区依靠的就是贫苦牧民；现在进入社会主义经济建设时期，怎么就能以缺劳力、没技术为理由，限制他们参加经济活动？牧民可以学会畜牧、兽医等技术，而对工、商业等技术就学不会？同样是蒙古族牧民，处在不同情况下有相当多的人口能从事工商业和文化科学等事业，就是明显的例证。

牧区人口少劳力少，经济文化落后是个事实，但不能因此而限制牧民发展新的社会生产力。唯其如此，才越应当在牧区发展新的社会生产力。发展新的社会生产力，需要先进民族、先进地区的帮助；没有这种帮助，发展是不会快的。牧民拒绝这种帮助，就要长期落后，但是如果把帮助变成包办代替，硬性规定发展什么，不发展什么，那么，这种帮助也会妨碍生产力的发展。

这些陈旧观念有必要加以清除。

三

牧区发展商品经济，把生产力提高到一个新的水平，关键在于改革单一畜牧业的经济结构。

在牧区发展商品经济，无疑是要继续发展畜牧业，不断提高牲畜的商品率，这一方针在任何时候不能动摇。但是，如果把发展牧区的商品经济仅仅局限在这一方面，就不符合牧区发展的客观要求，就不能在牧区实现现代化。周恩来同志早在 1957 年《关于我国民族政策的几个问题》的讲话中就指出，“我们的根本政策是要达到各民族的繁荣”。少数民族的繁荣，“要增加人口”“要有工业”“只有建立起工业基地来，这个民族才有发展的基础”。遗憾的是，过去由于我们政策上的失误，这一正确主张没有能够实现。当然，在牧区经济建设上，完全依靠牧民建立自己的工业体系，没有必要，也没有可能，但是牧区的单一畜牧业的经济结构不改革，发展畜牧业商品经济就很难打开局面。即使有了某些先进的生产手段，也无法真正发挥其作用，改变社会生产的面貌，甚至连原有的经营方式也很难维持下去。

单纯依靠畜牧业生产，牧民的生活水平难以提到应有的高度。世界上许多经济发达国家，尽管畜牧业生产有较高的水平，但其产值有的只占工农业总产值的 10% 左右；尽管每个畜牧业生产者能够产出比我区牧民高几十倍的畜产品，还得靠相当多的劳动力参加工、商等产业，生活才能达到或接近城市一般水平。在我国自然条件比较好、生产力较高的农区尚且总结出“无工不富、无商不活”的经验，那么，在生产力落后，特别是自然条件较差的牧区，依靠单一畜牧业就更难以致富。历史上，牧区曾依仗地广人稀的条件，生活比农村好一些，但是近几年由于农村经济改革的成功，使农民的生活水平迅速提高，尽管牧民生活水平也有提高，但农牧民生活水平正在接近，有的地区农民生活水平已经超过牧民。这一客观事实说明，牧区如果不向生产的深度和广度进军，即使畜牧业有了新的发展，牧民收入的增加也是有限的，而且增加幅度会低于农民生活水平的提高幅度。

生产商品畜是一种商品生产，但不是牧区发展商品经济的唯一目标。马克思说：“如果没有分工……那就没有交换”，“交换的深度、广度和方式都决定于生产的发展与结构。”[①]单纯进行活畜、皮毛等原料商品的生产，无法向交换的深度和广度发展。只有改革目前单一经济结构，使商品生产建立在社会分工的基础上，牧区的商品经济才会出现“质的飞跃”。在这种“质的飞跃”中，牧民不仅从事畜牧业生产，还经营其他生产和各项事业；从事畜牧业的人不是越来越多，而是越来越少；每个人经营的牲畜不是减少，而是增多。牧民内部的分工也会更加完善，不仅有畜产品，而且还有工副业产品；不仅有原料，而且有半成品、成品；不仅同工、农产品进行交换，而且内部相互间也进行交换。正如马克思所说：“生产劳动的分工，使他们产品互相变成商品，互相成为等价物，而且使它们互相成为市场。”

我们不是主张改变牧区以牧为主的经济建设方针，而是要改变传统的单一畜牧业的经济结构，并进而改变畜牧业的经营方式，使牧区社会生产多样化，牧民个人生产专业化。只有这样，牧区的生产力才能提高，牧区的商品经济才能大发展。

① 《马克思恩格斯全集》（第二卷），102 页，北京，人民出版社，1972。

对牧区经济体制改革的一些思考[①]

赵真北

牧业区经济体制改革已十年，这十年变化很大，议论也多，最终还是靠实践经验真理。最近到锡林郭勒盟调查了解了一些典型单位情况，并与他们的两位负责人和有关同志进行了交谈，深受启发。

锡盟牧业区共有 589 个嘎查，在畜牧业经济体制改革中，牲畜作价归户所有的 396 个嘎查，无偿归户所有的 154 个，作价保本交户经营的 47 个[②]。在这里只简介保留部分集体所有，双层经营和归户所有后重新联合的三个典型的情况。

一、苏尼特左旗德力格尔罕苏木白音昌图嘎查

全嘎查现有 78 户，330 口人。1984 年有畜 1.3 万头只，除去自留畜和退还入股畜外，集体有畜 4000 头只，对集体畜实行“牲畜定价，分畜到户，保本经营，到期还畜”和“草场包到户或浩屯”(为区别于城市[③]将牧民居民点写成“浩屯”)的有统有分、双层经营的体制，承包期为 5 年，到 1989 年 6 月末，牲畜共增加到 21571 头只，增加 51.6%，高于全旗 5 年平均速度 14.3%；草库伦达到畜均 7 亩；5 年每个牧业人口向国家出售的活畜和畜产品共值 6783.7 元；现有公积金 21.8 万元(其中 10 万元为向屠宰厂的投资)；牧民人均收入由 1984 年的 789.3 元增加到 1421.4 元。配种改良、畜疫防治、抗灾保畜物资的运入都由集体统一安排。1989 年的大旱灾中为牧民运入草料 20 万斤；畜牧业基础建设、牧民

① 赵真北:《对牧区经济体制改革的一些思考》，见《内蒙古畜牧业》杂志编:《内蒙古畜牧业经济论文集》(内部资料)，7 ~ 11 页，呼和浩特，1992。

② 根据 1992 年锡盟统计年鉴资料，当时有 589 个嘎查。此处 3 个嘎查的数字出现误差，有可能是笔误。

③ 城市在蒙古语为“浩特”。

住宅建设、抗灾经费、人医兽医流动资金、种畜饲养户的工资，都可以由公积金中借支或支付。牲畜和畜产品收购及牧民生活用品、粮食供应，都由设在嘎查的分销店和粮站承担。1989 年 6 月末承包期满，搞了为期 5 年的新一轮承包，对过去的承包亦有新的完善。

（一）牲畜的承包

1. 提高承包畜价格。羊由原来的 20 元分别提高到 116 元（蒙古羊）、200 元（改良羊）；山羊由 18 元提高到 70 元；牛由 150 元提高到 550—800 元；马由 180 元提高到 350—500 元；驼由 160 元提高到 600—900 元。都比当时的市价高，这样可以防止低价包，高价卖。

2. 每年年末承包畜的母畜比例达 48%—50%，到承包期满改良牛达 10%，改良羊达 60%—65%。

3. 每年提留总折价款的 0.5%，小畜 1%，大畜 0.5% 的纯增。

4. 承包者承担交纳税、费的责任。

5. 对种公畜的选留、购入、承包、使用也进一步做了明确规定，其中小畜种公畜为集体所有，个人承包。

6. 每年年末承包畜的母畜比例达 48%—50%，到承包期满改良牛达 10%，改良羊达 60%—65% 承包期内每年检查一次，承包畜如有重大损失，嘎查有权收回。

7. 承包者如迁出嘎查，必须将承包畜如数交回。

8. 除老弱病或丧失劳力者外，不准雇工放牧，雇工者必须经嘎查批准，每日交 0.7 元的粮食补助费和管理费；被雇者须有原籍证明。

（二）草原的承包

1. 分等定租，每亩每年分别收 0.01 元、0.03 元、0.05 元的管理费，对沙化草原鼓励治理，给以优惠，少收或不收管理费。

2. 以草定畜，草畜同步增长。每头只大小畜 30 亩草场，过冬小畜每头备草 75—100 公斤，大畜 120—150 公斤，超过部分给其价格的 10%—20% 的奖金，不足部分，由嘎查购入，收其费用。

承包期满，每户交建成 500—1000 亩的打草场，畜均 10—15 亩草库伦，其中配套草库伦（1—3 亩）一座。

3. 不准超载放牧。若有违反者，过冬小畜备草须达 200—250 公斤，大畜

300—350公斤；收回草场；户间调剂超载，由承包者每头收取3—5元的管理费。

4. 承包的草场不经嘎查批准，不准向他人（无户口的、不建设草原的）租赁转让。

5. 保护草原植被。严禁滥砍、滥挖、滥搂，尤其不准招外来人以各种借口破坏草原。否则没收其一切收获物；对破坏面积的损失处以10倍的罚金，收回承包草场。

6. 提高草原植被。承包期内，如能增加产草量一倍，经民主评议，给一定的资金补助，因超载放牧造成产草量下降，每亩罚金10元，用以补种牧草。

以上仅选择了承包中的一些要点，不是整个制度。但是，总的指导思想是正确的，特别是改变重畜轻草方面，是一大进步。他们的特点：

（1）推行承包制时，对集体所有的财物，该保留的尽量做到保留，反映了牧民要求的积极方面。

（2）集体所有的牲畜和大型生产资料的所有权没有变，实行承包制，承包者承担了保护集体畜的责任；又因只交少量提留，不交全部作价款，而得大利，其个人经济学也得到了调动。对集体、个人均有利。

（3）保护双层经营，既有双层的积极性，又有相互制约的作用，解决了一家一户想办而办不到的事和该办又难办的事。因而，不仅牲畜增加，而且建设加快；不仅大家致富，而且没有出现两极分化。

（4）经过5年的经营，他们亲身体会到集体经济不仅不能削弱，而且应当保护和壮大，也能保护和壮大，特别是对集体所有的草原更应保护和建设；集体经济同“大锅饭”和平均主义不是一码事。

这些是他们在彻底分畜到户经营的形势下取得的最重要的经验。

二、苏尼特左旗白音勿拉苏木白音塔拉嘎查

这个嘎查自1984年开始实行“草场按户承包，浩屯经营，牲畜作价归户，分期还款，集体财物统一管理使用”的体制，即所谓的一个基础，八个统一。牲畜，草场到户，以户为基础经营；统一管理集体资金，统一选留、管理种公畜，统一管理马和驼（专人承包），统一管理和使用大型水利设施和固定资产，统一进行大型建设，统一进行家畜改良和疫病防治，统一进行技术推广和应用，统一

安排和管理文化福利事业。

他们虽然将集体畜全部作价归户所有，但对其他财物仍统一经营，坚持了双层体制。1984 年以来集体拿出 81 万元进行畜牧业基础建设，为 16 户牧民、4600 头牲畜走敖特尔拉运草料 37.4 万斤；用 10 万元购买良种公畜 27 头只；为蒙古族小学先后资助 5 万元；出资 1 万元建立“青年之家”，并用 300 元为牧民订阅报刊；还请医生为牧民检查身体和治病三次；为牧民统一购置蒙古包地板 63 套，家庭除氟装置 45 套，电视机 66 部，风力发电机 67 台。

在 1989 年与严重干旱缺草的灾害斗争中，全旗 49 个嘎查中，唯有上述两个嘎查没有给旗里增加多少负担，主要靠集体的力量度过了灾荒。

以上 2 嘎查和还有 18 个嘎查 1984 年合资兴建一座牲畜屠宰厂。牧民建设和经营屠宰厂是件破天荒的大事，他们突破单一畜牧业的生产结构，加工增值，萌生了商品意识，提高生产力，开始实行社会分工，它的意识可能不亚于经营畜牧业本身。但是，由于政策不松绑和执行上不灵活，迫使牧民自己难以经营而不得不与食品公司合营。

三、阿巴嘎旗白音图克嘎查东德布浩屯

这个浩屯是在全嘎查实行“牲畜无偿归户所有，联户经营，放牧场包到户”的经营体制下自愿组成的小型联合体。

（一）共同投资，共同建设，共同使用，五年来这个小联合体用于第一性生产建设的投资达 10.7 万元。

（二）合群专人放牧。开始分马、牛、羊分别联合组群，专人放牧。后因小畜增长快，有三户组成自己的羊群单独放牧，大畜仍合群专人放牧。不论专人放牧（半年一换），都有明确的责任制和交接制。

（三）浩屯对草原统一使用、管理、保护。现在他们的牲畜已超载，拟设法借用其他浩屯草场或将牲畜以“苏鲁克”形式放给他人。

（四）科学经营，推广应用新技术。在全浩屯推广育肥羔羊，引进良种公畜，还养绒山羊，接种人工牛黄等。

人均收入由 1983 年的 260 元增加到 2220 元。全浩屯新盖砖房 8 间，两户有“雅马哈”发电机照明。

四、几点思考

以上几个典型，其内涵是非常丰富的。给我们的启发是：畜牧业生产本身存在着互助合作的必然性，问题也是多方面的，必须进一步拓宽改革领域，明确改革目标，才能促进畜牧业的稳定发展。

（一）草原畜牧业有互助合作的必然性。介绍的三个典型同近十年来我区的“大气候”上不完全合拍的。从他们那种自发的倾向看，草原畜牧业确有其内在合作的必然性。随着经营方式的改进、新技术的推广、商品经济的发展和社会分工的出现，其合作和协作的领域、程度将会越来越广、越大。但，究竟在哪些方面需要合作，合作到什么程度和怎样合作，在类型不同的草原和人口、生产密度不同的地区以及经济发展的各个不同时期，又有什么不同，不论在合作化时期，还是在改革时期以及现在，均没有系统地调查研究。苏尼特左旗畜牧局长纳木吉拉同志根据他多年的体会讲道：对集体经济，贫困户拥护，富裕户反对，中间的牧民平时不赞成，一遇灾害还是认为集体经济优越。他反映了牧民中的一些实际。为此，应组织一些专家、学者，对牧业区互助合作的问题进行调查，作出科学的结论。在对情况吃透前，牧民群众中各种形式的合作和协作，不论其形式高低，规模大小，都应支持鼓励和帮助，不应限制，切忌再犯“一刀切”的毛病。

（二）牧区合作制的问题出在哪里？牧区集体畜牧业经济自 1958 年到 1984 年共有过 25 年历史，然而近十年来对这段历史却褒贬不一。我们认为，能合作，能坚持 25 年并发展了生产，提高了牧民生活，而又能散，本身就说明合作的条件和散的因素都存在。

为什么两种因素都同时存在？关键的问题是对合作制的理解和对其采取的政策。合作制是商品经济的产物，在社会主义制度下，它本身有发展的有利条件和广阔的领域，不论是扶贫还是致富，发展自给性生产还是商品性生产，尤其是后者，又不论这些事业是专业性的还是地域性的，都有采用合作制的需要与可能。通过它，发展商品经济，加快生产力的发展，壮大集体经济，达到共同文明富裕。由于我们理解不够，政策失误，对集体经济进行了不必要的干预，使发展生产和提高人民生活水平受到一定的影响，因而给人们一种错觉，以集体经济吃“大锅饭”和平均主义伤害了牧民积极性为由将它全盘否定。

对于这个问题，我们应坚持实事求是的思想路线，进行深入地了解，冷静地分析。将合作制的成果与问题严加区分；将集体经济存在的问题与我们指导上的失误严加区分；对办得好的与办得不好的严加区分；对办得不好的经过兴利除弊可能办下去的与不能办下去的严加区分；对不可能办下去的其中可以保留的与不可能保留的部分严加区分；对仍愿坚持集体的人与不愿坚持的人严加区分。按照“以不同质的矛盾，只有用不同质的方法才能解决”的原则对待，不搞“一刀切”。列宁在《论合作制》①中讲道：在全部生产资料归工人阶级国家的情况下，使农民以合作化过渡到社会主义；在新经济政策的时期向私人买卖的原则让步的形式下产生了合作制，使“我们已经找到了私人利益、私人买卖的利益与国家对这种利益的检查监督相结合的尺度”。又讲了“我们转入新经济政策时做的过火的地方，并不在于我们过分重视自由工商业原则，而在于我们完全忘记了合作制，在于我们现在对合作仍然估计不足，在于我们已经开始忘记合作制在上述两个方面具有巨大意义”。现在重温它，实在感到非常亲切和新鲜。

当然，肯定合作制是肯定在我国成功的方面和借助外国在合作制上对我们有益的东西，而不是率由旧章，重走老路，而且一定要在稳定现在的所有制的基础上，按照自愿互利的原则，根据需要和可能引导群众的生产合作。

（三）牧业区经济体制改革，应包括哪些领域？解放初期，对牧业区的改革是比较全面的，基本上包括草原、牲畜、贸易，即保草原、兴畜牧、兴贸易三个领域。前几年曾提出对人、畜、草再认识，那是不全面的，应当叫做端正对人与畜、草、贸易大关系的认识。草原畜牧业，既靠草场，又靠市场。牲畜几乎百分之百靠在草原上采食；牲畜出栏率的 60% 左右、皮毛的 80% 左右、细毛和绒几乎 100% 要出售到市场。随着经营的改进、生活大改善、商品经济的发展，牲畜、皮毛大商品率将会提高。牧民除皮、毛、肉、乳自给外，其余一切生产用具、生活用品全靠市场供应，这种生活商品化的程度将越来越高。但牧民牲畜的商品性和生活的商品化，都是长期处于被动的地位。加上依靠天然草场，而造成畜牧业长期停滞不前。前几年注意了对牲畜的所有权和经营权的改革，最近又开始对草原所有权和经营权的改革，这是认识上的一个飞跃。但对牧区贸易的改革还未提到议事日程。这样，改革所要达到的“权、责、利”统一的目的还未达

① 《列宁选集》（第四卷），684 页，北京，人民出版社，1972。

到。当前，不论什么“羊毛大战”还是专营派购，这对畜牧业和畜产品加工业的发展都是不利的，应当说，这也是改革的一个重要领域。

（四）改革的目的该有哪些？改革是为了解放生产力和发展生产力。生产力是人类利用、征服、改造自然的综合能力，它的发展有深度又有广度。这就需要弄清：牧业区生产力的现状和近期要发展到的程度。前者为单靠草原、单一经营畜牧业、单独生产和出售活畜及其产品的停滞型的经济；后者是改单一畜牧业为以牧为主，多种经营。将来，无疑是畜牧业会向集约化发展，牧民中一些人从畜牧业分离，工业产值会逐渐增加。关键是现在不应像过去把“多种经营”仅看作副业，可有可无，而应将它看做是要发展一定数量的工商业。最近的这次改革，在牧民中出现了为数不多的工商业，这无疑是一大进步。但它还未引起各级的普遍重视，其实，中央和国务院早在1953年就曾指出：“发展工业和手工业，对牧业区生产力的发展具有进步的作用和重大的意义”。但我们历次的改革和多年的经济发展中从没有把发展牧民的工业、手工业作为促进和发展牧业区生产力的一项重要任务提出，反使牧民原有的手工业也逐渐淘汰，甚至在这次改革中牧民自发办起的某些加工企业也有夭折的危险。在近十年的改革中，中央一再提倡的农牧民自产联销、工牧直交、工牧联营也未能实现，如果说，我国的商品不能自销到大陆以外是个落后，那么，牧民的产品不能自销到草原以外更是一个落后。不发展工商业，等于牧民的生产力没得到全面解放和发展，其依赖性将越来越大。有不少牧民雇工放牧，就是表现出畜牧业生产力在前进中也有后退，依赖性在增加。因而牧业区仍需深化改革。改革和发展，既要看畜牧业的发展，又不仅局限在畜牧业上，还要改变单一的畜牧业经济结构，促进社会分工和畜牧业的适度规模经营以及工商业的兴起，以真正提高社会生产力，这对草原畜牧业或游牧业是个巨大的变革。

近十年来，牧民收入增加5倍，是个巨大的收获。对这一收获，在牧民中产生了小富则安的思想，也有一些同志满足现状。而不了解这主要是全国改革给牧民带来的这个实惠，而并非主要是牧区改革推动生产力前进所取得的效益。因此，对游牧业的停滞和游而不牧的倒退，视而不见，对牧民中互助合作的需求和新生的工商业的重大意义，听而不闻，使改革和发展停滞不前。对持这种精神状态的一些人，如毛泽东同志说的那样急需猛击一掌。

五、几个典型都重视对牧民及其子女的文化教育，这是牧区集体经济曾有的优势

集体经济的领导者容易懂得文化教育的重要性；集体经济内的分工，会把儿童解放出来去上学；集体经济有一定财力资助办学和办些文化事业。文化教育既是合作制的一个重要条件，又是政治、经济发展的根本。

草原畜牧业这种停滞型的、侏儒式的单一经济及其高度的依赖性，反映出在改革上和发展上的第一性、停滞性和依赖性，不能不使我们对其改革和发展更加深思熟虑，对25年集体经济生活的熏陶和改革开放带来的新观念更不能有丝毫的忽略。我们应当深刻领会江泽民同志在中华人民共和国成立40周年庆祝大会上的讲话中指出的“立足本国国情，总结实践经验，根据社会生产力的现实水平和进一步发展的要求，自觉调整生产关系中与生产力不相适应的部分，调整上层建筑与经济基础不相适应的部分，这就是我们所说的社会主义改革”的基本精神，推动牧业区的改革和发展。

建立社会主义市场经济体制应当正确认识和解决农村牧区的几个问题①

赵真北

内蒙古自治区党委发出通知，在全区各级干部中开展社会主义市场经济理论的大学习大讨论，实在太重要了。这一学习与讨论能坚持深入下去，理论与实践结合，边学边干，边总结经验，把好的经验升华到理论高度，再用以指导实践，就能推动社会主义市场经济体制的建立和完善，促进全区和全国的社会主义建设事业的发展。

目前我国市场经济的发展已不可逆转，人们虽然还有许多模糊认识，但总体来讲，社会主义市场经济体制的建立是在逐步发展。市场经济是资本主义社会的产物，它的形成与发展经历了较长的过程，然而作为社会发展的一种经济手段，可以为我所用。在我国建立社会主义市场经济体制是前人所没有过的，是摆在全党和全国人民面前的新课题，确实需要认真对待和探索。现阶段有许多人不懂得市场经济，更不懂社会主义市场经济，理解上随意性很大。有些人对国营经济的公有制相对退缩，农村牧区的公有制所剩无几，党政机关存在一些腐败现象，非常担心。因此，开展对社会主义市场经济理论的大学习大讨论，可以澄清一些模糊的思想认识，从理论上和思想上能树立对建立社会主义市场经济体制的信心，采取有效措施发展我国的社会主义现代化建设事业。

本文仅就农村牧区发展社会主义市场经济讲一些粗浅的看法：

一、要重视农村、牧区这一广阔领域。全国三分之二以上的人口在农村（包括牧区），是建立社会主义市场经济体制的重要方面，然而往往被人们所忽视。

① 赵真北:《建立社会主义市场经济体制应当正确认识和解决农村牧区的几个问题》，载《前沿》，1995（3）。

只在发生农畜产品供应紧张时，才大声疾呼关心农村、农业、农民（包括牧区、牧业和牧民）。我国建立社会主义市场经济体制，决不能仅仅重视城市，一定要把发展农村、牧区的市场经济作为整体的组成部分，并要探索在农村、牧区发展社会主义市场经济的路子。如果我们在这方面创造了成功经验，则是建设有中国特色社会主义的重大胜利。我国农村、牧区过去一直处于比较封闭的自然经济状态，在这种基础上，实行改革开放和走上社会主义市场经济发展的道路，确实是一个很大的进步。农业是国民经济的基础，发展社会主义的市场经济，同样要把农业摆在重要位置。

二、要深刻认识农村、牧区的落后性。目前我国农村、牧区基本上还是以手工业为主的粗放经营，而且存在农业地少、人口多、劳动生产率低等问题。近几年农村劳动力外流不稳定，弃农经商、打工增多，有的土地荒芜。我们的牧区依然是单一的牧业经济，相对来讲，牧民较稳定，牲畜总体数量有增加，而人比畜旺，畜比草旺，小而不全，游而不牧，贫者待扶，实者另行，靠天养畜，靠畜涨价。从生产力发展来看，有进有退，平均劳动生产率没有显著提高。但我们有的人认为土地、草原公有便是社会主义，提高畜产品商品率便是商品经济，这种认识是肤浅的。由此可见，我们在农村、牧区如何建立与发展社会主义市场经济体制，需要从理论和实践上加深认识。

三、要正确掌握社会主义的方向问题。马克思和恩格斯在《共产党宣言》中曾指出：资产阶级，“它迫使一切民族——如果它们不想灭亡的话——采用资产阶级的生产方式；它迫使它们在自己那里推行所谓文明制度，即变成资产者。一句话，它按照自己的面貌为自己创造出一个世界。”[①] 我们运用市场经济作为推动社会经济发展的一种手段，但必须要与社会主义的基本制度相结合，不能只讲市场经济作为手段而忽略这一点。我们的党和国家规定的政策允许一部分人、一部分地区先富起来，然而最终目标是要实现共同富裕，这是社会主义的本质决定的。当前在农村、牧区建立社会主义市场经济体制尚属初期阶段，贫富的差别已明显出现，并正在扩大，因此，要坚持按社会主义的基本制度和原则来发展农村牧区经济，一定要坚持不断壮大集体经济，进一步搞好双层经营与建立发展综合服务体系，不能允许侵占和破坏集体利益来损公肥私，要支持和提倡先富带动集

① 《马克思恩格斯选集》(第一卷)，255 页，北京，人民出版社，1972。

体富。

四、要重新认识农村牧区的合作化经济。农村搞合作制经济是资本主义社会发展商品经济的产物。过去我们在民主革命时期与中华人民共和国成立后初期都搞过合作制，现在我们对此要重新认识。农村、农民要发展商品经济，需要解决的问题很多，如信息、市场、技术、资金、营销、运输、加工、储藏等等，靠一社一户很难做到，只有组织起来，或在社会化分工的基础上联合起来。列宁在《论合作制》一文中指出："合作社在资本主义国家条件下是集体的资本主义组织。"[①] 我们近十多年来出国考察中了解了不少情况，看到了国外农村的合作社和联合体对发展商品经济、促进社会分工和进步的巨大作用。过去我们在农村牧区建立了生产、供销、信用合作社，由于我们对合作社和社会主义理解不够不深，将它用为消灭私有制的手段，并纳入高度集中的计划经济中，急于向社会主义公有制过渡。加上合作的过程及管理和分配上的弊端，政府对产品的统购、生产上过多的直接干预与政治上一定的"左"的影响，使有的合作组织失去自主权，未能发挥其应有的作用，有的合作社解体，并在群众中造成一定的不佳声誉。但也要看到这一尝试没有完全失败，相当一批合作社办的较成功，对农村牧区脱贫致富、改善生产条件、推广应用新技术、提高生产效率、开展多种经营、创办小型工业、壮大集体经济、促进文化教育的发展，而且对农村牧区的生产力的发展和社会进步都起了很大推动作用。至今有不少坚持下来的合作社，经过了必要的改革，适应了开放的要求，更显示了它的优越性，而且近几年改革开放中又重新组织了一些合作社，在脱贫致富、发展商品经济中大见成效。实践证明：越是贫穷落后的地区和农牧民，越需要合作的力量来战胜贫穷落后。有些经受了正反两面经验教训的农牧民很怀念合作社的长处，这说明合作制在农村牧区是有很大生命力的。这方面的经验应该认真总结，包括学习与借鉴国外的合作制经验，应重新提倡和推广，在改革开放新形势下，使其不断改革、完善与提高，充分发挥更大的作用，以适应建立社会主义市场经济体制的要求，作为农村牧区发展社会主义市场经济的重要方面。在总结经验教训中，一定要科学地分析其成功与失败的原因，如应否定"大锅饭"的弊端，而保留和发展合作组织在发展商品经济与参与市场竞争中的强大生命力。我们要使合作经济为建立与发展社会主义市场经济服

① 《列宁选集》(第四卷)，685 页，北京，人民出版社，1972。

务，要因地制宜和因势利导，按照自愿互利的原则，坚持民主管理，组织更多地区性、专业性和不同层次的合作社或联合体，逐步将农牧民引入社会主义市场经济发展中来。这是我们学习社会主义市场经济理论必须研究的一个重要问题。

我们在农村牧区发展社会主义市场经济中，还应注意几个问题：

一、解放思想要批“左”破旧。农村牧区与城市不完全一样，除了要进一步肃清“左”的影响外，旧的习惯势力还比较突出，而且近些年右的问题也不少。如在批判和克服越大越公越好的“左”的问题以后，近十多年又出现越小越私越好的状态，虽然多数人认为这种现象不正确，但因越来越泛滥导致抵制不力。对互助组和初级形式的合作社也不提了。对一些重要农畜产品的经营上，要么统购派购，要么放开不管，对引导农牧民组织起来建立与发展市场经济工作不重视或很少做。这些问题是两种极端，即忽左忽右，或非左即右。这正是小生产者的特点。对于千千万万的小生产者的习惯势力，需要长时间的改造和提高全民的素质，要经过几代人才可能逐步消失。然而这些问题如果不解决，会对社会主义制度带来影响。我们在建立与发展社会主义市场经济体制过程中，必须重视解决这方面的问题。

二、以经济建设为中心，必须把发展生产力放在第一位。党中央十一届三中全会以来，坚持以经济建设为中心任务，就是要发展生产力和提高劳动生产率。农牧民理解当前以手工业为主的农牧业生产，而发展社会主义市场经济则要求发展现代化的生产，要大量生产适应国内外市场需要的商品。因此，农村牧区的各级领导，除解决现有生产水平中的实际困难外，应把着眼点放在注重搞好生态环境，提高战胜自然灾害的能力，发展“三高”农业和高产优质的畜牧业，大力采用和推广新的科学技术，开展综合利用与加工工业，开发国内外市场需要的新产业，并且善于创造名牌产品。为适应现代化农牧业发展的要求，要重视对农牧民的文化科学教育，使他们学会搜集与掌握新信息，不断改善经营管理，做新时代的新农牧民。这是发展社会主义生产力和提高劳动生产率的一些重要措施和关键所在。所以，建立与发展社会主义市场经济，决不能以过去小生产的目光来对待社会主义社会生产力和提高劳动生产率的要求。

三、牧业区应以畜牧业为基础，积极发展二、三产业。要矫正有的人对牧区的基础产业认识的片面理解。他们认为“以牧为主”是整个牧区社会经济的方针，“多种经营”是可有可无、可多可少的，而不是将两者结合起来全面理解；还认为牧区的牧民就是放牧即以牧为主的，他们不必搞多种经营或二、三产业。这种陈旧观念应该破除。我们在牧区发展社会主义市场经济，绝不只是增加牲畜的头数和提高出栏率（商品率），还应大力发展畜牧产品的加工工业与综合利用，甚至要根据牧区的资源状况，搞多种经营与综合开发，要为各级市场提供更多的商品。这是摆脱目前牧区经济发展局限性的重要途径，是发展社会主义市场经济的关键。

四、要重视办好牧区的教育事业，普遍提高人民的素质。当前牧区由于仍以小生产方式为主，牧民居住的相对比较分散，虽然解放后，特别是近些年来在生产与生活方面都有很大改善，但要适应社会主义市场经济发展的要求，必须在抓好物质生产发展的同时，重视抓好对广大牧民进行文化科学的普及教育，既要为牧民及其子女办好各类学校，还应广泛组织开展牧业及有关多种经营产业的科学技术知识推广运用的教育。据我们了解，有的地区忽视了这方面的工作，有的地方削弱与减少了对牧民的教育的投入，甚至普通的民族中小学也减少了，这一问题应引起高度重视。党中央提出“科教兴国”，这对牧民显得更为重要。牧区各级党政组织和经济单位应该真正把教育作为根本大计抓好。

五、坚持党的民族区域自治政策和一系列民族政策。应认真贯彻执行《宪法》和《民族区域自治法》，要充分保障少数民族地区和少数民族的合法权益，不得忽视或侵犯该权益，应定期检查落实执行情况，尤其在民族平等和互助方面，要教育各族干部群众认真遵守法律规定。在发展社会主义市场经济过程中，更应坚持各民族平等互助原则，要使各民族相互信任、和睦共处，处处事事要考虑有利于发展各民族的政治、经济和文化，特别针对少数民族地区和少数民族的实际与特点，实施一定的倾斜与照顾政策是完全必要的。在经济与文化发展方面，由于历史及其他种种原因，要承认有的少数民族地区和少数民族确实与先进地区和汉族有差距，特别是近几年全国发展加快后，有些差距拉大，所以，应当承认事实，体现社会主义本质，迫切需要采取必要措施帮助少数民族地区和少数民族发展经济与文化。我们的党和政府在中国实行民族区域自治和一系列民族政策是正确的成功的，是全世界各国对民族问题解决得最好的，因此，应该认真总结经验继续坚持和发扬这些政策。在发展社会主义市场经济过程中，要使有关政策和法规更适应新形势和新任务的要求，以促进边疆少数民族地区加快经济文化的发展，这是我们共产党人的神圣任务。内蒙古自治区曾被誉为全国的第一个模范自治区，我们在新的历史时期应该加快发展，更好地跟上全国的步伐，充分发挥在资源和各种物质条件，以及党和各族人民群众基础好的优势，把内蒙古自治区建设得更好。

对锡林郭勒盟牧区生产结构改革与“完善流通体制和合作体制”的一些粗浅看法①

赵真北

中共锡盟委今春牧区三干会议上部署了牧区生产结构改革的工作，五月上旬在黄旗召开全盟个体经济管理和协会工作会议又重点研究了牧区个体工商业户的发展问题。

我们参加黄旗会议后，就牧区生产结构改革和发展个体工商业户问题，到了几个牧业旗，同旗、苏木干部和工商管理干部座谈交换意见，走访了乡镇企业、个体工商业户和一些牧民，进一步了解和听取了这方面的一些情况和问题以及今后如何发展的想法，并将这些向盟委做了汇报（下边讲的题目中谈到一些问题，不是也不应该批评什么人，而是为了总结经验，认识客观而言的）。

一、对改革单一的畜牧业的生产结构，开展多种经营和发展个体工商业户，各级干部和相当一部分牧民都有初步肯定的认识，感到单纯畜牧业是富裕不起来的。这有党的正确路线和政策的指引，也有农村生产结构改革和城乡工商业户发展的影响，更重要的是他们多年的切身体验。

草原畜牧业，单纯依赖自然，极不稳定，而且草原逐渐缩小退化，人口却不断增加。这就促使干部和牧民不得不重新考虑他们的生计。以苏尼特左旗为例：全旗可利用草原25400平方公里，沙漠日渐扩大，公路、集镇占用草原面积越来越大，产草量去年的勘测为八级（亩产鲜草100斤以下），比1960年的七级

① 1986年6月16日在内蒙古畜牧业经济学会主办的畜牧业经济讨论会上的发言。见乌力吉图、陈志远主编:《大牧业经济文选》(第一卷)，47～55页，呼和浩特，内蒙古畜牧业经济学会、内蒙古社会科学院情报研究所编印，1986。

（亩产鲜草 100—200 斤）下降一级，其中可食量仅为 45.84 斤（鲜草）。人口在解放初仅有 6000 人；1965 年增到 8000 人，现在 2.8 万人。1975 年牲畜曾达 102 万头只，牧民 1.4 万人，人均 72.9 头只，去年 77.5 万头只，今年预计 70 万或多一点，牧民 1.5 万人，人均 46.7 头只，减少 26.7 头只。黄旗哈音海日巴苏木人均不足 20 头牲畜的算贫户，而全苏木产草量（估计）全用上而养的羊单位人均仅有 16 只。

牲畜减少，收入增加，使一些人误以为单靠畜牧业也能富裕起来。其实收入增加，一是出栏多了一点，二是较集体时损失浪费减少一点，主要是靠提价。盟城乡经济调查队调查去年牧民纯收入增加 12.5%，畜产品国营收购价，去年牛皮上升 30%，改良羊皮上升 44%，改良羊毛上升 39.9%，白绒上升 137%，牛、羊收购价虽有下降，但仍比 1982、1983 年分别上升 18.5% 和 22%。此外，还有高于国营收购价的议销部分。但另一方面其他物价也在上涨，据锡林浩特市阿尔善宝力格苏木党委书记陶古陶胡同志介绍：近几年马靴由 30 元上涨到 46 元，马鞊由 70 元上涨到 130 元，鞍木由 14 元上涨到 33 元，木车由 46 元上涨到 77 元，缎子每尺由 1.7 元上涨到 3.4 元；各种开支也在加大，蓝旗上都河苏木仁钦宁布反映，他的羊去年仅生产费支出，每只 7.6 元，加上雇工共支出 10.6 元，比国营白音锡勒牧场在七十年代育成一只羊的全部成本 8 元钱还高 2.4 元，比该场当地牧民牧工一只羊的成本费 6 元钱高出 4.6 元。还要看到畜产品的提价不是无止境的，今年皮毛全降价；牛羊略有上升。在这种形式下，头脑清醒的干部和牧民开始意识到单靠畜牧业很难富裕起来；同时也说明单一的畜牧业很难继续向前发展和提高，犹如过去在农村“以粮为纲”，粮食增产非常缓慢一样。不论从发展畜牧业或提高牧民生活，都不宜单靠畜牧业，必须在坚持以牧为主的同时，发展多种经营，开辟新的生产门路。

二、改革生产结构，开展多种经营，发展个体工商户不仅有可能，而且已是现实。锡林郭勒盟牧区乡镇企业有很大发展，牧民从事个体工商业的已 900 多户，虽然比重很小，尤其其中的蒙古族更少（如黄旗巴音塔拉苏木 57 户个体工商户中蒙古族才有 8 户）。但我们已看到不少蒙古族牧民在开矿、制砖、办屠宰厂、服装厂、缝制皮夹克、修理摩托车和电机，经营饮食、旅店、商店等第三产业和医疗福利事业。黄旗哈音海日巴苏木的金矿 20 名职工中有 16 名蒙古族，去年从他们采的矿中炼出黄金 581 两，工资人均 3000 元，正在筹建的旗金矿 23 名职工中有 21 名蒙古族；苏尼特左旗兴建的屠宰厂、冷库是由 19 个巴嘎和 1 户牧民投资办的；白旗有 3 名牧民妇女到旗政府所在地办起服装厂承制中、蒙、西服和呢料服装干洗，从今年元月开业已制作各种服装 300 多件；黄旗鸿格尔乌拉苏木哈斯瓦其尔自费到保定学制砖技术，拟办砖厂；白旗陶林宝力格苏木斯布格扎布的砖厂，从去年 7 月中旬投产到 10 月烧出 200 万块砖坯；黄旗的特木尔巴特尔的摩托修理厂从 1984 年 4 月开业两年来共修大小摩托车 4250 次，盈利 21900 元；东乌珠穆沁旗特木尔格日勒投资 15 万元，兴办牧民服务中心，建二层楼一栋，设有旅馆、饭馆和小卖部。还有牧民与别人合资办第三产业的。在蓝旗上都河桑根达来两个苏木的乡镇企业中也有不少蒙古族男女牧民当工人。锡林浩特市巴音宝力格苏木有些牧民参加油田公路的筑路工程；阿巴嘎旗额尔敦戈壁苏木有牧民汽车运输。这些离牧不离乡的新生事物，日益增加，发展壮大，是蒙古族和牧区其他少数民族兴旺发达的希望所在。他们的事迹也正在纠正着一些人对蒙古族牧民的种种偏见，一些旗、苏木干部也开始重视起这一新生事物。

人增畜不增，劳力必有余，即使是过去劳动力最紧的苏尼特左旗，也有多余劳力出现；白旗陶林宝力格苏木人均只有 222 亩草场，21.1 头牲畜，苏木长苏仁扎布同志认为能抽出多则 50%、少则 20% 的劳动力从事其他生产日子才好过；黄旗哈音海日巴苏木办砖厂拟招工 30 名，报名者已超 40 人；阿巴嘎旗额尔敦戈壁苏木伊克乌素一个浩特五户牧民，有羊 600 只，牛 30 头，各成一群。一名叫勿忽乃的牧民讲，家家有男劳力，轮放两群畜，深感活儿太少。现在牧区劳动力虽比农村仍少得多，但已不再吵吵劳力不足了，反倒为剩余劳动力的出路发愁。这就为开辟多种经营，发展工商业户，提供了最重要的条件。

至于生产门路，更不必担心。但是牧区有活儿没人干，有人没活儿干的问题，已存在好久，急需各级领导和有关部门认真解决。就以锡林浩特到二连油田的公路工程为例，大部分是雇的外地人，连太仆寺旗农民也不多；白旗斯古格扎布的砖厂就在上述劳力多出 20%—50% 的陶林宝力格苏木，但本苏木的牧民参加的不多，本旗的农民参加的也很少，雇佣的 80 多人大部为河北康宝县人。这就是说光有需要与可能而不去加以引导，做很辛苦细致的工作，也不可能办到办好。

三、迫切需要继续深入改革。在牧民中开展多种经营，办工商业，虽已开始并成为现实，但照现状是不可能会有大的发展。前一段改革已初见成效，首先表现在对草原的建设和管理上的积极性被调动起来了。白旗草库伦建设每年 30 万亩，已达 100 万亩；苏尼特左旗 1984 年以来各巴嘎和牧民集资 281 万元用于草原建设，草库伦已达 172 万亩，过冬畜均近三亩，又据说经实地勘测只有 46 万亩。不管数字虚实，牧民是在实实在在地建设自己的家乡。再就是牧民对牲畜有了经营和管理的自主权，饲养管理上也有所改进。第三就是出现了一批多种经营户。但是，“一家一户办不好或不好办的事”，有待在进一步改革中解决，仅就我们看到听到的讲：一是劳动力本来有余，不仅没有把它解放出来，反因畜群增加被束缚。蓝旗桑根达来苏木原有牛、羊各 75 群，现在羊群达 200 多，牛不成群各放各的，家家“小而全”；与此同时，又从外地雇来羊倌 70 多人（经做工作已有 90% 辞退），尤其靠近农区的，这种现象很多。牧区的劳动力本很宝贵，被“小而全”束缚着；单一畜牧业的生产力本很落后，有些牧民雇工放牧，自己不劳动，还从它后退。二是有的旗贫户有增无减，这与灾增草不增，人增畜不增有很大关系。苏尼特左旗 1984 年人均不足 25 头畜、200 元收入的贫困户有 228 户，经 1984、1985 两年扶起 123 户，其中又掉下来 57 户，现有 228 户；黄旗哈音海日巴苏木人均不足 20 头畜、200 元收入的户占四分之一，未保住承包畜的占十分之一；白旗牧民 10 只以下的贫户有 800 户。三是围圈草场一无计划，二谁有办法谁多围，办法少的少围，没办法的不围。四是对机具的管理放松。拖拉机保留的还可以为打草、抗灾保畜服务，但服务报酬有的没有算账；有的拖拉机所有者与驾驶者脱节，闲置一边用不上；有的承包者将拖拉机转卖，给打草、抗灾运输、移场带来很大困难；对机井的管理上也有类似状况。五是家畜改良、防疫有的不及过去，有的羊群回交退化严重，牛有舐病，没人注意。在牧区也“应当坚持统分结合，切实做好技术服务，经营服务和必要的管理工作”。

如果说“农村经济改革还远未达到既定目标”，牧区就更差得很远；如果农村“完善流通体制和合作体制，调整产业结构，都还有大量的工作要做”，牧区更是如此。但是据一些退休干部和牧民反映，苏木干部很少到牧民中去，就是向上级报统计数字也不到牧民中去统计。这样的苏木干部，对牧民中迫切需要解决的问题心中无底。对互助组时期的合群放牧、多余劳力从事副业生产，集体时期畜群放牧管理和放牧场调剂为畜牧业生产的生产服务和技术服务、牲畜存出栏的选定和调剂等几个层次的分工协作等，可以借鉴的经验也很少注意总结应用。现在牧民中已有互助合作的雏形，如没有多余劳动力的离乡不离牧的个体工商业户都是把牲畜交给其亲友代管（因为当前让牧民完全放弃畜牧业去从事其他生产是不可能的），以及单畜种经营和大量的合群轮牧（这种做法对畜群管理不利）等。应在坚持自愿互利的原则下加以因势利导。盟委已注意到这一点，并做了部署。但我们遇到的，对改革仍停留在牲畜作价归户和草原承包的完善上，已完成这项任务的，再提不出需要改革的问题，特别提不出生产结构的改革。实际只有完善在畜牧业生产上的合作制，才能解放生产力，改革生产结构，发展多种经营，才能发展生产力；反过来，只完善合作制，不改革生产结构，不给剩余劳动力以出路，不发展生产力，合作制也无法实现和完善。改革生产结构发展生产力和完善合作制是相辅相成的。

流通体制，对活畜和皮毛的收购政策，不是完善的问题，而是改革的问题。对它不是少环节多渠道，没有按照中央（86）1 号文件上的“牧区畜产品要坚决放开，不要退回去”的方针办，反而统得过死，愈来愈烈，成了各级干部的沉重负担、工商行政管理部门的主要任务、牧民议论的中心。这种统得过死的做法只有利于工业、商业，不利于畜牧业。据盟物价工商处朝克图副处长提供的调查数据，锡林浩特毛纺厂原进厂的二改毛一、二、三级不高于 65%，现在已经增到 75%，因养改良羊成本高（四岁羊，改良羊的成本比土种羊高 47.9%），成活率低，肉价自由市场高，而不愿养改良羊。经营皮毛的供销社又难以做到“从多方面为原料产地服务，帮助农民按工厂要求提供产品，逐步做到以加工指导生产，带动生产。”经营牛羊肉的食品公司也同样难以做到这一点。应按中央方针和牧区实际大胆改革，坚持对牧民的利、政府的税、工厂的料都必须保的原则，实行工牧直交，以工补牧。但工厂和肉铺不可能到辽阔的牧区同分散的牧民普遍地直接地进行购销活动，应建立产、供、销一条龙、经济技术合一的牧工商企业。以苏木畜牧兽医站为基层单位，以旗畜牧部门为联合体，同厂家签订长期供料合同，价格随行就市，同牧民签订畜牧业生产的技术服务和畜产收购的合同。牧工商企业仍执行国家对羊毛的经营政策，向政府纳税交利；通过经营畜产品进行一定的积累，用盈余和积累以减免服务费、建设补贴等形式返还牧民一部分，还可以投资于新的生产建设；政府的抗灾费、救济费也可以通过他们发放。通过这种做买卖的方式、政府资助的方式等把牧民逐步引向合作制。过去我区有人提过这样的改革倡议，未被领导采纳，现在吉林省白城子地区开始类似改革，效果很好。盟委同意我们这一建议，决定在太仆寺旗贡宝力格苏木试点。

四、以正当消费推动生产。十二届三中全会《决定》指出："按照马克思主义的基本原理，生产是整个经济活动的起点和居于支配地位的要素，它决定消费，而消费的增长又是产生新的社会需求，开拓广阔的市场，促进生产更大发展的强大动力，在这个意义上，消费又决定生产。"在锡林浩特市阿尔山宝力苏木同朝克巴特尔交谈，他和他爱人都是初中毕业生，现有牛 50 头，羊 300 只，年收入 1 万多元，家备有彩电、摩托和汽油发电机等，并打算到内地旅游；在苏尼特左旗，牧民生产稍好一点的，都备有两座蒙古包，将卧室和厨房分开。这种正当消费应当提倡，特别是购置电视机，到内地旅游，可以帮助牧民开阔眼界，增长见识。再就是生产消费，如建围栏、打井、建棚圈、购置打搂草机、剪毛机、发电机等。各种消费的需求必定会成为进一步增加生产的强大动力，向生产的广度和深度进军的动力。

五、在总结经验教训中开拓前进。1953 年中央民委《关于内蒙古自治区及绥远、青海、新疆等若干牧业区畜牧业生产的基本总结》中曾提到要防止和克服"孤立地发展畜牧业的……狭隘的职业观点"，和"发展工业和手工业，对牧业区生产力的发展具有进步的作用和重大的意义。"今天从这两方面总结，经验教训是很多的。我们衡量牧区生产力发展和牧民富裕的标志主要是牲畜的增长，却不包括社会分工和工业、手工业的发展。而牲畜又不稳定，有增有降，今年锡盟的牲畜头数又可能下降，其"生产力"停留在一定水平上下波动。工业和手工业是大发展了，好多是从无到有，但不是牧民的，反而牧民曾有过的手工业大部分已被挤掉和淘汰，中间新发展的也没有坚持住。因对人、畜、草之间量（也有质）的比例变化缺乏必要的认识，只在不稳定的畜牧业上徘徊，不在发展新的生产力上下工夫，是生产不稳定、生活不富裕的根本。黄旗一苏木民政助理在扶贫时根本没有考虑本地的草场条件，结果他扶贫又保畜，去年给一些贫户买了牲畜，冬季遇雪灾又给从外地买草。而白旗的斯布格扎布吸收了本巴嘎 15 户贫户到他的砖厂劳动，每人月工资奖金 100 多元；四子王旗乌兰哈达苏木达瓦也吸收四五户贫户参加他办的萤石矿的劳动。一些牧民已开始懂得无工不富，而一些干部却显得差一点，应当说是一个主要教训。

牧区经济文化落后，牧民习惯势力严重是一个严重问题，必须承认，而且必须从这个实际出发。过去没有给他们发展和锻炼的机会，现在和今后一定要给。因为，社会主义现代化的任务就是要改变我们的贫穷落后。牧民不习惯经商也不是绝对的，可以先让他们做工。所谓牧民富有的看不起那几个钱，贫困的懒得不愿意干的观点，在上述斯布格扎布吸收 15 户贫户制砖和东乌珠穆沁旗特木日格尔勒兴办牧民服务中心、苏尼特左旗牧民兴建屠宰厂、冷库的事实面前，愈来愈不能成立。这两个旗的牧民收入在锡盟是数一数三的（盟牧经站去年统计东乌旗人均收入 779 元，阿巴嘎旗 722 元，苏左旗 713 元），同其他旗比较都是不靠城市、不靠农区、不通铁路、文化较低。在全区牧区也是收入最高，地理环境、文化条件最差的旗，但他们那里的牧民却办了破天荒的大事业。

头重脚轻，与牧争利，阻碍牧民生产力的发展。牧区头重脚轻的状况日益严重，据几个旗的领导同志提供的数字（不一定十分准确），（1）非牧业人口比重大，黄旗占 40%，阿巴嘎旗占 47.4%，苏左旗占 46.5%；（2）干部（党政和事业的）比例高，黄旗与全旗人口比 1∶13.8，与牧区比 1∶89，阿巴嘎旗与全旗比 1∶13，与牧民比 1∶7.4，苏左旗与全旗人口比 1∶9.8，与牧民比 1∶5.8；（3）财政补贴多，去年财政补贴黄旗人均 285 元，按牧民算人均 475 元，阿巴嘎旗人均 218 元，牧民人均 415 元，苏左旗人均 294 元，牧民人均 550 元。这么庞大的干部队伍，这么多的资金，没有用在发展牧民的生产力上，反而起了阻碍作用。类似阿巴嘎旗所在地的皮革、拖拉机修配、木业、毯业、铁业、烧砖、缝纫、建筑队、牧区建设队，牧民是可以办的，其中有些还曾经办过，要是早抓的话也已学会办。但我们没有这样做，反而把牧民办的如搭棚修圈、打井，甚至牲畜屠宰、熟皮制毯等，还挤占了，现在仍在继续挤占。如果不把工作重点放在发展牧民新兴的生产力上，头重脚轻的包袱将愈来愈重，牧民生计的出路将愈来愈窄。应当按照张曙光同志提出的“个人能办的不要集体办，集体能办的不要国营办，旗县能办的不要盟市办，更不要自治区办”的精神，牧民能办的尽量让他们办，尽量让利于牧。如苏左旗牧民办的屠宰厂，由于收购牛羊政策的调整造成可供屠宰的牛羊大减和继续投资的困难，应予让利。他们的经验少，还要积极引导，大力支持，耐心帮助和给予必要的保护，当然还要继续欢迎外地的人办，并能给牧民以积极影响和帮助，做到平等、团结、互助。

在牧民中发展个体工商业户，做好工作定会继续发展。这项任务，个协应多承担一些。但离开牧区实际的各项改革和不切合实际的指导方针是难以大发展的；反过来，做好个体工商业户的发展和提高的工作，定会有助于推动各项改革和端正工作的指导思想。

在国外畜牧业经济座谈会上的总结发言[①]

赵真北[②]

同志们：

国外畜牧业经济座谈会经过两天半的大会发言和座谈讨论，现在结束了。

邀请出国学习、考察、进修的一些同志参加这次座谈会是由巴图巴根同志[③]提议，由畜牧经济学会、林学会、社会科学院、内蒙古科协四个单位联合召开的。在与会同志非常积极撰写文章，踊跃发言，在党政领导同志积极支持，并到会讲话，还有一批老同志发挥“余热”，为“念草木经，兴畜牧业”献计献策下，这次座谈会开得很活跃，有朝气、有特点，达到了预期的效果，社会各界有反响，所以我们的会议开得比较成功。

会上共收到各种论文、发言稿、材料三十一份，发言的二十七人，介绍了英国、爱尔兰、西德、苏联、蒙古、日本、加拿大、美国、澳大利亚、新西兰等国的畜牧业状况和有关经验，包括了畜牧业的和自然生态等各个方面，内容十分广泛，并结合我区畜牧业的实际提出了非常具体的有益的建议和意见。

参加座谈会的有党委、人大常委、政府、政协的领导同志和退居二线的老同志，党委政研室、政府各委厅局室、有关院校和科研单位负责人，有专家、教授、学者和专业人员，呼和浩特市级机关同志，内蒙古农牧学院部分学员，共九百多人次，其中六十二人出过国。

---

① 1986年12月12日。见内蒙古自治区畜牧业经济协会、内蒙古自治区科学技术协会、内蒙古自治区社会科学院等合编，陈志远、图门、乌力吉图等主编：《国外畜牧业经济讨论文选》（第二卷）（内部资料），呼和浩特，1987。

② 时任内蒙古畜牧业经济学会理事长。

③ 时任中共内蒙古自治区委员会副书记。

在会上不论是书面或口头发言的同志，都是以对国家对人民负责的态度，高度的爱国主义精神，为社会主义“四化”建设和“念草木经，兴畜牧业”服务的愿望，将从国外学到的知识满腔热情地汇报给领导，介绍给大家，并希望自己的知识和建议能被采纳和应用。我代表组织座谈会的四个单位，对同志们这种可贵的精神表示敬佩！对积极参加会议的领导和同志们表示感谢！对在经费上资助会议的内蒙古畜牧局、内蒙古林业局、内蒙古科技咨询服务中心，表示感谢！

会后将要把大家的发言、论文汇集成册，将同志们的建议归纳上报，在这里不拟细说，只打算讲几点想法，供参考。

一、认识自己，学习他人

学习他人，对照自己，是我们建设社会主义的需要，是我们的国策，必须坚定不移地坚持下去。但是学习他人，首先必须了解自己。学习他人是为了取人之长补己之短，同时也有向人展示自己之长的必要，以交流文化科学，提高我国的国际地位。如果不了解自己就达不到这些目的。

不论建设、改革或开放，都得了解国情，我们就得了解自治区畜牧业的实际。对我们的牧业区和畜牧业，从解放到“文化大革命”，由不了解到大体了解，工作比较慎重，有错误及时纠正，取得很大成绩，但犯过“左”的错误。十一届三中全会以来，我们有了更进一步的认识，但也有严重脱离实际的问题。今年区党委提出“念草木经，兴畜牧业”，是对我区畜牧业认识的又一大进步，并要求将认识深化和系统化，不仅要有定性分析，还得有定量分析。

我们的科研成果也不少，畜牧兽医方面获奖的科研成果有九十多项，真正推广见效的不多，只有几项。学习国外的经验，引进技术、设备、良种牲畜、资金，有成功的一面，也存在由于不了解自己和不了解引进项目的作用，而效益不大或没有效益的问题。

对牧业区和畜牧业的一切决策也应建立在科学的基础上，切忌从想象出发，主观臆断。科学基础，既要调查研究，又要有科学实验。就像现在发展商品经济，如果不是从研究过去的牧区商品生产，从中找出其规律、特点，指导现在的商品经济发展，而是全盘否定过去的话，例如直到前几天的报刊上还称过去是“自给自足”的畜牧业，“牧民养畜主要是自食”等等，就无法指导好商品经济发展。其实稍加思索便会明白，单一的畜牧经济，不与他人交换是难以解决生产和生活的需要的。这类问题过去有，现在有，不注意今后还会有。

要从有利于生产出发，切忌顺从某一个领导人的旨意。如过去对合作化一点批评性的意见也不能说，提了便是“右派”，经营不好，也不许农牧民自己经营；现在又把合作化说的一无是处，认为在牧区畜牧业合作经济没有一个成功的，没有任何一方面的合作是可行的，全部解散。千方百计寻找理论根据来迎合这一思想，今天把牲畜比作粮食，明天比作禾苗等等。改革是为了发展生产力，这是最主要的标志。这次牧区生产经营体制改革，对生产力是促进还是促退，调动起来的积极性同增加的困难相抵之后，利大还是弊大，有待用更多的事实说明。反正这个时期，牲畜饲养量没有增加反而有所下降；对一些先进的生产技术和设施放弃和损坏不少；积累的资金损失不少，“小而全”不是生产力发展的表现。当然这个时期也有一定的成绩，如草原建设、多种经营有发展，对这些都要全面地认识。

绝大多数同志虽然主观上尽量想从实际出发，做了大量调查研究，写了不少报告和文章，但由于主客观原因，对情况仍吃得不透、掌握得不全面不系统，特别是对变化了的情况掌握不准，因而调查和研究其一个侧面、某一个时期的多，全面的系统的少，往往也出现“左”或右的偏差。

这样在学习国外经验上也不可避免地有很大的盲目性。如发展肉牛、引进机具、办大型打草站等，效益不很理想；向外派人学习，也缺乏计划性，重复派出，该派的没派等等都有。

为扎扎实实“念草木经，兴畜牧业”，应当解决好了解我们畜牧业状况的问题。建议党委、政府建立具有真正权威的畜牧业经济研究机构，系统地全面地深入地研究畜牧业经济和有关问题，为领导机关对畜牧业的重大决策提供可靠的依据和可供选择的方案，为出国考察提出需要紧迫解决的课题；学习国外的方法，建议设常任专业副职，使工作保持一定的连续性。总之，应使一切决策建立在更加民主和科学的基础上。

二、当前到国外学什么？

我们发展生产，一靠政策，二靠科学。政策也是科学，是包括宏观管理和微观管理的管理科学。对国外先进的管理经验和先进的科学技术，无疑都要学。但是，我觉得当前更主要的是学习管理，包括法律、政策、管理体制，科研机构设置、人才培养、技术服务、信息服务、流通、加工、消费等等。管理改善了，技术才能发挥真正的作用。如绵羊改良、牛的冷配技术，引进后管理也较配套，效益显著；相反，半细毛羊引进后，半细毛价格一直没解决得了，就没有推广；卵移技术，虽派人学了，由于经费和组织管理没跟上，至今还不能正常开展工作。就这次会上介绍的经验，有的没有被接受和推广，也反映了管理上落后的问题。如果管理不改善，已经推广的技术也会被放弃，如防疫、绵羊改良的倒退就是例证。

当然学习管理改善管理也得懂科学技术。倘若不懂，就应向懂的人请教，避免瞎指挥。从领导职务讲，愈往上愈需要学习管理方面的知识。学习、引进的轻重缓急可否是这样一个顺序：管理——技术——实物引进。请领导考虑。

三、将学到的知识结合实际认真消化

近几年学习国外经验，在推广上是有成效的。在管理方面讲，如提高牲畜出栏率、当年羔出栏、饲料加工、建围栏等消化得比较好，还有很多需要结合实际值得消化的经验，例如：

畜牧业产值在农牧业产值中的比重，是衡量畜牧业生产水平的一个尺度，又非唯一尺度。有生产问题，也有农畜产品的比价问题。如按生产讲，我区畜牧业生产还很落后；若按国外农商产品比价算，我区畜牧业产值在农业产值中不是24%，至少在40%以上。主要应看生产，如一亩地、一头畜的畜产品产量，或人均畜产品占有水平和消费水平，因各国农畜产品比价不同，单以比重来衡量是不准确的。再就是生产和消费（包括生产消费）如何安排？当今世界上畜牧业发达国家都是工业发达的国家，证明畜牧业的大发展是随着工业的大发展而出现的。我们借鉴这个经验，在工业集中的地区，可以多发展畜牧业。如城市郊区发展奶牛业、禽蛋业是很有条件的，尤其是市场条件。我国一些大城市郊区就是这样发展畜牧业的，我区有这方面经验，应结合国外的经验予以重视，有意识地发展，并将从中取得的经验，由近及远地推广。

畜产品的价格各自多少为宜，如何做到生产者和消费者（包括生产消费）都能接受的程度？特别是运用好价值规律调动牧民勤劳致富的积极性。

畜牧业的投资，在我国我区目前的状况下究竟多少为好，如何用好现有资金，如何调动群众投资的积极性，特别是可否考虑一个以牧养牧的政策。

这就要首先考虑改革流通体制。目前的流通体制不能起到对生产的反馈作用，对畅销的产品抢购，对滞销的产品不购；有利的大干，没利的不干，对群众中的生产困难很少过问。农牧民生产的责、权、利统一，但是服务部门的不统一，管生产的不管产品经销，管产品经销的不管生产，产需脱节。这次会上介绍了苏联工农一体化的经验，好多国家农牧业生产及对其产品销售统一管的管理体制；还有日本农协、农业组合的经验，特别是畜牧局浩特同志介绍的新西兰 PGG 公司。这个公司从事牧草种子加工、围栏、剪毛、机械销售、羊毛收购等三十多项业务，为了鼓励牧场主多生产国际市场紧俏的中细度羊毛，公司帮助牧场主选购种羊，在配种季节派有经验的畜种专家免费为牧场主服务，同时以合同的方式保证在三五年内以相对稳定的优惠价格收购他们的羊毛，其价格亏损由其他盈利中补贴。这样使该地区在羊毛生产质量保证上取得明显效果。我国我区的畜牧部门也有类似的经验，而且唯有畜牧部门才能承担起既为生产服务又为畜产品经销服务的任务。应从基层开始以畜牧兽医工作站、经营管理站为核心吸收农牧民（自愿）参加，组成牧工商公司。它一方面同消费单位（工厂、食品公司等）签订产品销售合同，一方面同农牧民签订生产、信息服务、技术服务、产品包销等合同。其功能是使产需挂钩，根据市场需要组织生产，开拓市场扩大生产，推销滞销产品；使农牧民、科技人员的经济利益和技术挂钩；使经销所得的盈利返回生产，资助畜牧业建设，减免服务费，或投资于当地的其他生产等。这样，在纵向的方面有利于“念草木经，兴畜牧业”的战略指导思想及有关政策的贯彻，有利于计划指导，有利于技术推广和有关服务的顺利开展，有利于调动科技人员的积极性，有利于畜产品税的征收；在横向的方面有利于促进畜牧业生产的某些方面的协作和联合，更有利于促进畜牧业及其加工业的发展和改善畜产品的供应；在长远方面，能引导牧民多余的劳动力向多种经营方向转移，有利于提高牧民的生产力，增强牧民的自我发展能力，从而会逐步改变因单一的畜牧业生产导致牧民把致富的希望只寄托于增加牲畜从而继续加重对草原的压力，有利于保护和改善草原的自然生态，后两个作用的意义更大。这不仅是流通体制的改革，而且涉及合作制的完善和生产结构的改革。实现这一改革关键在于先富民后富旗（县），不与民争利的正确指导思想，还在于畜产公司、食品公司让利于牧，而后再给这些公司寻找新的出路。

在生产与畜群周转上，强调提高母畜比例，实际是提高出栏率，使母畜所占的比例相对地提高。去年末母畜比例已达 47.1%，其中小畜达 51.5%，比过去已有所提高，还有继续提高的必要。但是，当前更重要的是提高繁殖成活率。一九八五年的繁殖成活率，大畜只有 52.1%，小畜 71.8%。如果不注意提高繁殖成活率，光强调提高母畜比例，在增畜上是没有意义的；如果只关心成幼畜死亡数，而忽视繁殖成活率，也是片面的。如果能把大小畜的繁殖成活率分别提高到 65%、80%，按一九八五年的数字计算，可以增加 128.7 万头（只）牲畜，能抵消同年死亡牲畜数量 147.8 万头（只）的 87%。提高繁殖成活率，更主要的是能增加出栏量和产品量。如我区年末牲畜存栏量比蒙古国多一千万头左右，而接活的仔畜比蒙古国多一点，减去成幼死亡数，总增数不相上下；产肉量上，我区一九八五年牛肉产量 4.7 万吨，羊肉 8.4 万吨，蒙古国一九八五年牛肉产量 6.6 万吨，羊肉 11.5 万吨。这些数字充分说明既要提高母畜比例，更要提高繁殖成活率，当然还要提高牲畜质量，减少死亡，才能真正提高经济效益。

但是，如果对牲畜数不分饲养量（六月末数）和存栏数（年末数），只要高了就好；对母畜比例不分与前述哪个数字对比，只要高了就好，是不恰当的。饲养量愈多愈好，这是正确的，但饲养量高母畜比例必然要低；存栏量多固然也好，但要看经济效益和饲养能力，这时的母畜比例高是正常的。母畜不论在饲养量中或存栏量中的变化，应都保持反比例的状态。不能要求出栏率要高，存栏量要多，母畜比例也要高。这本来是个算术常识，稍不注意也会造成在指挥生产上的失误。提高出栏率必然减少存栏量和提高母畜比例，这样就会减少死亡因素，增加提高繁殖成活率的条件，同时降低各种消耗，可以把一切物质措施用于母畜，“母壮儿肥”。提高出栏率，必须使当年羔达到足够生长的月龄，在牧区要把清明（四月初）后产羔改为立春（二月初）后或雨水（二月下旬）后产羔，四个月就断乳，六月开始吃青，到十一月初屠宰，达八个半到九个月龄。会上介绍蒙古国对乌珠穆沁羊早春羔随母羊放牧抓膘试验，七个月龄的公羔体重达 39.4 公斤、母羔 38 公斤。我们在凉城等地的试验亦有同样的效益。二月产羔就需要头年九月配种，九月又是受胎率最高的季节，受胎更利于抓膘而且还有一段的抓膘时间，这样对提高繁殖成活率和母畜抓膘都有益处，关键是过冬接羔时的草料和保温设施的准备。产羔季节的改变，谈起来好处很多，做起来困难不少，需要逐步引导，不宜操之过急。

抗灾保畜已成为牧区的沉重负担，经验虽早已有，就是落实不了而且做不到具体化。如说不清在灾期一只羊一天需要多少草，再细一点要求就更谈不清；一遇大灾盲目从外调草，又无计划地喂草，往往草尽畜死。可否到基层邀请牧民、基层干部开几次研讨会，既总结经验，又传授科学知识，扭转被动抗灾局面。

人才培养，大中专生要培养，但教育制度、学生分配制度不改革，他们中的多数人不会到基层和畜牧业生产第一线，因而主要应加强职业培训。对现有技术人员的技术更新，这样可以较快地发挥作用。

四、有目的有重点地向国外学习

选择课题，选准老师，选好学生，是向外国学习的必要的准备。其中的一条就是要做好国外科技情报工作，再一点就是虚心学习。按照十二届六中全会决议，“真正克服造成严重危害的狭隘观点”，下大决心用大力气把国外先进的畜牧科学技术、在我区具有推广价值的畜牧业经济行政管理经验学到手，为我所用。

以上所讲的，有些问题我也是有责任的。这个总结发言未来得及同组织会议的其他几位同志商议，又由于我离开畜牧业战线的实际工作多年，错误难免。请同志们批评指正。

兴畜牧业与反弹琵琶[①]

赵真北　巴士杰

“念草木经，兴畜牧业”是中央为我区制定的“林牧为主，多种经营”经济建设方针的具体化、系统化，也是贯彻落实这一方针的核心。为了更好地贯彻落实这一重大战略决策，本文拟就这个问题对我区13亿亩草原和8000万亩耕地提供的饲草资源现状及其潜力进行分析，对“七五”期间或稍长时间发展畜牧业的可能性进行预测，以反弹琵琶的精神作一探讨，供区党委在决策中参考。

一、历史借鉴

内蒙古自治区历来是以畜牧业为主体经济的民族地区。早在新石器时代这个地区就出现了游牧畜牧业。解放后，党和政府十分重视畜牧业，为了保护和发展畜牧业，区党委制定了符合我区实际的“不分、不斗、不划阶级”，“人畜两旺”，“禁止开荒，保护牧场”，“禁止宰杀母畜”，“千条万条发展牲畜第一条”等一系列政策，采取了“水、草、繁、改、管、防、舍、工”等八项措施。此外，还围绕畜牧业发展了种植业、林业、加工业、牧机和牧区水利等事业。近四十年来，虽然其间遭受了“以粮为纲”的冲击，自治区畜牧业还是有了很大发展。牲畜头数增加了四倍多，羊毛产量增加了十二倍多，为进一步发展畜牧业奠定了家畜数量、品种、基本建设、劳力、科学技术和社会经济基础。但是，总结历史经验教训，在发展畜牧业方面，从客观看，主要存在以下三个方面的问题。

第一，从战略布局看，发展畜牧业只是盯住了13亿亩草原，忽视了对8000

① 赵真北、巴士杰：《畜牧业与反弹琵琶》，见乌力吉图、陈志远主编：《大牧业经济文选》（第三卷），182页，呼和浩特，内蒙古畜牧业经济学会、内蒙古社会科学院情报研究所编印，1986。

万亩耕地种植业结构和农牧经济区产业结构的调整，走了一条开垦草场广种薄收，粮化—沙化—贫穷化的路子。

第二，置草场合理载畜量于不顾，一味盲目追求发展牲畜量。多年来，许多地方在牲畜数量已和草场资源趋于平衡，甚至已超载过牧的情况下，仍批判“草场饱和论”，违背自然规律，继续强调增加牲畜数量。从一九六四年以后，全区牲畜数量一直徘徊在6500万只绵羊单位，结果牲畜头数没有上去，草场却明显退化、沙化。

第三，发展畜牧业缺乏自觉地发展商品经济思想，搞小农经济，特别是草原畜牧业至今单一经营，以提供初级原料产品为主要目的。

实践证明，单一经营，原料生产，不仅低产值、低效益，而且严重影响着社会生产力的发展。客观形势要求我们，必须尽快地摆脱小生产者意识和传统习惯，走农林牧结合，改善草原和农田生态系统，扩大母畜比例—多生少死—多出栏、快周转和加工增值，发展社会主义商品畜牧业的路子。

二、畜牧业资源现状及其发展的可能性

自治区有天然草场13亿亩，有效面积为10.2亿亩。其中牧区有8.8亿亩，半农半牧和农区分别有2.12亿亩和1.97亿亩。农牧经济区草场占全区草场总面积的30%多。现有耕地8000万亩，复种指数为1亿多亩。绝大部分分布在农牧经济区。一九八五年全区牲畜总数为1800多万头（只），农牧经济区占53%，大畜占58%。在产肉、毛、禽、蛋方面，农牧经济区分别占76.5%、60%和95.2%，产值占畜牧业总产值的73.7%。这些数字说明要兴畜牧业，就必须坚持农牧结合的原则。但八千万亩耕地平均单产仅150斤左右，总产120多亿斤，人均仅提供600斤粮食，商品粮少，同时畜牧业的饲料更少。根据有关部门的多次科学论证和典型经验证明，如实行粮草结合，具有很大的潜力。这就是我们对“念草木经，兴畜牧业”战略决策提供的客观依据。那么，面对13亿亩草场，8000万亩耕地的现实条件，吸取历史教训，其战略布局，战略重点，就存在着一个既应考虑恢复草原生态平衡和耕地的良性循环的问题，又应考虑农牧民增加实际收入的问题，还应考虑其投资环境和投资效益问题，这样才能对“念草木经、兴畜牧业”做出正确的决策。

三、13亿亩草原与兴畜牧业

从自然资源看，13亿亩草原无疑是自治区发展畜牧业的一大优势。但用系统分析观点看，近五年内发展潜力是有限的。其原因是近二十多年来，对草场资源潜力的估计过高，一味追求向其索取，而忽视了投入，结果使草场产品从东而西普遍比50年代降低30%—60%，草场严重退化、沙化面积占总面积的三分之一以上，伊盟甚至高达80%。党的十一届三中全会以后，中央为内蒙古制定了“林牧为主，多种经营”的经济建设方针，种树种草取得了不小成绩。但据统计部门资料反映，现有草场每年仍以500万至1000万亩速度继续退化、沙化，面对这种草原生态系统严重破坏的局面，绝不应有意无意地继续步单纯向草原索取的痛苦教训，应当把战略重点放在对13亿亩草原的保护、培育、管理和合理利用上。

据有关部门多年来对草原的考察，自治区的草场，除东部草甸草原草场和农区部分草场尚有一些潜力外，绝大部分草场已超载过牧，全区草原资源适宜载畜量为4837万只绵羊单位，加农副秸秆适宜养畜量为8500万只左右绵羊单位，这一水平在1964年已达到，只有控制发展牲畜头数，严格限制超载过牧，给天然草场休养生息的机会，才能摆脱草原退化、沙化的逆境，恢复草原的良性循环达到永续利用。

为了加速天然草场良性循环，发展畜牧业必须走种草养畜和建设养畜路子。要充分利用小地形水热再分配的优势，兴办水利，建设草库伦，实行种养结合，扩大改良草场和人工草场的面积，向草地投资，在提高草地产草量上下功夫。据调查，全区天然草场有8%—10%的面积即近1亿亩采用适用技术较易进行改良。通过近年来的努力，全区现有人工草场1520万亩，飞播种草368万亩，围栏草场2600万亩，改良草场1280万亩，合计5768万亩。在此基础上，如果通过“七五”规划或稍长一些时间，使全区人工、半人工草场真正达到1亿亩，即占有效草场面积10%是可能的。对这1亿亩设想建成7000万亩半人工草场，3000万亩人工草场，每年可生产饲料草310亿斤（人工草场按450斤单产，半人工草场按250斤单产计）。其中3000万亩人工草场和3500万亩半人工草场作冬春补饲，按6000万只绵羊单位计算，畜均贮草300多斤，就会变被动抗灾为主动防灾。使天然草场有休养生息机会，尚有3500万亩半人工草场按70%利用，可增加养畜量200万只绵羊单位，增加养畜量的30%。还应指出，增加部分有相当比例在农牧经济区。

为了尽快恢复草原生态平衡，还应动员牧民逐步将部分劳动力转移到乡镇企业，个体工商业和其他服务业上。这样，在提高牲畜量的基础上，既控制了牲畜头数，还会使牧民的收入得到增加，牧民收入增加了，反过来可以进一步建设草原，这也是发展草原畜牧业的一种反弹琵琶的方式。

四、8000万亩耕地与兴畜牧业

在8000万亩耕地上“念草木经，兴畜牧业”是我们又一个反弹琵琶探讨兴畜牧业的重点。在农区和半农半牧区，要调整8000万亩耕地的种植业结构，实行粮草轮作，兴畜牧业，种草一是直接用于发展畜牧业，二是肥田，增加粮食及其农副产品，创造发展畜牧业的物质基础。单纯依靠天然草场，牲畜产量不会很快提高，产品数、质量也会受到制约。所以，念草木经，是对土地的科学投入，既增畜，又增粮。按照这种想法，要变粮、灌二元结构为粮、灌、草三元结构，向8000万耕地要粮、油、糖，要草料和畜产品。特别是要盯住有灌水条件，能集约化耕种的灌区，要更多的农畜产品。这一决策优势是：以牧促农，以农养牧，农牧结合，多种经营，促进农牧业良性循环。

首先，要扩大水浇地保灌面积。自治区现有水利工程设计灌溉面积为3000万亩，实际水浇地1700万亩，保灌面积为1300万亩。如果通过维修已有水利工程设施，新增水利工程，使保灌面积提高到2000万亩。可灌土地主要分布在河套、土默川灌区，西辽河灌区，嫩江西岸和西拉木伦河，老哈河等地区。

其次，要调整灌区种植业结构。目前灌区内小麦和玉米两项在总播面积中占50%。如这一总比例保持不变，把小麦和玉米分别调整到各占20%和30%，按2000万亩灌区面积计算，小麦播种面积可由350万亩增加到400万亩，玉米播种面积从250万亩增加到600万亩。小麦收割后，还可复种一年生牧草苕子。在耕作技术上采用规范化的综合技术措施，可使小麦平均单产达到600斤，玉米达800斤，毛苕子产鲜草300斤。这一调整指标，在实践中证明是可以实现的。如巴盟杭锦旗梁玉同志扶持的农牧结合专业户，小麦间种玉米，亩产玉米800斤，小麦600斤，小麦收割后复种毛苕子，小麦单产800—1000斤，毛苕子单产鲜草

3500斤左右。巴盟农牧科技部门实行粮草轮作（间、套、复），实现粮田的综合技术措施已有成套技术经验，这里不再赘述。这种种植业水平，不仅使粮食可超千斤，而且在同一块地上每亩收农副秸秆和牧草可养一只绵羊。这种集约经营方式，不仅养了畜，而且豆科牧草根瘤菌还可以肥了田，畜粪上了地，增加了有机质，改善了团粒结构，又提高了粮食产量。梁玉同志扶持的一个专业户，实行农牧结合，仅有28亩耕地，产粮2万5000多斤，圈养42只优质细毛羊和猪10多口，加上多种经营，每年收入近万元。又如早在70年代后期，哲盟通辽县大林乡保安大队，对69000亩耕地实行农牧林结合，粮豆播种面积4631亩，单产就达841斤。还如呼和浩特郊区碾格图大队，对4000亩耕地实行“粮、草、料三·三制”，即1600亩种粮，1200亩种料，1200亩种草，大力发展城郊奶牛业，1980年前就将吃粮靠国家、花钱靠救济转变为三年交粮21万斤，甜菜148万斤，牛奶175万斤，肉类8万斤，油料1万斤，干草230万斤。这种良性循环的典型，在灌区为数不少。只要认真总结经验，大力推广科学种田与科学养畜的综合技术，达到预测指标是可行的。

再次，要调整旱地种植业结构。鉴于目前耕地复种指数有1亿多亩，其中2000多万亩“黑地”应尽快种树种草，还林还牧，不在本文论述之内。对6000万亩旱作耕地，主要采取草田轮作对策，调整种植业结构，即把6000万亩耕地，从总体讲实行“三·三制”，即粮、油、各糖占三分之一，牧草占三分之一。即在同一块地上一年种草，两年种粮，或头年套种、复种或混种二年生牧草，两年种粮，三年完成一个轮作周期。其旱作田块用灌木或耐旱树种作为防风林带。草田轮作主要选择一、两年生牧草，对长期轮作可选用多年生牧草。既可压青肥田，恢复地力，促进粮油作物增产，又可生产饲草，为兴畜牧业提供物质基础，还可起水土保持作用。对旱作区实行草田轮作，要以不降低农牧民经济收入为制约条件。实行草田轮作，实践证明是可行的。乌盟察右中旗广昌隆乡黄洋沟大队，1970年以来，实行农牧林结合，用地、养地结合，早在1974至1979年就连续四年亩产达400斤以上。哲盟库伦旗水泉乡，从1970年以来大种牧草，到1978年粮食增产一倍。乌盟清水河县王桂窑乡柴家岭村，从1964年开始种草，全村9户农民52口人，种草613亩，养羊702只，大畜21头，今年虽遭大旱，预计全村收入可达3万多元，人均收入可达590元，粮食单产200斤，人均占有

1000 斤。伊盟准格尔旗海子塔乡多年种草肥田，农业增产。群众说：“两年草，三年粮，总比四年种粮强”。根据各地经验，每亩压青千斤鲜草，可增加粮食 50—100 斤，如采用刈割牧草，利用根茬肥田，比不种牧草同等土地增产 50%—100%。土地愈贫薄，增产愈显著。自治区各地旱作采用单播、间、套、复种等形式种植牧草，每亩地上部分产草 1000—3000 斤，其地下部分的重量约为地上部分的三分之一到二分之一，使土壤增加有机质，仅氮素一项可增加 6—18 斤。因此，实行草田轮作，农牧结合，也是广大旱作区兴畜牧业的可靠途径。

经过上述对灌区和旱作区种植业结构的调整，实行农牧结合，其保守的预测指标同 1985 年粮、油、糖产量比较，粮油可分别增产 21 亿斤和 2.8 亿斤，饼类、糠麸等农副产品可增产 5.3 亿斤，新增农副秸秆和饲草 139.1 亿斤（详见附表）。如果经过加工，提高其利用率，以绵羊单位计算，每日采食 3.5 斤，缩值系数按 0.9，则可增加饲养 963 万只绵羊单位。这种调整，既使粮、油、糖增加，又发展了畜牧业，使农牧民增产增收。上述调整意见，虽因各地情况不同，如丘陵山区有滩川地 500 多万亩，可实行主攻滩地，种树种草，草田轮作；在东部地区降水条件好，实行草田轮作潜力大，可能要超过旱作区调整指标，这也给本文预测留有余地。

表 1　8000 万亩耕地种植业结构调整一览表

类别 结构 产品	水浇地（保灌）						旱作地					
	小麦	玉米	粮豆	油料	糖菜	小计	粮豆	油料	饲草	其他	小计	总计
	1	2	3	4	5	6	7	8	9	10	11	12
结构比例	20	30	35	11.2	3.8	100	46	21	30	5	100	
面积（万亩）	400	600	700	225	75	2000	2800	1200	1800	200	6000	8000
单产（斤）	600	800	400	300	4000		150	100	300			
总产（亿斤）												
1. 籽实（亿斤）	24	48	28	6.7		106.7	42	12			54	160.7（粮 142）
副产品	4.6		4.2	4.7	7	20.5	6.3	8.4			14.7	35.2

续表

结构 类别	水浇地（保灌）						旱作地					
	小麦	玉米	粮豆	油料	糖菜	小计	粮豆	油料	饲草	其他	小计	总计
产品	1	2	3	4	5	6	7	8	9	10	11	12
糠麸饼类（亿斤）												
2. 糖菜（亿斤）					60	60						
3. 秸秆（亿斤）	24	40	28	10	11.2	113.2	42	1.8				60
4. 青贮（亿斤）		120				120					60	173.2
5. 饲草（亿斤）												120
6. 复种苕子	20					20			54		54	54
小麦茬												20

表 2　种植业结构调整前后对比表

项目 种类	粮豆	油料	糖菜	饼类	糠麸	饲草	秸秆	青贮	苕子
1985 年产（亿斤）	120.8	15.9	50.8	11.1	11.8		157	10	
调整结构预测（亿斤）	142	18.7	60	13.1	15.1	74	173	120	20
调整后—1985 年实产（亿斤）	21.2	2.8	9.2	2	3.3	74	16.2	110	20

说明：粮豆秸秆计算为 1∶1；油料为 1∶1.5；糖菜 1∶0.7；糖菜叶 1∶1.5；饼类 1∶0.7；麸皮为 1∶0.19；苕子、糖菜叶、糖菜丝均为 6 折。

综上所述，不难看出，“念草木经、兴畜牧业”，在草原牧区应把决策首先放在休养生息，恢复草原生态平衡，变被动抗灾为主动防灾，保证畜牧业的稳定、优质、高产上。发展畜牧业，增加牲畜数量，应放在农牧经济区，特别是灌区的种植业结构调整及其潜力上。如经过“七五”或稍长一些时间努力，实现上述预测，可增加养畜量 1 千多万只绵羊单位，粮食 21 亿多斤，油料和糖菜分别增加 2.1 亿和 9.1 亿多斤。这种结构调整，发展了牧业，增加了草料，带动了养猪、养鱼、养蚕、养兔、养蜂的大发展。

不论牧区，农牧经济区，都要把造林放在主要地位，充分发挥其生态效益、经济效益和社会效益。

五、缩短饲养期、加速畜群周转提高商品率

不论草原牧区，还是农牧经济区，发展畜牧业都要坚持以草定畜，畜草平衡原则；在提高畜牧质量的同时，提倡缩短饲养期，加速周转，提高商品率，发展商品畜牧业的原则。近年来，自治区一些科研单位，从东而西对不同草原类型，不同年龄的羯羊，进行了数以千计的饲料耗费和产肉率的测定。其测定结果是：十月龄羯羊胴体重13.8公斤，二岁羯羊胴体重21.8公斤，四岁羯羊胴体重25.8公斤。年龄愈大，增肉愈少，相反饲料耗费越多。一只羯羊养到五岁，经过四次掉膘，损失肉21公斤，生产一斤胴体肉耗费饲草比十月龄肥羔羊生产一斤胴体肉多耗费饲草七到八倍。草原牧区当年肥羔或二岁羯羊，农牧济区当年肥羔生产，对饲草（料）耗费最经济，根据自治区牧科院在荒漠草原进行连续三年肥羔试验，每只肥羔胴体重30.5斤，按现行价格计算，当年育肥纯效益为42元。一些农区栏羊、圈羊育肥当年羯羊，其胴体重更高，有的高达80斤以上。对公牛18—20月龄育肥试验，也有成套技术。一种抓毛、抓肉、抓乳的畜牧业结构系统模型已在一些科研单位研制成功，即将在生产中发挥作用。因此，发展畜牧业，总的来看，缩短饲养期，加速畜群周转，提高商品率，不仅势在必行，而且已有适宜我区实际的科学“软件”可提供技术服务。

要改变自治区畜群结构不合理状况。现在畜群结构，绵羊母畜比例占45%左右，大畜不到35%，我们应在“七五”或稍长一些时间经过调整，使绵羊母畜比例增加到60%以上，繁殖成活率达到85%以上，大畜母畜比例达40%—45%，繁殖成活率达70%。大小畜平均周转达40%。羔羊胴体重达30斤，18—20月龄畜肥牛达250斤，成年细毛羊剪毛量8—10斤。在此基础上，大力发展乡镇企业，对畜产品进行初加工，就可在增加一定数量牲畜的同时，走出一条“扩大母畜比例—多生少死—多出栏、快周转”和加工增值的商品畜牧业路子。加之饲养鱼、猪、兔及农畜产品加工，可使农牧民实现“小康”生活。

由于我们掌握的数据不全，在调整目标上肯定不够十分准确，以牧保农增加粮食可用于发展畜牧业没有测算，林业对畜牧业及其经济效益和生态效益也没有测算，但不管怎么说也是会有很大潜力的，从“念草木经、兴畜牧业”的战略决策看，保护和改善草原、农田生态系统，促进农林牧综合经营，种、养、加协调发展，必然是农牧业、工牧业间、工农业间相互“反弹琵琶”。

要大力发展我区畜牧业商品性生产①

赵真北

发展商品生产，是建设社会主义，提高农牧区生产力的必经阶段，畜牧业生产尤其在牧业区，其商品性很明显，需要大发展。

党的十一届三中全会以来，我区畜牧业生产及其商品率，逐步得到发展和提高。在这以前，长期保持了“吃七卖八”的出栏比例，最高年份商品率达到11.5%，那是因为在1965年遭受大灾不得不多卖的情况下被动提高的。1979年以来商品率逐年上升，1980年达10.1%，1981年达12.7%，1982年达11.2%，1983年上升到13.1%。这几年固然也有因受灾而多卖的因素，但主动性比过去大大提高。在灾害面前，减少牲畜数是不可避免的，问题是怎样减少。过去是因死亡多而减少，现在是提高出栏率而减少，这是一大进步。

一般说，商品率高是生产发展的结果。但畜牧业在某些年份就不一定是那样。如1983年商品畜为550.5万头（只），商品率达13.1%，是解放以来最高的，可是这一年总增数577.1万头（只），总增率才13.7%。1982年商品率低于1983年，但其总增数达970.4万头（只），比1983年多增393.3万头（只）。我们既要增加生产，又要提高消费和商品率。生产是前提，消费是目的。只有在增加生产的基础上，才能稳定地提高消费率和商品率，增加商品量。

增加生产，要有内在动力，增加商品生产，需要有外在动力，还要处理好两种动力的关系和解决好实际问题。

① 1983年12月在内蒙古畜牧业经济学会1983年年会上的讲话，载《内蒙古畜牧业》，1984(2)。

一、增加生产的内在动力

近几年来，由于实行了国营经济、集体经济、家庭经济和经济联合体等多种经济形式，在公有经济内部实行以家庭联产承包为主的多种形式的生产责任制，有效地调动了各种经济成分以及职工、社员的积极性，使增加生产获得了内在动力。

我区畜牧业生产上，由“两定一奖”发展到“大包干”，大大提高了增加生产的内在动力，现在又推行通辽市科左后旗伊胡塔公社“作价保本，提留包干，现金兑现，一定几年”的形式，将大包干责任制又向前推进一步。与会同志对这一形式做了肯定，认为它有利于保住集体经济，使之不再下降；有利于克服对牲畜因有公私之分而有亲疏之别的偏向，有利于改变单纯地追求牲畜头数的落后经营方式，承包户可以自主地调整畜种，加速改良，提高质量，增加经济效益，而且社员心里更踏实，结算更简便，更有吸引力，克服了包头数、提纯增的许多弊病。对提留的现金管好用好，对草原、畜牧业的建设和对农牧民技术培训大有好处。

从去年开始，全区实行草原的两种所有制和家庭承包责任制，给生产队落实了草原所有权，对社员落实了使用权。这也是发展畜牧业的内在动力。落实“双权”和两个责任，责、权、利统一，“有利于贯彻马克思主义的物质利益原则”，有利于充分发挥劳动者主人翁的作用；把群众经营第一性生产和第二性生产的积极性都调动起来，才能使畜牧业生产在保护和改善草原生态的基础上，扎扎实实地发展，才能真正提高经济效益，增加商品生产。

在农区，半农半牧区出现了一种牛、羊集中承包的形式，由于农业和多种经营的发展，分散养羊既无大利又费事，还影响主业生产。把分散承包改为集中承包，比分户承包作为副业经营有利，而且能够专心致志地经营，逐渐向专业化生产过渡。现在畜禽饲养专业户和重点兼业户已有10万户，多数经营得不错，有的成绩显著。饲料种植、加工专业户也开始出现。专业化生产就是商品生产，劳动生产率高，但必须有相应的服务性行业的配合，要求生产社会化、专业化。专业化，社会化，商品化，是畜牧业生产力质变的表现，是我国畜牧业现代化的起步。

二、增加商品性生产的动力

商品是为了出售而生产的，生产出来的畜产品作为商品有无销路，有无利可图，其收益比从事其他生产高还是低，大都受市场和价值规律的制约。市场畜产品的销量反映着社会购买力和消费水平。没有消费就没有生产，消费对生产起着推动作用。市场日益增加的畜产品销量对畜牧业商品生产起着推动作用。解放后，特别是近几年畜牧业生产及其商品生产大增长，是由于人民消费水平提高，购买力增大而造成的。单是社会需要还不能促进生产，对生产者有利他才会积极生产，即使是畜产品，也是挑利最大的生产。随着需求的增加，各种畜产品都相应地提了价，畜产品才大增加，其中价格高的增加得更快。近年来牛奶、鸡蛋、细羊毛等增加得很快，就是例证。

我区的养牛业，饲养量（6 月末数）自 1965 年最高达到 493.2 万头后，多年来一直徘徊在 400 万头上下，到 1978 年下降到 358.5 万头。我们一度认为草原退化，饲草不足，牛的饲养量下降是必然趋势。然而近几年由于对奶牛、肉牛、耕牛需求量增大，上调了价格，市场价也上涨。牛的饲养量逐年回升。1979 年为 376.2 万头，1980 年 391.1 万头，1981 年 381.6 万头，1982 年 404.2 万头，1983 年在各种牲畜饲养量都在减少的情况下，牛仍有增加，达到 407.2 万头，同时还外流了很多。好多地方由于养牛有利，饲草料生产也相应地发展起来。哲盟今通辽市今年青贮饲料就达 8.6 亿斤。说明产品流通得越快，其生产也越快，价值规律对畜牧业的发展具有强大的调节作用。

全区猪的饲养量（6 月末数），1979 年达到最高峰，为 611.2 万口，以后逐年下降，1980 年 598.5 万口，1981 年 535.1 万口，1982 年 503.6 万口，1983 年 495.7 万口。有人认为这是生产责任制落实过程中工作没跟上，公母猪减少，猪饲料不足造成的。这些因素确实存在过，经过努力，问题大部分得到了解决，养猪还是上不去。价格问题不能说不是一个重要因素。1979 年调整价格时，粮、猪收购价都提高了，但由于粮价比猪价提得高，等于猪价相对地下降。据有关资料介绍，猪肉同玉米的比价，1979 年等于 1957 年的 87.1%，猪肉如再同含有 30% 的加价玉米比，1979 年等于 1957 年的 74%。猪肉的收购价相对下降得较大，尤其同经济作物相比，相对下降的幅度更大，用粮养猪不如卖粮合算，“养猪一口不如种葵花一亩”。农民不养猪，我们便借助行政手段派购，结果市民吃肉农民贴钱。这样，一方面不利于调动农民的养猪积极性，另一方面，国家倒挂牌价，卖一斤肉又补贴0.33元，经营部门也不愿大量销售。很自然地出现了猪少买肉难，猪多卖猪难的现象。如果提高猪肉销价，又受消费水平低，购买力低的限制，这几年全国的猪所以还有发展，是由一些暂时的因素促成的，如农业增产，为利用其副产品而养猪，有些地方是因为生产门路不多，养猪虽然收入少，但总比没有收入好而养的；农民历来把养猪看成“零钱集整钱”而养猪；有的是为了积肥或换取紧俏商品而养的；也有集体以工、副业收入支补养猪。这是有限度的，不会是长远之计。还有一个变化是有些农民不愿把猪卖给国营食品公司，在国营门市上缺肉时，他们到市场上自行销售，取得较多的收入。

牛猪两项生产情况反映出对社会需求强烈并经营有利的产品，群众就积极经营，条件不足，也设法创造条件，否则即使有条件也不愿经营。消费的需要和合理的价格推动着畜牧业的商品生产向前发展，畜牧业也只有随着工农业的发展，消费的增加，购买力的提高而发展。随着人们生活的提高，对畜产品的需求量将会越来越大，虽然在将来个人的消费会有个饱和，但其市场永远不会被关闭，价格的上升也是必然的。这是畜牧业商品生产越来越强大的推动力。

消费推动生产，还反映在畜牧业生产者在整个社会消费增长中也要求提高自己的消费水平方面。任何人都不会满足于低水平的生活，尤其近几年社会生活水平迅速提高，驱使畜牧业生产者不得不积极生产和建设，以获得更多的畜产品，增加收入，满足他们自己的生活提高和生产需要的要求。

三、两个动力的关系

我们的畜牧业不提高商品生产就不可能向现代化迈进。只有活畜及各项畜产品的商品率不断地增加，才说明畜牧业生产水平提高了。

过去在相当长的一段时间，差不多是就生产论生产，对商品生产很少研究。在畜牧业合作化后，虽然一再强调社员要有自留畜，那只是为了社员个人生活方便，并没有把它当成一种发经济的方式；虽然执行了“两定一奖”的责任制，但没有彻底克服平均主义。没有坚持生产关系一定要适合生产力水平这一基本原理。党的十二大明确提出，根据我国生产力发展水平“在很长时期内，需要多种经济形式的同时并存”，允许和鼓励个体经济适当发展。“在农村，劳动人民集体所有制合作经济是主要形式”，但不是过去那种模式，“我们要真正按照有利于生产和自愿互利的原则，促进多种形式的经济联合”。当前的个体经济和社员自营部分经济是符合我国当前生产力水平的，它是公有经济必要的有益的补充。以家庭承包为主多种形式的生产责任制也是符合在当前生产力水平情况下的按劳分配原则的。经营形式和分配形式，只有符合生产力水平，才能解放生产力而成为动力。否则就会成为阻力，使生产停滞，消费减少。

生产是为了满足人民日益增长的需要，这是社会主义经济的根本目的。我们的认识一度也是混乱的，一味地追求牲畜存栏数，不增加消费甚至限制消费。不懂得“产品在消费中才得到最后完成”和“没有需要，就没有生产”这些发展生产的根本原理，因而也使农牧民失去了生产的动力。

随着社会主义的发展，社会分工越来越细，生产和消费日益社会化，商品交换成了二者之间的主要联系形式。社会主义经济如果计划不周，各项生产比例和积累比例不当，人民生活不提高，或违背价值规律，流通不畅，消费除自给性生产外也无法为整个社会性生产创造更大的动力。我们没有把增加社会主义商品畜产品作为衡量畜牧业生产的尺度，和以社会对畜产品消费的大量需求去促生产。这都是我们要认真总结的经验教训。

提高生产力，有过“抓革命，促生产”的口号，或只在增加劳动力和劳动强度以及机械化上打主意。虽然也看到牧区畜牧业生产尽管是低水平的专业化，不论在集体生产中的分工或与其他生产部门的分工上都显示出优越性，其商品率较高。因为我们对专业化生产和商品生产缺乏认识，没有采取措施使之向更高的专业化和商品化发展，而是使其长期停留在基本上还是简单商品生产的阶段。

生产为消费创造对象，消费为生产创造动力。如生产关系不适应生产力水平，使生产失去动力，消费的动力再大也难以提高生产这盘机器的转速；生产有了动力，如对畜产品的需求量不大，或经营畜产品无利，生产必然转向，畜牧业的商品生产就受到限制。只有两个动力均衡地转动，畜牧业商品生产才能大发展。这是我们积累了多年的经验教训才有了的初步认识。

发展商品生产符合我国生产力水平，是社会主义基本经济规律的要求，商品生产是个大学校，应充分发挥它的作用。近几年，在农村牧区纠正了在生产、分配、交换、消费方面的“左”的错误，社会主义商品畜产品生产已开始被牧区群众所认识，有一定的进步，不过仍然是非常落后的，不能估计过高，连国营企业都可能遇到收购商品时切断了肉源的情况。所以说在牧区发展真正的商品生产的任务十分艰巨，需要加倍努力，大力培养人才，既学会生产又懂得经营，改变对经商的鄙视。

四、发展畜牧业商品生产的几个具体问题

为更好地发展畜牧业生产，提高商品率，有些问题需要继续解决和落实。

（一）自治区《草原管理条例》（试行）已颁发，各地都在贯彻。巴林右旗等地已取得显著成绩，还需要像抓农业、畜群生产责任制那样积极认真地继续落实。我区草原退化不是短期内能够恢复的，更严重的问题是现在仍在继续退化和恶化，今年鄂托克旗发生了黑风暴，草原植被越差的地区刮得越凶。这样下去，别说增加商品生产，就是维持自给性生产也将难以为继。对草原的管理、保护、建设已到了不得不大声疾呼的时候。在落实《草原管理条例》的“双权”中，草牧场在不同的地区如何根据当地情况落实到户或组，如何建立草原保护建设的责任制，牧区饲料基地责任制如何进一步完善，以草定畜、核定载畜量如何具体化，对《草原管理条例》的实施细则如何制定等等，都需要继续在实践中摸索经验，任务是很大的，建议各级领导把它当成一件大事狠抓。

（二）畜群生产责任制，在推行“伊胡塔”形式中将会进一步完善，同时也建议试行集中承包和发展专业经营。因为（1）畜牧业的特点，根据放牧场的情况，牲畜适宜按畜种、数量、品种、性别、年龄分群放牧管理；（2）放牧人员适宜固定；（3）服务的项目多，需要分工协作；（4）牧区需要改革单一的畜牧业经济，开展多种经营。家家小而全，草原建设、畜群管理都很难做好。有不少地方合群轮放牲畜，不轮换草场，对草原和畜群都不利，而且还束缚着劳力，不能发挥其应有的作用。这是责任制不完善的问题，而不是责任制本身的问题，应该引导牧民集中专业承包，组织多余劳力从事各项生产服务和多种经营。方法可以灵活多样，关键是能否组织起各项服务和其他生产，否则承包户自己没事干还要支付放牧工资。生产门路是有的，主要是需要有人筹划安排。

专业化生产的优越性是非常明显的，是发展的方向。我区的畜禽饲养专业生

产发展的数量还不多，质量还不高，尤其牧区更差，需要重视其发展。但必须以组织好有关服务和牧区剩余劳力有出路为前提，把当地能开展的生产事业，放在当地因人制宜地进行分工和自愿地合作，是一件不容易的工作。畜禽专业生产又是风险大的行业，饲草料供应、对各种疫病的防治和灾害的防备都需要协调。因此，要因势利导，由低到高，由点到面，逐步发展。

（三）发展畜牧业生产“以满足工业发展和人民生活提高的需要”是十二大明确了的任务。我们必须不折不扣地贯彻执行。遵照国家计委和农牧渔业部的规定，把肉、乳、蛋、毛、皮等产品列入计划，对牲畜存栏数只进行统计，而不作为计划指标，对牲畜饲养量也只做统计，不当做衡量生产的尺度。衡量生产的尺度应是草原、土地单位面积的畜产品产量，这有助于对草原牲畜的科学经营，有助于提高商品生产。

畜牧业的商品生产计划也要有切实的可行性。养畜有草场，产品有市场，消费有货购，经营有利赚，四位一体，相互促进。没有草原和各种饲草、料（包括加工饲料）做基础，便没有畜牧业生产，这是人所共知的。在我区多年防备和抵御自然灾害的斗争中，镶黄旗已总结出丰年多种草贮草，灾年多卖畜存款的好经验，应积极推广。当前另一个大问题是畜牧业的商品生产要适应市场需要和开辟适销的市场。按市场需要进行生产，如当前短缺的牛、羊肉，瘦猪肉，牛奶，鸡蛋等应多生产，不需要的不生产或少生产，改变传统的经营方式；对已生产出来的和继续生产的但一般市场不需要的产品，要寻找和开辟适销的市场，为它们在传统习惯改变之前和周期慢的畜牧业生产调头之前找到销路。

（四）养好母畜，加快出栏，提高商品率。虽一再强调提高母畜比例、加快出栏，但收效不大，主要是因为没有根据我区青草期短、贮草少的特点，改变补饲对象，改变产羔季节。我区特别是牧区母羊大多数在枯草期受胎产仔，全靠放牧采食，“九尽羊干”，缺奶弃羔。羔羊进入冷季，月龄短，营养不足，当年能到屠宰标准的不多，需要过冬补喂的瘦弱羔的不少。把有限的贮草喂了瘦弱羔，母羊得不到补饲，亦变得瘦弱，形成瘦羊产瘦羔，过冬喂瘦羔，春天死瘦羊的恶性循环和瘦弱羊多、母畜比例低的生产低能的局面。根据一些地方的经验，把饲草料重点用来补喂母畜，加上必要的棚舍，改产春羔为冬羔，就可做到“母壮儿肥”，“母多儿多”，羔羊当年出栏。牛也可以很快出栏，出肉多，死亡少，成本低，自然就提高了母畜比例。凉城县就是这样做的，母畜比例达 70%。母牛的情况也一样，加上挤奶或使役，发情，受胎率很低。与其强调母畜比例，不如注意提高母畜待遇。羊毛是我区一大优势，羯羊早出栏还是留着产毛，根据各地的草原状况进行比较分析，要两利相衡取其重。

（五）推广科学技术措施。如草库伦、青贮、种草、养畜肥田、草粮（油）混播或间作、饲料加工、同期发情、冷配、缩短肉用畜育肥期和多项防疫措施，都是当前可以增加生产降低成本，并且不需要很多投入，但见效快的办法，应积极稳妥地推广。一般认为养猪赔钱，赤峰市一个大队养猪场六个月育肥出栏就赚钱。草原保护方面，禁止开荒是保护，规定合理载畜量和种草种树也都是保护，牧草增产就等于扩大草牧场，就能减轻草场的压力，种草带粮油既收草又收粮油，既解决群众生活需要又增加建设所需投资，都是科学的安排和科学的措施。用先进的科学技术增加生产，提高质量，降低成本。这样有些产品虽然价低，但有竞争力，能弥补价格上的不足。

（六）继续放宽流通政策，开放市场，组织畜产品加工上市。畜产品价格偏低，需要调整是无疑问的，但由于国家财力不足，一时难以实现。可是国家收购牛羊有基数，允许农牧民完成收购任务后，自行处理自己的牛羊和畜产品。不定收购基数的话，群众心中无底，在完成任务之前，因临时需要出售或趁膘情好行情好时出售，都受到限制；完成任务又受到季节寒冷行动不便的限制和牲畜掉膘以及耕役畜销售进入淡季、肉畜集中上市造成市场行情下跌而遭受损失。定收购基数是国家政策，应尽快贯彻，把任务外的牲畜出售数量完全交给养畜者，让他们自己决定出售时间、地点、对象和育肥出售还是卖架子畜，以便让他们做出最适宜的安排，多取得一些收入。这样又可以进一步调动群众养畜的积极性，同时还能够促进养畜方式的科学化。

对农牧民无力自行处理的牲畜和畜产品，提倡善于经营的个人或群众联合经营和旗县、公社组织经营加工。卖活畜，也可以屠宰分为皮、肉、内脏、骨等出售，还可以卖分割肉。把各种畜产品加工后出售是经营的一大进步，目前对畜产品进行的各种加工业已陆续出现。最近区外的一家牧工商联合公司与受灾的正镶白旗签订合同，收购过冬的牛羊 7.8 万只，价格相当于食品收购价，他们拿去一加工就赚钱。要学习人家的好经验，尤其在牧区要发动牧民离牧不离乡开展经营活畜和畜产品的活动，以及利用当地资源开展多种经营。建议退到二、三线的干部中的有志者帮助牧民开展这项工作。

（七）使用好资金，培养好人材。政府投向畜牧业的资金合起来也不算少，加上群众的自有资金就更多了。使用好资金的确是一门学问。我想：（1）使用要有重点；（2）给旗县主动权；（3）与群众的利益结合好，使群众真正收到效益；（4）引导群众把资金用于生产建设，自力更生地发展。从政府、集体、个人的资金中拿出一部分来，用于开展对干部和农牧民的管理知识和技术培训，首先是管理知识的教育，懂得管理、经营，才会感到技术的迫切性。这是在畜牧业建设中比什么都重要的一笔投资，要舍得投入。

（八）注意在城郊和经济发达地区发展畜牧业的商品生产。城市是畜产品最大的市场，这里又有支援畜牧业发展的便利和优势，如交通、动力、饲料加工、先进技术等。城郊等地应在现有的基础上把城市迫切需要的畜产品，尤其是奶、蛋、禽等鲜活产品发展上去，以供应城市，增加农牧民收入，提供发展畜牧业的商品生产的经验。

当然还有很多问题要解决，我认为以上几个问题显得更为紧迫。

解放思想，深化牧区改革[①]

赵真北[②]

牧区、半牧区经济体制改革已有很大进展，草原由单一全民所有制改为集体所有和全民所有两种公有制，并在部分地区实行了家庭承包，集体所有的牲畜和生产机具改为牧民家庭所有；对畜产品（包括商品畜）的经营实行了放开的政策。在草原建设和保护上取得了一些明显的成果，棚圈建设发展较快，对牲畜的经营有了一定的改进，有些新技术被采用，多种经营、个体工商业户和乡镇企业已有出现，牧民中开始萌生着商品观念。对这些进步，必须肯定、珍惜和继续促进。但改革的任务远远没有完成。

社会主义的根本任务是发展生产力，发展生产力必须进行改革，改革的方向是建立在社会主义公有制基础上有计划的商品经济，改革的成败和收益大小以生产力发展的程度为衡量的根本标准。当前我国发展生产力的课题是实现工业化和生产商品化、社会化、现代化。根据这一要求，在我们牧区半牧区加速发展生产力，提高对自然利用和改造的能力将更是一个历史性的艰巨任务。

一、当前牧区半牧区的生产方式仍很落后，急待发展和改革。牧区生产力基本为单一的畜牧业，半牧区畜牧业外有点农业，也基本是单一生产；作为主要生产条件的草原在继续恶化，牧民占用的草原虽改为集体所有，但集体管理的机制已被削弱；流通体制亦很单一，而且牧民不自主经营；生产关系实际为小生产。这种生产方式不论在社会主义初级阶段的我国，还是在经济比较落后的我区都属

① 原文为蒙古文，写于1988年4月11日，连载于《党的教育》（蒙古文版），1988（7、8）。赵真北译为汉文。

② 时任内蒙古畜牧经济学会理事长。

于最低的层次。它没有解放生产力反而束缚了生产力并有相当程度的倒退。劳动力没有多少向非牧产业转移，反而在畜牧业上据几个旗的调查约多占用 50% 的劳动力，还又加上大量雇工；对牧民在牲畜饲养管理上下辛苦的积极性没有被普遍调动起来，反而有相当多的牧民、有些苏木 70%—80% 自己不劳动而雇人放牧；有些牧民把收入用于雇工工资，却不愿在生产建设、饲养种畜、防疫和抗灾等上投入资金。因而近几年来牲畜没有增产，就以接活的仔畜看，从 1983 年改革后的第二年算起至 1987 年四年全区共接活仔畜 4052.7 万头只，繁殖成活率才 60%。而 1962 年—1965 年和 1979 年—1982 年的两个四年分别接活仔畜 4165.5 万头只和 4337.8 万头只，繁殖成活率分别为 67.7% 和 66%，均比改革后高。以上的三个四年是畜牧业外部环境最好的时期，自然气候也大体差不多。头一个四年“左”的错误有所克服但仍在继续，草原条件尚好；后两个四年（中间的 1983 年是改革的高潮之年）草原不及以前，但“左”的错误大大消除。对草原保护有了法律保障，对各项政策均已放宽，人力、财力、物力和技术力量都大大增加，本应在各方面都应有明显的变化，却不然，不仅牲畜没有增产，对草原掠夺性的放牧基本没有改变还有一定程度的加剧，先进技术有所放弃，多种经营和乡镇企业发展不快，牧民开始两极分化，雇工和接放“苏鲁克”的均已出现。这不得不让人深思。

对牧区半牧区的这种单一生产，内部基本没有分工、没有交换、没有市场和生产力发展缓慢的现状，如果不加以改革，不仅要影响社会主义建设的进程，而且也无法使这些地区的蒙古族等少数民族兴旺发达。解放以来牧民收入一直高于农民，改革后牧民收入陡增，以此为满足。其实这在客观上由于地广人稀，人均占有草原和牲畜多，即劳动的自然生产率高；二是近几年畜产品收购价提得快，不是劳动的社会生产率高。现在前一个条件逐渐降低，后一个条件也不会无止境的增长。如据农委经营管理部门的统计资料，对有农村牧区可比的 8 个盟市的变化看：1980 年牧民人均收入高于农民人均收入不到 1 倍的 3 个盟市，高于 1 倍的 2 个，高于 2、3、4 倍以上的各 1 个；1985 年牧民人均收入低于农民收入的 2 个盟市，高于不到 1 倍的 4 个，高于 1 倍以上的 2 个。近几年增加的收入 90% 以上是靠提价取得的。1986 年牧民人均收入下降，1987 年因畜产品又提价，牧民收入才又有所提高。牧民收入高于农民收入的历史已告一段落。

当今世界，各个国家和民族，都在积极发展自己的经济，增强自我发展能力，为自己在生存和发展拼搏；否则，不仅要落后，而且在这个世界上将没有他们的地位。我们党的十三大已向全国各族人民鸣响警笛，全国人民都在为社会主义四化建设战斗，各少数民族也都在加快建设，改变原有的生产结构，向生产的多元化迈进。我们牧区半牧区的牧民和干部更应全力以赴，加快步伐，不仅要办好畜牧业和农林业，而且要发展手工业、工业和商业等第三产业；靠单一的生产结构尤其是我区不稳定的畜牧业生产是不可能加速前进的，不可能提高生产力的，不可能持续致富，更不可能共同富裕的，这已为历史和现实所证明，也会为今后的发展所证明。

我们党的一贯政策是鼓励和支持各少数民族自力更生，奋发图强，发展经济文化，赶上先进民族。现在更是各民族发展的大好机遇，千万再勿错过。过去失掉的机会很多，如在牧区建饲料基地和兴办工业、商业等，牧民参加的很少。引进人才、技术是完全正确的，更为重要的是应带动牧民参加这些新的生产建设；牧民也应积极学习和参与新生事物，不应消极对待和依赖。牧区的群众和干部要认清形势，不失时机地加倍努力，把生产力推向一个新的水平。

为发展牧区生产力和商品经济，对当前生产关系上的一些束缚必须进行改革，不改革是没有出路的。单一的生产，靠小生产的经营方式已不适应商品经济的要求。必须引导牧民在不改变牲畜家庭所有的前提下在生产的各个环节上进行互助合作。如对草原（包括水利）的保护、管理、使用和建设，核定合理的载畜量和畜群规模；根据市场需要的变化因地制宜地对畜种的选择和品种改良；对牲畜科学的分群管理；种畜的配备和管理；各种科学技术的应用和推广；多种经营的开展；各种产品的销售，等等。在人力、财力、物力和技术上互助合作，发展畜牧业、乡镇企业，也发展个体工商业户，使各种生产要素尽快地实现最佳组合，做到人尽其力、物尽其用；克服劳动投入多生产效率低、消费投入多劳动积极性低的不正常现象，才能不断地提高劳动生产率，才能有发展商品经济的希望。

二、发展和改革都需要解放思想。解放思想必须记取历史经验教训，分析现状，从各地的需要与可能的实际出发，集中力量发展生产力。

牧区半牧区有着和农区不同的一些特点，对它的发展与改革都需要从实际出发，不能完全套用农区的做法。但对改革成功与否衡量的标准同农村是一样的，都得以生产力发展与否和发展的程度为根本标准。不论在民主改革还是社会主义改造都曾坚持了这两点，结果这两次改革都促进畜牧业大发展。

牧区半牧区发展与改革都有过正负效应之分及其内外因素和经济基础与上层建筑因素之分。如集体经营时期中的平均主义、制度不健全和相当多管理人员素质不高，是其内部问题；对发展上的瞎指挥，自觉不自觉地限制牧民经营非牧产业上和对集体经济刮“共产风”、平调、强行安插外来人，对畜产品低价派购，乃至政治上的瞎折腾等等，都是上层建筑上的错误；畜产品商品率的提高、价格上升和大量劳务输入等是外部因素；从合作化开始的家畜改良和草原建设，既有内因又有外因。不能简单地把过去的问题都归罪于平均主义、“大锅饭”，也不能把现在的成就都归功于“草原承包、牲畜归户”或把一切问题归咎于改革，要具体分析。在牧区半牧区越大越公不对，也不能说越小越私就好。当前的劳动投入多效益低，收入增加多效能低，对草原重点建设注意多大面积保护效果低等问题，主要是牧民家庭经营后，积极性有调动，困难也有增加，收入猛增对勤俭建设有促进，也有促退等所致，而第二步改革又没有及时跟上。这种状况，各个地区各个牧民不完全一样。有的在生产上增加劳动的和资金的投入，有的只增加劳动的投入不增加资金的投入或相反，有的劳动、资金都不增加投入，甚至还减少。在畜群管理上分自己放牧、合群轮流放牧、雇人放牧和跟群放牧、瞭牧、天牧。像这样对牧草超前消耗、对收入超前消费的状况继续下去，好多地方维持简单再生产都难以为继，更谈不上扩大再生产。增加收入提高产量，本还是粗放经营，有好多牧民还不愿意，仍然是靠天养畜。正如列宁所说：“只要我能多捞一把，哪管它寸草不生，这种小私有者的观点还牢固地保持着。”[①]生产就没有后劲。充分说明小生产无法适应商品经济的大发展，也经受不起商品经济发展迸发出来的能量的冲击。畜产品短缺，价格上升，本应借此机会增加生产投入，改善生产条件，增加生产，提高质量，积极竞争，但是在相当多的牧民看来“高价”的畜产品、“廉价”的劳动和现代化的生活用品，正是千载难逢的坐享其成的大好机遇。游牧生活变成游而不牧，前者落后，后者更加落后。小生产的这种局限

① 中共中央马克思恩格斯列宁斯大林著作编译局编译：《列宁全集》（第三十四卷），170页，北京，人民出版社，1985。

性、短期行为和单一生产加重的狭隘性、保守性和依赖性，对现有的生产都无法扩大，更不可能加速生产力的提高和商品经济的发展。

但是单一的生产必须与外界交换。交换就是起始于游牧部落，这已有很久的历史。牧民出售的活畜占其总出栏量的百分之六七十和皮毛产量的百分之七、八十，还出售盐和土特产品。在当地出售，有的到外地出售。但却缺乏个人经商的习惯而到国营、集体工、商企业，他们还是乐于参加的。现在工业、建筑、交通、商业和金融等部门工作的蒙古有 8.5 万多人；蒙古个体工商业也已 1 万多户。只要加以引导，用草原退化和相对缩小、人均占有牲畜下降、畜牧业停滞和劳动力有余、已有少数向非牧产业转移并做出成绩的事实，进行宣传教育，进一步做出样子群众是会按照国务院去年为牧区制定的“以牧为主，草业先行，多种经营，全面发展”的方针，加快建设和深化改革的，是可以改变生产结构和发展商品经济的。

全国城乡的改革与发展对牧区半牧区是一个推动，也是个挑战。这一地区的群众和干部能不能应战，关键还在于干部中继续清除在政治上“左”的影响，消除余悸，大胆率领群众开拓前进。牧区半牧区不论作为蒙古族聚居区或是经济落后地区，都有必要加速发展。《中华人民共和国民族区域自治法》强调“民族自治地方必须发扬自力更生、艰苦奋斗精神，努力发展本地方的社会主义事业，为国家建设作出贡献”。不仅是民族自治地方要发展，少数民族也要发展。去年中央、国务院对新时期民族工作总的指导思想和根本任务规定为：坚持两个基本点，紧密结合少数民族地区和少数民族的实际，从民族平等、民族团结、民族进步、互相学习、共同致富出发，以经济建设为中心，全面发展少数民族的政治、经济和文化，不断巩固社会主义的新型民族关系，实现各民族的共同繁荣。中央领导同志也曾强调“观察少数民族地区的问题主要是看少数民族能不能发展起来”。所以这样强调是因为少数民族地区发展起来不一定在该地区的少数民族也发展起来，但如果少数民族发展起来，少数民族地区定会发展起来。这既是奠定民族团结的基础，又是衡量各民族共同繁荣的标准。自治区党委提出“团结建设”的口号完全符合我区的实际，不团结无法建设好，建设不好就没有各民族团结的基础。把少数民族的发展作为衡量少数民族地区发展的主要标志，是对少数民族全面发展政治、经济和文化的鼓励和支持，又是对少数民族为国家社会主义建设作出贡献寄予的希望，并对少数民族的发展在政治上给予肯定，法律上给予保障。我们要把《民族区域自治法》用好用够，使蒙古族得到发展并为国家作出贡献。发展和贡献不仅是提供某些产品，而是政治、经济和文化全面发展和全面作出贡献。少数民族只有长足地发展才能对国家作出贡献。在近期就是对我区三个奋斗目标，即全区人民生活水平逐步达到全国中等以上水平、逐步实现粮食基本自给、逐步提高全区财政的自给率争取财政自立，从各地各自不同的角度作出应有的贡献。我国哪一个少数民族如果不发展生产力和商品经济是根本不可能同其他兄弟民族共同繁荣的，更不能为国家作出贡献；如果脱离生产劳动那是不堪设想的，我们牧区半牧区的蒙古族等少数民族更是需要跳跃式的前进才能较快地繁荣起来。

三、改革必须坚持以发展商品经济为目标的指导思想。自然半自然经济向前发展就是商品经济，这个阶段是不可逾越的，而且也是必须进入的；为加速生产力的发展也必须运用商品经济的效能。所以要改革就是要革除不适应商品经济发展的生产方式和管理体制，发展适应商品经济发展的生产方式和建立相应的管理体制。而不仅仅是为解决温饱问题和仅仅是增加牧民收入问题；否则，做好扶贫工作就行了，因为牧民收入已成倍增加，再无改革的必要。发展生产力的目的主要是满足人民日益增长的物质文化需要；满足日益增长的需要必须发展生产力；没有生产力的不断发展，人民收入在特定条件下可能有一时的增加，而不可能持续增加或收入虽增加但由于产品不足买不到或物价上涨而实际收入下降。因之，不论城乡和牧区都必须大力发展商品经济，以提高生产力。

过去由于我们不懂得自然经济、商品经济、产品经济的经济发展规律，不是从自然半自然经济直接改造为产品经济，便是从产品经济又简单地回到自然半自然经济，都是跨过中间这个不可逾越的商品经济阶段，这是一个极为深刻的教训，应该记取。深入改革是要引导牧民从自然半自然经济发展到有计划的商品经济，再不能重走老路。

在牧区以小生产的方式发展商品经济是不可能的，只能是小商品生产，即使有很少的人能发展商品经济也得改变生产方式。要想加速牧区商品经济的发展适应全国经济发展形势，推动牧区生产力的发展和社会进步，必须采用合作制，地区性的合作、某个层次的合作或单项合作。

合作制是农村商品经济发展的产物，它不是起源于社会主义社会，很早以前就在资本主义国家出现。目前资本主义国家的合作性组织遍及农村。像曾是老殖民地国家的印度，它的农村合作社的历史已有 80 多年，入社农户占总农户数的 60% 多，已是家喻户晓的事情。在农村发展商品经济首先要扩大经营规模或实行专业化经营；需要市场和价格信息、先进技术和先进的生产手段以及先进的管理方法；需要生产资料供应、贷款、农畜产品运输、加工和销售；需要专业分工和社会化服务。解决这些需要，在农村因受自然地理、生产的季节性和分散性、科学技术力量薄弱、信息不灵等限制，一家一户的农民是难以办到的，而且还要尽量避免遭受商人和高利贷者的沉重剥削，所以合作组织应运而生。合作组织为农民提供产前、产中和产后的各种服务，才能比较容易地克服发展商品经济的困难和为之创造较为有利的条件。

在农村发展商品经济，大多数农民离不开合作制，不仅为资本主义国家的农村所证明，也为我国的农村所证明，亦为我们牧区半牧区所证明。人们还记忆犹新的“阿音”，是一种产品交换活动或临时性的商业活动。“阿音沁”是有组织的并有具体分工，以克服长途跋涉中和进入农区城镇后个人难以克服的困难。推举有经验的老牧民当“嘎令阿哈”以减少在交换中的受骗。“阿音”有的几个人合伙走，有的几个人被亲友推举代表他们合伙走。合作化后牧民到外地的交换停止了，“阿音”也消失了。又如近几年出现的苏尼特左旗屠宰场是 19 个嘎查和一些牧民集资兴办的；东胜县的蒙古族小煤矿是由敖登敖日布为首的鄂托克等旗 30 多名牧民合办的。现在对分散经营的畜牧业，苏尼特左旗巴音塔拉嘎查坚持了双层次经营体制，生产、建设、抗灾和收入增加、普及小学教育都远远超过缺乏统一经营层次的个体经营者；各地都有些分散经营的牧民重新组织起来，合群放牧、统一使用打草机具和在各个生产环节上换工互助等，这是传统经验，并非鲜为人知。在扶贫上 50 年代曾有过“呼和勒太”互助组，现在又有些牧民组织起来以开展捕鱼、搬运等多种经营脱贫。除此之外，牧区半牧区还有多种多样的互助合作。它们与过去所不的是有的开始突破了单一畜牧业的生产方式，离开牧区进入城市和农村。像敖登敖日布等一些蒙古族不仅成为经营者还成为矿工。即使是对畜牧业的简单再生产和脱贫，互助合作的也比单独活动的要好得多。有充分的理由说明互助合作是发展商品经济和提高生产力的必然产物，不是可有可无的组织形式，尤其发展社会主义商品经济更需要互助合作。

当然有了合作机制并不等于能发展商品经济，像过去的合作社集体经济那样。只有在外部环境具备的条件下互助合作才能成为发展商品经济的机制，而发展商品经济则必须有一定的合作或联合，不能把合作制同平均主义、“大锅饭”画等号。现在牧区半牧区的改革就应当是建立适合商品经济发展需要的在生产上、流通上和有关各项服务上的多种形式的、程度不同的合作或联合，使生产关系适应生产力的发展。

四、以改革畜产品的流通体制启动牧区经济的活力。牧区半牧区的畜牧业一靠草原牧养牲畜，二靠市场换取牧民生产生活的必需物资。这种自然半自然的经济向商品经济过渡，还得再靠生产多样化和互助合作社会分工，靠科学技术和先进的经营方式。当前不论是维持简单再生产还是向前发展，都受到这几个方面的直接制约和它们的相互制约引起的困难。其中畜产品经销上牧民的责、权、利没有统一，是当前最大的制约因素。因为牧民自给部分很少，要用大部分畜产品换取需要的大部分生产和生活物资。牧民对畜产品的经营权就是他们的经济权。对牧民的经济权解决不好或他们不会应用这一权利，其他几个方面的制约都无法克服，牧区也无法向商品经济阶段过渡。

当前畜产品的经营体制，虽有改革，对畜产品的销售也已放开，但重要产品还基本为国有、集体商业层层控制，而滞销的产品却无人问津。“以农产品为原料的加工厂，要从多方面为原料产地提供服务，帮助农民按工厂要求提供产品，逐步做到以加工指导生产、带动生产。农民和工厂签订合同，双方互惠，利益共享”的中央指示（1986 年 1 号文件），在畜产品生产和收购上还没有执行。牧民对使用的草场和饲养的牲畜责、权、利体验，在畜产品销售经营上还没有完全的自主权，实际上责、权、利还没有全部统一或至少还不完善。因而有些牧民把羊毛等畜产品卖给非法经营羊毛等单位和私人贩子，出现了“羊毛大战”等紧张局面。还有在基层直接为生产服务的科技机构和科技人员的责、权、利没有统一。这些都严重地影响着群众和科技人员积极性的调动和生产的进步。

中央（1987）5 号文件指出：“根据发展有计划商品经济的要求，逐步改革农产品统购制度，建立并完善农产品市场，是农村第二步改革的中心任务”就是针对上述需要改革的问题提出的，它不仅适合农村而且更适合牧区半牧区。

畜产品按中央精神、国务院有关政策，既要放开，又必须管好。保护群众的应得利益、畜产品加工业的原料来源和地方政府的税收，促进商品经济发展和建立完善畜产品市场。既放开又管好，比较好的办法是“要支持农民组织起来进入流通。”在牧区半牧区的供销社要按照合作社原则，尽快办成牧民的合作商业组织，完善食品生产服务体系外，支持牧民组织起来进入流通，将是完善牧民生产权和经营权的责、权、利统一和牧民应用好这一权利的最好的途径，应成为第二步改革的主要方向。

牧民出售的畜产品是牧区的主要商品，接受历史的和现实的教训应当组织起来销售，也比较容易组织起来，加上牧民不愿个人做买卖而能集体经商的特点，应积极支持牧民组织起来进入流通。必须看到牧民组织起来进入流通，完善责、权、利统一，完善自我服务，提高其谈判地位，开展同各方面对话，是反映牧区商品经济发展的客观要求和必然趋势，“各有关部门均应给予热情支持和帮助。”对牧民组织起来进入流通支持与否、帮助与否，是对牧区进一步改革支持与否的问题，切不能等闲视之。

牧民组织起来进入流通，实行工牧直交，产购销一体。一方面同皮毛加工工厂、食品商店等签订长期的或年度的畜产品购销合同，也可以上市场拍卖，对滞销产品经过加工变成适销的商品出售；另一方面同每户牧民签订产前，产中、产后的各种服务和产品产销合同。不论购与销都要随行就市，以质论价。让牧民得到实惠和不同的经济效益，把他们的生产纳入按市场调节的有计划的商品经济和市场竞争的轨道。

牧民的流通组织要引导牧民适应市场竞争，增加生产投入，改善生产条件，挖掘生产潜力，扩大生产门路，增加产量，提高质量，降低成本。如对草原，一要依法保护不受他人侵犯；二要积极建设、合理利用，提高其生产能力和利用率，防止和减少退化，使之能为发展畜牧业商品经济不断地提供优质牧草和一定的饲料。应在选择畜种、改良品种、提高母畜比例和繁殖成活率、提前产仔期、缩短饲养期、提高产品率等上挖潜力和开展多种经营等，在这些方面下工夫，不应继续超载养畜，掠夺草原；应引导牧民订立乡规民约，对超载放牧者加大草原管理费的收取，用于草原建设；引导牧民把雇工的工资用于草原、水利、棚圈等建设，有条件的地方实行围栏放牧，节省人力，降低费用。只要畜牧业生产和草原建设纳入商品经济，便能够比较容易实现畜草双丰收，加上依法管理草原和各级党政的重视，尤其要加强嘎查委员会代表集体的管理职能，定会把草原管理好，保护好和建设好。

扩大畜牧业的商品生产，必然要扩大经营规模和实行专业分工、社会化服务以及互助合作，从而加快畜牧业各项建设，提高经济效益，解放大批劳动力。

为做好对畜牧业商品生产的信息、资金、技术、物资、成本核算、科学管理和产品加工、运输、销售等提供服务，牧民的流通组织最好同畜牧综合服务站或其他有关单位联合，让畜牧综合服务站逐渐走向企业化经营。让他们各项服务与报酬挂钩，充分发挥他们的科学技术和经营管理知识的作用（必要时先由畜牧综合服务站牵头组织牧民进入流通）。

牧民自己的流通组织要勤俭经营，精打细算，将盈余不一定全分给每户牧民，而应用草原的能量返还，资助牧民建设和用于减免服务费的开支以及开辟新的生产门路；还有必要考虑对教育的资助和各种有关专业人员的开支。

牧民组织起来进入流通，一旦学会经商，了解市场了解社会，他们的观念就会焕然一新，不仅仅是关心畜产品的生产和出售，还要关心畜产品的加工和当地其他资源的利用，关心劳动力向非牧产业的转移，关心集体积累和牧民手中的资金如何发挥作用。当前应把扶贫对象和扶贫资金尽量转向非牧产业，那样将会对牧区半牧区商品经济推向较广的范围和较高的层次，将有社会大分工，生产力大进步，将是牧区半牧区繁荣发展的真正起步，后发性优势会真正发挥作用。

以改革畜产品经营体制推动牧区半牧区各方面的革新，是这一地区的伟大变革，必然会引起各方面的关注和热情支持帮助；也会遇到某种抵制，但有生命力的事业是不会被战胜的。

五、后发性优势，必先重教育。当今国内外各民族的发展程度差别极大。我国蒙古族尤其居住在牧区半牧区的，其经济发展在全国各民族中属于后列。若同发达国家比，人已登天，我们牧区有不少人还未上床，仍席地而居；说天地之差，已不是形容词，而成为事实。现在落后民族的发展无须重走先进民族的老路，将他们的科学技术成就和先进的文化学过来应用好，就会较快地跻身于先进民族行列，这是一种后发性优势。但是学习先进的科学技术和管理经验，必须具备相当的文化基础，要办好教育。好多落后国家和落后民族都在走这一捷径。我们如再不学习，只好继续“席地而居”几百年，但到那时，大概再不会留有“席地而居”的位置给我们。因而应动员孩子们都能回到学校，教员们回到课堂，大中专毕业生中的有志者回到牧区并能够真正服务于经济文化建设。办好普通教育，也要办好职业教育，培养各种合格人才，提高劳动者素质和他们的专业技能。这是牧区发展与改革的百年大计，反过来又是只有深入改革才有可能实现的大业。应把眼界放的大点看得远点。

深入牧区改革，要完善牧民在生产和经营上责、权、利的统一，把畜产品经销权交给牧民，牧民组织起来进入流通，分工合作，改变生产结构，发展商品经济，提高生产力水平，增强牧民自我发展能力，为国家社会主义建设作出贡献。为此，奉劝牧民不要脱离劳动，孩子不要辍学，干部不要放弃职责，人力不要浪费，资金不要挥霍。

第二步改革要远比第一步改革难度大，克服习惯势力和利益重新分配的阻力，人才的培养，效益的取得，经验的积累，都得一个较长的过程。还得制定相应的有关政策、规定和流通组织的章程等法规。要有极大的革命热情，高超的聪明才智和艰苦的辛勤劳动才能实现，也坚信只要坚持改革就一定能够实现。

一九八八年四月十一日

贫穷和落后都不是社会主义[①]

赵真北[②]

“贫穷不是社会主义”，江泽民同志在“十四大”的报告中将这一问题提到全党、全国各族人民面前，提醒人们务必意识到加快社会主义建设的紧迫性，进一步解放思想，加速改革，推动社会主义建设加速发展。

贫穷的根源在于落后。落后这一习惯势力比贫穷更可怕，穷则易于思变，我们的改革开放，就是思变，而落后却很难意识到落后，或许承认落后又不设法改变落后。所以，贫穷不是社会主义，落后就更无法说它是社会主义。我们内蒙古牧业区有些地方已富裕起来，有四成的牧户人均收入超千元，是否已经摆脱落后进入社会主义？这是应当回答的一个问题。

牧业区是一部分蒙古、鄂温克、达斡尔族聚居的地区，它的经济发展与其他地区比较，落后程度有着一个世纪的差别。对这种状况，周恩来总理曾非常郑重地讲过：“建设社会主义工业化的国家，是任何民族都不能例外的。我们不能设想，只有汉族地区工业高度发展，让西藏长期落后下去，让维吾尔自治区长期落后下去，让内蒙古牧区长期落后下去，这样就不是社会主义国家了。”[③]在1957年讲的这话已过去35个春秋，我们是怎样理解的，我们牧区有什么发展？

一、新中国建立以来，在牧业区出现了相当规模的城市、工矿区和许多小市镇，公路、铁路、航空和现代化通讯都延伸入牧区。这些除呼伦贝尔外几乎都是

---

① 1993年内蒙古民族贸易经济研究会、蒙古族经济史首届学术年会论文。载《内蒙古民族贸易》，1993(131)。1996年获内蒙古自治区第五届社会科学优秀成果荣誉奖。本文缩写版刊登于《中外合资企业报》1994年2月23日第4版。

② 时任内蒙古畜牧业经济、蒙古族经济学顾问。

③ 中央文献编辑委员会编：《周恩来选集》(下卷)，266页，北京，人民出版社，1984。

从无到有，发展迅速，变化惊人。在这些点、线以外的广大草原地区（即本文所指的牧业区），生产力也有一定的进步和发展。牧民中开始出现从工从商，引种入牧，讲究畜牧业经济效益和生态效益，应用新技术，使用新机具，改变单一畜牧业的经济结构、传统的经营方式和落后的生产手段；牧民的物质文化生活更有显著改善和提高。这已今非昔比，都是有目共睹的。

对上述的市镇、工商企业、交通通讯等建设，牧民是有很大贡献的，这些建设对牧民的生产、生活也给了莫大的支持。在这些建设和运营上没有也没法主要依靠牧民是有一定客观原因的；但是该依靠、吸收牧民而没有尽量依靠、吸收牧民的事实也是客观存在的。牧民依然居住在草原，他们的生产主要还是单一畜牧业，他们中基本没有出现自发的分工，没有交换，没有市场。外来的非牧民变为牧民的多于牧民转为非牧民的；牧民的牲畜不及新牧民更不及非牧民的发展得快；牧区牲畜虽增，但大畜比重和牧民人均占有量却下降；两极分化已十分明显；畜少者劳动力难以解放，养畜能手因草原有限经营规模难以扩大；草原建设上牧民宁可就地啃“骨头”不愿易地吃“肉”，已失去逐水草而牧的习惯；牧民绝大多数不愿向二、三产业转移，甚至守在市郊、要道旁受穷；劳动力转移多的地方的牧民也不适度规模经营和必要的合作。生产力提高的非常缓慢，还有相当一部分牧民“游而不牧”，生产力倒退。生产方式说实话除极少数人带有私营企业性质外，基本上是小生产。近几年由于全国的发展导致畜价陡增，牲畜出栏倍增，牧民收入猛增，相当一部分牧民富裕的很快。这虽然是以他们的致富没有也不可能打破单一经济结构，“有畜便富”掩盖“无工不富”。我们却满足于牧民的这一富裕之路，而看不到畜牧业的局限性、牧民占有草原面积日见渐缩小退化和生产力的落后，仍坚持依牧致富、小牧致富、均牧致富、靠牧脱贫的指导思想。这种单产业的生产力、小生产的生产方式和思想观念，自然不是社会主义，连资本主义都不是，而我们却视其为社会主义。这种认识本身就是一种落后，因而很难以提高生产力这一根本途径来改变落后，创造社会主义共同繁荣富裕的物质基础。

二、回顾狭隘职业观的教训，深刻认识单一经济的落后性。在我区刚解放的1946年，乌兰夫同志就曾提出“帮助蒙古人自己起来发展自己的实业，提高生产力，实行经济革命”的方针，“今天蒙地不可能实行大工业生产，”但“必须开发蒙地的煤矿、盐、碱及各种手工业，如毛织厂、炼乳厂等小型工厂等建设。”

从牧区第一次改革起，都是为了解放生产力，发展生产力，保草原、兴畜牧、通贸易，使畜牧业等生产很快得到恢复和发展。中共中央对我们的成就予以肯定，对经验在全国牧业区推广，并特意指出：“发展工业和手工业，对牧区生产力的发展具有进步的作用和重大的意义”，要防止和克服孤立地发展畜牧业的“狭隘的职业观点”。对以发展工业提高和发展生产力，推动社会进步这一根本性的问题，我们没有能认真领会和接受，也没有认识到这一狭隘职业观的严重性，没有注意克服它，结果总是受它束缚自己的思想和手脚。如：

——在牧业区实行以牧为主的方针，本来是指在第一产业中以畜牧业为主，却被领会为整个牧业区社会经济的方针，因而只注重发展畜牧业，不注意发展工业、手工业等，甚至牧民中原有的一些手工业还被淘汰。

——发展畜牧业的政策要求“千条万条，发展牲畜第一条”，一度被理解为追求牲畜头数畜牧业，而控制牲畜的出栏量。

——在牧业区建设经济中心，发展工、商业，往往以“牧区缺劳力、牧民没技术”为由，不动员和吸收牧民参加，一度在牧业区建立饲料基地甚至有些国有牧场都不吸收牧民，还有文件规定必须保证用于畜牧业的劳动力的比重。

——社会主义改造完成后，未根据畜牧业生产的商品性，注意发展商品畜牧业，八十年代改革废弃发展商品畜牧业和商品经济需要的经营机制，回到小生产的经营方式（牧业区的合作制主要是牲畜等生产资料有偿归社。1984 年草原是由民族公有、全民所有改为集体所有，不同于农村土地由农民私有改为集体所有，牲畜等归户所有后，除当时未恢复牧主经济外基本还原为合作化前的牧民个体经济）。

——改革又是只论“人、畜、草”，不组织牧、工、贸。取消牲畜集体所有，却强化国营、供销社对畜产品的经营，没有为牧民创造务工经商的条件，反而束缚了其工商业的发展，尤其近几年对畜产品派购、专营，名为计划调节，实为与民争利。

——发展商品经济，主要是注意牲畜的出栏率和商品率，没下工夫向商品化引导，仍忽视在牧民中发展二、三产业。

——在牧区很少提倡双层经营，做好生产服务，发展集体经济。除未完全分畜到户的少数嘎查，有服务和集体经济的嘎查也主要是经营种公畜和一、两个畜群。

——对改革后出现的贫富两极分化，没有采取劳动互助和曾经是行之有效的雇工、雇主两利政策调剂劳力的余缺，而是富者从外地雇工，贫者由政府扶助；有的旗注意到以办工业或开展多种经营的办法脱贫，对其经验没有总结推广；好多地方的草原有无潜力和贫困户是否都适宜经营畜牧业缺乏考虑，一律采取流动畜群的办法，其效益很不理想；更没有引导富者的资金、贫者的劳力投向新的产业。

解放内蒙古（东部）已近半个世纪，在牧业区不论进行什么样的改革和发展，都万变不离其畜，牧民不改其业（当然也曾有迫使牧民不吃“亏心粮”，不顾自然条件开荒种田的错误）。不论主要生产资料的牲畜增与减，经营形式统与分，牧民贫与富，都未曾带来生产力的质的变化；对合作制因没有充分发挥其促进生产力的功能（当然与很大的外因有关），而受到责难，重新回到小生产的经营方式。这种狭而小的生产。限制人们的眼界，束缚人们的思想，抑制人们自我发展的能力。这正是牧业区落后的症结所在。周恩来总理在1957年还曾指出：“只有建立起工业基地来，这个民族才能有发展的基础。”牧民大工业不可能办，小工业、手工业不能不办，个人不能办，但集体还能办。然而我们却没有将发展畜牧业该姓“社”姓“资”之争深化为牧业区生产力该不该、能不能发展和如何发展之争；没有将各民族“谁也离不开谁”由政治引向在经济上是继续维持先进与落后的相互依存关系还是向各民族共同繁荣发展之争。政治上虽在牧民中培养发展了工人阶级的先锋队——共产党——的党员，形成领导核心，在经济上却没有兴办工业造就出工人阶级队伍构成民族发展的基础。这样的政治与经济是多么不相称啊！牧业区的这种落后是经济条件和社会环境造成的，只要改善其环境，给以发展的机会，生产力的落后是会改变的。改造落后，正是共产党的天职，社会主义制度的本质和其现代化的根本任务，自治机关和自治区各级政府特有的职责。在建立社会主义市场经济的今天，应正视现实，大力帮助牧民自己起来进行“经济革命”，改造落后，消除贫困，缩小同先进民族、先进地区的差距，再不能将落后视为社会主义而僵化停滞或不坚持社会主义满足于落后的现状。早在1948年我们批判过农业社会主义，现在更须懂得靠单一畜牧业绝不可能建成社会主义，必须加速改革，改变其生产结构，尽快提高生产力。

三、解放思想，实事求是。牧区改革和发展凡是成功的都是坚持了这一思想路线。我们必须认真学习“十四大”文件，深刻领会其精神，真正解放思想，必须实事求是（二者是一致的）。在牧业区办工业，即使小工业也不是在短期内能办得起来的，还得主要依靠发展畜牧业，对草原畜牧业来讲，主要还是一靠草场、二靠市场发展。对“两场”不是消极的靠，既要强化对草原的保护、建设和合理利用，更要积极掌握市场形势，在牧民中建立适应市场的经营机制，引导他们进入市场，提高牧民的市场观念；抓两头（两场）带中间（增加和改进畜产品），使畜牧业向稳定、高产、优质、高效（人力、物力、财力投入少，产出高）发展。但不能再单依靠畜牧业，要克服狭隘的职业观和小生产观念，引导牧民朝着改变单产业、小生产的落后状态，增加发展二、三产业方向迈进，逐渐适应社会主义市场经济。十四大已严正告诫我们：“僵化和停滞是没有出路的”，“经济落后就会非常被动，受制于人”；特别是商品经济优胜劣汰的规律是不以人的意志为转移的。这都是古今中外国与国、民族与民族、地区与地区之间普遍的法则，尤其我们牧业区、半农半牧区感受是很深的。所以务必正确理解加快少数民族地区经济发展，对于加强民族团结，巩固边防，促进全国经济发展改善民族关系的物质基础，因为“各民族之间的相互关系取决于各民族的生产力、分工和内部交往的发展程度。这个原理是公认的。”①。就是说不仅要加快少数民族地区经济发展，而且要加快其中的少数民族经济发展，才能创造加强民族团结的物质条件。一个民族越先进对国家贡献越大，越能受到社会的尊敬，并才能逐渐消灭民族间的差距，达到我们所要求的政治、经济的目标。

准确认识社会主义的本质和根本任务。解放生产力，发展生产力，消灭剥削，消除两极分化，最终达到共同富裕；改革也是解放生产力，经济上的改革主要是对公有制经济内部机制及对其管理体制的改革，同时鼓励发展非公有制经济对公有制经济对有益补充；对牧业区束缚生产力的小生产也要改革，而且还要改造。现阶段应当是变单一畜牧业为生产多元化，善于养畜者继续以牧为主，不善于养畜者逐步以二、三产业为主；改小生产为经营形式多样化，畜牧业以家庭经营为主，二、三产业（包括为畜牧业服务的体系）以集体经营为主。生产多元化、经营形式多样化，应该看做是牧业区社会主义建设在目前的主攻方向。

全面理解党的基本路线，坚持经济建设为中心，坚持改革开放。以经济建

① 《马克思恩格斯全集》（第三卷），24 页，北京，人民出版社，1960。

设为中心，一是对“阶级斗争为纲”的否定；二是必须把发展生产力放到首要地位，不单是发展生产、发展单一畜牧业，而忽视提高和发展生产力。怎样才是生产力的发展，按照马克思主义的观点：“一个民族的生产力发展水平最明显地表现在改变民族分工的发展程度上”。基本没有分工的单一畜牧业，其生产力的落后是众所周知的。为改变这一落后状态，必须坚定不移地将发展生产力放到首位，除加强基础产业的畜牧业发展外，提高生产力，推动牧业区社会进步。

生产力的发展必须有与其相适应的生产关系。我国选择了社会主义公有制为主体和多种经济成分并存的所有制结构，使生产力得到较快的发展。牧业区也不例外，根据实际究竟采取什么形式，要以是否有利于发展社会主义社会生产力为准则。牧民工商业的发展必然促使牧民间的互助、合作；合作制的发展和巩固更会促进生产力的发展。牧业区的草原承包、牲畜户有已成为当前的主要形式，应当稳定、完善它，同时建立为其服务的经营体系，促进畜牧业进一步商品化、社会化和发展集体经济。组织集体合作——工商业在牧业区会有广阔前景，它已为农村乡镇企业亦为牧区一些苏木、嘎查企业所证实。“十四大”也提出：“特别要扶持和加快中西部地区和少数民族地区乡镇企业的发展”。所以必须深刻领会其重要意义，将发展乡镇企业作为提高牧业区生产力的主攻方向，千方百计发动牧民自己起来进行这场产业结构的变革；务必接受历史教训，再不应像过去忽视在牧民中发展工业、手工业那样犯历史性错误。“十四大”还提倡：“应当吸收和利用世界各国包括资本主义发达国家所创造的一切先进文明成果来发展社会主义。”农村的合作制经济就是资本主义国家工业化、农业生产机械化和商品经济发展的产物；农牧民在劳力、技术、资金等方面合作，才能有效地利用各种资源和有力地参与市场竞争。我国吸收和利用这一成果在农村、牧区发展集体经济是正确的。现在的乡镇企业当初称社队企业，就是有农牧业合作体建立和发展起来的。过去在组织集体经济，在政策和工作上，有错误，改正它也是正确的；然而现在牧业区未将其改革为发展商品经济、提高生产力的机制，却在大部分地区以“大锅饭”将它轻易否定，造成其声誉不佳。办集体、合作经济就是“大锅饭”，问题是“锅”有多大、做什么“饭”、怎么做、怎么吃，应按当时当地生产力水平和参加者的思想觉悟程度决定，而不是笼统地否定“大锅饭”；要发展生产力更不应一味地固守“小锅汤”（小牧经济）。对外国的文明成果都要吸收利用，对本国的文明成果更得吸收利用，尤其对在牧业区已出现的有利于生产力发展的新生事物更应无条件地支持、提高、推广。牧民中发展上的依赖性和软弱性，在于其经济落后和力量少而分散；若能引导和帮助他们有自己组织起来的力量并发挥其中能人带领的作用，便可克服中发展工商业少只有汉族或少数人可办而多数蒙古牧民难以办到的困难；同时还会增强牧民自我发展能力，学会用自己的脚走路，改变落后。当然中牧区新建的国营企业应尽量吸收牧民参加。牧民中出现的非公有制工商业，也是社会分工出现的新的生产力，正如恩格斯所说："商人对于一切停滞不变，可以说由于世袭而停滞不变的社会来说，是一个革命的要素。"它虽然私有但总比没有要好，即使有了公有制经济也需要它做补充，应积极支持认真保护其发展。对外地、外商对投资当然也要热情欢迎。用多种方式和办法将牧民中不断出现的剩余劳动力引向二、三产业，促使畜牧业的适度规模经营和必要的合作；通过互助合作解放劳动力从事新的产业。总之对牧业区生产力的提高能有新的突破，对牧业区的落后面貌能有新的改观。

摆好改革与开放的位置。改革是自我完善，增强自我发展能力；开放是对自我完善和发展的不足的补充。前者是内功、硬功，是主要的，基本的；后者是决不可缺少的。牧业区唯有改革单产业、小生产才能前进和发展，无一例外地也必须开放，单靠自己是无法加快发展的。但必须改革当头，才能使开放为己所用；若不改革单开放，必为彼所用，作茧自缚。这已是有很多的历史教训的，我们一定懂得和处理好这个内因和外因的关系。

共同富裕必是各业同时发展。牧业区在草原承包、牲畜归户时，牧民们在同一政策下，在各自的嘎查几乎都是在同一起跑线上，都没有同步致富，反而出现了贫富两极分化。这是小生产、单产业尤其单一畜牧业发展的必然结果，而用这同一办法扶贫过去没有今后也不可能达到共同富裕。周恩来总理又曾指出："要富裕就要有工业，一个民族没有工业不可能富裕起来。"较先进的民族包括汉族尚且"无工不富"，而落后的蒙古族怎能无工致富，更怎能共同富裕？富不只是一时有些钱，特别是共同富裕是以生产力水平、科学技术水平、人的文化素质越来越高，工业越来越发达和社会主义的生产关系为基础的。为实现这一目标，从现在起就应使生产横向发展，一、二、三产业都发展，向生产的广度和深度进军，尤其贫困牧区和贫困牧户，应在开辟二、三产业上下苦功，找新路，治穷根；切不能再在原有的第一产业、单一畜牧业的小道上纵队踏步或缓行。靠第一产业，在自然条件优越的地方收入增加的快是有可能的，但仅以它使生产力高度发达而共同富裕起来的国家、民族、地区还没有先例。因为第一产业的资源种类、产品和其转换的条件都是有限的，尤其牧业区除地广人稀自然条件很不优越，甚至非常恶劣，自然生态又很脆弱，其制约因素更大；然而有很多工业的资源有待开发和利用。所以，为共同富裕，必须充分利用牧区拥有的各种资源，必须上经济多元化发展。

人民日益增长的物质文化需要同落后的社会生产之间的这个现阶段的社会主要矛盾，不以小富即满的守旧思想。牧区仍有很多贫困户和仅达温饱户的问题有待解决，即使达到小康的户也存在着很大的潜在的日益增长的物质文化需求。牧民除自己的生产、生活建设和对其不断更新改善继续需要大量资金外，为扩大畜牧业再生产和办二、三产业，在嘎查、浩屯进行基础建设、如电、路、通讯等，还有公共文化福利设施等建设，更需要大量资金，单靠畜牧业收入是远远不够的。应引导牧民在不断改善和提高物质文化条件上，年年有新建项目，几年上一个新台阶，通过这些建设，引导牧民向生产的纵横发展。

“十四大”报告讲的“左”主要是指否定改革开放，右主要是指否定四项基本原则等政治问题。这不论在任何地方都要特别注意。牧业区在民族关系上的“左”与右的倾向是不容忽视的。从保守落后方面不积极或反对改革的倾向和歧视阻挠牧民生产力发展的倾向也都是不容忽视的。保守落后思想虽不是政治问题，但对改革开放，发展生产力是极其不利的。不发动牧民发展二、三产业，不管你愿意与否，会有人来发展的，到头来牧民照旧贫穷落后。这仍是游牧业停滞型文化观念和畜牧业狭隘职业观在作怪。而看不起牧民，忽视、阻碍其生产力发展，或将愚就愚，则是政治错误。所以在经济上既要防“左”更得破旧，既破牧民的传统观念，又破对牧民的历史偏见。

以实践是检验真理的唯一标准总结过去实践现实。对牧业区单一畜牧业的历史和现实，从方方面面分析其利弊和总结在牧业区成功与失败的经验和教训，不断地解放思想，振作精神，对现实的任务和未来的发展更要不断地实践。在牧区提高生产力，实现社会主义现代化是个长期的任务。千里之行，始于足下，由小到大，由低到高，循序渐进。越是前进，越长见识，越能看到落后，越增强前进的动力。发动牧民自己起来进行产业革命，困难是很大的，应有信心，想方设法克服，不能不实践就在困难面前止步。对困难越战越胜，越能认识客观，越能树立战胜困难的信心和增长战胜困难的才干。尤其牧民对新的对事业只有经过亲身的实践才能真正接受。唯有前进的实践才能认识牧区改造牧区，“不入虎穴，焉得虎子”？！对改造牧区落后的生产力，更要有使命感、危机感、紧迫感。先进的不拼搏都有随时落伍的危险，而落后者不奋起直追，其后果是可以想象的。不自卑、不畏难、不等靠要，不怨天尤人或坐享其成；坚持为人民服务的宗旨和要以愚公移山的精神，耐心而艰苦地工作，坚决而持久地奋斗；自力更生，不助长依赖，不嫌弃落后，即使对最落后的层次、贫而不勤的人也要施以“苦口良药”医治其弊病。一定要从实际出发，更要从实际一定要出发；决不能脱离实际，落后的实际能脱离的下决心脱离，先进的事物能创立的拼命创立，充分发挥主观能动性；热情支持群众进步的要求，尊重群众的首创精神，坚持真理，修正错误，信心百倍地把牧业区建设起来。

四、创造性地开展工作。“十四大”要求“把党的路线、方针政策同本地区本部门的具体情况结合起来，勇于探索，大胆实践，及时总结经验，创造性地开展工作。”在牧业区已有很大的变化和进步，在这一基础上动员党内外群众、干部认真地学习和运用“十四大”文件的精神，分析认识牧业区的现状，从束缚生产力发展生产结构、生产方式和思想观念中解放出来，不停顿、不搬套，将革命任务同牧业区实际科学地结合，像“三不两利”等政策那样创造性地应用马克思列宁主义、毛泽东思想，将改革与发展紧密结合；像共同富裕有扶贫政策那样制定各民族共同富裕也应有扶助落后民族的政策，并认真落实，开拓前进。

坚持以畜牧业为基础，依照法律和自然规律利用、保护、建设草原，使畜牧业向稳定、高产、优质、高效发展，并积极发展二、三产业和可能发展的种植业。

坚持统分结合的双层经营体制，稳定家庭经营，积极发展多种形式的社会化服务体系，逐步壮大集体经济。这是牧业区建设的一个重要环节，也是当前最薄弱的环节。根据畜牧业生产商品性的特点，在小生产与大市场之间建立相应的经营机制。从对牧民各种服务着手，以育肥增重，加工增值，经销增收和开展多种经营，增加积累，壮大集体经济。这样便会有效地保护、建设草原，资助各种建设（包括文化教育），引进信息，参与市场竞争，推广新技术，加速机械化，为开办二、三产业提供资金，和进行社会主义教育，集体主义教育，民族平等、民族团结教育等精神文明活动。“统”的层次充实，政府的帮助和领导也才能广泛有效地落实。

——组织劳动互助，调剂劳动力的余缺，有组织的扶贫，消除“游而不牧”，逐步向畜牧业的专业化、社会化发展，解放剩余劳动力向非畜牧业转移；组织对承包草原使用的协作，发挥养畜能手的作用，使畜牧业向适度规模经营发展。

——加快乡镇（苏木）企业的发展。这是牧业区改革单一畜牧业结构，发展商品经济，吸收牧民多余劳动力，促进社会分工，发展和提高生产力，消灭贫困落后，消除两极分化，实现共同富裕，推动社会全面进步的主要途径。

——组织牧民协会。发动牧民自行组织起来，自我服务，自我发展，自我教育，自我保护。贯彻执行党的方针、政策，对牧民进行思想、政策、法制教育；向党和政府提出发展牧区经济、维护牧民合法权益的政策、立法和工作等建议。

——加快牧业区发展经济的基础建设，如向苏木、嘎查通电、通路和通讯等建设。

——制定鼓励牧民集体、个人经商办企业和自行外销产品等的优惠政策（包括投入和信贷等优惠），国有、集体企业吸收牧民参加的政策和培养牧民技术、管理人员的政策、规划和实施办法。

——开展劳动竞赛，奖励劳动模范，开展劳动光荣的教育，勤劳致富的教育，勤俭持家、勤俭建设的教育，反对懒惰和挥霍的教育。

——大力培养干部。发展商品经济和建立社会主义市场经济体制，对牧业区干部完全是新任务、硬任务。要进行专门培训，要求他们“不仅要抓紧学习政治，而且要抓紧学习经济，学习先进经营管理，学习现代科学文化，刻苦钻研业务，努力成为本职工作的内行和能手。”

最后请同志们一定还要记住周恩来同志在 1957 年说的：“我们不能使落后的地方永远落后下去，如果让落后的地方永远落后下去，这就是不平等，就是错误。”这是马克思主义者所具有的观点：落后不是社会主义，社会主义不能落后。

解放思想　调整结构　共同繁荣[①]

赵真北[②]

党中央、国务院历来重视民族经济的发展。现在正在学习邓小平理论，传达贯彻江泽民同志在去年民族工作会议上提出的整个社会主义初级阶段民族工作的行动纲领和任务。根据党中央明确指示，对照我们本地区的实际，需要在一些问题上再认识。

一、走出误区，扫除障碍

我们一些干部，对发展生产力问题或不认识，或心有余悸，或有什么其他考虑，特别是很少考虑改变牧区落后面貌战略思路。这样，忽视开发新的产业，加上狭隘的畜牧业职业观就成为阻碍当地民族经济尤其牧区经济发展的陈旧观念。

（一）从对“以牧为主”的错误理解中解放出来。在牧业区实行以牧为主的方针本是在第一产业中实行的，而我们许多同志将其领会成牧业区整个社会经济的发展方针。他们没有认识到“发展工业和手工业，对牧业区生产力的发展具有进步的作用和重大的意义。”有些地方甚至对牧民从事工业等还自觉不自觉地有所干扰，一些传统的手工业基本被淘汰，保留下来的也没有发展起来，改革以来对牧民中出现的一些二、三产业也扶持得不够，远未形成时尚。

（二）从“单靠畜牧业脱贫致富达小康”的狭隘的职业观中解放出来。我区

① 赵真北：《解放思想　调整结构　共同繁荣》，见《内蒙古畜牧业》杂志编：《草原牧区游牧文明论集》（内部资料），呼和浩特，2000。

② 时任内蒙古畜牧业经济、蒙古族经济学会顾问。

畜牧业生产和草原建设取得很大成就（至1998年保有面积1.43亿亩），但牧业区牲畜饲养量（6月末数）按羊单位（大畜一折三）1999年为4189.75万只，比“文化大革命”前的1965年的2480.74万只增加69%，而由于牧业人口剧增到168.5万，比1965年的54.4万增加2倍，1999年人均占有畜24.9只，比1965年的人均占有48只几乎下降一半。但到1998年20头只/人以下的贫困户达30%，比改革初的10%—20%没有减少反有所增加，要使之脱贫，又遇草原严重退化。今年[①]4月28日报道锡盟草原退化面积达64%，6月8日《内蒙古日报》报道全区荒漠化面积占全区土地面积的60%。按羊单位占有有效草原面积来计算，现在只有五十年代的13%。由此看来牧民单靠畜牧业脱贫致富达小康的难度是很大的，在近期是不可能的。无工不富、无商不活、无草不牧，牧民中现在基本无工、无商，又严重缺草，何能致富？这是一个值得极大重视而再不能麻木的重大问题。

（三）从“游而不牧”（自己游手好闲，雇人放牧）得不偿失的误区中解放出来。牧业区在近三十多年人增两倍，占有畜减半，草原严重退化的情况下，相当多的牧民勤劳善营，发家致富，然而却也出现了这种过去也少有的“游而不牧”的现象。前年，乌拉特前旗沙德格苏木一支部书记说：“今年的羊绒价格下跌的连牧民也雇不起了”，使我猛醒到一些牧民增畜增收的第一需要是为了雇工替他放牧。据在该旗了解，雇工户达80%左右；西乌珠穆沁旗达50%。全牧业区雇工户按50%计，大户雇的多，雇工中还有少量牧民，相抵后，每户以雇农工1人计，现有牧户40.8万，即雇农工20.4万人（1947年全区牧民才有22.8万人）。据前年在乌拉特前旗了解，养200—300只山羊的牧户，雇一人的支出占其纯收入的40%—50%，即40%—50%的羊是为雇工而养。该旗草原羊均应有40亩，而现在有14亩。为雇工而多养畜加大了草原负荷，加速草原退化。收入增加，劳力剩余，不是将其用于建设和发展新的生产反而带来很大的负面效应，破坏生态，资金流失，助长懒惰，这对牧业区的建设弊大于利。这不是生产力的发展，而在一定程度上是倒退，同加速少数民族经济发展的战略背道而驰，这样发展下去，后果是不堪设想的。现在还不如游牧时期，那时牧民一游二牧三保护生态。这次讨论游牧文明，应看到那时游牧民受四季支配，与五害（风、旱、

① 1999年。

雪、病、兽）斗争，不分昼夜，没时没节，放牧、守群，非常勤劳勇敢。应继承和发扬这种精神，克服惰性。游牧文明中还有许多值得继承和发扬之处，当然也有致命的弱点，如停滞型文明，人口缓增甚至减少，更应认识到它至今仍严重地影响着经济的发展，必须力争改变，决不能等闲视之。

（四）从“小生产”的束缚中解放出来。现在牧业人口继增，牧民牲畜和草原占有量渐减，小生产倾向趋于严峻（人均占有畜自然头数1949年为17.9头，1958年26.7头，1965年37.8头，去年20.5头），呈现出与经济正常发展相反的趋势。这种生产方式不利于生产力的提高，不符合中国共产党要始终代表中国先进生产力的发展要求。希望按“三个代表”从牧业区实际出发，深入调查研究各地区的生产方针和经营方式。

（五）从“人欲多养畜，地必多长草”的盲目性中解放出来。现在重畜轻草观念有所转变，但仍不扎实。六十年代曾有人批评重畜轻草为“不懂得牲畜吃草”，因而后来有进步，但仍不懂牲畜吃多少草（对于各种牲畜吃什么草和如何提高饲草料报酬等在此暂不讨论）。对草原适宜的载畜量有勘察数据，对退化情况也有了解，但发展畜牧业不以其为依据；另外对于建设增草潜力多大，也无预测，或只有定性分析而无定量分析。今年明知大面积严重受旱，水、草、料严重不足，母畜膘情差，影响发情、配种、受胎和仔畜繁殖成活，本应力争最大限度地出栏，最大限度地减少死亡，但还是要求基础母畜不减，明年牲畜总增头数不减，这样大有适得其反的危险。大跃进时期农村“人有多大胆，地有多大产”受批判，再无人提倡高指标；而牧区虽无这类套话，但也有“人欲多养畜，地必多长草”的盲目性。这种盲目性在大的灾害面前经常是损失惨重，但仍未引以为鉴。

（六）从“等待商贩”、市场被控制的消极状态中摆脱出来。草原畜牧业除靠草场外还靠市场。二者已有很大变化，牧民已懂得建设草原，市场竞争对他们来说还是十分陌生。一是从事小生产的牧民尚未直接进入大市场，不了解市场；二是不懂得竞争。不是降低成本，减少消耗，提高质量，看好行情，争取最大的经济效益，有不少牧民还是加大工本，扩大消耗（牧草），以传统的老产品，在固定的季节，等待商贩出高价，而市场被他人控制。这对提高经济效益是极为不利的，应提倡牧民产品联销，进入市场参与竞争，在市场中学习科学经营。

（七）从“见物不见人”的偏见中解放出来。一些有头脑的基层干部和牧民懂得走出去学，请进来教，使牧民学会开从事多种产业的技能脱贫致富。然而某些领导只看到资源富集，却看不到牧民有可挖掘的潜力，不发动他们开发新产业，而认为脱贫致富只能靠畜牧业，别无出路。另有些人依权与牧民争夺资源，从中谋利，使牧民困守在单一畜牧业原地踏步，对此，另行讨论。

二、抓住西部大开发的良好机遇，调整结构，促进发展

休牧还草，恢复生态，以工补牧，各业俱新。必须调整畜牧业结构和牧区社会经济结构，促进社会分工和社会进步，是项一综合性大工程。

（一）调整畜草结构。牧区畜牧业结构的调整，首先是调整畜草失衡，重点是草原的保护，其中第一是停止继续破坏，休牧还草，禁止滥垦、滥采、滥挖。垦、采、挖再不能无法无天了，否则有悖自然规律，必须坚持有法有天，按《草原法》保护牧民的集体所有和个人承包的草场，任何人不能侵犯；承包者也要遵守自然规律。例如对发菜、药材等应研究出不破坏植被的采集办法，由承包者自采，使这些资源能够得到利用，增加牧民收入，减少和杜绝他人采摘破坏植被、引发纠纷。第二，对已破坏的，应给予恢复的机会，恢复后不再破坏。第三，利用一切可能的建设条件进行建设，提高草原的生产率，年年积草（青贮），长期避荒。第四，坚持草业先行，量草而牧，注重效益；合理利用不仅是畜草平衡，更重要的是维护草原生态平衡。第五，大力宣传爱护草原和依法保护草原的意义，让全区人民树立爱护草原和依法保护草原的观念。

（二）调整畜牧业内部结构。无论畜产品品种、质量、规格都要依市场需求去安排。有条件舍饲半舍饲的地区以良种畜为主，少养精养，提高个体牲畜产出率，增加总产。草原宽阔地区，实行季节畜牧业，暖季多养畜，冷季少存栏，加快周转。从表面上牲畜数量减少了，但畜产品质量会大大增加，这是退一步进两步，由粗放走向集约化经营的必由之路。

（三）调整社会经济结构。一是开发新的生产门路来弥补休牧出现的空当和促进生产多样化，不断提高生产力；二是利用其他资源的开发，包括畜产品实行产业化经营，以换取对草原生态的保护、恢复和改善；三是将休牧取得的收入和剩余的劳动力向开发新的产业和草原建设两个方面转移。同时，二、三产业发

展有利于畜牧业经营的改进和投入的增加，草原生态的恢复和改善更有助于牲畜质量的提高和市场竞争力。这是一个巨大工程，需要一代人或更长的时间才能实现，但又不能等闲视之，需立即起步。要有信心，有中央加快少数民族和少数民族地区经济社会发展和西部开放的战略及有关政策，还有牧民、干部多年的体会和全国经济发展的拉动。不去改造落后的生产力是难以前进的，甚至是难以为继的。鄂伦春猎民在猎物减少和动物需要保护的形势下由政府帮助转向经营农牧业，牧民也应该在草原潜力殆尽、需要保护的形势下，在畜牧业生产上走建设养畜和集约化经营的路子，同时发展二、三产业。1992年乌拉特中旗乌兰苏木的苏木达在总结发动牧民办乡镇企业经验时说："我们认为：'汉族能做到的事，我们蒙古族也应能做到。'"这是一种了不起的思想，牧业区会有相当一批干部能这样解放思想，跟上时代的步伐。我们应该充满信心，发挥后发优势。

（四）积极推进合作经济组织。牧民的自我发展能力低，草原畜牧业属于弱质产业，自然灾害和市场风险都很大，应引导他们向合作制发展。对善于经营者支持其扩大经营规模；对小规模经营者应提倡和引导合作，起码实行互助，增强自我发展能力；对不善于经营，经分给牲畜又扶贫，再包给草原还无法发展的牧户，不该老是输血，应提倡他们与畜多户合伙经营，参加合作组织或将草原交回嘎查，向二、三产业和劳动服务发展，防止其将草原流转从中取利，以免助其惰性。人尽其能，物尽其用，发现并发挥能人的作用，使畜牧业向产业化经营发展，使生产向社会化发展，提高生产力，减少各种风险，加速牧区建设。我区牧业区过去的五十年，除"文化大革命"的人祸和特大的天灾外，合作社时期是生产发展最快的阶段。当前农村专业合作社正在兴起，已有140多万个，正在总结经验，制定示范章程并准备立法，提倡发展。这是小生产与大市场结合的必然趋势，是能够极大促进生产力发展的通过公有制实现的一种形式。鄂温克自治旗去年已办起经营型、生产型、扶贫型合作社14家；扎鲁特旗查布嘎图苏木南乌乎锦嘎查有7个经济联合体，进行草原建设和多种经营。其他牧业旗也开始组织各种合作社或牧民协会，已开始显示出其优越性和生命力。建议各级党、政领导和农牧业主管部门予以重视，学者们进行研究，提供理论支持和指导。

三、学好用好“三个代表”的建党学说，加速少数民族经济发展

江泽民同志在去年中央民族工作会议上对社会主义初级阶段民族工作的纲领、任务、政策都讲得十分全面、透彻，我们应深刻领会认真贯彻，同时特别希望我区各级党组织在“加快少数民族和少数民族地区的经济发展和社会进步”的任务中，都更能代表先进社会生产力发展的要求、先进文化前进的方向和广大人民的根本利益，以尽早实现各民族的共同繁荣。为此建议：

（一）在自治区年度和长远经济发展战略中，应贯彻邓小平对我区提出的要“有利于当地民族经济发展”的思想，并制定相应的政策，体现民族自治区的这一实质。将这一重要任务列入各级政府的规划安排，以保证落实兑现。

（二）激励蒙古族等少数民族奋发图强的精神是实现各民族共同繁荣绝对必要的。增强蒙古族的劳动观念曾被列入自治运动联合会的方针和自治政府施政纲领。在广大牧民和干部的努力下，牧业区牲畜自 1949 年至 1955 年增加 1.3 倍，人均 30.7 万头只，基本消灭赤贫。须知，作为贫苦牧民的生产资料的牧畜是牧民在“三不两利”和贷款扶贫的政策下付出辛勤劳动获得的，不像农村的贫雇农是从地主那里分得的。牧民还建立起供销合作社。“文化大革命”前牧业区的生产也是发展最快的。经验证明，只要我们各族干部勤政廉洁，现在再坚持“三个代表”，按上述邓小平同志的方略，激发蒙古族等少数民族奋发图强精神是完全可能的。否则，各民族共同繁荣就很难实现。

（三）将从盟、市到旗县、苏木乃至嘎查的交通、通讯、能源和草原水利等基础建设列为近期的规划。

（四）极大地重视民族教育和科技的发展。提高基础教育质量，同时让学生懂得劳动和受教育的重大意义，养成勤劳和爱学的好习惯。开展职业教育和对蒙古族等少数民族经济发展的理论研究，应用科技的研究，对青年进行技术培训。青年人是乐于接受新鲜事物的，应让回乡知识青年成为农村牧区在技术上和管理上的知识骨干。

（五）江泽民同志讲的“要教育各族人民高举团结和法律的旗帜，自觉地维护社会稳定”。这也是符合依法治国的方略，解放思想的重大问题。《宪法》序言中写道：“在维护民族团结的斗争中，要反对大民族主义，主要是大汉族主义，

也要反对地方民族主义”，《宪法》第四条：“中华人民共和国各民族一律平等。国家保障各少数民族的合法的权利和利益，维护和发展各民族的平等、团结、互助关系。禁止对任何民族的歧视和压迫，禁止破坏民族团结和制造民族分裂的行为。”

《宪法》这一条款无疑是接受了过去“左”，尤其是“文化大革命”的经验教训而增补的。团结必须以平等为基础，平等、民主权利需要法律保障和实事求是的对待。我区蒙古族等少数民族落后，更需要政治上团结、经济和文化上加速发展、权利上得到保障和实事求是对待。毛泽东主席曾说：“只要汉族同志态度正确，对待少数民族确实公道，在民族政策、民族关系的立场上完全是马克思主义的，不是资产阶级的观点，就是说，没有大汉族主义，那么，少数民族中间的狭隘民族主义观点是比较容易克服的。”这里阐明了两种民族主义的因果关系，《宪法》对所反对的民族主义也分主次。我认为不论民族大小，均应根据其实际行为依《宪法》第四条来界定：凡符合《宪法》和法律的合法权益及保障措施，对党的民族政策的执行，都不能视为民族主义；凡对合法权益不予保障，甚至是侵犯合法权益，或随意强加的种种民族主义的帽子，不执行党的民族政策，对此有关干部和领导人不反对、不制止，甚至有意袒护的，都属于民族主义。我们要牢固树立马克思主义的民族观，还应学会用法律武器鉴别和反对民族主义，使我们尽可能避免犯这样的错误，这对怕犯这种错误因而谨小慎微的思想是个解放；对不怕犯这种错误、不计后果的特权是个约束。这样才更有利于“维护和发展各民族的平等、团结、互助关系”，进一步巩固祖国的统一。

我们坚信：坚持从严治党，依法治国，“三个代表”必将兑现，蒙古族对本地区产业结构调整将有新作为，各族人民在“西部大开发”中将作出新贡献。

牧业区发展社会生产力　更是建设社会主义的根本任务[①]

赵真北

为探讨牧区工作会议提出的畜牧业现代化、建设社会主义牧业区和“畜牧业再上新台阶”、“牧民率先达小康”的目标，最近同锡林郭勒盟西部和南部几个旗、市领导人和有关部门进行座谈。各地都有些粗线条设想，并正在发动苏木、嘎查、牧民和各部门、各个方面广泛讨论，献计献策。各旗、市在近十年来牲畜数量、质量和基础建设大发展，牧民生活大提高的基础上，如何实现上述目标，的确需要认真研究。在座谈中反映，成绩很大，亦有不少问题。

（一）牧业区牲畜增加，劳动生产率下降。锡盟牲畜 1990 年比 1965 年增加 19.1%（1991 年比 1965 年增加 29%）；而牧民的牲畜，据粗略估算仅增加 7%，充其量不超 10%，人均占有由 70 多头只降到 44.3 头只。苏尼特左旗 1965 年有畜 96 万头只，牧民人均 121 头只；1991 年有畜 102 万头只，人均 60 头只（牧民的牲畜实际没有这么多，现在非牧民的牲畜所占比重比过去高得多。苏尼特右旗牧民的牲畜只占全旗的 80%）；若折成羊单位（大畜折 5 只羊），1965 年牧民人均 221 只，1991 年人均 88 只。即使是牲畜增加幅度大的南三牧业旗[②]（增加 37.4%），人均占有量也低于 1965 年，这是其一。地区间不平衡，南三牧业旗牧业人口占全盟的 40%，而人均牲畜不足 30 头只，个别地方更少，正镶白旗塔林宝力格苏木阿布盖图嘎查人均才 12.9 头只，这是其二。一些旗的牲畜体重下降，苏尼特右旗今年食品公司收购的羊才平均出肉 18.9 斤，其中有 30% 的羔羊，即使全为羔羊，其产肉率也算偏低，这是其三。原因就是人增草减。全盟牧业人

① 赵真北：《牧业区发展社会生产力　更是建设社会主义的根本任务》（未刊稿），1991 年 12 月 25 日。

② 指正蓝旗、镶黄旗、正镶白旗。

口由1965年的10.2万人到1990年增至19万人，增加86.3%。其中机械增加的人口所占有的牲畜量又超过原有牧民的牲畜量，以镶黄旗呼格吉乐图苏木阿日宝力嘎嘎查为例，从1984年包干到1991年，蒙古族的牲畜增加2%，人均占有由24.8头只下降到24.3头只；汉族的牲畜增加23%，人均占有由22头只上升到27.5头只，这是其四。他们的牲畜不仅数量增长上快于牧民，质量上也高于牧民的牲畜，锡林浩特、镶黄旗的养奶牛户全为汉族，这是其五。这些都带有普遍性。

（二）牲畜改良成绩显著，改良的潜力渐小。全盟牛的良种和改良达10.16%，羊达47.6%。正蓝、镶黄二旗羊改良分别达90%和95%，个体产毛量分别为4.5公斤和3.5公斤，潜力还有，但已很小。牛和北部羊的改良有潜力，但仍不具备相应的物质条件和管理技术。

（三）草原建设有大发展，但还是杯水车薪。全盟可利用草原2.65亿亩，可食牧草亩产旺季为40.51公斤，枯草期25.04公斤。一只羊单位全年需24.28亩草原，而1991年牲畜折成羊单位才有14.8亩。草原建设最好的黄旗可利用草原684万亩，可食牧草亩产旺季31.11公斤，枯草期20公斤，羊单位全年需要30.8亩，1990年羊单位才有9.8亩；现有草库伦160万亩，各种饲料地近4000亩，收获700万斤，每头只过冬畜有4亩草库伦和17.5斤饲料（包括青贮）。如果采取草原合理轮歇，再减去草原使用中的损耗，更是大大超载。这样，再加快建设也难以挽救草原退化（全盟退化面积占可利用面积的41.2%，重度退化面积11.2%）和牲畜体重下降。

（四）乡镇企业有发展，但不普及不迅速。苏尼特左、右旗分别有6户、12户，正蓝、正镶白旗各2户，镶黄旗乡镇企业的产值达1000万元，利税40万元。正蓝旗毛条厂吸收牧民青年48人，这些都是莫大的进步。但苏木办的企业少，苏尼特左旗牧民办的屠宰厂和镶黄旗牧民办的金矿都转为国营。全盟只有725户蒙古族个体工商户，发展很慢，政策也不灵活。据镶黄旗反映，今年牧民运动会中，牧民开办的150家饭馆各种税费无一减免，每户至少得交200元，结果有不少未敢开业。锡林郭勒盟政治、经济、文化中心的锡林浩特市内才有1户牧民工商户（夏秋有五六户牧民卖马奶）；口岸城市二连浩特，近来每天约有130名蒙古国商人同内地17个省、市、自治区的商户在该市交易，而锡盟蒙古族牧民在该市的不论行商或坐商一户也未发现。

（五）牧民收入猛增，仍单靠粗放的畜牧业。全盟人均收入 1990 年达 1020 元，比“文化大革命”前的 1965 年、大雪灾年前的 1977 年、改革前的 1983 年分别增加 539.7%、457.4% 和 189.8%。在人均占有牲畜量下降的情况下，收入能如此大增，除家畜改良、加大出栏外，主要是靠畜（产品）价格陡增取得的。现在牧民收入又逐年下降，据苏尼特左、右两旗、镶黄旗反映，都从过去人均超千元，到今年预计分别降到 800 多元、600 多元。尽管出栏畜上升，收入却在逐年下降，反映畜价升降在出栏相同条件下，对牧民收入增减起着主要作用，同时也说明牧民近几年收入倍增，不主要是生产向深度、广度发展的效益。收入减少也有它的好处。镶黄旗原有雇工户 600 多，经过做工作减少到 180 户，因收入下降自动解除雇工的又有 100 多户。对牧民收入高时，其收入如何使用也是值得研究的一个问题。

（六）牧民虽已富裕，亦有贫困，富者雇工，贫者靠扶。正蓝旗牧民 7000 户，雇工的有近一半，“游而不牧”（骑摩托游逛，不放牧）；贫困户 600，经过几年扶持有三分之二脱贫，成绩显著，但其余三分之一不仅没有脱贫，连扶贫给的牲畜也基本损耗殆尽。各旗、市都有类似情况，尤其对“三不干”（不想干、不会干、不能干）的人，很难靠扶贫畜扶起来，只好靠救济或将其扶贫牲畜由他人代管。雇工的资金外流，扶贫的经费政府支付。过去行之有效的贫富间互助或两利的做法，牧民中自发的有，但在政策上很少提倡。

（七）生产资料所有制的改革业已完成，生产经营服务和畜产品流通领域的改革尚待进行。对草原、牲畜的所有制的改革早已完成，对草原的承包正在落实。对牧区统一经营的层次，除苏尼特左旗各嘎查保留了对集体牲畜和重要生产资料的所有权外，其他地方尚未深入改革和建立；畜产品流通体制的改革还无定论，分歧也不小，牧民和多数干部要求放开，与之利益相关的企业（如食品公司、供销社）持相反的意见。焦点是价格不同反映出的不同利益（今年 100 斤以上的羊的收购价，毛重为 0.8 元 / 斤，而市场价 1—1.1 元 / 斤）。旗、市政府所考虑的放开后的税收，原经营单位亏损和职工的出路，灾年出栏畜增加，以及市场滞销时畜产品的经营等问题，确需慎重研究。

这些问题，都是单一畜牧业经济特点的反映，即仍停留在保草原、兴畜牧、通贸易上。这种经济的优点是，在小生产的条件下投入少产出高；缺点是落后、停滞、不稳定、依赖性强和有限性。我们应继续认识到这一问题，扬长避短，不固守一业，而是要发展多种经济。

牧区畜牧业一靠草场，二靠市场。牧区会议对两方面讲的突出，各地在草原建设已取得的成绩的基础上要继续狠抓。有些旗在张罗建立畜产品市场，这是认识上的飞跃。但是，靠天养畜、靠畜涨价的局面不可能在短期内改变。近几年牲畜增加不多而又稳定上升，无疑是受草原有限而灾害不多决定的。随着人口增加，提高人均占有畜的难度越来越大，加上生产投入和生活开支的加大，牧民的希望主要寄托于畜产品不断提价。旗政府在财政需求的压力下（如镶黄旗仅有2.8万人，却有2203名行政和事业人员的财政负担），也想在畜产品经营和其他生产上获得一定收入。因而牧民对天无情、地有限、人继增无可奈何，加上扩大畜牧业再生产的难度大，他们只好在市场不放开、畜（产品）价偏低、产品卖难这些问题上埋怨政府，从而形成牧民同政府间的一大矛盾。

八十年代初期已看到牧民单靠畜牧业富不起来，但将由于全国改革和经济发展导致畜（产品）价格陡增给牧民带来的实惠，视为牧业区改革的成果，就认为单纯发展畜牧业也能富裕起来，而仍坚持了单一畜牧业生产的结构，没有把已经出现的牧民工商业视为新的生产力加以引导发展，也没有注意将多余的劳动力和高额收入的一部分引向工商业。现在畜（产品）价格一回落，牧民收入减少，又仅把希望寄托于市场开放（这是对的），以期获取高价增加收入，仍很少从发展多种经济来改变牧业区落后的生产力。

牧业区本来草原饱和超载，也知道有些贫困户不善于养畜，还是一律以畜扶贫，尤其对“三不干”户扶畜不扶人，更助长了其好吃懒做。虽然在一些乡镇企业中吸收了少量的贫困牧民（苏尼特左旗有40名），但没有从战略上考虑，以扶贫为转机，因地因人制宜地发展多种经济，改变传统做法，而仍走的是单一畜牧业的轻车熟路。

蒙古族牧民单靠畜牧业，耻于经商，不习务工；单靠草原畜牧业，不会饲养业；畜牧业虽为蒙古族的传统经济，却不如新成为牧民的汉族会经营；单一经济已够落后，还出现了游而不牧。对这种自我发展能力低和竞争意识弱，生产力落后甚至倒退的形势，都只是说说而已，或满足于现状，认识不到落后，将地区繁荣当作民族进步，因而很少从政策上采取措施，加以改变。在正镶白旗、镶黄旗的座谈中，向与会者提问了我党的“两个”共同的原则，对各民族共同繁荣的原则，只有一名同志能够回答出来。同时在座谈中发现，几乎都是就畜牧业论畜牧业，就牧民单一职业论单一职业，各部门就业务论业务。中央很早就提出要防止和克服狭隘的职业观，迄今不仅牧民中有而且干部中也存在着这种狭隘观点。对如何改变蒙古族牧民生产力的落后，实现各民族共同繁荣的意愿反映的很少，甚至可以说没有；反而怪怨牧民落后、改变难度大的声音不小。

对这一状况，无疑要面对现实，实事求是。既不能不从实际出发，也不能从实际不出发；既要总结和接受过去的经验，又要勇于承担起新的任务。

“坚持把发展社会生产力作为社会主义的根本任务，专心致志地搞现代化，不断提高人民物质文化生活水平”[①]是全国的任务，更是牧业区的任务。现代化就是改造落后的生产力，靠单一经济是根本无法实现的。“一个民族的生产力发展水平最明显地表现在该民族分工的发展程度上”[②]。牧业区继续单靠畜牧业，费劲少但潜力不大，发展多种经济难度大但前景广阔。畜牧业潜力小正是发展多种经济的有利条件。改变牧民单一畜牧业生产结构，发展多种经济，促进社会分工，是在牧业区发展社会生产力，实现现代化，建设社会主义的根本方向和根本出路。现在就应在战略上，坚持以牧为主的方针不变，发展多种经济的路子必走。对这一认识必须深化，要成为各级党政领导和牧业区全体干部自觉的行动。

牧业区必须继续加强草原的保护和建设，牲畜品种改良，改进经营，推广科学技术，使用新式机具，也必须朝着适度规模经营、高度社会分工的方向前进。这虽然不是现在就能办到的，但千里之行，始于足下，应从今有所起步。

抓建设草场，开辟市场两头，带动科学养畜。畜牧业上新台阶，数量上主要是发展养猪业。会议要求包括猪在内的今年的5568万头只的基础上，今后十年稳定在6000万头只。对这一要求再增加450万头只就可实现。而我区的猪的头数今年才达到624.3万头，勉强超过1979年的611.25万头这个历史最高水平。随着农业的发展，养猪的潜力越来越大，而且我区的猪肉还不能自给。因而增加

① 《中共中央关于制定国民经济和社会发展十年规划和“八五”计划的建议》(1990年12月30日中国共产党第十三届中央委员会第七次全体会议通过)。

② 《马克思恩格斯全集》(第三卷)，24页，北京，人民出版社，1960。

牲畜头数的重点应是养猪业，再不是增加大小畜生。

牧业区畜牧业上新台阶的重点应是生态效益和经济效益，即草原的保护和建设，提高牲畜总产率，增加出栏数，提高各种畜产品的个体产量。用多出栏的收入增加草原建设的投入。这一切在很大程度上取决于畜产品市场和价格。畜牧业在牧草生产和对其利用的不稳定上又加了市场和价格不稳定的新课题，对此需要有科学的分析和预测。畜牧业的两头不稳定的形势又逼我们非改变其单一生产结构不可，唯有这样，才能提高生产力，也才能改变畜牧业的落后状况。

畜产品流通体制必须改革，食品公司、供销社吃“政策饭”和对紧俏畜产品强收、对卖难产品不收的做法必须改变。但改革也不能离开牧区畜牧业靠草原和靠市场的特点，应采取以合同为保障的互保互利的政策。遇顺年，牧民保证以低一点的价格交付销售一部分畜产品给食品公司、供销社；其余的由牧民自销，并鼓励和帮助牧民进入流通领域；遇灾年和难卖时，食品公司、供销社保证按政府的最低保护价收购牧民的牲畜及其产品，做到以销促产，为上新台阶服务，牧、商协调发展。

扶助贫困，改造落后，打开多种经济的发展。牧业区贫富分化已经出现，富者有畜一两千，贫者一毛也没有。在户有户养的形式下，这种趋势是必然的，而且无必要控制。应因势利导，让养畜能手多养畜养好畜，不应因草原承包而加以限制；在贫困牧业区和对不善于养畜者、新分立的小家庭、多余的劳动力，逐渐减少扶畜的政策，将他们引向工商业和其他行业。应看到牧业区与农业区的不同特点。扶贫在农村首先必须解决其口粮，而牧区则不然，首先要解决其收入。牧民先重畜后重草，不重畜便不重草。有些地方扶贫建草库伦，对要求养畜者是福音，对养畜没兴趣者，承包草原建设草原都作用不大。牧民不一定人人都养畜，人人会养畜，应引导一些人从事其他生产。苏尼特右旗开始有个别贫困牧民从事机械修理，一些牧民联合起来制砖、烧白灰；正镶白旗下乡工作队组织贫困牧民为铁路打石子。这种形势锡盟在 1977 年的大灾后曾经出现过，有些盟、旗用这种途径扶贫收效很大。因此，先将贫困牧区和贫困牧民中的一些人引向工商业的可能性是完全存在的，如因地制宜地发展畜产品加工、制毯、制砖、建筑、修理、铁木加工、运输、贩运、开发各种资源和为畜牧业服务的建设等，在目前是可以办得到的。能办集体的更好，否则，个体、私人经营也总比没有要好得多。

在蒙古族牧民中工商业的出现，是新的生产力的萌芽，社会分工的起步。正如恩格斯所说："商人，对于以前一切停滞不变，可以说由于世袭而停滞不变的社会来说，是一个革命的要素。"中央早在1953年就曾指出：在牧民中"发展工业和手工业，对牧业区生产力的发展具有进步的作用和重大的意义。"对这类新的生产和经营，不管是什么形式，在政策上首先应是引导扶持发展，而后再去管理收税。像过去发展畜牧业一样，不管是牧民的或牧主的，首先是增畜保畜，不管是民主改革或社会主义改造，政策上都要"千条万条，发展牲畜第一条，"包括轻税、免税和扶助贫困牧民的政策，解放生产力，保护生产力，发展生产力。在牧民中发展手工业、商业与现在的草原建设相比还不是史无前例。草原建设方面，除打井外，其他的是以前从未有过的，在实践中逐渐被认识，并一直在克服建设中遇到的困难；而手工业、商业在牧业区过去虽不是独立的，但毕竟是存在过的，现在又开始复萌。发展手工业和工商业，也定会在实践中被逐渐认识，并能够克服发展过程中的各种困难。关键是在牧民中发展工商业的任务要有安排，工作要有人亲自带领群众实干。

建设社会主义牧业区，必须用社会主义的方式，推动牧、工、商各业发展，提高社会生产力，靠"小而全"是绝对办不到的。对这一认识也要深化。现阶段在牧业区主要是建立既不同于过去单一形式的集体经济，也不同于户有户养的个体经济，而是在其上的统一经营的层次。在稳定个体经营的前提下，从对其产前、产中、产后服务着手，尤其应从参与流通入手，帮助牧民推销畜、副产品或劳务活动并积累资金，以资助和引导牧民改善生产条件，采用科学技术，开展多种经营，壮大集体经济。这样，也有利于放开畜（产品）市场的管理，以及把牧民增加的收入引向生产投入。用合作制的方式和力量推进商品经济的发展和社会分工，采用现代化的经营方式，提高生产力。

根据过去的经验，集体经济还可以引导牧民间的协作，畜群管理和各项服务专业化，将分散的劳动力解放出来，从事其他生产经营。

统一经营层次更有利于共同富裕和各民族共同繁荣的政策落到实处。既鼓励一些人先富裕又侧重扶持贫困，既加速共同富裕，又侧重帮助落后民族，培育其自我发展意识和艰苦奋斗精神，增强其自我发展能力。后者应成为牧业区工作的主要任务，在坚持以牧为主的同时引导他们开展多种经营，发展商品经济，养成商品意识和竞争意识。对这一问题的认识也必须深化。

有了统一经营的层次，才便于对牧民有效地进行社会主义教育、勤俭建设和勤俭持家的教育、劳动光荣的教育，资助普通教育和促进职业教育，克服“游而不牧”和一些人不愿艰苦、好吃懒做等不良习惯，加速精神文明建设。

在保草原、兴畜牧、通贸易固有的格局中，畜少增畜，草缺抓草，市场紧抓市场，现在应有所革新。让牧民不仅当牲畜的主人，更应当是改造自然、利用资源、生产商品、主宰市场的主人，要有这样的雄心壮志。

畜牧业现代化必须采用现代化的方式，建设社会主义必须采用社会主义的方式。在内蒙古牧业区建设社会主义和进行现代化建设，必须重点改造蒙古族牧民落后的生产力和整体落后的经济、文化，才能实现牧区工作会议提出的目标，进而实现社会主义各民族共同繁荣的理想。

牧为基础，草为其天，工商兴族，科技兴业，教育为本，勤俭为荣。

浅谈畜牧业现代化的先决条件①

赵真北

对我国“四化”中的畜牧业现代化问题，已有许多论述和专著，从畜牧业的各个方面进行了探讨，提出了很多有益的意见。党的十一届三中全会以来批判了“左”的错误，改变了“以粮为纲”的生产方针，畜牧业有了很大的发展。我们已办起许多现代化的牧场，其中有专门的现代化示范牧场，也办了些牧工商联合企业，摸索现代化的经验，特别是群众中出现了畜禽饲养专业户及其联合体，使畜牧业现代化迈出了新的一步，这一切都取得不少成绩和经验，虽然也有一定的教训，但都是有助于实现畜牧业现代化的。

内蒙古有大面积的草原和牧业区，人们很关注牧业区的现代化，建牧场、搞现代化试点都选水草好的地方，这是很自然的，也是应该的。在这些地方，充分发挥其自然资源优势，积极创造条件，改变其落后面貌，逐步达到现代化经营，是完全必要的，也是可能的，是必由之路。

实现畜牧业现代化需要哪些先决条件，有必要进行探讨。

一、问题的提出

畜牧业现代化，从各方面的情况和论述大致概括为用先进的科学技术、先进的生产手段、先进的经营方式，达到高水平的生产。畜牧业生产本身的现代化还不等于农业结构以牧为主、食物结构以动物蛋白为主，当然“两为主”也不一定就是现代化。我们的方向是，既要现代化，又要“两为主”。这样的要求，实际上是大农业的集体化经营，畜牧业现代化这个词已用习惯了，这里暂时还以它

① 赵真北：《浅谈畜牧业现代化的先决条件》（未刊稿），1983年12月1日。

来表述集约化。当然“两为主”能达到什么程度，要看我国工、农业发展情况来定，内蒙古的生产方针已经确定了“林牧为主”。不管怎样，农业结构中的畜牧业比重、食物结构中的动物蛋白比重继续增加是毋庸置疑的。

畜牧业现代化，在发达国家是达到了生产水平高，科学技术水平高，机械化程度高，畜牧业产值在农业产值中占的比重高，人们对畜产品（包括肉、乳、蛋、皮、毛等）的消费高。我们也认识到发展畜牧业对工、农业发展、出口换取外汇、人民生活的提高等方面的重要意义，和应该采取的措施，并在尽可能付诸实施。这些都是正确的，无可非议的，但对于单纯以此能否发展，我们遇到不少问题：如草原建设，饲料生产和供应，畜产品同工、农业产品的比价，畜产品的销售，国家对畜牧业的支援和智力投资，农牧民对国家需要的某些畜种和产品缺少经营兴趣等，有些问题解决了，有些一直未能解决。畜牧业大发展所遇到的两个问题：一饲草料不足，二产品不是滞销就是不足，其根本原因是什么？我们看到畜牧业的意义重大就想多发展，人们能多消费，为了人们生活好一点，也想多发展。看来不是这么简单，不能就畜牧业论畜牧业，必须而且应该找到左右其发展的因素和条件。

二、国外畜牧业现代化的启示

发达国家畜牧业的生产水平高，对畜产品的消费水平高，不是固有的，也是逐步实现的。西德在1935年—1938年间人均消费肉类105.6斤，1977年—1978年达到175斤，1981年达到196斤；日本的畜牧业在农业产值中的比重在六十年代初为13%，1980年达到29%，人均肉、奶、蛋的消费由六十年代初的67斤到1976年达到169斤。他们的生产、消费都在上升，是生产上升不得不提高消费，还是消费提高，促进了生产？按照一般规律，生产发展了，生活就得到改善，但就其中的畜牧业生产来讲，还有其特殊性。畜产品不像现在的一些工业品，生产创造了消费。畜产品是人类最早的消费品，后来由于人口和种植业的增加，对畜产品的消费减少了。现在消费水平提高，又对畜牧业不断地提出增产的要求。发达国家畜产品生产供应由低到高，好多都是供不应求，因而价格上涨，像现在一斤牛肉可换20—30斤玉米，于是农民看到经营畜产品有利就转向以牧为主，仍然供不应求，他们国家的政府又给农民提供银行贷款、直接的财政资助和技术装备，以及对农民的技术培训，设法提高畜牧业生产。即使如此，有些国家还是满足不了消费的需要，过去他们靠掠夺殖民地，现在靠从国外进口。西德 1981 年的肉产量为人均 154 斤，其中还有进口小牛产的肉，不足部分靠进口，30% 的饲料靠进口。日本更是如此。这些都足以证明“没有生产，就没有消费；但是没有消费，也就没有生产”，而“消费创造出生产的动力”的马克思主义理论是正确的。

畜产品价格这样高，消费量又是那么大，已成为这些发达国家人民的主食，其购买力是由他们高度发达的工业促成的，在此无须细述。

工业的高度发展还为畜牧业生产造就出高的生产力，没有高的生产力就不可能满足高消费的需要。工业高度发达的国家，有条件以科学技术、先进的生产手段和较大的财力改造落后的农业。其工业已占绝对优势，产品的一部分以农业为市场，财政收入已超过从农业取得积累的阶段，进入了反过来资助农业的时期。还有因工业生产、商品流通的经营形式和农牧业生产技术水平的提高，改造了小农经济，使之转向专业化、社会化、商品化，都大大提高了农牧民的劳动生产率。

当今畜牧业高度发达的国家，都是工业高度发达或以其为市场的国家，也是种植业高度发达的国家，粮食人均至少在 700 斤以上，人工草地至少占全国草场的 10% 以上，而不仅仅是农牧业自然资源优越的国家。日本原被称为“无畜国”，以“米食”著称，其工业高度发展，改变了农业生产结构和食物结构；畜牧业原来为蒙古国唯一的国民经济，国家草原很广阔，载畜潜力还不小，但由于没有工农业，之后有了为数不多的工农业，其畜牧业长期徘徊不前。1921 年 1000 万头。1940 年 2600 万头，1960 年 2300 万头，1980 年 2370 万头；质量也提高得不快。近二十年的发展，工、农业有较大的增长，饲料生产和加工以及畜产品的加工才有较大的增加。单以畜牧业甚至加上农、林业也是不可能实现现代化的，正如毛泽东同志讲的“没有工业，便没有巩固的国防，便没有人民的福利，便没有国家的富强”，工业不但要有而且要高度发展才能实现国家富强。

包括畜牧业在内的农业是国民经济的基础，工业的发展取决农、畜产品的商品量，畜牧业的发展取决于饲草的生产量和粮食的剩余量及对其利用的程度。农牧业生产的大发展又取决于工业所产生的包括科学技术和有文化科学知识的劳动力在内的生产力，以及高消费水平。畜牧业现代化，同工、农业发展和消费是按比例发展的，不管意识到与否，这些是客观存在的，但是各自的作用不同，工业是主导，消费是动力，种植业是基础，科学技术是手段，离开任何一个条件也不能实现现代化。是否可以说这些就是畜牧业现代化的先决条件和一般规律呢？

三、我国畜牧业大发展事实上也是同工、农业按比例增长的

中华人民共和国成立以来，全国工、农业生产大幅度增加。1980年比1952年工业固定资产增加26倍，各种工业产值增加几倍到几十倍；农业的粮、棉增加一倍；人民的消费水平增加一倍。畜牧业也相应地大增加，大小畜和猪由1949年的16012万头只到1982年增加到58370万头只；产值在同期内由33.7亿元增加到407亿元，增加了11倍；猪牛羊肉据近几年的统计，1978年为171亿斤，1982年270亿斤，增加58%；羊毛产量，仅以内蒙古为例，1950年只有900多万斤，1982年达到10425万斤，增加10倍多。畜牧业增长的幅度大大超过粮、棉增长的幅度，这是同工、农业生产和科学技术的发展以及人民的消费提高分不开的，也是同工、农业和消费的要求大体上相适应的。

但是生产和消费还是比较低的。畜牧业产值仅占农业产值的15.4%，比1949年提高3%，畜牧业比重大的内蒙古多年来徘徊在30%左右；人均占有肉27斤、奶3.9斤、蛋5.6斤（1981年数据）、羊毛0.4斤。而全世界1981年人均肉50斤、奶200斤、蛋12斤；1977年羊毛的人均消费量：西德4.86斤，新西兰4.36斤，日本2.62斤。生产水平低，有些地方的牧民还要放弃牧业转向农业，好多畜产品是靠派购发展的，不能很快提高；消费低，生产多了还滞销，即使倒挂牌价也卖不出去，如猪肉。当然还存在国家和人民生活需要的有些产品又生产的很少，供不应求，如牛、羊肉，瘦猪肉，牛奶，鸡蛋，皮，毛等。这些除我们工作中的问题外，都是要受工、农业生产和消费水平等客观因素制约的反映。

生产消费低，又不平衡。好多牧业区仍沿用游牧的生产方式，而一些大城市郊区却出现了现代化经营的奶牛场、养猪场、养鸡场等。在城市尽管畜产品价格上涨，其消费量依然上升。内蒙古猪、牛、羊肉的销售价1979年分别上调33.6%、48.3%、44.9%，1980年对区内人口供应的肉类销售量达17882万斤，占当年生产量的37.6%，比调价前的1978年增加了35.4%，比“文化大革命”前

的1965年增加1.63倍；人均消费37.2斤，比1978年增加31.8%，比1965年增加64.6%；呼和浩特1982年人均消费肉50.6斤，比1965年增加1倍，比1950年增加2.5倍。全国十一个大城市人均肉类消费量比全国水平高出70%—80%，蛋消费量高出1倍多，奶的消费占全国产量的20%，还供不应求。北京为解决市民牛奶供应，不惜出高价从东北、呼盟买草（一斤草运到北京合一角钱），到锡盟西乌珠穆沁旗放“苏鲁克”。而广大农村几乎常年不用一斤牛奶。城市间也不平衡，大城市高于小城镇。当然近几年农村特别是富裕起来的农村，肉、奶、蛋的消费也在增加，个别的还高于城市，如通辽县新建大队去年人均食肉75斤。但总的说还是城市高于农村。

我们畜牧业的大发展以及对畜产品消费大幅度的提高，还是低于世界平均水平。而国内城乡之间的不平衡，都受工业、种植业、科技水平和消费水平左右，绝对不是国家的计划和生产指挥部门不愿意扩大生产，或者人民不愿意再提高消费。

四、更自觉地遵循规律按照比例发展畜牧业

我国当前的畜产品生产和消费正在随着工、农业生产的增长而增长。消费方面畜产品不同于粮食消费，城市对粮食的消费开始下降，内蒙古全区粮食供应人口七十年代月均30斤，到去年降到24斤，其中有消费者自行购入和转出的，无法算清。不管怎样，总的趋势是下降的，而肉、奶、蛋等的消费量却在不断地上升，这都是大好的事。那么，畜产品的生产和消费在各自的领域应占多大比例，其上升速度应多大，都需要精确的计算和科学的预测。在这方面我们教训不少，经验不多。

在生产指导上，长期来对生产的目的缺乏认识，只是为了生产，而不是为消费。只以牲畜的存栏数作为生产指标，因而不积极从生产和经营方面下功夫增加畜产品来满足社会日益增长的需要，反而以限制消费的办法来增加存栏数。只计划存栏的增长，不过问消费，有什么供应什么，有多少供应多少，只有在群众要求增加供应的呼声大的时候，才采取办法。生产与消费脱节。

增加生产过多着眼于自然资源因素，以至于脱离了实际，没有关注工业、种植业、消费等社会经济因素和科学技术因素；孤立地看待畜牧业，缺乏将其与整

个国民经济联系起来的思考。这些导致了需要和可能脱节。

进行畜牧业现代化建设和试点，也存在不以现代化建设的要求进行的，仍以指导自然经济的习惯，只着眼于自然资源，运离城市和交通要道，偏离很多有利条件，结果投资很大，见效很慢。没有在各方面具备优越条件的地方进行建设和试点。这些导致了要求和实际脱节。

城郊条件好，畜牧业有很大发展，已显示出其优越性，但没有按其特点有计划地合理安排菜、畜、粮等的生产比例，更没有自觉地根据经济圈理论（即“圈层结构理论”）科学布局，而偏远地区的奶、蛋、禽等不易销售。这些导致了供应与消费脱节。

党的十一届三中全会以来，经过不断批判“左”的错误，总结正反两面的经验，对不少问题逐步地有了比较接近实际、比较全面的认识，并在开始真正的改革和改进。我们应坚决地把十二大提出的发展农牧业，“以满足工业的发展和人民生活提高的需要”，作为畜牧业生产的目的和动力，按社会需要安排生产，把生产和消费都列入计划；以草原、土地的畜产品单位面积产量衡量生产水平，积极提高商品率，坚决改变既束缚生产又不利于消费的单纯以牲畜存栏数为指标的计划指导。

畜牧业的各项生产计划要有切实的可行性为依据，养畜有饲草（料），产品有销路，经营者有利赚。这个可行性，是以不同阶段的工、农业生产水平和积累与消费的比例为依据。“一要吃饭，二要建设”。吃饭由素到荤，建设有工有农。工业建设投资主要靠国家，农牧业建设主要靠农牧民群众。畜牧业更需要投资建设，过去那种“只需加以看管和最原始的照顾就可以大量大量地繁殖起来而供给最充裕的乳肉食”的草原牧区也到了不建设不能继续发展甚至不能继续维持现有生产水平的地步，那种自然经济时代已经过去，最偏远的曾经是封闭状态地区的生产和生活都已纳入国家计划和全国统一的市场。工、农业都要建设，工人、农牧民都要求提高生活，然而现阶段我们的生产水平和国家财力还比较低，只能根据生产增长的情况统筹皆顾，合理安排。对畜牧业的投资和人民的收入，随着生产的发展不断地提高是无疑的，但不可能脱离实际地加大畜牧业建设投资，单独把畜牧业搞上去，更不能离开整个国民经济和社会消费而把畜牧业发展上去，整个国民经济的发展和社会消费中也不可能没有畜牧业的发展。现在只能以现行政策、现有的生产力（包括科学技术和资金）、现在的消费水平，来积极提高生产，特别要依靠群众从事生产投资，更多地从科学技术方面采取措施，力争做到畜牧业生产与整个国民经济发展相适应。

在地域上，使生产主要是鲜活产品尽量接近市场；使为畜牧业服务的工业，尤其是饲料工业、乳品加工、活畜屠宰以及所需能源尽可能接近自然资源优越的畜产品产地。这不只是运输问题，而是一项促进生产、提高消费、有步骤地实现畜牧业现代化、缩小城乡差别的重大决策。

五、发挥城郊发展畜牧业的优势

城市是工业基地。它同周围的畜牧业进入国内畜牧业的先进行列。《全国第四次畜牧业经济理论讨论会纪要》（下面简称《纪要》）中对城郊畜牧业本身的问题做了比较系统的阐述，城郊畜牧业在全国畜牧业的地位也是个需要研究的重要问题，正如《纪要》中写的“城郊畜牧业是我国畜牧业经济中比较发达的梯度”，发展和研究城郊畜牧业对于指导全国畜牧业有重大意义。

城市及城郊在国内是最发达的地区，就经济发展状况，人们称之为国内的“第一世界”。它不仅有工业，农牧业也是先进的，尤其有广阔的畜产品市场，对畜牧业的要求更高，而且它还有发展畜牧业的优越条件。

饲料工业首先在城市建立。据农牧渔业部统计，1980 年全国有糠麸 450 亿斤，油饼 164 亿斤，甘蔗、甜菜废丝 165 亿斤，这些当然都不在城市，还都不能加工成配合饲料。内蒙古粮食部门直接掌握的糠麸、饼粕有 8 亿斤，全年预计加工 3 亿斤混合和配合饲料，另外全区还有甜菜废丝 18 亿斤。此外屠宰场的血、骨、头，蹄、内脏等和不少工业副产品、下脚料都在城市，都是饲料工业的好原料。全国饲料工业最好的是北京，年产 7 亿斤配合饲料，其次是工业发达的辽宁省年产 6 亿斤。配合饲料是畜牧业现代化最基本的物质基础。

畜牧科学的研究、教学几乎都在城镇，城市和城郊的畜牧兽医事业机构和人员齐全，对当地畜牧业的技术推广和指导具有比任何地方都雄厚的力量。

城市为畜牧业生产供应机械设备、医药器材和所需要的电、煤等能源；城市和城郊交通发达，这些都为工厂化的养畜业和贮藏、运输、加工、供应畜产品尤其是鲜活产品提供了方便。屠宰场和各种畜产品的加工都集中在城镇和经济中心。

城市工业收入高，人民消费水平高，能拿出相当投资用于畜牧业。近几年好多城市拿出不少钱来发展畜牧业，据说上海仅给饲料工业的补贴每年就有2000万元；广州还到黑龙江省的杜尔伯特蒙古自治县投资办牧场为其生产乳粉。如果进一步认识到郊区畜牧业的重要性和可行性，城市投资的潜力是很大的。

郊区农民文化程度比一般农村牧区高，而且他们见识广，接受新鲜事物快，信息灵通，经营能力强。像乌兰浩特这样的小城市，它的畜牧业生产都比一般农村高。今年冷配母牛比上年提高1.5倍，占全部母牛的近一半，而兴安盟还不到6%。生产者有文化是现代化的最基本条件之一。

郊区畜牧业专业化、社会化、商品化程度高。城郊奶牛多为专业经营，现在猪、鸡也向专业化发展。畜禽专业户发端于城郊，办得好的也多在城郊，如北方有名的“三兰”（苏桂兰、王淑兰、高秀兰）都是城郊的居民（沈阳、哈尔滨、兰州）。鸡蛋、牛奶的90%以上为商品（牛奶商品率在北京和上海分别为97%和95%）。社会分工，从种畜禽饲养、冷冻精液生产、配种和种卵生产、孵化，以及饲养管理、兽疫防治、饲料供应、产品销售和加工等等，都有专门组织和人员经营，劳动生产率很高。

因而，比较现代化的奶牛场、养鸡场、养猪场大都出现在城市郊区，牛、猪、禽等最好的品种都首先在城郊饲养，最好的品种也多数产在城郊，如北京黑白花牛、北京白鸡，哈尔滨白猪等，内蒙古黑白花牛大部分分布在城郊和铁路沿线。城郊生产能力也高，北京的母牛年平均产奶量12600斤，上海9935.6斤，天津9613.4斤，呼和浩特大黑河奶牛场10034斤，包头黄河奶牛场10033斤。1981年全国生猪出栏率为63.8%，上海最高，达到126.9%，北京93.2%。这些对供应城市消费需要和富裕农民的作用很大。

《纪要》中“畜牧业现代化总是从大城市开始”的意见是有根据的，是符合畜牧业现代化的规律的。尽管我国工业水平还不很高，但城市是工业基地，其生产力是先进的。尽管我国城市的畜产品消费水平与发达国家相比还很低，但比我国农村还是高很多，尽管城市消费的肉和相当多的蛋还得靠农村牧区供应，但城市郊区的生产水平，尤其是奶、蛋、禽等鲜活产品的生产是高于一般农村的。尽管城市有大小，郊区有先进和落后，但都有当地农村不可比的优势，而且容易发挥这种优势，能较快地实现集体化经营。

城郊畜牧业作为一个发达的梯度，要扬长避短，解决其饲草生产和供应的不足，如能像提高和扩大菜、粮等作物那样提高和扩大饲草生产，这一问题也不是不可以解决的，比如，包头黄河奶牛场就做到饲草自给。尽快地使城郊畜牧业在整个畜牧业经济中占到应有的地位，使其在为城市服务的生产中占到应有的比例，在生产布局上占到应有的地理位置。郊区能生产供应的产品中牛奶和鸡蛋等尽量就地生产供应，减少从外地的调入。发达国家中有的虽进口畜产品，但是有分别的，奶、蛋等也是尽量自己生产，进口的主要是肉、皮、毛等。作为国内发达地区的城市应当学习这点。城郊和经济中心周围的畜牧业实现现代化，在全国畜牧业现代化上就树立了榜样，就可以从城郊开始，由近及远，由发达地区到偏远地区，由易到难，有步骤地实现畜牧业现代化。

畜牧业现代化，很可能是从生产力和消费水平的现实出发，遵循以工业为主导，以消费为动力，以种植业为基础，以科学技术为手段的规律，按照不同阶段各项生产正常的发展比例和积累、消费的合理比例的原则实现。在这个过程中，条件较好的城郊和经济发达地区先走、快走，条件差的农村牧区后走、慢走，城郊发挥现有优越即可初步实现畜牧业现代化，农村牧区积极创造条件才能逐步达到。

就《为建设现代化畜牧业而奋斗》(讨论稿)致函锡林郭勒盟盟委[①]

中共锡盟盟委办公室：

《为建设现代化畜牧业而奋斗》(讨论稿)一文收悉。

总结四十年畜牧业工作的经验，是一个非常重要的任务，它对今后的畜牧业工作是有非常的指导价值。过去因不总结经验，不接受教训，吃亏不少。盟委抓总结经验，是项最重要的基本建设，而且的确总结出许多可贵的经验，并提出许多好的设想和理想的奋斗目标。读后感到由衷的高兴，也很开窍。

为了对事业负责，对(讨论稿)不客气地提点粗浅的看法。

一、建议将生产关系与生产力的问题同上层建筑与经济基础的问题分别看待

对二者的理论无须赘述。我们的实践充分证明：上层建筑正确反映经济基础又正确服务它，它就发展得快，反之则阻碍或破坏它的发展；生产关系适合生产力水平，生产就发展得快，反之亦然。

按(讨论)稿划分的阶段，对数字又重算了一遍。因为有的阶段有具体数，有的阶段没有；有的基数是阶段的上一年数，有的是阶段开头那年的数，不一致。这些用的数是自治区畜牧局提供的，有的与(讨论稿)上的还不完全一致。重算的结果是：

1949 年有牲畜 166.9 万头只(因没有 1947、1948 年的统计数)到

① 未刊手稿，写于 1987 年 10 月 20 日。

1957年增到435万头只，增268.1万头只，8年平均增加33.5万头只。

1957年到1962年增到631.3万头只，增196.3万头只5年平均增加39.2万头只。

1962年到1965年增到911万头只，增279.7万头只，3年平均增加93.2万头只。

1972年为814.4万头只到1975年增到929.4万头只，增加117.8万头只，3年平均增加39.2万头只。

1978年为523.6万头只，到1983年增到822.1万头只，增298.5万头只，5年平均增加59.3万头只。1983年到1987年增到838.4万头只，增16.3万头只，4年平均增加4.1万头只。

在这里把1978年以后分成两个阶段，因为头5年仍为集体经营，后4年才改为个体经营。

从上述几个阶段牲畜饲养量增加的对比看：

（一）牲畜私有和私养的两个阶段，虽然上层建筑是最好的时期，但牲畜增加的最低。

（二）1957年到1962年合作化初期，上下都缺乏经验，集体经济内部缺少适当的管理制度；1972年到1975年集体经济内部的生产责任制等有所恢复。这两个阶段生产关系和上层建筑都有较大的问题，增长速度相同。

（三）1962年到1965年集体经济内部管理有了初步的办法，自留畜成股报酬均已恢复，经济上"左"的错误在纠正，政治上"左"的错误在滋长；1978年到1983年集体经济内部的管理和集体、个人之间的经济关系均已恢复，政治上得到平反，"左"的错误正在纠正。这两个阶段无论上层建筑还是生产关系均为较好的时期，也是牲畜增长最快的两个阶段。

（四）1966年到1971年因来自上层建筑的大破坏，牲畜饲养量下降，1977年是灾害的损失。

（五）至今未恢复了集体经济时期曾有过的两次超900万头只的水平。再以牲畜基数大体相当的1957年（575.2万头只）和1978年（523.6万头只）为起点的发展速度比较，前后经过6年达到911万头只，后虽已过9年也未达到900万头只的水平。其不同点是此前后基数少51.4万头只和只坚持了5年集体经营。出栏成活仔畜数1965年为268.1万头只。近几年最高的1984年才达到240.2万头只。

任何改革都是为了解放生产力，发展生产力。这是改革成功与失败的标志。四十年的经验，牧区合作化尽管很仓促，一个模式，管理不完善，分配上的平均主义严重，遇到来自上层建筑的各种干扰。但在牲畜发展速度上、畜牧业基本建设上、技术推广上的成就是无法否定的。牧民的积极性也是高的，他们爱畜如子，为发展和保护集体牲畜不惜付出生命的和经济的代价。记得1965年的黄旗、1981年的西乌旗的大灾中为保护牲畜有牧民牺牲；著名的牧牛状元古日吉德哈已为公、为集体养牛上千头。牧民的集体主义精神在人们头脑中仍记忆犹新。对集体经济及其几定一奖的责任制，包括坚决支持改革它的区党委一些领导人又重新持肯定态度。至少不便再否定。

严重的教训是把上层建筑的"左"的错误同生产关系中"左"的问题等量齐观。如果集中力量发展生产力，提倡发展商品经济，帮助牧区集体经济，完善管理制度，克服平均主义，培养管理人员，其优越性肯定更会显示它的生命力。1983年在上层建筑各个方面好转的情况下却对集体经济做了一风吹的否定，使得牧区建设虽有很大进展，但整个生产发展得很不理想。

二、生产力越落后越需要依赖生产者的积极性和经验，同时也越需要必要的协作

诚如马克思对原始公社说的那样："这种原始类型的集体生产或合作生产显然是单个人脆弱的结果，而不是生产资料公有化的结果。"[①] 大家懂得蒙古族由古

① 《马克思恩格斯全集》（第十九卷），434页，北京，人民出版社，1963。

列延[①]方式游牧演变为阿寅勒[②]，生产资料公有变为私有，也不是单家独户游牧。它同解放前后的浩特相似，这种形式至今基本未变。这是因为从生活需要必须五畜俱养，又因劳动力不足必须列账置车结成浩特进行协作。经过25年的集体经营，虽然又回到个体经营，但在不少地方还保留着跨浩特的协作。如水利建设和使用、草原调剂、使用和建设，种畜配备和管理，防疫和品种改良等技术服务，用牧业机具打草运送草料和移牧等等。在这方面该统而没有分的，其情况要好得多。据农牧渔业部同志谈青海省有个别县没有解散集体经济而执行了“大包干”的责任制，其建设和发展均比其他县好。该统则统，该分则分，统分结合，是中央在农村改革中一再强调的原则。农村牧区不同，牧区也有很大差异。过去不注意差异，不研究统与分的问题，一律统；这次改革又走向另一极端。片面性，一刀切，连个对比观察的对象也不留，使人们只能用纵向对比而无法横向对比，来全面考察集体和个体的利弊。

三、具体问题还要具体分析

（一）用分不同阶段牲畜饲养量增长速度的对比衡量改革成效是一种方法，但不是全面的绝对的。如没有细算大小畜、产量、产值投入产出等的比较；又如草原载畜量高低对牲畜发展速度起决定性作用，载畜量饱和或接近饱和特别是超载的地方再用这种方法衡量改革的成效显然是不适宜的。

（二）牲畜私有私养肯定激发了那年的积极性，是毋庸置疑的；同时也给牧民带来一定的困难，也是不容忽视的。二者相抵之后，其利弊各有多大，需要考

① 古列延，蒙古游牧或军事的组织形式。又译库伦。《元朝秘史》释为“圈子”或“营”，元代汉译“翼”。古代蒙古牧民集体游牧，驻屯时，称为“阿寅勒”的各个家庭列毡帐置车为环形，首领居中，进行管理，称为古列延。规模大者达数百帐幕。随着掠夺战争加剧，游牧经济组织日趋军事化，渐变为军事经济合一的组织。当敌军临近或出征时，结圆营防御或俟机进攻。组成和性质发生变化，原借以维系的血缘纽带松弛，不同血缘的各族杂居一处，内部贫富差别和阶级分化日益加深。当军事需要时，规模益大，达千车千帐。随着牧业发展，牲畜增加，个体家庭单独活动能力提高，这种集体游牧形式逐渐解体，被个体游牧的“阿寅勒”取代，其残余只作为军事组织形式保留。高文德主编：《中国少数民族史大辞典》，440页，长春，吉林教育出版社，1995。

② 阿寅勒，蒙古语音译，意为“营”。古代蒙古社会中以家庭为单位的个体游牧方式。该家庭只包括二、三代人，通常由一家成员及若干帐幕与幌车组成单独营地进行游牧。随着游牧经济的发展，牲畜数量的增长，个体家单独活动能力的加强，内部阶级分化的加剧，私有经济愈益普遍，上至贵族首领，下至亲兵及属民，都有各自数量不等的帐幕、幌车、牲畜等，这种个体游牧方式遂逐渐占据优势，最终取代了以往的“古列延”集体游牧方式。高文德主编：《中国少数民族史大辞典》，1216页，长春，吉林教育出版社，1995。

察和分析。

（三）生产和收入是不完全一致的。几年来牲畜没有增加而收入大增，是全面改革带来的畜价上升而不主要是生产的结果。生产和经营也不完全一致。近三年牲畜商品率占出栏率的68%，是经营的改进，是市场价格的刺激的结果，不是生产的改进，也不是生产关系改革的结果。如1949—1957年的个体时期，这个比例才是56.9%，而在1963—1965年的集体时期也曾达到64%。若没有畜价上涨，牲畜私有，牧民的惜售思想可能更难改变。

（四）草原建设有进展，是既有认识又有实践的突破性的成就。这个成就的取得是从六十年代开始的。近几年建设速度加快，一是客观需要的迫切性，五十年代畜少草多，注意增畜，现在畜多草少，必然要求增草；二是政策法律正确；三是有个人积极性；四是资金、物资比过去充足。但是“只要我能多捞一把，哪怕它寸草不生，这种小私有者的观点还牢固地保持着。”[①] 假如用集体力量建设，是比个人多快好省还是少慢差费，不能横向对比，也要纵向对比。

（五）“自给自足的自然经济”是自强调发展商品经济以来有些人用来对牧区过去商品生产的否定。牧区经济落后，内部没有分工没有交换，加之我们过去否定商品经济，更使它的发展受到限制。但是我们要清醒，自给自足经济是指生产是为了直接满足生产者的需要而不是为了交换的经济形式。这种自然经济与商品经济相对立。商品经济以社会分工为基础。自然经济是每个生产者用自身的经济条件，几乎生产自己需要的一切产品。列宁说：“在自然经济下，社会是由许多的经济单位（家长制的农民家庭、原始公社、封建领地）组成的，每个这样的单位从事各种经济工作，从采掘各种原料开始，直到最后把这些原料制造成消费品。”[②] 然而我们牧区却不是这样，它的单一畜牧业生产必须与外界交换，为同内地通商互市曾多次进行过战争。据历史记载在本世纪二十年代前内外蒙用以交换的牲畜及其产品占整个消费部分的60%以上，同我们现在的牧区商品率差不多。这种游牧民族同农业民族的互通有无，第一次使经常的交换成为可能。游牧民族用来交换的产品主要是牲畜，因而一度牲畜还曾起到过货币的职能作用。马克思

① 列宁：《苏维埃政权的当前任务》，见中共中央马克思恩格斯列宁斯大林著作编译局编译：《列宁全集》（第三十四卷），178页，北京，人民出版社，1985。

② 列宁：《俄国资本主义的发展》，见中共中央马克思恩格斯列宁斯大林著作编译局编译：《列宁选集》（第一卷），161页，北京，人民出版社，1976。

说："游牧民族最先发展了货币形式。"当然目前的生产不是为了交换，不是为了市场的需要的商品经济，只是根据自己的需要而出售的小商品生产，即商品——货币——商品，在解放前后还有物物交换。个体劳动者的农牧产品在很大程度上是为了买而卖，尽管大力提倡发展商品经济，这种状况将会持续相当长的时间。当然不是每个劳动者和每一种产品都是这样，如细羊毛、半细羊毛、山羊绒等生产完全是为了出售。全面的正确的观察牧区生产，对引导牧民发展生产力和商品生产是大有好处的。

四、畜牧业现代化的途径

畜牧业现代化就是要集约化，投入少，产出多。人力投入少，经营规模大，物力投入要多，但其经济效益更大。这样就得生产专业化、社会化还商品化。专业化不是单一生产而是多种生产中的专业化，社会化不仅是畜牧业生产内部的分工而是一个地区一个民族的社会分工，有专业化，社会化才能有真正的商品化。

我有两篇文章（其中一篇曾送乃登、博颜额穆和[①]二同志）提到的这些问题，送去供参考，仅仅是参考。

以上，数字有可能算错，结论和观点也可能会错。也仅供参考而已。

赵真北

1987年10月20日

① 乃登、博颜额穆和分别为时任中共锡林郭勒盟委员会书记、副书记。

关于赴锡盟等地督促检查情况汇报提纲[1]

自治区党委：

按照自治区党委办公厅 [1992] 61 号文件的要求，由政协副主席乃登同志带队，常委赵真北和宝日勒岱等同志参加的七人工作组，从 7 月 14 日到 8 月 23 日，对锡盟十二个旗县市和乌盟、巴盟四个边境牧业旗贯彻落实中央 2 号文件和自治区两会（五届五次全委扩大会议和党代会）精神的情况，进行了为期近四十天的督促检查和调查研究。在锡林浩特，我们分别听取了锡盟盟委和行署召集的三次汇报会，参加了盟委召开的旗县市委书记会议，调查了解了一批企业。在所到的各旗县市和苏木乡（镇）进行了座谈，并走访了一批嘎查（村）和农牧民家庭。我们边督促检查边调查研究，共同探讨如何更好地落实自治区党委提出的“畜牧业再上新台阶，牧民率先达小康”“两带一区”经济发展目标。给我们总的印象是：所到之处，不论是领导还是各族人民群众，上上下下都动了起来，程度不同地呈现出一派大改革、大开放、大发展的良好势头。同时也存在一定的制约生产力发展的困难和问题。现就这次督促检查情况以及需要进一步认识和解决的问题汇报如下：

一、贯彻落实中央 2 号文件精神以来的情况

中央 2 号文件下发后，锡盟各级领导认真组织了学习研究，他们结合本地区的实际情况，认真贯彻落实中央 2 号文件、自治区五届五次全委（扩大）会议精神和自治区党代会精神，紧紧抓住加快改革开放和经济发展这一中心任务，上上下下紧张动员，方方面面积极行动，各想各的好办法，各打各的优势仗，思想活跃，工作积极主动，各地都有一些新的思路和新的举措。锡林郭勒盟在原来经

① 赵真北主笔，1992 年 9 月。

济社会发展战略基础上，提出了“两个创新，四个突破，两个较快增长”的新思路。这就是：畜牧业和农业经济的发展要开创新的局面，在发展城市经济、乡镇企业、边境贸易和“三资”企业方面要有新的突破，农牧民人均纯收入和财政收入要达到较快增长。根据这个思路，各旗县市和各部门都重新调整了“八五”计划和十年发展规划指标，采取有力措施，抓住重点予以突破，促使全盟经济正向速度快、效益好的方向发展。

（一）经济建设的速度正在加快，上半年主要经济指标的增长达到了两位数。1 至 6 月份，全盟工业完成总产值 31696 万元，较去年同期增长 15.2%；乡镇企业累计完成总产值 6264 万元，比上年同期增长 33.4%；社会商品零售总额达到 33590 万元，比上年同期增长 16.5%；财政收入累计完成 4343 万元，比上年同期增长 10.1%。同时，一批对锡盟整个经济有重大影响的重点工程进展顺利。新建的中型机场已于 7 月 22 日试航；赛汗塔拉至乌兰花段公路全线开工，其他几条干线公路也已得到自治区批准；煤、电开发得到国家、自治区的高度重视和支持；稠油化工试验厂已经立项；华北唯一的无电旗县——苏尼特左旗也于 8 月份结束了无常电的历史；锡林浩特万门程控电话工程已破土动工，1994 年即可交付使用；畜牧业生产实现了连续四年超千万头（只），今年六月末大小畜 1150.9 万头（只），保畜率 97.5%，成活率 70.5%。生猪饲养量达 13.2 万口，农民养猪的积极性明显增强。全盟粮油作物播种面积达 237 万亩，与上年持平，新增水浇地 1.6 万亩。从现在看，畜牧业又是一个丰收年，粮油生产也丰收在望，预计粮食产量可稳定在 4 亿公斤左右。

（二）改革力度明显加大。转换企业经营机制，畜产品流通市场放开，机关团体事业单位人员办实体，旗县级机构改革等方面都采取了新的措施。一是牧区旗县综合配套改革稳定发展。镶黄旗从本旗实际出发，根据生产和建设需要，对现有党政机构区别不同情况进行撤、并、转，不强调上下对口，允许打破党政界限的原则进行大胆改革，改革后全旗总的行政机构数为 30 个，比改革前的 55 个减少了 25 个，减 45.5%，达到设置合理，精干灵活、高效有序的运行机制，现在通过多种途径，安置消化了行政事业单位的富余人员。二是根据“企业法”的精神，把企业的权力全部下放给企业，进一步完善承包责任制，积极大胆地推行全员承包、风险抵押、工效挂钩等改革措施；对一部分小型企业、微利企业全部放开经营，并鼓励和支持他们积极摸索服务、租赁、兼并等办法和形式。通过采取这些措施，现在出现了速度和效益同步增长的可喜局面。特别是对盟亏损大户，在羊毛大战中垮台的盟毛纺厂，盟委和行署果断决策，把以往亏损近1600万元先挂起来，甩掉包袱，轻装前进。从今年1月至7月份，该厂已经完成全年生产任务的47%多，设计新品种184个，建厂33年来，今年首次开始出口产品。三是城乡集市贸易有了新的进展，畜产品购销政策进一步完善，对活畜和畜产品市场采取“以放为主，放管结合”的灵活措施，部分旗县市还根据各自的实际情况采取彻底放开的政策，逐步培育和健全公平竞争的畜产品流通市场机制。7月28日，我们在西乌旗的罕乌拉苏木集市上看到，赶集的有骑着马或者驾驶着小四轮车的牧民，也有从与西乌旗毗邻的赤峰市几个旗县来的农民或城镇居民。牧民把自己带来的活畜或畜产品卖掉，再购买自己生产和生活需要的生产资料及农副产品。这个集市是逢8开市，从6月28日至7月28日，开了四次，前三次的贸易额近8万元，约有750人次参加了集市贸易。现在，全盟好几个旗县市都在筹建“牧民一条街”，“农民一条街”或“市民一条街”等多种形式的集市贸易场地，为实现商品流通，解决农牧民买难卖难的问题创造条件。四是大部分旗县的行政事业单位本着“先修渠、后放水”，和“先脱钩、后断奶”的原则，积极创办经济实体，稳步消化富余人员，为机构改革创造条件。据不完全统计，锡盟已办或拟办经济实体149个，其中已办成的就有100多个，为数不少的职工留职停薪，正在逐步从行政事业单位中分离出来。阿巴嘎旗为推动政治体制改革顺利开展，确立了改革的总思路，本着先易后难、循序渐进、积极稳妥的原则，采取了先修庙后搬神、边修庙边搬神的措施。为确保这一改革的顺利实施，制定了《关于行政事业单位组织创收的决定》，创收额占各单位年度财政预算的15%，补足年初财政预算时核减的100万元行政事业单位财政包干经费，到目前为止，旗直机关团体和事业单位已办实体46个，创收的积极性很高，创收形式多种多样，各尽所能，各展所长。五是双层经营与社会化服务体系不断完善。集体经济逐步壮大，服务手段得到改善，服务质量进一步提高。东苏旗的部分苏木在统分结合，双层经营，壮大集体经济方面走出一条路子，进一步巩固和完善了草畜双承包的家庭经营责任制，社会化服务体系基本健全，各苏木都有综合服务站，49个嘎查中已有42个建立了科技服务组织，为广大牧民提供了大量的产前、产中和产后服务。从全盟看，苏木乡镇综合服务站的建设是今年农村牧区经济工作的重点，现在全盟 145 个苏木乡镇全都建立了科技综合服务站。六是对农牧业生产重点项目实行了集团承包。如牛皮蝇防治、黄牛改良、提高小畜繁成率、种植青贮、绵羊改良等等，分别由盟委、行署、政协领导领衔承包，与旗县市、乡镇苏木层层签订责任状，有奖有罚，有效地推动了畜牧业生产的发展。同时，对转变领导干部作风，深入基层为群众办实事和为生产服务起到了积极的推动作用。

（三）对外开放的步伐加快。积极寻求伙伴与国内经济发达地区和先进企业的联合协作、帮带关系不断加强，在领域和层次上有了新的突破。结合“两带一区”经济发展战略的实施，锡盟抓住国内国际有利条件，集中兴建“两点一线”沿边开放带，全盟边境贸易、经济技术合作、横向联合等方面迅速发展。二连市和东乌旗珠恩嘎达布其两个口岸建设速度加快，贸易活动日趋活跃。现在，全盟已建边贸总公司 2 个，分公司 86 个，签订进出口合同 650 份，合同额 2.58 亿元人民币，已履约 529 万元人民币。已经洽谈的“三资”项目 46 个，其中签订合同的 3 个，达成意向的 24 个；正在开展的帮带项目 52 个，其中签订合同的 15 个，达成意向的 15 个，所有这些，在锡盟历史上是没有过的。

（四）坚决拥护，努力实施自治区党委和人民政府提出的“畜牧业再上新台阶，牧民率先达小康”的号召。首先是盟委和公署的认识与区党委和政府是一致的，很快就提出了奋斗目标和工作措施。二是结合“率先达小康”的目标调整了规划。三是在提高综合生产能力方面作了一些计划上调整。

从以上几个方面可以看出，锡盟正在紧紧围绕经济建设这一中心积极开展工作，发展势头很好。

二、当前牧区经济的几个特点

第一，畜牧业经济稳定发展，自十一届三中全会以来，畜牧业生产连续 14 年稳定发展，锡盟牲畜头数连续 4 年稳定在 1000 万头（只）以上，之所以出现这样好的发展势头，主要是他们在党的方针、政策指引下，进一步解放思想，加快改革步伐，不断加强畜牧业基础建设，巩固防灾基地建设成果。特别是在一些干旱比较严重的地方，基本是靠五配套的草库伦和青贮玉米、伏草草捆青贮解决了牲畜饲草不足的困难。去年牧区工作会议之后，他们进一步解放思想、更新观念，坚持走“稳定数量，提高质量，加速周转，提高效益”的路子，到去年底，全盟牲畜出栏率达 41.7%，商品率为 34%。今年在全盟局部地区遭受严重白灾和接羔期间连续大风低温的情况下，畜牧业又一次获得大丰收，据 6 月末统计，保畜率和仔畜成活率分别达到 97.5% 和 94.8%，大小畜总头数达 1503.9 万头（只）。

第二，效益观念明显增强。盟里提出的在今后畜牧业方面要实现五大突破中，其中两项就是注重提高效益，即狠抓家畜改良和大力开发人工育肥，提高个体产值和加快周转，实现优质、高产、高效益。在抓好畜牧业这个主体经济的同时，盟旗领导开始认识到牧区产业结构的调整，不同程度的搞以畜产品加工、矿产资源的开发利用等，使牧区旗市的大牧区工业比重逐步提高，一部分旗县的工业产值已经占到总产值的百分之四十几，有的甚至达到五十左右。正在向种养加、产供销、牧工商一体化的经营方向发展。

第三，综合服务体系的建设不断强化，越来越发挥着重要的作用。今年他们重点抓的是苏木乡镇综合服务站的建设，从改善服务手段，提高服务质量上下工夫，不断增强服务功能和自我发展能力。他们遵循的一条原则是健全旗县一级，深化苏木乡镇一级，充实嘎查村一级，技术、经营、流通三项服务综合开展。

第四，传统的畜牧业经济正在向商品经济转变，广大领导和群众正在学习或已经学会了按市场需求安排生产。重视培育和开拓市场，盟旗准备制定一些政策，进一步疏通渠道，搞活农畜产品市场，切实提高干部群众的商品经济观念，使畜牧业生产能够适应集市场的需要和变化。

第五，牧区经济发展的基本思路比较明确，一是抓好基础经济的思想比较牢固，二是发挥优势方面有新的思路，三是开始认识到单一经济的弱点，正在从深化改革调整产业结构和畜牧业内部的畜群结构，和加大科技含量方面找出路。四是进一步认识到科学技术是第一生产力，在各项经济活动中加大科技含量，注重提高劳动者素质，以抓九年制义务教育为重点，同时抓好“三加一”或“三加短”的教育，以及以实用技术培训为主的成人教育。

第六，畜牧业的多种经营模式正在形成，以浩特为单位，劳动力内部分工的联户经营畜群、种植饲草料基地、互助合作、先富起来的帮带还未致富等等的经营形式都已出现，不同程度地提高了劳动生产率。阿巴嘎旗巴音图嘎苏木的东德布浩特，根据草场和劳动力情况，开展联户经营，弥补了劳动力的不足。10 个劳力经营5600多头（只）牲畜（5000只羊，600多头大畜），东苏旗开展的富裕户与于贫困户的互助帮带合作，既解决了牲畜大户的劳力不足，又为畜少户增加了收入。

三、几个问题的认识和建议

（一）牧区经济建设更应把发展生产力作为主要任务

不论是沿边经济战略，还是畜牧业上新台阶和牧民率先达小康，均应从发展生产力考虑问题。社会主义的根本任务是发展生产力。邓小平同志南巡讲话指出，一切问题都要有利于社会主义生产力的发展。王群同志也总结指出："自治区成立35年来，我区各族人民在社会主义中，深刻认识到这样一条真理：一个民族，一个地区，如果不首先从发展生产力去考虑问题，就不能发展进步。"（1992年2月9日）。我们坚持各民族谁也离不开谁，维护和发展各民族平等、团结、互助关系，按照马克思主义理论，"各民族之间的相互关系取决于每个民族的生产力、分工和内部交往的发展程度。"我们党也是把各民族共同繁荣作为"我们社会主义在民族政策上的根本立场。"（周恩来）不论是实现社会主义的主要任务，还是贯彻执行党的民族政策，都是以发展生产力为主要任务的。之所以要明确地提出这一点，是因为在牧业区检查工作，发现似乎多数旗的领导都是就边贸论边贸，就上台阶论上台阶，就达小康论达小康，很少从发展生产力这一主要任务的高度考虑问题，只遇到一个副苏木长提问什么是生产力外，再没有人提到这一根本性的问题。当然这不等于各地的工作不是在促进生产力的发展。但是，如果大家从观念上理论上任务上对发展生产力能有一个更清醒、更明确的认识，就会推进牧业区生产力更快的发展。

马克思、恩格斯说："一个民族的生产力发展水平最明显地表现在该民族分工的发展程度上"[①]。只有发展商品经济才能促进社会分工。长期以来牧区处于传统的单一经济，牧民中没有分工，相互间没有交换，也没有交易市场。对这种生产力落后的形势，更应注重新生产力的发展，调整产业结构，发展第二、三产业，才会有现代化的商品经济。强调更注重发展生产力对牧业区有特殊的意义。

① 《马克思恩格斯全集》（第三卷），24页，北京，人民出版社，1960。

（二）对牧业区现实生产力水平和生存方式应有客观估计

近十多年来牧业区有明显的进步，特别是第一产业即畜牧业生产发展较快，变化较大。如引种入牧、适用技术的推广、牧业机具的推广应用、家庭牧场为主要形式的规模经营、畜种改良、牲畜棚圈、畜群草库伦和饲草料基地建设、牧民定居、畜产品的数量和质量等方面都有很大程度的发展，有些有突破性的发展。如，锡盟青贮玉米达 4 万亩，产量 1 亿多公斤，打贮草量达 10 亿公斤以上（80 年代初才 4 亿公斤），牲畜出栏率比过去提高一倍以上，其中商品量增加二倍以上。阿巴嘎旗东德布浩特 5 户牧民，去年出售牲畜 2000 多头（只），每个劳动力平均 200 头（只），显示出规模经营的优势。畜牧业生产的发展，促进了牧民精神文化生活和思想观念的更新，向新的生产领域拓展，牧区乡镇企业已经起步，不少牧民开始务工经商，从事第二、第三产业，这是一个不可估量的进步。锡盟蒙古族个体工商户已达 884 户，西乌旗已有 4 个苏木出现定期的集市贸易，除苏尼特左旗各嘎查保留一部分集体经济外，亦有少数嘎查开始注意办企业。牧民生活以住宅讲已有质的变化，边境牧业旗广大牧民由席地而居，发展到现在大部分已住上平房，有了个别的盖起楼房，牧民的物质文化生活有了很大的改善。但从总体上看，牧区生产力水平还较低。

——基本上仍是单一的畜牧业或单一的养羊业。牧民家庭收入中畜牧业收入占 87%（1991 年），镶黄旗达 96%，苏尼特左旗表彰的 16 个富裕嘎查、户中只有 1 户牧民有点运输收入，畜种结构中大畜锐减。

——大畜的减少标志着牲畜实际数也在减少。以苏尼特左、右旗为例，1992 年牲畜比最高年份的 1965 年增加 6%、6.7%，若以羊单位计算却下降 13%、17%。

——牧民人均占有畜下降。苏尼特左、右两旗人均为 85、72 头只，1992 年为 65、44 头只；西乌旗 1967 年为 68 头只，今年 37 头只；即使是牲畜最多的东乌旗也是这样，该旗阿拉坦合力苏木 1968 年人均 115 头只，今年 71 头只。除蓝、白、黄旗和达茂旗外，牧民人均占有畜比最高年份约减 1/3，但放牧人员比改革前约增 1/3。从这些数字看，劳动生产率在下降。

——有些旗牧民收入逐年下降，贷款逐年上升。乌拉特中旗 1989 年人均收入 1100 元，1990 年 920 元，1991 年 752 元；镶黄旗 1989 年人均收入 1252 元、贷款 252 元，1990 年收入 936 元、贷款 341 元，1991 年收入 781 元、贷款（至 9

月末）624元。

——牲畜占有和收入悬殊很大。镶黄旗占有畜100头以下的户占牧户的55.4%（1990年），人均500元以下收入的户为45%，没有千畜户和万元户；阿巴嘎旗1992年占有畜100头以下的户为牧户的33.9%，其中占有畜仅为全旗牧民经营牲畜总头数的7.3%，户均63头只，而占有畜在300头以上的户，为23.6%，占有畜却为57.9%，户均600头只；东乌旗牧民人均收入为1766元，而乌拉特后旗才642元；苏尼特右旗人均收入为829元，全旗14个苏木中的5个苏木人均收入在500元以下，属于救济户的牧民占10%。

牧民人均占有畜下降，在发展较慢的牧民中更显得突出。以阿巴嘎旗上述统计看，1992年户均比1967年下降29%，而百头只以下的户平均下降82%，1—300头只的户平均下降42%，300—1200头只户却平均增加75%。

——草、畜不平衡和牧户间使用不平衡。草原载畜量饱和或超载已是普遍现象，绝不容忽视，对草、畜慢性退化、矮化也不能视而不见。锡盟每只羊需要24.28亩草场，去年羊均才有14.8亩；四子王旗1961年亩产鲜草134斤，70年代下降到99斤，减少26%。一些旗领导同志谈近几年牲畜增长的快与牧草丰收、冬季灾小有关，若遇大灾，不知能否经得起考验。去冬阿巴嘎旗遭雪灾，一些苏木就遭到较大的损失。抗御自然灾害能力离过关还远。

所谓超载主要是大户超载，他们的牲畜不但超过他们承包的草原，而且占用并超过了不少小户承包的草原。这样大户再扩大经营规模遇到困难，小户也难发展。

——苏木、嘎查企业才起步。除乌拉特中、后旗，达茂旗、蓝旗一些苏木的企业有些基础外，其余的圈才开始办，多数苏木为空壳，有些乡镇企业仅是旧属于乡镇企业局的企业，并非牧民自办。嘎查的“统”更少，除苏尼特左旗和个别嘎查外，多为统一管理的种畜，收的草原管理费、牲畜归户作价款或牧民捐赠的牲畜等。

这些都是单一畜牧业经济和小生产方式的反映，它还表现为：

——在同样的生产条件下，游牧区的牧民不如定居区移入的牧民经营发展得快，后者又不及移入的农民经营发展得快。所谓的“经哈那眼[①]进来，从家门都难出去”就是对外来人发展快的反映。这种现象越往西越突出。

——市镇周围的牧民不富裕甚至贫困。阿巴嘎旗政府所在地周围的巴彦乌拉嘎查为全旗倒数二、三，苏尼特右旗500元以下收入的5个苏木就在二连浩特市附近，黄旗哈音海日布苏木哈登胡硕嘎查内开采金矿，而该嘎查为贫困嘎查，16户牧民中71%贷款，欠500元以上的37户，最多的欠7000元。这种现象也较普遍，同市郊农村形成鲜明的对照。

——牧民的非牧业发展极慢，非牧业人口的牲畜发展不少。以苏尼特右旗为例，1965年全旗牲畜为948357头只，其中牧民的牲畜为897823头只，占94.7%；1992年全旗牲畜1012604头只，比1965年增加6.8%，其中牧民的牲畜为874726头只，占86.4%，不仅比重下降8.3个百分点，绝对数也减少23097头只，然而非牧业人口的牲畜比1965年却增加87344头只，上升172.8%，与牧民争草场。

——受客观条件制约而无力自拔。“因为大块无人居住的空地是畜牧业的主要条件”[②]，这是指草原畜牧业。在我区这类地区越来越是边远寒苦地区。如乌拉特后旗牧民1万人占有草原1.9万平方公里，畜均占58亩。而牧民牲畜1/4处于基本无草区，贫困人口近80%。虽地大、人少，但草更少。牧民越贫困越落后，越无力建设，既无法改行，又无力向条件好而人多的地区发展畜牧业。

——“游而不牧”在西部牧业旗比较突出。四子王旗牧民人均占有畜虽从1965年的81头（只）下降到45头（只）（下降44.5%），而雇工放牧的却占到80%。羊倌月工资80元，达茂旗120元，还供伙食、防寒防雨服装、烟等，一年得2000元左右的支出。达茂旗一副旗长调查一辆摩托车每年油料和修理费各约600元，如果一户既养摩托又雇人，其支出是相当庞大的。苏尼特右旗一苏木长说：高消费和摩托车已成了“两害”。“游而不牧”显然是生产力的一种倒退。

对牧业区的生产力，既要看到牲畜增加、商品率提高和基础建设的发展，又

① 哈那眼是蒙古包的围墙式网状支撑木架上由木条围成的菱形小网格。哈那是由分布于内外两个平面上的长短不同的木条斜向交叉，并由皮钉相互连接而成的网状架构。蒙古包只有一扇门，但有诸多哈那眼。该民间俗语形容外来人口从四面八方由哈那眼涌入牧业区并生儿育女，导致人口数量激增，以至于无法从一扇门出去。

② 《马克思恩格斯全集》（第二卷），100页，北京，人民出版社，1972。

要看到牧民劳动生产率下降，既要看到牧民收入的陡增，又要看到牧民生产之低。收入高“不单是劳动的社会生产率，而且还有由劳动的自然条件决定的劳动的自然生产率。”[①]乌拉特中旗的情况很典型，去年人均收入牧民752元，灌区农民964元，山旱区农民403元，还有市场、价格的作用，出栏率提高等因素。既要看到条件较好的地区的牧民，也要看到自然条件恶劣地区的牧民；既要看到一少部分牧民生产上升和生活富裕，也要看到多数牧民步履艰难；既要看到牧区的繁荣，也要看到牧民经营草原畜牧业的停滞型。按理论：“任何社会的生产力，只要不仅仅是现有生产力的量的扩大（如开垦新的土地），都会引起分工的进一步发展”[②]，在草原超载、人均占有畜下降的形势下，就应积极寻找新的生产门路，新的生产事业虽有发展，但非常缓慢。对这一状况也要剖析，汉族带来的先进生产力不等于蒙古族牧民生产力有质的变化；牧民中出现的新的生产力是量变，但基本仍是停滞型的生产力，虽在内外因作用下会继续量变，但只有给以帮助和引导才能加快其进程。应从这些实际出发，研究落实牧业区的经济发展规划。

（三）在安排落实战略任务中遇到的主要倾向和矛盾

各地都制定了战略发展规划和措施，都有畜牧业上新台阶，牧民率先达小康的生产、收入指标和物质、文化指标，并在贯彻落实，特别在开放招商、争项目、争开边境口岸，指导思想上还有新的思路，令人兴奋。但在规划中突出地、普遍地反映的是单一畜牧业上台阶，小生产者达小康的思想。以牧致富、均牧致富、待工支牧致富和小牧致富的观念很深。

——经济发展，收入规划多是工归工、牧归牧，牧民的生产、收入几乎全是畜牧业。锡盟提出在锡林浩特建牧民一条街。旗里只有蓝、白、黄旗和达茂旗在牧民率先达小康的规划划中有非牧业收入，东乌旗在准备制定提倡牧民从事工商业的政策。

——区域规划，锡盟虽强调发挥各自优势，各打各的仗，但仍是“南牛北羊、南改北土、南水北草”（阿巴嘎旗），大部分旗都是牧民发展单一畜牧业的区域性规划，既不发挥牧民多余劳动力的优势，也不发挥各种资源优势。只有黄旗的地

① 《马克思恩格斯全集》（第二十五卷），864页，北京，人民出版社，1974。
② 《马克思恩格斯全集》（第三卷），24页，北京，人民出版社，1960。

区规划中有非牧业，西乌旗对罕乌拉苏木的规划中提出：以牧为基础，以畜产品加工和矿业开采为两翼。

——牧户发展规划，一户一群一井一亩（饲料地）一棚。

——调整大、小户发展悬殊和对草原使用的矛盾。有的拟用银行贷款收购大户畜向小户放贷，有的还无具体办法。只有苏尼特左旗提出：“逐步向专业化经营、规模化经营方向发展，大力支持在自觉自愿的基础上，合作经营，实现共同富裕。”

——在资源分配上，有的旗本来矿产资源十分丰富，牧草资源极其贫乏，也要不惜一切代价继续置牧民于牧地。

——乡镇企业，锡盟有规划包括牧民劳动力转移，要求有新的突破，蓝、黄、白旗和达茂、乌拉特中旗的规划中包括有牧民参与的乡镇企业，其余都不明朗。对嘎查，除蓝、白旗外很少提出壮大嘎查集体经济的要求。

——没有一个旗有对牧业劳动力的使用安排和向非牧业转移的规划。

单以畜牧业收入规划牧民达小康标准，隐含着两种倾向：条件好的认为实现有把握而感到任务轻松；条件差难以实现的，即使降低标准，或规划了也缺乏实现的信心。他们都不打算在牧民中发展二、三产业，只看到畜牧业的潜力，而看不到牧民的潜力，或将牧民的潜力与畜牧业的潜力等量齐观，继续把牧民与畜、草并论。反而还感到开发富集的资源靠自己力不从心。

这一切与加快发展牧区生产力是极不相称的，反映出对 2 号文件学习得还不深，对中央民族工作会议和自治区牧业区工作会议理解得不全面，对牧业区现阶段的生产力、生产方式缺乏应有的认识，未能从单一经济和小生产的观念中解放出来。一些对牧民率先达小康缺乏信心的思想也无不与这一传统观念和对牧民潜力估计不足有关。这一观念不但下边有，上边也有，最近党委、政府办公厅发的两个征求意见稿上也有表现。

当前政府、企业同牧民争利的矛盾有所缓和，但未从思想上解决问题。主要是对畜产品市场、价格的管与放的争执。政府为保税收和企业利益不愿放开，即使是放开也是对外有限制，内部无竞争，旗领导不支持不赞成“引导广大牧民组织起来进入流通领域”，如“组织牧民产销协会”。这是各地区财政拮据，企业亏损的压力下不可避免的表现。牧民出售的主要是畜产品，除多出栏外只有靠提价增收，这就形成政府与牧民在经济上的一个大的矛盾，尤其在牧民收入下滑的形势下关系就更显得紧张。

总的印象是思想解放、思路开阔，但重开放轻改革，重市镇轻牧区，重收入轻硬功的倾向很大，还有些因看消极因素多，对牧民率先达小康缺乏信心和一些正确思想，因仅是感性认识缺乏综合分析而不牢靠。

（四）深刻领会 2 号文件精神，加快牧业区的改革和发展

1. 认真学好邓小平同志南巡讲话，弄清“三个有利”，对什么是生产力和社会主义生产力？现阶段牧区生产力水平如何？怎样才算生产力、社会主义生产力的发展？牧民中能否发展新的生产力？一一讨论清。正确理解党的路线，全面掌握实际，才能使二者结合好，才能因地制宜地采取措施。过去在民主改革变革生产关系时因没有吃透两头而犯过错误，今天在发展生产力上应接受这一历史教训，统一思想，力争少走弯路，争取能按区党委的战略加快改革，加速发展，较快地改变牧业区的落后面貌。

2. 按照牧区会议精神，“加快牧区经济发展，……使广大牧民率先达小康”的要求规划牧业区经济建设，提高牧民物质文化生活。

“多少年的实践证明，单搞单一的传统的畜牧业，不仅整个牧区经济难以有大的发展，而且畜牧业经济也会受到制约。”其根本原因就是企图以落后的生产力发展先进的畜牧业。社会发展是在生产力发展的基础上的全面发展，不单是畜牧业产值增加和开放口岸做买卖。畜牧业要上新台阶，各地都不主张再多增加牲畜头数，要在内涵上下工夫，这是正确的，因而不可能恢复人均占有过的最高水平。但规模效益不能不考虑，如若恢复到曾有过的规模经营程度，牧业人口就得转移出 1/3，或非牧业收入达到牧民收入的 1/3。因而，再不能单靠畜牧业“孤军深入”，必须以提高生产力水平，将畜牧业提高到新的水平。牧业区同农村有共性也有个性，大抓草原建设是完全正确的，但没有工业，牧区是无法改变落后面貌的。无草不牧，无工不富，无商不盛，无智不兴。要“在抓好畜牧业这个基础产业的同时，必须在发展工商业上找出路、富路。”要在改造落后的生产力、发展先进的生产力上用功夫。不仅看到牧民有致富的愿望，也要看到向生产力的广度进军的潜力；牧民中不仅有相当多的剩余劳动力（如前所说，牧民人均占有畜减少 1/3，放牧员增加 1/3），而且有不少有文化的回乡知识青年。有些旗办工

业、苏木企业招收了不少蒙古族青年（有的企业中占70%，有的占90%以上）。锡盟蒙古族个体工商户今年上半年达到884户，虽然数量不大，但比去年上升20%。他们看到单靠畜牧业共同致富的可能性不大，开始寻找新的致富门路。牧民中出现工人、从事工商业，是新的生产力，一定要给以高度重视。只要牧民生产力有新的发展，劳动力向非牧业有明显的转移，畜牧业规模经营有一定提高，非牧业收入占一定的比重，就应肯定其生产力超过单靠畜牧业高收入的地区。在这里建议，将牧业区的生产方针改为：

以畜牧业为基础，积极发展第二、三产业。明确“以牧为主”是发展第一产业的方针，而不是发展整个牧业区社会经济的方针；以畜牧业为基础，不否定在第一产业中以牧为主，并表明不仅重视基础产业，还必须有二、三产业等发展。纠正一些人将“以牧为主”的方针视为牧业区等主体经济就是畜牧业的误解和牧民就是经营畜牧业的观点。

3. 牧业区畜牧业要认真讲究经济、生态、社会效益。

掌握好畜草平衡，树立长期抗灾的思想，“以草定畜，适草适畜，草畜动态平衡”，深挖洞，广积草，不超载。

草原建设要“先吃肉，后啃骨头，难啃的骨头暂不啃”。在水资源缺少的地区，应充分发挥水的效益，集中建设（乌拉特中旗已这样做，投资少效益高），不要受行政区划和承包草原范围的限制（要制定相应的法规、政策，防止“无法无天”）；充分发挥水浇地效益，多种高产作物，保存好饲草料的营养效益，多青贮多加工，发挥饲草料的经济效益，用于增畜增产和灾期保畜，不用于少用于保护老弱畜过冬。牧民亦应“逐水草而居”，逐渐地向饲料基地或某种中心点相对地集中定居，实行定居轮牧，以减少饲草料的远距离运输，以利生产建设、劳动互助和精神文化生活等。这是提高劳动力效益和劳动力素质必须创造的社会环境。新定居的户因受草原承包范围的限制居住更加分散。对此，务请各级领导重视。

牧业区牲畜必须有一定的饲养量，还得讲究规模效益，但应以其畜产品产量、产值为经济效益（还可以使用的草原面积计产）。各地目前虽都注重饲养量（6月末数）、出栏率、商品率，但三者比较仍偏重饲养量。草原畜牧业在草产量和利用上的不稳定上又增加了市场、价格的不稳定，加上牧民物质文化需要日益增长的要求，饲养量年年增长是不可能的，保持稳定也是相对的，而且数量与经济效益有很大差距，如大、小畜之间，良种畜与本地畜之间，各畜种品种的繁殖成活率之间，不同畜种的投入、产出之间，饲养量与出栏量之间（牧民人均占有畜比最高年份下降约 1/3，而人均商品畜数量却比最高年份多 2 倍多）等等。应改变这一习惯了的衡量效益的标准。

4. 提倡规模经营、社会化经营及其之间的协作或联合，发挥其优势和养畜能手及各种不同人的特长，促进畜牧业生产的内部分工，并调节劳力、草原与各户牲畜发展悬殊之间的利害关系。目前已出现“苏鲁克”，是一种发展生产，调节利害关系的办法，应当支持，但切不应提倡均畜的办法。

5. 组织劳动互助，解放多余的劳动力，调节各户之间劳力的余缺，改进畜群管理，加速基础建设，开展多种经营（如采集、种菜、运输、房屋等维修……）。阿巴嘎旗巴彦查干苏木巴彦乌拉嘎查长陶克陶胡已看到：如不组织起来开展多种经营是没办法发展等。目前已有这样做的，应总结提高推广其经验。

6. 支持和鼓励牧民自愿建立畜产品产销组织，进入流通领域，以增强牧民的商品意识和竞争能力，达到畜产品放开的真正目的，并以这一途径将牧民间接协作互助联合体的层次逐步建立起来，发挥其应有的功能，帮助牧民解决一家一户经营中的困难，包括因缺劳力而雇工的问题。这是牧业区建设关键性的一个功能，应引起高度重视。

7. 认真开放畜产品市场，使牧民责、权、利真正统一。将畜产品推向市场，亦是将生产者、经营者推向市场，使畜牧业逐渐以市场为导向发展。现在的畜产品经营企业，应以改进经营和扩大经营范围、活动范围去求发展，减少与民争利。

8. 积极发展苏木（和有条件的嘎查）企业。畜产品加工、采矿、建筑材料（包括建筑），是牧业区的三大行业。有能源更好，否则办无能源的手工业（如苏尼特右旗都仁高力吉苏木 14 户牧民办砖厂等）；集体、合伙、个体、私营都可办；宜集中的集中，宜分散的分散。旗、苏木、嘎查办企业不光是增加收入，更主要是转移牧民多余的劳动力，改变单一经济，提高生产力。在牧业区发展工商业应与扶贫工作结合起来，将再发展畜牧业潜力不大的地区的牧民、贫困地区的牧民、贫困牧民和收入低的牧民引向工矿业，也不要只以脱贫为目的，应将他们造就成一批新的生产力军。

9. 开展勤俭教育，增强牧民自我发展能力。从小学生开始向牧民广泛、深入、持久地进行勤俭教育，给牧民各种发展机会，招工和临时的生产活动给以优先安排，引导他们艰苦奋斗，勤俭持家。对他们帮而不取代，他们求而不依赖，奖勤罚懒，克服一些人的惰性和奢侈挥霍，增强群众的自我发展能力。苏尼特左旗的“三自”教育（自我管理、自我教育、自我发展）很有针对性，应推广。

10. 对牧民举办工商业，在资源、技术、人才培养、运输、销售、经营场地、经营范围、能源、资金、税费等各方面给予从宽和优惠的政策。对牧区建设的基础设施，如路、电、通讯等应予解决。对工业薄弱的旗应增加工业投入，以利牧民劳动力转移和政府“消肿”。对各种举办的企业不要上调，对办好的给以重奖。

（五）对牧业区各级领导的建议

1. 务必担负起在牧业区发展社会主义生产力这一重任，务必从实际出发，防止脱离实际和克服从实际不出发，发展畜牧业的、工业的商品生产和贸易流通。

2. 务必坚持各民族共同繁荣的根本立场，像共同富裕需要扶贫一样，对落后民族给予应有的扶助。但它又不同于扶贫，不是短期的任务，而是几代人的任务，不是单项经济的脱贫，而是“全面发展少数民族的政治、经济和文化”（中发 [1987] 13 号文件）有人对坚持这一立场心有余悸。这是由于：一、没有理解正是坚持这一立场方能最终消除民族主义产生的根源；二、没有注意宪法对保障各少数民族合法权益与反对各种民族主义有决无混淆的法律界限，二者是不可分割的，相辅相成的，只不偏废地遵守和维护，就不是民族主义。

3. 学习和借鉴外地经验，抓住当地的新生事物，扬长避短，锲而不舍。到外地参观学习已不少，如何将学到的东西转化为当地的生产力，关键在于总结提高当地的新生事物，将它推广。那种只看到牧民中的消极面，什么也不想干的人，不仅是一种片面观，而且是懒汉懦夫思想或看不起牧民群众的思想。牧业区一些苏木、嘎查办的企业，证明不仅贫困地区可以办，富裕地区也可以办，不仅有贫困户参加，富裕户也参加，不仅能干轻活儿，而且也能干重活儿。乌拉特中旗乌兰苏木是个边境苏木，牧民人均 78 头只牲畜，936 元的纯收入，是较富裕的苏木，但它办起相当规模的苏木、嘎查企业，其中有富裕户的子女，也干开矿等重劳动。驳倒了那些只认为牧民富裕了不务工经商，贫困户懒惰不勤俭的片面观。再说如果引种入牧能被牧民接受，那么引牧入工更能为牧民接受，因为后者比前者的历史长的多，而且一直没有中断，现在更有新的发展。引种入牧和引牧入工都是生产力发展的规律，一定要尊重它推动它，对牧民中的消极面不能忽视，应做艰苦细致的工作，使之转化为积极因素。牧民自我发展能力低也是事实。好多事他们想干，但不懂得，不会干，不敢干或有这样那样困难，只要我们对其有正确认识，认真组织引导，帮助想办法，给以必要的支持是能办起来的。有挫折有失败也是不可避免的。过去在牧业区建饲料基地、办工业都有很多失败，只要从中汲取经验教训，坚持正确的，改正错误的就是了，不能因之而气馁。

4. 各级领导尤其旗、苏木领导人，既要有高度为人民服务的责任心和事业心，又要懂得一定的生产知识和经济知识，还要有扶弱济困、艰苦奋斗的工作作风，以适应在生产力落后，自然条件不佳的情况下担负沿边经济发展战略和畜牧业上新台阶、牧民率先达小康的重任。

赴锡林郭勒盟工作组

一九九二年九月

少数民族个体工商业发展

为实现各民族共同繁荣　积极扶持发展少数民族工商业[①]

——在全国发展少数民族个体商业研讨会上的发言

赵真北

内蒙古自治区是蒙古族实行自治、汉族居多数的地区，其中还有达斡尔、鄂温克、鄂伦春三个自治旗，另有回、满、朝鲜、锡伯、俄罗斯等，共44个少数民族，人口为372万人，占全区总人口17.5%，其中蒙古族315.7万人，占14.9%。

这里主要介绍实行自治的四个民族发展工商业的一些问题。这四个民族主要从事畜牧业、种植业和狩猎、伐木等；解放以来生产结构和劳动力结构有一定的变化，特别是在党的十一届三中全会以来的改革、开放方针指引下，出现了一些个体工商业。到去年有1.7万个体工户和私营企业，其中蒙古族1.3万户。其数量虽然不多，但却是这几个民族中的新生事物，是社会的进步。

少数民族个体工商业的出现，除了对促进生产，活跃流通，方便人民生活，扩大劳动就业，增加国家税收，减轻政府负担等方面发挥了积极作用外，还在本民族中促进社会分工，增加社会生产，脱贫致富，改变单一经济为多种经营，发展商品经济，培养人们的商品观念，改造农牧业的落后经营方式，提高生产力，增强少数民族的自我发展能力，推动社会进步等方面，显示出不为人们注意，但又十分重要的社会效益，是有深远意义的。

① 赵真北于1990年5月17日代表内蒙古商业经济学会、内蒙古民族贸易经济研讨会、内蒙古个体劳动者协会做的发言，见中国民族贸易经济研究会编：《少数民族个体商业的崛起》，153页，北京，中国商业出版社，1991。

一、对发展少数民族工商业的理论和认识

发展少数民族工商业，多年来遇到不少理论和思想认识问题。主要有：

（一）认识当前生产力发展水平，从生产力实际出发。少数民族靠单一的农牧业生产力，经济能否发展，能否同先进民族共同繁荣？对这一问题虽无公开争论，实有严重分歧。

畜牧业对蒙古族等少数民族的生存与发展所起的作用，无论过去、现在和今后，都是不可否认的。但是，单一型的生产，尤其是单一的草原畜牧业，只要保住草原，不遇大灾，对牲畜略加看管，便可能获得相当可观的畜产品；只要与外界的贸易不断，便可换取一切生产、生活用品。这种简单易取的生产，在经济上形成了长期的停滞状态。

畜牧业是第一次社会大分工出现的独立的生产部门。千百年来，蒙古族等少数民族一直靠它谋生，虽然在近代出现了相当规模的种植业，但第二次、第三次社会大分工仅是萌芽，内部曾有过的一些交换和集市，在外来的商品竞争下早已衰落；也没有出现城镇，现在的城镇多为汉族来经商形成的。

解放后，蒙古族等少数民族经济得到很大发展，生活水平亦有很大提高。但是，就其生产结构来看，依然是单一的畜牧业和种植业；就其生产方式来看，依然是粗放的经营方式；就其劳动生产率来看，依然是自然农牧业所固有的低水平。国营、集体企业吸收了一些蒙古族等少数民族工人，但这并不代表这些民族经济发展的社会分工；虽然在这些民族聚居区办起了不少工业，但很少有以少数民族为主的大、中型企业，虽说少数民族办起了一些小型工业，坚持下来的也不多。蒙古族等少数民族依然处在以农牧业为主，缺少工商业，生产力非常落后的阶段。

中央和国务院早在解放初期就曾指出："发展工业和手工业，对牧业区生产力的发展具有进步的作用和重大的意义"。周恩来总理亦指出："一个民族没有工业不可能富裕起来"，有了工业"这个民族才有发展的基础"。只有农牧业，没有工商业，是不完全的民族经济，仅是落后的民族经济。而我们在实际工作中，对发展工商业却没有引起重视，只是保草原，兴畜牧，通贸易。没有把禁止开荒、保护草原，发展畜牧业等符合自然规律的政策与经济发展规律区分开来；

错误地把“在牧业区，千条万条，发展畜牧业第一条”，仅理解为在牧业区只发展畜牧业这么一条；把畜牧业的发展当作“牧业区解决民族问题的基本内容”；把因自然条件不同和历史发展不同而出现的农业区与牧业区之分，误认为“也是社会分工”。这些观点与马克思、恩格斯所说的“一个民族的生产力发展水平最明显地表现在该民族分工的发展程度上”①是大相径庭的。这种单一经济的指导思想，正迎合了牧业区、半农半牧区群众和干部中的狭隘的职业观点和轻工鄙商的思想，使那里的少数民族经济一直停滞不前。党的十一届三中全会后，在发展商品经济的倡导下，不仅没有从蒙古族等少数民族的生产力实际出发，发展工商业等多种经营，反而单一经济的思想在全自治区一度上升为统一的指导思想；错误地将发达国家社会高度分工的专业化经营的畜牧业作为我区继续坚持单一经营的论据。这一指导思想，现在虽已不提，但也未明确改变，实际在牧业区、半农半牧区仍有很大影响。与此相反，在这一时期，一些蒙古族等少数民族农牧民逐渐认识到无工不富，无商不活，并开始从事工商业。

（二）发展商品经济必须有社会分工的基础。“只有发展商品生产，才能进一步促进社会分工，把生产力提高到一个新的水平，才能使农村繁荣起来”（中共中央 [84]1 号文件）。近十年来，虽注重了商品生产，但由于缺乏发展工商业的思想，不理解“交换的深度、广度和方式都决定于生产的发展与结构”②，而仅仅把提高牲畜、粮食的商品率和增加经济作物，当做发展商品经济。这些固然也是一种商品经济，需要发展，但它不是社会分工的商品经济，只是一种传统的小商品生产。蒙古族等少数民族中出现的工商业户，开始改变生产结构，实现分工。他们大多数虽然还没有完全脱离农牧业，但毕竟开始形成分工的雏形，增加了商品种类和与社会的交换，而且通过务工经商，开始懂得了加速畜群的周转，提高商品率的道理。当然，任何新的观念，都不能强加于人，对落后民族，只有通过他们亲身经历和社会实践，才能改变固有的观念和行为。

（三）少数民族收入增加、学生比例的提高和干部的成长是难能可贵的可喜成就，但这些还不等于生产力的提高。1989 年全区人均纯收入牧民为 1038 元，农民 477 元，城市居民 957 元。不做任何解释，谁也不会认为牧民生产力超过城

① 《马克思恩格斯全集》（第三卷），24 页，北京，人民出版社，1960。
② 《马克思恩格斯全集》（第二卷），102 页，北京，人民出版社，1972。

市和农村，事实上牧民的劳动生产率在下降，人均占有牲畜大幅度减少。马克思说：“在农业中（采矿业中也一样），问题不单是劳动的社会生产率，而且还有由劳动的自然条件决定的劳动的自然生产率”①。现在有些人开始认识到，牧民收入高主要是靠较广阔的草原条件和近几年畜产品价格上涨取得的，而不是生产力提高的效益。又以呼伦贝尔盟为例，据 1982 年人口普查时的统计，每万人中有大学生 35 人，其中城市 96 人，牧业区 42 人，林业区 36 人，农业区 1.5 人。同样，不做解释，也不会有谁能相信，牧业区的生产力高于林业、农业区。据 1989 年统计，全区干部占人口的 2.9%，而蒙古族干部占其人口的 3.8%；全区工人占人口的 13.8%，而蒙古族工人占其人口的 7.3%；全区干部与工人比例为 1∶4.7，而蒙古族干部与工人比例为 1∶1.9。对这种畸形的发展，若不加以扭转，而小富则安，不发展关系民族兴衰的工商业，改造落后的生产力，收入是不会稳定增加的，教育、培养干部也会失去方向；不改造落后的生产力，实现现代化就会成为一句空话。

（四）要清醒地认识被地区繁荣掩盖着的少数民族的落后。它犹如富裕地区中仍有一批贫困户一样。汉族进入少数民族地区的人口越来越多，他们先进的文化和先进的生产力，促进了少数民族地区的繁荣发展。而少数民族活动的空间则越来越小，他们不仅没有能同汉族一样办起工商业，反而原有的一些工副业，也逐渐被淘汰，即使畜牧业的发展，由于生产力落后，也落后于汉族。马克思、恩格斯指出：资产阶级“它的商品的低廉价格，是它用来摧毁一切万里长城，征服野蛮人最顽强的仇外心理的重炮，它迫使一切民族——如果他们不想灭亡的话——采用资产阶级的生产方式”②。尽管我们选择了社会主义道路，废除了资产阶级反动的民族政策，实行各民族共同繁荣的政策，但是，先进与落后竞争的优胜劣汰的规律是难以避免的。若仍满足于地区繁荣，那么，少数民族的落后就会被忽视，经济得不到应有的扶持发展，同先进民族的差距则只能是越来越大。

（五）全面落实社会主义的民族政策。中央在 1987 年的中发 [1987] 13 号文件中明确指出：“民族平等、民族团结和各民族共同繁荣，是一个关系到国家命运的重要问题”；“不断巩固和加强各民族的大团结，是顺利进行四化建设和改

① 《马克思恩格斯全集》（第二十五卷），864 页，北京，人民出版社，1974。

② 《马克思恩格斯全集》（第一卷），255 页，北京，人民出版社，1972。

革的保障，是精神文明建设的重要内容；建设社会主义现代化强国的共同理想则是加强民族团结的基础”。鉴于这一理论认识，确定了“新时期民族工作总的指导思想和根本任是：坚持四项基本原则，坚持改革、开放、搞活的基本国策，紧密结合少数民族地区和少数民族的实际，从民族平等、民族团结、民族进步、相互学习、共同致富出发，以经济建设为中心，全面发展少数民族的政治、经济和文化，不断巩固社会主义的新 型民族关系，实现各民族的共同繁荣”。坚持基本路线，从两个实际出发；共同致富，则须扶助贫困，共同繁荣，都须改造落后；对发展后进的民族，侧重扶持，全面发展，才是民族政策的落实。我区提出“团结建设改革开放”的方针，自治区人民政府办公厅于1988年发出《关于大力扶持发展少数民族个体和私营经济的通知》，有关部门和各地为发展少数民族工商业做了不少工作，并取得了一定成绩。但还没有引起自上而下的普遍重视，从上而下若不全面坚持党在民族工作方面的方针和根本任务，对少数民族侧重扶持，全面发展，不是将“谁也离不开谁”建立在各民族共同繁荣的基础上，而只是停留在先进与落后的相互依存的低级阶段；不将民族工作转向以经济建设为中心；不把“各民族之间的相互关系取决于每个民族的生产力、分工和内部交往的发展程度”①去看待，少数民族的工商业就不可能较快地发展，各民族平等、团结就难以巩固、提高，共同繁荣就难以实现。

（六）对发展少数民族工商业有无可能性的认识，是一个比较突出的问题。过去曾认为“牧区缺少劳力、牧民没技术”，而不去发展少数民族工商业；前一个时期认为“少数民族不会务工、不愿经商”，而又不去扶持；现在又出现了“牧民富裕了，不愿务工经商”的思想。这些思想认识虽有一定的根据，但都是片面的、静止的观点。只看到富裕的少数，而没有看到不富裕的和贫困的多数；只看到其消极面和困难，而看不到在少数民族中发展工商的进步作用和重大意义；只讲商品经济是不可逾越的规律，而不懂发展商品经济必须由以农牧业为主向以工商业为主发展也是不可逾越的规律；只看到畜牧业生产条件恶化和人口增长而人均占有牲畜减少，看不到“任何新的生产力，只要不仅仅是现有生产力的量的扩大（如开垦新的土地），都会引起分工的进一步发展”②。当然，如果生产

① 《马克思恩格斯全集》（第三卷），24页，北京，人民出版社，1960。

② 同①。

力的量不增加，而产品价格猛增，也会影响生产力的前进。然而，事物总是不平衡的。一些群众发展工商业的活动，却没有受这些片面观点、保守观点束缚。目前蒙古族等少数民族经营的有乳、肉、皮、毛加工，粮油、薯、豆加工，饲料加工，糕点加工，服装、蒙古包、马鞍具、木器、铁器、铜器、玛瑙玉器加工，采煤、采石、采莹石，烧砖、熬硝、日晒碱、玻璃纤维、玻璃纤维瓦、地毯、刺绣、抽绣、制靴、编织，水果、蔬菜、药材生产，奶牛、家禽、仔猪、兔、貂、蜂、鱼养殖业，牲畜屠宰，农牧机具修理、电器修理，家电维修、房屋修缮，修表、照相、修鞋、理发、美容、刻印，运输、旅店、商店、茶饭馆、医疗、放映和贩运等几十个行业。罗列这么多，是想说明发展少数民族工商业不仅大有必要，而且完全可能，开始打破的，而不是说已全部打破。

在少数民族中发展工商业仅仅是开始，现有的工商业大多数规模小、水平低，各种思想障碍和困难还相当大。要求自上而下大声疾呼，使少数民族工商业发展的步子迈得大些，争取有个较大的突破。

（七）增强少数民族的自我发展能力，改变依赖习惯和包办行为。对多年来养成的蒙古族等少数民族中存在的依赖、保守、不勤俭等习惯不是批评和帮助克服，让其自力更生，而是让他人来包办代替。这两种习惯做法也是影响生产力前进的障碍。一些地方发扬各民族互学互助、共同进步的传统，增强少数民族的造血机能，收效甚好。但旧的传统习惯依然存在，若不认真改变，也是无法推动少数民族社会经济进步的。

（八）消除畏难情绪和自卑感。少数民族发展工商业，难度的确很大，不仅有轻工鄙商思想，而且有信息、资金、技术、交通，管理和文化、语言障碍等一系列困难，这是不容忽视的。但人的思想和主观条件总是参差不齐的。1.3 万蒙古族个体户和上述几十个行业的出现，和其中好多手工业、运输业、种植业、养殖业、商业、服务业，就是从当地实际出发，利用可能利用的条件，在没有能源和交通不便的条件下发展起来的；也有创造条件，进行建设的。伊克昭盟鄂托克旗 12 户蒙古族牧民到该盟东胜市汉族聚居区的农村开办煤矿，其高压线和公路都是他们投资兴建的；还有不少人的技术都是自找门路学来的。相反，有些蒙古族居住的地方已经被划入城市范围内，能源、交通、信息等已很方便，亦有有文化的人才，却没有发挥其优越条件，发展工商业。只要我们能从群众中吸收新的营养，转化为“普照之光”，困难和自卑感也是可以逐步被克服的。

（九）平等相待，不宜嫌弃。因在蒙古族等少数民族中发展工商业费劲，加上人口少，发展慢，效益低，一般人嫌麻烦，不愿去扶持。说什么“蒙古人都富裕了，也改变不了局面”；“蒙古人卖东西都不会要价，还做什么买卖”，或在资源开发上利用上以资源国有为由，对少数民族进行不必要的限制。这些是有点小道理，但不是大道理。周恩来同志曾说“以往的历史发展使有的民族削弱了，人口减少了，有的很落后，生活水平很低，这是反动统治遗留下来的后果”；“我们国家的民族政策，是繁荣各民族的政策。在这个问题上，各民族是完全平等的，不能有任何歧视”。毛泽东同志在1954年针对藏族、蒙古族讲：“必须使你们在经济上、文化上、人口方面重新强大起来，才是我们对你们的真正帮助”。对落后民族应平等相待，大力支持，像东胜市人民政府对那个蒙古族牧民开的煤矿给予积极支持，维护其合法权益，帮助销售积压的存煤那样，而不应借机“一刀切”。如在控制“十五小”企业中①，将蒙古族等少数民族办的小乳品也切掉。这样，对先进民族来说只切其“尾毛”，而对落后民族来讲却砍了其“脑袋”。对落后民族发展工商业，若不平等相待，真正帮助，积极支持，切实保护，落后的工商业也不会有。那样，正如周恩来同志说的：“如果让落后的地方永远落后下去，这就是不平等，就是错误”。

（十）正确认识个体工商业在少数民族经济发展中的地位和作用。个体工商业在全国讲，它是公有制经济的补充，在没有工商业的少教民族中，它却是新的生产力的曙光。在少数民族中同样要坚持以公有制经济为主，尽量办国营、集体经济、合作经济。但他们的公有制经济发展起来前，有私有的工商业也总比没有没有要进步得多。我们不仅要看私有工商业个人致富，更要看其推动社会进步的效益；不仅要看其失败的，更要看其成功的。有些人认为“个体经济仅仅是一种起补充作用的经济成分，发展多了将会对国营、集体经济产生冲击，应当控制发展”。这是不懂个体工商业在没有工商业的少数民族经济中的地位和作用的肤浅短见。在少数民族中办国营企业，固然更好，但一不现实，二办也不会普遍；办

① “十五小”指从事如下行业生产的小企业：（1）小造纸；（2）小制革；（3）小染料；（4）小土焦；（5）小土硫磺；（6）小电镀；（7）小漂染；（8）小农药；（9）小选金；（10）、小炼油；（11）小炼铅；（12）小石棉；（13）小放射；（14）小炼汞；（15）小炼砷。

集体企业也得有个过程。相比之下办个体工商业就简单得多，容易得多，它能发挥群众中的人、财、物的潜力和发现、培养人才，能利用当地零星资源和废旧资源，办无资源的劳务服务，无能源的手工业生产和办因陋就简、投资小的生产；有易办易转易散的灵活特点；不愿经商可先务工，务工必然经商，听其自愿，视其特长；能发挥群众主动性、积极性和创造性，增强少数民族的自我发展能力，减少依赖性，还能发挥其与本民族的“血肉”关系，与农牧业互补互促，只要给予必要的扶持就可以兴办。从现实出发，依靠群众，自力更生，先办个体工商业，是发展少数民族工商业，全面发展经济的多快好省的路子，是符合当前生产力发展水平的，应予肯定，积极提倡。

个体工商户是劳动者、私有者、商品经营者。他们作为劳动者和商品经营者，同农牧民一样，对其劳动和商品经营应予以尊重和保护，对其合理的要求应予帮助解决。但他们是小私有商品经营者，有些人容易出现违法行为、投机行为、欺骗行为、短期行为和偷税漏税以及抗拒管理等。农牧民那样的劳动者，在其产品出售时，也容易发生上述违章违法行为。都应当通过经济的、法律的、行政的手段和教育的方法引导其健康地发展。我们应当相信，在强大的公有制经济的优势下是能够做到的。

目前，对在少数民族中发展工商业的必然性和必要性以及个体工商业的先进性，在一些群众和干部中已开始明白一些，但在领导层似乎越往上越不明白。因而在相当多的群众和干部中轻工鄙商思想和领导层中忽视发展少数民族的工商业的思想，依然存在。

二、发展少数民族工商业的主要做法

近几年来，在扶持发展蒙古族等少数民族工商业方面各地都做了很多工作，综合起来主要有以下几项：

（一）领导重视、亲自抓。以巴林右旗为例，旗委领导思想解放，将发展蒙古族个体工商业的工作列入旗委、政府的议事日程，有一名副书记分管，专抓此项工作，并放宽政策，制定具体措施，他们首先抓了宣传教育工作，编印蒙古文宣传提纲，几次出动宣传车，走遍牧区，同时采取与群众共商致富之策，打消顾虑，与群众交朋友，改变旧观念，鼓励一些人带头务工经商。各有关部门也相应地采取了扶持的政策措施。该旗到去年底，个体工商户已发展到1102户，从业人员1602人，其中蒙古族311户，从业人员479人，分别占个体工商户和从业人员的28.2%和29.9%，接近其占全旗人口34.8%的比重。行业也比较多，除一般行业外，上述铜器、玻璃纤维、刺绣、马鞍具等生产加工业也主要在该旗。又如莫力达瓦达斡尔族自治旗，达斡尔人口4.5万人，分布在22个乡镇。自1984年以来，每年组织100多人次的调研活动，帮助达斡尔族群众脱贫致富，务工经商，其个体工商户由1983年的28户增加到去年的277户，其中有3户每年纯收入过万元。另外，内蒙古广播电台与有关部门办了“富裕之路”的蒙古语广播，亦收到一定效益。实践证明，凡是发展快的、好的，都是与领导重视分不开的。

（二）政策优惠。从申请登记、注册资金、经营范围、经营形式都从简放宽；对鼓励发展的手工业等生产性行业和对困难户在一定时期内减免税和管理费；资金一般提倡自筹或相互支持，银行亦专为个体工商户开展存贷业务或给予低息贷款；其他，如经营场地、原材料、资源开发利用等方面也尽量优先照顾。

（三）把蒙古族等少数民族聚居区作为发展少数民族工商业的重点。如蒙古族居多的科尔沁左翼中旗、后旗和右翼中旗以及其他不少苏木、镇，蒙古族个体工商户都超过当地工商户都半数或占了优势。这些地方，一是由于蒙古族人口多，需要找新的生产门路；二是由于汉人少，与他竞争的对手不多，而容易发展；有些蒙古族人口比例不算低，由于旗、苏木所在地汉族居多，发展上就显得有些困难。但选择一些不足的、空白的行业和品种，还是大有余地的。如巴林右旗宝日勿苏苏木蒙古族人口虽占43%，而个体工商户却占到51%，除了领导重视扶持外，主要是他们挤入了一些空隙。

（四）与扶贫相结合，发展少数民族工商业，是各地行之有效的做法。如新巴尔虎左旗吉胡朗图苏木组织40户贫困户从事工副业，很快脱贫致富。乌审旗乌审召苏木牧民桑布1985年联合2户牧民带领3户贫困户办起日晒碱场，到1988年年产日晒碱6000吨，3户贫困户全部脱贫并盖起了新砖房。西乌珠穆沁旗的娜仁托娅原是一个靠国家救济为生的干部遗孀，她以加工婴儿服装开始，发展到一个拥有23名工人、15台缝纫机、1台毛衣加工机的服装厂，她吸收的工人也多为蒙古族贫困子女。“扶贫办”投资作为贫困户入股与个人联合办厂，巴林右旗玻璃纤维厂就是一个典型例子，这个厂吸收贫困户子女73人，其中蒙古族58人；国营企业接受“扶贫办”投资吸收贫困户入厂；组织贫困户家庭加工乳制品和地毯、抽绣等来料加工，或按特长和自愿帮助从事修鞋、照相、服装加工、种植蔬菜等行业，都有显著效益。这种做法是符合历史规律和社会实际的。历史上的第二次社会大分工，一般多是失去农牧业生产资料的贫困户开始从事手工业的。现在的贫困户与过去不同，主要是由于不善于经营农牧业或其他原因而造成的。社会的人各有不同的特长和兴趣，各地生产条件亦不相同，尤其在发展农牧业条件差的地方，应因人制宜地引导他们从事工商业等多种经营是比较容易被接受的。

（五）发挥集市贸易的作用。定期赶集的原始交换形式，在蒙古族历史上也曾有过。对它亦称“巴孜尔”，至今这个词儿还保留着，但这种交换形式消失了。1982年在科尔沁左翼后旗出现了第一个定期集市，接着在巴林右旗、奈曼旗也陆续出现。这种交换方式不仅方便群众，搞活流通，更重要的是推动周围工商业的发展。从来不经商的蒙古族农牧民上市赶集，出售自己的牲畜、皮毛和自给有余的粮食、奶制品、蔬菜、水果、肉类等，购回他们所需的日用品。并在它的诱导下，发展工商业，增加商品性生产。在上述定期集市周围已出现了蔬菜专业户、种植大蒜专业村、仔猪繁殖专业村等。库伦旗额勒顺镇、芒哈苏木牧民卖难问题严重，在阿拉坦沙（中国个体劳动者协会常务理事）的积极建议下，旗、苏木大力支持，正在筹建集市。这样，既可以出售产品，还可以刺激农畜工副产品增产，深受群众欢迎。当然办定期集市要有经常可交换的产品。否则，群众没有那个要求，也无法办成。

（六）国营企业向农村牧区辐射。如，库伦旗地毯厂辐射农村牧区的有41个点，为其加工，其中有乡镇企业、私营企业和农牧民，人员半数是蒙古族。这种形式的生产，很适合分散的、缺少能源的广大牧区、半牧区，一些集体企业、私营企业也开始仿效。应当积极提倡。

（七）外贸部门积极扶持。在库伦、奈曼、巴林右旗大量推行外贸的来料加工和出口手工艺品的生产。前两个旗已分别在农村牧区培训1300人和1500人。一位妇女一天可以加工3—5块抽绣制品，每块加工费1.6元。这种形式也是符合广大牧区和半牧区的，应大力提倡，组织出口。

（八）选能人，抓典型。能人各地都有，原来的生产队干部、能工巧匠、转复军人、高初中学生，各苏木都不乏见。蒙古族青年学生在农村牧区约有30万—40万人，他们中要求务工经商的很多。扎赉特旗阿日本格尔的蒙古族青年方其正，高中毕业回乡，以100元的资金贩卖麻花（食品）起家，现已有十几万元的资金。即使像四子王旗这样比较守旧的牧业区，也有不少回乡青年学生自费出外学艺，学医和畜牧兽医，学家电维修、电器修理，还有自学雕刻的。只要注意到他们的作用，加以引导帮助，就会将他们的文化知识转化为新的生产力。在发展少数民族工商业上，典型的确起了带头作用。阿拉善左旗的金·希日布带领本乡人生产芒硝，扎鲁特旗的查干莲花生产干酪素，包景林经商致富等等，都是经营效益好并带动了周围群众务工经商，他们的功绩是不可磨灭的。

（九）做好各项服务，是发展巩固的重要条件。初办商业的蒙古族农牧民，如前所述，确有不少困难。真有牧民出卖牲畜不会要价，需要挂参考牌价示意。若不认真服务，即使是传统习惯被克服，给予了优惠政策，也难以发展和巩固。扎鲁特旗1983年办起的个体工商户中有900多户距进货地点有180公里左右，因进货困难140户自动歇业。针对这一状况，旗“个协”办了联购分销服务部。几年来，为牧区890多户送货400车次。对经营不景气的个体工商户实行1—3个月期货交易，三年共使190多户面临倒闭的个体工商户恢复了生机。技术培训尤为重要。巴林右旗自1984年以来为少数民族个体工商户培训391人，有农牧机具修理、摩托修理、钟表修理、家电维修、缝纫、理发、烹饪等；还采取带徒弟的办法培训，朝伦、斯琴、乌兰格日勒等分别培养牧民从事机电修理、钟表修理和修鞋等技术，共带学徒19人。其他诸如维护他们的合法权益、提供法律咨询、筹集资金等服务，更都是不可缺少的，都做了大量工作，对发展蒙古族工商业排忧解难，提供技术，改进经营，增强竞争能力都起了极为重要的作用。

（十）互助合作，在地广人稀的蒙古族等少数民族地区发展工商业，是非常重要的一项工作。一是务工经商，尤其对扶贫对象合作比单干效果好，上边已有介绍，各地都正在推广这一经验；二是有些进货、销货和揽活儿上实行联合；三是务工经商者的牲畜、耕地自己无力兼营的，委托亲友代管代耕，实行互助。这些都有待提高和完善。

这是我们的一些做法，也是些初步的体会。

三、进一步解放思想，给予优惠政策，积极扶持少数民族工商业

遵照中央关于民族工作总的指导思想和规定的根本任务，应像过去帮助少数民族在政治上解放，实现民族平等那样，进行艰苦的工作，帮助他们在经济文化上繁荣发展，实现事实上的平等；像过去社会改革对少数民族有特殊政策那样，制定专门发展少数民族经济的政策；像扶贫规定脱贫目标和任务，专人负责，有专项资金那样，规定扶持少数民族经济文化发展的目标和任务，并有专门机构和专项资金。凡对少数民族全面发展经济成功的政策和经验，应总结推广；凡对鼓励和支持少数民族增强自我发展能力认识不足、政策不够完善的，应予以提高和完善；凡不符合或束缚少数民族全面发展的思想、政策，应予以坚决纠正和改革。

（一）全面地进行民族政策和振兴民族的教育，切实保障各少数民族的合法权益。我们党完整的民族政策是各民族平等、团结、共同繁荣；民族工作的根本任务是实现各民族的共同繁荣；实现各民族跟他繁荣的侧重点是发展各少数民族的政治、经济和文化；工作中心，也同全国一样是以经济建设为中心。以平等为基础，以团结为保障，以共同繁荣和共同进步为目的，把热爱祖国同热爱自己的民族统一起来，把建设社会主义祖国同发展本民族的政治、经济和文化统一起来。既发扬民族的优良传统，又批判其落后陋习。完成这些任务应在经济建设这一基础上下功夫，应从各自的民族做起。只有把全面发展少数民族经济提高到政治高度，转向经济建设为中心，才有可能促进少数民族工商业较快地发展。

按照宪法切实保障各少数民族的合法权利和利益，包括发展少数民族政治、经济和文化的权利，发展各种形式工商业的权利。这对进一步解放思想，调动各少数民族的积极性是一个重大的法律保障。

（二）确保各少数民族自我发展的机会。凡少数民族能办的事和必须依靠他们办的事都要依靠和发动他们自己去办，并且要积极为他们创造发展的条件，以增加其造血机能，使之真正学会用自己的脚走路。求助而不依赖，帮助而不包办。

（三）允许劳动力和人才在各少数民族内部流动，提倡劳动力、人材多的盟旗，支援缺乏劳动力和人才的地区。

（四）大力培养建设人才。特别是要提高劳动者素质，多办职业中学、专业培训班，并增加这类教育经费。大中专学校应招收定向分配的学生，为落后地区培养人才。

（五）放宽资源开发利用政策。在不与国家建设和保护资源相冲突的情况下，少数民族能开发利用的资源应允许其开发经营，但不允许转租转让；流通领域应尽量减少中间环节，提倡工牧直交、工农直交。按照中发 [1987] 13 号文件，让利放权。

（六）资金投入要有倾斜政策。资金主要依靠群众自筹，但要给予必要的贷款和利息从低、期限从长的政策。财政资助和民族事业费重点用在能源、交通、通讯等建设和人才培养、信息开发上。国家在民族事业费额度上应适当增加，其中专列一项扶持少数民族集体、个体经济事业发展基金。当前一些生活用品（如马靴、风力发电机等）补贴也应转向上述投入。扶贫资金亦应向这方面投入一部分。

（七）放宽少数民族务工经商的政策。明确经济性质、经营范围、经营方式从宽的政策；允许在农村牧区的个体商搞批发，反对在供货上歧视、刁难和搭配；对偏远地区的工商业户和一些生产性的经营以及困难户，应在 1—3 年内给予减免税费照顾；对新开辟的集市，在一定时期内，在商品经营范围和税费上放宽。

（八）制定鼓励互助合作的政策。在农村牧区组织互助合作是发展商品经济的必然趋势。鼓励群众在自愿、自主、互利的原则下，在不同领域、不同层次进行联合。将“小而不全”和“游而不牧”的，以及富者缺劳力、贫者无生路的，组织可能的互助合作，以解放劳力、资金，使之有利于农牧业的基础建设，也有利于发展工商业等多种经营，并增强农牧民发展商品经济的功能。

（九）制定奖励少数民族繁荣发展的先进典型和劳动模范的政策；制定奖励为少数民族繁荣发展服务有功人员的政策。

（十）将全面发展少数民族经济列入自治地方及其下级党政的议事日程、列入国民经济和社会发展规划和计划；列为考核党政主要领导和有关部门的政绩的一项重要内容，建立对执行这一任务的检查制度。

四、四点建议

（一）建议中央、国务院定期召开民族工作会议，督促检查各地对中央制定的民族政策和少数民族方面的根本任务的执行情况，讨论制定为实现这一根本任务相应的政策和措施。

（二）进行经常性的民族、民族经济的理论探讨，坚持真理，修正错误；大造舆论，运用各种宣传形式广泛宣传发展少数民族工商业的意义和成就。

（三）自治地方人大、人民政府应专门制定发展少数民族经济，特别是发展工商业的法规。

（四）在自治地方及其下属政府，单靠民委或某一部门完成这项任务是不可能的，应建立党政一、二把手挂帅，以计委牵头吸收各有关部门组成的领导班子，担当起此项任务，并负责具体工作。

最后，吁请各级党、政领导人，重温周恩来同志《关于我国民族政策几个问题》一文。只要各级党、政领导机关能坚持该文中的理论观点和政策原则，贯彻执行中央、国务院提出的指导思想和根本任务，我们深信各少数民族的落后面貌是会改观的。大民族能做的，少数民族也能学会做到，外国的蒙古人能做到的，中国的蒙古人也会做到。

我们内蒙古的蒙古族等少数民族的经济发展是落后的。我们要向各兄弟民族虚心学习，向甘肃省和临夏回族自治州各兄弟民族虚心学习，尽快地把我们的工商业发展起来。

为《蒙古族工商业者》所做序言①

赵真北

《蒙古族工商业者》的出版及其介绍蒙古族牧民工商业者的出现，都是我国蒙古族历史上破天荒的大事，不仅蒙古族人民为之庆贺，而且各民族也大为高兴。希望广大蒙古族群众和干部都能读读书内编入的事迹，它会给我们一定的启迪，他们虽然仅是近几年改革中涌现出的工商业，但从蒙古族现在的经济基础看，的确是一个新生事物。经营者，虽然都是普通劳动者，却觉悟到一切民族干部应懂得的重任——改造落后，振兴民族；虽然都是农牧民中的知识青年，却具有新的观念——改变单一生产结构，实行社会分工，从事工商业经济；虽然都是个人经营者，却做到他们力所能及的事情——不只为了致富，还率领同族兄弟姐妹发展新的生产力。

此书编入的蒙古族牧民工商业二十家。我们期望有更多的蒙古族等少数民族工商业者出现，更期望有更多的蒙古族等少数民族农牧民办的工商业兴起。所以这样期望，是因为这类工商业太少，现在的兴起也仅仅是起步。大家知道，蒙古族自形成统一的民族前到近代一直过着游牧生活，主要从事单一的畜牧业生产，没有或很少有农业和工商业，内部基本没有分工，曾有过的交换和集市也已衰落，即所谓“人不耕织，地无他产”。后来虽有相当多的人兼营或专事农业，其经济状况也基本没有大的改变，仍然没有独立的手工业、商业，更没有现代的工商业。这种滞后的生产力是蒙古族长期衰落而不得较快地振兴的症结所在。

经济建设是全党的中心任务，也是民族工作的中心任务。发展社会主义商品经济，发展社会生产力，是少数民族地区繁荣进步的根本途径，也是加强民族团

① 1990年3月20日。该书出版情况不详。

结、巩固和发展社会主义民族关系所要建立的物质基础。社会生产力，是指人们改造自然的综合能力。考察其发展水平，要看以生产工具为首的来到资料、劳动对象、劳动者以及科学技术等各种要素。从社会发展角度看，“一个民族的生产力水平最明显地表现在该民族分工发展程度上。”①我们若以社会分工这个尺度衡量和认识蒙古族的生产力水平，就不应当仅满足于牲畜的饲养量、粮食的收获量和农牧民的收入额，这些固然是农牧业生产发展的成果，却又反映着我们生产力水平的落后。发展单一的农牧业生产而不发展工商业，犹如发展教育仅扫盲和办初等教育而不办中等、高等教育，只发展了教育而教育没有发展一样，只发展了经济而经济没有发展。倘若认识不到这一点，就无法找到振兴蒙古族的途径。

迄今，我们不仅没有认识到用社会分工的尺度考察各少数民族生产力的水平，甚至还没有注意到发展各少数民族新的生产力。虽然注意发展经济、学校教育和培养干部等方面做好少数民族工作。其中，发展经济也只是注重农牧业生产，而很少提到工业，也不在提高社会生产力上下工夫。这当然是自有原因的。原因是什么，看法是各种各样的，我愿不自量力地在此提出些粗浅的看法。

经济原因，这是分析一切民族社会的基本问题。畜牧业是蒙古族赖以生存的主要经济，它对蒙古族的历史作用和现实作用，是不可否认的，也是不可忽视的。这种生产尤其是游牧式的生产，只要草原不受侵犯和破坏，不遇大的灾害，只要给予简单看管，即便不加任何改进，也能获得相当可观的畜产品；只要与外界的贸易存在，便能换取一切生活用品。因而，在经济上形成停滞状态。游牧业就是一种停滞型的经济，侏儒式的经济。

追溯历史的远因和近因。蒙古族由于人口分散损耗，经济遭到破坏，发展受到限制。蒙古族人口锐减，大批劳动力脱离生产，从政从军和出家为僧，经济被局限在游牧业和被迫发展起来的粗放的种植业，因之而来的是被商贾高额剥削。在这一状况下反映出来与外族的矛盾是封锁与反封锁，开垦与反开垦，依赖旅蒙商而又反对不等价交换。即使这样，封建统治者仍只懂得越来越加重对人民的压榨或出卖民族利益，即使是开明者，也没有设法从内部发展上挣脱困境。生产上的停滞，经济上的依赖，人口的衰落，养成民族性格散漫、惰性和软弱。近代有些有识之士兴办教育，培养的也多为文武人才，很少面向经济。历史文献中也罕

① 《马克思恩格斯全集》(第三卷)，24页，北京，人民出版社，1960。

见对蒙古族生产发展变化的记载。《蒙古族工商业者》可能成为记录蒙古族社会经济分工变化的史册。

这种长期存在的只保草原、兴畜牧、通贸易的观念一直影响甚至支配着我们对蒙古族经济发展方向的决策。

解放后，我们进行了几次改革，解除了对人民群众的封建政治统治剥削和宗教精神束缚，生产力的确获得解放和发展。对草原保护，“人畜两旺”，促进物资交流，排除不等价交换，提高人民的物质文化生活取得了前所未有的成就，这是人所共知的，有口皆碑的。然而我们只注意了发展生产，而且是单一的畜牧业或加有粗放农业的第一产业。早在 1953 年中央总结几大牧区畜牧业生产经验时就提出防止和克服没有工农业帮助的单一畜牧业的狭隘的职业观点，“在牧业区发展工业和手工业，对牧业区生产力的发展具有进步的作用和重大意义”，周恩来同志在 1957 年也曾指出：“一个民族没有工业不可能富裕起来”，有了工业“这个民族才有发展的基础”。我们在实际工作的指导思想对这条重要经验和发展方向一直没有给予应有的重视，也没有沿着在农牧业基础上发展手工业再发展商业直到现代工业这条经济发展规律向前迈进。一个民族不想衰落的话，必须沿着这条任何民族都不可逾越的规律发展。

在牧业区和半牧区坚持以牧为主的方针，多年的实践证明是正确的。但是这些地区利用牧草资源经营畜牧业，不等于群众家家户户、世世代代都只能单一地经营畜牧业，这些地区不大适宜农业，不等于不适宜发展工业、手工业，不该把自然规律同经济规律混为一谈。我们恰巧在这些大问题上模糊不清，长期维持了单一畜牧业或加上粗放农业的经济结构。

批判“牧业落后论”，是针对“以农代牧”的错误观点的，并没有因之排除种植业。对所经营生产的先进与落后的衡量，不能看在生产什么，而在于看怎样生产，用什么劳动资料生产，生产与生产条件是否适宜。畜牧业虽然不是落后的，但不改进经营方式和生产技术，仍是落后的生产；在不适宜农业的地方开垦种植，同样也是一种落后。还有一个问题是开垦草原“无法无天”（“天”指自然规律），挤占蒙古族的牧场和破坏草原，引起民族矛盾和纠纷，如若“有法有天”，蒙古族牧民在自己的草原范围内对宜农地段开垦种植，是完全可以的和应当提倡的。对提高生产力，增畜保畜是非常有利的。而我们要么把禁止开垦绝对化，要么又乱开垦，侵占牧民的草场，破坏草原。直到近几年才懂得用法律保护牧民对草原的集体所有权和草原的自然生态，提倡种植牧草。

蒙古族中原来还有些手工业，如制革、做毡、铁木加工和银、铜匠以及盐碱业等副业。我们也没有有意识地保护和扶持，在外来先进技术等竞争下，有的被淘汰或基本被淘汰。

这样，牧业区蒙古族的生产越来越单一化，现在对畜种经营上也开始单一化。因而只好称畜牧业为“民族经济”，并把它当做“牧业区解决民族问题的基本内容”，作为同农业区的社会分工。谁都知道，没有一个行业是按民族分工的，没有一个行业是被某一个民族垄断的，也没有哪一个民族靠单一经济实现现代化的。然而我们却这样走了四十多年。马克思主义认为“各民族之间的相互关系取决于每个民族的生产力、分工和内部交往的发展程度”①。要改善民族间的关系，就不应该让蒙古族继续保持单一的农牧业生产，而应当发展各民族尤其落后民族的生产力，促进其内部分工、交往和社会进步；也不应该让“谁也离不开谁”停留在落后民族同先进民族相互依存的低级阶段。事实证明，蒙古族由于内部的分工和交往程度发展缓慢，生产力水平低，同先进民族的差距不仅没有缩小，反而越来越大。

先进的生产力本来是吸引人的，然而游牧业在种植业面前不是疏远便是衰退，在新兴市镇周围的牧民也不能像市郊农民那样富得快，甚至也要远离。因为农业的推进、城市的兴起占据了游牧业需要的大块无人居住的空地，导致游牧业要么再找这样的空地，要么在先进的生产力面前萎缩。对游牧业这种太落后的生产力同先进生产力竞争中暴露出来的弱点，我们没有给以应有的注意和加以改变。

四十多年来，在牧业区不论进行什么改革，不论在生产上提出什么样的新鲜口号（除“文化大革命”时期），均离不开畜牧业。不改变单一畜牧业经济的状况，以一不变应万变。像阿日嘎拉（燃用的干粪），不论摊晒、堆存，还是装袋、盛筐、载车，怎么折腾还是阿日嘎拉一样，万变不离畜。尽管强调千条万条发展牲畜第一条，自 1965 年以来牧业区牲畜一直没有增加多少，其人均占有牲畜还大幅度下降。对这一状况，不得不令人深思。

① 《马克思恩格斯全集》（第三卷），24 页，北京，人民出版社，1960。

当然，绝不是党和政府一点也没有注意到改变蒙古族的经济问题。如曾下功夫培养蒙古族工人，提出在牧业区建立经济中心，发展民族工业。这些主张实现了不少，但由于人们对以发展生产力改变民族的落后面貌缺乏深刻的认识，这些好的主张在执行中都被扭曲了。培养蒙古族工人与建立经济中心脱节，蒙古族工人离乡进城，同蒙古族经济直接联系很少，对促进生产力的影响几乎没有；经济中心又多是从外地吸收了许多人，办起了为牧民生产生活服务的工商业，为牧民办了许多好事，对畜牧业生产和牧民生活给了很大帮助。但，没有带动牧民提高生产力，反而挤掉了他们的家庭手工业和新的工商业，有的还带来不应有的矛盾。地区繁荣遮盖民族的落后。

在牧业办起不少像样的工业，长期以来总是以“牧业区缺劳力，牧民没技术”为由，很少吸收他们参加新办的工商业，建立饲料基地也不吸收他们，甚至有的地方办国营牧场都不吸收他们，还把已从事种植业、木材加工业的牧民重新拉回他们的旧业。所谓的“民族工业”，也不是蒙古族或以蒙古族为主的企业，而是畜产品加工业和蒙古族用品制作工业（手工业）。牧业区缺乏劳动力不假，但就牧业区自己的生产讲，如把牲畜的发展建立草原生态平衡的基础上，不求高指标，牧业区的劳动力也不会那么紧张；再如要注意到在牧业区发展工业、手工业的重要意义和作用，办些小型工业和手工业，牧民还不是完全没有劳动力的。解放前后就曾有些牧业区蒙古族群众办了缝纫厂、制革厂和供销合作社等，合作化初期办了乳品加工厂、地毯厂、制靴厂等，只是由于他人代替没有坚持下来罢了。如果从牧业区实际出发，不建立那么庞大的党政机构，把没有必要脱产的大批人员转向工商业，也不是不可能的。然而提拔干部不讲缺劳力，经营工商业却借口缺劳动力不吸收他们。这有群众的习惯势利，也有我们指导思想上的缺陷。

为解决民族问题，培养了大批具有共产主义觉悟的蒙古族干部，是非常必要的和正确的，对民族的解放和自治区政治、经济、文化建设，对改善民族关系和加强民族团结等方面起了关键性作用。但由于对解决民族问题认识肤浅，只把它局限在推翻“三座大山”和反对民族压迫，建立自治区和加强民族团结，发展生产，而没有将发展生产力，消灭民族间事实上的不平等，作为解决民族问题更为艰巨的任务摆到应有的地位。

百年大计，教育为本。对落后民族来讲，教育更显得重要。我区蒙古族大中专生和中小学生较快的增加，是一件非常可喜的成就，为提高民族素质，发展经济文化创造了最重要的条件。但由于教育结构不合理和大中专生分配上的弊端，留在家乡的没有专业知识，有专业知识的很少返回家乡，即使他们返回家乡，也没有能在提高劳动者素质，发展生产力上下功夫。又出现了一种受教育的人虽然比重大，但生产力水平仍很低的反常现象。蒙古族干部、工人、大中专生大批地离开自己的聚居区，实际上形成了劳动力、智力的向外输出；输不出去的自然是素质较低的，其经济发展必然缓慢落后，尤其蒙古族人口少的盟旗更是哪里受专业教育的人多，哪里的生产力越落后。这种反常现象已为一些地方所注意，他们开始试办职业培训学校，提高劳动者素质，是一大进步。

蒙、汉族人口的对流，前者多为政治和文化的需要，后者多为经济和技术的需要，反映了实行自治的民族落后的经济基础同民族区域自治先进的政治制度不适应，这一落后状况不应长期不变。

近几年又出现了劳动生产率急剧下降，而收入却大幅度增加的情况。人均占有一种生产资料的减少，劳动力必然要向其他生产领域转移，不料因畜（产品）价增带来的巨大冲力，把牧民冲得晕头转向，落马弃鞭，游而不牧，不仅劳动力没有转移，生产力没有提高，反而从本来就够落后的生产力开始逐渐倒退，这不得不令人担忧。

说千道万，靠单一畜牧业，不仅其他生产没有发展起来，畜牧业的发展也开始受阻。这绝不是说畜牧业落后，而是讲单一的经营反映出来的生产力的落后。这种单一经济不是经济发展的专业化分工，而是旧有生产方式的停滞。在农业区、半农半牧区的蒙古族的生产力要略先进一点。这倒不是说农业先进于畜牧业，而是说他们多经营一种生产，不是单一生产，改造自然的能力强一点。但其生产力并没有质的变化。这种生产方式是保守的，它不能像现代工业那样，使工人的职能和劳动过程的结合不断地随着生产的技术基础发生变革，不断地使社会内部的分工产生革命，不断地把大量资本和大批工人从一个生产部门投到另一个生产部门。单一的畜牧业生产和自然经济束缚我们民族的进步和繁荣发展。

现在民族关系大为改善，民族团结有所加强。民族团结对一个弱小民族的生存与发展是息息相关的，因而蒙古族等少数民族对民族团结是求之不得，万分珍惜的。团结的目的是为了发展和与先进民族共同繁荣。如果只把民族团结停留在各民族相安无事，是不符合社会发展规律的，不符合蒙古族等少数民族的要求的。周恩来同志讲："我们对各民族既要平等，又要使大家繁荣。各民族繁荣是我们社会主义在民族政策上的根本立场"；"……让内蒙古牧区长期落后下去，这样就不是社会主义国家""如果让落后的地方永远落后下去，这就是不平等，就是错误"。不消除这种不平等，不纠正这种错误，民族团结便没有牢固的基础，各民族共同繁荣的根本目的也无法实现。

蒙古族绝不能因收入增加、教育发展和干部成长而被胜利冲昏头脑，昔日的伟业不等于现在的先进，政治上的模范也不同于经济发展的楷模，蒙古族必须认识自己的落后，相当多的牧民养畜保畜不懂产草，宰畜吃肉不会制刀；靠天养畜，靠畜涨价；"人已登天遨游，我仍席地而寝"。这种落后状况与现代文明相比，真有天地之差啊！我们现在的任务是实现社会主义现代化，现代化不只是消灭贫困，也不止小富则安，而是要改造落后，消灭愚昧，把各民族的团结建立在各民族共同繁荣的基础上，才是我们社会主义民族政策的根本目标。

蒙古族和区内其他少数民族群众和干部也必须自信、自强，其他民族能做到的，我们也能做到；周恩来同志还讲道："所有的民族的都是优秀的、勤劳的、有智慧的，只要给他们发展的机会，所有的民族都是勇敢的、有力量的，只要给他们锻炼的机会。世界上所以有些民族比较落后，这是环境造成的，是因为没有给他们发展锻炼的机会。我们社会主义的民族政策，就是要使所有的民族得到发展、得到繁荣。……在这个问题上，各民族是完全平等的，不能有任何歧视"。这段重要讲话经过二十多年在1980年才与广大人民见面，近十年来的改革和发展完全证明了这段话的正确性。蒙古族工商业和农牧民工商业者以及1.3万多蒙古族个体工商户的出现，虽然数量还很少，经营还很落后，仅是公有制经济的补充，但他们是蒙古族社会内部第二次社会大分工的开端，是新的生产力的代表，应当祝贺、歌颂、培育，大力促进其健壮成长。这也是各级党政领导开始重视发展的成果，应予以充分肯定。

发展蒙古族等少数民族经济文化，提高生产力，不仅需要而且可能，绝不能认为蒙古族人少，其经济发展与否同大局关系不大而不去帮助他们，或因改造落后费力而嫌弃他们。各少数民族的发展对祖国是个贡献，又是对巩固祖国的统一的需要，也能体现大国的优越性和中国共产党的各民族平等、团结、共同繁荣的政策的英明伟大。这些蒙古族农牧民工商业者和个体工商户的出现，打破了蒙古族单一的自然经济，开始进入工、商业等多种经营，使我们产生了商品经济意识，开始与广阔的市场接触，开阔了眼界，初步懂得经营，对农牧业生产和经营也有新的思想和新的观念。实践证明：只有人们亲身经历、亲身所干的事情，才能改变人们固有的观念和行为。他们的发展壮大，必然催化和加速蒙古族的社会分工，生产力的提高，商品经济的发展，从而也必然会加速对农牧生产从根本上进行技术改造和引入新的经营方式，他们是蒙古族繁荣的先驱者。

蒙古族经济的发展无疑也要坚持社会主义公有制，但公有制的工商业组织起来前，有私有制的工商业也总比没有要强得多。但是，现在蒙古族广大干部和群众对党的民族政策的全面性和它的深远意义，对社会主义现代化的任务，还都得进一步深刻领会；对本民族生产力的落后，劳动生产率下降和新出现的游而不牧的生产力倒退，农牧业生产条件恶化，还需要有清醒的认识；对如何发展生产力和商品经济，促进社会进步，增强自我发展能力等关系民族兴衰的重大问题，还有待进一步研究和考虑；对新的生产力的出现还需要给予应有的位置过并积极扶持其发展；对民族发展权利对机会，还亟待依法大力保障。这就给我们提出实行社会主义现代化，消灭民族间事实上的不平等，必须全面发展蒙古族等少数民族的政治、经济和文化，摆脱单纯的“牛马骆驼羊，茶布烟酒糖”的观念，把工作重点放在发展生产力上，改革单一自然经济，发展工商业等多种经济，促使农牧业适度规模经营，促进社会分工及其基础的商品经济的发展，探索我区蒙古族如何发展经济的路子。

实现这项艰巨的任务，在于中国共产党的坚强领导。蒙古族的解放是在党的领导下实现的，我们的繁荣发展当然也在于党的领导。只要全面贯彻党的各民族平等、团结、共同繁荣的政策，坚持共同繁荣的根本立场，充分发挥和运用自治权，清“左”破“旧”，给各少数民族发展和锻炼的机会，增强其自我发展能力，这一任务是能够逐步实现的。

首先是给以宽松的政策，特别是在资源的开发和利用上，允许蒙古族等少数民族开发利用当地的资源和他们自产的农畜产品等，这是一项最实际最有效的政策。

资金，首先要挖掘当地的潜力，将近几年陡增的收入用在生产建设上。政府要有财政信贷和减免税的支持政策，但只应用在贫困地区和贫困户，用在增强造血机能上，消除和防止继续依赖性。

技术，提倡就地培训、引进和派出学习等办法，大力培养蒙古族等少数民族自己的技术人才和管理人才。

劳动力，更要充分发动和组织现有的多余的劳动力，使之向生产的多元化转移，引导群众从“小而全”的生存方式中把劳动力解放出来，把游而不牧的劳动力调动起来，同扶贫工作结合，将无牧可游的和不善于经营农牧业的劳动力引向工商业；让一部分劳动力离牧不离乡、离农不离乡，开辟新的生产门路，向生产的广度和深度进军。做到有人有事干，有事有人干。也应当提倡蒙古族人口多的盟旗对蒙古族人口少的盟旗进行劳动力支援。

做什么，如何做，应尊重群众的自愿并考虑当地的客观条件，但要加以积极的宣传引导，干哪一行，都要根据需要与可能，由群众自己选择。个体的、私营的、集体的都允许，集中的、分散的都可以。就地取材，自力更生，依法经营，依法管理，培养典型，带动群众，提供信息、技术培训，建立集市，排忧解难，组织各种互助合作。这都是各地引导蒙古族农牧民工商业和个体工商户发展的好经验。

对合作制的集体经济要有清楚的认识，总结其正反面的经验教训，应用其成功的，防止重蹈覆辙。农村合作制，本是商品经济的产物，而我们过去却超越商品经济发展阶段，只把它办成消灭私有制和发展产品经济的组织。最近的改革本应同过去的改革一样，兴利除弊，明确发展方向，然而却没有朝发展商品经济的方向出发，又退回到自然经济的“小而全”。如果从发展商品经济考虑，应将违背群众自愿和不适宜商品经济的弊病革除；将适应商品经济发展的机能予以保留。如对供销合作社、信用合作社的那样改革，不应把合作制同平均主义、“大锅饭”画等号。今天在牧业区、半牧业区发展生产力和商品经济，也只有在不改变农牧民所有制的前提下，提倡他们按照自愿互利原则实行各种各样的联合或合作，并进行必要的分工，才能将生产力从“小而全”的生存方式中解放出来，逐渐实现生产专业化和社会化，才能使人力、物力、财力和科学技术充分发挥其应有作用。有生产力高度发展的生产专业化和社会化的合作制，也有生产力十分落后的互助合作。我们牧业区半牧区生产力落后，有固有的互相协作的传统，如合群分工放牧，联合走“阿音”等，也有解放后的生产、供销、信用等合作的经验。现在又出现在工商业上的合作和联合放牧等互助协作形式。通各种形式、不同层次的合作和联合，解决农牧民当前一家一户办不到、办不好和不值得办又必须办的事，加强牧民在商品经济中的竞争能力和交易中的谈判地位。只有在为农牧业生产经营上有一定联合的服务层次，农牧业生产上有固定性的互助，才能腾出一定的劳动力从事其他生产；将多余的劳动力组织起来，才能充分发挥作用，才能促进生产和经营专业化和社会化，对外交往中才显得有力量。

当然，也必须认识到个体工商户是劳动者，又是私有者和商品经营者；私营企业者还占有他人一部分剩余劳动。既要尊重他们的诚实劳动和辛勤经营，鼓励他们发挥积极作用，又要运用经济的、法律的、行政的手段，加强管理和教育，尽量减少他们中的一些盲目性、投机性、欺骗性和短期行为等的消极因素。要相信，共产党和人民政府有能力有办法引导他们健康发展。

改变蒙古族的落后面貌，是我区现代化建设的艰巨任务之一，既有改革的任务，又有发展的任务。要更新观念，给蒙古族等少数民族一切可能自我发展的机会和条件，积极热情的引导、鼓励、帮助和扶持，不歧视、不包办、不取代、不以教条主义和形式主义应付，蒙古族等少数民族也须自强自主，不卑不亢，接受先进民族的帮助，齐心协力，艰苦卓绝地工作，我们各民族的繁荣和现代化的目标是一定能够实现的。但“一万年太久，只争朝夕”。

畜牧业政策发展回顾

近代牧区畜牧业政策之变迁①

赵真北

一　牧区合作化的进程

新中国成立初期的内蒙古牧区，地广人稀，畜牧业生产方式以游牧、半游牧经济为主，牧区经过民主改革，废除了封建特权，实行了草原民族公有，放牧自由，“禁止开荒，保护牧场”和“不分不斗不划阶级”和“牧民、牧主两利”政策及推行了宗教信仰自由、贸易自由等一系列经济政策。1947 年—1953 年牧民由 22.8 万人增加到 32.4 万人（其中有机械增长）；牲畜由 1949 年的 476 万头，增加到 1953 年的 893 万头，增加 88%。牧民生活普遍得到改善。但仍有 6% 左右很贫困和 20%—30% 比较贫困的牧户（其中大部分为流入牧区的人口）。

为了消除牧区贫穷落后的现状，自 1948 年就开始提倡牧民生产互助和建立供销合作社。当时，亟待解决的问题有：草原灾害频繁（旱、风、雪）、畜群疫病、兽害频繁发生，畜牧业处于极其脆弱和不稳定的状态；畜少的牧民不是种畜不足，就是杀卖幼畜，以母畜维持生活；牧民没有休息时间，没节日，不分昼夜，尤其遇灾害性天气，更得跟群、守群、与天灾、兽害斗争。畜少户“养羊不成群也得一个人放牧”，往往采取“天牧”、“瞭牧”的方式。缺乏交通工具、车辆，遇天灾无力移场放牧，牲畜损失很大，也无力走“阿音”（贩运盐碱商队），增加或补充收入来源。

针对这些问题，党和政府号召牧民组织起来，互助合作，如打井、防火、搭棚、储草、防止风雪灾害，防疫、打狼，按母畜比例配备种公畜，互助接羔，

① 赵真北：《近代牧区畜牧业政策之变迁》，见敖仁其主编：《制度变迁与游牧文明》，111 ~ 132 页，呼和浩特，内蒙古人民出版社，2004。

开辟无水草场，合群轮牧，以及从事副业生产等。互助组到1953年达到4000多个。

到1954年，在互助组的基础上办合作社16个，其中翁牛特旗即办了12个。1955年7月毛主席发表了《关于农业合作化问题》一文，“批判小脚女人”，牧业区合作化速度有所加快。1956年春，合作社发展到270个，入社牧户达11%。各种互助组6710个，参加的牧户达53.2%。这时建立合作社的办法有五种：（1）母畜入社，仔畜按劳畜比例分成；（2）牧畜分等定价，按价作股入社，劳畜比例分益；（3）折标准畜入社或牲畜评分入社，劳畜比例分益；（4）牲畜作价入社付给固定报酬；（5）作价入社，分期偿还。几种办法根据实际情况都可试用，唯有第五种办法只对种、役畜试行，不易推广。

当时，内蒙古自治区党委要求只办初级社，不办高级社，一般不宜提倡摊派股份基金。到1956年末，合作社达543个，入社户达2%，加上各种互助组，牧民入社入组人数达83%。那时，还试办了13个公私合营牧场，吸收12户牧主参加了合作社。1957年10月统计，合作社达632个，入社牧户占总牧户的24.6%。

1958年2月6日乌兰夫同志在中共内蒙古自治区第一届代表大会第二次会议上的报告中要求当年入社牧户要达到45%—50%。2月中旬内蒙古第六次牧区工作会议规划在3年内基本实现合作化（除巴盟牧区外）。1958年5月，中共第八届全国代表大会第二次会议提出“鼓足干劲，力争上游，多快好省地建设社会主义”的总路线后，到7月初，召开内蒙古第七次牧区工作会议时，合作社已达2083个，入社牧户85%，公私合营牧场发展到77个。基本上实现了合作化，对牧业区的畜牧业社会主义改造。自1952年试办合作社，至1958年夏基本实现合作化，前后经历七、八年的时间。这个过程中虽在某些地方有过“左”的倾向，但是在全局上没有发生过多的偏差。

二　牧业合作化顺利实现的成因

在民主改革的正反面经验教训中认识到，牧业区改革必须从实际出发，坚持“政策要稳、办法要宽、时间可以长”的方针。特别是1954年中央指示“少数民族中进行社会主义改造事业，将比汉族地区开展的晚一些”，“可以用更多的时间和更和缓的方式逐步的实现”[①]。

坚持“三不两利”和扶贫政策的同时，1956年的第三次牧区工作会议上，根据几年试办互助组合作社的经验，提出“依靠劳动牧民，团结一切可以团结的力量，在稳定发展生产的基础上，逐步实现对畜牧业的社会主义改造”的方针。这个方针经中央批准，成为全国牧业区畜牧业社会主义改造的重要方针。这个方针在一个相当的时期内，对个体的、分散的（有的是游牧的）、落后的畜牧业经济进行变革；对牧主经济采取和平改造政策，采取比对资本家更宽的赎买政策和更温和的办法逐步改变牧主所有制，起到了积极的推动作用。

根据当时对牧区阶级分布的分析，90%以上是劳动牧民（包括中等收入和一般喇嘛），占有的牲畜为总量的80%以上，1%左右的牧主（包括民族、宗教上层），占有牲畜10%左右（召庙有牲畜6万多头，另有旅蒙商的少量牲畜）。根据1953年的情况，组织起来的牧户占51.3%，其占有牲畜30%，说明愿走互助合作道路的首先是贫苦的不富裕的牧民。劳动牧民中还有一部分比较富裕的，他们约占20%左右，占有牲畜总数的30%—40%。据锡盟调查，1955年有2846户，其中富裕牧民为1510户，占53%，他们在1951年还都是不富裕的和穷苦的牧民，他们中的多数是勤劳善营的翻身户，将他们列为依靠对象，吸收他们中间的进步分子参加合作社的领导工作。对宗教信仰及召庙的财产仍坚持保护政策，对其牲畜放“苏鲁克”或自己经营都予以允许，对生活困难的老喇嘛，政府给予救济。

牧业合作社坚持自愿互利的原则，入社自愿，退社自由。牲畜入社的办法应采取最初级，群众最容易接受的办法。入社牲畜头数完全按自愿，一般情况是繁殖母畜大部分入社，入社牲畜多于自留畜即可；自留畜多于入社畜也是允许的；役畜、散畜是否入社应由牧民自愿决定。

对大牧主采取办公私合营牧场的办法，对小牧主要求他们参加合作社；不论大小牧主，参加合营牧场或合作社任其自由选择。合作社放其“苏鲁克”也是一种办法。暂不愿接受改造，仍允许其雇工经营。

乌兰夫同志在1957年10月党的八届三中全会上关于畜牧业问题讲道：“办合作社的办法上，内蒙古过去曾用过六种，现在看来，以母畜入社比例分红和牲

① 刘少奇：《关于中华人民共和国宪法草案的报告》，1954年9月2日。

畜评分或作价入社比例分红等两种办法，为群众所容易理解和接受，我们已把它定为最近几年内发展合作社的主要形式……

我们认为，在一个较长的时期内，在合作社中有意保留牧民对于牲畜的所有权，对社会主义改造对发展生产都是有利的。所谓保留所有权，就是在合作社内较长时间采用初级的办法，使社员每年能够按畜股分到合理的利益。同时按照社员的自愿，允许社员留较多的牲畜。”

三　人民公社化进程

1958 年 8 月，毛主席视察河北、河南等省的农村时说：“还是人民公社好”。当年 11 月末到 12 月中旬，中共八届六中全会讨论通过《关于人民公社的若干问题的决议》。在全国人民公社化运动的影响下，内蒙古牧业区在当年冬和翌年春实现了公社化，把当时的 2200 多个合作社联合成 152 个。

公社化初期，自治区党委考虑到牧区刚刚实行合作化，采取了慎重稳进的方针。

一、在建立公社组织制度上采取上动（联合组成人民公社）下不动（原合作社）；先搭架子，搞好生产，后充实内容。实际只将苏木人民委员会换成人民公社的牌子，对合作社的政策不变，继续执行，不实行供给制，不办食堂、幼儿园、敬老院等。在 1959 年和 1960 年的整风整社中，对出现的大量问题进行了整顿。伊克昭盟开始实行的工资制和口粮供给制改为口粮代购制。西乌珠穆沁旗为实行供给制办食堂、幼儿园等而建成的“蒙古包城”，也无法坚持而解散。有的定居牧区，如巴林右旗到 1960 年秋还坚持食堂制，经验是供应的口粮在食堂能吃饱，在家不够吃。其实是在家天天饱，月末告断炊，在食堂是天天不饱，全月“够吃”。在当年的反“五风”中也停办了。

二、坚持对劳动成果不剥夺的原则，承认牲畜是牧民的劳动成果，对每户入社的牲畜都给予一定的报酬。将原来的比例分成一律改为固定报酬，报酬率也由 10%—15% 降到 2%—5%。纠正了在执行中的平均主义（原规定为不论入社牲畜作价多少是一个报酬率）这一政策在相当长时期内不变，使入社牲畜提高到 90% 以上。

三、社员自留畜在一个队内占5%—7%，最多不超过10%。一般允许每户饲养1—2匹马，1—2头役畜，1—4头乳牛，10—20只羊。自留畜及其仔畜完全归个人所有，只计数不计征不计购。在不雇工、不影响集体生产的前提下，允许发展自留畜，出售给国营贸易企业。

四、正确处理积累与消费的关系，简单生产和扩大再生产的关系，以调动社员的生产积极性。贯彻按劳分配和少扣多分的原则。畜牧业收入主要看当年牲畜出栏多少和畜产品产量等因素，为保证生产规模的扩大，同时兼顾牧民的收入，对活畜和皮毛的出售率定出一定的幅度。现金收入的70%分给社员，保证社员的收入在正常情况下逐年有所增加。畜牧业生产的积累有牲畜和现金两个部分。一个畜群内基础母畜、种畜、育成畜、成畜、仔幼畜要有合理的比例。如果牲畜出栏多，收入多，除分配部分外，还要留储备，以调剂丰歉年间的不平衡，保证灾后恢复生产和社员消费的需要。

五、调整人民公社的体制。公社化初期按农村人民公社的体制也实行三级管理，大队为核算，小队部分所有，实行“三包一奖”。这样公社规模大，层次多，不符合牧区地广人稀的特点，采取了以畜群生产组为基础，着重对人民公社的基本核算单位进行了调整。公社规模缩小，由152个调整为245个，实行两级管理，核算单位为生产队，它直接对应畜群生产组；保留三级的，其中一级为虚。

六、完善畜群生产组的责任制。畜群是根据草原在一定季节的载畜量，对牲畜适度规模放牧的一种形式，牛、马、羊、驼分别组群。增畜保畜主要以群活动，如：采食、补饲、饮水、舔碱、抓膘、保膘、配种、接仔、夜间守群，以及为牲畜配备种畜、防疫、剪鬃毛、搭棚、垫卧盘、备草等。畜群适宜固定专人放牧经营，除放牧员外还需要帮工，一般是一群两人。视生产队牲畜多少和各户劳动力情况组群，一户一群，一户二群，二户一群，二户三群，一户半一群；牲畜少，定居的队，实行统一放牧，分户管理。

为避免“包产到户”这一禁令而把这种形式称为畜群生产组。对草原畜牧业这一生产形式，自互助组开始，就提倡专群专人放牧；合作社时开始出现固定专人放牧，每次牧区工作会议都强调对放牧员实行一定的包工包产。在1957年的《内蒙古牧业生产合作社示范章程（草案）》和1961年的《内蒙古牧区人民公社工作条例（修正草案）》中都提出“按畜群组包工”和“三包一奖”，建立严格的责任制，对其他服务性劳动生产也要规定责任制。

1961年7月中共中央西北局在兰州召开民族工作会议，按中央指示，我们自治区党委书记处书记王铎同志出席会议，发言中也介绍了对畜群生产组实行“三包一奖”的经验。在会议期间，中央民委同志按中央指示为起草少数民族牧业区工作和牧区人民公社条例的规定，征求到会各省、自治区同志们的意见。在最后形成的《关于少数民族牧业区工作和牧区人民公社若干政策的规定（草案）》（简称“四十条”）第十三条规定：“生产队对畜群生产组实行包产包工，超产奖励的生产管理制度。”这个文件于当年上报中央审批，后又做了些修改，于1963年3月13日中央批转各省、自治区。

1963年4—5月间，全国牧区会议在呼和浩特召开，由农业部部长廖鲁言和中央民委副主任刘春主持。他们对我区的畜群生产组实行“三包一奖”提出质疑。我们参加会议的工作人员做了简单解释：一是根据牧区畜群放牧分散，又需要专人负责而定的；二是国营企业分散经营的也有这样做的，如汽车运输公司，因货主、运量、运向、运程不完全相同，实行单车合算制；又由乌兰夫同志特别是王铎同志在大会发言中作了具体的解释：畜群生产组实行“包、定、奖”与农村的包产到户是有原则的不同，是适合于畜牧业生产特点，只要加强领导，它会加强集体生产，不会削弱集体所有制。这是因为：一、畜牧业生产组是集体生产组，在生产队领导下根据畜群经营管理的需要组成的；二、牧区居住分散，有的是几户居住，游牧在一起，有的一户单独居住，是为了便于利用牧场，分散放牧；三、牲畜一般都是群牧的。畜群生产组是按牲畜多少和种类不同，草场薄厚、劳力多少等情况组成的，畜群生产组的户数和群的多少也不一样，从一户一群到几户一群；四、在生产队领导下，实行统一计划、分配、积累、调配力量，必要时畜群也可以统一调整。这既可加强责任制，贯彻按劳分配政策，调动社员的积极性，又可减少评工计分的麻烦。实行放牧员每天都按时出牧，年终见其成效，根本没有可能也无必要天天开会评工计分。会议讨论中我们农村牧区工作部副部长赵会山同志提出：“将包工、包产改为定工、定产”，廖鲁言同志在会议总结中接受了这一建议，将“包工包产，超产奖励”改为“定工定产，超产奖励”，认为这是分散生产的一种责任制，与“包产到户”有原则区别，只是提出：一、超产部分不要发现金；二、不要奖励实物，奖励工分。建议中央对“四十条”的第十三条加以修改。1963年6月17日中共中央、国务院批转的全国牧区会议的三个文件对“四十条”的第十三条原规定的“生产队对畜群生产组实行包产包工，超产奖励的生产管理制度”，改为“定产定工，超产奖励”。当年12月19日内蒙古党委批转了我们农牧部提出的《牧区人民公社基本核算单位向畜群生产组推行定产、定工、超产奖励制度的试行办法（草案）》[①]，这样各地更大胆地推行，其效果是十分明显的。1966年3月中旬在锡盟遇到特大的风雪袭击，牧民为保护集体牲畜被冻死十余人。若没有“两定一奖”责任制，调动牧民积极性，奋力抗灾保畜，在当时那种集体经济制度下畜牧业能快速发展是难以想象的。但是在1983年电视台报道自治区下乡指挥抗灾的领导人说：在集体经济的时候，牧民不保畜而是打兔子。我们共产党干部中有些人为了否定某一件事，竟然对劳动人民这样的污辱，真是让人既痛心又难以理解。

七、对牧主经济和庙寺的政策。根据对牧主经济和寺庙经济的改造政策，将1958年建立的由458户牧主组成的122个合营牧场调整为71个，对其交牧场的牲畜付1%的定息，安排其中的代表人物为副场长，牧场内实行党支部领导下的公方场长负责制，也组成畜群生产组实行“两定一奖”责任制，有的实行工资制。有482户牧主参加了人民公社，但他们不参与领导。另有牧主的20万头和召庙的50万头原由牧民放“苏鲁克”牲畜留在人民公社，同样付给定息和畜股报酬。对上层喇嘛在政协、佛协中作了安排，一般喇嘛参加人民公社当社员或参加合营牧场当工人。对有专长的如蒙医、手工匠人等根据实际情况分别安排。五当召的一些年轻喇嘛在石拐煤矿当了工人；在1958年7月乌兰夫同志召开喇嘛座谈会号召他们参加生产劳动后，锡林浩特贝子庙的20多名喇嘛马上办起地毯厂。乌兰夫同志对这类由僧人到工人的变化非常欣赏。利用喇嘛在召庙集中居住的方便办小型工业，这一经验没有得到推广，不久在贝子庙地毯厂中也安排了“盲流人员”。

八、对牧业区生产方针的调整。合作化初期，自治区党委提出“游牧经济本身是脆弱的，任其长期存在，势必给畜牧业带来很多困难，克服它的缺点的根本办法是结合牧区互助合作化运动使牧民定居下来，建立人工饲料基地，同

① 1977年2月内蒙古自治区革委会正式颁布了这一文件。

时有计划的利用广阔草原，逐步做到以牧为主，农牧结合的发展多种经济的生产。”1958年牧区工作会议上提出的口号是“十年计划五年完成”，即到1962年牲畜达到5000万头只，争取达到6000万头只，每年递增20%到25%。批判“草场饱和论”、“自然灾害不可战胜论”、“人口少不能大量发展论”等。要“大力贯彻农牧结合的方针”，“今年再开荒一百万亩，明年争取牧业社有饲料基地500万到1000万亩。”“饲料基地要水利化。”“在两年内解决牧区的粮食、饲料自给的问题。”实现如此“大跃进”的任务，别说牧业区，农村也无法实现，仅靠当时的41万牧民中的16.6万劳动力，使牲畜到1962年翻一番达2200万头只，又要粮食、饲料自给，显然比登天都难。这不仅是破坏“禁止开荒，保护牧草”的政策，而且完全是盲目冒进。我在当年春天与我处的扎那同志赴四子王旗了解扶助贫社的情况，有一合作社“盲留”许多从山西来的“盲流”，准备开荒种地。来的人说种地当年见效，比养畜来的快。根据该旗农业生产的产量反复测算，年人均收入不到100元。秋天又到达茂旗了解公社化情况，路遇一合作社办的饲料基地收割，那些“盲流”人员不好好干活，合作社动员牧民帮忙，牧民满腹牢骚。经了解亩产也不超百斤。用这种办法不仅解决不了牧区的粮食、饲料，反而引起民族间不必要的矛盾。1959年的第八次牧区工作会议上，王铎同志更要求高速度发展畜牧业，农牧业大跃进，要求做到粮食自给。对劳动力不足，从农村调人或接收流入的人给予安排，发放迁移证，即对进入牧区的“盲流”予以“盲留”，而没有料到后果。据锡盟统计，牧业人口由1958年的89040人至1961年猛增到154441人，增加73%。该盟1960年大办农业，开垦草原144.3万亩，靠流入的人员还不够，又从包头接来全国各地的“盲流”人员近7000人，拟实现粮食自给。结果东、西乌珠穆沁旗牲畜下降。9月的畜牧业工作会议上，既表扬锡盟实现粮食自给又批评没有完成增畜任务，仍强调在牧业区大办农业。领导人轻信浮夸，听不进不同意见，批评阿巴嘎旗反对农牧结合。当年的11月2日中共中央发出《关于农村人民公社当前政策的指示信》提出反“共产风、浮夸风、瞎指挥风、干部特殊化风、强迫命令风”，纠正“一平二调三收款”。在贯彻执行这一指示时，牧业区大办农业成果“露馅”了，从东到西报亩产7斤的都有浮夸虚报；有一个劳动日（同牧民一样）分到两元钱，才生产一斤土豆。唯一实现粮食自给的西乌珠穆沁旗在临近春节时，牧民还得从昭乌达盟运粮供养这些农民。我们农牧部到该旗反“五风”，工作组参加打场，那里的牧民有用捣茶的碓臼加工炒米的习惯，大家边打边分边碓边吃，不到20天场空粮尽。王铎同志在1961年9月第十次牧区工作会议上最后总结说：一、开垦了30%不应开的草原，使之农不农牧不牧；二、外来人口增加过猛，加重牧区供应负担；三、平调了牧民的生产和生活资料；四、外来人口与牧民统一分配，减少了牧民的收入，发生了平均主义；五、粮食生产未能自给，没有起到支援牧业的作用。就在这年的春天，我们到海拉尔开始见到风沙，到陈巴尔虎旗一看，铁路两旁都开了荒，连牧道都挡住了，牧民意见很大。这一切责任当然不在盟、旗，而在上级。

无奈，自治区党委决定农业队单独核算。但由于草原大部分不宜种植粮食，其收成也不佳（“文化大革命”中，在东、西乌珠穆沁旗建立两个师的建设兵团种地六年未能解决兵团自己的粮食问题），大多数移民除回流外又被安插到牧业队，更是吃“大锅饭”，加重牧民负担。盲目流入的人员留在旗所在地和公社，办皮毛、乳品加工（据记载，当时锡盟办起300多处乳品加工厂）。旗、公社办的这些厂基本是政府强行将牧民原来制毡、熟皮、做奶食的原料集中起来加工，成本高质量低。牧业区在可能的条件下动员牧民种植牧草、蔬菜，对畜产品加工出售，本来是好事，但用这种“共产风”的办法进行没有成功，不得不将生产方针改为“以牧为主，结合畜牧业，发展多种经济。”对呼盟国营农牧场闭地[①]220多万亩，对畜牧业的高指标也不提了。

九、对农区畜牧业政策的调整。内蒙古自治区党委一直在纠正农村轻视畜牧业的倾向。高级合作化时，将社员牧畜普遍采用作价归社、分期偿还的办法，但作价低，偿还期长，农民难以接受，便出卖牲畜。一头毛驴还不值一只鸡的价。公社化时，更是将社员牲畜强行归社，下面反应强烈。1959年自治区党委专门做出决定：农民没有自留畜的可留少量自留畜；改造的方式一般不采取作价归社，分期偿还的办法，而应采取收买或付息的方式，至于什么时候改造，要由公社经济的发展和畜主的自愿来决定，什么时候畜主真正自愿就改造，不自愿就保持原状。才将农民群众的情绪稳定下来，使农村畜牧业得到发展。

① 闭地是指退耕还林还草。

四　评牧区畜牧业管理体制变迁

一、功绩评述

（一）通过合作制，将牧民组织起来，基本做到人人有事干，事事有人办；人有分工，各有责任；按劳取酬，超产奖励。还有组织地进行自我教育，如呼盟开展增产增畜光荣，勤俭办社、勤俭持家光荣，爱护公共财产光荣，劳动光荣等教育，使旧社会遗留下来的惰性、劣习有很大改变，这是牧区社会的一定进步和出现的新风尚。

（二）草原按公社、生产队划定使用范围，减少草场纠纷、抢牧滥牧；生产队内部对草场使用统一安排，分放牧场和打草场；除划定四季牧场外根据草场牧草长势组织放牧。有的地方如镶黄旗，逐渐做到量草养畜。每年在牧草生长停止时，对牧草测产，按牧草产量安排过冬牲畜数量，既保护了草场又减少牲畜过冬因缺草瘦弱或死亡。有打草的地方普遍打草储草，个别地方还进行青贮。

（三）改进放牧饲养管理。除按各畜种分群外，把绵羊按土种、改良、低代、高代和种畜分群，以适应其不同的采食能力。保护母畜的政策和按比例配足种畜的要求得到了落实。除一些高山、沙漠地带，基本做到天天有人跟群放牧，大大减少了损失。

（四）推广新技术。普遍推广家畜的防疫、改良，还进行地方良种培育。各生产队配有防疫员，一般都防疫注射、药浴等都能自己操作；在妇女中普遍进行了接羔技术的培训；各队还有人工配种员，绵羊人工配种都能自己进行。绵羊改良的成功，使我区的毛纺工业发展起来。

（五）在畜牧业生产实践中，概括出水、草、繁（繁殖成活）、改、管（饲养管理）、防（防疫防兽害）、舍、工（购置和改良工具）八项基本措施。在公社化的（至 1953 年）五年内，共打井 1 万多眼，水利部门打机井 82 处，建中小型水库 11 处，改善了供水条件的草场近 1 亿亩，扩大利用面积 4500 万亩。中共伊盟盟委书记暴彦巴图提出“种树种草基本田”的建设方针，乌审召率先治沙和围建草库伦，其经验在牧区全面推广。棚圈建设加速发展，逐渐达到小畜有棚，牛有圈。生产队都有药浴池、兽医室、配种室等。有打草的地方都配置打搂草机具，还有不少队购置拖拉机、汽车等。牧区的勒勒车也都轴承化。

（六）文化、卫生发展加快。适龄儿童基本都能入学，有些生产队给住校儿童提供生活补贴，在校旁盖房供入学儿童住宿；苏尼特右旗桑宝力格公社一个生产队自己办了食宿免费的初级小学；在牧民中普遍开展了扫盲活动，镶黄旗基本消灭了文盲；生产队都配备卫生员，可以治疗一般的常见小病；随着生活条件的改善，牧民也养成良好的卫生习惯。

（七）公社化前后大小牲畜饲养量的变化

牧区在公社化初期的 7 年内，尽管其中五年有灾，还是发展最快的，人民生活也逐年上升。大体上人均年收入由 120 元提高到 180 元。牲畜在“文化大革命”中减少的最多，除 1965 年旱、风和 1977 年的大风雪两次大灾外，主要是“文化大革命”的破坏。如没有“文化大革命”的破坏和牧业人口猛增（1980 年增到 174 万人，比 1965 年的 55.4 万人增加 2 倍多），牧民收入还会增加。1980 年牧民收入达到 265 元，除昭乌达盟等相对贫困牧区，外流牧民很少；而大批农民涌入牧区，也说明牧区的生产生活条件都比农村好。对牧区合作化的经验应一分为二看待，不应全盘否定，更不应一刀切。

二、失误评述

（一）理想主义。

由于我们不懂得通过合作制把小生产变成大生产，提高生产力，消灭贫穷落后，而是想通过合作制消灭私有制，通过人民公社集体经济的桥梁，进入共产主义“天堂”。合作社承认参加者入股的所有权、分配权，入股的农牧民家庭仍然是独立经营主体，像我们的供销合作社。它重在产前、产中、产后特别在流通领域的服务，而且等额入股，一股一票，“民办、民管、民受益”。列宁提倡的合作制也是商业性的，用它逐渐把小生产引向大生产。那时，我们虽不懂这些原则和目的，为了改善生产条件和改进生产措施，抵御自然灾害而组织起合作社，如按照当时乌兰夫同志的主张，初级的形式是按比例分成，长期保留所有权，还允许有较多自留。1959 年的第八次牧区工作会议提出：“在所有制关系上在当前及今后一个相当长的时期必须保持下列三种所有制形式，即生产资料基本公有，保留畜股报酬……主要生产资料集体所有，自留畜私有。”这样就由合作制变为集体所有制，对畜股报酬也由10%—15%降到2%—5%。认为这是向消灭私有制过渡的捷径。另外控制牧民个体牲畜的增加，将每年增长积累的牲畜全都变为集体所有，待集体牲畜超过入社牲畜后，畜股报酬将被逐渐取消。结果是入社牧民在社内失去主管权、经营决策权、按股分红权；生产队对上对外失去自主权，虽经过反“五风”，但因其性质改变也无法扭转。尤其在“文化大革命”期间，除继续给生产队安插外来人员（我1979年在阿巴嘎旗白音查干公社敖冷宝力格生产队看到安插的外来人数与原牧民人数相等）外，一是机关企事业等从生产队以低价购买牲畜。1980年统计，购走大畜11.1万头，小畜87.3万只，使牧民人均少收入9元；二借款，社员欠款5100万元，机关团体欠款1800万元，呆账4080万元。三项欠款相当于社队固定资产的55%。还有“割资本主义尾巴”取消自留畜。阿巴哈纳尔旗达布西勒特公社一生产队牧民对各种侵权忍无可忍，将全部牲畜赶入盟的有关单位院内，表示对随意侵权的抗议。

在80年代改革时，不是从集体经济回到合作社，而是以“草畜双承包”的名义回到个体经济。有不少地方对牧民入社的牲畜扣除已领的畜股报酬，仅将其余额退还本人，类似对“共产风”的退赔。既然是退回个体经济，就应对入社的牲畜按质按量如数退回各户，过去所领的畜股报酬只能作为其应得的利息，但没有这样办，正如批判公社吃“大锅饭”，对返还剩下的集体畜，不管以前有无入社牲畜或入社多少，都以低价或者无偿分给队内所有的人，结果又按“大锅饭”吃了。将收回的牲畜价款也没有完全用在集体事业上。说明我们还是小生产观念，只懂得个体经营和吃“大锅饭”，就是不懂得合作制。

（二）不完全是入社自愿，退社自由。

牧民全部入社，本身就反映这一事实。1958年8月我们到东乌旗整社，一位富裕牧民有8个劳动力，2000多头牲畜，不雇人，两年前苏木干部为扶贫动员他们放出200只“苏鲁克”羊，他们怕被按牧主对待，要求入了社。苏尼特右旗旗委书记乌力吉图同志告我，他们旗一个苏木有些富裕牧民为躲避加入合作社，四处搬家，最后被挤到一角，干部去宣布“你们就是一个合作社”。但没有听到有什么人退社，这同样也是一种不正常现象。

（三）互利原则受到扭曲。

虽对入社牧户给同等比例的畜股报酬，但报酬比例低。牲畜积累全归集体，富裕户的收入虽有增加，但增加的水平受到限制。在执行“两定一奖”过程中，指标定得过高，仅能勉强超产或无法超产。社员的收入仍有平均主义倾向，特别是在生产队安插大批外来人员，互利政策就更难兑现。如苏尼特左旗1960年的牧业人口4937人，集体分配的消费部分159万元，人均收入322元；1966年人口增加到7735人，比1960年增加56.6%，分配的消费部分167万元，比1960年增加5%，人均216元，减少32.9%。1956年9月中共中央、国务院《关于加强农业生产合作社的生产领导和组织建设的指示》中提出“在多民族地区……各民族分别建社为宜。只有在各民族社员无法单独建社或者有其他必要时，才可以建立民族联合社”，“如几个民族彼此利益悬殊难以兼顾的就决不许可勉强并社”。自治区党委没有认真执行这一指示，在保持民族联合社的情况下，仅采取些变通的办法，引起蒙古族群众和干部不满。1957年开始反右，将反对“民族联合社”作为一条罪状大加批判，对民族联合社大力宣传。大跃进中，在牧区又用安置外来人口的办法建立比西部农村民族间利益更悬殊的“民族联合社”，人为地制造了蒙汉人民间的矛盾。

有不少外来的同志不是从需要和可能出发，而是同农村相比，主观地认为牧区人口太少，劳力不足；如1955年牧区人均牲畜35.3头只，1958年减少到人均26.7头只，还是认为劳力不足。其原因是没有提出开发人力资源和有效地组织劳力，不少地区一边普遍窝工，一边靠外来人种饲料基地。1965年冬我去乌拉特中后联合旗桑根达赖公社，见到水利部门为他们建的水库，外来人种草，牧民再买草，我问公社书记为什么不让牧民种草，他的理由是牧民不会种草。我们俩在争论中见到一名牧民汽车司机，我便问公社书记种草和开汽车的技术哪个难？他不说话了。从那里我又去额济纳旗的团结生产队看种草，该队一年轻副支书叫斑高，他对外来人种草观察了两年，提出自己种草，老支书守旧，不同意，他们便给每户牧民发了一本毛主席的《愚公移山》，让大家学习讨论种草，结果争论的不相上下。旗委抓住这一典型，在全旗推广。在牧区这类见物不见人的观念，虽在个别会议上批判过，实际上一直很严重，至今也很少有人考虑改变。

（四）形式上是合作制，实质上是计划体制。

合作制本是市场经济的产物，农牧民组织起来形成合力，在贸易方面增强自己的谈判地位和能力，保护自己的利益。解放初，牧区在保草原、兴畜牧、通贸易的方针指导下，在国营贸易公司的协助下建立了牧民的供销合作社。至1955年，国、合贸易已占牧区贸易额的70%，对消除旅蒙商的不等价高额盘剥，起了极大作用，深受广大牧民欢迎。接着又建立了信用合作社，但它们与生产合作社各行其是，都受计划体制支配。尤其从1958年起被改为全民所有制后，其工作人员与国营企业人员并列，由党政组织调配；同时其中的外来人员增多，牧民相对减少。他们与生产合作社完全是买卖关系，生产队的活畜和畜产品也列入计划。各地对畜牧业生产所需的生产资料与外地协作用的活畜还得单列计划。在这种体制下，国、合贸易对生产队销售的牲畜和畜产品压等压价，屡禁不止。1983年牧区人民公社解体；1984年中央1号文件提出要依靠国家、集体和个人，采取多种办法出资兴建商品流通所需要的冷库等基础设施；中央1985年1号文件对牧业区畜产品收购的政策也放宽。在苏尼特左旗畜牧局倡议和协助下，有二十个嘎查响应，从他们原集体留下的积累资金中拿出一部分作为投资，再加政府资助和银行贷款共投入300多万元，经过三年奋战，建成日屠宰牛羊1000—2000头只的合作屠宰厂，各入股的嘎查代表组成理事会，其中嘎日玛、阿迪达、车登扎布、巴图、特木尔为常务理事，培训牧民屠宰工35人。然而，在三年的经营中，由于计划经济的不合理干预，产值仅60万元，交税20万元，亏损14万元。牧民们千辛万苦建厂，加工自产的牛羊还亏本，最后不得不把厂卖给食品公司。对此，社会上流传着："牧民不会经营的言论。"其实，1986年起，自治区人民政府又恢复对牛羊的计划收购，他们的牛羊以平价向食品公司交售，而他们再从社会上以高出20%左右的价格购买牛羊屠宰，这几位牧民很感慨地说："新建的企业新手管，我们顶压力、穿狭谷，没有发生任何损失，我们这些'无能'的牧民不但现在，今后也应当这样干；我们的实践证明：只要有胆识，方法对，拿牧鞭的牧人也能办成宏大的事业。"这是对牧区见物不见人的偏见的有力的批判。

其实，牧民建屠宰厂是填补了该旗无屠宰厂的空白，应当积极支持。但是食品公司宁可将收到的几万头只牛羊分别赶往300里以外的赛汉塔拉，等到上冻后再露天屠宰，既降低屠宰率又不卫生，还增加运费，也不让牧民屠宰厂代宰。

（五）将政治与经济关系颠倒。

共产党领导全国人民推翻"三座大山"得到人民的拥护，人民相信共产党指引的方向是正确的，实现了合作化、公社化。第十一次、十二次牧区工作会议主要是贯彻中央《关于目前农村的工作若干问题的决定（草案）》，“以推动社会主义新牧区的革命事业和建设事业，从根本上防止和反对现代修正主义和民族分裂主义的颠覆、破坏活动。”

由于我区“文化大革命”的遗风严重，民族工作自 1994 年 12 月自治区党的第六次代表大会才开始转向以经济建设为重点。1987 年 1 月中央统战部、全国人大民委、国家民委调查组的《内蒙古自治区调查报告》中发现在《宪法》和《民族区域自治法》中“许多明确规定的自治权得不到施行，特别在经济问题上绝大多数的规定是全国一刀切的。”还指出对资源优先利用上的权利是无可非议的，但有些部门很少尊重这一权利，“自觉不自觉地限制了少数民族地区的发展。”宏观上有这样的问题，微观上也有这样的问题。对牧区的改革不是根据牧区的实际而是与农村发展一样一刀切了。总而言之，我们需要很好地总结 50 年来正反两方面的经验教训，提出在如何进一步发展民族自治地方经济方面更加成熟的政策思路。

我区牧区合作化与人民公社化的回顾[①]

赵真北

一、牧业合作化的进程

解放初期的内蒙古牧区，地广人稀，畜牧业生产方式以游牧、半游牧经济为主牧区经过民主改革，废除了封建特权，实行了草原民族公有，放牧自由[②]，"禁止开荒，保护牧场，"和"不斗、不分、不划阶级"、"牧工牧主两利"及宗教信仰自由、贸易自由等一系列政策。1947—1953年全区牧民由22.8万人增加到32.4万人；牲畜由1949年的476万头（只），增加到1953年的893万头（只），增加88%。牧民生活普遍得到改善。但仍有6%左右很贫困和20%—30%比较贫困的牧户（其中大部分为流入牧区的人口）

为了改变牧区贫困落后的状况，自1948年就开始提倡牧民生产互助和建立供销合作社。当时，面临的问题有：草原灾害频繁（旱、风、雪灾）、畜群疫病、兽害频繁发生，畜牧业处于极其脆弱和不稳定的状态；畜少的牧民不是种畜不足，就是杀卖幼畜，以适龄母畜维持生活；牧民没有休息时间，没有节日，不分昼夜劳作，尤其遇灾害性天气，更得跟群、守群、与天灾、兽害作斗争。畜少户"养羊不成群也得一个人放牧"，往往采取"天牧"、"瞭牧"的方式。因缺乏交通工具，如遇天灾移场，牲畜损失很大，也无力走"阿音"[③]增加收入来源。

针对这些问题，党和政府号召牧民组织起来，互助合作，如打井、防火、搭

① 赵真北：《我区牧区合作化和人民公社化的回顾》，见内蒙古政协文史资料委员会编：《"三不两利"与"稳、宽、长"回忆与思考》，《内蒙古文史资料》（第59辑）（内部资料），107～115页，呼和浩特，2006。

② "自由放牧、增畜保畜"中"自由放牧"是内蒙古自治政府提出的牧区民主改革和发展畜牧业生产的一项基本方针。

③ 蒙古语音译，意为商队。

棚、贮草、防止风雪灾害，防疫、打狼，按母畜比例配备种公畜，合作接羔，开辟无水草场，合群轮牧，以及从事副业生产等。全区互助组到1953年达到4000多个。

到1954年，在互助组的基础上全区试办合作社16个，其中昭乌达盟[①]翁牛特旗就办了12个。1955年7月毛主席发表了《关于农业合作化问题》一文，“批判小脚女人”，牧业合作化速度有所加快。1956年春，全区合作社发展到270个，入社牧户达11%，各种互助组6710个，参加的达53.2%。这时建立合作社的办法有5种：（1）母畜入社，仔畜按劳畜比例分成；（2）牲畜分等定价，按价作股入社，劳畜比例分益；（3）折标准畜入社或牲畜评分入社，劳畜比例分益；（4）牲畜作价入社，付给固定报酬；（5）牲畜作价入社，分期偿还。几种办法根据实际情况都可试用，唯有第5种办法只对种、役畜试行，不易推广。

当时，内蒙古党委要求只办初级社，不办高级社，一般不宜摊派股份基金。

到1956年末，全区牧业合作社达543个，入社户达22%，加上各种互助组牧民入社入组人数达83%。那时，还试办了13个公私合营牧场[②]，吸收12户牧主参加了合作社，1957年10月统计，合作社达632个，入社牧户占总牧户的24.6%。

1958年2月6日，乌兰夫同志在中共内蒙古自治区第一届代表大会上的报告中，要求当年入社牧户达到45%—50%，2月召开的内蒙古自治区牧区工作会议规划在3年内基本实现合作化（除巴彦淖尔盟牧区外）。1958年5月，中共八大二次会议提出“鼓足干劲，力争上游，多快好省地建设社会主义”的总路线，到7月初，合作社已达2083个，入社牧户达85%，公私合营牧场发展到77个，基本上实现了合作化。对牧业区的畜牧业社会主义改造，自1952年试办合作社，至1958年夏基本实现合作化，前后经历七八年的时间。这个过程在某些地方有过“左”的倾向，但是在全局上没有发生过多的偏差。

---

① 旧盟名。位于内蒙古东部。因清初扎鲁特等11个札萨克旗会盟于翁牛特右旗境内的昭乌达而得名。1946年隶属热河省人民政府领导，辖阿鲁科尔沁、巴林左、巴林右、克什克腾4旗。1949年5月划归内蒙古自治政府管辖。1969年划归辽宁省，1979年重新划归内蒙古自治区。1983年10月撤盟设立地级赤峰市，辖3区、7旗、2县。

② 内蒙古党委在畜牧业社会主义改造时期，对牧主经济的改造所采取的和缓稳进的一种方式。在牧主自愿的原则下，将其牲畜入股加入公私合营牧场，付给一定股息，牧主本人可安排在场内担任副场长。牧场管理实行党支部领导下的公方场长责任制。

二、坚持“稳、宽、长”使牧业合作化顺利实现

第一，在民主改革的正反面经验教训中认识到，牧区改革必须从实际出发，牧业合作化也要从实际出发，坚持“稳、宽、长”的方针。1954年中央指示“在某些少数民族中进行社会主义改造事业，将比汉族地区开展的晚一些”，“可以用更多的时间和更和缓的方式逐步地实现”。

第二，坚持“三不两利”和扶贫政策的同时，1956年3月在全区第三次牧区工作会议上，根据几年试办互助组合作社的经验，提出“依靠劳动牧民，团结一切可以团结的力量，在稳定发展生产的基础上，逐步实现畜牧业的社会主义改造”的方针。这个方针由中央批准，成为全国牧业区畜牧业社会主义改造的重要方针。这个方针在一个相当的时期内，对个体的、分散的（有的是游牧的）、落后的畜牧业经济进行变革；对牧主经济采取和平改造政策，比资本家采取更宽的赎买政策①和更温和的办法逐步改变牧主所有制，起到了积极的推动作用。

根据当时对牧区阶级的状况是：90%以上是劳动牧民（包括中等收入的牧民和一般喇嘛），占有牲畜80%以上；1%左右的牧主（包括民族、宗教上层），占有牲畜10%左右，召庙有牲畜6万多头（只），另有旅蒙商的少量牲畜。根据1953年的情况，组织起来的牧户占51.3%，其占有牲畜为30%，说明愿走互助合作道路的首先是贫苦的不富裕的牧民。劳动牧民中还有一部分比较富裕的，他们约占20%左右，占有牲畜总数的30%—40%左右。据锡林郭勒盟调查，1955年有牧民2846户，其中富裕牧民为1510户，占53%。他们在1951年还都是不富裕的和穷苦的牧民，其中的多数是勤劳善营的翻身户，按畜牧业改造方针，将他们列为依靠对象的劳动牧民，吸收他们中的进步分子参加合作社的领导工作。

第三，对宗教信仰及召庙的财产仍坚持保护政策，对其牲畜放“苏鲁克”或自己经营都予允许，对生活困难的老喇嘛政府给予救济。

第四，牧业合作社坚持自愿互利的原则，入社自愿，退社自由。牲畜入社的办法应采取最初级、群众最容易接受的办法。入社牲畜数完全按自愿，一般情况

① 内蒙古党委在畜牧业社会主义改造中，对牧主经济采取赎买政策，即由牧主自愿选择：可以参加公私合营牧场，可以参加合作社，也可以放“苏鲁克”，或自己雇工经营，如生产有困难，国家还给予帮助等办法，逐步将牧主经济改造为社会主义集体经济。

是繁殖母畜大部分入社，入社牲畜多于自留畜即可；自留畜多于入社畜也是允许的；役畜、散畜是否入社应由牧民自愿。

第五，对大牧主采取办公私合营牧场的办法，对小牧主安排他们参加合作社；不论大小牧主，参加合营牧场或合作社任其选择。合作社放“苏鲁克”也是一种办法，暂不愿接受改造，仍允许其雇工经营。

乌兰夫同志在 1957 年 10 月党的八届三中全会上关于畜牧业问题讲道：“内蒙古过去曾用过 6 种办合作社的办法，现在看来，以牧畜头数入社比例分红和牲畜评分或作价入社比例分红两种办法，为群众容易理解和接受。我们已把这两种办法定为最近几年发展合作社的主要形式……我们认为，在一个较长的时间内，在合作社中有意保留牧民对于牲畜的所有权，对社会主义改造是有利的。所谓保留所有权，就是在合作社内较长时间采用初级的办法，使社员每年能够按畜股分到合理的收益。同时按照社员的自愿，允许社员自留较多的牲畜”。

三、从牧区人民公社政策的调整看“稳、宽、长”政策的正确性

在全区人民公社化的影响下，牧区在 1958 年冬和翌年春实现了公社化，把当时的 2200 多个合作社联合成 152 个人民公社。

公社化初始时，自治区党委考虑到牧区刚刚实行合作化，应当采取慎重稳进的方针，在建立公社组织制度上采取上动（联合组成人民公社）下不动（原合作社）；先搭架子，搞好生产，后充实内容。实际只将苏木人民委员会换成人民公社的牌子。对合作社的政策不变，不实行供给制，不办食堂、幼儿园、敬老院等。后来受“左”的影响，出现的大量问题在 1959 年和 1960 年的整风整社中，进行了整顿。如伊克昭盟[①]把实行的工资制和口粮供给制改为口粮代购制；锡林郭勒盟西乌珠穆沁旗为实行供给制食堂、幼儿园等建成的“蒙古包城”，但无法坚持而解散。有的定居牧区，如昭乌达盟巴林右旗到 1960 年秋还坚持食堂制，原因是供应的口粮在食堂能吃饱，在家不够吃。其实是在家天天饱，月末告断炊，在食堂天天不饱，全月“够吃”。在当年的反“五风”[②]中也停办了。实践证

① 旧盟名。位于内蒙古自治区西南部。

② “大跃进”和人民公社化运动中，在“左”的思想指导下产生的五种不正之风，即共产风、浮夸风、强迫命令风、生产瞎指挥风和干部特殊化风。

明，背离了“稳、宽、长”方针行不通的。

公社执行社员自留畜在一个队内占5%—7%，最多不超过10%。一般允许每户饲养1—2匹马，1—2头役畜，1—4头乳牛，10—20只羊。自留畜及仔畜完全归个人所有，只计数不征购。在不雇工、不影响集体生产的前提下，允许发展自留畜，出售卖给国营贸易企业。

正确处理积累与消费、简单生产和扩大再生产的关系，以调动社员的生产积极性。贯彻按劳分配和少扣多分的原则。畜牧业收入主要看当年牲畜出栏多少和畜产品产量等因素，为保证生产规模的扩大，同时兼顾牧民的收入，对活畜和皮毛的出售率定出一定的幅度。现金收入的70%分给社员，保证社员的收入在正常情况下逐年有所增加。

调整人民公社的体制。公社化初期按农村人民公社的体制也实行三级管理，大队为核算，小队部分所有，推行“三包一奖”①。这样公社规模大层次多，不符合牧区地广人稀的特点，后来采取了以畜群牲畜组为基础，着重对人民公社的基本核算单位进行了调整。公社规模缩小，由152个调整为245个，实行两级管理，核算单位为牲畜队，它直接对畜群牲畜组；保留三级的，其中一级为虚。

完善畜群牲畜组。为避免“包产到户”这一禁令称为畜群牲畜组的责任制。一般是一群两人，视市场队牲畜多少，各户劳动力情况，有一户一群、两户两群、两河一群、两户三群，一户半一群；牲畜少，定居的队，实行统一放牧，分户管理。对草原畜牧业这一市场形式，自互助组开始，就提倡专群专人放牧；合作社时开始出现固定专人放牧，每次牧区工作会议都强调对放牧员实行一定的包工包产，在1957年内蒙古党委制定的《内蒙古牧业生产合作社示范章程（草案）》和1961年内蒙古党委制定的《内蒙古人民公社工作条例（修正草案）》中提出“按畜群组包工”和“三包一奖”，建立严格的责任制。

1963年4、5月间，全国牧区工作会议在呼和浩特召开，由农业部部长廖鲁言和国家民委副主任刘春主持。他们对我区的畜群牲畜组实行“三包一奖”提出质疑。乌兰夫、王铎同志在大会发言中作了具体的解释：畜群牲畜组实行“包、定、奖”与农村的包产到户有原则的不同，是适合于畜牧业生产特点，只要加强领导，它会加强集体生产，不会削弱集体所有制。这是因为：（1）畜牧业生

① 1959年9月，内蒙古党委提出调整人民公社的管理制度，即包工、包产、包投资和超产奖励。

产组是集体生产组，在市场队领导下根据畜群经营管理的需要组成的；（2）牧区居住分散，有的是几户居住，游牧在一起；有的一户单独居住，是为了便于利用牧场，分散放牧；（3）牲畜一般都是群牧的。畜群牲畜组是按牲畜多少和种类不同，草场薄厚、劳力多少等情况组成的，畜群生产组的户数和群的多少也不一样，从一户一群到几户一群；（4）在生产队领导下，实行统一计划、分配、积累、调配劳动力，必要时畜群也可以进行调整。这既可以加强责任制，贯彻按劳分配原则，调动社员的积极性，又可减少评工记分的麻烦。实行放牧员明天都按时出牧，年终见其成效，根本没有可能也无必要天天开会评工记分。会议讨论中，内蒙古党委农村牧区工作部副部长赵会山同志提出："将包工、包产改为定工、定产。"廖鲁言在会议总结中接受了这一建议，"包工包产，超产奖励"改为"定工、定产，超产奖励"，认为这是分散牲畜的一种责任制，与"包产到户"有原则区别，只是提出超产部分不要发现金，不要奖励实物，奖工分。建议中央对"四十条"的第十三条加以修改。1963 年 6 月 17 日中共中央、国务院批转的全国牧区工作会议的 3 个文件对"四十条"的第十三条原规定的"生产队畜群生产组实行包产、包工，超产奖励的生产管理制度"，同意改为"定产、定工，超产奖励"。当年 12 月 19 日内蒙古党委批转了农牧部提出的《牧区人民公社基本核算单位向畜群生产组推行定产、定工，超产奖励制度的试行办法（草案）》这样各地更大胆地推行，其效果是十分明显的。1966 年 3 月中旬，锡林郭勒盟遇特大风雪袭击，牧民为保护集体牲畜被冻死 10 余人。若没有"两定一奖"的包产到户责任制，牧民积极奋力抗灾保畜，在当时那种集体经济制度下战胜灾害是难以想象的。

根据对牧主经济和召庙经济的改造政策，对 1958 年建立起由 458 户牧主组成的 122 个公私合营牧场调整为 71 个，组成畜群牲畜组实行"两定一奖"责任制，有的实行工资制。有 482 户牧主参加了人民公社，但他们不参与领导。另有牧主的 20 万头（只）和召庙的 50 万头（只）牲畜原在牧民放"苏鲁克"牲畜留在人民公社，同样付给定息和畜股报酬。对上层喇嘛在政协、佛协中作了安排，一般喇嘛参加人民公社当社员或参加合营牧场当工人。对有专长的如蒙医、手工匠人等根据实际情况分别安排。五当召的一些年轻喇嘛在石拐煤矿当工人。锡林浩特贝子庙的 20 多名喇嘛，在 1958 年 7 月乌兰夫同志召开喇嘛座谈会号召他们参加生产劳动后，马上办起地毯厂。乌兰夫同志对这类由僧人到工人的变化的社会进步非常欣赏。但利用喇嘛在召庙集中居住的地方办小型工业，这一经验没有得到推广。不久在贝子庙地毯厂中也安排了“盲流人员”。

对牧业区生产方针的调整。合作化初期，自治区党委提出“游牧经济本身是脆弱的，任其长期存在，势必给畜牧业带来很多困难，克服它的缺点的根本办法是结合牧区互助合作化运动使牧民定居下来，建立人工饲料基地，同时有计划的利用广阔草原，逐步做到以牧为主，农牧结合，发展多种经济的生产。”这是符合“稳、宽、长”方针的。但在1958年的全区牧区工作会议上提出“十年计划五年完成”的口号，即到1962年生产达到5000万头（只），争取达到6000万头（只），每年递增20%—25%；要“大力贯彻农牧结合的方针”，“今年再开荒100万亩，明年争取牧业社有饲料基地500万—1000万亩。”“饲料基地要水利化。”“在两年内解决牧区的粮食、饲料自给的问题。”实现如此“大跃进”的任务别说牧业区，农村也无法实现，仅靠当时的41万牧民中的16.6万劳动力，使牲畜到1962年翻一番达6000万头（只），又要粮食、饲料自给，真是比登天还难。用这种办法不仅解决不了牧区的粮食、饲料问题，反而引起民族间不必要的矛盾。

综上所述，在内蒙古畜牧业从合作化到人民公社化的过程中，我们可以看到内蒙古党委在劳动这一变革所制定的方针政策，凡符合“稳、宽、长”方针，牧区社会稳定，畜牧业就发展，但在变革中因受“左”的思想的干扰，出现了一些偏差，背离了“稳、宽、长”的方针，就走向反面。我们要汲取这一历史教训。

对六十年代畜牧业政策调整的回忆[①]

赵真北

内蒙古对牧业区和畜牧业的民主改革、社会主义改造，尤其近二十年的改革成效十分显著。1999年全区牲畜的出栏量达2340万头只，比“文化大革命”前的牲畜头数最多年份的1965年的出栏量527万头只，增加3.4倍。但在人民公社化、“左”的影响很大，尤其牧业区更大。经调整解决了不少问题，因而生产继续发展，牧民收入逐年提高，但也留下很大的后遗症。

我是1954年从锡林郭勒盟调自治区党委农村牧区工作部三处（牧区处）任处长，1964年调畜牧厅，但在自治区党委“四清”办公室又待了一年。对牧区的互助合作运动、公社化及对其整顿都参与了。但由于事隔多年，有些资料无法找到，自己的不少记录也已丢失，对好多情况都记不起来或不免还有记错，仅能做些大体的回忆。

我区牧业区地广人稀，基本是游牧半游牧经济，在农业区也有养畜的习惯。在牧业区经过废除封建特权，实行草原民族公有，禁止开荒，保护牧场和不分不斗，不划阶级和牧工、牧主两利，扶贫政策及宗教信仰自由、贸易自由等一系列民主改革和人畜两旺，发展国营、合营贸易等经济政策，到1953年基本实现了人畜两旺，牧民由1947的22.8万人增加到32.4万人（其中有机械增长）；牲畜由1949年的476万头，增加到893万头，增加88%。全区牲畜由1949年的983万头只至1953年增到1927万头只，增加96%。农牧民生活都有相当改善。但仍有6%左右很贫困和20%—30%比较贫困的牧户（其中大部分为流入牧区的人口）需要相当一个时期才能使之真正脱贫。

① 赵真北：《对六十年代畜牧业政策调整的回忆》（未刊稿），1999年12月31日。

为了消除贫穷落后，自1948年就开始提倡牧民生产互助和建立供销合作社。首要问题是改善生产条件和改进生产措施。草原灾害频繁（旱、风、雪）和牲畜有疫病、兽害，畜牧业呈现出极其脆弱和不稳定的状态。这是消灭封建制后在继续发展生产上摆在各阶层人民面前的共同困难。其次，增畜保畜，畜少的牧民不是种畜不足便是杀卖幼畜母畜维持生活（国营贸易公司为执行保护母畜的政策，收购的母幼畜除交银行作为牧贷外，专门建立了牧场饲养，当时锡、察盟就有三个），难以发展。保畜任务更重，牧民没时没节，不分昼夜，尤其在遇到灾害性天气的时候，更得跟群、守群，与天灾兽害斗争。然而各阶层牧民牲畜占有量相差很大。畜少户“养羊不成群也得一个人放牧”，往往是“天牧”、“瞭牧”。又由于缺乏车辆，遇天灾无力移牧，牲畜损失很大，也无力走“阿音”（贩运盐碱等），来增加收入。因而贫困的和不富裕的牧民往往是合群放牧、合作从事副业。在群众这种固有习惯的基础上号召牧民组织起来，打井，防火，对草原扩大利用和保护，搭棚，储草，防止风雪灾害，防疫，打狼，保护畜群，按母畜比例配备种畜，定期交配，互助接羔，以及从事副业等。组织互助组成了当时领导牧民发展生产的一项重要组织措施。

互助组有防灾、接羔、打草、打井和副业生产临时性的；也有合群放牧的；还有一定分工和生产计划长年性的。它有利于解决劳动力忙闲不均和生产工具缺乏等困难，提高劳动生产率；有利于改善生产条件和改进生产措施，战胜灾害，增畜保畜；有利于开展多种经营，增加收入。互助组到1953年达到4000多个。互助组的内容越来越广。陈巴尔虎旗胡和勒泰等四户牧民的互助组仅有马3匹、牛32头、羊6只，1950年政府贷给他们母羊401只，到1952年他们的牲畜达到1164头只，打井两眼，建立畜棚两栋，购置打搂草机一套。在这个基础上，1952年建立了牧业生产合作社（简称“合作社”）。

在互助组的基础上到1954年试办合作社16个，其中翁牛特旗即办了12个。在1955年7月毛主席发表了《关于农业合作化问题》一文“批判小脚女人”后，牧业区合作化速度也有所加快。1956年春，合作社发展到270个，入社牧户达11%。各种互助组6710个，参加的牧户达53.2%。这时建立合作社的办法有五种：（1）母畜入社，仔畜按劳畜比例分成；（2）牧畜分等定价，按价作股入社，劳畜比例分益；（3）折标准畜入社或牲畜评分入社，劳畜比例分益；（4）牲畜作价入社，付给固定报酬；（5）作价入社，分期偿还。几种办法根据实际情况都可试用，唯有第五种办法只对种、役畜试行，不易推广。

自治区党委要求只办初级社，不办高级社，一般不宜提倡摊派股份基金。

到年末合作社达543个，入社户达22%，加上各种互助组组织起来的牧民达83%。还试办了13个公私合营牧场，吸收了12户牧主参加。

1957年10月统计合作社达632个，入社牧户达24.6%，互助组数量也有发展和质量也有提高。

1958年2月6日乌兰夫同志在中共内蒙古自治区第一届代表大会第二次会议上的报告中要求当年入社牧户达45%—50%。2月中旬的第六次牧区工作会议规划在3年内基本实现合作化（除巴盟牧区外）。结果因5月中共第八届全国代表大会第二次会议提出“鼓足干劲，力争上游，多快好省地建设社会主义”的总路线后，到7月初召开第七次牧区工作会议时，合作社已达2083个，入社牧户占到85%，公私合营牧场发展到77个。基本上实现了合作化。

当年8月毛主席视察河北、河南等省的农村时说：“还是人民公社好”。11月末到12月中旬中共八届六中全会讨论通过《关于人民公社的若干问题的决议》。在全国人民公社化运动的影响下，我区牧业区在当年冬和翌年春实现了公社化，把当时的2200多个合作社联合成152个人民公社，把122个公私合营牧场调整为71个。

对牧业区的畜牧业社会主义改造，自1952年试办合作社，至1958年夏基本实现合作化，前后经历七八年的时间。这个过程中虽在某些地方有过“左”的倾向，在全局上没有发生什么偏差。在这一基础上仅用半年多的时间就实现了公社化。

一、牧业合作化所以能比较顺利的实现

（1）在民主改革的正反面经验教训中认识到牧业区改革必须从实际出发，坚持“政策要稳、办法要宽、时间可以长”的方针。特别是1954年中央指示“少数民族中进行社会主义改造事业将比汉族地区开展的晚一些”，“可以用更多的时间和更和缓的方式逐步的实现。”[①] 所以采取了“积极领导，慎重稳进”的方针。

① 刘少奇：《关于中华人民共和国宪法草案的报告》，1954年9月25日。

因而开始的并不晚，实现的时间比农村晚了两年。为此，自 1953 年共开过 12 次牧区工作会议；在第七次会议期间，实现了合作化后又开了四次这样的会议进行政策的调整。

（2）在继续坚持“三不两利”和扶贫政策的同时，1956 年的第三次牧区工作会议上，根据几年试办互助组合作社的经验，讨论提出“依靠劳动牧民，团结一切可以团结的力量，在稳定发展生产的基础上，逐步实现对畜牧业的社会主义改造”的方针。这个方针经中央批准，成为全国牧业区畜牧业社会主义改造的方针。在一个相当长的时期内，把个体的、分散的（有的是游牧的）、落后的畜牧业经济改造成合作化、现代化的、社会主义的畜牧业经济；对牧主经济采取和平改造的政策，把牧主分子包下来，在政治上继续团结他们，在经济上采用比对资本家更宽的赎买政策和更温和的办法逐步改变牧主所有制。

当时对牧区分析：90% 以上是劳动牧民（包括一般喇嘛），占有牧区全部牲畜的 80% 以上，牧主（包括民族、宗教上层）占 1% 左右，占有牲畜 10% 左右；召庙有牲畜 6 万多头，另有旅蒙商的少量牲畜。根据 1955 年的情况，组织起来的牧户占 51.3%，其占有牲畜为 30%。说明愿走互助合作道路的首先是贫苦的不富裕的牧民，在互助合作中必须依靠他们，树立他们的优势。牧民中还有一部分比较富裕的牧民，约占 20% 左右，占有牲畜比例约 30%—40%，是不可忽视的一部分。据锡盟调查，1955 年富裕牧民有 2846 户，其中的 151 户，占 53%，在 1951 年还都是不富裕的和穷苦的牧民。他们多数是勤劳善营的翻身户，也是拥护合作化的，将他们列为依靠对象的劳动牧民，同时吸收他们的进步分子参加合作社领导。

对宗教信仰及召庙的财产仍采取保护政策，对其牲畜放“苏鲁克”或自己经营都予以允许。对生活困难的老喇嘛，政府给予救济。

这样依靠面大，又争取一切可以团结的力量，在方针中没有提出打击、孤立的对象，只是对具体的反对分子进行孤立打击。基本上采取了更和缓的方式进行了改造。“但是，这一方针的执行中，常常受到某些同志的搬套农业区经验和狭隘阶级观点的抵抗。他们怕人家说阶级立场不稳，而盲目的排斥中等牧户。”对这一错误进行了纠正①。

牧业合作社坚持自愿互利的原则，入社自愿，退社自由。牲畜入社的办法应采取最初级群众最容易接受的办法，入社牲畜数完全按自愿，一般只能繁殖母畜大部入社，入社牲畜多于自留畜即可，自留畜多于入社畜也是允许的；役畜、散畜是否入社应按牧民自愿。

对牧主，较大的办公私合营牧场，较小的参加合作社；不论大小参加合营牧场或合作社任其自便，合作社放其“苏鲁克”也是一种办法。暂不愿接受改造，仍允许其雇工经营。

特别是乌兰夫同志在1957年10月党的八届三中全会上关于畜牧业问题讲到的：“办合作社的办法上，内蒙古过去曾用过六种，现在看来，以母畜入社比例分红和牲畜评分或作价入社比例分红等两种办法，为群众所容易理解和接受，我们已把它定为最近几年内发展合作社的主要形式……我们认为，在一个较长的时期内，在合作社中有意保留牧民对于牲畜的所有权，对社会主义改造对发展生产都是有利的。所谓保留所有权，就是在合作社内较长时间内采用初级的办法，使社员每年能够按畜股分到合理的利益。同时按照社员的自愿，允许社员留较多的牲畜。”②

这样对这个方针从阶级政策到改造的方向、政策、需要的时间、步骤的“稳、宽、长”做了具体的阐述。

二、对人民公社及其政策的调整、整顿

公社化当时，自治区党委在牧区刚刚实行合作化的情况下，仍采取了慎重稳进的方针。建公社采取上动（联合组成人民公社）下不动（原合作社），先搭架子，搞好生产，后充实内容。实际只将苏木人民委员会换成了人民公社的牌子。合作社的政策不变，继续执行，并不实行供给制，不办食堂、幼儿园、敬老院等。在1969年和1960年的“整风”“整社”中，对出现的问题进行了大量的整顿。伊克昭盟开始实行的工资制和口粮供给制改为口粮代购制。西乌珠穆沁旗

① 内蒙古党委常委、农村牧区工作部部长高增培同志《第五次牧区工作会议上的总结报告》，1957年7月15日。

② 《乌兰夫文选》（上册），487～488页，北京，中央文献出版社，1999。

为实行供给制、办食堂、幼儿园等而建的“蒙古包城”也无法坚持而解散。有的定居牧区，如巴林右旗到1960年秋还坚持食堂制，经验是供应的口粮在食堂能吃饱，在家不够吃。其实是在家天天饱，月末告断炊，在食堂是天天不饱，全月“够吃”。在当年的反“五风”中也停办了。除此之外：

（1）坚持对劳动者不剥夺的原则，承认牲畜是牧民的劳动成果，对每户入社的牲畜都给予一定的报酬。将原来的比例分成一律改为固定报酬，报酬率也由10%—15%降到2%—5%，纠正了在执行中的平均主义，规定为不论入社牲畜作价多少都一个报酬率。这一政策在相当长期内不变。入社牲畜都提高到90%以上。

（2）社员自留畜在一个队内占5%—7%，最多不超过10%。一般允许每户饲养1—2匹马，1—2头役畜，1—4头乳牛，10—20只羊。自留畜及其仔畜完全归个人所有，只计数不计征不计购，在不雇工、不影响集体生产的前提下，允许发展，出售卖给国营、合营贸易企业。

（3）正确处理积累与消费的关系、简单生产和扩大再生产的关系，以调动社员的积极性，促进生产的发展。必须贯彻按劳分配和少扣多分的原则。但畜牧业收入既取决于当年生产又不取决于当年生产，主要看当年牲畜出栏多少和畜产品等收入，往往生产和收入丰歉不对等。因此对活畜和皮毛的出售率定出一定的幅度。现金收入的70%分给社员，保证社员的收入在正常情况下逐年有所增加。畜牧业生产的积累有牲畜和现金两个部分，一个畜群内基础母畜、种畜、育成畜、成畜、仔幼畜要有合理的比例。如果牲畜出栏多，收入多，除分配部分外，还要留储备，以调剂丰歉年间的不平衡，保证灾后恢复生产和社员消费的需要。

（4）调整人民公社的体制。公社化初期按农村人民公社的体制也实行三级管理，大队为核算，小队部分所有，实行“三包一奖”。这样公社规模大层次多，不符合牧区地广人稀的特点，采取了以畜群生产组为基础，着重对人民公社的基本核算单位进行了调整。公社规模缩小，由152个调整为245个；实行两级管理，核算单位为生产队，它直接对畜群生产组；保留三级的，其中一级为虚。

（5）完善畜群生产组的责任制。畜群是适应草原在一定季节的载畜量对牲畜采取的适度规模放牧的形式，牛、马、羊、驼分别组群。增畜保畜主要以群活动，如：采食、补饲、饮水、舔碱、抓膘、保膘、配种、接仔、夜间守群以及配备种畜、防疫、剪鬃毛、搭棚、垫卧盘、备草等。畜群适宜固定专人放牧经营，除放牧员外还需要帮工。一般是一群两人，视生产队牲畜数量，各户劳动力情况，一户一群，一户二群，二户一群，二户三群，一户半一群；牲畜少，定居的队，实行统一放牧，分户管理。对此为避免“包产到户”这一禁令称为“畜群生产组”。对草原畜牧业这一生产形式，自互助组开始，就提倡专群专人放牧；合作社时开始出现固定专人放牧，每次牧区工作会议都强调对放牧员实行一定的包工包产，在 1957 年的《内蒙古牧业生产合作社示范章程（草案）》和 1961 年的《内蒙古牧区人民公社工作条例（修正草案）》中都提出“按畜群组包工”和“三包一奖”，建立严格的责任制，对其他服务性劳动生产也要规定责任制。

1961 年 7 月中共中央西北局在兰州召开民族工作会议，按中央指示，我们自治区党委书记处书记王铎同志出席会议，发言中也介绍了对畜群生产组实行“三包一奖”的经验。在会议期间，中央民委同志按中央指示，为起草少数民族牧业区工作和牧区人民公社条例的规定，征求到会各省、自治区同志们的意见。在最后形成的《关于少数民族牧业区工作和牧区人民公社若干政策的规定（草案）》（简称“四十条”）第十三条规定：“生产队对畜群生产组实行包产包工、超产奖励的生产管理制度。”这个文件于当年上报中央审批，后又做了一些修改，中央于 1963 年 3 月 13 日批转各省、自治区。

1963 年 4—5 月间，全国牧区会议在呼和浩特召开，由农业部部长廖鲁言和中央民委副主任刘春主持。他们对我区的畜群生产组实行“三包一奖”提出质疑。我们参加会议的工作人员做了简单解释：一是根据牧区畜群放牧分散，又需要专人负责而定的；二是国营企业分散经营的也有这样做的，如汽车运输公司，因货主、运量、运向、运程不完全相同，实行单车合算制。又由乌兰夫同志特别是王铎同志在大会发言中做了具体的解释：畜群生产组实行“包、定、奖”与农村的包产到户有原则上的不同，是适合于畜牧业生产特点的，只要加强领导，它会加强集体生产，不会削弱集体所有制。这是因为：一、畜牧业生产组是集体生产组，在生产队领导下根据畜群经营管理的需要组成的；二、牧区居住分散，有的是几户居住，游牧在一起，有的一户单独居住，是为了便于利用牧场，分散放牧；三、牲畜一般都是群牧的，畜群生产组是按牲畜多少和种类不同、草场薄厚、劳力多少等情况组成的，畜群生产组的户数和群的多少也不一样，从一户一群到几户一群；四、在生产队领导下，实行统一计划、分配、积累、调配力量，必要时畜群也可以统一调整。这样既可加强责任制，贯彻按劳分配政策，调动社员的积极性，又可减少评工计分的麻烦。实际放牧员每天都按时出牧，年终见其成效，根本没有可能也无必要天天开会评工计分。会议讨论中，我们农村牧区工作部副部长赵会山同志提出：将包工、包产改为定工、定产。廖鲁言在会议总结中接受了这一建议，将“包工包产，超产奖励”改为“定工定产，超产奖励”，认为这是分散生产的一种责任制，与“包产到户”有原则区别，只是提出：一、超产部分不要发现金；不要奖励实物，奖工分。建议中央对“四十条”的第十三条加以修改。1963 年 6 月 17 日中共中央、国务院批转的全国牧区会议的三个文件，将“四十条”的第十三条原规定的“生产队对畜群生产组实行包产包工，超产奖励的生产管理制度”，改为“定产定工，超产奖励”。当年 12 月 19 日内蒙古党委批转农牧部提出的《牧区人民公社基本核算单位向畜群生产组推行定产、定工、超产奖励制度的试行办法（草案）》，由于“文化大革命”这一责任制被否定、批判，不少地方停止试行。1977 年 2 月自治区革委会正式颁布了这一文件，这样各地更大胆地推行，效果是十分明显的。具体情况记得不多了，只记得为保好承包的集体牲畜，乌审旗乌审召公社牧民在自己家旁种了牧草（后被按“资本主义”批判）；杭锦旗巴音宝勒格公社有牲畜 7 万多头，沙化面积 60%，1980 年遭大旱挖地三尺不见潮气，往外调牲畜 10%，第二年牲畜保活率达 99%，仔畜成活率达 95%。他们告诉我大旱之年所以有这样好的收成是因为，一、外调出牲畜多、空出了草场；二、“两定一奖”的生产责任制。苏尼特左旗达日罕乌拉公社芒来队放牧员古日吉德（女）从 1966 年开始放生产队的 95 头牛，到 1979 年的十三年里，有十一年繁殖成活率实现了百母百仔。除 1967 年、1973 年和 1978 年的雪灾外，十年的牛群保畜率达 100%。在遭受特大雪灾的 1978 年，保畜率仍达 96%。十三年牛群纯增 707 头，增加了 7 倍，成为全区著名的“牧牛状元”。1964 年和 1965 年的大旱灾中，乌、巴两盟牧民先后向锡盟移牧 1000—2000 华里。乌拉特中后联合旗的牧民在风灾袭击中由于干部忙于“四清”，牧民主动追寻被大风吹散的牲畜，一走好几天，尽量找到可能找到的牲畜。为保集体的牲畜还有冻伤、冻死的，著名的草原英雄小姊妹龙梅、玉荣（现任自治区残联主任）就是其中的典型；1966 年 3 月中旬在锡盟遇到特大风雪袭击，牧民也是为保护集体牲畜被冻死10余人。若没有“两定一奖”的责任制，调动了牧民的积极性，奋力抗灾保畜，在当时那种集体经济制度下畜牧业能快速发展是难以想象的。但是在1983年的电视台报道中，自治区下乡指挥抗灾的领导人说，在集体经济的时候，牧民不保畜而是打兔子。我们共产党人中有些人为了否定一件事，竟然这样污辱劳动人民，真是让人既痛心又难以理解。

（6）对牧主经济和庙产的政策。根据对牧主经济和召庙经济的改造政策，1958年建立起由458户牧主组成的122个合营牧场后调整为71个，对其交场的牲畜付1%—3%的定息，对其中的代表人物安排为副场长，场内实行党支部领导下的公方场长负责制，也组成畜群生产组实行“两定一奖”责任制，有的实行工资制。有482户牧主参加了人民公社，但他们不参与领导。另有牧主的20万头和召庙的50万头原在牧民中的“苏鲁克”牲畜留在人民公社，同样付给定息和畜股报酬。对上层喇嘛在政协、佛协中作了安排，一般喇嘛参加人民公社当社员或参加合营牧场当工人。对有专长的，如蒙医、手工匠人等，根据实际情况分别安排。五当召的一些年轻喇嘛在石拐煤矿当了工人；锡林浩特贝子庙的20多名喇嘛，在1958年7月乌兰夫同志召开喇嘛座谈会号召他们参加生产劳动后，他们马上办起地毯厂。

（7）对牧业区生产方针的调整。合作化初期，自治区党委提出“游牧经济本身是脆弱的，任其长期存在，势必给畜牧业带来很多困难，克服它的缺点的根本办法是结合牧区互助合作化运动使牧民定居下来，建立人工饲料基地，同时有计划的利用广阔草原逐步做到以牧为主，农牧结合的发展多种经济的生产。”1958年牧区工作会议上提出的口号是“十年计划五年完成”，即到1962年牲畜达到5000万争取达到6000万头只，每年递增20%到25%。批判“草场饱和论”（我也写过这样的批判文章）、“自然灾害不可战胜论”、“人口少不能大量发展论”，等。要“大力贯彻农牧结合的方针”，“今年再开荒一百万亩，明年争取牧业社有饲料基地500万到1000万亩。”“饲料基地要水利化。”“在两年内解决牧区的粮食、饲料自给的问题。”完成如此“大跃进”式的任务别说牧业区，农村也无法做到：仅靠当时的41万牧民中的16.6万劳动力，使牲畜到1962年翻一番达到2200万头只，又要粮食、饲料自给，显然比登天都难。这不仅是打破“禁止开荒，保护牧草”的政策，而且完全是盲目冒进。我在当年春天与我处的扎那同志赴四子王旗了解扶助贫社的情况，有一合作社“盲留”下来许多从山西来的“盲流”人员准备开荒种地。来的人说种地当年见效，比养畜来得快。根据该旗农业生产的产量反复测算，年人均收入不到100元。秋天又到达茂旗了解公社化情况，路遇一合作社办的饲料基地收割，那些“盲流”人员不好好干活，合作社动员牧民帮忙，牧民满腹牢骚。经了解亩产也不超百斤。用这种办法不仅解决不了牧区的粮食、饲料，反而引起民族间不必要的矛盾。

1959年的第八次牧区工作会议上，王铎同志更要求高速度发展畜牧业，农牧业“大跃进”，仍要求做到粮食自给。对劳动力不足的情况，从农村调入或接收流入的人给予安排，予以迁移证，即对进入牧区的“盲流”予以“盲留”，而没有料到后果。据锡盟统计，牧业人口由1958年的89040人至1961年猛增到154441人，增加58%。该盟1960年大办农业，开垦草原144.3万亩，靠流入的人员还不够，又从包头接来全国各地的“盲流”人员近7000人，拟实现粮食自给。结果东、西乌珠穆沁旗牲畜数量下降。当年9月的畜牧业工作会议上既表扬锡盟实现粮食自给，又批评没有完成增畜任务，仍强调在牧业区大办农业。领导人轻信浮夸，听不进不同意见，批评阿巴嘎旗反对农牧结合。当年11月2日中共中央发出《关于农村人民公社当前政策的指示信》中提出反“共产风、浮夸风、瞎指挥风、干部特殊化风、强迫命令风”（简称反“五风”），纠正“一平二调三收款”。在贯彻执行这一指示时，牧业区大办农业的“成果”“露馅”了，从东到西有的报亩产7斤还有浮夸；有一个劳动日（同牧民一样）分到两元钱，才生产一斤土豆，唯一实现粮食自给的西乌旗在临近春节时，牧民还得从昭盟运粮供养这些农民。我们农牧部派到该旗的反“五风”工作组参加打场，边打边分边碓（那里的牧民有用捣茶的碓臼加工炒米的习惯）边吃，不到20天场空粮尽。王铎同志在1961年9月第十次牧区工作会议上最后总结说：一、开垦了30%不应开的草原，使之农不农牧不牧；二、外来人口增加过猛，加重牧区供应负担；三、平调了牧民的生产和生活资料；四、与牧民统一分配，减少了牧民的收入，发生了平均主义；五、粮食生产未能自给，没有起到支援畜牧业的作用。就在这年的春天，我们到海拉尔开始见到风沙，到陈巴尔虎旗一看，铁路两旁都开了荒，连牧道都挡住了，牧民意见很大。这一切后果当然不在盟、旗，而在上面。

无奈，自治区党委决定农业队单独核算。但由于草原大部分不宜种植粮食，其收成也不佳（“文化大革命”中，在东、西乌珠穆沁旗建立的建设兵团的两个师，种地六年未解决兵团自己的粮食问题），大多数移民除回流外又被安插到牧业队，更是吃“大锅饭”，加重牧民负担。盲目流入的人员留在旗所在地和公社办的皮毛、乳品加工厂（据记载，当时锡盟办起300多处乳品加工厂），旗、社办的这些厂基本是政府强行将牧民原来制毡、熟皮、做奶食的原料集中起来加工，成本高质量低。我参加反“五风”工作的时候，在乡下与一牧民同行，在野外他下马小便完再上马抬腿将皮裤裆撕裂，他说这就是皮革厂加工的皮裤。幸亏有“德勒”（蒙古语大皮袍）将腿盖住，否则再难以骑马前行。晚上进入一牧民家，按习惯给我递的茶中有炒米、奶豆腐，当我咬了半块后，主妇说：“今年未能多加工奶食，这是最后一块，远来的客人尝尝吧！”经了解，不仅牧民没有奶食吃，连牛犊都没有吃饱。乳牛在乳品厂周围长期放牧，草吃光了，母牛也吃不饱，既要挤它的奶，它又要哺乳牛犊，结果人没有奶吃，母牛、牛犊因瘦弱难以过冬而死亡或母牛失配。牧业区在可能的条件下动员牧民种植牧草、蔬菜，对畜产品进行加工出售，本来是好事。但用这种“共产风”的办法进行没有成功。不得不将生产方针改为“以牧为主，结合畜牧业，发展多种经济”，对呼盟国营农牧场闭地220多万亩，对畜牧业的高指标也不提了。

（8）对农区畜牧业政策的调整。自治区党委一直在纠正农村轻视畜牧业的倾向。高级合作化时，将社员牲畜普遍采用作价归社、分期偿还的办法，但作价低，偿还期长，农民难以接受，便出卖牲畜。一头毛驴还不值一只鸡的价格。公社化时，更是将社员牲畜强行归社，下面反应强烈。我部石汝麒副部长让我下去看看。我跟苏和（后任国家民委副主任）以逛亲戚名义到土默特旗出彦村，该村周围有草场，公社将400多头牛集中在那里，有三四个农民拿着棒子围牧。进村前遇见三个农民，误以为我们是收鸡的，非领我们回他们家将鸡卖给我们不可。大秋天家家户户宰羊，我们住了一天，吃了三顿饭，不是饺子就是炖肉。农民情绪很不安，他们什么都不想留，连碗筷、暖壶都不想留。回来后，石部长仅听了我们吃过的饭就明白了，认为问题严峻。又经过详细调查和研究，于1959年自治区党委专门做出决定，农民没有自留畜的可以留少量自留畜；改造的方式一般不采取作价归社、分期偿还的办法，而应采取收买或付息的方式，至于什么时候改造，要由公社经济的发展和畜主的自愿来决定，什么时候畜主真正自愿就改造，不自愿就保持原状。这样才将农民群众的情绪稳定下来，使畜牧业得到发展。

三、牧民组织起来的功业

（1）通过合作制，将牧民组织起来，基本做到人人有事干，事事有人办；人有分工，各有责任；按劳取酬，超产奖励。还有组织地进行自我教育，如呼盟有增产增畜光荣，勤俭办社、勤俭持家光荣，爱护公共财产光荣，劳动光荣等教育，使旧社会遗留下来的惰性、劣习有很大改变，这是牧区社会的一定的进步和新风尚。

（2）草原按公社、生产队划定使用范围，减少草场纠纷和滥牧；队内对草场使用、统一安排，分放牧场和打草场；除划定四季牧场外，根据草场牧草长势组织放牧。有的地方，如锡盟镶黄旗，逐渐做到量草养畜。每年在牧草生长停止时，对牧草测产，按牧草产量安排过冬牲畜数量，既保护了草场又减少牲畜过冬因缺草瘦弱死亡。有打草的地方普遍打草储草，个别地方还进行青贮。

（3）对牲畜改进放牧饲养管理。除按各种畜种分群外，对绵羊把土种、改良、低代、高代和种畜分群，以适应其不同的采食能力。落实了保护母畜的政策，满足了按比例配足种畜的要求。除一些高山、沙漠地带，基本做到天天有人跟群放牧，大大减少了损失。

（4）推广新技术。对家畜的防疫、改良普遍推广，还进行地方良种培育。各生产队配有防疫员，一般防疫注射、药浴等都能自己操作；在妇女中普遍进行了接羔技术的培训；各队还有人工配种员，绵羊人工配种都能自己进行。据畜牧业比重大的锡盟统计，1958 年仅有改良羊 5.8 万只，主要集中在国营牧场。1959 年猛增到 38 万只，到 1965 年达 85 万只，增加 124%。牧民个体经营时，不愿改良绵羊，他们说："一只羊产毛十斤，一件'德勒'六张羊皮，就是六十斤重，怎么穿得了！"后来他们尝到改良的甜头，因毛肉差价大，牧民宁肯头数少点也愿养改良羊。甚至怕食品公司收购，将高产毛的羊群放在偏僻地区隐藏起来。正因为绵羊改良的成功，才使我区的毛纺工业发展起来。

（5）基本建设大发展，在"大跃进"中，概括出畜牧业的水、草、繁（繁殖成活)、改、管(饲养管理)、防(防疫防兽害)、舍、工(购置和改进工具)八项增畜保畜、提高牲畜质量的基本措施。人民公社化至1953年五年内,就打井1万多眼,水利部门打机井82处,建中小型水库1处。改善了供水条件的草场近1亿亩,扩大利用面积4500万亩。中共伊盟委书记暴彦巴图提出种树种草基本田的建设方针,乌审召牧民宝勒日岱(现任内蒙古政协常委)率先治沙和围建草库伦,其经验在全牧区推广。棚圈建设加速发展,逐渐达到小畜有棚,牛有圈。生产队都有药浴池、兽医室、配种室等。有打草的地方都配置打搂草机具,还有不少队购置拖拉机、汽车等。牧区的勒勒车也都轴承化。

(6)文化、卫生也加快发展。适龄儿童基本都能入学,有些生产队给住校儿童提供生活补贴,在校旁盖房供入学儿童住宿。苏尼特右旗桑宝力格公社一生产队自己办了食宿免费的初级小学。在牧民中普遍开展了扫盲活动,镶黄旗基本消灭了文盲。生产队都配备卫生员,一般的常见小病可以治疗。随着生活条件的改善,牧民也养成了良好的卫生习惯。

(7)公社化前后大小牲畜饲养量的变化:

公社化前后大小牲畜饲养量变化表

	六月末饲养量(万头只)		年均增加数(万头只)	年递增率(%)
1949—1958年	全区	983	160	10.6
	其中牧区	476	70	9.8
1958年至1965年	全区	2424	160	8.1
	其中牧区	1101	141	9.5
1965年至1979年	全区	4176	–19.6	– 0.5
	其中牧区	2092	–29	–3.05

到1979年牲畜数不仅没有增加,反而降到3900万头只,其中牧区降到1685万头只。从上表看,牧区在1958—1965年的7年,尽管其中5年有灾,还是发展最快的,人民生活也逐年上升。具体资料找不到,记得大体是人均年收入由120元提高到180元。牲畜除1965年旱灾、风灾和1977年的大风雪灾外,主要是“文化大革命”的破坏。

四、对合作制的误解及其政策“左”的问题

对游牧落后小生产的畜牧业用合作制改变其面貌，解放和提高生产力、提高人民生活的动机和愿望是好的，路子也是对的；采取“稳、宽、长”的政策也是符合实际的。但在“三面红旗”的冲击下，尽管力求坚持从牧区实际出发，还是使生产关系严重脱离了生产力实际的水平，超越了牧民办合作社的要求。

（一）由于我们不懂得合作制与集体经济的区别，因而不是通过合作制把小生产变成大生产，提高生产力，消灭贫穷落后，而是用它消灭私有制的办法实现大跃进，使合作制跨跃到进入共产主义“天堂”的“桥梁”——人民公社——的集体经济。合作社是资本主义市场经济的产物，它对参加者一般承认其入股的所有权、资金具有一定的参与分配的权利；入股的农牧民家庭仍然是独立经营主体，像我们的供销合作社。合作社重在产前、产中、产后特别在流通领域的服务，而且等额入股，一股一票，民办、民管、民受益。列宁提倡的合作制也是商业性的，用它逐渐把小生产引向大生产。我们虽不懂这些原则和目的，在牧区，牧民占有牲畜差距悬殊，为改善生产条件、改进生产措施，抵御自然灾害而组织起来的合作社，如按照当时乌兰夫同志的主张，用按初级的形式比例分成长期保留所有权，并允许自留较多牲畜的办法是近似国际上的合作制原则的；再对其逐渐调整规范化，是有可能稳定走向大生产的。当时入社牧户达24.6%，基本上还是自愿参加的。1957年的大灾中，有些合作社受到损失，一些牧区一度流传“合作社，畜圈空”的贬斥；而1958年春我们到达茂旗查看灾情时，不少牧民表示不办合作社这些牲畜是不好保的，对合作社的态度发生了180度的大转弯，这与当年基本合作化也有很大关系。1958年下半年急剧公社化将全体牧民及其90%的牲畜纳入公社。第二年的第八次牧区工作会议提出“在所有制关系上，在当前及今后一个相当长的时期必须保持下列三种所有制形式，即生产资料基本公有，保留畜股报酬……主要生产资料集体所有，自留畜私有。”这样就由合作制变为集体所有制，对畜股报酬也由10%—15%降到2%—5%。认为这是向消灭私有制过渡的捷径，对牧民个体牲畜增加进行控制，每年增长积累的牲畜全变为集体所有，待集体牲畜超过入社牲畜，牧民收入大增，畜股报酬将会逐渐取消。我当时是赞成这一政策的，还在报上发表过文章。结果入社牧民在社内失去

主管权、经营决策权、按股分红权；生产队对上对外失去自主权，虽经过反“五风”，但因其性质改变也无法扭转。尤其在“文化大革命”中，除继续给生产队安插外来人员（我1979年在阿巴嘎旗白音查干公社敖冷宝力格生产队看到安插的外来人数与原牧民人数相等）外，（1）机关企事业等从生产队低价购畜，至1980年统计，购走大畜11.1万头，小畜87.3万只，使牧民人均少收入9元；（2）借款，社员欠款5100万元，机关团体欠款1800万元，呆账4080万元。“文化大革命”中夺权者和社会上的造反派，以“张革命”、“李造反”打条借走的钱无法收回。三项欠款相当于社队固定资产的55%。还有“割资本主义尾巴”，取消自留畜。阿巴哈纳尔旗达布西勒特公社一生产队牧民对各种侵权忍无可忍，将全部牲畜赶入盟的有关当局院内，表示对随意侵权的抗议。在80年代改革时，不是从集体经济回到合作社，而是以“草畜双承包”的名义回到个体经济。有不少地方对牧民入社的牲畜扣除已领的畜股报酬，仅将其余额退还本人，类似对“共产风”的退赔。既然是退回到个体经济，就应对入社的牲畜按质按量如数退回各户，过去所领的畜股报酬只能作为其应得的利息。但没有这样办，正如对公社的批判一样，是吃“大锅饭”；对返还个人之后剩下的集体畜，不管原来有无入社或牲畜入社多少，都以低价、无价分给队内所有的人，又按“大锅饭”吃了。将收回的畜价款也没有完全用在集体事业上。这些说明我们还是小生产观念，只懂得个体经营和吃“大锅饭”，就是不懂得合作制。

（二）不完全是入社自愿，退社自由。牧民全部入社，本身就反映这一事实。1958年8月我们到东乌旗整社，一富裕牧民有8个劳动力，2000多头牲畜，不雇人，两年前苏木干部为了扶贫，动员他们放出200只“苏鲁克”羊，他们怕被按牧主对待，要求入了社。苏尼特右旗旗委记乌力吉图同志告诉我，他们旗一个苏木有些富裕牧民为躲避加入合作社，四处搬家，最后被挤到一角，干部去宣布：“你们就是一个合作社”。但没有听到有什么人退社。这同样也是一种不正常现象。

（三）更不互利。虽对入社牧户给予同等比例的畜股报酬，但比例低，因牲畜积累全归集体，富裕户的收入虽然增加了，但增加的程度受到限制。执行“两定一奖”的过程中，相当多的队定的指标高，仅能勉强超产或无法超产，社员间的收入仍有平均主义倾向。特别是在生产队大批安插外来人员，互利政策就更难兑现。如苏尼特左旗1960年的牧业人口4937人，集体分配的消费部分159万元，人均收入322元；1966年人口增加到773人，比1960年增加56.6%，分配的消费部分167万元，比1960年增加5%，人均216元，减少32.9%。1956年9月中共中央、国务院《关于加强农业生产合作社的生产领导和组织建设的指示》中提出“在多民族地区……各民族分别建社为宜。只有在各民族社员无法单独建社或者有其他必要时，才可以建立民族联合社。”“如几个民族彼此利益悬殊难以兼顾的就决不许可勉强并社。”自治区党委没有认真执行这一指示，在保持民族联合社的前提下，仅采取了些变通的办法，引起蒙古族群众和干部不满。

牧区地广人稀是众所周知的，好多从外地去的同志不是从需要和可能出发，而是同农村相比，感到人口太少，劳力不足；当地干部在上面给的任务大、指标高的压力下，完不成任务时往往以劳力不足为理由应付。如1955年牧区人均牲畜35.3头只，吵吵劳力不足；1958年人均26.7头牲畜时还是说劳力不足，主要是没有提出开发人力资源，没有有效的组织劳力以及指导牧民种草等。因而一边窝工很普遍，一边种饲料基地靠外来人。1965年冬我到乌拉特中后联合旗桑根达赖公社，见到水利部门为他们建的水库，外来人种草，牧民再买草。问公社书记为什么不让牧民种草，他的理由是牧民不会种草。我俩在争论中见到一名牧民汽车司机，我便问公社书记种草和开汽车技术哪个难？他不说话了。从那里到额济纳旗的团结生产队查看种草，该队一年轻副支书叫斑高，他对外来人种草观察了两年，提出自己种草，老支书守旧，不同意，他们便给每户牧民发了一本毛主席的《愚公移山》，让他们学习讨论种草，最后议决试种牧草30亩，结果所种的草与外来移民种的草不差上下。旗委抓住这一典型，在全旗推开。在牧业区这类见物不见人的观念，虽在个别会上批判过，实际一直很严重，至今也很少有人像额济纳旗那样考虑去进行改变。

（四）合作制建立在计划体制下。合作制本是市场经济的产物，农牧民组织起来形成合力，在贸易方面增强自己的谈判能力，保护自己的利益。牧区一解放，在保草原、兴畜牧、通贸易的方针指导下，在国营贸易公司的协助下建立了牧民的供销合作社。至1955年国、合贸易已占牧区贸易额的70%，对排斥旅蒙商的不等价高额盘剥，起了极大作用，深受广大牧民欢迎。这是完全符合牧业区畜牧，一靠草场，二靠市场这一格局的。接着又建立了信用合作社。但他们与生产合作社各行其是，都受计划体制支配。前二者不能按市场导向为发展生产服务，尤其从 1958 年起被改为全民所有后，其工作人员与国营企业人员并列，由党政组织调配；同时其中的外来人员增多，牧民相对减少。他们与生产合作社完全是买卖关系，生产队的活畜和畜产品也列入计划。各地对畜牧业生产所需的生产资料与外地协作用的活畜还得单列计划。在这种体制下，国、合贸易对生产队销售的牲畜和畜产品压等压价屡禁不止，因而牧区生产只能原地踏步从事畜牧业，没有新的活力。有个在党的十一届三中全会以后的典型事例，更能说明计划体制合作制的关系：1983 年牧区人民公社解体，1984 年中央 1 号文件提出要依靠国家、集体和个人力量采取多种办法出资兴建商品流通所需要的冷库等基础设施；中央 1985 年 1 号文件也放宽了牧业区畜产品收购的政策。在苏尼特左旗畜牧局倡议和协助下，有 20 个嘎查响应，从他们原来集体留下的积累资金拿出一部分作为投资，再加上政府资助和银行贷款共投入 300 多万元，经过三年奋战，建成日屠宰牛羊 1000—2000 头只的合作屠宰厂，各入股的嘎查代表组成理事会，其中嘎日玛、阿迪达、车登扎布、巴图、特木尔为常务理事，培训牧民屠宰工 35 人。经营三年，产值仅 60 万元，交税 20 万元，亏损 14 万元。无奈，于 1988 年 6 月与旗食品公司签订三年联营合同，一切亏损由食品公司偿还。于 1991 年 6 月期满将厂子移交食品公司。到 1993 年公司将牧民投资还清。牧民们千辛万苦建厂加工自己生产的牛羊亏本，而将厂卖给食品公司，当时社会传闻："牧民不会经营。"后从车登扎布处得知：自 1986 年起自治区人民政府又恢复对牛羊的计划收购，他们的牛羊以平价向食品公司交售，而他们再从社会上以高出 20% 左右的价格购买牛羊屠宰，厂子远不能吃饱，三年才屠宰牛 4163 头，羊 36205 只。这几位牧民很有感慨地说："新建的企业，新手管，我们顶压力、穿峡谷，没有发生任何损失将厂建成，为社会经济发展打下了良好的基础。我们这些'无能'的牧民不但现在今后也应当这样干。我们的实践证明：只要有胆识，方法对，拿牧鞭的牧人也能办成宏大的事业。这一经验牧民朋友们一定牢牢记住。"这是对牧区见物不见人的观念何等严肃地批判啊！

这本来是牧民们根据他们的经验，在市场经济体制下用新的合作方式建厂对自己的产品加工增值的一个难能可贵的开头。如果继续让他们发展下去，对畜产品还会深加工，根据市场需要还会引导牧民加速草原建设、牲畜常年出栏、提高畜产品品质，带动其他二、三产业的发展，冲破牧区的单一经济，促进社会进步，其经济效益和社会效益是不可估量的，但被计划体制扼杀了。这本来是按中央指示精神在我区由牧民们兴建的唯一屠宰厂，也填补了该旗无屠宰厂的空白，应当积极支持发挥其作用。对恢复计划收购的牛羊，向食品公司交售牛羊肉或食品公司收购的牛羊委托他们代宰未尝不可，但食品公司将收到的几万头只牛羊，宁可分别赶往300里以外的赛汉塔拉，或者等到上冻后就地露天屠宰，既降低屠宰率又不卫生，还增加赶运费，也不让牧民屠宰厂代宰，其实是有意无意地促使牧民的屠宰厂亏本。在建厂时商业部门看不起牧民，不给投资。而这时他们用这种办法借计划体制用牧民应得的利润将牧民建的厂子剥夺了，但他们也没有经营好，而是租赁给他人。

从这些牧民经过六年多的艰苦曲折和在正反两面的舆论中学到很多知识，也得到些启示：（1）牧民们要摆脱除畜牧业以外不会从事其他生产的陈旧观念，要有新的探索，克服困难，开拓新的事业，才能发展进步；（2）一定要从实际出发，看准路子，在发展事业上要防止盲目性和一时的热情；（3）学习科学知识是我们的头等大事，我们比别人不缺什么，差距就是不懂得科学技术，我们一定要力争缩小这一差距，不能忽略增强自我发展能力；（4）目前利益与长远利益结合，我们仅看眼前利益而丢掉好多大好机遇。这些牧民最后说了一句带有伤感的话："我们开创的事业虽不能由我们经营，但其经济和社会的效益还会继续生光；它耸立在苏尼特草原，对后来的事业经营者将会成为一种鼓励和借鉴。"

写六十年代的回忆中之所以提到八十年代的这件事，是当时我对这个厂的成败有些了解，用它与前后的改革对比也确有一定的启示，（1）从他们建厂的精神及其总结的经验看，牧民中并不缺乏能人，如果政策对头就能发挥他们的聪明才智，使牧区的建设会加快发展。（2）牧区畜牧业既靠草原又靠市场的这种商品性生产，由小生产到大生产、由小商品到商品经济的发展，都需要合作制。集体经济的模式貌似大生产，实际在计划经济体制下对它仍是按小商品生产的思想指导，不计投入产出，强调牲畜纯增，盲目地积累财富，出售产品只是为了换取生活、生产必需的商品，而不是为了更多的货币，或者用来建设和发展新的生产事业。因而加大了不必要饲养而饲养了的牲畜的负担，出栏率低，母畜比例低，总增率低，草原负担大，人力消耗大，损失大，效益低。1965年西部地区久旱不雨，乌拉特中后联合旗有降雨的小片草场牧草也不及平常年度的一成，有牲畜 183 万头只。已立冬还有 20 万只羯羊，为保下年纯增计划而未出栏。我替他们向盟、自治区请示批准才出栏。接着又遭沙暴袭击，将仅有的一些小草一扫而光，把汽车牌照都打成了黑片。无奈将马匹从白云鄂博用火车移牧于锡盟。第二年牲畜减到 104 万头只。对如此的计划体制改为市场体制，效益明显。对畜牧业如从集体经济引导回到适应市场体制的合作社，它很可能比现在发展得更要好得多。由于我们过去“左”的错误导致了合作社中出现一些误区，后来把这些误区当做合作社本身的机制加以批判，而将个体经营誉为“创举”来歌颂，别说合作社连互助组都忌讳不提。牧民依然是小生产，人力物力分散，仍停留在单一经济，无力向新的产业发展。随着人口的增加，草原数量的限制和严重退化，生产规模越来越小（人均占有牲畜数 1958 年 26.7 头只，1965 年 37.8 头只，去年 20.5 头只），牲畜质量也没有大的提高，仍有 30% 的贫困户，与大市场更不相适应，近几年一些牧民才组织起合作社。

五、将政治与经济的关系颠倒

对牧业区和畜牧业的社会改造、改革和发展作了粗略的回忆。对其中的是与非有必要进一步探讨，它实际上也涉及当地民族经济进一步如何发展的问题。改革以来，中央的政策是明确的，尤其去年的民族工作会议讲得更加具体。由于在我区“文化大革命”的遗风严重，民族工作自 1994 年 12 月自治区党的第六次代表大会才开始转向以经济建设为重点。但没有具体化。邓小平同志对我区当地民族经济发展的重要指示没有认真学习贯彻；1987 年 1 月中央统战部、全国人大民委、国家民委调查组的《内蒙古自治区调查报告》中发现的在宪法和自治法中“许多明确规定的自治权得不到施行，特别在经济问题上绝大多数的规定是全国一刀切的。”还指出对资源优先利用上的权利是无可非议的，但有些部门很少尊重它，“自觉不自觉地限制了少数民族地区的发展。”宏观上有这样的问题，微观上也有这样的问题。如在牧业区社会主义的改造和调整，在十年中召开过十次牧区工作会议进行研究，而在近二十年的牧区改革和发展上也开过三次这类会议，对牧区的改革不是根据牧区的实际而基本与农村一样一刀切了。但进一步如何发展又没有像对农村一样的指导，如提倡牧民办乡镇企业、产业化经营等。对如何使30%的贫困户脱贫，还无新的举措。对如何加速少数民族经济发展，对已出现的合作体如何指导，似乎尚无行动。即使对现在强调西部大开发和生态建设，如何在调整畜草方面保护和建设草原也无具体政策。这些都应当是自治区领导根据50年正反两方面的经验教训，亟待总结提出如何进一步发展的一个在民族自治地方的实质性问题。

试述“牧者有其畜”①

赵真北

“牧者有其畜”是“耕者有其田”在牧业区的移植。耕者有其田是我国民主革命在农村消灭封建的土地所有制的主要任务。中国共产党自土地革命开始，中间经抗日战争时期的减租减息，到1947年下半年在解放区有三分之二的地区完成了土地改革的任务。在这一形势的影响下，内蒙古一些已经解放了的牧业区在1947年秋，提出“牧者有其畜”的口号，搬套了农村土改的政策。加上自治区党委提出1948年在游牧区也要消灭封建制度的方针（这以前的方针为削弱封建制度），因此更助长了改革牧主所有制的“左”的倾向。自治区党委及时发现这一政策的错误，于1948年3—4月间发出指示，停止对牧主牲畜的没收分配和对牧主的斗争，以后又提出，在牧业区不划阶级，同时也否定了“牧者有其畜”的口号。其实我们在牧业区实行的废除封建特权、人畜两旺、自由放牧、不分不斗不划阶级和牧工、牧主两利（后简称“三不两利”）、扶助贫苦牧民、轻税和组织互助等一系列方针政策，都是为了实现“牧者有其畜”，并取得了成功，它只是不同于农村的土地改革政策而已。这一正反两方面的经验教训给我们提供了理论如何联系实际和必须正确理解理论、全面深入掌握实际的生动的教育。

一、牧业区的经济结构和社会制度

内蒙古牧业区是一部分蒙古族聚居区，基本上是单一畜牧业经济，只有一点狩猎、家庭手工业和一些地区的盐碱业、少量的伐木业及粗放的种植业。这些生产（除伐木业）之间还形不成交换。单一的畜牧业所依赖的是天然草原和与非

① 赵真北：《试述“牧者有其畜”》（未刊稿），1992年5月1日。

牧业区进行交易的市场。生产力水平很低，主要还是逐水草而居的游牧经济，只要不遇大灾，对牲畜进行简单看管便能取得可观的畜产品，只要有贸易畅通，便可以用畜产品、猎物毛皮和盐碱交换到生活、生产所需的一切商品。这些交换虽然呈现出生产的商品性和生活的商品化，但这种商品性生产和商品化生活，不是建立在社会经济发展上的社会分工，而是受单一的、落后的、停滞的畜牧业决定的，特别是因受到封建制度的束缚、商业资本的重利盘剥、宗教的麻醉和帝国主义侵略，它不仅没有发展反而遭到严重破坏。

牧业区的社会制度同全国一样是半封建半殖民地，同时又受国民党大汉族主义反动派的统治。牧业区内部主要是封建制，还有部分奴隶制残余，但后者在经济上已不起什么作用了。封建制主要是政治上的封建特权，超经济剥削；还有经济上的不等价交换和牧主、寺庙对牧民的剥削。拥有封建特权的是王公、贵族、喇嘛及其寺庙，其中王公是主要的，贵族已处于没落但仍是封建制的政治基础；喇嘛拥有不承担公民义务的特权，有少数寺庙有领地和“沙必纳尔”（属民）。王公对旗民有无偿役使和征税摊派权，对草原进行割据和处置权等。王公制始于清初，一直延续到解放（东部区在伪满时代已废除）。在人口稀少的草原，每150户编为一个苏木，一个旗有几个、十几个、几十个苏木不等。旗有札萨克王、闲散王或公（若干人）、协理、梅林、扎克日格奇、图什莫勒、包依达和文书等官员；苏木有章盖、孔督；几个苏木中和旗之间有扎兰。虽然人口减少，但旗、苏木的建制不变，官职数不减。据调查，札萨克王、公及有台吉称号的在阿鲁科尔沁旗占人口数的16%；此外他们的政治基础还有上层喇嘛，在锡林郭勒、乌兰察布两盟约有240人[①]。当然这些贵族、上层喇嘛在经济上不一定都是牧主，但在政治上仍为封建制度的重要基础。没有札萨克王公的呼伦贝尔、察哈尔各旗只设总管、参领、副参领、佐领、骁骑校、护军校等职；有的佐领是世袭的，没有札萨克旗复杂。

对解放前内蒙古草原的所有制众说纷纭，没有统一的定论。王公领有，牧民共用，比较符合实际。蒙古族进入封建社会后，在广漠的草原上，“既然领主有了百姓，自然也就领有了百姓赖以生活的游牧的土地”“每个首领根据管理下人数的多少，都知道牧地的境界，以及春夏秋冬应该在何处放收自己的畜群”“游

① ［日］后藤十三雄：《蒙古游牧社会》，内蒙古自治区蒙古族经济史研究会，呼和浩特，1987。

牧牧民的注意力当然集中在人的方面，因为嫩秃黑还能在别处找到。”[①] 这种情形，与其说领主领有和管理牧地，倒不如说其主要是领有和管理属民更确切些。这种关系到清代，为了对蒙古族分而治之，才封王划界，强化以旗割据，不准牧民越界放牧。但王公仍是只知他有多少苏木、多少牧户和旗界，而不知旗的面积有多大。到解放前，这种情况已有很大变化。一是牧民越界放牧、走“敖特尔”已屡禁不止，甚至外省外县的汉族也已进入蒙旗放牧；二是各苏木牧民在旗界内自由迁徙和混居，章盖也不加干涉，所谓的属人行政还在一定范围内延续，反映着地广人稀的特征；三是牧业区人口减少，生产下降，解放初，人均草原近四千亩，羊均一百亩，不是牧地不够用而是没有那么多人使用，也没有那么多牲畜使用它。因为我们不了解这些实际情况及其变化，而且忘记了逐水草而居的游牧生活，误认为草原如同农村耕地属于地主私有一样也属于王公或牧主私有，特别是以自由放牧的政策的实施为反证，将这一政策理解为对私有的草原公有化；其实“自由放牧的精神本来是为了解除封建束缚实行自由劳动发展生产力，然后在群众觉悟的基础上逐步改进饲养管理方法和放牧方法，达到增畜保畜的目的。”[②] 是同废除王公对牧民的封建特权的政策对应的，却被人误解为解决草原所有制的政策，同时从来没有废除草原私有的任何文字记载和有人做过这方面工作的事实根据，即使在进行过没收分配牧主牲畜的地方，也没有分配过草原。还有一种说法是，王公、牧主霸占大面积的肥美草原，不准牧民使用。这种说法也有斟酌的必要。王公的一切支出由全旗老百姓负担，除了个别人自己不经营大量牲畜，占用的草原有限外，牧主牲畜多，自然占用的草原面积大，畜少和无畜的牧民没有必要占用大面积的草原。对解放前草原的所有制究竟如何定性暂且不议（有不少问题还很不清楚，如：清末开始农垦、军垦，是废除王公的草原所有制？还是对王公给以代价？牧民反对开垦，保护草原，在他们的意识中是保护王土还是保护他们共有的牧地？等等），但是不论草原的所有制如何，牧民都有无偿的不受限制的使用草原的自由，只有互相尊重各自的四季牧地，特别是冬、春营地的习惯，没有过因草原被人据为己有而缺乏草场放牧。每户使用的草原自然会有大小、好

① ［苏］博·雅·符拉基米尔佐夫：《蒙古社会制度史》，177 ~ 178 页，北京，中国社会科学出版社，1980。“嫩秃黑”为蒙古语，意为牧地与猎场。

② 乌兰夫：《内蒙古畜牧业的恢复发展及经验》，见《乌兰夫文选》（上册），249 页，北京，中央文献出版社，1999。

次之分，但没有实质性的矛盾，而严重威胁他们的是草原被开垦，使他们的牧地缩小或被挤走而失去赖以生存的草原。王公平时关心的是怕牧民离去而减少他的收入和役使对象，绝不怕牧民使用草原，只是在草原被垦对他们有更大的利益时，才显示出王公对草原的领有权和处置权。非札萨克的草原由清政府直接控制，在察哈尔大量放垦，牧民被排挤到沙漠干旱地区或被农村包围。

喇嘛是蒙古族中的一个特殊阶层，在牧业区尤为突出，是封建制的精神支柱，在政治、经济、人力、思想等各个方面都是束缚生产力发展的。他们不结婚，享有不承担公民义务的特权，这是鼓励群众出家为僧以削弱和消灭蒙古民族的一种手段。解放初锡林郭勒盟约有半数的男子为喇嘛，王公的各种徭役都加在世俗人身上。喇嘛除其中约有一半因不禅修佛经和家境寒的人仍从事生产外，其余为只消费不生产的信徒，其上层是封建政治势力。他们用极大的经费建庙、扩庙、修庙和从事宗教活动，西乌珠穆沁旗哈拉嘎庙解放前有700多名喇嘛，1940年收到牲畜折羊单位3.1万只，支出2.77万只，僧均近40只。这些巨大的开支全由牧民自愿或被动负担；此外，牧民还要外出朝圣和迎送班禅等做奉献。这些支出和活动不仅不起任何生产作用，反而使牧民受到麻痹。庙仓占有大量牲畜，如，锡林郭勒盟贝子庙在抗战时期曾有马6000匹，牛1.2万头，羊5万只；乌兰察布盟百灵庙解放初有畜7万多头（只）；乌拉特前旗庙仓占全旗牲畜的23%。拥有领地的寺院对其“沙必纳尔”有行政司法权，与札萨克旗王公对世俗人的权力相同，只是不摊兵役；对草原的拥有权也与札萨克旗相同。

在这种经济结构和封建统治下的剥削形式有：无偿劳役、不等价交换、高利贷、雇工、放“苏鲁克”等。无偿劳役待后再议，先讨论不等价交换和高利贷。不等价交换和高利贷主要来自旅蒙商人，他们也勾结王公、上层喇嘛合股经营，以便依仗他们的权势更残酷地剥削牧民，远的不说，只以解放前后对比为例：

1948年1只活羊换2块茶，1952年可换5块；

1947年1头牛换“五福”布1匹，1952年可换5匹；

1949年1斤羊毛换“五福”布1.33尺，1951年可换4.6尺。

这种严重的不等价交换，无疑是牧民贫困化的原因之一。在牧民贫困不堪的情况下，旅蒙商人趁机用高利贷进行高额剥削。以绵羊做抵押，头年赊1块茶（合白银0.8两），次年春还2只绵羊羔（合白银2两），获息150%；若第三年还，得 2 只二岁绵羊（合白银 3 两），年获息 137%；第四年还，就是 2 只三岁或大绵羊（合白银 6 两），年获息 216%。据民国初年资料，这种高利贷在外蒙古牧民共欠中、俄商人贷款 1900 万卢布，平均年息 14.3 万卢布，户均 20 卢布，约等于 20 只绵羊。以当时的繁殖成活率，需要 200 只绵羊才能生产出 20 只羊羔，而牧民当时户均才 165 只绵羊，所增加的全部牲畜还不足应付的利息。这种高利贷在内蒙古也同样存在，据有关资料，1908 年科尔沁右翼前旗郡王乌太将 40 万两白银的欠债转给其旗民[①]；在解放初的内蒙古牧业区其依然存在，有的商人不带走买下的幼羊，而是留在原主家，次年按成年羊收取，不支付任何费用，但是这种高利贷已经不普遍了。

雇工放牧是牧主的主要经营形式。一般以半年为期（分暖寒两季），给牧工提供简单衣食外，工资为二岁牛一头，根本无法养家，有一定程度的对必要劳动的剥削；有些牧主利用旧习惯和一些人的困难，以各种手段进行超经济剥削。如一人受雇，全家依附，给小恩小惠，拉入圈套，收养“义子”、“义弟（妹）”以亲戚名义等为牧主无偿劳动。

“苏鲁克”是牧主、庙仓、商人都采用的一种形式。在民主改革时期没有对“苏鲁克”的统计，根据 1958 年合作化时的数字看，牧主的 20 万头（只）牲畜占牧主所有畜的 20% 左右；大量牲畜是庙仓的，有 60 万头（只），商人的已经很少了，两项合起来占当时牧业区牲畜总头数的近 8%。“苏鲁克”汉译为畜群，接和放畜群的蒙古语分别为“保存”、“保管”和“存放”、“寄放”，而不是租放。在恶劣的自然环境下粗放经营，牲畜的生死、增减被视为正常现象，保管者对它不负责任，牲畜死后交皮张即可，丢失不赔（个别也有索赔的）；如有例外归保管者所有，如羊的双胞胎的 1 只（蒙古羊多为单胎）和周岁母羊的羔。此外保管者放养得羊毛（蒙古羊年产毛仅 2 斤）、羊奶，放牛得牛奶（蒙古牛挤奶期产奶约 300—400 斤），使役其役牛；还得分别向畜主交一定数量的毛毡、白油和黄油。放驼、马只得其毛、鬃和乘用。有人将这种形式同出租土地相提并论，是不恰当的。如果牧民有交租任务的话，也就是一两块毛毡，一两“果者”[②]白油或黄油。但是牧民一家辛苦一年，按放一百羊单位计算，平均一天挣不到半斤

① ［日］田山茂著，宝音乃勒格尔译：《清代蒙古社会》，呼和浩特，内蒙古文化出版社，1988。
② 羊的胃，用来装黄油等。

羊毛（1947 年 1 斤羊毛仅换 1 斤小米），或者二三斤奶，根本维持不了生活。形式上看畜主得的很多，但是由于保管者缺乏生产积极性和难以维持生活，就“非法”杀卖“苏鲁克”的牲畜，结果双方都得不到什么利益。如达尔罕茂明安旗察干脑包嘎查 1949 年有“苏鲁克”畜 5847 头（只），到 1952 年改革前变为 5625 头（只）。这种对必要劳动剥削的落后制度严重束缚着生产力的发展。

牧业区同全国一样，不推翻三座大山，生产力是无法解放和发展的，甚至要倒退。以呼伦贝尔盟牧业区为例，1919 年有羊 120 万只，牛 40 万头，到 1945 年“九・三”解放，羊只剩 40 万只，牛不到 10 万头，分别减少 2/3 和 3/4。其中新巴尔虎左旗 1939 年有畜 58.5 万头（只），到 1945 年，只有 28.8 万头（只），减少 50%，到 1946 年又降到 28 万头（只）。在乌拉特前旗无畜户达 1/3。这些都使我们无论如何“不能忘记蒙古封建制度是依靠停滞不前的原始游牧畜牧自然经济而生存的，而这种自然经济又依靠外部市场，依靠对文明地区的贸易……关系”① 这一实际。

二、牧业区内的主要矛盾和民主改革的主要任务

解放当初（东中部地区是 1945 年日本投降后解放的），内蒙古牧业区牧民贫病交迫，人口减少（锡林郭勒盟由清代的 8 万多人减少到 4 万人），生产下降，牧区人均占有牲畜只有 18 头（只），很多牧民缺衣少吃，住着所谓“风天不用扫，月夜不用灯”又黑又破的蒙古包或“崩克尔”②。生产亟待发展，制度急需改革。在当时除反美、反蒋和反对投敌叛乱外，必须抓准牧业区内部的主要矛盾，并把它解决好，才能有条件解决其他矛盾。

王公、旅蒙商、牧主、庙仓都是牧业区的剥削阶级只是剥削手段各有不同。王公主要靠封建特权的超经济剥削，旅蒙商主要靠商业资本，牧主和庙仓主要靠占有较多的牲畜。他们各占的分量多大，束缚和阻碍生产力的程度如何？牧业区的主要生产资料是否为封建牧主占有制，王公是否仅残存而已？弄清它才能回答主要矛盾是什么。

全自治区除东四盟在伪满时期废除王公制外，中西部牧业旗的王公、总管

① ［苏］博・雅・符拉基米尔佐夫：《蒙古社会制度史》，北京，中国社会科学出版社，1980。
② 柳条编的小型穹庐，外涂抹牛粪。

制到解放时原封未动，他们依然是各旗的最高统治者，依然有清廷赋予的统治权，他们仍像原来那样从群众那里征用劳役、兵役和课税摊派。西乌珠穆沁旗解放前有 1 万余人，每年有近 2000 人为王府、旗衙门服役。如该旗顿达郭勒苏木解放时只有 90 多户人家，每年向王府和旗衙门派出边境“胡雅克”7 户，“霍洛沁”1 户，“格希古日沁”1 户，“胡得”12 人，兵士 12 人，放牧的 1 人，放牛犊的 1 人，接羔的 1 人，挤奶的 2 人，伙夫 1 人，“夏”（值勤的）1 人，“排搭”（仪仗）4 人，摔跤手 2 人，给五大集会送牲畜的 10 人。共 9 户和 47 人，若一户按 2 人计算，共 65 人。这些都是无偿劳役，有常年、半年或几个月、几十天、几天的不等。90 多户人家中的 3 户大牧主、十几户官吏和 22 名喇嘛是不承担这些劳役、兵役的。这样沉重的负担全部落在劳动牧民身上，他们每户约平均摊一人，夺取了他们相当大的劳动谋生的自由。他们在服役期内的服装、鞍马甚至有的蒙古包乃至伙食等都得自备。

除无偿劳役和兵役外，各种税赋也是很重的。还以顿达郭勒苏木为例，每年交银洋 3600 元，大畜 300 头（旗 200 头、苏木 100 头），小畜 1000 只（旗 700 只，苏木 300 只），毡子 40—50 张，黄油 150 斤，干牛粪 300 车。原太吉淖尔苏木牧民乌力吉都仍，1943 年时有马十几匹，牛 30 头，接“苏鲁克”羊 300 只，当年四次税共缴牛 3 头，羊 13 只。按当时的生产水平，3 头牛等于当年产牛数的一半。

这里举的仅是一个苏木的例子，西乌珠穆沁穆旗共有 21 个苏木，每年为王府、衙门付出的徭役、税赋数目相当大。这种沉重的负担，成了牧民们议论的主要话题。人们见面相互问安外总要担心地打听狼害和派差、收税的。这些课税也无定规，旗里根据需要下达任务，苏木章盖等人议定具体负担户及其负担额进行征收。有的大牧主用钱买到“达尔罕”称号，免除了负担，于是负担全加在劳动人民头上。除此之外，王府和衙门临时需要什么也到牧民家去搜刮。即使在解放后很久还称赞王公的西乌珠穆沁旗的一位梅林额尔很巴也不得不承认：“历代的乌珠穆沁王，从来都是不管牧民的生产和生活的。那时的税收是根据王爷和衙门的需要来摊派的，不管遭灾与否，需要多少摊派多少。”当然每个札萨克旗的徭役和税赋都不等，有轻有重，总管旗在清朝灭亡后比前者减轻了一点。

王公制是在老的封建制基础上建立的，王、贝勒、贝子、公是清代以来我国历代统治者在内蒙古的代理人；他们中有些人在近代投靠帝国主义，出卖民族利益，在反美、反蒋的斗争中又有不少人站在人民的对立面。他们剥削劳动人民的手段不是草原也不是牲畜，而是封建特权，它比经济剥削面更广、量更重，更束缚生产力，更引起人民的强烈不满，民谚“遭灾狗壮，遇难官肥”反映了对王公制的愤慨。在牧业旗进行分斗时组织的诉苦会上牧民首先控诉的是王府和衙门对人民群众欺压、掠夺的罪行。不论从政治和经济哪个方面来讲，封建特权超经济剥削不是残存现象，而是束缚生产力的桎梏，是牧业区的主要矛盾。早在 1940 年中共中央就看到“形成蒙古社会内部阶级结构的两种不同形式。在畜牧或以畜牧为主的区域，主要的是上层王公贵族阶级与下层广大牧人即平民阶级的对立。”①

当时的情景就是人口减少，生产力下降，草原空旷，封建特权成了挽救民族危亡的最大障碍，必须首先革除不可，但又鉴于牧业区的特殊情况，对封建王公和民族、宗教上层，不是打倒而是团结改造。“只要他们愿意放弃他的传统的封建特权，赞成民族平等、民族自治的原则，我们就应当团结他们共同建设新民主主义的内蒙古”。“但是王公、贵族、喇嘛、总管、大商人他们是和日本帝国主义、大汉族主义者有千丝万缕的关系，个别极坏分子和他们勾结是可能的，我们革命的政府与革命的人民必须随时警惕”②。在这方面采取了以下政策：

（一）改造王公、总管政权。通过民主选举将王公、总管政权改造为民主政权。人民有了政权才能使废除封建特权的政策得以贯彻执行，才能发展自己的经济文化和进行自我教育，摆脱贫穷落后。政权性质的改变本身就是废除了最大的封建特权。对在改造旧政权中落选的王公、总管等人不是弃而不管，他们不能在旗内称王，安排他们在盟以上机关工作，团结他们，改造他们的思想，使他们为人民办事。有不少人接受了这一政策，成为了国家的干部。但是由于其阶级本性驱使也有不少人走上投敌叛乱的道路，受到了人民的惩办。

（二）宣布实行一切公民不分平民、王公、贵族、喇嘛一律平等，放牧自由，废除奴隶制，废除王公奴役人民的权力和喇嘛不承担公民义务的特权，取消各种无偿劳役和苛捐杂税。这是对封建制度的政治改革，不触动经济的所有制，对劳

① 《中共中央西北工作委员会关于抗战中蒙古民族问题提纲》，中共中央统战部编：《民族问题文献汇编》，658 页，北京，中共中央党校出版社，1991。

② 内蒙古自治区档案馆编：《内蒙古自治运动联合会》，96 页，北京，档案出版社，1989。

动牧民是政治上的大解放，使他们获得劳动生产的自由，对生产力也是一个大解放。对失去特权的王公等封建上层，允许出资雇工。一开始就表明我们的政策是反对封建制度，而不是反对资本主义的经营。所以广大人民非常拥护，大部分喇嘛也能接受；在解放区王公和上层喇嘛先是从表面上接受，逐渐分别发展到思想上接受和实际上反对的两极分化，新中国成立后，绝大部分王公和上层喇嘛接受了这一政策。

（三）宣布内蒙古境内土地和草原为蒙古民族公有，废除王公对草原的领有权和处置权，并实行保护草原，禁止开荒的政策。

（四）实行信仰自由的政策。这一政策同废除喇嘛不承担公民义务的特权同时宣布执行，这使僧、俗人民已无逃避封建特权的必要性和追求宗教特权的可能性，加上信仰自由、自主，许多中青年喇嘛还俗从牧或参军参干，喇嘛人数约减少近 3/4（由解放初全区的 5 万人减少到合作化时期的 13000 人）。信教的人也逐渐减少，这不只是精神上开始解放，而且也是生产力的解放。

（五）号召“人畜两旺”。在牧业区增加人口，增进人民健康具有头等重要意义。除提倡喇嘛结婚外，自 1950 年开始对牧民的性病进行了免费治疗，使牧业区人口兴旺健康，增加了劳动力，并开始办学，使牧民掌握文化科学知识。大力恢复和发展畜牧业生产和手工业、盐碱业，发展贸易。

这些政策的实施使畜牧业由下降很快转为回升，但有些地方对这些成功的经验未认真总结，没有提高对牧业区的认识，又没有对牧业区的社会经济进行认真调查，而是搬套农村土地改革的政策，没收牧主和庙仓的牲畜进行分配，斗争牧主和上层喇嘛，“使畜牧业遭受了莫大的损失”[①]。列举几组数字进行对比：

未经分斗，实行“两利”政策较早的呼伦贝尔牧业区，1949 年有羊 803933 只，牛 128619 头，分别比 1945 年增加 1 倍和 28.6%。

部分地区经过分斗的锡林郭勒盟，1947 年有马 10 万匹，牛 21 万头，骆驼 16800 峰，羊 68 万只，到 1949 年有马 97168 匹，牛 168955，骆驼 17359 峰，羊 973894 只。牛、马虽有下降，但驼驼和羊都有增加。若折成羊单位 1947 年为 231.4 万只，1949 年为 239.1 万只，略增或持平（牛的头数下降与 1947 年冬的大雪灾和 1949 年春的牛瘟有关）。

① 中共锡察巴乌工委：《关于锡察群运工作总结初步意见》，1948 年 12 月 27 日。

经过分斗的昭乌达盟牧业区，1946年有畜143万头（只），到1948年减到93万头（只），减少1/3多。该盟克什克腾旗忠阿鲁努图克1947年冬改革前人均大畜5头、羊10只，到1949年人均大畜2.4头、羊2.6只。

三种工作情况，三种结局，未经分斗的地区生产上升，部分地区分斗的持平，全部分斗的下降。分斗过的地区一些群众反映：过去揭不开锅时，到牧主家或庙仓打杂，还能挣些牛羊头蹄下水或茶、米，现在困难时找不到这类地方了，流露出一种怨言。像昭乌达盟贫困牧业区人均才有7.6头牲畜，损失后就更穷。问题还不止这么简单，更大的问题是挫伤了各阶层人民的积极性，敌对分子又乘机破坏，煽动叛乱，不仅在经济上造成损失，而在政治上的后果也是严重的。

对牧主分斗的政策之所以失败，中共锡察巴乌工委认为“在消灭封建的思想指导下，把一般大牧主，中、小牧主及部分富牧也动了，没有按照只打通敌恶霸牧主”；“所犯错误不是政策偏差，而是方针原则的错误”“错误的性质是左倾盲动冒险的，不虚心研究游牧区实际历史、经济、社会之具体情况，狭隘经验主义，硬搬汉区一套政策和工作方法，加以急于求成”“游牧区不应过早的提出反思想的封建”①。这些认识完全是正确的，若细分析就是：一、没有把握住新民主主义革命的目的，“是在推翻帝国主义、封建主义、官僚资本主义的统治，建立一个以劳动者为主的、人民大众的新民主主义共和国，不是一般地消灭资本主义。”② 二、没有了解到牧业区封建势力和剥削性质区别，没有把拥有封建特权的上层分子同拥有大量牲畜的牧主加以区别，将他们一律看成是封建势力，没有将超经济剥削同经济剥削加以区别，一律视为封建剥削。三、在农村的土地改革还“有步骤地、有分别地消灭封建制度，发展农业生产”③，而在牧业区为却不分政治上的反动和守法，封建剥削和资本主义式的雇佣劳动的剥削，将王公等上层和牧主的牲畜一齐没收，分给贫苦牧民，并没有在恢复发展畜牧业上下工夫。四、只看到宗教的危害性，“对蒙古民族危害甚大，尤其在游牧区给人民的危害更深这个事实”，而没有注意到它属于思想问题和它的群众性、长期性④。五、没有认

① 同①

② 《关于民族资产阶级和开明绅士问题》，见《毛泽东选集》（第四卷），1287～1288、1317页，北京，人民出版社，1991。

③ 同①

④ 中共锡察巴乌工委：《关于锡察群运工作总结初步意见》，1948年12月27日。

识到土地与牲畜的不同，也没有了解到牧主对牲畜占有的集中程度不及农村地主对土地占有的集中程度。

从正反两面的经验教训中，认识到在牧业区必须实现人畜两旺，恢复和发展畜牧业和手工业等生产，改善人民生活。为此，必须进行社会改革，解放生产力，主要是反对封建制度，反对封建的政治制度和经济制度，重点是改变王公、总管的封建政权为民主政府，废除封建特权，取消超经济剥削，而不是消灭雇工剥削；对牧主的封建剥削也要取消，其雇工经营虽有剥削，但经过改革，允许其存在并保护其发展，实行“不分不斗不划阶级和牧工、牧主两利”政策，保护和发展包括牧主经济在内的畜牧业生产。

三、牧业区的阶级状况和牧主经济的特点

一切工作要从实际出发，对具体情况要具体分析，是马克思主义的精髓和活的灵魂。上边对牧业区的社会经济的主要矛盾进行了分析，现在再对牧区阶级状况和牧主经济的特点，也尽可能地做些各观的分析，以便找出对牧主分斗所以失败，实行“三不两利”政策所以能成功的原因。

（一）牧业区的畜牧业主要由草原和牲畜两种生产资料构成。牧主的剥削手段是牲畜而不是草原，这也是我们当时所以提牧者有其畜而不是牧者有其草原的原因之一。草原的占有制前边已讨论过，这里不再重述。牲畜从其物的性质讲是有生命的财产，有生有死；从其性能来讲，它能将牧草、农作物副产品等转化为人们需要的动物蛋白和皮、毛等；从畜牧生产来讲，牲畜是在人类的保护看管下，以及为其寻找或者提供饲料，靠其自身的生理进行生殖繁衍；从其经济价值来讲，牲畜既是生产资料又是生活资料，它不同于非生物的土地，土地不增不减和不能被人直接作为生活资料，它也不同于种植业，但又必须以牧草和种植业第一性生产为前提，它是第二性生产。牧业区的这种粗放的畜牧业又有其若干特点，如：由于全靠在草原上放牧，草原又干旱缺水多风雪，所以备受其制约，牧草有丰歉，草水有失衡，逐水草而居又必须具备足够车辆、挡风设施和较完好的蒙古包等，若无力移牧或草水不匹配或遇突然的暴风雪，便有大批牲畜倒毙；由于是放牧采食，必须是群牧才便于管理；由于群牧，畜群规模必须适合当地草原的产草量；由于是自然交配，种畜和母畜必须有正常比例；由于畜牧业是牧民的

主业，必须适度规模经营才有较高的经济效益；由于牲畜既是生产资料又是生活资料，畜群结构必须适应这方面的需要……对这种有生命的动物生产，政策正确，便会调动各阶层人民的积极性，大规模地发展起来；否则，稍有不当，违背畜牧业的特点，便会造成重大损失。

（二）牧业区阶级界限不明显，牲畜占有不集中。从 1948 年锡林郭勒盟东阿巴嘎旗北部（现阿巴嘎的东北部）在分斗中划的阶级来看：

牧主 27 户，占 2.5%，占有畜（羊单位）比重 9.9%，户均 567 只；

中牧 268 户，占 34%，占有畜（羊单位）比重 51.4%，户均 216 只；

贫牧 658 户，占 60.9%，占有畜（羊单位）比重 21.1%，户均 50 只。

这完全是套用农村的阶级、阶层划分的，牧主和富牧合计占总户数的 5.1%，同农村地主和富农所占比重大体相当，而占有牲畜仅为 27.5%，大大低于地主和富农占农村土地 70%—80% 的比重。事后在总结这些问题时认为，“一般地说划阶级定高了”[①]。凡经过分斗的地方都有这种倾向，尤其是贫困牧业旗从“矬子中选将军”，结果划出的牧主比重比实际大得多，其占有畜比重却没有想象的那么大。

由于划过阶级的地区脱离实际划分成牧主的过多，不能为据，多数地区又未划阶级，没有全面资料，自治区党委农村区工作部根据 1954 年就业税纳税户（超额累进制）的统计，以占有畜折羊 2500 只以上者为牧主计，全区有 541 户，占牧户总数的 0.67%，占有畜为牧区的 11.5%。征税数额比校接近实际，它对当年仔畜不征税因而未计其数，对大畜一折七羊计又比习惯的一折五多算两只，二者相抵也接近实际。但是，一、基数变化很大，牧户 1954 年比 1949 年增加近 44%，分斗过的地区已无这样的大户；二、划分标准未区分地区差别，富一点的呼伦贝尔、锡林郭勒达到这一标准的牧户占全区的 66%，而西部贫困一些的地区则没有多少达到这一标准的牧主；三、将庙仓及其牲畜同牧主及其牲畜算在一起，户均占有畜折羊单位高达 4435 只，超过呼、锡两盟牧主户均占有畜折羊单位 2855 只的水平，不论对牧主的户数和占有畜都算的超过实际。不过这个纳税户统计可以作为探讨牧业区阶级状况的重要参考依据。

根据群众将“羊成千、衣为缎”的人称为巴音的习惯，一般有羊千只之家有

① 中共锡察巴乌工委：《关于锡察群运工作总结初步意见》，1948 年 12 月 27 日。

大畜200头以上，按大畜折羊5只计，共2000只以上，这样的规模在中等草原地区一般羊分两群，牛、马各一群，放牧、打更至少得5人，自家出2人，雇3人，剥削量超过50%达60%。按照这个标准，除去上述数字中庙仓及其牲畜数量，加上被分斗的牧主及其牲畜数量，按解放初的牧户算，牧主约占牧户总数不到1%，占有畜不到15%。经过发展变化到1958年社会主义改造时，牧主约不超700户，占0.7%，占有畜不到10%。

民主改革中的分斗和“文化大革命”中在牧区划阶级，不仅是“左”，而且是在阶级和阶层上完全套用农村的方式，在名称上仅将“地”或“农”改为“牧”。所谓“牧主”是套用“地主”得来的名称，将它译成蒙古语，即为“畜主”，成了泛指牲畜的主人，名不符实，而且所谓“牧主”的牲畜占有量也没有地主的土地占有量那么大，也不是名副其实的畜主。蒙古语称他们为“巴音”，即富人的意思，这又不易与富牧相区别（牧主这个汉语名称已定型，不必再改）。这不是蒙古语词汇不够，而是阶级、阶层划分还不细，界限还不清。游牧业这种不稳定的经济，反映在各户经营者占有量上也是不稳定的，“巴音不禁灾，勇士不抗弹”的民谚，就是说明巴音在一场大灾中也可能变成一般牧民。根据这些实际，在牧业区从经济上讲，划分两个阶级，并在牧民中划三个阶层，即牧主，富裕牧民、不富裕牧民、贫苦牧民比较适宜。

（三）牧主经济由这些要素构成：共用的草原、牧主自己的牲畜、牧主自己经营、主要靠雇工、放“苏鲁克”和牧主自己也参加劳动，其蒙古语名称和经营性质类似富农，性质上不同于封建特权的超经济剥削，是进步的。牧主们有充实的生产工具，适应游牧的能力高于牧民，但生产力水平毕竟低下，不可能有效的抵御自然灾害。他们适度规模经营，经济效益稍微高一点，但由于游牧方式的生产，自营的规模不大（一般是马、牛或许有骆驼和羊各一群），又一般不托人分设营地经营，而对扩大规模经营的牲畜用“苏鲁克”方式。由于处在封建社会，牧主势力不强大，政治上同封建主接近，但又受他们的剥削压迫，同时也不可能不受他们的影响，经济上对牧民的剥削带有相当程度的封建性。牧主阶级本来是发展生产的和采取较进步的经营方式的，但由于生产力水平提高得有限，借助“苏鲁克”方式扩大经营又是一种倒退，因而其生产的扩大也很有限，未能在牧业区占到主导地位，也未引起人们的注意。在解放前，直到《内蒙古自治区政府施政纲领》(1947 年 4 月 27 日)发布前，不论是历史记载、正式文件还是领导人讲话都很少提到他们。如果牧业区牧主经济占到过主导地位，牧业区到生产力会有相当程度的发展。

(四)牧主除其中的贵族、封建官僚和上层喇嘛外，他们的牲畜主要是靠自己经营繁殖起来的，其中除对部分必要劳动和一些人到超经济剥削外，不存在兼并性和牧民对他们的依附。因为除个别人外牧主一般不放高利贷，其“苏鲁克”除交毛毡和油类外没有交租任务和赔偿制度；牧主就不能像地主用收租逼债的方式吞并农民的土地和束缚农民终身甚至世代依附他们那样，霸占牧民的牲畜和束缚牧民依附他们。他们同牧工和“苏鲁克沁”[①] 基本上是自愿的雇佣关系。

到此，大体上可以说，牧业区的主要生产资料和牲畜不是封建牧主占有制，牧主的牲畜不是封建领主分封的，而是自己经营发展起来的，他们也没有私有的草原。“牧主经济其经营方式是雇佣劳动，带有资本主义性质的。”[②] 但也有封建性的剥削，由于占有量不大，剥削的面也不大，所以只应改革其剥削的方式，不应改变其所有制。没收其牲畜平分给牧民是错误的，“三不两利”政策是符合实际的。再具体一些来说：

1. 废除了封建特权，实行放牧自由、信仰自由政策，生产力获得了解放，提高了牧民的生产积极性。

2. 草原作为畜牧业的主要生产资料之一已成为民族公有，人民政府采取了保护草原、禁止开垦的政策，废除了封建制、制止了破坏。当时草原潜力很大，为各阶层人民发展畜牧业提供了最基本的物质条件。

3. 民主革命的任务是反对封建制和封建剥削，而不是反对资本主义式的剥削。牧主是经营发展生产的，不像王公、上层喇嘛那样的寄生阶级，完全靠压迫和剥削劳动人民生活；牧主也受他们的压迫和剥削，也拥护废除封建特权。牧主封建性的剥削被革除后，他们的牲畜和生产工具作为资本投入，他们同牧工、“苏鲁克沁”变为劳资关系。这是符合当时生产力水平的，对发展畜牧业是大有好处的。当然这只是从其生产关系的性质来讲，而不是说牧主经济的经营意识、经营方式和生产力水平已达到资本主义的程度。

---

① “苏鲁克”的保管者。

② 《推行民族区域自治和若干牧业区生产的基本总结》，北京，民族出版社，1953。

4.“三不两利”政策之所以能解放和发展生产力，是因为牧主占有生产资料是牲畜决定的。我们知道地主和富农是主要的土地占有者，让他们与佃户不论采取什么样的“两利”政策（如减租减息），地主和富农是绝不会将占有的土地，即使是其中从农民手中夺取的土地，分给或退还给农民的。因为如果那样做，他们就会逐渐失去土地，不再是地主或富农，因为土地是不会增殖的。而牧主却可以通过“两利”政策，将其畜群中增殖的一部分牲畜以工资形式或与“苏鲁克沁”的分成形式转让给牧工和“苏鲁克沁”；牧工和“苏鲁克沁”通过劳动赚来比以前更多的牲畜，除生活消耗外，他们可以利用其余的部分作为生产资料来发展自己的畜牧业，因为牲畜是能增殖的。若触动到整个所有制，就会使畜牧业受到破坏。近来有种论点认为，牲畜是草原的最终产品，这个论点不仅否认畜牧业是一项生产，也否定了“三不两利”这一成功的政策，这是我们所不能同意的。

“两利”政策的具体做法主要是取消牧主对牧民必要劳动的剥削和对一些人的超经济剥削。一是提高牧工和“苏鲁克沁”的物质报酬，先由盟或旗人民代表会议定出不同范围的提高工资和“苏鲁克”分成原则，然后在干部主持下，牧工、牧主协商议定出具体标准，并在协议上签字后付诸实施。牧工工资除改善衣、食供给外，一般的月工资是两只二岁羊，比原来的半年一头二岁牛的价值提高三四倍；“苏鲁克”畜的毛和奶全归“苏鲁克沁”外，仔畜按三七、四六或五五分成（开始畜主多，逐渐调整）。这样调动了双方的积极性，也有利于发展生产。但是有些牧主一开始不接受，认为是“软斗”，签订协议时斤斤计较，分毫必争，执行中明增暗不增，或以解雇威胁牧工废约。二是提高被牧主收养的“义弟（妹）”、“义子”等的家庭地位，要给他们家庭成员的平等待遇，或允许他们分一份财产另立门户。为贯彻这一政策，组织牧工委员会监督牧主教育牧工都要遵守协议。改革与反改革的斗争是激烈的，但在共产党和人民政府的领导下终于取得了胜利。

庙仓的“苏鲁克”几乎都是来自牧民的供奉又返放到牧民家的牲畜。它们虽与牧主的牲畜来历不同，但如果将群众迷信的供品没收后再分配给群众显然是与宗教政策相抵触的，而且也会脱离群众。我们也以新“苏鲁克”制的办法进行了改革，对群众的宗教信仰，只有坚持信仰自由的政策和提高群众的文化科学知识逐步解决。

旅蒙商虽是不等价交换，而且剥削严重，但对依靠市场交换的畜牧业经济是不可缺少的中间商人。“它是由于贸易不发达，没有贸易上的自由竞争，所以产生不等价的交换。”要取消不等价交换，不是垄断，而是自由贸易的方针[①]。自治运动联合会一成立就建立了贸易公司，接着组织了供销合作社。到1955年，这两种商业占牧业区贸易额的70%以上，并且大大缩小了工、牧产品的剪刀差，深受群众欢迎。取消了旅蒙商的已为数不普遍的高利贷，对其为数不多的“苏鲁克”也按新“苏鲁克”进行了改造。

5. 牧业区生产遭到严重破坏，而且约80%的牲畜为90%左右的劳动人民所有，关键是调动广大人民尽快恢复和发展畜牧业生产。若将牧主占有比重不大的牲畜没收分给贫苦牧民，不仅解决不了他们的困难，而且会影响广大人民的生产积极性。在贫困地区是这样，在牲畜较多的地区也是这样。如前边提到的东阿巴嘎旗，牲畜（自然头数）户均80头（只），人均24.5头（只），牧主占有畜才15%多一点，贫苦牧民占有畜为20%，将二者合起来平分，户均45.8头（只），人均14.5头（只），贫苦牧民户均增加18.8头（只）。这是按当时划分出的占户数2.6%的牧主占有的牲畜头数算的，如果按1%计算，贫苦牧民就更分不到多少牲畜了。解决不了多少贫苦牧民的实际困难，后果确是严重的。牧主怕被分斗，有意放松管理，造成损失或人为控制牲畜增加；分到牲畜的牧民特别是赤贫户要杀、卖一些牲畜维持生活（因为他们过去的吃穿由牧主供给，现在要靠自己），加上怕牧主反攻倒算，有些人更抓紧消耗；一般牧民怕成为牧主被分斗，不敢多发展牲畜，或者也扩大消耗。这都是造成当时牲畜下降的政策因素，这一政策不仅剥夺了牧主剥削贫苦牧民的手段，而且使相当多的贫苦牧民丧失了劳动对象。如果损失的仅仅是牧主占有的不到15%的牲畜，问题不会太严重，经过两三年能够恢复，主要的是影响到了广大牧民发展生产的积极性，无法使本已遭到破坏的畜牧业尽快恢复和发展。

6. 既然要保护和发展包括牧主经济在内的畜牧业，那种为了没收、分配牧主牲畜而进行的斗争和划阶级就没有必要。因为划阶级要涉及牲畜占有量和剥削量，牧主和好多富裕些的牧民就不敢大量增加牲畜或雇工、“苏鲁克”，对增畜保畜和实现牧者有其畜都不利。但不是否认牧区有阶级和阶级斗争。我们所说的

① 内蒙古自治区档案馆编：《内蒙古自治运动联合会》，103页，北京，档案出版社，1989。

王公、上层喇嘛和牧民就是牧业区的两大阶级，牧主也是剥削阶级。不划阶级不等于党、政领导机关不掌握阶级状况。压迫、剥削和反压迫、反剥削就是阶级斗争，废除封建特权、取缔封建剥削和反对这种革命更是阶级斗争，欺压群众、投敌叛乱和我们打击恶霸、剿匪肃特、镇压反革命更是激烈的阶级斗争。

7. 牧业区人口户经济占全国、全自治区的比重都很小。1947 年全区人口 561.7 万，其中牧业人口才 22.8 万人；1949 年全区牲畜 983 万头（只），其中牧业区 476 万头（只）。人民政府有能力帮助牧业区的贫苦牧民发展生产，除实行“两利”政策外，还采取了扶助贫苦牧民的政策，仅据 1949—1954 年的统计，向牧业区发放贷款 750 万元，其中种畜和母畜贷款占 55%，使 12700 多户牧民得到 383000 多只母畜。这些牧户占这几年年平均数多 18.3%。其次实行了轻税政策，税制是以户为单位，对所有牲畜除去当年仔畜，折成绵羊，每人扣除 15 只绵羊的免征点，超额累进，每 300 只羊为一级。据 1950 年到 1960 年的统计，总税率年均占牲畜总数的 0.89%，人均负担征羊 0.57 只，折款计算人均 5 元，占牧业区财政支出 7%，给牧业区人民以休养生息的机会。

8. 政府还组织和领导牧民开展实施保护草原、扩大对草原的利用、保护母畜和种畜、防火、打井、贮草、筑圈棚、防疫、打狼、配种改良、开发盐碱业、运输业、手工业、副业和各种生产互助等一系列生产措施。

发放牧业贷款、轻税政策和生产措施，虽不属于民主改革的范畴，但这些都是增畜保畜和对民主改革不能完全满足的群众迫切要求而且必须进行的工作的补充。

牧业区经过民主改革和经济文化的发展，既实现了放牧自由、信仰自由、人畜两旺，也实现了牧者有其畜。牧业户由 1947 年的 2 万户，22.8 万人，至 1958 年合作化分别达到 9.6 万户，41 万人（包括机械增长）；牲畜由 1949 年的 476 万头（只），到 1958 年达到 1107 万头（只），增加 132.6%；人均由 18 头（只）上升到 27 头（只）。如果政策上没有走弯路，发展程度定会更高。又由于对这种有生命的生产资料采取了上述一系列的政策和措施，不论哪个阶层的生产发展都呈现出上升趋势。1956 年的中共内蒙古自治区委员会农村牧区工作部做过一次调查，现将调查的几组材料摘录如下[①]：

① 数据来源于 1950 年代内蒙古党委农牧部统计。

新巴尔虎右旗 1948 年至 1955 年各阶层的变化

	赤贫户		占有 100 头（只）以下的户		占有 101—1000 头（只）的户		占有 1001—3000 头（只）的户		占有 3000 头（只）以上的户	
	户数	占比（%）	户数	占比（%）	户数	占比（%）	户数	占比（%）	户数	占比（%）
1948	6	0.48	786	62.8	405	32.37	52	4.2	2	0.16
1955			536	40.4	669	50.4	115	8.7	8	0.6

锡林郭勒盟 1951 年和 1955 年牧业税分担变化情况

	免税户		一级税户		二至七级税户		八级以上税户	
	户数	占比（%）	户数	占比（%）	户数	占比（%）	户数	占比（%）
1951	3612	28.6	2572	60.1	1336	10.6	98	0.7
1955	1728	13.4	8128	62.9	2846	22	218	1.7

达尔罕茂明安旗察汗敖包嘎查

	贫牧		中牧		富牧		牧主	
	户数	占比（%）	户数	占比（%）	户数	占比（%）	户数	占比（%）
1949	66	66.6	23	23.2	8	8	2	2.2
1955	54	48.6	40	36	14	12.6	3	2.77

（以上为各阶折羊平均数）

鄂托克旗报乐胡晓敖劳淖尔嘎查

	赤贫户	占有 88 只羊的牧户	占有 325 只羊的中牧	占 1129 只羊的富牧	占 1558 只羊的牧主
1949 年占总户数 %	18.7	51.35	18.91	5.4	5.4
1955 年占总户数 %	0	64.89	24.32	5.4	5.4

正镶白旗第五苏木两个嘎查

	贫牧（折羊人均60只以下）		中牧（折羊人均61—500只）		富牧（折羊人均500只以上）	
	户数	占比（%）	户数	占比（%）	户数	占比（%）
1949	54	66.7	27	33.3	0	
1955	33	38.5	42	57.8	3	3.6

（以上为各阶折羊平均数）

阿鲁科尔沁旗道德庙苏木胡韦毛都嘎查

	贫牧		中牧	
	户数	占比（%）	户数	占比（%）
1949	26	28	68	72
1955	15	16	79	84

上述调查包括了当时行政区划8个盟中的6个，不包括哲里木盟（只4个牧业区苏木）和巴彦淖尔盟，有一定的代表性。总的趋势是贫苦的和不富裕的牧民减少，富裕牧民增加迅速，牧主也有相当大的发展，没有向两极发展。虽然因生产条件不同，以及一度错误的政策因素，发展仍不平衡，但这种趋势又显示出与农村实行土地改革出现两极分化的不同之处。当然贫苦牧民的生产发展还是缓慢的，因为，一、贫苦牧民中有些劳力少或弱；二、他们的生产设施（如棚圈、运输工具等）差；三、因占有牲畜少，消耗与积累的反差大，甚至不得不杀、卖母畜或幼畜。这一切反映了民主改革和小生产的生产方式还不能完全消灭贫困。

四、对几个问题的看法

（一）对牧业区废除王公、总管的封建政权和特权，实行自由放牧、“三不两利”政策并取得巨大成功，曾有些人一直不承认这是民主革命，要在牧业区进民主革命补课。主要因为，首先是对民主革命的任务理解不够准确，要通过民主革命在牧业区消灭一切剥削制；其次是不甚了解牧业区的实际，按看待农村的眼光看待牧区，最主要是不清楚牧业区的主要矛盾和次要矛盾，没有分清腐朽和进步的区别；若不解决作为主要矛盾的封建特权，解放劳动力和取消人民的封建负担，其他改革都无法进行。在这方面又主要因为：一、只用对待汉族地区的政策同牧业区相比，而不用对其他少数民族地区的政策同蒙古族牧业区相比。在民主改革中，对西藏和西南地区少数民族农村的土地改革都采取了和平方式，对此，毛主席曾做过这样的指示："对少数民族的地主应该宽些，我们对资本家都是赎买政策，对他们应该比资本家更宽一些"；"对少数民族地区的地主，在改革后不剥夺选举权，还可以做官。"① 在内蒙古牧业区实行的民主改革政策完全符合这些原则。二、用地主同牧主相比，而不是把牧主看成类似富农，也不理解畜牧业与种植业的不同点。我国在成立中华人民共和国后的土地改革中都采了中立富农和保护富农经济的政策，同时认定牧主经济带有资本主义性质，"牧主经济的发展，就整个新民主主义的国民经济来说，不是有害的而是有利的"，并指出"有些地区的领导机关，因为不懂得牧主经济的性质，不懂得牧主经济的性质，不懂得牧主经济的发展对发展生产、繁荣经济有利，搬用农业区的办法，曾经或先或后地走了弯路，使畜牧业生产遭受了损失。"② 既不听党中央指示，又不从实际出发的倾向，是民族工作中最易犯错误的思想根源。

（二）实行"三不两利"政策，经济发展了，但牧民阶级觉悟不高。不容否认，对牧主及牧主经济，分斗过的和未分斗过的地区的牧民的阶级觉悟是有差别的。但对牧民的阶级觉悟，应看否其适应符合生产力的生产关系，是否适应党的阶级政策，是否适应生产力的发展。"中国一切政党的政策及其实践在中国人民中所表现的作用好坏和大小，归根到底看它对于中国人民的生产力的发展是否有帮助及帮助之大小，看它是束缚生产力的，还是解放生产力的。"③ 如果我们的政策达不到解放和发展生产力的目的，群众的阶级觉悟是不会持久的；实际上经济上的胜利正是政治上胜利的结果，又是政治上继续取得胜利的物质基础。它已为实践所证实，现在更有实践证实这一颠扑不破的真理。

① 《在中央政治局会议上讨论四川省藏族彝族地区民主改革问题时的讲话纪要》，1956 年 7 月 22 日。
② 《推行民族区域自治和若干牧业区生产的基本总结》，北京，民族出版社，1953。
③ 《毛泽东选集》（第三卷），1029 页，北京，人民出版社，1991。

（三）经过分斗，虽然生产曾一度下降，但以后都恢复而且发展了，这完全属实，生产的恢复和发展正是及时地普遍地实行了“三不两利”政策的结果。广大牧民群众从正反两方面的经验教训中认识到了这一政策的正确，才大胆地恢复和发展了生产。如果是经过普遍地破坏后再行恢复和发展，也不是不可能，那样肯定是难度要大、时间要长。

任何革命和改革，都是为了解放和发展生产力，并尽可能地保护生产力，避免使之遭受破坏，能够尽快地发展。在落后的、单一的、停滞不前的游牧地区进行革命和发展，在总的目标下，必须再三强调从实际出发，慎重地区分该保留的、该变革的、该发展的各不相同的实际问题，区别对待，对后两者在可能的条件下逐步落实。坚持依靠劳动人民，团结一切可以团结的力量，调动一切可以调动的因素，发展一切可以发展的新生事物；世袭的社会中的积极因素和新生事物都是难能可贵的，应该珍惜、保护并哺育其成长，决不能否定、压抑和扼杀，也不能拔苗助长。

少数民族经济发展

立足民族平等　发展民族经济

——学习《邓小平文选》三卷的一个心得①

赵真北

邓小平同志以解放思想、实事求是的指导思想，总结了我国社会主义建设的经验和教训，对我国建设社会主义的政治、经济、文化、教育、科学、军事、干部、民族、外交等各方面都提出适合我国实际的理论和方针政策。坚持社会主义；辨明社会主义本质，论证我国社会主义处于初级阶段；坚持“一个中心、两个基本点”的基本路线，把握衡量是非与取舍的三个“有利”的标准；建立社会主义市场经济，加快经济发展，超过资本主义国家的发展速度；加强民主与法制建设，惩治腐败，巩固人民民主政权，保持社会稳定；加强精神文明建设，培养“四有”新人。全书贯穿的一条红线就是解放思想，实事求是。我们在一切工作中都要坚持这条思想路线，但不能将二者割裂，不能对它片面地理解，要坚持四项基本原则，掌握三个“有利”的标准。我们都在学习和坚持这些理论，都希望把我国的社会主义事业尽快地建设好。在我们内蒙古还特别注意学习和坚持小平同志关于民族工作的论述，把自治区的各项社会主义事业更快地建设好，力争“走进前列”。

邓小平同志对我国的民族关系从实际做了分析，提出解决民族问题的根本政策。学习邓小平同志关于民族工作的论述，须大胆解放思想，敢于实事求是。

---

① 写于1993年12月10日。原载《呼和浩特工运》，1995(1)；详见中国改革开放战略研究丛书编委会、山东省新世纪文化发展中心合编：《中国改革开放20年成果总览》(1978—1998)。

邓小平同志提出：“中国一个很重要的特点就是没有大的民族纠纷”。[①] 就是说在各民族间没有大是大非。在社会主义改造完成以后，除在“文化大革命”中林彪、江青两个反革命集团挑起的不必要的矛盾这一特殊浩劫和有的地区发生叛乱、骚乱等暂短的事件外，基本没有对抗性矛盾。这是一个很重要的分析，反映了我国各民族关系的实际。一切从实际出发，民族工作就要从这一实际出发。最近江泽民同志在全国统战工作会议上强调民族、宗教无小事，他再次指出：“民族问题关系我们祖国统一、社会稳定、边疆巩固、建设成功的大问题。在社会主义条件下，正确处理民族问题是一个带根本性的问题，加强民族团结是一个需要长期努力的重要任务。”这是从另一个角度讲的。没有大的纠纷，但有大的问题，是民族问题的两个方面。就我区讲，不存在“谁”要离开“谁”，但有着改变落后与先进相互依存的“谁也离不开谁”，为各民族真正平等、共同繁荣的“谁也离不开谁”的强烈的内在要求。当然不排除个别一些人搞分裂活动，但他们没有代表性亦没有市场；也有因犯法外逃、个人原因移居国外等。这几类情况国内其他一些民族包括汉族中也都有，都不奇怪。这也都是实际存在的问题，都应实事求是地对待。认真分清和把握主流与支流的不同实质；严格区分和正确对待两类不同性质的矛盾；严格区分和正确处理政治犯与刑事犯不同性质的罪犯。认真消除和克服“以阶级斗争为纲”和“民族问题的实质是阶级问题”的影响，冷静、客观地分析、认识民族问题和民族关系，从实际出发解决实际问题，不断地改善民族关系，加强民族团结，巩固祖国统一。

邓小平同志提出的政策思想之一，“我们的民族政策是正确的，是真正的民族平等。”我们的民族政策所以正确，就是坚持了民族平等这一对待民族关系的根本原则，邓小平同志又加了“真正”二字，其意义更加深远。我的理解，一是在政治上法律上对各少数民族确实平等相待，同他们协商共事，团结合作，共同发展，不歧视，不苛求，不排挤，不取代；二是坚持和完善民族区域自治制度，尊重他们当家做主的权利，不代治，对其内部事务不干涉；三是帮助各少数民族得到发展和进步，克服其落后和内部不团结，不“怕人家聪明起来”，不将愚就愚，不以夷制夷；四是加速其经济、文化的发展，逐渐缩小与汉族的差距，实现

① 邓小平：《共同努力，实现祖国统一》，见《邓小平文选》（第三卷），362页，北京，人民出版社，1993。

各民族共同繁荣和事实上的平等，使政治的平等有相称的物质、文化基础，成为自然的形态，而不是愿不愿平等，或仅形式上的平等而事实上的不平等。如果不是这样，让落后民族永远落后下去，“这就是不平等，就是错误。”（周恩来语）。所以要深刻领会真正的民族平等的实质，不停留在形式，必须遵照《宪法》“国家保障各少数民族的合法权利和利益，维护和发展各民族平等、团结、互助的关系。”用法律保障民族平等、维护民族团结也必须加强正面教育，使各族人民群众懂得“在民族平等的基础上加强民族团结和祖国统一，是各民族人民根本利益所在。”又必须反对破坏民族平等、团结的各种民族主义，凡是保障和坚持少数民族的合法权益，都是正当的，必须的，都不是民族主义错误；凡是不保障甚至侵犯或超越少数民族的合法权益，都是民族主义错误，甚至还可能发展成为违法行为。少数民族的合法权益绝不是民族主义，必须维护；各种民族主义错误言行都不合法，必须反对。做到既保障和维护少数民族的合法权益，又不犯民族主义错误，还真得大胆解放思想，敢于实事求是。只有这样才会坚持和发展真正的民族平等。

邓小平同志提出政策思想之二，“观察少数民族地区主要是看那个地区能不能发展起来。如果在那里的汉人多了一点，有利于当地民族经济的发展，这不是坏事。看待这样的问题要着重于实质，而不在于形式。”非常明确地指出，对少数民族地区主要是，一看那个地区能不能发展；二看汉人多了是否有利于当地民族经济的发展。光看到民族地区经济的发展而忽略少数民族的落后，或光注意少数民族为主，而忽视当地民族经济的发展，都是只看到形式而不着重于实质。一定是既要地区发展，又要当地民族经济的发展。只有都能发展，才能加快发展。特别要注重当地民族经济的发展，这是民族自治地方在对待民族关系或民族问题上坚持真正民族平等的实质；若抓不住少数民族地区的这一实质，便同汉族地区一样了。在我区汉族的大量移入对经济建设和地区繁荣起了极大的作用，也带动了当地民族经济有一定的发展；但当地民族经济发展到了什么程度，需要认真分析，以三个“有利”衡量，正确对待。

新中国建立以来，当地民族经济有很大发展，生产力也有提高，在他们的聚居地区出现了许多新兴市镇，交通、通讯已四通八达；他们中还出现了自己的工人阶级队伍，尤其近15年的改革，农牧民的经营意识、经营方式和生产手段都有了新的进步，并自发地发展了二、三产业；人民的经济、文化生活有很大改善，有些牧业区牧民的物质生活有质的变化。但从其产业结构、社会分工看，生产力水平基本上还停在第一产业，有进步，亦有后退。究竟如何评估，需要有大量资料为依据。但总的说，仍是落后的、不完全的民族经济，有发展有进步，同自治区内汉族的发展比较，差距不是缩小，而是拉大。其原因是多方面的，务必正视，“不要掩饰，不要回避。”不应以全区经济发展水平遮盖当地民族经济的落后，不应满足他们的第一产业的发展和全国经济发展给带来的一些实惠。应深刻领会“贫穷不是社会主义，发展太慢也不是社会主义。”落后更不是社会主义。“发展才是硬道理。”“马克思主义的基本原则就是发展生产力。”“社会主义的首要任务是发展生产力。”应深刻认识在当地民族中发展二、三产业才能提高其生产力和促进社会进步。在内功上增强自我发展能力，又不放松利用外在的有利条件。党的十四大已提出“加快少数民族地区经济发展,”“国家要采取有效政策加以扶持”，“特别要扶持和加快中西部地区和少数民族地区乡镇企业的发展。”从中可以看到，国家扶持少数民族地区经济加快发展的重点落在当地民族就是发展乡镇企业。我们提出的“两带一区”、沿边战略特别是牧民率先达小康，也得大力发展乡镇企业。发展乡镇企业是现阶段改变当地民族经济落后状态的主要途径。

上述这些都是我区发展当地民族经济的极好机遇，应从各方面动员起来，行动起来，利用这一机遇，如江泽民同志最近要求的那样：“要千方百计地加快民族地区经济的发展，逐步缩小民族之间的发展差距，逐步实现各民族共同繁荣。”

邓小平同志提出的政策思想之三，“我们十分注意照顾少数民族的利益。”照顾少数民族利益的政策，是国家利益的需要和汉族同少数民族在人口、经济和文化发展等方面都悬殊而决定的；也是显示社会主义大国的优越性和各民族一律平等的原则所必须采取的政策。周恩来总理曾说：“必要的时候对社会主义国家以外的民族也给帮助。”（我们过去和现在一直这样做）对国内各少数民族的帮助、照顾就更是理所当然。邓小平同志提出“十分注意”，就是决不能忽略，也不是一般注意，七分、八分、九分注意，而是充分注意。我们社会主义的本质是达到共同富裕，在初级阶段允许一部分人先富，又扶持贫困；我们社会主义在民族政策上的根本立场是各民族共同繁荣，自然是既要先进民族的经济快速发展，还必须扶持落后民族的经济有更快的进步。对扶贫已有政策，并大见成效。改变落后比脱贫困难大，时间长，政策更得全面和更有操作性。可否从以下几个方面考虑：

一、给当地民族经济发展创造机会，见物更见人。周恩来同志曾说："所有的民族都是优秀的、勤劳的、有智慧的，只要给他们发展的机会，所有的民族都是勇敢的、有力量的，只要给他们锻炼的机会。"沉睡的资源要开发，"昏睡"的民族要猛醒。开发资源，也要教育动员当地民族人民群众开发。用新的产业改变其传统的观念和生产力的落后。不仅机会"均等"，也要政策倾斜。如，土地资源、草原资源、矿产资源的开发、利用，能留的能让的尽量留下让给当地民族；项目的安排、信息的提供、人员的招收和培训、产品的收购，均能以优先考虑；信贷的发放能以宽松等等。如不这样，在汉族多、生产力先进的情况下，当地民族经济的发展会受到阻碍。当然主要是给创造更多的机会和条件，鼓励和促进其发展，而不是经济上恩赐。动员和鼓励贫瘠地区的当地民族到条件较好、资源较多的地区开发建设；提倡自力更生、艰苦创业、勤俭建设的精神，防止依赖思想和包办代替。使之真正学会用自己的脚走路。

二、把发展生产力放在第一位，积极调整产业发展结构。在牧业区以畜牧业为基础，在半农半牧区以农牧业为基础，都要大力发展二、三产业，重点发展乡镇企业。农牧业应侧重内涵的发展，其中包括提倡和鼓励牧民在遵守草原法规，不侵权占地、不滥垦沙化的条件下种草造林，特别应在自愿互利的原则下，选择自然条件好的地方，集中连片建设，向着稳定、高产、优质、高效发展。利用各自的优势大力发展二、三产业，先生产初级产品，如建材、矿产和各地的特有资源（药材、碱、硝、宝石、发菜等等）的开发或加工，饲料加工，农畜产品的初加工、精加工；对农、畜、副产品提倡组织农牧民经销或组织交易市场。苏木、嘎查集体、个人一起办。各地应将新的人力、财力、物力投入重点逐渐向第二、三产业转移，提高生产力和增加农牧民收入。这当然要根据需要与可能，因地制宜地确定。

在当地民族中发展二、三产业更要大胆解放思想。敢于实事求是。巴盟乌拉特中旗边境牧区乌兰苏木乡镇企业办得好（年产值150万元，利税55万元），他们的指导思想是：汉族人能办到的，我们蒙古人也一定能够做到。这就是思想的大胆解放，从实际的真正出发。

三、政府应为加速当地民族经济的发展、增加收入，加强基础建设，重点应当是通向苏木、嘎查的路、电、通讯等建设和教育事业。

四、立即着手大力培养愿为当地民族经济建设服务的人才和当地民族技术队伍。正规教育与短期培训同时并举；在岗锻炼与派出学习同时并举；办企业带头人的培训与职工的技术培训同时并举；普通教育与职业教育同时并举。动员和鼓励机关干部到基层帮助当地民族群众发展经济和领办企业或学校等工作。

五、动员农牧民自己组织起来。如建立农牧民协会等组织，自我管理，自我教育，自我服务，自我发展，自我保护。组织农牧民劳动协作，将多余劳动力解放出来，改变"游而不牧"，组织动员扶贫对象开展多种经营，向非农牧业转移；调剂土地、草原的使用，鼓励种田、养畜能手适度规模经营；建立技术、经营服务体系，发展集体经济，特别是二、三产业。

希望自治区各级领导和各个职能部门的同志，学习"邓选"三卷，能紧密联系我区实际，立足于真正的民族平等，注重发展当地民族经济这一实质，十分注意照顾少数民族利益：规划发展战略，安排经济建设，投入人力、财力、物力；改变工作作风，大兴调查研究，广开言路，深入理论探讨；制定各项有关政策，不断总结经验；大造舆论，大力宣传，防"左"破旧，艰苦奋斗，勤俭建设；专有领导人负责，专下一番功夫，将这一重大任务落到实处，取得成效，走出一条路来，在加强民族团结，解决民族问题上做出新的贡献。

致内蒙古自治区党委刘明祖书记信函[①]

刘明祖同志：

拜读了你的《双增双提》[②]的大作。一、认为在我区除乌兰夫外，在几届书记中，你是关心少数民族经济和畜牧业如何发展的第一个。第六次党代会上提出重视和扶持少数民族聚居地区的经济发展，现在又提出畜牧业的发展方向；二、所提到的问题和战略选择，不是从概念，而是从实际调查，经过深思熟虑的决策，它不仅符合实际，而且有开拓性和可行性，特别提到走产业化的路子，提倡牧民进入二三产业，不仅是发展畜牧业的问题，而是提高畜牧业生产力，促进牧业区社会进步，增强牧民自我发展能力，改变牧区落后面貌的主要方向。

内蒙古牧业区经五十年的改革和发展，的确实现了解放初期提出的“人畜两旺”。但逐渐发展到人比畜旺，畜比草旺，相当一部分人难以脱贫，大面积草原退化。但是牧民依然只用地上草，不取地下宝，产品皆原料，待贾不自销。在单一畜牧业路上徘徊。像“朝报”，牛来往于采食场和饮水点之间踩出的小径，又窄又短，年复一年地往来而没有变化。这是游牧业的停滞型的表现，它不仅表现在群众，也反应在领导。在牲畜归户的改革不久，就有些人提出走类似产业化路子的建议，学者撰文，干部进谏。但自治区领导为保国营商业，不予采纳。到头来国、合营商业没保住，而又放而撒手不管，牧区畜牧业仍在小生产、小商品的原地踏步，钱被外人赚，自己还是穷。不是不从实际出发，便是从实际不出发。改变观念，走产业化发展的路子，是件长期的艰苦细致的工作。望能狠抓实抓，使步子迈开。

文章中提到草原承包中的问题是应该解决的，否则，仍束缚着生产力的发

① 未刊手稿。原稿未标注日期，根据刘明祖书记的回函，应为1996年12月之前。

② 指1996年“增草增畜，提高质量，提高效益”的“双增双提”畜牧业可持续发展战略。

展。但将它都分到户，除散居的地区外，难度是很大的，特别是分到户后，无畜户、畜少户用草场转让费购畜发展，值得斟酌。可否考虑草原尽可能向养畜能手倾斜，贫困户逐渐向为畜牧业的服务业、多种经营和二三产业转移。这也是畜牧业产业化和社会发展必然要出现的社会分工。牧业区贫困户，畜社会制度和天灾人祸外，有相当一部分人是不勤于劳动或不善于经营畜牧业，如阿巴嘎旗（东北部）1948 年划阶级时，贫牧占 60.9%，户均占有畜 27.4% 头只。经过几次改革，束缚生产力发展的社会制度被废除，多数牧民脱贫或发展，到 1990 年全旗仍有 31.4% 户牲畜在百头以下，户均才占有 20.6% 头只。他们在八十年代改革时在各自的嘎查同其他人承包的大体同样数量的牲畜，却没有发展起来，经扶贫，还是扶不起来。再用发展畜牧业的办法扶持，不能说不会有成效，恐怕难度是很大的。还有可能因取得草原转让费，在一些人中又增加惰性。当然，引导他们向其他行业转移，得下一番苦功。据我所知，新巴尔虎左旗就有将贫困户组织起来，从事多种经营脱贫的经验（苏尼特右旗也有过类似的做法）这些事实和经验正是牧业区加快发展、社会进步的开端。畜牧业产业化，也只能随着社会生产力的提高而稳定发展。可否，供考虑。

鉴于你如此重视和关心牧业区的发展，将我的两篇拙作[①]送你参考。

① 原稿未附文章。根据该信的时间和刘明祖回函内容，有可能是这两篇文章：《建立社会主义市场经济体制应当正确认识和解决农村牧区的几个问题》《立足民族平等　发展民族经济——学习“邓小平文选”三卷的一个心得》。

附：

刘明祖回函

赵真北同志：

来信及两篇文章均已阅。首先非常感谢您对我区建设事业的关心和对自治区党委工作的支持。

如何使我区的畜牧业快速、健康、持续发展，使我们的畜牧业优势真正发挥出来，使牧民群众的物质文化生活水平不断地、较快地得到提高，应当而且必须是自治区党委工作的重要组成部分，因而也是我来内蒙古工作之初即开始着手思考的问题之一。所写的《双增双提》的调查报告，尽管是认真调研之后而成，然而毕竟因时间和精力所限，其中难免有不尽完善之处，因而需要各方面关心我区畜牧业发展的同志对其提出意见和建议，以使其更加完善起来；也需要各地在实际工作中实事求是地去贯彻落实。以使其真正成为指导我区今后一个时期畜牧业发展的基本思路和措施，真正能促进我区畜牧业快速、健康、持续发展，促使广大牧民群众物质文化生活和生产方式尽快地得到改善和提高。

来信及文章中，就如何搞好草场承包，发挥草原的最佳效益；如何使草原畜牧业走产业化之路，在牧区发展多种经营和二、三产业；搞好社会分工，发挥剩余劳动力的作用以及在草场承包中可能出现的问题等，都提出了一些有见地的意见。我觉得，就我区目前畜牧业的情况看，在把草场承包到户后，可以走这样一条路子，即那些少畜户、无畜户可以自己对所承包的草场的使用权作为股本，与养畜大户组成股份合作形式的联合体，联合体各成员按股分红。这种联合，实际上也体现了风险共担、利益均沾的原则，即自然灾害、市场波动等因素对养畜大户收益的影响，同样能影响到其他成员，比那种一次性定价有偿出让草场要公平、稳定得多。同时，共同的利益关系会使牧民群众更紧密地团结和更好协作，也更有利于草原的建设和草场的保护与合理使用。除此之外，少畜户和无畜户的剩余劳动力，可在联合体中从事产品销售、牲畜牧养、产品加工等工作，并依照按劳分配的原则从中取得报酬，也可以从事其他二、三产业，这样势必加快了畜牧业的产业化进程。

当然，这之中有很多思想上、操作上的工作需要我们去做，会有很多新情况、新问题需要我们去认识、去研究、去解决。但这个方向，无疑是正确的。

总之我想，本着实事求是的精神，按照“三个有利于”的标准，千方百计地加快我区畜牧业的发展，千方百计地提高广大牧民群众及全区各族人民的物质文化生活水平，实现各民族共同繁荣和团结进步，将是我们共同追求的目标。

此致

敬礼

刘明祖

一九九六年十二月一日

对我区经济发展的建议①

刘明祖同志并自治区党委、人大常委：

乌云其木格同志并自治区人民政府：

王占同志并自治区政协：

学习了全国和自治区的两会文件，又从媒体上看到全国和全区各族人民为我们“十五”经济社会发展精神振奋，信心百倍，使我受到极大鼓舞。仅对我区经济发展提两点建议：

一、加速当地民族经济发展

邓小平理论、中央指示、国务院的工作报告和我区党代会决议对此都有明确要求。

《邓选》三卷247页上对我区经济发展既提出“很可能走进前列”，又指出“如果那里汉人多一点，有利于当地经济的发展，这不是坏事”的民族自治地方的实质。

中央1962年和1999年两次民族工作会议，都明确要求“加速少数民族和少数民族地区的经济社会发展，促进各民族共同繁荣”。

朱镕基同志去年的政府工作报告要求“继续贯彻中央民族工作会议精神，加快少数民族和民族地区经济发展和社会全面进步”；今年的报告更强调“结合西部大开发，加大力度，加快少数民族和民族地区经济与社会全面发展，促进各民族繁荣和进步”。

江泽民同志在今年人代会我区代表团又指出：“加快少数民族和民族边疆地区发展，实现各民族共同繁荣，是新世纪的重要任务”。

刘明祖同志1994年12月在自治区第六次党代会上的报告中对“进一步做好

① 赵真北：《对我区经济发展的建议》（未刊稿），2001年5月10日。

民族工作”，讲的比较实际和全面，特别肯定我区各族人民有着维护民族团结和祖国统一的优良传统。这种传统经受了历史的考验。在新的历史条件下，我们要继承和发扬这一优良传统。进一步做好民族工作，开创我区民族团结进步事业的新局面。

“现阶段我国民族问题的实质，是少数民族和民族地区要求加快发展的问题。做好民族工作，首要一条就是发展经济。要重视和扶持少数民族群众比较集中地区的经济发展，使各民族在共同发展中增进团结，实现共同繁荣。……深入贯彻《民族区域自治法》，坚持和完善民族区域自治制度，用好用足自治法赋予我们的各项权利。”我们听了很满意，认为否定了“民族问题的实质是阶级问题”，以及不承认我区有经过历史考验的优良传统而提出“谁也离不开谁”那种伤害感情的规劝，使民族工作转向以经济建设为中心。这个报告经代表大会通过已成决议。

但是，对加快当地民族经济的发展，仅就近两年的政府工作报告看，感到我们作为自治区，还不及江泽民、朱镕基同志重视。去年的报告改变没有提及，今年的报告有所提及，但在《十五计划纲要》中未被列入。今年出席全国人代大会的代表团对上述江泽民同志的讲话、朱镕基同志的报告和回来的传达，也看不到如何发展我区少数民族经济的讨论和贯彻执行的部署。对我区少数民族经济的发展，究竟如何安排的，我不太了解，仅从新闻报道看有此感觉。

建议：按刘明祖同志讲的把自治权利用好用足，按乌云其木格同志所做的政府工作报告中的“十五”期间我区经济社会的总要求中，应增加对少数民族经济和社会发展的总要求。根据邓小平理论，既争取“走进前列”，更要“有利于当地民族经济的发展”。自治区党、政领导机关的工作都应明确和具体体现代表少数民族对向先进社会生产力发展的要求，向先进文化发展的愿望和广大少数民族人民的根本利益。坚持发展是硬道理，对少数民族经济的发展加大力度，既要求纵向发展，更要横向发展，以促进社会分工，提高生产力，加快经济和社会全面进步。在发展规划、计划中有明确的、具体的要求，在政策上像共同富裕有扶贫政策一样，共同繁荣也应有扶助少数民族经济发展的政策。除增加资金投入外，还应经常教育和告诫少数民族干部和群众，经济不发展或发展缓慢就是落后，落后就要挨打，就难以实现事实上的平等，以激励各族干部和群众增加自我发展能力，发挥后发优势，缩短与汉族的差距，实现各民族共同繁荣。建议党、政、军（民）、团、学对这一工作齐抓共管。

二、对牧业区也应像“三农”那样“牧业、牧区、牧民”全面发展。它关系到该地区少数民族经济社会的全面发展，人口、资源、环境对协调发展。草原畜牧业，一靠草场，二靠市场，早在1948年东北局领导人指出，内蒙古的经济如果发展不上去，“牛羊照样死，蒙古人买卖东西照样吃商人亏”。50多年来对这两大问题，有很大的改变，但还没有基本改变。因此，建议：

（一）将草业这一第一性生产放在第一位。我区草原广阔，但自然条件不佳，产草量低；又加自然灾害频繁和生产力落后，对牧草利用率低；生态脆弱，破坏容易，建设难，养畜量有限。应从这一实际出发，下决心不再走靠天养畜，又不顺应天时地利，竭泽而渔，必遭受天灾惩罚的老路。对草原保护按专家们最近提出的“预防为主、保护优先、防治并重”的方针，兴修水利，适草适树适地建设；依法保护，以草定畜，严禁超载放牧和各种破坏。对严重沙化、退化草原坚决全年或暖季禁牧，以恢复其生态；对还可牧的草原坚持划区轮牧和牧草返青期禁牧、圈养（据专家试验，可增草一两倍，畜膘少掉两成），适时打草，多加青贮。强调年年储草，长期备荒，发展饲料加工业，建设棚舍，为畜牧业建立稳定发展的物质基础。

（二）牲畜数量的发展必须以维护生态和储草能力为前提，因地制宜地从畜种、品种、质量和科学经营寻找最佳养畜方案方面求效益。不应再走追求头数、破坏了草场再建设、遇灾从外大调草料或者牲畜大批死亡那种得不偿失的路子。目前超载养畜的主要是大户和“游而不牧”的牧户（由牧民变成的游手好闲、雇人放牧地牧户。为支付雇佣牧工工资而多养畜。这类牧户在有的旗高达80%）。如果压缩这两种牧户的超载牲畜，对其收入影响不会太大。将因压缩超载部分而出卖牲畜的收入用于草原建设，随着增草，再增畜。对“游而不牧”这一既破坏生态，亦无益于社会效益和经济效益的生产力倒退的经营方式，应教育他们爱护和建设生态，勤劳致富。

（三）充分发挥牧民人力、牧区资源的作用。1947年牧民人口22.8万人，1949年26.3万人，牲畜18头只/人，合作化前的1958年41万人，牲畜26.7头只/人，“文化大革命”前的1965年牧民人口55.4万人，牲畜37.8头只/人，

1999 年人口 170 万（亦说 190 万人），牲畜比“文化大革命”前增加 46%，但人均才 20.4 头只。牧民中的人力潜力是很大的。应总结单靠畜牧、牲畜求数，“盲流”不堵、生态不顾的教训，解放思想，对牧业人口逐渐压缩，机械增长应加控制。让善于养畜者发挥其规模经营效益；引导不愿经营或不善于经营畜牧业的牧户向开发其他资源转移，减轻对草原的压力。发展工商，保护牧场，使经济、生态、社会协同前进。

（四）提倡牧民互助合作。在草原建设、保护和使用上，在建房筑棚上，在对牲畜放牧管理上，在科学技术应用推广上，在畜产品出售上，在二、三产业和学校教育发展上，提倡互助合作，以提高牧民的生产力和用合作的力量维护自己的合法权益。这是牧民这一弱势群体克服其依赖性（如在草原建设和备草、产品销售，甚至不少牧民放牧都依赖他人），改变其落后，加快发展所必要的，也是曾经有过经验的。从上面合作化时期的数字看，如没有公社化“左”的错误和“文化大革命”的破坏，无疑会发展得更好。当今，总要坚持现行所有制位前提，按照自愿互利和民办、民有、民受益的原则，引导牧民互助合作，只要我们干部勤政廉洁，应当说是可行的。

建议如有不妥，请予谅解。

中共自治区工商局离退休人员支部

赵真北

2001 年 5 月 10 日

抄：廷懋、巴图巴根、郝秀山、千奋勇

赵真北求学、参加工作历程

忆厚和蒙古中学暨悼念学友华兴嘎烈士[①]

赵真北

一

我出生在土默特左旗一个贫困农民家里，三岁丧母，十岁丧父。父亲见我身体单薄，怕长大后承受不了繁重的农业劳动，便送我上学，希望将来能找个差事谋生。父亲除种地外，懂些中医，有点收入，勉强能供我上学。但我们东沟门村（今属察素齐镇西沟门村）是个独户村，只有我们一家，我上学得到邻村，住把什板申姑妈、姨妈家。在我上学四年级的时候，父亲去世，留下有病的继母和我。家产有 20 多亩旱地，无力耕种，只好租给别人，收获仅能果腹。好心的姨妈让我继续住在她家上学，后来又到另一位姨妈家去住，总算又念了二年书。生母的一位亲属托人把我介绍进土默特旗立小学蒙文班，享受仅供食宿的官费待遇。冬天冻伤脚回家，姨表妹给做了双棉鞋才返校。1941 年春，不少同学待不下去，便投奔其他学校。有钱人家的子弟到北京蒙藏学校，该校虽供食宿，但衣服、行李、路费自备，对我是可望不可及的。于是我和两个同学从旗公署开了介绍信，进了厚和蒙古中学。

厚和蒙古中学和从前蒙古学院一样，学生的食、宿、衣、医全部公费。在这里，我第一次穿上从里到外全新的衣服、鞋帽，有了全套的被褥。以前我从未有过被褥，在姨妈家上学时我的被子是生母留下的一件蒙古式的棉袍，在回家安葬父亲

① 赵真北：《忆厚和蒙古中学暨悼念学友华兴嘎烈士》，见呼和浩特市政协文史和学习委员会编：《求学岁月——蒙古学院 蒙古中学忆往》，《呼和浩特文史资料》（第十三辑），49～60 页，2000。

时还被人偷走。所以，全公费的蒙古中学对我来说是太令人满意了。学校的伙食用粮起初是从农村自行采购，委托农民加工；后两年改为由市内统一配给，结果伙食的数量和质量都有所下降，有时甚至还断顿。就这样，对我这饱经困厄的学生来说，也没有受不了的感觉。当时上学中穷孩子很多，大部分是在其他地方上不起学和被牧区各旗公署强行送来的贫家子女。在蒙古学院时期后一类学生更多，旺钦就是其中之一，他后来被派遣留日，解放后曾任锡林郭勒盟盟长。我入学后，有个年龄最小的同学叫尼玛桑布，我在校的四年内从未见他回过家。我在假期能回家主要得益于叔父的资助，回去也经常住他家和姑妈、姨妈家，亲戚们都说我是吃“百家饭”长大的。每念及此，我不禁泪流满面。如果没有那些亲戚帮助，我岂能有今日！大概因穷学生人数甚多，在校内不但不受歧视，还得到师生们的同情，这是蒙古中学的一大特点。我曾患颌下淋巴结核，手术后更加肿大。教官巴音孟克看着非常同情，便帮我出具介绍信，使我能上医院重做手术，最终痊愈。

学校分本科四年和预科班，全部课程都用蒙古语和日语讲授。预科班有近40名学生，大部分是初入学的和初小学生。我因不会蒙古语被编入预科。某个星期日我回校晚了几分钟，被教官千金扎布看见并查问，因我没能用蒙古语表达清楚，结果被打了两个耳光。有的同学也因此歧视我。

教官千金扎布也是预科班的蒙古文老师，一天上课他问同学们母音与子音的区别，一番点名，其他同学都答不上来，最后只有我答对了。他惊奇地问：“你是怎么学的？”我回答：“是您教的。”其实我在小学就已学过。他把大家狠狠批评了一顿，说：“这个土默特学生都会，你们干什么来着？”其实这不应怪罪学生，当时的课本比较繁琐，老师若按他学过的方法讲解，稍有粗疏，初学者就对母音与子音难以区别。不过从那以后千老师就不再歧视我了，一次发大衣，新旧都有，他还挑了一件新的给我。渐渐的同学们也不再因不懂蒙古语而歧视我了。同班同学中会蒙古语的土默特学生叫扎木苏仁扎布，在他的帮助下，经过半年的努力，我已大体上能听懂讲课内容和同学们的言谈了。第二年开学经过考试，我被编入本科二年级。

除蒙古文、日文外，本科班的课程与一般中学的课程基本一样，但没有汉文课。蒙古老师上课用蒙古语讲，日本老师上课用日语讲。学习任何一种语言都有益无害。蒙古文老师额尔恒毕勒格的教材是他自己从汉文作品中翻译的，上课时他把原文抄在黑板上，然后讲解蒙古文，有时也解释某词是某汉语词的对译。愿意学汉文的同学可以把黑板上的汉文抄在本上自学，我们班的赛音乌力吉就是这样学好汉文的。学生除听课外，再无其他读物，学校虽然有个图书室（都是原绥远农科职业学校留下的书籍）。但并不开放。由于劳动后军训占了不少时间，上课时间减少，教学质量受到影响。一些同学因此转学或辍学，也有考入蒙古留日预备学校留日的。

学校的体育设施比较齐全，课余时间学生们可以自由使用或培训运动员时使用。学校没有专门的体育课，以军训代之。军训主要是走队列、冲锋和偶尔夜间紧急集合等训练。不讲军事知识，更不讲军事理论。此外，学生还必须像军营一样轮流执行日夜站岗的任务。

劳动主要是农业生产，因原农科职业学校留有土地和草场，可用来耕作和放牧，以解决师生的部分副食品。夏秋的蔬菜和欢送毕业生需用的肉食基本都能自给。从事生产劳动不是学生的必修课，1944 年学校改称农业中学后也没有增设有关农牧业知识的课程。只记得有一次一位日本老师领我们劳动时，讲过肥料分氮、磷、钾等及其不同的作用。

军训和劳动虽然有利于锻炼学生的健壮体魄，培养学生的组织纪律性、劳动观念和艰苦奋斗的精神，但毕竟与学校培养学生的方向关系不大。学校虽不是师范学校，但毕业生大部分都从事教育工作。1944 年把各盟蒙古中学的应届毕业生都集中到张家口兴蒙学院，与该学院应届毕业生一同培训三个月后分配当小学教员；1945 年又将上述各校的四年级学生集中到兴蒙学院培养当中学教员。

我父亲于 1933 年加入中国共产党，因当时极其秘密，我们家人直到新中国成立后才从他的入党介绍人和一同入党的同志那儿得知真相。可惜他早在 1936 年就谢逝，否则我能早一点找到民族解放的道路。这是后话。学校处在农村，消息非常闭塞，只是看到人民生活和学校生活急剧下降。1944 年学校没给学生换夏装，只发半截袖、裤的短衣，更无力发新冬装。同学们都盼望着战争早日结束。

学校在管理上，除上下课外，学生的一切行动以号声为令。校服类似军装，衣领上有年级的符号，头戴日式战斗帽，腰系皮带，腿扎裹腿，脚穿翻毛皮鞋，四年级学生还发挎包，颇像军人。平时衣冠必须整齐，走路身体挺直，不许手插裤兜，必须扽嘴，不许随地吐痰。在教室坐姿必须端正，不准趴在桌上。宿舍必须内务整洁。入室脱帽，要对老师和上级生行鞠躬礼，在室外则要敬军礼。用餐先默祷，饭毕用日语说“享用啦!”后改用蒙古语说“受恩啦!”对校规若稍有违反，哪怕是未扣好领勾或未扽嘴，被“风纪”（由四年级学生担任）发现也会挨打。我入学不久的一天夜间，不知谁在宿舍门口小便，被巡夜的教官发现。他进屋把大家叫起查问，小便者不敢承认，结果每个人被打了两个耳光。

每届学生毕业，学校要组织一次旅游。从前的毕业旅游走得较远，轮到我们这届，由于经费拮据，只去了五当召，还参观了石拐煤矿。从1942年开始，学校给每个毕业生发一枚一分硬币大小的铜证章，上面写着蒙古文“sedgil–ün nühür”（意为“心友”），不知是什么用意。

二

1944年冬，学校将我们毕业班同学送到张家口兴蒙学院培训。我自己一不愿当教员，二怕知识不足，误人子弟，便想继续读书。但升学还得找官费学校，当时只能进蒙古高等学院。该校原为蒙古留日预备学校，改名后仍承担着培训留日学生的任务。我们几个同学一同去报考，经口试被录取。第二年一开学，学校派遣了一批留日生。送学生的日本教师回来说：他们到日本的当晚正在洗澡时便遭到美军飞机的轰炸，一时间灯火关闭，逃避时连木屐都找不到，样子十分狼狈。没过几天，蒙疆政府政务院院长兼该学院院长来校宣布：现在战争正打得激烈，派遣留日学生已不可能留学。政府要自办蒙古综合大学，我们学校将要成为它的师范学院。接着对学生进行考试分班，我的蒙古文得了90多分，在蒙古同学中名列前茅（汉生考汉文），被编到甲班（即改成大学后的一年级）。这是我第一次获得学蒙古文的好处。

三

“八一五”后返回归绥，一天与同学图门巴雅尔去看望我们的小学校长恒升老师。恒老师是一位老革命者，1926年就担任过内蒙古人民革命军上尉副官，

30年代曾在中共西北特委工作并到外蒙古学习，抗日战争期间担任土默特旗厚和小学校长，与中共土默特旗工委有联系，曾帮助大青山抗日根据地购买并输送物资，往延安输送过进步青年，抗日战争胜利后辞职回家。他问我们现在有什么打算，我们答称想为民族做点事，但不知蒙古民族的前景如何。他又问我们知不知道外蒙古参加了苏联打败日本的战争，在得到肯定的答复后，他又问外蒙古跟苏联能打败日本，内蒙古为什么却被日本侵略？我们回答不了。恒老师指出：苏联、外蒙古都是共产党领导，中国的八路军也是共产党领导，只有共产党领导，蒙古民族才有希望。你们千万不要相信蒋介石的国民党，那是大汉族主义。恒老师的一番教诲使我顿开茅塞，外蒙古革命的胜利是一个很重要的因素。

不久我回到家乡。10月底听到城里蒙古军军官学校学生被傅作义部以“通共”嫌疑包围扣捕（打死9人，打伤10多人）接着八路军包围了绥、包二市。我在察素齐（今土默特左旗政府所在地）看到绥蒙政府的布告，主席为云泽（即乌兰夫），在惊讶蒙古人竟能担任如此高职的同时，联想到蒙古军军官学校事件，确信恒老师的话是正确的，应该跟共产党走。于是由荣世章（我的亲戚和同学）引见，我参加了当时成立的察素齐市政府的工作。12月我军撤出绥、包战役，我跟潮洛濛、奇峻山到集宁，入绥蒙建国学院学习。

四

1945年11月末，内蒙古自治运动联合会在张家口宣告成立，乌兰夫任主席，他把绥蒙建国学院的蒙古族学员调到张家口，进入自治运动联合会办的内蒙古军政学院学习。绥蒙建国学院的百余名蒙古族学员分三批前去，我们是第二批，共32人，还有来自蒙古青年联合会的，其中有蒙古中学同学华兴嘎。路经丰镇官屯堡村时，正好遇上奉蒋介石命令要在1946年1月13日午夜国共双方停战协议生效前抢占战略要地的王英匪军，结果我们走在前面的26人被抓走。敌军冒充我军，为诱骗我们的带队人放走一名年龄最小的同志后，把我们捆绑起来。因受到我军阻击，便押着我们南逃。途中跑掉2人，剩下我们23人被押回国统区的一个村子进行登记。因一个叫夏日巴的同志不会汉语，回答问话需华兴嘎翻译，敌人便发现我们当中有蒙古人，说：你们谁是蒙古人，我们优待。我们知道国民党的对蒙政策，如果得知我们都是蒙古人，必然引起麻烦，故只有少数人报了真实的族属。第二天我们被押进大同市，关在一个学校的一个大房间里，都挤在木板床上。因窗户透风，屋里不生火，而我们像样点的衣服在途中即被扒光，大家身上都生虱子，又痒又冷，只好相互挤蹭。经过两次审问，我们都说是民工和抬担架的，匪军便把报称家乡是东部区和土默特旗毕克齐的人送进监狱，其余的人被强行送到阎锡山匪军当兵，其中有我和华兴嘎。不久，我们所在的排被调去看守日军仓库。一次国父纪念周（星期一），全市的驻军都集中在一个广场欢迎“三人调停小组”（国民党、共产党和美国的马歇尔组成的停战协调小组的地区小组）。我们的经历使我们更加清楚地了解了国共双方的民族政策，使我们逃回解放区的愿望更加迫切。当时阎匪军军心不稳，逃兵不断出现，几乎每夜都有追捕逃兵的枪声，一旦抓获即枪毙，我们曾亲眼见过被押赴刑场的逃兵。平时对士兵开小差的防范也很严，让士兵唱《逃兵歌》，其大意是：当逃兵被抓，本人受惩罚，父母也受牵连。奉劝大家严守纪律，好好学操法，升了官坐上汽车再回家。但开小差之风始终无法遏制，我们的班长都当了逃兵。我们 7 人曾策划在某天夜晚由二班的华兴嘎下岗后叫醒我们，从厨房旁的一个豁口（仓库墙上有电网）逃出去。不料就寝后不久，因排长要当众惩罚一个士兵，全排紧急集合，发现我们中的李二虎（化名）不见了。有人告发说临睡前华兴嘎来过两次，排长便命令等华兴嘎下岗回来后将其监管。我们几个人心里很紧张，彻夜难眠。第二天早晨，华兴嘎趁整理内务（收拾床铺、打水、洗漱、扫地、打饭等）时的忙乱，假装提着饭桶到厨房（炊事员全为日本人），从那个豁口逃走了。听到这一消息，压在我们心头上的一块大石头才算落地。

华兴嘎是察哈尔镶红旗人，性情温和，待人友善，说话很蔫儿。在厚和蒙古中学时与我很要好，不歧视我不会蒙古话，常用汉语和我闲谈。没想到在危难时刻他那么机智勇敢，使我们的计划没有暴露，大家都没受到怀疑。后来我们感到集体逃走危险很大，便约好谁有机会谁逃，结果都陆续跑回来了。华兴嘎跑回来后参加了内蒙古人民自卫军十六师，1947 年参加内蒙古人民代表会议路经锡林浩特时，我两相见后畅谈了各自脱离匪军的经过。我告诉他被监管的原因，他讲述了那天下岗后一进屋即被缴械监管，便悟到行动计划可能会被发现，只好趁乱逃走，以免被枪毙。华兴嘎返回部队后不久，在攻打经棚（克什克腾旗政府所在地）的战斗中光荣牺牲。因通讯不便，我很晚才知道这个不幸的消息，不由得哀恸落泪。一想到他为我们几个人的安全冒险逃生，又为民族解放事业光荣牺牲，心情就难以平静。我们永远怀念他，为有这样的好同学而感到骄傲。

在华兴嘎牺牲后不久，曾和我们一起被抓的乌恩巴图也牺牲了。他原是蒙古军官学校的学生，1945 年 8 月我军攻打归绥时他和一些人在小学接待过我军派去做工作的代表毕力格巴图尔（后任中共内蒙古自治区委员会书记），受到革命教育，给我军送过部分枪支弹药。我军退出战斗，国民党占领归绥后，他跟随老师戈瓦丕勒到商都（当时绥蒙政府住地）汇报敌情。在我们被抓的人中，他身材标致，衣着整洁，被敌人误认为我们的领队，遭审问吊打，后来被关进监狱，饱受折磨。他是在国共双方交换战俘时才被释放的，是我们当中最后回来的。当时张家口已被敌人占领，他从大同到察哈尔参加了内蒙古自卫军十六师。1947 年 10 月，他带领的连队被敌人几十辆汽车包围，在击毁敌车一辆，击毙敌团长一人、士兵三十多人后，他命令全连撤退，自己和机枪手留下来作掩护。机枪手牺牲，战马也被打死，他宁死不屈，把最后一颗子弹射向自己，壮烈牺牲。

五

1946 年 4 月 7 日我和荣青海逃离国民党匪军，到张家口内蒙古军政学院学习，在那儿加入中国共产党，并留校工作。10 月，自治运动联合会和军政学院撤退到锡林浩特，因我会些蒙古文，被留在中共锡察工委举办的地方干部训练团工作。团长由锡察行政委员会秘书长吾勒吉卜林（原厚和蒙古中学校长）兼任，政委是由延安回来的墨志清（蒙古族）担任。我的蒙古语会话水平很低，而各旗来的学员都不懂汉语，他们说话我好多都听不懂，只好和他们一起听蒙古语口译的领导人的讲课，听他们的讨论，并在生活管理上同他们打成一片。经过一段时间的努力，我的蒙古语词汇逐渐丰富，开始能翻译点教材，引导学员们讨论，勉强用蒙古语讲课。在这个干部团工作了三年，我的蒙古语水平大有提高，从此与广泛使用蒙古语的牧区、半农半牧区的工作结下了不解之缘。我之所以能从事直接为蒙古族牧民服务的工作并得到他们的信任，关键在我会蒙古语。追本溯源，基础是在蒙古中学奠定的。

蒙古学院和蒙古中学的师生除较早走上抗日道路的潮洛濛、李新民同志外，在抗战胜利的数年间，有相当多的人跟共产党走上反对美蒋反动派的民族解放道路。那时在锡察草原工作的我校师生有吾勒吉卜林、那顺巴雅尔、潮洛濛、李新民、杨达赖、旺钦、高兴赛、沙金格日勒、赛音乌力吉、墨尔根布和、满都拉呼、乌云、德格吉胡、太平、布和荣世章、决力克、哈斯楚鲁、录布生道尔计、乌宁奇、巴图吉雅、马克斯尔、格日勒图、云四海、巴图苏和、包英杰、额尔敦敖其尔、海宝、浩斯布仁、巴资尔、云道尔基、若希色登、云文达、李华、巴图、德仁格、苏布金太、蓝涛、千金扎布、扎木逊、诺尔基、包荣等，在锡察地区骑兵部队的有高茂、吉日格勒、荣青海、巴图道尔基、李子欣、图布升宝、王殿臣、吉日木图、华兴嘎、都固尔斯仁、官布色楞、莫日根巴特尔、苏木雅等。大家都为那里的解放和发展做出了自己的贡献，有的还献出了宝贵的生命，如：华兴嘎、录布生道尔计、莫日根巴特尔等。约有一半的同学长期留在那里工作，有的已长眠于草原。还有许多同学在新中国成立后参加了工作。大家都怀着对共产党坚定不移的信任，义无反顾地走上了共产主义道路。这铁的事实说明：尽管日伪政权妄图奴化我们，但他们万万没有想到的是，我们从中日教师那儿学到的文化知识却帮助我们辩明是非，从而得到了民族解放的金钥匙——马克思列宁主义和中国共产党的领导。

党的教育的珍贵摇篮[①]

——锡林郭勒盟、察哈尔盟地区干部培训学习团的回忆

赵真北（桑宝） 旺庆苏荣

赵真北，男，蒙古族，曾用名额尔敦扎布、桑宝。内蒙古土默特左旗人，出生于1926年。1941年就读于厚和蒙古中学，1944年冬在张家口蒙古高等学院学习。1945年参加革命，历任锡林郭勒盟、察哈尔盟地区干部培训团副科长、中共锡林郭勒盟工作委员会秘书、阿巴嘎旗旗长、锡林郭勒盟畜牧处处长、中共锡林郭勒盟盟委组织部部长、内蒙古党委农牧部处长、自治区农牧场管理局副局长、中共锡林郭勒盟盟委第一书记兼军分区政委、自治区畜牧业厅厅长、工商局局长等职，现已离休。

一

锡林郭勒察哈尔干部团（全称“锡林郭勒盟、察哈尔盟地区干部培训学习团”，以下简称“干部团”）于1946年11月建立。当时，国民党反动派背信弃义破坏“双十协定”，内战全面爆发，1946年9月国民党多次进攻张家口意欲占领该地。在这样紧急情况下，驻扎于张家口的内蒙古自治运动联合会做出了撤退

① 锡林郭勒盟政协编：《锡、察盟地方干部培训团回忆录》（内部资料），2002。原文为蒙古文，奥运翻译，万喜修订。

到锡林郭勒盟班迪达格根寺[①]的决定，于是自治运动联合会党政领导机关和相关部门全部有序地撤出张家口。撤退的人员在一个月左右的时间里通过牛车、骆驼、马、步行等方法行进千里，并且按计划到达了锡林郭勒盟草原上的各寺庙安置。在共产党的领导下，为了鼓舞广大牧民群众反对大汉族主义的压迫，为了民族解放，撤退到锡林郭勒盟的这些工作人员推动了当地的自治运动。当时锡林郭勒盟、察哈尔盟地区的反动王公和牧主、伪政府残留势力等借机散布谣言，有的直接组织反动武装势力公开叛乱，有的则暗中串通结党营私搞破坏。1946 年 10 月，布里亚特蒙古人仁钦道尔吉公开叛乱，并在察哈尔、锡林郭勒地区先后策动阿巴嘎左旗札萨克王布达巴拉、阿巴嘎纳哈尔左旗札萨克王巴勒衮苏荣、阿巴嘎纳哈尔右旗管旗章京纳楚葛、苏尼特左旗协理钟乃、苏尼特右旗公阿拉坦奥其尔、察哈尔多伦诺尔何文瑞、正蓝旗嘎西、镶黄旗莫格登宝和巴格喜葛根、太卜寺右旗诺尔布萨纳、太卜寺左旗色仍那木吉乐等人反叛，向我们发起进攻。敌人利用我们当时的情况——为了集中自己的力量、分散敌人的力量而暂时退出重要城市或者解放区到锡林郭勒盟草原，拉拢广大牧民群众，在他们中间散布“身穿山羊大衣，肩扛破烂步枪的八路已经不行了”，“三个月之内消灭所有八路”，八路是“哈喇（黑）汉人”，是“邪教徒”等等谣言。

由于时局紧张，加上我党尚处于未能在群众当中扎根的初期阶段，因此对于我方来说迫在眉睫工作就是要积极向人民群众宣传党的政策，展开正反两方面的教育，安抚人心，尤其是要把锡察广阔的草原作为内蒙古革命根据地，要带动广大群众，反对封建制度，改变旧政权，建立民主政权，这些工作变得非常重要。要落实完成这项艰巨的任务，务必与当地牧民群众建立紧密的关系，贯彻落实党的政策，为此培养地方干部就尤为重要，因为从牧民群众当中脱颖而出的干部熟悉本地的环境、习俗，与牧民群众血肉相连，踏实肯干朴实善良，有群众威信，群众愿意跟随他们等特点。根据以上特点，中共锡察工作委员会于 1946 年 11 月做出建立“锡林郭勒盟、察哈尔地区干部培训学习团”的决定，并对干部团的培训学习方向做了如下规定：“通过半年的集中学习，要提高学员的民族意识和革

① 又称贝子庙，汉名“崇善寺”，蒙古语为“班迪达格根苏莫”，当地俗称“大庙”。位于锡林郭勒盟锡林浩特市区西北额尔敦敖包山南麓。始建于清乾隆八年（1743 年），后经道光、光绪年间六次大的扩建，始成规模。该寺庙为清代阿巴哈纳尔左翼旗旗庙，因阿巴哈纳尔左翼旗俗称“贝子旗”，故名贝子庙。

命意识，提升学员民族团结意识和民主意识，从而使学员树立为人民服务意识。由于生活条件艰苦，经费紧张，干部团要学习抗日战争时期延安抗日军政大学的经验，自力更生，艰苦奋斗，自己动手，勤俭建校。”根据这项规定的精神，锡察工作委员会从干部团当中选派领导人员和工作人员，如，任命乌力吉布仁为团长，任命墨志清为政治委员，组织教育科科长起初是贺希英格（贺希英格同志后调离工作）担任，后由玉山担任，副科长由赵真北（桑宝）担任。这些人分别负责并着手于干部团的组建工作。

学员来源方面，干部团蒙文班由 1946 年春锡林郭勒盟分会组织举办的锡林郭勒盟干部学校留下的十几名人员纳出格道尔吉、乐旺、达希敦都格、乌力吉孟和道布敦旺吉乐等组成，指定旺庆苏荣为负责人。此外，从张家口内蒙古军政学院来的年龄较小、学习时间较短的学员和从巴音塔拉、乌兰察布等地方来的部分干部组建为汉语班，指定阿乐塔为负责人。起初的授课老师有莫日根布和、傅敏图、前进等同志，荣喜章、白金山、道尔吉、朝鲁、金诗峻等同志负责总务科。校址起初安排在班迪达格根寺右福格和巴拉衮苏荣（贝勒爷）府邸，1947 年春搬到阿巴嘎纳哈尔左旗旗衙门。

1947 年春锡察工委决定，“招收培养具有小学以上文化程度，身体健康，拥护自治运动，愿意为民族自由干革命的青年和同等条件的年轻喇嘛”。根据这个条件，察盟、锡盟各旗选送六十余名学员，同时巴音塔拉、乌兰察布等西部地区军政机关来的 30 余名同志也需要培训，这样短时间内，学生人数猛增到 100 多名。随着干部团的发展，师资队伍也逐渐扩大，到 1947 年夏天为止，朱玉山、张门德、布亚那、巴音（女）、李云（女）等同志先后到来，因此根据学员的文化水平和工作情况，共分了四个班级。一班主要由从事军政工作的干部组成，班主任为朱玉山，副班主任为张门德；二班为锡、察盟从事基层工作的积极分子和文化水平相对较高的人员组成的蒙古语班，班主任为桑宝（赵真北），副班主任为旺庆苏荣；三班为从锡、察盟牧业地区和军营当中选送的文化程度相对较低的同志组成的蒙古语班，班主任为布亚那，副班主任为莫日根布和；四班为牧业地区或者干部家属当中识字的、积极进取的一部分同志组成的蒙古语班，班主任为巴音。在当时土匪猖獗的情况下，选出一部分学员，以阿拉塔同志为队长，贺兴格同志为教导员组建了武工队，站岗布哨或者为战事做准备，并在喇嘛当中开展宣传的工作。

当时党组织是隐蔽的。干部团有党支部，支部书记是墨志清，委员是朱玉山、乌力吉布仁、乌云斯琴，秘书是李云（女），有三个党小组。1948 年 3 月 15 日，在师生当中吸收旺庆苏荣，吴英莲，王 xx（姓名忘了，是军人）等人作为干部团第一批入党的人员。青年团组织当时叫内蒙古人民革命青年青年团，布亚那同志 1947 年春从乌兰浩特与专门负责锡察地区青年团工作的农奈同志一起来到班迪达格根寺，以干部团为建立青年团的据点并开展工作，他们专门负责干部团的青年团工作。

团支部委员中有桑宝（赵真北）、乌云斯琴等同志。每个班级都有团小组，到 1948 年为止全校一共有了二十几名团员。

党团生活方面有非常严格的规定。党员团员每周一次必须向小组组长或自己的介绍人汇报自己，以及班级、宿舍内生活、学习、思想、团结等方面的情况，如有特殊事情就马上汇报。小组会议正常情况下，每周举行一次，进行批评与自我批评，总结一周的工作，商讨下一周的工作任务，宣布党团支部的决定决议。由此组织上可以及时掌握学员内部情况，这便于做报告和讲课时，与实际情况相结合，对解决实际和理论方面的问题起了很大作用。此外，还有通过学员民主选举产生的学生会组织。学生会成员基本都是党团员。第一届主席是乌云斯琴同志，之后由咏荣同志任主席。成员：布音德力格尔、荣喜章、云恒等同志。学生会为学员学习和生活，更重要的是在思想工作方面，为团的领导和班主任工作提供了极大的帮助，在有的方面老师不能完成的事情由他们完成。

1947 年 10 月国内战争进一步激烈，在国民党军队攻占察哈尔、多伦淖尔、宝昌等地的情况下，为保证干部团安全，锡察工委组织部决定，把干部团迁至浩齐特右旗新庙[①]（现在的石油公司附近）。

1947 年 10 月初干部团师生共 100 人左右，用 20 套牛车，1 套马车（套四个

① 新庙，又称广宗寺。建于清乾隆十年（1745 年），属原乌珠穆沁右翼旗 6 座寺庙之一。乾隆十年在章沟图（现翁根苏木哈日根图嘎查）新建该庙，后搬迁到巴彦胡硕山下（现道特淖尔苏木道特淖尔嘎查），1912 年堪布活佛葛桑吉米隆如嘉措将自己的宫建在布利彦洪格尔敖包山下。1916 年，“丁辰年之乱”时白音胡硕庙被摧毁，1918 年又搬迁到今所在地，第四次修建寺庙，由此得名“新庙”。新庙在“文化大革命”中被拆除，只剩敦克尔大殿，1986 年农历 9 月 22 日恢复诵经会。卯年班禅额尔德尼为新庙赐“法轮寺”匾，辰年重新修缮寺庙大殿。

马的大车），十几匹马从班迪达格根寺出发，走了一夜于次日傍晚到达阿巴嘎左旗叫苏吉湖杜嘎的地方住宿。学员们很快搭起了一座蒙古包和两个帐篷。一个帐篷用作厨房，另一个帐篷用于女生宿舍，老师们住在蒙古包内，男生和普通工人睡在牛车上。正在把马绊上，牛放到操场上的时候，突然从西北边乌云密布，冷风瑟瑟，没多久便也开始下雪了。赶路的人的饭菜总是特别简单，在带肉的汤里，加上白菜、土豆，还有准备好的馒头。刚吃完饭的时候风也变得大了起来，风雪拍打在脸上。这种情况下，在政委墨志清同志的建议下，老师们把蒙古包让给女生，老师们住进帐篷。天越来越黑，风雪便也越大了，黑夜里伸手不见五指。大风把帐篷也吹掉了。人手多，大家在重新搭建帐篷的时候，蒙古包的顶棚也被吹掀起来了，虽然老师带领着男生及时拴好了绳子和顶棚，但顶棚还是被风掀起来了，于是再盖起来，就在这样反反复复的过程当中，天亮了。到了早上离我们帐篷五十米左右距离带有马绊的三个首长的马竟然被狼吃了，在牧区离人家近的带有马绊的马被狼吃是非常罕见的，俗话说“狼趁着雨，坏人趁着空闲”，这里的狼趁着风雪把三匹马吃了。由于次日依然风雪交加，看护蒙古包、帐篷、牛马的任务由师生轮流完成。这个时候总务科白景山同志汇报：“从根据地带来的柴火即将要断，午饭怎么解决？”我们马上安排几个学生套上两辆牛车去找生火的干柴。有幸的是，不远处山脚下找到有一户人家的冬营地，从牧户那儿要了干柴，解决了做饭的问题。风雪依然持续不断，在这个地方继续持续了一整天。第三天由于天气回暖的情况，大家整顿了一下牛车马匹，继续往目的地新庙出发，途经巴拉巴其泉水的左岸东北边的时候，遇到了一群被风雪掩盖的活着和死了的羊，被狼吃剩下的残留的牛羊，还有整群被风雪卷跑的牛羊，差不多有三百来头。我们赶着能走的、拉上已经死了的，来到浩齐特右旗分会所在地名叫“达栏图罡”的小庙，交给分会会长乌力吉同志，并嘱托他归还其主。在这里住了一晚之后，次日到达了目的地新庙。

新庙是浩齐特右旗的一个小庙。寺庙大院由前后有两个大经堂，东西南三边各有一个小经堂，藏经阁和仓库等两个院子组成，这两个院子里有很多间房子，寺庙的西边是喇嘛居住的宿舍。由于敌人造谣，我们到达时庙里没有一个喇嘛，他们都扔下寺庙，或回到乡下家中躲避，或到别的地方了。在这种情况下，浩齐特右旗分会会长乌力吉同志到附近的伊玛图山沟，找来在那里有家室的庙里的得木齐喇嘛（喇嘛的等级），向他宣传我们的政策后，那位喇嘛很不情愿地腾出经堂和房屋（把里头的佛坛、经卷、器具均集中在大经堂内）来给我们当做教室和宿舍。

干部团团长和政委住在寺院的活佛殿里；一班住在寺院当中南边六间房内；二班住在主殿后边的寺院的四间房和一个蒙古包内；三四两班在大殿院内住；女同志都住在一个大蒙古包里。总办事处位于大经堂南边房屋内，由此干部团正式开课。

干部团的学习内容和方法方面大致如下：

学习方法方面：由于学校学员文化程度不齐，因此一班听课和看书，结合所做工作用细致的研究方法学习；二三班统一授课，分组讨论，讨论当中的模糊或错误之处，通过专门讲解的方法来解释；四班学员没有上过学或文化水平较低，所以通过政治课和文化课相结合来学习。

学习内容方面：社会发展史、马克思主义基本理论和民族理论（主要是关于反对大汉族主义和狭隘民族主义）、中国共产党和中国革命、中国革命和内蒙古革命、内蒙古民族和内蒙古自治运动、外蒙古革命史和当时国内战争情况、党的政策等方面课程。这些课程主要由政委墨志清和团长乌力吉布仁讲授；有的课程会特别请上级领导讲授；汉语授课的课程由桑宝（赵真北）老师做翻译授课。在当时锡林郭勒盟草原上，无人不知、无人不晓干部团教师桑宝（赵真北）和在话剧《懒汉桑宝》中扮演“懒汉桑宝”的乌力吉孟和两位同志。

课后以小组或班级为单位讨论所思所想，讨论当中的错误认识或模糊的地方，由班主任老师来补充说明。

由此结合学员的组织生活和社会上的实事，通过启发引导的方法让他们有正确理解之外，也采用学员们相互帮助、相互学习的方法。换句话说，学习好的、有正确认识的学员给落后的同学专门讲解，在闲暇时间同学们两两三三的坐着交流探讨的情况是常事，这对学员们思想和认识快速提升有很大的帮助。此外，学生会举办的板报以问答的形式交流学习当中遇到的问题，或者写专题论文交流看法，鼓励优秀学员，给老师们的工作带来了许多助益。

通过半年多的学习，给学员们传授反对封建迷信和封建统治压迫的观念，解放民族的观念，学员们在民族团结、对共产党的认识和民主思想等方面具有了一定的正确认识，初步掌握为人民服务的革命人文主义精神。为学员们在以后的工作和斗争当中进一步学习，成为锡察盟革命主要力量，打下了坚实的基础。

经济、生活方面，当时干部团和老师学员工作人员的全部开销都有公费承担，由于实行“供给制度”的原因，到了新庙之后的吃饭、日常用品、学习费用均由驻锡察工委所在地班迪达格根寺和额吉淖尔盐务管理部门提供。我们团有十几辆牛车，一辆大车，几峰骆驼，十几匹马，所以定期内可以自己承担运输工作。但是由于内战爆发，强盗小偷盛行，我们就不能定期运输吃穿等用品，只得另找其他方法。1947年冬之前，为支援前线，组织上把2000只羊变为食品的任务由我们学校承担，从乌珠穆沁和浩齐特的北面送来的羊和从布里亚特土匪手中缴获的羊都集中到学校进行宰杀。男女师生们一起动手，在半个月的时间内就完成此项任务，把羊杂碎当做食物吃，初步解决了我们粮食不足的情况。这个时候匪患盛行，加上雪灾严重，羊肉无法运出，就把这些羊肉当作食物留给学校了。因此，从冬天到春天，一直以肉为主食，由于长期吃肉，有的师生生病了。幸而新庙附近有一位年事较高的喇嘛医生，他用药治愈了（忘记了这位喇嘛的姓名）生病人员。日常生活当中的吃喝、穿戴、用品和学习用的纸张，均有需求，天气逐渐转暖，衣服用品也需更换，这一类事情成为了大问题。虽然这些物资是由上级提供，但是由于匪患盛行，道路不通，不能送来。在这种情况下，虽然可以利用没有主人的寺庙当中被丢弃的书籍、布匹（用作包裹书籍的整块的布），但是这跟党尊重宗教的政策不符合。学生会商讨之后，利用丢弃的物品不算是不符合党的尊重宗教的政策，而且是在没有办法的情况下采取的方法，决定当做学员自己的行为。被丢弃的书籍拿来当做笔记，布匹当做衣物，把没用的布当作做鞋的用料。剪裁、粘鞋底的工作由女学员们专门完成，纳鞋底和缝衣工作由男学员们负责，全校充满着欢快的气氛。这虽然不符合党的关于宗教的政策，却实实在在地为学员提供了帮助。此外，捡牛粪、运煤（玛尼图庙的煤自己挖出来）等工作均由学员们自己完成。

学习越紧张，生活越困难的情况下，文艺、体育等方面的工作越被重视，这是我党政治思想工作的宝贵作风，所以受到了干部团领导的高度重视。在除了喇嘛使用的法鼓之外，没有其他任何文体用具的情况下，我们每天坚持出操进行军训和体育运动之外，在闲暇时间扭秧歌、打球、丢手绢（众人围坐在一起，在一人不知情的情况下，持手绢者把手绢丢到他的后面，再转一圈，回来的时候如果这个人还没有发现，他就要到中间去唱歌，或者是讲笑话给大家带来快乐，然后他成为持手绢的人。把手绢丢到别人的后面，如果这个人发现了自己后面有手绢并追逐丢手绢的人，在丢手绢的人坐到他的座位之前追逐到的话，丢手绢的人就会受到惩罚）。在室内的话就玩“鹿连儿”，“十二连儿”或者下棋。节日的时候，就出演话剧，到1947年正月的时候，朱玉山科长亲自组织并带领学员的出演反映军民团结如一人的话剧。曾担任锡盟党委组织部副部长年过八旬的巴图吉雅同志回忆，当年他曾在剧中出演连长，晚会上师生工作人员均热情出演各类节目，愉快并美好的度过了正月节日，迄今都难以忘怀。

度过了1947年寒冬进入了1948年的春天，春暖花开，在党中央和毛主席的英明领导下，我方在国内战争各前线取得胜利，准备发动全面反攻。这时锡察盟的情况也随着全国形势一样好转，广大群众渐渐地能够在事实中分清是非、好坏，理解了“跟着太阳不会冷，跟着共产党不会错”的道理，找到正确道路。

1948年1月，“三查”（查阶级、查斗争精神、查作风）活动在老师、工作人员和第一班的学员当中进行。当活动快结束时，中共锡察工委作出关于开展“锡察盟反对封建势力，改造旧政权，全面建设民主政权”的决定。为了在活动中培养干部，工委决定让干部团参加此项活动。为此从干部团抽调180名学员和老师，建立了以墨志清为工作团长的锡林郭勒盟中部联合旗工作团。干部团团长乌力吉布仁和科长朱玉山两名同志负责留下的一百余人，开始从新庙返回班迪达格根寺的工作。

1948年4月份，干部团在旧阿巴嘎纳哈尔左旗衙住宿时，接受了一批新学员。这些学员的很大一部分是察哈尔盟地方和军队工作的干部或者战士。我们虽然还是沿用以前的方法学习和生活，但是条件已经比在新庙好多了。为了加强学校的领导，从延安来的大成义（蒙古族）同志调来我们团工作（当时没有明确职位）。同年5月1日是内蒙古自治政府建立一周年纪念日，需要为此准备庆祝文艺演出。此项工作由大成义同志负责，组织排练话剧和秧歌表演。同年6月，参加工作团的人员回到干部团，在班迪达格根寺集合，进行集中培训做准备。

7月份工作团暂停工作，进行干部团学员分配工作。这是干部团培养的第一批学员，在当时这些学生的90%都被分配到苏木或者旗，出任苏木长或者有关部门科长。比如：东部联合旗7个苏木的苏木长均为此期学生，即：第一苏木苏木长巴特尔；第二苏木苏木长斯仁；第三苏木苏木长苏诺木；第四苏木苏木长尼玛；第五苏木苏木长布迪格日乐；第六苏木苏木长伊都木扎布；第七苏木苏木长莫日根布和（干部团老师）。1948 年 7 月，锡察工委作出关于建立文艺宣传队的决定，从干部团选调人员。组织上委任旺庆苏荣同志为政治教导员，委任巴音（女）同志为副团长，从学员中选调却金扎布、阿拉坦其其格、苏嘎尔、玲芝（女）、吴英莲、巴达玛、拉旺、赛音吉雅、塔希墩都格、乌力吉孟和、色仁道尔吉、巴图、道尔吉、吉格米德斯仁等人到新的工作岗位。

这些对文艺一窍不通的同志们在工作当中经过老艺人的教育和在实际当中锻炼，为锡林郭勒草原上建设和发展革命新文化艺术做出了重要贡献。其中却金扎布同志把最优美的马头琴声传遍亚非，成为著名的演奏家，吉格米德色楞、色仁道尔吉两位同志成为著名蒙古语剧作家，苏噶尔同志成为蒙古语电影译制导演，他们的这些成就为干部团带来了永久的荣誉。

1946 年冬至 1948 年 7 月大概一年半的培训活动，应当以干部团的第一期工作来作总结，在这一期里培训出来的学员应该作为第一期毕业生来看待。此期毕业人数近二百人。可惜由于年代久远和多方面的原因，未能找到这方面有根据的材料。但在这学期的学员当中后来涌现出了一些盟长、旗委书记、旗长及锡林郭勒盟所属机关的处长等人才，如：锡林郭勒盟盟长色楞、锡林郭勒盟组织部副部长巴图吉雅；担任旗长、书记或处级领导的有苏诺木、巴图、拉木扎布、叁丕勒诺尔布、图布丹、伊德木扎布、苏德巴、希日巴图尔，勒木洋金（女）、巴达玛（女）、灵芝（女）、若勒玛吉德（女）、宝音德力格尔、齐伯格米德、鸽王嘎布、阿勒坦琪琪格（《鸿嘎鲁》杂志总编辑）、昆楚克、希日巴图、拉希尼玛（调到阿拉善后去世）、拉西色当、塔西尼玛、荣喜韓、云县龙、乌云斯琴、福林嘎，等等。当时锡林郭勒盟全苏木和各科科长的 85% 都是在干部团学习过的同志。

二

1948 年 8 月，随着形势的发展，干部团领导机构发生了变化。原来的锡察工委也完成了历史任务，锡林郭勒和察哈尔盟各自建立了共产党工委。随着这一变化，干部团的领导也发生了变化，墨志清、乌乐吉布仁、朱玉山和一些老师们调到了新的工作岗位，盟长潮洛濛同志亲自兼任团长职务，具体领导工作先后由王楚克、桑宝（赵真北）、沙金格日乐、扎勒芬等同志负责，教师中有刚巴图、拉木扎布、扎勒峰嘎、鲁格兴嘎、道尔吉、吉格吉德等同志。

1948 年 11 月 1 日关于干部团办培训班工作，中共锡林郭勒盟工委做出了一些规定，规定指出："目前情况是我军大量消灭敌人，并占领很多中小城市。在这种情况下党要求我们，提高工作能力，加快工作进程。因此必须运用领导干部轮训的方法来提高他们的政治水平和工作能力"，而且规定还要求各级领导务必重视这项工作，确保按时保质完成。

在学员条件方面规定："要轮训历史背景好，没有政治问题，出身良好，有点知识又积极向上的苏木青年干部或劳动人民中的青年积极分子和牧民会议小组组长"。

在编制方面，第一期学员中有东部联合旗 80 名，中部联合旗 70 名，西部联合旗 80 名学员，他们如数报到，学校要求一半学员自带住的蒙古包。

训练班的目的是"介绍时局、做阶级教育、充实革命必胜的信心，让他们对敌情的界限有个认识，消除眼前思想上的顾虑和障碍，明确自己的职责，为将来的工作打下基础"。按照这一规定，1948 年 11 月起至 1949 年年底，先后举办了四期培训班（其中包括财政培训和接生员培训），受训学员总数达 419 人，其中女学员百余人，喇嘛出身的学员 72 人。

课程内容基本上包括三个方面，一是政治课，包括时局、社会发展史、中国革命和内蒙古革命、中国社会和蒙古社会等；二是思想课，包括狭隘民族主义，人生观，个人主义的各种现象及其表现形式等；三是事业课，对当时的政策、工作方式、群众路线和工作中发生的事件的分析等。这些课程除了有学校教师授课外，还有盟有关部门领导和党政领导亲自讲课，如，思想课由组织部部长石光华同志、政策课由潮洛濛同志、关于分清敌情和阶级斗争课由云世英同志来讲授。由于注重学生在实际工作当中得到锻炼，1949 年举行的建设苏木领导班子活动中，干部团带领全体学员在东部联合旗工作了三个多月，使学员的思想意识和工作能力都得到了很好的提高。在这四届学员当中，因不符合条件或其他原因返乡的共 91 名。其他 300 多个学员都安排在不同的工作岗位上。其中有旗级的 3 名，科级的 25 名，其余均以安排在苏木（大部分苏木）的普通干部岗位上。到后来，绝大多数人都成了各机关的骨干人员。

干部团为保证中华人民共和国成立后能够有步骤的建设地方行署和群众组织的需要，培训基层和旗县机关领导干部，特别是地方干部。为适应这一要求，锡林郭勒盟工委从 1949 年冬季开始举办了牧民培训班、妇女训练班、接生员培训班、公安干部训练班和旗级领导干部培训班等。通过这些培训，学员们对当时的党的政策、国家宪法、婚姻法、党团组织基本知识和业务知识等有步骤地进行了学习，培训班也吸收了一批党团员。例如，1951 年通过旗级领导干部培训版，进行了第一次公开发展党员工作。锡林郭勒盟党委极为重视这项的工作，组织部部长石玉静同志亲自给申请入党的积极分子上课，并与他们进行了面对面的谈话。根据当时从事翻译工作的盟委办公室工作人员王楚克同志的回忆，当时阿巴嘎、苏尼特、乌珠穆沁等旗在任的副旗长或将要出任该职务的巴图奥其尔、苏诺木、伊登扎布、额乐登格、朝克巴达拉胡等同志都光荣地成为中共预备党员，他们就是党实施民族政策培养地方领导干部的第一批旗级骨干。干部团的这些培训人员当中，当时出任新民主主义青年团旗团委书记地方干部的有：苏尼特左旗那楚克道尔吉、阿巴嘎旗道尔苏荣、乌珠穆沁旗莫古鲁格浩其特旗贡楚克，担任妇女联合会主任的有当地的巴玛、明珠尔、莲花、班扎嚷查等同志。这些同志把党、团和民主力量的种子撒播在锡林郭勒草原上，为终结封建社会，建设没有压迫和剥削，创造自由民主的新社会做出了重要贡献。

总的来说，干部团从 1946 年冬天到锡林郭勒盟行署干部学校为止的七八年间已培训了近千人。在干部团学习出来的男女同志在锡察民主革命和社会主义建设当中都成为了骨干力量，立下了不朽的功勋，这份荣誉应该在锡察草原历史上永远留存。

我们作为干部团创办以来长期工作在这所学校的工作人员，希望记录她的传奇故事，把她的贡献记载于历史的长页，让子孙后代铭记。但因年岁久远，可能有遗忘或者有误的地方，所以恳请当时在干部团工作过的同志或了解当时情况的领导们批评指正，衷心地希望留下真实的材料。

2002 年 7 月于锡林浩特

第三部分　学者评述

曾经的牧区合作化集体化是共同富裕之路

——从赵真北有关内蒙古牧区合作化集体化论述中的启示

额尔敦布和

正如一些同志所说，赵真北同志是一位长期从事牧区工作和畜牧业行政管理工作的学者型资深领导干部。笔者曾经多年在内蒙古畜牧口工作期间与其有过一些短暂接触，特别是赵真北任内蒙古畜牧业经济学会理事长时期，全国第4次畜牧经济学术研讨会于1983年5月在湖北省武汉市武昌饭店召开之际，笔者曾同赵真北同志一同前去参加会议，一起探讨问题，获益颇丰，留下深刻印象。

从一些文献资料和赵真北同志公开发表过的文章来看，赵真北同志有关牧区工作和畜牧业的文章和论述很多，涉及面广，成果丰富，笔者水平有限不好一一加以述评。本文仅围绕其内蒙古牧区合作化方面的论述谈一些个人想法，错误和不当之处还请各位老师多加批评指正。

内蒙古牧区合作化集体化的兴起

内蒙古牧区的合作化大致始于自治区成立后的1948年。整个牧区合作化并非人为强制推动的，而是由那些具有协作传统文化互助需求的少数贫困牧民自愿行动起来自发推动的。赵真北在相关论述中用翔实数据和具体实例阐明了以下事实：民主改革后，广大牧民虽然部分解脱了封建压迫，生活状况总体上有所改善，但是整个牧区生产力水平很低，自然灾害频繁，牧民之间畜群和生产工具占有状况差别巨大，大部分牧民生产生活还很困难，一些贫困牧民依然没有摆脱生产生活十分贫困的窘境。这时具有崇尚互助合作文化传统的贫困牧民，很自然地选择自发组织互助组的办法来应对眼前的困局。当时的内蒙古各级党组织和自治区各级政府积极鼓励和支持牧民自愿兴办互助组以利尽快改善他们的生产生活状况，并逐渐加强了组织引导牧民互助合作活动的力度，使得牧区互助合作活动日益健康大规模地强劲发展起来，由此拉开了内蒙古牧区合作化集体化的序幕。几年后，牧区的互助合作也自然而然地被纳入国家“一化三改”总体布局之中，成为我国农业集体化社会主义改造的具有特色组成部分。

内蒙古牧区合作化集体化曾经有过健康发展

20 世纪 50 年代在全国农业合作化大背景下，牧区合作化集体化取得深入发展。由于篇幅所限，只能简述内蒙古牧区合作化时期具有标志性意义的一些事情。

一是，鉴于内蒙古牧区民主改革中施行了废除封建特权，对牧工牧主两者有利的改革，而没有像广大农村那样分田地斗地主，牧区合作化带有自己突出特点。内蒙古党委在牧区合作化中实施了“稳、宽、长”的方针。所谓“稳、宽、长”，就是指政策要稳，时间要长，办法要宽。关于牧区民主改革“三不两利”政策和“稳、宽、长”方针问题，另有专文我这里就不展开赘言，只请大家注意，由于内蒙古牧区在合作化中贯彻了“稳、宽、长”方针，成功地避免了许多脱离实际的“左”的激进错误，把原本群众自发的互助合作活动逐步引向了社会主义集体化共同富裕之路。

二是，内蒙古牧区合作化在党的领导下表现出自己的突出特点，理论和实践中做出了一系列创新。如互助组提升为牧业合作社时制定出独具牧业特色的生产责任制和畜股报酬制度[①]；制定了作为集体经济的补充的自留畜和社员家庭副业制度；特别是牧主经济和庙仓经济改造理论和实践当中创造性的制定并施行了许

① 最早见于《内蒙古牧业生产合作社示范章程（1957.8）》，转引自内蒙古党委政研室等编：《内蒙古畜牧业文献资料选编》第二卷（上册），320、323 页，呼和浩特，1987。

多具有深远意义的特殊政策措施和新办法。经过不分不斗改革后的牧主经济直到合作化为止还保留着原有的畜群和生产资料，合作化时对大牧主采取了赎买政策付给定息，把他们改造成公私合营牧场的办法；对小牧主则实行可以直接入社当社员，同时领取定息的办法。对于庙仓畜群除了付给定息外，要求小喇嘛一律参加生产劳动。

支付定息的依据和理由是：牧区牧主和宗教上层对劳动牧民的剥削方式与农村地主出租土地收取地租的方式不同，一般采取雇佣贫困牧民为牧工付给报酬的方式，一定意义上具有某些资本主义雇佣劳动榨取剩余价值类似的因素。为此，牧区合作化中对他们就采取了比照民族资产阶级改造时付给定息相似的支付定息办法。

三是，合作化之后牧区集体经济内部都按照先易后难、逐步提高完善的原则建立起比较严格的劳动管理和财务管理。普遍制定劳动定额，评工记分，多劳多得，年终分红，按劳取酬。那时，党组织为了领导广大牧民坚定地走社会主义共同富裕之路明确规定了集体经济的分配政策是要少扣多分，要求集体积累与社员个人分配比例要适当，在生产发展的基础上使 90% 以上的社员生活要比上年有所提高[①]。合作化集体化内部各种制度的建立健全和党对集体牧民的利好分配政策等各项方针政策的实施，几年间就出现了牧民谁劳动好谁的生活改善就快，有力调动了群众生产积极性，牧区呈现出一派欣欣向荣景象，牧民开始感受到走集体化道路逐步奔向共同富裕美好日子的希望。

这里给大家展示一个案例：

呼伦贝尔盟（今称呼伦贝尔市）鄂温克旗锡尼河西公社 4 个生产队，1958 年每个队 100 来户拥有各类牲畜差不多都 6000 多头（只），公社化后畜牧业生产都有了稳步发展，1965 年时 4 个队畜群数量大幅增殖，最少的超过了 25000 头（只），最多的突破了 35000 头（只），社员生活大有改善，收入水平有较大提高。打草季节每队出动 30—40 劳力、3—5 台拖拉机打草，与合作化之前的牧民单打独斗相比，生产热情之高，效率之大，令人刮目相看。人们普遍觉得牧区

① 内蒙古党委制定的《内蒙古自治区牧区人民公社工作条例（1961）》第五十五条和第五十六条。转引自《内蒙古畜牧业文献资料选编》（第二卷下册）（内部资料），67 页，呼和浩特，1987。

集体化所带来的生产力聚集效果特别明显。①

牧区的合作化集体化除了显著成就外，也有过瑕疵和失误，甚至是错误。个别地方违背“稳、宽、长”方针，犯过急性病错误，违背当初制定的入社自愿、退社自由原则，短期内强行要求牧民快速入社；个别侵犯富裕牧民利益；内部管理不健全，财务管理混乱等等，个别地方个别时间段曾经出现一平二调错误等。那些的确也都是事实，不过它同集体化整体而言都是短期个别错误，都不是集体经济本身的特征和必然结果，一经发现后党和政府部门及时做出政策调整使过程中产生的偏差和将要出现的错误苗头及时进行了纠正，使那些偏差和错误苗头始终未能成为全局性大气候。

可见，以此为由取缔集体经济是毫无道理和站不住脚的。污名化牧区合作化集体化也是徒劳的，牧区集体化曾经一度使社会主义共同富裕之路越走越宽的事实也是抹杀不了的。

集体化为何是共同富裕之路?

牧区集体化的出现和发展既有牧民自愿自发的一面，更有党领导广大牧民要走社会主义共同富裕之路就必然要选择合作化集体化道路的一面。

多年来，没有经历过集体化那段历史的年轻人们听到的讯息多为负面的，作为曾经经历过的人也许应该把自己经历过的事实留给年轻人听一听是有好处的。前些年有人说，农业集体化是理想主义者想象出来的不能实现的乌托邦。其实不然，马克思主义经典中早已明确指出：由小农的私人生产和私人占有变为合作社的生产和占有，实行社会主义改造是无产阶级专政国家的一项基本任务。

历史上，牧区实际情况也是与农村一样，上世纪50年代合作化之前就出现了新的富裕阶层，富的越来越富，穷的却总是甩不掉贫穷帽子的现象似乎就要抬头了。为什么会这样？原来，问题在于组织化程度较低的个体私人占有条件下两极分化是不可避免的，当时的社会现状正是充分证明了这一点。好在当时如火如荼推进的牧区合作化集体化从根本上扭转了这一趋势的继续蔓延。这就是合作化

① 韩念勇、刘书润、额尔敦布和等：《对话尘暴》，307页，北京，中国科学技术出版社，2018。

集体化成为要想共同富裕之必然选择的缘由。

几十年的风风雨雨都过去了，不变的是要走共同富裕之路，还是要依靠发展集体经济这一条路。

（作者系内蒙古社会科学院研究员）

学习赵真北积极扶持发展少数民族工商业的主张

——实现牧区“三生统一”

盖志毅

1990年5月17日，赵真北先生代表内蒙古商业经济学会、内蒙古民族贸易经济研讨会、内蒙古个体劳动者协会在全国发展少数民族个体商业研讨会上做了《为实现各民族共同繁荣积极扶持发展少数民族工商业——在全国发展少数民族个体商业研讨会上的发言》[①]。

赵真北先生指出：“解放后，蒙古族等少数民族经济得到很大发展，生活水平亦有很大提高。但是，就其生产结构来看，依然是单一的畜牧业和种植业；就其生产方式来看，依然是粗放的经营方式；就其劳动生产率来看，依然是自然农牧业所固有的低水平。国营、集体企业吸收了一些蒙古族等少数民族工人，但这并不代表这些民族经济发展的社会分工；虽然在这些民族聚居区办起了不少工业，但很少有以少数民族为主的大、中型企业，虽说少数民族办起了一些小型工业，坚持下来的也不多。蒙古族等少数民族依然处在以农牧业为主，缺少工商业，生产力非常落后的阶段。”

赵真北先生提出，要“增强少数民族的自我发展能力，改变依赖习惯和包办行为。”，“消除畏难情绪和自卑感”，“把蒙古族等少数民族聚居区作为发展少数民族工商业的重点”，“与扶贫相结合，发展少数民族工商业，是各地行之有效的做法”，“发挥集市贸易的作用”，“选能人，抓典型”，“全面地进行民族政策和振兴民族的教育，切实保障各少数民族的合法权益”，“确保各少数民族

① 中国民族贸易经济研究会编：《少数民族个体商业的崛起》，153页，北京，中国商业出版社，1991。

自我发展的机会”“允许劳动力和人才在各少数民族内部流动，提倡劳动力、人才多的盟旗，支援缺乏劳动力和人才的地区”，“大力培养建设人才”，“资金投入要有倾斜政策”，“放宽少数民族务工经商的政策”，“制定鼓励互助合作的政策”，“自治地方人大、人民政府应专门制定发展少数民族经济，特别是发展工商业的法规”等措施发展少数民族工商业。

实现牧区的生产、生态和生活的“三生统一”是今天牧区需要解决的矛盾和问题。比如牧民多饲养家畜，暂时的收入上去了，收入增加了，但是却破坏了生态环境。研读这些思想，仍然对实现牧区的生产、生态和生活的“三生统一”有诸多启发，有很大时代价值。

首先，发展少数民族工商业，可以减少在牧区的人口和增加人均草原面积，减少载畜量，保护草原生态环境。减少留在牧区的人口，在人均草原面积扩大后，又可以实现现代游牧业，在畜牧业生产上，实现牧区畜产品高产、高质、高效的均衡发展。应走一条绿色有机、少养精养、品牌名牌和高质高价的发展战略。兼顾了生产和生活。人均生产资料扩大畜牧业规模，可以增加牧民收入。同时，为发展适度草原娱乐业和生态旅游业创造了条件。内蒙古旅游重点建设三大旅游精品：草原生态旅游，沙漠生态旅游、少数民族民俗旅游。

其次，发展少数民族工商业，可以提高牧民素质，而素质的提升可以增加牧民收入，而少数民族工商业的发展不是以消耗草原生态环境为代价的。

发展少数民族工商业使牧民与人打交道更多了，在这个过程中提高了牧民素质，从而可以不依赖草原提高生活水平。经济学家罗森在一个扩展的李嘉图模型中，描述了在专业化分工的过程中，人与人在谋取共同利益方面的关联度增大。人与人的关联性的增加可以扩大社会的生产和累积知识的能力，他用“一加一大于二”来描述这种分工效益概念。由于人的社会依赖性的增加，使得代表生产率的生产可能性界限会产生非连续的跃进（或稀缺性产生倒退）。专业化效益是对每个人而言，不同于简单将劳动放在一起而产生的规模经济，它是人与人之间的一种社会互补性。人与人之间的分工产生的互补性可以增加整个社会的学习能力。贝克尔模型中的专业化的好处来自于节约每种活动中的固定人力资本投资，专业化可以减少重复学习费用，因而提高每个人学习费用的利用率，从而充分发挥出人力资本的作用。牧区地广人稀，因此，一个人每天与之进行交往的人是极为有限的。而这极为有限的几个人，往往又是由血缘和地缘的纽带连接起来的，从心理上排斥家庭以外的任何人。社会交往增多会激发人的斗志。如马克思所指出的“大多数生产劳动中，单是社会接触就会引起竞争心和特有的精神振奋，从而提高每个人的个人工作效率”。

发展少数民族工商业增加牧民现代观念，从而加速人力资本积累，从而可以不依赖草原提高生活水平。牧区单一的交往方式，狭窄的交往范围则造成个人知识贫乏，心胸狭隘，导致“片面的才能的一定的自足的发展”，“目光短浅，孤陋寡闻”，“也就没有任何多种多样的发展，没有任何不同的才能”，“使人的头脑局限在极小的范围内……表现不出任何伟大和任何历史首创精神”。（马克思语）而发展少数民族工商业可以让牧民成为现代人。什么是现代人？英国著名学者英克尔斯的定义是：“一个消息灵通的参政的公民，他具有明显的个人效能感；在同传统的影响来源的关系上，他是高度独立和自主的，尤其他在作出如何处理他个人事务的基本决定时更是如此；他乐于接受新经验和新观点，这就是说，他思想比较开放，头脑比较灵活”。现代人易于接受社会的改革和变化，头脑开放，时间观念强，守时惜时，讲求效率，生活节奏快，具有开放的头脑和现代的观念。

再次，应认识和保护蒙古牧民在从事工商业方面的优势。由于文化的差异，蒙古牧民在从事非牧产业方面有劣势，但与此同时，也应认识到蒙古牧民在从事非牧产业方面的优势，应保护蒙古牧民在从事非牧产业方面的优势。学术界目前提出了，族群所有经济（Ethnic ownership economy）的概念，学者博纳西奇（E.Bonaci-ch）和莫戴尔（J.Modell）认为，凡是有一族群自我雇佣者——老板自兼雇员，老板、出资人、雇员、不支薪水的家庭雇员皆为同一族群成员时，此经济活动便是民族经济。这种界定表明，民族经济所创造的就业不同于普通劳动力市场所提供的就业；普通劳动力市场所提供的就业遵循国民经济的一般规律，而民族经济所创造的就业更多的是按族群的特殊性运行的，它们在经济活动的诸多方面都有区别，如资金、技术、管理、劳保等。尽管是同一族群的人，如果他们是通过普通劳动力市场获得就业的，即他们为政府机构、跨国公司或其他族群的私人业主服务，他们的经济活动仍旧不属于民族经济要研究的范畴。由于族群下面还可以根据宗教信仰、经济水平、语言、生活习惯等分为具体的帮派，这些帮派更易于集合在一起从事经济活动。提出族群圈子经济（Ethnic Enclave Economy）概念，如果移民族群聚居在一个相对集中的地理空间内，又有一定数量的由本族群所控制的企业雇佣大量的本族群的成员，再加上这些企业在位置上相互邻近，那么由此三方面相互联系而形成的经济活动就是族群圈子经济。

最后，学习赵真北积极扶持发展少数民族工商业思想实现牧区“三生统一”思路，不是说，要使牧区彻底空心化，使牧区成为“无人区”。必须保持一定从事草原畜牧业的土著牧区人口。除了国防等需要一定从事草原畜牧业的土著牧区人口外，土著牧民是草原文化的母体和传承者，是草原文化的载体。我们不主张在牧区建立无人区的政策，这还基于许多国家的经验，比如欧盟对于很偏远的生态经济“脆弱”地区，因为人口不断下降。政府通过援助提供基础设施和维持对旅游者的吸引力等措施，鼓励剩下的人口留下来。而目前牧区的人口未来令人担忧，部分牧区女青年恋爱观畸形，结婚费用高。蒙古族嘎查“光棍男”剧增。现在蒙古族村落的单身男青年多数是农民或牧民，这些人过了适婚年龄之后就很难再找到合适的结婚对象。

土地流转制度在草原牧区的推行应当审慎并有所限制。正如内蒙古社会科学院敖仁其研究员所指出的，草牧场流转制度可能导致以大户或外来资本垄断的独立放牧制度占据优势。其正面作用是增强草原资源使用的经济效益，负面作用是会加速传统社区内合作文化的解体；外来资本或企业大规模的进入草原牧区可能会加速传统民族文化的消失。

（作者系内蒙古农业大学二级教授、博士生导师/内蒙古政协委员、内蒙古政协农牧委员会副主任）

赵真北：游牧文化现代化的实践者

那顺巴依尔

一、引言

牧区、牧民、游牧文化在蒙古族的精神世界占有重要的地位。以取名为例，一个出生成长在农耕化多年的地区的作家会给自己起“玛拉沁夫”（牧民之子）的笔名，离开牧区多年并生活在城镇的知识分子会给自己的孩子起名为“阿都沁夫”（牧马人之子）、“浩尼沁夫”（牧羊人之子）、“特莫沁夫”（牧驼人之子）等。在城市蒙古族文化中，此类命名现象不足为奇。

20世纪初以来，内蒙古精英分子一直在思考、探索如何看待传统游牧社会文化以及她的出路究竟在何方等问题。

20世纪20年代初，郭道甫（墨尔色，当时自我认同为蒙古人[①]）在探索蒙古族社会出路时，对游牧社会也有类似的阐述。1947年以后，内蒙古自治区（政府）主要领导人乌兰夫在进行内蒙古社会主义改造和社会主义建设时，极为重视牧区工作，希望将它改造为另外一种情景：“历史上被称为‘天苍苍，野茫茫’，‘荒凉的塞外之地’的时代将一去不复返了，不久的将来，荒凉的山野将出现一排排高大的烟囱，茫茫的草原上将遍地是牛羊，一个繁荣、富裕的内蒙古正在建设之中”。

① 郭道甫（1894—1934？），号浚黄，字道甫，呼伦贝尔索伦左翼镶黄旗达斡尔人。本名墨尔森太（Mersentai），习称墨尔色。从事社会活动时常为郭道甫。蒙古族、达斡尔族在诸多方面存在不少相似之处，如语言、生活习惯等，很长时间里没有明确的族群界定，有的称自己为蒙古人，或者达斡尔蒙古人。在1950年代初我国开始进行民族识别后，1953年确认达斡尔族为单一少数民族。见黄兴学、施联朱主编：《中国的民族识别——56个民族的来历》，105～106页，北京，民族出版社，2004；巴图宝音、鄂景海编著：《中国达斡尔族史话》，卷首语，北京，民族出版社，2005。

进入1980年代，内蒙古牧区迎来另一番发展轨道和挑战。在这一社会经济背景下，牧区被不同人士解读为不同的意味。来自土默特的赵真北，无论是在内蒙古典型牧区锡林郭勒盟当地方领导，还是在主管牧区工作的畜牧厅厅长时期，还是后来在主政内蒙古工商管理局时期，对牧区工作提出一系列颇具建树的观点，并强有力地实施了其中的一些主张。

赵真北的主张有：（一）牧区需要建设（提倡建设草料生产、畜群结构优化、改良等）。（二）畜牧业需要与市场连接，牧区生产单一结构需要多元化等等。这些主张和观点，毫无疑问反映了当时党和政府的政策，同时也包含了个人的思考。

二、推动法律上对草原所有权的重新界定，使牧区基层组织成为了草原集体所有者

赵真北在于1980年8月至1983年6月任内蒙古自治区畜牧厅厅长期间所做的重要工作是对《内蒙古自治区草原管理条例》进行了重大修订。他主导和负责条例修改起草、试行试点和贯彻实施的领导小组和工作班子，于1980年9月就已经形成修改主要思路。赵真北为时任自治区党委书记处书记王铎准备的在五届全国人大民委二次会议上的题为“关于《内蒙古自治区草原管理条例》的修改意见”的发言稿中，阐述了《条例》中将要做的重点修改内容，其中包括草原所有制问题。1981年1月自治区人民政府将旧《条例》重印并下发各盟市旗县，征求修改意见，要求将修改意见3月底之前报送到畜牧厅。1982年3月将《条例》发到全区七个盟市点四十多个旗县进行了试点。1982年9月和1983年3月自治区进行了两次《条例》试行经验交流会。于1983年7月21日内蒙古自治区第六届人大常委会第二次会议通过了《内蒙古自治区草原管理条例》（试行）。该《条例》对原有的条例的某些条款进行了根本性的改进。它的根本性的改进点是草原（草场）的所有权的界定。

1947年内蒙古自治政府成立时，内蒙古人民代表会议通过《内蒙古自治政府施政纲领》，其中明确规定：“保护蒙古民族土地总有权之完整。保护牧场，保护自治区域内其他民族之土地现有权利。对罪大恶极的蒙奸恶霸的土地财产予以没收，分给无地及少地的农民及贫民。合理解决蒙汉土地关系问题，实行减租

增资与互助运动，减轻剥削，改善人民生活。”

这一土地总有权，在1965年的《内蒙古自治区草原管理暂行条例》和1973年的《内蒙古自治区草原管理条例》中体现为“全民所有制”。

赵真北1983年4月在内蒙古自治区第五届人民代表大会常务委员会第十六次会议上作《条例》修改起草情况说明时，对草原所有权问题做了这样的解释：

> 原《条例》规定，“自治区境内的草原均为全民所有”，现在改为“自治区境内的草原所有权，为社会主义全民所有制和社会主义劳动群众集体所有”。
>
> 这是一个原则性的重大改动，是对生产关系的一项重要改革。改革的主要理由是，第一，单一的草原全民所有制使牧民对草原的合法权益得不到保证，不利于草原的管理和保护。谁也可以以草原为全民所有作借口侵占草原，形成“草原无主，牧民无权，侵占无妨，破坏无罪”的状况，使吃草原“大锅饭”合理化。第二，草原是畜牧业最基本的生产资料，也是广义的农业用地的一种土地形态，它同种植业的耕地具有同样的性质。我国《宪法》规定农业的土地实行两种所有制。对草原也可以实行两种所有制，应当允许牧民对草原有集体所有制。……如果对草原仍实行单一的全民所有制，就会出现耕地和草原的所有制不一致，农村的草地同牧区的草原所有制不一致，牲畜的所有制同草原的所有制不一致的混乱状态，而且同“禁止开荒，保护牧场”的政策也有矛盾，对草原社队不开垦和退耕还牧就是全民所有，开垦就变成集体所有，实际上成了鼓励开垦草原的政策。

可以看出，草原所有制改成集体所有制，明确了生产队（今天的嘎查）牧民对所辖土地拥有了所有制和使用权，将抽象的全民（国家所有制）转换为可操作的具体的、明确的权限。时任自治区人民政府副主席的巴图巴根在1983年3月参加《条例》试行试点经验交流会议上指出，《条例》是草原所有制的一个重大改革，也是生产关系的一个重大改革，它“要把草原的使用权和对草原牧场的管理、保护、利用、建设责任制落实到最基层的生产单位、承包组、承包户和个体养畜户，把对草原的权、责、利同基层的经营者直接联系起来，使草原责任制同畜牧业生产责任制直接联系起来。这是草原管理体制的一大改革”①

在我看来，《条例》对草原（草场）的重新界定，将使用权还给牧民基层生产集体，一方面回归1947年施政纲领中的定位，即蒙古族土地总有权，另一方面更加清晰地落实到基层牧民生产集体。这一改革，为维护牧民土地权益、牧民生产地位提供了法律依据。巴图巴根明确指出了“条例”的这一意义。

> “实践证明，实施单一的草原全民所有制，牧民实际上就失去了对草原占有、使用和管理的权利，不利于草原的管理和保护。谁也可以以草原为全民所有作借口侵占草原，而牧民却无能为力。形成‘草原无主，牧民无权，侵占无妨，破坏无罪’的状况，草原也就成了‘众人的老子’无人管了”②

赵真北本人认为，在“《条例》试点中，主要做了以下几个方面的工作：（一）划清了行政界线和草场界线，妥善处理了有关边界的问题。（二）落实了草牧场所有权和使用权，颁发了草原所有证和使用证，解决了草原权属问题。（三）落实了草牧场经营责任制，制定了保护管理草原的规章制度。（四）对滥垦、滥占、滥牧，和滥砍、滥挖、滥搂草原植被，破坏草原的问题进行了处理，刹住了破坏草原的歪风”③。

《内蒙古自治区草原管理条例》的草原所有制的界定得到国家立法机构的肯定，在中国相关法律中得到应有的反映。

1982年7月6日农牧渔业部向国务院提交的“关于《草原法》（送审稿）中有关草原所有制问题的请示”中提到，现有两种观点，一种是认为应划归劳动群众集体所有，另一种认为应全民所有。其中，特别提到内蒙古自治区1982年27号文件规定，除国营农牧场等企业单位经营的草牧场，仍属全民所有外，凡属农

① 巴图巴根：《巴图巴根同志在〈草原管理条例〉试行试点经验交流会议上的总结》，载《内蒙古畜牧业》，1983年增刊《草原管理条例》专辑（1），31页。

② 同①，33页。

③ 赵真北：《〈草原管理条例（试行）〉试点工作的基本总结——在〈草原管理条例（试行）〉试点经验交流会议上的报告》，载《内蒙古畜牧业》，1983年增刊《草原管理条例》专辑（1），38～43页。

村、牧区社队范围内的牧场，均划归基本核算单位所有。7月29日国务院办公厅将国务院经济法规研究中心《关于建议对解决草原所有制问题进一步规范征求意见的请示》和农牧渔业部的请示报告一同转发给各省市自治区，要求8月底之前将意见报送至国务院。内蒙古自治区人民政府于1982年9月向国务院提交的“关于对草原所有制问题的意见”中重申了草原所有制应有两种，特别是把人民公社、生产队使用的草原规定为社会主义集体所有制，并从四个方面加以解释，其中之一是从历史演变角度做了阐释。

> 把草原定为两种所有制，比较符合我区草原所有制演变的实际情况。内蒙古的草原在历史上（主要是解放前）为蒙古王公所有，蒙古族平民享有依照习惯使用本族的草原的权利，同时负有相应的赋役义务。解放后，我们党废除了封建王公占有草原的特权，把草原规定为蒙古族群众公有，按照盟、旗行政划，一切牧民在本旗范围内的草原、牧场内有放牧自由。这种草原的民族公有制，在当时自治区的有关文件上都有明确的规定，也曾被中央有关文件所承认。在建立牧区合作社以后的一段时间里，各地人民政府曾经给多数合作社划定过草牧场的界限，在这种情况下，草原的民族公有，实际上就是集体所有了，只是在法律上没有做相应的规定罢了。

之后，在中央层面上，有了法律上的相应规定。1982年修订的《中华人民共和国宪法》第九条规定“矿藏、水流、森林、山岭、草原、荒地、滩涂等自然资源，都属于国家所有，即全民所有；由法律规定属于集体所有的森林和山岭、草原、荒地、滩涂除外”。对内蒙古自治区提倡的草原两种所有制给予了采纳。

《中华人民共和国草原法》于1985年6月18日第六届全国人民代表大会常务委员会第十一次会议通过，其第九条规定，“草原属于国家所有，由法律规定属于集体所有的除外”。这样，《内蒙古自治区草原管理条例》实际上比草原法颁布之前，已经有明确的所有制规定了。

内蒙古党政主要领导在重视、领导并推动《草原管理条例》工作方面的主要作用是毋庸置疑的。但在这个修订《条例》的整个过程当中，赵真北所发挥的作用是十分突出的。我们可以从以下实例中可以看出，他的工作不仅限于修订《条例》的工作，而是辐射到自治区主要决策机构的工作力度和方向。

1982 年 11 月，赵真北以《草原管理条例》起草领导小组办公室的名义，给自治区主要领导递交了“关于草原所有制问题的一些动态”的一封信。信中，首先提出区内各地对自治区党委关于草原所有制的决定是坚决拥护的，贯彻也是坚决的；其次谈到，国家在制定《草原法》和修订宪法有关条款，《草原法》里的草原所有制条款与自治区规定基本一致，而《宪法》修改方案有关条款则与自治区规定有较大的差别；再次，提到中央有关部门一直在征求我们对草原所有制的意见，最近人大法委会和农牧渔业部又在了解我们的意见，并希望自治区领导在五届人大五次大会上再对这一问题发表意见；最后，也是这封信的最主要的意图，提到“请自治区参加全国人代会的领导同志在人代会期间讲讲草原所有制问题，讲讲区党委对草原所有制问题的决定和意见。”

1984 年 6 月内蒙古自治区第六届人民代表大会第二次会议通过并公布了《内蒙古自治区草原管理条例》，自 1985 年 1 月 1 日起实施。赵真北 1983 年 6 月离开畜牧厅。但他引领内蒙古畜牧业，草原上的牧民走向了承前启后的历史性时刻。

三、促进草原环保，力争还牧民一片青山绿水

赵真北所面临的有些问题，在文章提到：

同年（1954）国家把包头作为工业建设的城市，决定建设包钢等 5 项重点工业项目。乌兰夫动员 500 多名蒙古族复转军人参加包钢建设，以后这些同志都成为生产骨干。从此，内蒙古有了重工业。1955 年开始，自治区首府呼和浩特为发展毛纺工业招收了 1000 多名蒙古族纺织工人，结束了内蒙古蒙古族没有工人的历史，随着工业的发展，蒙古族工人阶级不断壮大。可以说乌兰夫为发展民族工业，壮大民族工人队伍，为使少数民族向先进民族发展费尽心血。

赵真北 1995 年退休之后，积极参与了几起牧区环境污染治理事件。其中之

一，是包钢对乌拉特前旗沙德格苏木氟污染事件。

沙德格苏木处于巴彦淖尔市乌拉特前旗境内乌拉山东段北麓山地地带，总面积 711 平方公里，距包头钢铁公司直线距离最近处约为 8.5 公里，最远处为 30 多公里[①]。全苏木均受到包钢排泄氟化物污染[②]。

氟化物污染引起了直接的人畜健康问题。1993 年，“氟中毒治病率高达 90%，羊只长牙病随处可见，由于羊牙齿长短不齐，咀嚼困难，消化不良，致使膘情极差”[③]。据统计，沙德格地区平均每年因氟中毒死亡牲畜到 5800 头（只），母畜空怀流产 10000 头（只）。……仅 1990 年因患“长牙病”死亡的牲畜达 8505 头（只），死亡率达 31%。对当地牧民健康也带来不良后果。“该地区儿童氟斑牙患病率为 97.63%，尿氟浓度为。42mg/L，氟斑釉指数 1.9497，表明氟斑牙中度流行；成年人氟斑牙患病率为 89.57%，尿氟浓度为 2.07mg/L，氟斑釉指数为 2.1043，属氟斑牙重度流行”[④]。

赵真北与畜牧厅原副厅长布和一同十分关注沙德格苏木氟化物污染事件，不断向自治区主席、主管畜牧业副主席、主管卫生部门副主席、卫生厅厅长写信反映有关情况，提出建议敦促尽早采取防治措施，以妥善解决这一问题。同时，他们俩也对沙德格苏木领导做工作，建议，“一、草原畜牧业，应将草原工作放在第一位。对草原不能破字当头，而应用字当头，保在其中，建在其间。二、对产品销售要有市场和行情信息的服务或建立牧民的联销组织。三、狠抓山羊质量”，包括改良和饲养管理（引自给郝益东副主席的信）。

类似这样的草原污染问题，不止一次牵动赵真北的心。2001 年位于东乌珠穆沁旗乌拉盖地区的造纸厂污染草原事件发生之后，赵真北也非常关注，并参与

① 陶黎、胡戈、张奋清：《内蒙古沙德格地区环境可持续发展途径的研究》，载《内蒙古环境保护》2003（1）。

② 根据有关污染研究，“1989-1998 年十年大气氟化物浓度年月均值在 1.76-6.07ug/d ㎡ .d 范围内，均超过国家大气环境质量标准 1.2ug/dm.d，年月均值超标率达 100%”；“距排放源 6-23km 内的牧草含氟量近十年（1989-1998）年均值在 68.12-142.77mg/kg 范围内，均超过我国牧草最高允许含氟量 30mg/km 的限量”；“近十年（1989-1998）距排放源 6-23km 内表层土壤水溶性氟含量变化在 4.57-10.94mg/kg，平均含氟量为 7.78mg/kg，深层（30cm）在 5.69-12.50mg/kg 之间，平均含氟量为 9.27mg/kg。表深层土壤含氟量均显著高于对照区（距排放源 134km）的含氟量（表层为 2.2mg/kg，深层为 1.8mg/kg）”（同上，23 ~ 24 页）。

③ 莫日根、刘文秀、谢大增等：《乌拉特前旗沙德格苏木羊只死亡情况的调查报告》，载《内蒙古兽医》，1993（3）。

④ 同①。

了牧民状告造纸厂的法律诉讼过程。

参与解决草原污染事件是赵真北退休之后，发挥“余热”的表现。他在工作岗位上时，保护草原生态也一直是他所关注和积极倡导的领域。赵真北于1975年9月末至1979年2月任内蒙古自治区农牧场管理局副局长，负责主持建设兵团改制后的国营农牧场的接收工作。在调研中，他发现大量国营农牧场普遍存在这样的问题：开垦大量不适宜耕种的土地，破坏了当地的环境，影响了当地群众生活，而且粮食始终未能自给，政府财政压力大，同时知青生活艰苦，情绪也不稳定。于是赵真北提出，要下决心撤销存在这种情况的农牧场①。

他在1999年反思内蒙古畜牧业发展历史时指出，由于政策的误导，曾引发过严重的草原破坏情况。1958年大跃进时期自治区提出“十年计划五年完成”的口号，到1962年牲畜要达到5000万力争达到6000万头只，“今年再开荒一百万亩，明年争取牧业社有饲料基地500万到1000万亩”。其结果是，领导内蒙古大跃进的负责人，1961年承认“开垦了30%不应该开的草原，使之农不农牧不牧”②，引入和接纳大量的外地人口，不但没有解决粮食和饲料问题，反而减少了当地牧民的收入。当年，他在海拉尔看到因陈巴尔虎旗大面积开垦草原引发的沙尘时，倍感震惊。

其实，赵真北力求在法律上保证牧民生产集体拥有对草原的所有权的深层次考虑之一，是草原环境保护问题，用他的话来说，“管好、用好、保护建设好草原，保持良好的草原生态条件，对保护祖国生态屏障，……都有十分重要的意义”③。而在当时，把内蒙古草原生态保护放在祖国生态屏障的高度上来认识、解释的人少之又少。

他在自治区人大常务委员会会上所做的修改《条例》说明中，详细列举了草原生态遭受的破坏。

近二十多年来，我区三次大开垦，共开掉草原三千一百万亩，其中在《内蒙古自治区草原管理暂行条例》颁布以后，就开垦一千四百万

① 引自涛娣采访赵真北生前同事张卫国资料。
② 赵真北：《对六十年代畜牧业政策调整的回忆》（未刊稿），1999年12月31日。
③ 赵真北：《关于〈内蒙古自治区草原管理条例〉修改起草情况的说明》，1983年4月11日在内蒙古自治区第五届人大常委会第十六次会议上的发言。

亩，而且直到现在还没有停止。许多地方“一年开草场，二年打点粮，三年变沙梁”。近几年挖甘草、割麻黄在伊盟每年破坏草原二十五万至二十八万亩。砍柴使阿盟的梭梭林由公社化时的一千七百万亩到现在减少到不足一千万亩。一九七九年十月至一九八零年二月，涌进苏尼特右旗八个社场搂发菜的有五万多人次，所到之处，六十四间房屋、棚圈被破坏，七十二眼水井被填。……

由于滥垦、滥牧、滥占草原，滥砍、滥挖、滥搂破坏草原植被，造成草原严重退化、沙化。估计全区约三分之一草原不同程度上退化[①]。

不仅在法律和政策层面上，而且在实践层面上，他一贯坚持草原生态的保护、草原的合理利用。为此，他极力倡导草畜平衡的理念和政策，使畜牧业和牧民生活得到稳定的健康的持续发展。

四、保护牧民的经济利益，捍卫牧民的主体地位

赵真北回忆乌兰夫的一篇文章中写道：“内蒙古自治区成立不久，乌兰夫就领导了牧区民主改革，从牧区的实际出发制定了‘不斗、不分、不划阶级’和‘牧工牧主两利’的政策，……内蒙古牧区真正向着“人畜两旺”的目标发展”[②]。这里所说的“牧区的实际”，是指牧区与农区不同的特殊性。官方对内蒙古“牧区的实际”，或特殊性，一般做这样的解释：

牧业区虽然也是一个阶级社会，存在着阶级压迫和阶级剥削，但它同农业区相比，有很多不同的特点。牧主对牧民的剥削，不同于地主对农业的剥削，它既有封建剥削的性质，又有资本主义雇佣劳动的特点。牧业经济与农业经济相比，也有很大的不同，它具有非常大的分散性、脆弱性和不稳定性，既经不起自然灾害的袭击，也容易受到

① 赵真北：《关于〈内蒙古自治区草原管理条例〉修改起草情况的说明》，1983 年 4 月 11 日在内蒙古自治区第五届人大常委会第十六次会议上的发言。

② 赵真北：《乌老对自治区和民族工作的杰出贡献》，见内蒙古乌兰夫研究会编：《乌兰夫纪念文集》（第三辑），139 ~ 140 页，呼和浩特，内蒙古人民出版社，2007。

人为的破坏，一次灾害数年难以恢复。牲畜既是生产资料，又是生活资料。牧主既是剥削者，也有经营和管理畜牧业的经验，牧民对牧主还有一定的依附关系①。

除通过以上“三不两利”等政策改革社会结构，还通过鼓励定居放牧、建棚圈等措施改善生产方式推进畜牧经济效益和提高牧民生活。更重要的是，希望看到一个游牧民族进步为社会主义民族。“乌兰夫动员500多名蒙古族复转军人参加包钢建设，以后这些同志都成为生产骨干。从此，内蒙古有了重工业。1955年开始，自治区首府呼和浩特为发展毛纺工业招收了1000多名蒙古族纺织工人，结束了内蒙古蒙古族没有工人的历史，随着工业的发展，蒙古族工人阶级不断壮大。”②但这一蒙古族工人队伍的规模和可持续性，可想而知，是微乎其微。赵真北看到了这一结果。

所以他说“只有建立起工业基地来，这个民族才有发展的基础。遗憾的是，过去由于我们政策上的失误，这一正确主张没有能够实现。当然，在牧区经济建设上，完全依靠牧民建立自己的工业体系，没有必要，也没有可能，但是牧区的单一畜牧业的经济结构不改革，发展畜牧业商品经济就很难打开局面”③。他后来积极提倡的“牧业区应以畜牧业为基础，积极发展二、三产业”思路④更为务实，也保留了乌兰夫“畜牧业是牧业区的主要经济，……牧业区的生产方针是，以牧为主，围绕畜牧业生产，发展多种经济”的思想⑤。

在赵真北的理念中，牧区应该是开放的，与外界联系起来，尤其希望牧区人口中的一部分能够经营工商行业，将畜牧业与加工业和商业连接起来。他提倡的“兴畜牧业，一靠草场，二靠市场”的口号，是基于上述考虑。

他非常乐于看到以下情景：

① 郝维民主编：《内蒙古自治区史》，39页，呼和浩特，内蒙古大学出版社，1991。
② 赵真北：《乌老对自治区和民族工作的杰出贡献》，见内蒙古乌兰夫研究会编：《乌兰夫纪念文集》（第三辑），141页，呼和浩特，内蒙古人民出版社，2007。
③ 赵真北：《改革单一经济结构 促进牧区社会分工》，见戈夫主编：《畜牧业论文集》，175～180页，呼和浩特，内蒙古人民出版社，1989。
④ 赵真北：《建立社会主义市场经济体制应当正确认识和解决农村牧区的几个问题》，载《前沿》，1995（3）。
⑤ 乌兰夫革命史料编研室编：《乌兰夫论牧区工作》，314页，呼和浩特，内蒙古人民出版社，1990。

锡盟牧区乡镇企业有很大发展，牧民从事个体工商业的已900多户，虽然比重很小，尤其其中的蒙古族更少（如黄旗巴音塔拉苏木57户个体工商户中蒙古族才有8户）。但我们已看到不少蒙古族牧民在开矿、制砖、办屠宰厂、服装厂、缝制皮夹克、修理摩托车和电机，经营饮食、旅店、商店等第三产业和医疗福利事业。黄旗哈音海日巴苏木金矿的20名职工中有16名蒙古族，去年从他们采的矿中炼出黄金581两，工资人均3000元，正在筹建的旗金矿的23名职工中有21名蒙古族；苏尼特左旗兴建的屠宰厂、冷库是由19个巴嘎和一户牧民投资办的；白旗有3名牧民妇女到旗政府所在地办起服装厂承制中、蒙、西服和呢料服装干洗，从今年元月开业已制作各种服装300多件；黄旗鸿格尔乌拉苏木哈斯瓦其尔自费到保定学制砖技术，拟办砖厂；白旗陶林宝力格苏木斯布格扎布的砖厂，从去年到今年七月中旬投产到十月烧出200万块砖坯；黄旗的特木尔巴特尔的摩托修理厂从1984年4月开业两年来共大小修摩托车4250次，盈利21900元；东乌珠穆沁旗特木尔格日勒投资15万元，兴办牧民服务中心，建二层楼一栋，设有旅馆、饭馆和小卖部。还有牧民与别人合资办第三产业的。在蓝旗上都河桑根达来两个苏木的乡镇企业中也有不少蒙古族男女牧民当工人。锡林浩特市巴音宝力格苏木有些牧民参加油田公路的筑路工程；阿巴嘎旗额尔敦戈壁苏木有牧民汽车运输①。

赵真北希望看到的牧区景象并非经常能够实现，已实现的也有消失的。其原因他归结为牧区的生产力的落后性和惰性所致的。他对牧区的社会经济走向非常关注，并在理论层面上进行了深刻反思。

我们在实际工作中，要么开荒种田，让“牧民不吃亏心粮”，要么

① 赵真北：《对锡盟牧区生产结构改革与“完善流通体制和合作体制”的一些粗浅看法》，见乌力吉图、陈志远主编：《大牧业经济文选》（第一卷），47～55页，呼和浩特，内蒙古畜牧业经济学会、内蒙古社会科学院情报研究所编印，1986。

> 牧民人人、代代都从事经营畜牧业。这是把对草原资源的利用和人的社会生产活动混为一谈。其结果是，畜牧业没有完全成为牧区蒙古族和其他少数民族的民族经济，而牧区蒙古族和其他少数民族倒成为完全的“畜牧民族”。对这一状况，我们有必要进行认真的反省[①]。

这就是，他看到了牧区主体群体牧民的脆弱性，牧区是外人进去从事各种事业的地区，而牧民却一直在牧区只从事畜牧业的人群。其结果是，流入牧区的外来人口增多，“仅锡盟牧区新增人口1万多户，占原有入社牲畜的牧民3万多户的33.3%”[②]，“‘盲流’到牧区公社吃‘大锅饭’，使牧民收入减少，东苏旗七八年生产队分配的消费部分比六零年增加一倍，而人均收入减少28%”[③]。此外，还有上面讨论过的草原超载引发的环境问题。

对此，当时内蒙古党委、政府也注意到这一问题，并于1980年2月颁布的《关于畜牧业方针政策的几项规定》中明确指出，“对于流入牧区（包括国营农牧场）的人口，要认真地逐户逐人地进行清理。凡是没有落户的，或虽然已经落户但没有固定职业的，原则上都有动员遣返，从哪里来的再回哪里去”。在《几项规定》出台前，中央国务院有关部委已经屡次发文，要求各地坚决压缩商品粮销量；加强户口管理，控制人口流动，特别是农村人口流动；严控计划外用工。这些问题早就成为了以畜牧业为主的锡盟的非常沉重的负担。赵真北的前任赵会山（1973—1979年担任锡盟盟委第一书记）已经在内蒙古党委的支持下着手开展了对外来人口的控制工作，赵真北作为锡盟盟委第一书记延续了这项工作。《几项规定》进一步明确了内蒙古在执行上述中央文件中的具体要求，使锡盟的工作在自治区的明确指示下可以有条不紊地进行。因为种种原因，这项工作进展得并不顺利。尽管当时针对出现的一些情况，自治区党委专门给锡盟党委发去传真电报，肯定了这项工作，但是还是产生了意想不到的后果。人们对赵真北的工作有不同的解读，其实，应该从保护牧区和牧民角度解读他的工作，似乎更切合他的初衷。因为，遣返工作中也牵涉到蒙古族外来人口，非锡盟户籍的蒙古族人口也

---

① 赵真北：《改革单一经济结构 促进牧区社会分工》，见戈夫主编：《畜牧业论文集》，175～180页，呼和浩特，内蒙古人民出版社，1989。

② 赵真北：《对草原生态保护与执行党的有关政策问题》（未刊稿），2004年5月。

③ 同②。

在被遣返之列。这位出生于土默特的农民的儿子将锡林郭勒看作第二故乡，将保护牧区和牧民利益当作自己最主要的使命，在人们心中留下了抹不掉的回忆。

赵真北一心为牧民办实事，为牧民的生计和发展呼吁党和政府提供利好的政策环境和社会环境的同时，也热切希望年轻一代牧民能够主动努力学习和工作，跟紧时代步伐，为牧区现代化事业做出积极的贡献。正因为这样挚爱的情感，他有时也“恨铁不成钢”，毫不客气地批评和鞭策牧区一些游牧人中所出现的“游而不牧”、不务正业现象（“游而不牧”这一说法，很可能是他的“专利”）。当他看不到热切等待的“喜讯”时，往往是“很不高兴”的，如本文集里收集的车登扎布文章中所提到那样，赵真北盼望蒙古族兴办的冷库企业没有继续发展下去，反而被“转给了旗里，赵书记不是很高兴”。赵真北这一“不高兴”的心情，是他热爱草原、热爱牧民、渴望畜牧业繁荣发展的情感的反映。

五、结语

赵真北，作为中国共产党培养出来蒙古族高级干部，忠实履行他的职责，所以他的言行是反映共产党的政策和价值观，同时不可否认的是，从他的思想和实践过程中可以看出他自己的一些个性。至于他的党性和个性之间的关系，是值得探讨的另一重要话题。我们或许可以说，经历过日本侵略时期、国民党统治时期的赵真北坚信中国共产党的民族政策，并毕生积极推行中国共产党民族区域自治制度，践行在社会主义制度下实现使各民族共同迈向现代化的信念。

赵真北的一些主张至少在实践层面与众不同，无论在锡林郭勒盟落实牧区外来人口遣返工作，还是主导制定“内蒙古草原管理条例”时，还是退休之后为牧民、牧区发挥其余热时，都可以看出他对牧区工作的独到的见解、对牧民生活的深切关注以及对畜牧业发展的殷切希望。他对自己亲近人曾经表示过，“过世后，他最在意的是老百姓尤其是牧民对他的评价”（参见本文集所收录的《我的爸爸　我的英雄》一文）。这里他袒露了他对草原和牧区的所有的爱和责任心，从另一方面讲，他对自己的人生和事业设有明确的、自觉的目标和期望。

（作者系内蒙古大学民族学与社会学学院教授，博士生导师）

“以草定畜”思路的启示：向改革先行者学习什么？

杨理

一、“以草定畜”是中国特色牧区管理的核心思路之一

赵真北在长期积累的丰富的牧区工作经验的基础上，根据多年钻研和深厚的理论基础，在国内率先提出“以草定畜”的重要理论①。随后，“以草定畜”的思路深入人心，也受到基层管理者、政策决策者的高度认可，并且于1983年7月21日内蒙古自治区第六届人民代表大会常务委员会第二次会议通过的《内蒙古自治区草原管理条例》秉承“以草定畜”思路，规定“草原使用单位要定期对草场进行查场测草，根据实际产草量，确定每年牲畜的饲养量和年末存栏量，实行以草定畜，做到畜草平衡。”这也是当今草原两大基本制度之一的草畜平衡管理制度的历史起源。

可以说，“以草定畜”思路是中国特色草原管理体系的基础理论之一，也是牧区改革的标志性思路之一。

二、“以草定畜”的学术争议

然而，正如同中国改革的标志性理论——“价格双轨制”理论受到许多学者的质疑和严厉评判，甚至有研究者认为“价格双轨制”的本质就是腐败合法化。“以草定畜”思路虽然在牧区改革中起到了非常重要的作用和无可争议的贡献，但是“以草定畜”思路一直受到许多质疑，特别是来自经济学者的抨击。

有人认为草原的动物都是草食动物，所有人都是以草定畜，只不过不同的利益者定的方式标准不一致而已，也有研究认为波动剧烈的干旱半干旱草原并不存

① 赵真北：《实行以草定畜　变被动抗灾为主动防灾》，载《内蒙古社会科学》（汉文版），1981（5）。

在科学的载畜量阈值①，对“以草定畜”一直持怀疑态度，认为“以草定畜”在理论上并不可信。甚至有认为载畜量在草地资源管理中没有什么用处②，无论在发达国家还是在发展中国家，依靠载畜量成功管理草原的例子很少见。

也有研究认为 " 以草定畜 " 的提法理论上不科学，在实践中也无法实现，仅考虑了自然因素，忽略了人的主观能动性，忽略了经济发展，又不符合牧区现实管理能力，缺少草地的监测管理体系和有效的监督执法机制③，结果是事与愿违，“以草定畜”没有使草地得到应有的健康发展，应该鼓励“以畜定草”④。

三、“以草定畜”思路和增强抗灾能力

改革先行者们并没有因为书本上的理论教条而放弃改革创新的尝试。譬如至今仍然被许多经济学家痛批的“价格双轨制理论”对中国改革的贡献超过了任何诺贝尔经济学理论对中国改革的贡献，“价格双轨制理论”也摘得第四届中国经济理论创新奖。今天重新去看，发现“价格双轨制理论”的思路是很主流的经济学思想，在既得利益者约束市场经济无法继续发育、帕累托效率改进在改革过程中无法实现的前提下，通过物品的计划轨价格和市场轨价格并存，改革受益者向既得利益者补偿因为市场化改革而失去的经济利益，从而降低了改革费用，让市场化改革能够继续推进，实现卡尔多希克斯改进，最终不可逆转地走向了市场经济。

同样的，被许多人质疑的“以草定畜”思路，尤其是被经济学者否定的草原“以草定畜”思路的贡献究竟是什么？为什么在草原承包以前，“以草定畜”并不重要，甚至在那个时代，养畜大户要戴大红花，受到政府的各方面奖励，为什么在草原承包以后，“以草定畜”、草畜平衡管理就不可或缺了呢？

因为，在草原承包以前，草原放牧牲畜的收益是共同享用的，当时的主要难题是如何保畜抗灾。而在草原承包以后，特别是牲畜承包到户以后，牲畜的收益开始归私人拥有，开始建立私有产权，这直接打开了潘多拉魔盒，特别是当牲畜能够

---

① R. H. Behnke, Jr, I. Scoones and C. Kerven. Range Ecology at Disequilibrium: New Models of Natural Variability and Pastoral Adaptation in African Savannas. Overseas Development Institute; London. 1993.

② Cowling RM. Challenges to the 'New' Rangeland Science. Trends in Ecology & Evolution.2000,15: 303-304.

③ 杨理、侯向阳：《草畜平衡管理与草地资源可持续利用》，载《中国农业经济评论》，2005（4）。

④ 任继周：《草业琐谈之十七——从“以草定畜”到“以畜定草”》，载《草业科学》，2004（21）。

自由以市场价格出售，而不是统购统销以后，牧民可以通过自己私有的牲畜争夺草原上公有的资源，获得私人收益，这彻底激发了牧户多养牲畜的积极性。“以草定畜”抑制了牧户多放牧多抢占公共草场的利益冲动，实现了草原可持续发展。

赵真北在1981年发表的《实行以草定畜　变被动抗灾为主动防灾》一文中指出，1949年以来，内蒙古畜牧业长期被动抗灾，耗费大量人财物力却事倍功半，纠正这些失误的重中之重是要端正指导思想和工作布局，实行“以草定畜”。“以草定畜”思路的关键是，畜草失衡增加了牲畜的灾害损失，从而影响了畜牧业的可持续发展。而其后的制度改革，不但没有充分体现出赵真北的草畜平衡管理应有之义，反而因为草畜平衡管理采用超载罚款的政府管制型管理措施，降低了草原牧户抵抗灾害的能力①。

四、学习前辈“不唯上、不唯书、只唯实”的精神

赵真北凭借长期的实地调查研究和探索，以及对马克思经济理论的透彻理解，在改革过程中坚持实事求是，不惧理论的困扰，在草原承包以后踏实接地气提出“以草定畜”的思路，从而构建了具有中国特色的“草原承包制度＋草畜平衡管理制度”的独特管理框架。

赵真北一直关注草原牧区经济的发展，毕生致力于实现蒙古族和其他各民族的共同繁荣，即使有时受到不公正的对待，仍然在工作研究中坚持“知无不言，言无不尽，言者无罪，闻者足戒”的原则，一生为人正直、实事求是、不唯上不唯权。赵真北曾说过：“作为党员，按《党章》规定发表意见，作为公民，在《宪法》范围内说话办事，就应该无所畏惧。”他始终强调工作学习中一定要实事求是，从实际出发，对人民负责，切忌做劳民伤财的事。②

“不唯上、不唯书、只唯实”才是我们需要向改革先行者学习的思想精髓。我们应秉承“不唯上、不唯书、只唯实”精神，坚持创新意识，继续完善牧区制度体系，建立具有中国特色的基于市场经济的新时期管理体系。

（作者系内蒙古大学经济管理学院教授，硕士生导师）

① 杨理、侯向阳：《弹性与草畜平衡管理关系初探》，载《草业科学》，2004（21）。

② 2002年涛娣采访赵真北记录。

草原畜牧业的现代化进程

——回顾与展望

巴图

引言

内蒙古被称之为畜牧业大区，主要是因为历史上内蒙古一直是我国主要的畜产品生产基地。然而，畜产品的生产方式在市场化进程中从游牧畜牧业过渡到定居畜牧业，定居畜牧业又表现为放牧型畜牧业和舍饲畜牧业并存的格局，已陷入何去何从的困境中。新中国成立初期，草原畜牧业是内蒙古的支柱产业，牧民以草原畜牧业为生计手段，凭借自然条件、勤劳的双手以及祖祖辈辈传下来的本土知识，过着比周边农区更为富裕的生活，创造了“三年饥荒抚养3000名上海孤儿”的佳话。但是，工业化和市场化的不断深入，草原畜牧业却逐渐失去了“往日辉煌”，其产值占国民生产总值比重不断下降，牧区成为贫困发生率最高的地区，草原也变成了环境恶化的重灾区，与中国经济的腾飞形成了鲜明的对照。

在内蒙古，1982年开始牲畜私有化，1992年实现农畜产品的商品化，1997年开始实施草场承包制。市场化和产权明晰化无疑是社会进程的趋势所在，而在这样的趋势下，草原畜牧业却逐渐丧失了其优势，似乎表现出不能与时俱进。也正因此，在政界和学术界形成了一种共识：草原畜牧业是粗放的、传统的→落后的→必然要被现代畜牧业所代替→现代畜牧业必然是集约化的、不依赖于自然条件的一种经营方式。基于这样的推理，人们很容易得出现代化的舍饲经营必然是未来畜牧业的主要经营方式的结论。与此同时，中国经济的快速发展也带来了生态环境的恶化，原本脆弱的内蒙古草原生态尤为严峻。国家开始重视环境问题，在五大畜牧业地区开始实施通过缩小草原畜牧业来保护草原生态的一系列环保政策。这些环保政策的实施，不断使草原畜牧业的经营成本提高，导致了牧民纯收入的下降。牧民收入的增长速度从 1993 年开始出现下降趋势，2001 年转为负增长，2007 年 33 个牧业旗县农牧民人均纯收入变得低于农区农牧民人均纯收入[①]。值得一提的是，作为“生态移民”和“禁牧”政策的补救性措施而以项目形式推进的“舍饲经营”没有预期的那样普及，草原畜牧业却表现出了顽强的生命力。

草原畜牧业何去何从，需要从草原畜牧业的现代化进程中展望其未来发展趋势。在探讨草原畜牧业的现代化问题前，需要对草原畜牧业、现代畜牧业、草原畜牧业的现代化等基本概念进行梳理，在相关概念的梳理基础上以新的研究视角考察草原畜牧业的发展问题。

一、概念梳理与研究视角

（一）概念梳理

国家在提倡农业现代化，学术界也在不断摸索农业现代化的途径与模式。人们习惯于从机械化和集约化角度理解发达国家的畜牧业，甚者认为舍饲经营是工业化背景下出现的经营方式，故而是草原畜牧业向现代畜牧业过渡的雏形。在多数人的概念当中，现代畜牧业应该是跟现有的畜牧业完全不同的一种经营方式，集约化的、不依赖于气候天然草场等自然条件的、高投入高产出的经营方式。但是，真正理解畜牧业的现代化，还需从有关畜牧业的基本概念上入手。

我国国民经济产业部门分类中，广义的农业指的是农林牧渔业，其中的牧代表的是畜牧业。畜牧业指的是饲养动物，并从事畜产品的生产和交换的产业部门。我国中西部草原地带自古以来饲养家畜化的牲畜，主要以牛、马、骆驼、绵羊和山羊为主，部分地区还要饲养鹿。由于这些家畜分布于草原地带，并且是群居性动物，其饲养需要广阔的草场。因此，在漫长的历史长河中，人们发明游牧方式使得草、畜和人三要素完美结合，能够做到产出效率最高。随着工业化，改变了以往“畜”和“人”围绕“草”而移动的特征，发明了以“人”和“畜”为中心移动“草”的经营方式，满足人们日益增加的畜产品需求。后来，把“草”

① 达林太、郑易生：《牧区与市场：牧民经济学》，139 页，北京，社会科学文献出版社，2010。

改为车间生产的饲料来代替，发展了目前的舍饲经营。在这个变革过程中，由于草场的家庭为单位的承包，加上成员的异质性，草场的共同利用面受到限制，人们普遍认为游牧已经终结。虽然，通过生态移民和禁牧政策补救性措施，曾试图全区范围内推广舍饲经营，但由于舍饲经营的高投入、市场不确定性、产品质量低下等原因，舍饲经营在家庭经营层面并没有得到普及。牧民通过减少移动次数，改变牲畜结构（五畜结构、年龄结构等）和品种，冬季储备干草，部分引进舍饲技术（搭配精饲料）等诸多手段，在自己承包的草场内，利用游牧的原理维持着畜牧业的经营。由于这种经营方式不同于游牧，也不同于舍饲经营，人们开始使用“草原畜牧业”、“ 草地畜牧业”、“ 放牧畜牧业”等许多新名词。在内蒙古，草原畜牧业这一名词得到普及。草原畜牧业，从词面意义上看是指直接利用草原为主的畜牧业，即放牧型畜牧业。因此，其含义要比游牧要广，应该包含游牧业。它又是对应于舍饲畜牧业的概念，舍饲畜牧业是指并不利用草原，而是利用精细饲料的一种经营方式。但是，在考虑草原畜牧业和舍饲畜牧业的上一级分类的时候，又会遇到困难。畜牧业所包含的动物，除了草原地区的五畜以外，还有林区的鹿，农区的鸡鸭和猪，甚至包括渔业和蚕业。鉴于此，在这里我们把草原畜牧业所饲养的五畜称之为牧畜，与其他动物的饲养加以区分。如下图 1：

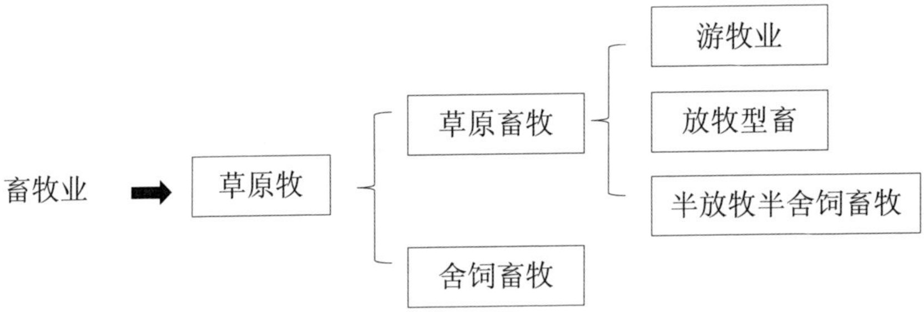

图 1

在上述分类中，游牧到放牧型畜牧，再到半放牧半舍饲畜牧业，游牧生产方式虽然大部分地区已消失，但游牧的原理一直没有被放弃，而是延续至今。在纯牧区，以冬营地和夏营地之间轮牧的形式保持了游牧的原理，半农半牧区则放牧草场、打草场和收割后的耕地之间轮牧，以及加储备干草（精细饲料）的形式把游牧的原理发挥得淋漓尽致。因此，畜牧业经营方式的变革中，我们应该看到历史的延续性，而要放弃革命史的传统范式看待牧区生产经营方式的转变。

从以上分类我们可以看到，草原畜牧业和舍饲畜牧业只是以生产要素结合方式的不同进行的分类，并没有优劣之分，也就没有取代与被取代的关系。因此，畜牧业的现代化过程自然也有两种途径，即草原畜牧业的现代化和舍饲畜牧业的现代化。目前，我们忽略的是草原畜牧业的现代化，而只是考虑取而代之的经营方式，现代化的舍饲畜牧业自然就成为了人们想象当中最为理想的经营方式。

畜牧业现代化问题的探讨过程中，有人提出来现代畜牧业的概念。在促进畜牧业的现代化过程中，人们必然要想象最为理想的经营方式，其参照系必然是现有发达国家的畜牧业形式。在近代西方史学观点中，把人类文明史分为古代、中世纪和现代。中国历史传统的分期架构也是三分法，即古代、近代和现代。目前，我国史学界通行的历史分析法中，十月革命以后为现代。也就是说，不管是在西方还是在我国，“现代”为从某个时点到现时点的历史时期，已经有固有的含义。用“现代”一词修饰某一个产业或经营形式时，其含义就是最为先进的意思。但是，事物总是会随着时代的需要而发展变化。如果采用现代畜牧业一词，当我们认为最先进的畜牧业经营方式开始被淘汰的时候，现代畜牧业就变成毫无意义了。

现代化是一个动态的过程，是不断引进新要素的过程。本文重点考察草原畜牧业的现代化进程，即草原畜牧业的经营过程中不断引进新生产要素的过程。

（二）研究视角

研究草原畜牧业的现代化进程时，舒尔茨的《改造传统农业》① 能够给我们提供一个很好的思路，即现代化就是现代生产要素的引进过程。这种研究视角可以引申出三个基本的论点：第一，现代化是动态演化过程，是一个循序渐进的过程，而不是一个“革命”的过程；第二，要实现发展中国家落后产业的现代化，首要任务是给现代生产要素的引进创造条件；第三，在是否引进现代生产要素方面农民是最终的决策者，而他们的选择是理性的。

上述三个论点，在研究草原畜牧业的现代化进程中都有不同启示作用。第一论点给我们的启示是，草原畜牧业的要素结合方式在内蒙古草原地区是有比较优势的，其优势主要在成本和产品质量两方面；第二论点的启示是，国家至今采取过旨在促进农业现代化的诸多政策，其效果不尽如人意主要是那些新的生产要素的引进条件不具

① ［美］西奥多·W·舒尔茨：《改造传统农业》，北京，商务印书馆，2006。

备，从而未能达到预期的效果；第三论点的启示是，政策的制定和实施过程一定要让当事人参与进来，一种政策他们接受与否，是基于他们现有条件的最理性的选择。

二、现代生产要素及其引进条件

草原畜牧业是一个系统工程，在“草”、“畜”和“人”三要素的有机结合基础上得以成立。在现代经济学中，生产函数把生产要素概括为劳动和资本两种。在工业生产过程中，资本可以购买任何劳动以外的其他生产要素，因此简化成劳动和资本两种要素。但在草原畜牧业的生产经营活动中，“草”、“畜”和“人”都相对独立于资本。在这里，我们视“草”、“畜”和“人”作为草原畜牧业的基本生产要素，其他牧用机械、棚圈、机井、运输工具等凡是能够用资本购买到生产要素，一律视为资本，视资本为“草”、“畜”和“人”三要素结合过程中的一个约束条件，即附属要素来考虑。

（一）现代生产要素

草原畜牧业的现代化过程中，需要引进的新要素仍然跟草原畜牧业的基本生产要素有关。跟“人”有关的新要素有：本土技能的传授、新技能的学习、劳动力的转移和劳动力的代替等。现代化过程本身就是劳动生产率不断提高的过程，因此也是劳动力被解放的过程，如果剩余劳动力不能转移到非农产业，现代化过程也就无从谈起。经济发展过程当中，劳动力这一要素价格会相对于资本变得更昂贵，因此资本部分代替劳动的现象也会随之发生。跟“草”有关的新要素有：干草储备、人工饲草、精细饲料和流转草场。草原畜牧业的现代化过程也是不断适应社会的发展需要，也要适应资源供给情况。在草场面积不断缩小和分散化背景下，通过“饲草”的位移来保持三要素的有机结合也是必然的。主要是冬季通过干草储备和补充人工饲草或精细饲料来代替冬营地的作用，通过草场流转保证夏季草场的供应。跟牲畜有关的新要素主要是新品种的引进。

（二）生产要素引进条件

现代化过程总是很缓慢的，尤其草原畜牧业这样的生计产业。主要原因是现代生产要素的引进会遇到各种各样的阻碍因素。如果想促进现代化进程，就是要给现代生产要素的引进创造条件。根据内蒙古草原畜牧业的发展经历，表 1 整理出了各种现代生产要素及其引进条件。

1 现代生产要素及其引进条件表

引进条件 现代生产要素			资本条件	要素匹配条件	牧业服务体系	政策及制度条件	市场条件
			牧业机械 棚圈建设 打井 运输供给 流动资金等	如：新年品种的引进 ↓ 精细饲料 ↓ 新饲养技能	防疫与治病 技术推广 质检品牌 交易市场 交通运输	双重所有制 家庭承包责任制 草畜平衡 草场流转 生态移民	市场需求 市场距离 产业延伸
生产要素	劳动	本土技能传承			合作社，品牌	放牧型经营得以维持	市场需求
生产要素	劳动	新技能学习	参加培训、外出交流	精细饲料、品种改良，劳动力农转非	供货企业、技术推广部门，就业		产业延伸
生产要素	劳动	劳动力节省	牧业机械	雇工	合作社		
生产要素	劳动	劳动力农转非	配套设施齐全		服务体系健全	土地流转制度	产业延伸
生产要素	牲畜	改良品种	棚圈建设	精细饲料、新技能	牧业服务体系		市场条件
生产要素	牲畜	牲畜结构调整				畜群结构调整政策	需求、延伸
生产要素	牲畜	出栏率			道路、交易市场、合作社		市场需求、产业延伸
生产要素	草场饲草	干草储备	流动资金、牧业机械		交易市场、交通运输		市场距离
生产要素	草场饲草	人工饲草		技能学习		饲草料种植鼓励政策	
生产要素	草场饲草	精细饲料	流动资金	出栏率			市场距离
生产要素	草场饲草	草场租赁	流动资金			草场流转	产业延伸

如表1所显示，要素“人”方面，本土技能的传授不容乐观，得以维持的条件是，保持绿色生产的基础上，打造出自己的品牌，把握住市场需求，或引导市场需求的基础上，发展草原畜牧业的生产方式，适当保持轮牧和五畜牲畜结构。只要原有的生产方式保留起来，本土技能就有得以传承的载体，才能真正传承下来。新技术的需求来自于新品种的引进、新饲料的投入等生产方式的调整，而生产方式调整背后是市场需求的变化和产业链延伸，其中还需政府就业机构或技术推广部门的职能。新技能的学习需要外出学习和交流所需资本。宏观上看，一个部门劳动生产率的提高还要求本部门剩余劳动力的转移，包括牧区转移城市和牧区内的农转非。农转非也要依赖于牧业产业链的延伸这一市场条件，还需技能的培训。另外，落后的地区或产业里，劳动力相对于资本往往是富余的，从而也是廉价的。当该地区或产业发展起来后，劳动力价格会逐渐提高，这时就会出现劳动和资本两要素之间的替代过程。在草原畜牧业范畴里，牧业机械、交通工具的引进就是资本对部分牧业劳动的代替。如果，过早出现资本代替劳动的现象，不仅不利于劳动生产率的提高，还会增加成本而降低牧民收入。

“草”方面，干草储备、人工饲草、精细饲料和草场租赁都是新的生产要素。季节性游牧变得不可能的时候，干草是越冬必须储备的生产要素，它改变了三要素的结合方式。人工饲草比干草营养价值高，有利于牲畜在冬季保膘，也可以提高牧畜的繁殖率。精细饲料的引进在品种改良和出栏率提高的前提下是不可缺少的。因此，能否买到好的精细饲料，或能否合理的价格长期供给精细饲料是品种改良和冬季育肥的限制条件。

“畜”方面，品种改良是现代化首要任务。从牧民角度看，资本是品种改良的首要约束条件。从社会牧业服务体系角度看，政府专门机构负责联系种畜、或提供人工配种是不可或缺的。与此同时，“草”和“人”方面也要相应搭配。改良品种往往需要精细饲料，也要学会新的饲养技术。在生产经营方式的变化中，牲畜结构必然发生变化，有些是因为市场需求，饲养成本的变化引起，有些是被相关政策所约束的。另外，现代化的深化会使生产周期变短，而生产周期缩短往往表现在出栏率的提高上。出栏率的提高会受到精细饲料、市场距离、合作社等其他条件的约束。

综上所述，现代生产要素的引进是一个错综复杂的系统工程，在市场需求的推动下会逐渐发生变化，政府的政策或相关畜牧业服务体系的健全也会促进这一变化过程。

三、草原畜牧业现代化进程回顾

现代化进程要受国际政治经济形势、国家政治形式、国民经济发展态势的影响。二战后新的世界政治经济格局形成，各国经济也迎来了复苏和较长时期的稳定发展。新中国也是二战后不久成立，从此开始了社会主义经济建设。内蒙古草原畜牧业真正意义上的现代化进程也是从这一刻开始。

（一）草原畜牧业的现代化进程

内蒙古自治区成立至新中国成立前，内蒙古自治政府主席乌兰夫强调发展畜牧业的重要性，指出“发展畜牧业对全国工业和农业都是有好处的，我们不能同意那种把牧区或半农半牧区强制农业化的主张，而应在一切牧区发展畜牧业，半农把牧区也要发展。我们应该看到牧业也有近代化的前途”[①]。这里指的牧业与本文里的草原畜牧业同义，而近代化的含义则接近于这里的现代化。在民主改革时期，曾执行土地改革、“牧工牧主两利”、“蒙汉联合”、“禁止开垦，保护牧场”等诸多政策和措施。这些政策的作用对象都跟草原畜牧业的三要素有关，旨在保护“草”、“人”和“畜”三要素，从而为中华人民共和国成立初期的增长为目标的总体战略服务，实际也得到了很好的效果。

之后的互助化及人民公社化运动，从经济角度上看都是试图改变三要素的结合方式，从而达到增产的目的。互助是通过分工与协作补充牧业劳动力短缺的不足，以轮牧和分群放牧的草场利用方式使三要素能够有效结合，做到了使产量最大化的目的。人民公社时期的统一劳动、统一管理这种制度安排虽然不可避免的滋生出了“搭便车”现象，但在防疫与治病、抗灾保畜、品种改良、商品化等畜牧业社会服务体系建设方面的贡献是值得肯定的。

人民公社解体到1992年的时期是向市场经济过渡期。这一时期，人民公社解体后，原有的农畜产品流通组织和渠道、防疫治病、抗灾救灾、品种改良等畜牧业服务体系陷入瘫痪半瘫痪状态。由于当时属于短缺经济，市场需求的强力带动下，商品流通由私人中介来完成，但市场化的红利被商品流通高昂的交易费

① 《乌兰夫文选》(上册)，141页，北京，中央文献出版社，1999。

用所大打折扣。在市场需求的带动下，草原畜牧业有了一定的增长。不可否认的是，牧业社会服务体系的崩溃对草原畜牧业的发展产生了长久的影响。

随着市场化的深入，中国经济也进入了快速增长阶段。经济的快速增长一方面带来了生态环境的恶化，另一方面随着 WTO 的加入迎来了农产品过剩时代。草原畜牧业遇到了环境和经济两方面的困境。2001 年以后，内蒙古等中西部畜牧业地区陆续实施“禁牧”、“生态移民”等环保政策。这些政策实施条件下，畜牧业三要素的结合方式被迫做出调整，更多用储备的干草或人工饲草来代替草场上牲畜自然采食的过程，其结果必然导致经营成本的增加。在实施“禁牧”和“生态移民”政策时，作为解决生计问题的补救性措施曾鼓励牧户进行舍饲经营。但由于资金、饲养技术、精细饲料、改良品种的引进、市场因素等诸多约束条件而被迫中断。这些约束条件中，最主要的仍是市场因素。虽然市场需求较大，但是产地到市场的距离较远，中间组织又不发达，最终产品不能及时上市场销售，舍饲经营的成本就会增加很多，不确定性又增加。在资本普遍短缺的情况下，牧户宁可“偷牧”的形式违法放牧，也不去冒险投入大量的资本去搞舍饲经营。到目前为止，相关企业和个体在离市场较近的位置上从事较大规模舍饲经营以外，当时响应政府号召从事舍饲经营的牧户全部退出这一领域。另外，随着社会和经济的发展，市场上对于绿色、无污染的畜产品的需求不断增加，这也是草原畜牧业得以维持的决定性因素。

（二）现代化进程中的决策作用——评赵真北先生的畜牧业经济思路

经过草原畜牧业的现代化进程的观察，我们可以得出以下几种结论：任何一种现代生产要素的引进都会面临诸多的约束条件；政府在现代化过程中可以起到积极的推动作用，其作用不仅仅是促成现代生产要素得以引进，更为重要的是为引进创造条件；现代生产要素能够被引进，而且能跟其他生产要素有机结合，其最终决定因素是市场条件，市场条件包括市场需求、市场距离、还有产业链延伸等。

我国推进草原畜牧业现代化进程，应该总结过去的经验，为今后进一步促进现代化指明道路。根据本文对现代化一词的解释，我国草原畜牧业的现代化从新中国成立时就已开始。在这一现代化过程中，有好的经验，也出现过过于激进的一些做法。主要的问题可以概括为政策制定和政策实施两方面。政策制定方面，由于内蒙古等畜牧业地区的特殊性，避免把农区的一些经验照搬来推行。政策实施方面，原本是好的政策或计划，没有处理好其他的约束条件，政策效果减弱或无效果。因此，在政策的制定和实施过程中，相关职能部门的领导角色显得格外重要。在这方面，在上个世纪 80 年代以前长期在我区畜牧业领域工作的赵真北先生给我们做出了很好的榜样。

新中国成立后，赵真北先生开始从事地方工作。上个世纪 50 年代初在牧区工作时，在“抗灾保畜”工作上做出了突出的业绩。80 年代初他提倡“被动抗灾转为主动抗灾”的主张，为畜牧业生产管理工作提供了重要的思路。

之后，由于全国范围内掀起互助组以及人民公社化运动，赵真北先生也开始参与合作社的建设问题。中华人民共和国建立初期，牧户牲畜规模小，放牧轮牧、接羔、防疫、打草储草、防止天灾兽灾等方面需要合作。乌 兰夫为首的当时的自治区领导响应国家的号召，大力推进畜牧业生产互助组织，取得了不错的成绩。在全国范围内掀起人民公社化运动时，基于内蒙古的实际出发，提出了高级合作社不适合内蒙古的意见。人民公社解体后，赵真北先生很有前瞻性的指出牧区经济体制改革不能放弃合作制和集体经济的观点。

赵真北先生到农牧场管理局工作后，发现开垦对草原生态的破坏和对畜牧业的冲击，提出牧区经济以畜牧业为主，畜牧业以草为主的工作方针，反对和制止草原开垦。随后到锡林郭勒盟盟委主政的时候，提出了“人重教育、畜重草、以牧为主、以草定畜、建设草原、发展多种经济、改变落后”的工作方针，此时赵真北先生对牧区经济发展的系统思想基本已形成。

上个世纪 80 年代初，赵真北先生又被调至自治区畜牧厅工作。在这期间主持和参与制定了《草原管理条例》，也为之后的《草原法》的出台奠定了基础。经历了“文化大革命”，赵真北先生充分意识到法律对于维护民族平等、保护少数民族权益、实现民族团结的重要性。《宪法》赋予少数民族行使自治权，《民族区域自治法》确保了少数民族的各项权益。基于赵真北先生“牧区以畜牧业为主，畜牧业以草为主”的基本观点看，《草原管理条例》和《草原法》就是畜牧业健康发展的法律保障，为此付出了辛勤的劳动。

赵真北先生退休之前又到内蒙古工商行政管理局主持工作。在这一全新的工作岗位上积极参与我国经济体制改革实践，鼓励发展个体私营经济。在这一岗位上，仍心系牧区和畜牧业，重点扶持少数民族个体工商业，鼓励牧区发展多种经营。与一贯主张的“提高畜产品商品化率”的观点相辅相成，鼓励牧民从事畜牧业以外的非农产业，拓宽就业创收途径，促进畜牧业的产业化进程。

纵观赵真北先生的工作经历，在每一个岗位上都兢兢业业，认认真真。发现问题，提出对策，付诸实施并解决问题，无一例外。毫无疑问，赵真北先生是一个合格的国家干部，是一个优秀的共产党员。但是，如果我们仔细研究他的文章所表达的思想，不同工作岗位上的政策主张，我们还可以发现很多值得我们学习的东西。

1. 赵真北先生自新中国成立后便在不同的岗位上担任领导职务，经历过不同的政治运动，但始终能够保持冷静的头脑，不忘初心，坚持自己的观点，不为权力所折服。究其原因，是因为他有着坚定的信念和立场、追求真理、以人民利益为大局，这正是每一位国家干部应该具备的素质和职业道德。

2. 赵真北先生在很多单位主持过工作，但是从他的工作侧重点和政策主张不难看出，他是时刻心系着牧民的生活和生产，尤其对于畜牧业有着系统的认识。他始终认为，在内蒙古发展畜牧业（草原畜牧业）是有优势的，而畜牧业由“草”、“畜”和“人”三个要素构成，三要素互相制约。中华人民共和国成立初期，三要素当中“畜”少，自然灾害中死亡率又高，针对这种情况把工作重点放在“抗灾保畜”上，其工作业绩被认可，以致后来改革开放后提出了“变被动抗灾为主动防灾”的主张。在民主改革时期，“畜”少，但同样需要投入很多“人”。针对这一情况，鼓励发展生产互助组织，在放牧、接羔、防疫、打草储草等各方面互助合作，着实取得了显著效果。但在人民公社化运动中，始终保持冷静的头脑，坚持和拥护内蒙古不适合发展高级合作社的主张。人民公社时期，由于外来人口等原因，牧区人口开始快速增加，又在“不吃亏心粮”的号召下，大规模草原被开垦，三要素比例又开始失调，“草”变成制约畜牧业发展的主要因素。针对这一情况，赵真北先生反对外来人口，反对“开垦草原”。从那以后，缺“草”的情况越发严重，牧区人口增加、草原面积减少、牧畜增加已是发展趋势。赵真北先生预见性地提出了“以草定畜”的思想，并且经过不懈的努力，把这一思想贯穿到“草原管理条例”当中。即使到了内蒙古工商行政管理局工作后，促进民族个体经济也是针对畜牧业三要素中“人”多的问题。民族个体经济发展，有利于转移牧区剩余牧业劳动力，同时也有利于阻止非牧业人口进入内蒙古牧区，最终促进畜牧业的可持续发展。

3. 本文探讨的是草原畜牧业的现代化问题。政府在现代化进程中可以发挥重要的作用，但也往往采取过激的行为，不仅浪费人力物力，也有可能实质上延缓现代化进程。尤其是以项目形式推进产业政策成为国家常规手段的现实情况下，相关职能部门领导干部的业务素质和道德素养变得格外重要。比如，品种改良走了漫长的路，不断以本地牧畜配种的方式进行改良，但曾经一段时间政府出资引进外国品种，通过项目形式推进，结果因饲养技术和饲草料跟不上，不能按时市场上交易（市场距离），导致引进的牲畜病死，或产出达不到预期，不仅损失了财政也损害了牧户。“生态移民”和“禁牧”政策实施初期，给牧户安排的是奶牛饲养或舍饲经营，因为资本、技术、市场距离等等新生产要素的引进条件不具备而中断，浪费了国家财政又苦了牧民。虽然是国家的政策设计出现偏差，但关键原因是一线工作的国家领导干部未能准确把握实际情况，或者没有做到尽职尽责。在草原畜牧业的现代化过程中，作为农牧业领域的国家干部，赵真北先生给我们做出了榜样。他提出来的政策建议，不仅是必要的，而且也是可行的。就现代生产要素的引进方面讲，改善棚圈、储备干草、以草定畜等“防灾保畜”等措施，有些是政府出面解决，有些是组织牧民一起来解决。又比如，在“以草定畜”方面，禁止开垦、储备干草、引进饲草料是增加“草”的供给，提高出栏率等措施是减少“草”的需求、发展民族个体经济是减少对“草”和“牲畜”的需求，增加畜牧业的附加值。一环扣一环，最终做到均衡畜牧业“三要素”，促进畜牧业可持续发展的目的。

四、草原畜牧业现代化进程展望

草原畜牧业的现代化就是现代生产要素的不断引进过程。我区草原畜牧业的发展相对落后，如何促进其现代化进程，首先欧美国家的畜牧业经营方式能够作为参考。由于我国沿海地区经济比较发达，在基础设施建设并不发达的条件下，也是这些地区率先向发达国家学习，引进其畜牧业的经营方式。由于这些地区没有放牧条件，介绍到国内的是欧美国家畜牧业的集约化经营方式，对于欧美国家放牧和舍饲相结合的经营方式并没有引进过来。在内蒙古这样的草原地区，放牧型畜牧业具有成本和产品质量优势，发展以放牧为主舍饲为辅的经营方式是有可能的。为了保证这种经营方式的效率和可持续性，需要引进一些新的生产要素，并且为引进这些生产要素创造条件。值得一提的是，牧区道路建设已经基本完备，拉近了与市场的距离，为其他生产要素的引进创造了条件。

草原畜牧业的现代化，最迫切需要的是引进和改良适合当地气候和饲草条件的品种。目前，以通辽为中心培育起来的西门塔尔牛草原类群（黄白花）具有适宜放牧、育肥性能好、耐粗饲、耐寒、抗病力强、乳肉兼用，遗传性稳定等特征，已经在全区范围内得到推广。西门塔尔牛草原类群（黄白花），20 世纪 50 年代开始历时 40 年，经过引种、提纯复壮、选育提高三个阶段培育而成①。总结其推广过程，是在市场需求的引导下，政府扶持，企业带头，牧民参与的结果。

另外，发挥草场集体所有制对个体行为的约束，把草场流转限制在集体成员内，逐渐形成适度规模经营。鼓励牲畜规模小、有其他技能的牧民就地农转非，从事畜产品加工、贸易和运输业，延伸产业链，并创造更多市场需求。发展牧民合作组织，节省劳动力投入，进一步拉近与市场的距离降低交易费用，并在政府和牧民之间搭起桥梁，约束牧户“搭便车”行为，约束政府过激行为和过度干预。遵循市场规律，促进科尔沁肉牛饲养基地、锡林郭勒草地羊饲养基地、巴彦诺尔肉羊饲养基地等主产地的形成，在此基础上打造地方品牌产品。政府引导下发展牧区旅游业，发扬传统文化，使草原生态环境、游牧文化、草原畜牧业和旅游业真正结合在一起，真正做到振兴农村牧区。

结论

目前，内蒙古草原畜牧业面临着经济和环境两方面的困境。但是，草原畜牧业的现代化正在进行中，可以说已经迈出了最为关键的一步。现代生产要素的引进过程艰难而曲折。正如本文中分析那样，政府主导的旨在促进畜牧业现代化的政策措施因种种原因而被迫中止的屡见不鲜，其原因不是新的生产要素不适合本地，而是还不具备引进条件。哪些生产要素在什么条件可以引进，或如何创造引进条件，政府所掌握的信息可能是不全面的，政府的政策设计有可能不符合农牧

① 生力军等：《中国西门塔尔牛草原类群培育方法》，载《河北畜牧兽医》，2002（6）。

民需求，承认这一点是有益的。如何提高政策设计的可行性，政策实施过程的有效性，一线工作的国家干部的综合素质显得格外重要。这一点我们应该向赵真北先生学习。

现代化进程是一个缓慢的过程，并且没有终点。内蒙古草原畜牧业虽然面临着诸多困难，但也处在最佳的发展机遇期。中国经济的快速发展及其庞大的体量，畜产品的市场需求不断膨胀，绿色畜产品市场前景尤其乐观。基础设施建设已处于世界领先地位，大大拉近了产地与市场的距离。互联网的发展，使得市场信息和技术信息能够共享，牧民创业明显增加，畜牧业产业链延伸。市场因素（需求、市场距离和产业延伸）、资本和技术不再是新生产要素引进的约束条件。因此，政府只要保证牧民的充分参与前提下，以合作社为单位推进草原畜牧业的现代化，前景应该是比较乐观的。从长远上看，实现草原畜牧业的现代化，关键仍是“草”、“畜”和“人”三要素的合理配置，三要素的结合不仅要输出“畜产品”，还要给世人呈现出草原生态的魅力和游牧文化的精髓。

（作者系内蒙古大学经济管理学院讲师）

从赵真北先生有关合作社的论述谈牧业合作社的经验

吉雅

解放以后内蒙古牧民先后成立了互助组，初级社和高级社，人民公社等互助组织，是内蒙古畜牧业经营史上的重要历程。赵真北先生在做牧区工作时非常关注牧区合作社的发展，在《对牧区经济体制改革的一些思考》①、《我区牧区合作化与人民公社化的回顾》②等文献中多次提到并讨论了牧区合作社的问题，总结了当时的经验，为后人参考。内蒙古牧民合作组织的历史经验和教训对当下和未来内蒙古牧区发展具有宝贵的参考价值。今天的牧区合作社发展应当借鉴历史，遵循取舍之道，为内蒙古畜牧业高质量发展不断探索新出路。

一、“牧业合作社要坚持自愿互利的原则”

“入社自愿，退社自由”是《中国农民专业合作社法》规定的合作社最基本的原则。国际合作社联盟的七项原则也有“自愿开放”这一必须遵守的原则。一直以来，“自愿与互助原则”被认为是世界各国各类合作社得以发展的主要原因。可见，这是无论何时何地，合作社必须具有的特征。

赵真北先生早在《我区牧区合作化与人民公社化的回顾》中回忆到“牧业合作社坚持自愿互利的原则，入社自愿，退社自由。入社牲畜数完全按自愿，一般情况是繁殖母畜大部分入社，入社牲畜多于自留畜即可；自留畜多于入社畜也是允许的；役畜、散畜是否入社应由牧民自愿。……对大牧主采取半公私合营牧场

① 赵真北：《对牧区经济体制改革的一些思考》，见《内蒙古畜牧业》杂志编：《内蒙古畜牧业经济论文集》（内部资料），7 ~ 11 页，呼和浩特，1992。

② 赵真北：《“三不两利”与“稳、宽、长”回忆与思考》，见内蒙古政协文史资料委员会编：《内蒙古文史资料》（第 59 辑）（内部资料），107 ~ 115 页，呼和浩特，2006。

的办法，对小牧主安排他们参加合作社；不论大小牧主，参加合营牧场或合作社任其选择。合作社放‘苏鲁克’也是一种办法，暂不愿接受改造，仍允许其雇工经营。”根据赵真北先生的论述看，当时推进牧民合作化时，根据牧民意愿采取非常灵活的方法逐步推进。

“自愿互利”应当始终是合作社的必由之路。“自愿”即没有强制性，但“自愿”也带有“自发”的性质，从当前新型合作社的组建历程看，“领头能人的带领”和“项目扶持”因素远远超乎“自发”和“互利”的认识，成为了合作社成立的首要驱动因素。因缺乏自发性和互利的目的，已成立的合作社大多数缺乏社员参与和实际运营，成为过度依赖领头人和依赖项目资金的“空壳社”，这是当前新型合作社当中存在的普遍问题。因此，“自愿互利”原则看似容易理解，事实上对如何做到“自愿互利”应有充分的认识和实施规划。如果说“自愿互利”是牧民合作社的必由之路，当今的新型合作社是否根据真正“自愿互利”的原则而成立？还有待考证。

二、鼓励“群众容易理解和接受的合作形式”

赵真北先生在论述中引用了乌兰夫同志在1957年10月党的八届三中全会上关于畜牧业问题的讲话：“内蒙古过去曾用过6种办合作社的办法，现在看来，以牧畜头数入社比例分红和牲畜评分或作价入社比例分红两种办法，为群众容易理解和接受。我们已把这两种办法定为最近几年发展合作社的主要形式……我们认为，在一个较长的时间内，在合作社中有意保留牧民对于牲畜的所有权，对社会主义改造是有利的。所谓保留所有权，就是在合作社内较长时间采用初级的办法，使社员每年能够按畜股分到合理的收益。同时按照社员的自愿，允许社员自留较多的牲畜”。

推进“群众容易理解和接受的合作”是当时以乌兰夫同志为代表的自治区党委对牧区工作的正确领导。对当今条件下的新型合作社也有极其重要的借鉴意义。牧民是合作的主体，牧民要是不理解和接受，牧区合作社也就无法开展，更谈不上牧民自愿互利的合作。现如今，仍有不少牧民对《中国农民专业合作社法》不理解，不接受，从而也导致新型牧民专业合作社长期停滞于初级阶段，无法进入快速发展时期。这与缺乏系统的宣传培训工作有关。牧民对《中国农民专业合作社法》提出的背景、需求、目的和作用没有充分的认识，不理解自身与法的联系，这是牧民当中普遍存在的问题。另外，有一部分牧民因经历人民公社时期的合作社，对新型合作社有错误的、混淆的认识和判断，从而无法接受新型合作社，反对参与合作社。因此，发展合作社使之成为现代畜牧业重要的经营主体，首先从让牧民正确理解和接受新型合作社的概念开始。其次，从牧民容易理解和接受的合作方式开始，逐步实现合作社在牧区的普及，再深入推进合作社对贫困牧户发挥应有的作用。只有理解和接受，才会有牧民自愿互利的合作的开始。

三、“牧区改革必须从实际出发，牧业合作化也要从实际出发”

赵真北先生在《我区牧区合作化与人民公社化的回顾》（2006 年）中回忆到：“在民主改革的正反面经验教训中认识到，牧区改革必须从实际出发，牧业合作化也要从实际出发，坚持‘稳、宽、长’的方针”。1954 年中央指示“在某些少数民族中进行社会主义改造事业，将比汉族地区开展的晚一些”，“可以用更多的时间和更和缓的方式逐步地实现”。这说明当时以乌兰夫为代表的自治区党委从实际出发的牧区工作对策被中央认可和采纳，同意牧区因地制宜，逐步实现。

“牧区改革必须从实际出发”是牧区干部和牧区工作应当坚持和传承的优良传统。改革开放几十年来，因为忽略和不重视“从牧区实际出发”，牧区改革一直套用农区改革的思维模式，带来了今天难以修复的创伤。这是今天必须反思的历史教训。

“是否从实际出发”也是当今新型合作社需要思考的问题。据 2013 年统计，育肥合作社数量占全锡林郭勒盟合作社的 75%[①]。但育肥合作社不是牧民的首要需求，也不是最适合牧区实际的合作社类型，这是肯定的。那么，育肥合作社占比高是与政府项目导向有关系。因此，当前除了有少数从本土实际出发的非常有意义的合作社之外，多数合作社的创建还没有普遍遵循“从牧区实际出发”的基本原理。对此，无论政府层面的引导，还是每个独立的合作社，都应当有反思和纠错，根据牧区实际、地方实际和合作社实际组建和运行合作社。

---

① 敖仁其等：《内蒙古牧区合作经济组织研究》，137 页，沈阳，辽宁民族出版社，2018。

四、“动员农牧民自己组织起来”

赵真北先生在《立足民族平等　发展民族经济——学习〈邓小平文选〉三卷的一个心得》[①]一文中提出五方面的建议，希望自治区各级领导和职能部门能紧密联系实际，立足于真正的民族平等，注重发展当地民族经济。其中第五条提出：“动员农牧民自己组织起来。如建立农牧民协会等组织，自我管理，自我教育，自我服务，自我发展，自我保护。组织农牧民劳动协作，将多余劳动力解放出来，改变‘游而不牧’，组织动员扶贫对象开展多种经营，向非农牧业转移；调剂土地、草原的使用，鼓励种田、养畜能手适度规模经营；建立技术、经营服务体系，发展集体经济，特别是二、三产业”。可见赵真北先生早在1993年就提倡动员牧民组织起来，建立“自助性”的组织，发展民族经济。

“自己组织起来”即作为独立法人而存在，具有“自助性”和“自主性”，不依托政府，没有官方色彩。合作社的“自助性”体现在自我服务、自我管理、自我监督、自负盈亏等四个方面。这个“自我”不单指合作社的某一位社员，而是合作社每位成员的组合。在合作社的章程当中这种“自助性”应当充分而清晰地体现出来，社员应根据章程履行“自助性”。例如如何开展自我服务、如何参与自我监督等。这种“自己组织起来”的组织结构，是合作社区别于其他组织的独特性质，是一种积极主动的发展态度和方式。只有真正“内生型”的、“自助性”的组织的成长和发展才是真正的乡村振兴的人才支撑。一切外在的扶持和外来的人才终究是一时而短暂的。因此动员和培养牧民的“自助性”意识在今天看来更加重要。

党的十九大报告指出“转变政府职能，深化简政放权”。在社会管理和公共服务领域，放权就是使社区内的不同群体（尤其是贫困人口、妇女，老弱病残等弱势群体）得到相应的机会和资源，在公共事务中共同参与、集体决策，自助管理。当前的内蒙古牧区，一些自下而上的农牧民组织不仅创造了较好的经济效益，在合作社的成长过程中锻炼了集体决策的能力，改善了社会风气和社会关系，提高了社区凝聚力。这样的合作社为政府和群众提供了多元参与和合作协商

① 中国改革开放战略研究丛书编委会、山东省新世纪文化发展中心合编：《中国改革开放20年成果总览》（1978—1998），原载《呼和浩特工运》，1995（1）。

的机制，有利于促进政府与群众的良性互动，代表了今后基层治理的发展方向。与此同时，也有大多数合作社“自助性”特点不显著，体现在社员参与“自我服务”的积极性不高、“自我管理”能力欠缺、“自我监督”意识弱等方面。对此，政府应当以好的合作社作为示范和榜样，提供合理地引导和支持，使合作社成长为参与社会治理的主体。

五、“贫困牧户是最需要互助合作的群体”

赵真北先生写道：“当时牧区阶级的状况是：90% 以上是劳动牧民（包括中等收入的牧民和一般喇嘛），占有牲畜 80% 以上；1% 左右的牧主（包括民族、宗教上层），占有牲畜 10% 左右，召庙有牲畜 6 万多头（只），另有旅蒙商的少量牲畜。根据 1953 年的情况，组织起来的牧户占 51.3%，其占有牲畜为 30%，这说明愿走互助合作道路的首先是贫苦的不富裕的牧民。”

当时的互助社对改善贫困牧民生活发挥了重要作用。陈巴尔虎旗第一个牧民互助社的创建人呼呼勒代讲道：“因我家牲畜头数少，生活困难，把主要精力放在副业。因没有好好照顾到牲畜，三头牛和两匹马都遇到了狼的袭击。成立互助社后有了劳动力分配，一个牧户走了敖特尔，剩下的可以留下照顾老弱牲畜，从而降低死亡率，也节省了劳动力……成立互助社后牧民劳动力充裕能经营的副业也多了，从而生活水平也提升，1951 年我们家有了洁白的新蒙古包和崭新的毡垫，全社的社员之前吃不饱肉和面，而现在想吃就能吃到了。这说明互助社的好处，如果不组织起来牧民的生活就无法提高。”①

改善贫困和解决生计问题是世界上成立合作社的第一目标。贫困或弱势群体可通过合作形成竞争优势，社员从中获利，改善贫困。因此贫困群体被认为是最需要合作的群体。世界各国合作社蓬勃发展的经验也为我国发展合作经济脱贫致富提供了可借鉴的成功经验。从内蒙古牧区的现状看劳动力短缺、草场面积小、贫困的牧户也是最希望合作的群体。草场面积大的、富裕的牧户是没有太强烈的合作需求和希望的。但从现实情况看，贫困户自己组织起来的合作社几乎很少，贫困户参与合作社的比例也并不高，合作社在扶贫减贫问题上发挥的作用亦不明显。这与牧区各方面的条件和现实情况有关系。组建合作社的都是操作能力强的

① 钦达木尼：《呼呼勒代互助社》，载《内蒙古日报》，1952 年 6 月 22 日。

能人和大户。这些大户和能人里有作为嘎查领导的和具有奉献精神和救助精神的能人，这样的领头人就会带领贫困牧民成立合作社共同致富。例如作为嘎查领导的合作社带头人高价租赁贫困户的草场、用贫困户扶持资金购买牲畜为贫困户入股，或让贫困户劳动入股等方式，使贫困户成为合作社社员，从盈利中给社员分红。当然在目前牧区也有的合作社是富人或亲戚关系组合起来，利用合作社项目进一步积累资本。这样的合作社则跟扶贫济困无多大关系。因此，合作社对贫困群体发挥的作用应该是被重点关注和扶持的对象。

赵真北先生在《我区牧区合作化和人民公社化的回顾》一文中总结道："综上所述，在内蒙古畜牧业从合作化到人民公社化的过程中，我们可以看到内蒙古党委在劳动这一变革所制定的方针政策，凡符合'稳、宽、长'方针牧区社会稳定，畜牧业就发展，但在变革中因受'左'的思想的干扰，出现了一些偏差，背离了'稳、宽、长'的方针，就走向反面。我们要汲取这一历史教训"①。

以上五点，即"牧业合作社要坚持自愿互利的原则"；"采取群众容易理解和接受的合作形式"；"牧区改革必须从实际出发，牧业合作化也要从实际出发"；"动员农牧民自己组织起来"；"贫困牧户是最需要互助合作的群体"等是能够从赵真北先生的论述中总结出来的，内蒙古牧区发展合作社的积极经验，也是当时的内蒙古党委对牧区工作的正确方针对策，为今天的牧民合作社发展和政策制定提供有益的参考。

（作者系内蒙古社会科学院副研究员）

① 赵真北：《"三不两利"与"稳、宽、长"回忆与思考》，见内蒙古政协文史资料委员会编：《内蒙古文史资料》（第59辑）（内部资料），107～115页，呼和浩特，2006。

生态保护与牧区经济转型中的困境

——基于赵真北先生的牧区可持续发展观

连雪君

粗读赵真北先生的文集，感受颇深，这部文集不仅对于研究牧区经济社会发展的历史具有重要的参考价值，如关于内蒙古自治区成立互助合作社和人民公社的始末[①]、牧区民主改革的过程[②]；而且对于研究当下转型中的牧区经济社会的发展也十分有价值。作为一名曾担任自治区农牧业领域职能部门的负责人，在当时特定的大环境下能够持有一种批判性的、反思性的、建设性的态度，来思考牧区经济社会发展的制度性问题，实属可贵，值得晚辈学习。这些资料的珍贵性在于赵真北先生居于体制之内，在不同时期作为牧区发展政策的执行者、参与者和设计者，采取反思性的观察视角，对政策主导下的牧区经济发展和社会变迁有着直接的体验和清晰的认识，而且是基于扎实的田野调查后的反思，较之于单纯的文献档案资料更为真实的还原了过往“活的历史”，这为我们重新审读牧区发展的历史提供了难得的资料。

---

① 赵真北：《我区牧区合作化和人民公社化的回顾》，见内蒙古政协文史资料委员会编：《“三不两利”与“稳、宽、长”回忆与思考》，《内蒙古文史资料》（第59辑）（内部资料），107～115页，呼和浩特，2006；赵真北：《对牧区经济体制改革的一些思考》，见《内蒙古畜牧业》杂志编：《内蒙古畜牧业经济论文集》（内部资料），7～11页，呼和浩特，1992。

② 赵真北：《试述内蒙古牧业区的民主改革》，载《档案与社会》，2004（1、2、3）。

一、赵真北先生的牧区可持续发展观

赵真北先生对于牧区经济发展的思考在两个方面最为突出，[①] 一是关于畜牧业与草原环境之间的辩证关系，他认为改革开放前针对畜牧业的发展，重视牲畜的增量而忽视了草场的承载量，导致草畜关系失衡，草原生态环境遭到了极大的破坏，提出"以草定畜"、草畜平衡和以草为基础的草原建设的牧区畜牧业可持续发展观，[②] 这个观点直接反映在后续《内蒙古自治区草原管理条例（试行）》的文件中，[③] 以及迎合了 2002 年后开始推行的草原生态奖补政策的基本思路。

二是从社会分工论的角度认识牧区经济结构的可持续发展问题。牧区以畜牧业为主的单一经济结构在全国经济改革的浪潮中已经显得较为落后，"单纯进行活畜、皮毛等原料商品的生产，无法向交换的深度和广度发展"，这种粗放式的单一制的经营方式，严重制约了牧区的发展能力和牧民生活水平的提高，已经开始被甩在了其他地区甚至是农区的后面。[④] 他指出牧区必须进行内部的社会分工，这种分工不是让从事畜牧业的人越多越好，而是越少越好，更多的牧民可以从事畜牧业上下产业链的环节，这样既增加了从事畜牧业牧民的养殖规模和收益，也能够让将牧民分流到畜牧业等相关产业之中，实现牧区的纵向分工而深化经济结构，推动牧区经济结构的多元化，最后才能实现牧区商品经济的发展。[⑤] 这个基于经济学的分工论观点对于认识当前牧区经济发展的问题依然十分重要。当前牧区经济发展中虽然呈现了一定的多元化经营模式，如草原旅游业、规模化养殖业等，但是广大牧区依然是以牧为生，家庭畜牧业仍然是牧民的主要收入。但在禁牧政策和家庭生活开支日益增加的矛盾背景下，牧区传统的畜牧业的单一经济结构对于牧区的转型及治理带来的挑战日益加大。赵真北先生的发展多种经营以改变牧区发展的困境具有重要的价值。

---

① 当然还有其他的观点值得注意，比如关于互助合作社在过去与现在的关系对于思考当前牧区生产协作与社区治理很有启示。赵真北：《对牧区经济体制改革的一些思考》，见《内蒙古畜牧业》杂志编：《内蒙古畜牧业经济论文集》（内部资料），7 ~ 11 页，呼和浩特，1992。

② 赵真北：《实行以草定畜 变被动抗灾为主动防灾》，载《内蒙古社会科学》（汉文版），1981（5）。

③ 赵真北：《〈草原管理条例（试行）〉试点工作的基本总结——在〈草原管理条例（试行）〉试点经验交流会议上的报告》，载《内蒙古畜牧业》，1983 年增刊《草原管理条例》专辑（1），38 ~ 43 页。

④ 赵真北：《改革单一经济结构 促进牧区社会分工》，见戈夫主编：《畜牧业论文集》，175 ~ 180 页，呼和浩特，内蒙古人民出版社，1989。

⑤ 同③。

赵真北先生的牧区经济转型的观点，无论是畜牧业与生态环境的关系、还是基于社会分工论的经济发展观，都体现了对牧区如何调试生态与生产之间、生产内的结构关系，推进牧区能够可持续的发展。当前在禁牧政策的驱动下牧区经济社会正在发生深刻的转型，牧区的经济、社会和生态之间的关系愈发紧张，赵真北先生的牧区可持续发展观对于我们当前认识牧区的转型与发展具有重要的意义。下面我们就在阿拉善左旗做的田野调查发现，对赵真北先生的观点作出回应，以纪念他对牧区一生的奉献与思考。

二、生态保护与牧区经济转型中的主要问题

阿拉善左旗从 2002 年开始实施退牧还草工程，逐步开展草原禁牧工作，截止到 2016 年新一轮草原生态保护奖补实施，阿拉善左旗草原补奖项目区总面积为 7100.45 万亩，几乎涵盖了牧区（牧业嘎查和半农半牧嘎查）的全部草场，草原奖补资金覆盖全旗 11 个苏木镇的 92 个牧业嘎查和半农半牧嘎查。具体来看，按照内蒙古自治区和阿拉善盟的政策要求，结合草原生态环境现状和草原承载牲畜的能力等客观因素，阿拉善左旗划分出禁牧区和草畜平衡区，实施完全禁牧的草场面积为 4884.2 万亩，草畜平衡的草场面积为 2216.25 万亩（包括已经托管出去的巴彦木仁苏木）。

按照阿拉善盟下达阿拉善左旗奖草原生态保护补奖面积及奖补资金总量，阿拉善左旗以农牧民人均收入为基本依据核定补奖标准。在发放的费用标准方面，我们可以发现，纯牧业嘎查完全禁牧适龄人群获得的补贴是 15000 元均收入的平均水平。换言之，对于部分留守的牧民而言，禁牧政策款是其主要收入来源；而草畜平衡的牧民可以按照特定的载畜量进行饲养羊等牲畜，因草场面积大小和政策执行的情况等因素，总体来看选择草畜平衡的牧户收入要高于完全禁牧的牧民。禁牧政策对于牧区社会和牧民的生产生活产生了本质性的影响，禁牧政策日益成为影响牧区社会发展的一个主要变量，围绕着放牧与禁牧之间的选择，在嘎查内部产生了系列问题，对于牧区社会治理产生了重要的影响。

无论是草畜平衡还是完全禁牧本质上都是以保护草原生态环境、限制养殖规模的禁牧政策，区别在于禁牧的范围和严厉程度，故我们把二者统称为禁牧政策。禁牧政策的制度特点是双规制与牧户的自主选择权，除了特定的区域，

牧户可以在草畜平衡与完全禁牧之间做出自主选择，牧户选择哪一种禁牧方式是由劳动能力、外出务工、子女教育、邻居的选择等社会性因素和不同禁牧方式补贴款项的经济因素共同决定的。但正是这种选择在后续的日常生活中产生了系列问题。

首先，禁牧政策对不同群体产生不同的效果。在我们的调研中发现，外出务工的人员、子女上学陪读的外出人员、生态移民人员、留守在牧区但丧失劳动能力的成员大都选择了完全禁牧，政策补贴款相对草畜平衡要高，这部分牧民对于禁牧补贴基本满意，但禁牧政策同时限制了想要在自家草场继续进行牧业生产和嘎查创业的人员的返乡。对于留守牧区的牧民而言，大部分选择了草畜平衡政策补贴，选择的理由主要是养殖牲畜能够补贴日常生活开支和“有个事干”的传统牧区生活生产的需求。但随着社会生活水平要求提高与生活成本的增加，无论是阿拉善左旗政府自身的调查，还是我们的调查都发现，牧民们认为草畜平衡政策下所限制的养殖规模和奖补额度无法满足生活开支需求，要么要求提高禁牧补贴水平，要么提高养殖规模。但从基层政府来看，部分苏木镇政府认为，这一补贴其实已经能够达到牧民的日常生活水平，再加之牧民可以到镇上和开发区及旅游景点打一些零工、开牧家游、挖苁蓉和锁阳、捡石头等收入，收入是可观的，只是牧民们在当前政策不断给予的情况下，出现了向国家“漫天要价”的不合理要求。

其次，禁牧政策的二元选择引发了部分嘎查村民间的矛盾。完全禁牧与草畜平衡政策的不同选择，一定程度上影响了牧民间的收入差距，牧民间互相“揭发”彼此超载的数量，导致部分嘎查牧民关系紧张。牧民们逐渐发现选择草畜平衡的牧户收入或生活水平要高于完全禁牧的牧户。原因有如下几点：一是2018年雨水较为充沛，草场草植质量较好，再加之羊肉价格上涨，养羊的收入较好；二是在一些嘎查，实行草畜平衡的牧户，通过协商或自主地进入实行完全禁的外出务工牧户的草场中，降低了养殖成本；三是一些嘎查的草畜平衡户存在超载现象，导致这样的现象的主要原因是执法的困难。

正是因为上述的原因，完全禁牧户对于实施草畜平衡户和圈养的完全禁牧户偷牧、超载等现象进行举报，导致邻里关系、村社内部的人际关系、村民与村干部关系、村民与执法人员关系等变得紧张，村社凝聚力降低，利益冲突变得突出，进而会将这些负面情绪延伸到村委会选举、村民自治中，降低了嘎查社会治理的能力。

三、关于牧区经济发展的一些思考

赵真北先生关于牧区可持续发展的观点仍然值得我们重视，特别是在禁牧政策下，单一的畜牧业结构正在被迫进行转型，嘎查社区需要发展多种经营的方式，特别是加快推进合作社建设作为应对禁牧政策所驱动的畜牧业转型带来的发展风险。

然而，阿拉善左旗农牧业嘎查整体来看，集体经济薄弱，2016 年统计时，无收益的嘎查 8 个，1 万元以下的 12 个嘎查，5 万元以下的 44 个嘎查，占到了全部嘎查的一半以上；全旗各类合作社共有 262 个，但能够盈利和带动农牧民致富的合作社较少，“空壳化”合作社较多，对此农牧民们和村干部希望政府能够在嘎查产业规划、产业品牌、产品深加工、产品订单和销售等方面加强引导和政策项目的扶持和资金支持。

当前，农牧民最实际的需求是创业致富，嘎查内最突出的现象是人员散化。经济基础是社会治理的支撑，集体经济发展好的嘎查往往社会矛盾也较少。嘎查党支部发挥社会治理的领导作用，一个重要途径是建设服务型党支部，通过带领嘎查群众集体创业、扶贫攻坚，凝心聚力，增强农牧民的集体感、团结感和参与社会治理的积极性。具体措施：

一是深化嘎查间区域性合作社的联合机制，提升规模化效应。针对邻近嘎查合作社产业方向雷同、发展规模偏小、销售市场缺乏等问题，目前各苏木镇已经开始建立合作联社，政府应协调具有相同产业方向的合作社，建立区域嘎查党支部和各嘎查合作社的协商机制，深化嘎查间合作社的联合机制，形成规模效应。

二是政府应加大对嘎查党支部创业的政策支持。在土地审批、环保审批、产业项目审批、合作社法务建设、品牌建设等方面，加强对政府职能部门的服务能力、协调力度和行政效率的改革；在财政资金方面，整合各类惠农惠牧政策项目资金，合理利用好扶贫项目资金，设置专门的政策补助资金，为嘎查党支部创业提供有力的支持。

三是以嘎查党支部引领合作社建设和农牧民参与合作社为契机，推进党务村务的法制化建设。可借鉴阿鲁科尔沁旗的契约化村务治理模式，逐步推进本旗契约化党务、村务的法制建设进程，在创业致富的实践中培育村干部和农牧民的法治意识，不断完善基层社会治理体系的法制化建设。

（作者系内蒙古工业大学乡村振兴研究中心副主任，博士、副教授）

赵真北先生关于内蒙古草原所有制的论述

——对完善草原所有制法律规定的启示

代琴

最近学习赵真北先生的文集，受益颇多。赵真北先生不仅是草原畜牧业职能部门的领导，也是研究草原畜牧业、牧区经济的学者，牧区改革的设计者、实践者。赵真北先生长期在自治区畜牧业职能部门工作，掌握较完整的一手材料，较全面的了解牧区情况，在草原畜牧业和牧区经济发展研究上作出巨大的贡献。后来，赵真北先生在自治区工商行政部门任职，但没有放弃牧区经济问题的研究，而从发展牧区工商业角度继续研究畜牧业发展和牧区经济转型问题，提出了很多具有建设性的意见。赵真北先生毕生的研究都没有离开过草原和农牧民，在不同的工作岗位上，都为农牧民着想、为农牧民发声，从农牧民的角度思考问题。赵真北先生治学严谨、思维敏锐、求真务实，既懂理论又有实践，所写的文章深入浅出、通俗易懂，所提的观点具有前瞻性、建设性。最难能可贵的是，先生对草原有情怀、对牧区有情境、对牧民有情感，用毕生的精力思考草原牧区的问题，将一生的时间奉献给了草原和牧民。

赵真北先生在草原生态保护和牧区经济研究上颇有建树。他当时提出的观点和设想，当前有的已经基本实现，有的正在实践。例如，赵真北先生所提出的改革牧区单一的经济结构，促进牧区社会分工的设想，当前在牧区基本实现。再如，“以草定畜”的设想，目前已成为国家治理草原生态的主要措施，正在实践。在草原所有制问题上，赵真北先生亦有很多的论述，对《内蒙古自治区草原管理条例（试行）》（1983 年）的制定以及内蒙古草原所有制的建设起到了很大的推动作用，其提出的观点对当前草原所有制的完善有诸多启示意义。

一、赵真北先生关于内蒙古草原所有制的论述

中华人民共和国成立以后的三十余年期间，我国草原实行单一的全民所有制，人民公社、生产队对草原的合法权益得不到保障，吃草原“大锅饭”、开垦草原、滥占、滥采、破坏草原的情况非常严重。改革开放后，我国牧区实行牲畜承包责任制，畜牧业市场化经营，牧区经济得到很大的发展，但当时尚欠缺与牧区改革相应的法律法规和配套制度，草原的保护工作存在很多缺陷。自 1980 年起，内蒙古自治区着手修改《内蒙古自治区草原管理条例》，并实施试点工作。时任自治区畜牧厅厅长的赵真北对《内蒙古自治区草原管理条例（试行）》的内容有诸多论述，其中建立两种草原所有制的论述非常重要，被《内蒙古自治区草原管理条例（试行）》采纳，在实践中付诸实施。赵真北先生关于建立草原所有制的论述内容主要有以下：

首先，单一的草原全民所有制使牧民对草原的合法权益得不到保证，不利于草原的保护和管理。中华人民共和国成立以后，我国实行单一的国家所有草原制度，吃草原“大锅饭”正常化，草原遭到严重破坏。“谁也可以以草原为全民所有作借口侵占草原，形成‘草原无主、牧民无权、侵占无妨、破坏无罪’的状况，使‘大锅饭’合法化”①。实行单一的草原所有制后，牧民实际上就失去了对草原的占有、使用和支配的权利，导致滥垦、滥占、滥牧以及滥搂、滥挖草原植被和吃草原“大锅饭”的严重问题。由于滥垦、滥占、滥牧以及滥搂、滥挖草原植被造成“全区约有三分之一草原不同程度退化。草原面积比 1947 年减少九千万亩，牧草产量减少了 30%—40%。1977 年，伊盟不同程度沙漠化面积达到 86%。……破坏草原的原因很多，但是过早实行草原全民所有制，限制、削弱了牧民对草原的权益和作用，不能不是一条重要的原因”。②

其次，草原是畜牧业最基本的生产资料，也是广义的农业用地的一种土地

① 赵真北：《关于〈内蒙古自治区草原管理条例〉修改起草情况说明》，1983 年 4 月 11 日在内蒙古自治区第五届人大常委会第十六次会议上作的发言。

② 倪东法：《我区草原应实行两种所有制》，《（内蒙古自治区）草原管理条例》起草领导小组办公室向周惠、王铎、李文、巴图巴根、石光华同志的报告《关于草原所有制问题的一些动态》的附文（1982 年 11 月 19 日）。

形态，同种植业的耕地具有同质性。有人认为草原与农业用地不同，草原是未被开发利用的自然资源，农民在土地上投入较多的活动和物化劳动，而草原基本上还是处于自然状态，因而，在所有制上不能一样。实际上，1983 年内蒙古自治区修改“草原管理条例”时，不仅未利用的草原很少了，对草原的投入建设程度不断增加。此外，如果实行单一的草原所有制就会出现一种混乱状况：同一块土地，以放牧方式利用就属于国家所有，以耕种方式利用就变为集体所有，退耕还草后又变为国家所有。“对草原，社队不开垦和退耕还牧就是全民所有，开垦就变成集体所有，实际上成了鼓励开垦草原的政策”。①

再次，对草原实行两种所有制，符合我区草原的实际情况，符合草原所有制的演变过程。建立畜牧业合作社初期，牧区已经形成以生产队、生产大队为基础的草原使用权主体。使用权主体取得了使用、收益草原的权利，畜牧业得到快速发展。“从民主建政到建立牧业合作社以后的一段时间里，各地人民政府曾经按照行政管辖区和管区内的合作社划定过草牧场范围。这种情况下，草原的民族公有实际上就演变为集体所有了。只是在法律上没有作相应的规定罢了。……在这一段时间，牧民对草原权、责、利是充分的。这一段时间草原的保护、管理是好的，畜牧业发展是快的，民族关系是融洽的，群众也是满意的。”② 党的十一届三中全会后，牧区生产队、生产大队取得畜牧业经营自主权。建立草原两种所有制，将牧民使用的草原规定为集体所有，符合自治区草原所有制的演变情况，容易被牧民群众和社会各界接受，能够推动畜牧业经济的快速发展。

最后，建立两种草原所有制与建立畜牧业、草原责任制之间是辩证统一关系。草原所有制的落实是草原责任制落实的前提，“把对草原的权、责、利同最基本的经营者直接联系起来，是草原的责任制同畜牧业生产责任制直接联系起来，这是对草原管理体制的一个重大改革，如只解决所有权，不解决责任制，吃草原‘大锅饭’的问题还是不能完全解决”。③ 落实草原所有权国有草原集体使用权从牧民集体的层面解决吃“大锅饭”的问题，落实草原责任制从个体牧民的

① 赵真北：《关于〈内蒙古自治区草原管理条例〉修改起草情况说明》，1983 年 4 月 11 日在内蒙古自治区第五届人大常委会第十六次会议上作的发言。

② 倪东法：《我区草原应实行两种所有制》，《（内蒙古自治区）草原管理条例》起草领导小组办公室向周惠、王铎、李文、巴图巴根、石光华同志的报告《关于草原所有制问题的一些动态》的附文。

③ 同①

层面解决吃“大锅饭”的问题。“只有把草原所有制和畜牧业的集体所有制一致起来，把草原的权、责、利统一起来，才能真正调动农牧民对草原保护和建设的积极性”。[①]

二、现行法律关于草原所有制规定存在的问题

1980年代初，内蒙古自治区在制定《内蒙古自治区草原管理条例（试行）》时，包括赵真北先生在内的专家学者提出实行草原两种所有制的建议。1985年通过的《中华人民共和国草原法》也参考了很多《内蒙古自治区草原管理条例（试行）》的内容。然而，现有草原所有制的规定仍有以下几个问题需要进一步明确：

首先，需要重新审视草原的资源属性。我国《宪法》《中华人民共和国民法典》均规定“森林、山岭、草原、荒地、滩涂等自然资源，都属于国家所有，即全民所有；由法律规定属于集体所有的森林和山岭、草原、荒地、滩涂除外”[②]。但什么样的森林和山岭、草原、荒地、滩涂，法律可以规定集体所有，并不明确。对于草原而言，是否属于自然资源、是否属于国家所有由以下两个因素决定。一是，当地居民投入的资源和劳动的程度。若当地居民对草原投入较多的资源和劳动，改变或维持现有资源状况，就不应将该草原视为纯粹的自然资源。二是，当地居民对该类土地的依赖程度。若当地居民的生产生活主要依赖该草原资源，就应该慎重考虑是否将其规定为单一的国家所有。矿藏、水流等自然资源不存在以上两种情况，因此其为纯自然资源，应归国家所有。同理，若森林、山岭、草原、荒地、滩涂处于纯自然状态，非特定的一部分人投入资源、劳动的结果和其生存所依赖的资源，就属于纯自然资源，应归国家所有。

其次，需要明确国家所有草原使用权的内容。《中华人民共和国草原法》规定，“依法确定给全民所有制单位、集体经济组织等使用的国家所有的草原，由县级以上人民政府登记，核发使用权证，确认草原使用权”。[③]从条文的内容可知，国家所有的草原有的集体经济组织使用，有的全民所有制单位（如国有农

① 赵真北：《〈草原管理条例（试行）〉试点工作的基本总结——在〈草原管理条例（试行）〉试点经验交流会议上的报告》，载《内蒙古畜牧业》，1983年增刊《草原管理条例》专辑（1），38～43页。

② 《中华人民共和国宪法》第九条；《中华人民共和国民法典》第二百四十七条、二百五十条。

③ 《中华人民共和国草原法》第十一条。

场、国有牧场等）使用，但法律没有明确规定这两种使用权的内容。现实中，确定给集体经济组织的国家所有草原使用权与确定给全民所有制单位的国家所有草原使用权的内容并不一致，集体经济组织主要将国有草原承包给本集体成员，而全民所有制单位使用国有草原的方式多种多样。① 实践中，集体所有草原和国家所有由集体经济组织使用的草原的实际经营方式并无差别，均由本集体成员承包经营。但国家所有由集体经济组织的草原被征收征用时，其征收补偿款数额与集体所有草原的征收补偿款数额具有较大的差别，导致集体草原所有权主体与国有草原使用权主体实质上的不公平。

最后，需要强化草原所有权主体权利的保护。《中华人民共和国民法典》规定，"集体所有的财产受法律保护，禁止任何组织或者个人侵占、哄抢、私分、破坏；农村集体经济组织、村民委员会或者其负责人作出的决定侵害集体成员合法权益的，受侵害的集体成员可以请求人民法院予以撤销"。② 但在现实中，集体经济组织草原所有权受侵害的情况时常发生，例如有些地方政府部门直接决定将集体所有的草原变更为国家所有草原；有些地方征收集体所有草原的行为缺乏法律依据、程序不合法；有些外来单位在集体所有的草场上植树造林引起纠纷；有些集体经济组织负责人擅自决定将集体所有草原外包给其他单位等等。根据《中华人民共和国民法典》等法律法规的规定，土地从集体所有变为国家所有，须经国家征收程序，即"为了公共利益的需要，依照法律规定的权限和程序可以征收集体所有的土地"③，并且应依法予以征收补偿；外来单位在集体所有的土地上植树造林、集体经济组织负责人外包草场须经集体经济组织成员大会同意。

三、赵真北先生的论述对完善草原所有制法律规定的启示

赵真北先生关于内蒙古草原所有制的论述主要针对《内蒙古自治区草原管理条例（试行）》的相关内容，形成时间较早，但对完善现行法律关于草原所有制的规定仍有很大的启示意义。

首先，有助于明确草原的资源属性。赵真北先生曾经强调过，"草原是畜牧业

① 现实中，全民所有制单位主要以自己经营，有偿、短期承包给农场的工人，有偿对外租赁等方式使用国有草原。

② 《中华人民共和国民法典》第二百六十五条。

③ 《中华人民共和国民法典》第二百四十三条。

最基本的生产资料，也是广义的农业用地的一种土地形态，同种植业的耕地具有同质性”。[①]目前，我国绝大多数草原均为当地居民生存的主要资源，被当地居民利用、建设和保护，只有少部分草原还处于未利用的纯天然状态。对于绝大多数成为当地居民生存所依赖的资源并被投资、建设、保护的草原而言，其自然资源属性逐渐淡化。而少部分处于未利用的草原与矿产、水流相同，属于自然资源。

其次，有助于明确国家所有草原使用权的内容。在我国现行法律中尚未明确国家所有由集体经济组织使用的草原使用权的内容。在历史上，无论是集体所有草原还是国家所有由集体经济组织使用的草原，其权利属性、使用方式均相同。当前，当地居民对两种所有制草原的建设、保护、利用和依赖程度均无差别。因此，若法律仍坚持国家所有由集体经济组织使用的草原权利类型，其使用权内容应当与集体草原所有权内容完全一致，政府机关无论是为了公共利益征收征用还是为了其他目的使用草原，均不应当差别对待。值得注意的是，国家所有由全民所有制单位使用的草原使用权与国家所有由集体经济组织使用的草原使用权有本质的区别。国家所有由全民所有制单位使用的草原的管理和使用，应遵照国有资产管理法律法规定的规定执行。

最后，有助于保护集体草原所有权和国有草原使用权。制定两种草原所有制的最终目的是明确草原的权、责、利，保护草原权利主体的各项权利，落实草原的管理责任。“对草原实行两种所有制，……符合我区草原所有制的演变过程，对落实草原管理责任制有利，对解决吃草原‘大锅饭’有利，群众拥护”。[②]法律的生命在于实施。虽然《中华人民共和国民法典》明确规定，“集体所有的财产受法律保护”，但现实中集体所有草原所有权和国家草原使用权被侵害的情况时有发生。《土地管理法》《草原法》等法律应当进一步细化集体所有草原及国家所有由集体经济组织使用的草原征收征用的法律依据和程序，严禁非经征收程序将集体草原所有权转变为国家所有权。尽快出台《中华人民共和国农村集体经济组织条例》，明确集体经济组织负责人行权规则和相关法律责任，防止外来单位侵害集体草原所有权和使用权。

（作者系内蒙古大学法学院副教授，法学博士）

① 赵真北：《关于〈内蒙古自治区草原管理条例〉修改起草情况说明》，1983 年 4 月 11 日在内蒙古自治区第五届人大常委会第十六次会议上作的发言。

② 同①

从“以草定畜”看草畜平衡

——对赵真北先生“以草定畜”理念的思考

文明

早在1981年，赵真北先生在《内蒙古社会科学》第5期发表题为《实行以草定畜　变被动抗灾为主动防灾》一文，摆出我区畜牧业生产的落后面貌无法改变的事实，分析长期以来被动抗灾背后的原因，提出实行“以草定畜”的畜牧业发展思路。文中，赵真北先生从以“加强对草原的保护管理和合理利用、下大力气搞好草原建设”为重点“切实抓好草的工作”、以“调整畜种和品种、调整载畜量、调整畜群结构”为核心“认真调整养畜方案”两个方面比较系统地阐述了“以草定畜”的基本理念。通过整篇文章的品读，能够感受到赵真北先生对当时内蒙古畜牧业生产情况的总体把握、对畜牧业生产落后面貌无法改变背后原因的认知，以及解决问题而进行的不懈努力探索，体现赵真北先生在改革开放初期能够打破既定框架，跳出当局，看到问题实质的远见和魄力。

回望历史，对照现实。今天，“以草定畜”理念虽提出近30年，但我们在牧区实地考察调研中仍然可以发现，在牧区畜牧业生产过程中依旧没能做到“以草定畜”的要求。其中，既有草原畜牧业生态经济系统外诸多因素不断影响畜牧业生产中实行“以草定畜”的原因；也有实践中对“以草定畜”理念的研究拓展不足，尤其对现行草畜平衡制度在执行中出现的问题和矛盾的研究和探索不足的问题。

一

提到牧区草原畜牧业，草畜矛盾始终是绕不开的话题。一般而言，在牧区草原畜牧业的讨论中，人们习惯于关注草与畜、牧民与牲畜、牧民与草场的关系，即草原畜牧业生态经济系统内部的“牧民—牧草—牲畜”三要素之间的关系。其中草和畜的关系是基础性的，人们普遍认为天然牧草少、牲畜头数多是草原畜牧业发展面临的最大的问题，且习惯性地认为牲畜过多导致牧草供给不足，必须把牲畜头数降下来。然而，天然牧草供给不足是就因为牲畜头数过多引起的吗？是否存在草原畜牧业生态经济系统以外的其他因素也在影响天然牧草的供给？据2016年统计，内蒙古24个纯牧业旗牲畜存栏总数已经从20世纪90年代末的高峰期有所回落，其中15个牧业旗牲畜存栏量低于20世纪90年代末期，8个牧业旗牲畜存栏量甚至低于20世纪80年代中期的规模。而且牧民每年购置大量的外来饲草料补给天然牧草的缺口。但草与畜之间的矛盾仍然不能得以解决。其中，气候变化在促使草畜矛盾的加剧。同时，不得不承认草原畜牧业生态经济系统之外的其他因素，也为这一矛盾的加剧埋下了隐患，且后者往往被淡化。赵真北先生在《实行以草定畜　变被动抗灾为主动防灾》一文中曾谈到：“由于大批外地人员流入牧区，不仅使牧区人口激增，城镇居民点畸形发展，给牧区生产、生活、社会秩序带来严重影响，而且开垦草原，又使大面积草原退化、沙化。造成农业吃牧业，风沙吃农业的局面”①。的确，长期以来外来牧业人口的激增、非牧业人口的挤占、城镇、居民点与道路建设的占用、开垦面积的扩增、工矿业征地及“三废”污染、不合理的截流建库，以及附着之上的掠夺性思想，一直与牧民、与牲畜抢夺草场，其影响程度有过之而无不及草原生态经济系统内部因素的影响②。因此，讨论草畜矛盾、草原畜牧业，以及草原生态保护与草原畜牧业的发展，不能简单论述“牧民—牧草—牲畜”三者之间的关系，应整体考察草原畜牧业生态经济系统，以及草原牧区整体系统（外在因素）对牧草、牧民、牧区草

① 赵真北：《实行以草定畜　变被动抗灾为主动防灾》，载《内蒙古社会科学》（汉文版），1981（5）。

② 文明：《牧区草牧场制度改革之草牧场流转问题研究》，21～42页，呼和浩特，内蒙古教育出版社，2016。

原畜牧业及草原生态的影响，正确评估外在因素的影响程度。正如习近平总书记“关于《中共中央关于制定国民经济和社会发展第十四个五年规划和二〇三五年远景目标的建议》的说明”中指出，“我国发展环境面临深刻复杂变化，发展不平衡不充分问题仍然突出，经济社会发展中矛盾错综复杂，必须从系统观念出发加以谋划和解决”，我们不能把天然牧草供给不足、草原生态恶化的责任简单归咎于草原畜牧业生态经济系统内部因素，应该从系统全要素中找问题，坚持系统观念，提出系统性政策框架。

二

当然，在不考虑外在因素影响的前提下，官方统计数据显示，草原畜牧业生态经济系统内部，草和畜依然难以实现平衡，没能做到“以草定畜”。据悉，2016 年 24 个纯牧业旗冷季牲畜存栏量比行业部门测定的适宜载畜量超出 50% 左右，几乎所有旗都达不到草畜平衡状态[①]。对此，社会各界仍然更多关注牲畜头数的多少，却很少提及草畜平衡标准本身是否也存在一些不合理因素。然而，我们在牧区实地调查中经常会发现，在牧区畜牧业生产实践中，牧民和政策执行部门对草畜平衡标准的争议较大。牧民往往会说，草畜平衡标准确定得过于理论化。他们认为，同一块草场，遇上雨水好的年份，能够放养 100 只羊，但碰到干旱少雨连 10 只羊都养不了，这是北方干旱半干旱草原非平衡性生态特征决定的。有牧民则认为，草畜平衡标准在冷季、暖季之间差距过大，过低的冷季载畜量无法保证一定规模的基础母畜，影响畜群的正常繁殖循环，难以实现畜牧业的再生产。甚至有牧民说，草畜平衡标准过高，按现行标准饲养牲畜则无法维持一家人的生活……作为政策执行部门，当地农牧或林草等业务部门干部则认为，由于草牧场时空变化大，得出放之四海皆准的草畜平衡标准很难，现行草畜平衡标准是按前三年或前五年产草量数据为基础以科学的方式方法计算得出的，有相当高的参考价值，要保护草原生态的可持续，载畜量不能超过标准值……等等。公说公有理，婆说婆有理，且都具一定的合理性。其中，双方均认识并承认北方干旱半

① 内蒙古自治区农牧业厅《关于 2016 年内蒙古 33 个牧业旗天然草原冷季可食牧草储量及适宜载畜量的通报》(内农牧草发〔2016〕342 号)，2016 年 9 月 30 日。

干旱草原的非平衡性特征。于是，在具体生产中，牧民会根据所使用草牧场植被条件、饲草储备和自身需求，选择一定的畜群规模（该规模往往大于草畜平衡标准）；政策执行部门则按草畜平衡标准严加要求，但也会考虑到牧民生计，往往会采取“睁一只眼闭一只眼”的做法，默许牧民“超载”行为（但不一定都会过牧），或采取警告、罚款等迂回措施，结果实践和理论似乎在平行。

三

如何寻求一种符合北方干旱半干旱草原非平衡性生态特征，既有利于草原生态保护又促进畜牧业生产发展的“以草定畜”途径是现实中亟待解决的问题。20世纪80年代，赵真北先生在《实行以草定畜　变被动抗灾为主动防灾》一文中提出“以草定畜”理念，其出发点是推动草原畜牧业发展基础上的草原生态经济系统持续发展；而现在普遍实行草畜平衡标准，更多则是保持草原生态良性循环基础上的草原生态经济系统持续发展。不可否认，“以草定畜”理念提出至今，在“抓好草的工作”和“调整养畜方案”方面做了大量工作，但两者的协调推进似乎并不理想。究其原因，与牧民——草原畜牧业生态经济系统中这一核心要素主观能动性发挥不足有直接关系。纵观北方草原发展历程，数千年来草原先民在不断摸索、总结和掌握北方干旱半干旱草原生态系统非平衡性特征的基础上，以经营草原五畜为主，通过自身与草原、五畜之间的相互适应协调，既改善生计又维护了北方草原生态系统的完整性。今天，同样有理由相信他们的智慧和经验。

因此，在践行“以草定畜”理念，调整和完善现行草畜平衡制度中，建议纳入牧民——这一关键要素，发挥其智慧和经验的优势，做到制定标准的前置和验收成效的后置，执行过程中给牧民一定的自主调整空间。首先，行业部门根据不同区域、不同季节给出更加具体的草畜平衡标准，以此作为牧民养畜规模的参考值，并设定一定的执行时间长度，如5年、10年。其次，牧民参考行业部门提供的草畜平衡标准，充分利用技术数据、饲草储备和自身经验智慧，自行判断承包（使用）草牧场的实际载畜能力，自主调节牲畜规模和种类。行业部门定期监测草场植被盖度、高度、草群种类等，并将数据反馈给牧户，供其参考。再者，到期末，行业部门对牧民所承包（使用）的草牧场生态数据进行监测，并以此作为草畜是否平衡的标准，进行必要的、严格的奖惩。当然，虽然草畜平衡标准是一个准绳，牧户可以自主调节牲畜规模，但调节幅度也应有区间度（最大值应小于该地区草地生态阈值），行业部门通过定期检测，有权警告、制止草场牧民（使用者）严重超载过牧、不合理超强度利用等不可持续利用行为。

如今，在北方干旱半干旱草原，“以草定畜”不再是单纯的草和畜之间的既定数量关系的调节，而应该是集技术和数据的应用、气候变化规律的掌握、牧民智慧和经验的发挥、现代草原畜牧业的发展融为一体的系统性工程。

（作者系内蒙古自治区社会科学院牧区发展研究所副所长、研究员）

第四部分　难忘的回忆

唯实：赵真北对“三不两利”政策的认识与实践

暴庆五

大家知道，1948 年内蒙古牧区民主改革时期实行了不同于内地土地改革的“不分不斗不划阶级、牧主牧工两利”（简称“三不两利”）政策。这一政策促进了牧区经济发展，稳定了社会秩序，巩固了人民政权，受到牧区各界人士的欢迎，也得到中央的肯定和表彰。这项英明政策出台有一个过程，也有一段有趣的故事。这段故事是赵真北从老领导那里听到，又转述给我的。

时代背景

1947 年 7 月，中国人民解放战争由战略防御转入战略进攻，全国的革命形势发生了根本变化，而内蒙古解放区也不断得到巩固和发展，通过前一阶段的减租减息和清算反霸运动打击了农村的地主阶级势力，一定程度上减轻了地主对农民的剥削，中国共产党的政策得到农民的欢迎和信任，但是封建土地制度还没有从根本上受到冲击，与封建制度同时存在的原有政权组织形式，包括民族上层的特权世袭制度，还没有得到根本的改造，这种状况严重压抑着广大蒙古族牧民农民的生产积极性，阻碍了社会生产力的发展，广大群众迫切要求摧毁封建土地制度，实行土地改革。

1947 年 11 月，内蒙古共产党工作委员会在兴安盟召开了群众工作会议，会议根据《中国土地法大纲》的规定，决定立即在内蒙古解放区广大农村发动彻底的土改运动，乌兰夫在会议上阐明了土地改革的方针政策，发出了在农村“要组织力量大举进攻，彻底消灭封建势力，实行耕者有其田”的号召。

“不分不斗”的问答

农村民主改革，实行耕者有其田，牧区民主改革怎么办？当时内蒙古政府干部缺乏经验，只是仿照农村做法，提出了“牧者有其畜”的口号，于是仿照农村斗地主分田地的办法，在牧区也要进行斗牧主分牲畜。

就有了下面这段故事：

杰尔格勒当时在兴安盟的乌兰毛都搞土改，宣传“牧者有其畜”口号，准备斗牧主分畜群，当地达斡尔族牧主听到后，连夜裹胁牧户连畜群带人逃往蒙古国。搞民主改革牧民啥也没得到。这一突发事件给杰尔格勒同志很大刺激，他急忙骑马奔向王爷庙（现乌兰浩特）。到了王爷庙直接奔向乌兰夫办公室，一进门就问：“云主席，牧区改革畜群能不能不分？”乌兰夫回话：“可以呀！”杰尔格勒又问：“牧主能不能不斗？”乌兰夫回答：“也可以呀！”这时，杰尔格勒坐下来，给乌兰夫详细介绍了乌拉毛都搞土改的情况。杰尔格勒说，“农村搞土改的政策，不能搬到牧区。农村搞‘耕者有其田’，牧区不能推行‘牧者有其畜’。我们的政策不是因地制宜，实事求是吗？”杰尔格勒的询问引起乌兰夫的深入思考。与此同时，昭乌达盟牧区传来牧区牧主怕分，一夜之间用刀捅死整个畜群的消息。

完善政策

牧区民主改革政策上的缺陷，执行上的失误引起了社会秩序的混乱。1948年7月，在东北局的领导下，在哈尔滨召开了内蒙古干部会议，针对牧区民主改革过程中的左的倾向造成的损失和教训，进行了认真总结，会议指出党在现阶段目前的工作重点削弱封建剥削，“牧者有其畜”的口号和“彻底消灭封建”的方针是错误的，极其有害的，提出了“废除封建特权，适当提高牧工工资，改善放牧制度”，“除罪大恶极的蒙汉恶霸经盟以上政府批准可以没收其牲畜财产由政府处理，一般大牧主一律不分不斗”。

以后逐步完善，发展成“不分不斗，不划阶级”和“牧主牧工两利”的政策。保护牧主经济，但要限制牧主对牧工的剥削，改造旧“苏鲁克”制为新“苏鲁克”制。推动牧区畜牧业的发展。1953年6月15日，在中央民委第3次扩大会议上，乌兰夫作了题为“内蒙古及绥远、青海、新疆等地区牧区牧业生产的基本总结”报告，介绍了“三不两利”的政策，后中央人民政府政务院批转各地，推广内蒙古的经验。

赵真北调查的结论

内蒙古西部地区土改比东部区晚。解放初期，赵真北在锡林郭勒盟西部联合旗[①]工作期间，对解放前牧区经济状况做了调查，结论是“牧区的牧主阶级的户数虽占总户数的5%左右，而占有的牲畜只有总牲畜头数的不足30%，中等户和贫困户的牲畜占牧区牲畜总头数的70%。”这个报告虽然是后任调查前事，但这个数量关系十分重要。

我们知道，中原农村土地关系中，地主户数同牧区牧主户数大体都占5%左右，而农村地主所有土地却占70%—80%。农村土地是最重要生产资料，是不可移动的。而牧区，畜群和牧场是主要生产资料，牧场是不可移动的，但牧场不是私有而是民族共有，允许自由放牧；牲畜是私有的，是有生命的，是能走能跑可移动活的生产资料。因此，农村和牧区的生产资料，存在形式和所有关系差别很大。民主改革的社会实践证明，农村土地改革斗地主分田地是成功的。而牧区民主改革中，斗牧主分牲畜反而破坏了生产力，失败了。而“不分不斗不划阶级，牧主牧工两利”，保护并发展了牧区生产力，实践的结果却成功了。

（作者系内蒙古社会科学院研究员）

① 1948年锡林郭勒盟将十个旗改为五个旗：阿巴嘎右旗和阿巴哈纳尔右旗合并为西部联合旗；乌珠穆沁左旗、乌珠穆沁右旗和浩齐特左旗合并为东部联合旗；浩齐特右旗、阿巴嘎左旗和阿巴哈纳尔左旗合并为中部联合旗。

回忆赵真北厅长二三事

雅柱

一

我是 1985 年从部队转业到内蒙古自治区畜牧厅任办公室副主任，那时候赵真北厅长已经调到内蒙古工商局工作了。我到任后不久，时常听到机关干部群众谈论赵真北任畜牧厅厅长时候如何要求机关干部下牧区调研时要确实蹲点下去，拿到干货，一定要把牧民的真实生产生活情况调查清楚，回机关汇报时还必须提出自己的见解，要求很严格。也听说赵厅长经常下牧区调研，一般不让当地领导陪同，直接到蒙古包，途中经常停车跟马倌羊倌聊天，蒙古语讲得好，爱在蒙古包里喝茶跟牧民促膝交谈，交了好多牧民朋友。让我想起在部队的时候的情景，部队首长就跟战士们打成一片，同吃同住。一旦接到命令或自己下达命令，必须不折不扣地按时完成，不能有半点瑕疵。我感到赵厅长有着和部队首长一样的工作作风，非常严谨，是一个一丝不苟的人。

二

10 月上旬的有一天，赵厅长叫我到他家去坐坐。客厅的一个柜子上有一张合影，这张合影是 1950 年代毛主席、周总理等党和国家领导人与全国少数民族代表一起照的合影，代表团团长都固尔扎布（原内蒙畜牧厅厅长）就在毛主席和周总理中间，赵厅长坐在第一排最左边。

赵厅长家里家具老旧，书桌上盖的塑料布是破的。他给我端来一盆洗好的

123苹果和西红柿，说这是自己院里种的，没有农药化肥。然后厅长把话匣子打开了，他跟我说，牧区牧民单靠第一产业富不起来，发展二三产业才行。希望我们要下乡引导让牧民搞二三产业。牧区有丰富的畜产品原料，如果加工好了就能成倍增值。可以合伙办冷库、地毯厂、奶食品加工厂、民族服装厂、民族用品厂等等。民间有很多会制作生产用品人，特别是有会做马具的工匠，发挥他们的作用，别让他们技术失传。支持一些当地的会做买卖的人，让他们活跃市场，像过去供销合作社那样。他说："市场经济嘛，农牧民中有本事的人多了，什么挣钱搞什么。我给你讲一个观念上的问题。前些年我去伊盟杭锦旗，碰上街头修鞋的一位蒙古族牧民，每天修鞋、修自行车挣一二百元。有一位认识他的人过来笑话他修鞋丢人。你看，自己鞋破了不会修，还笑话别人修鞋，究竟谁笑话谁，这就是观念问题。"

三

1996年自治区机关机构改革，畜牧厅新设内蒙古自治区畜牧业经营管理站，我任第一任站长。我就任的第三天，赵厅长打来电话说要来看我。我不知他是什么意思，有些紧张，但表示欢迎赵厅长来站里做指导。赵厅长按约好的时间来办公室，作风非常朴实，平易近人。他说："自治区新设你们畜牧业经管站是大好事，你们是专门为牧区建设服务的机构，牧区的很多基础数据由你们来统计提供，数据是上级决策部门的决策依据，掌握准确的数据才能制定好正确的政策，搞抽样调查一定要有代表性普遍性。不要动不动就说，据不完全统计，这是废话。我们不少领导干部下牧区问牧民收入多少，牧民告诉收入十几万，牧民中会成本核算的人很少，只说未扣除成本的毛收入。统计牧区人均纯收入时最好分几个档次，比如说年人均收入1000元以下、1500元以下、2000元以下等，并以百分比例说明。目前真正富裕起来的牧户很少，大多数牧民负有高利贷，他们富裕的话能借高利贷吗？我们五畜有牛马骆驼羊，高度都不一样，平均高度能说明哪个畜种的身高吗？"他谈笑风生，接着说，"你们新单位要人的时候，最好是出身农牧民家庭的蒙汉兼通的大学经管系毕业生，他们对农牧民感情深，牧区很多牧民不懂汉语，用蒙古语交流方便，牧民的生产生活经验丰富，多跟他们学习……”临走时还特别嘱咐，“你们将所有调查基层统计材料送给我一份，好不好？”

四

记得1998年5月中旬的一天我在院里散步时碰见赵厅长。他跟我说，牧区到处拉网围栏是个祸害，做不到合理利用水草资源。逐水草而居是自然牧业的特点，都网住了，无水源的牧户咋办，每天从几十里开外拉水饮羊？网围栏可以以过去浩特乌素（生产小组）为圈住，这样能够合理利用水草资源，也密切邻里之间的合作关系。现在牲口超载，很大一个原因是人口超载造成的。好在草场分到户，外来人没法进来了。一定要强调草畜平衡，草原面积是相对静态的，牲畜头数是绝对动态的，人能够视水草情况确定载畜量，光图经济效益不顾草原生态不行，经济效益应服从于生态效益，草原生态破坏了，大自然将会有一天报复的，到那时候再想挽回就太晚了。

五

2004年的一天，内蒙古高级法院对锡盟东乌珠穆沁旗牧民告当地一家造纸厂环境污染案开庭审理，赵厅长和布和副厅长（原内蒙古畜牧厅副厅长）去旁听，我也去了，我坐在赵厅长旁边。这家造纸厂规模很大，利用当地芦苇造纸。因引进这家造纸厂时欠考虑环境污染和草原生态破坏问题，结果造成大面环境污染、对草原生态的破坏。当地牧民为此打了好几年官司，一直打到自治区高级法院，打赢了。法庭审理结束后，赵厅长说，“官司打赢了有啥用？草原生态破坏透了，再回复原生态不可能了。不能以破坏草原生态为代价换来财政收入的提高，这个问题草原生态学者专家们早都论证过。以后牧区引进企业应当请专家学者多方论证评估。今后也许内地高污染企业往草原牧区来办厂，要考虑好长远利弊关系，不能图眼前利益断送长远利益，亡羊补牢得不偿失。”

虽然我没有直接和赵厅长共事过，但是从我听到别人对他的评价，还有后来我和他的交往，让我很深刻地感受到他对草原和畜牧业的热爱和关心，时时刻刻想着牧区和牧民。虽然赵厅长已经去世十年多了，但是他为了牧区的发展所做的奋斗，对我们牧区工作的贡献令人难忘。

（作者系原内蒙古自治区畜牧业经营管理站站长）

赵真北同志与蒙专“牧区经济系”

阿迪雅

一

一九八八年的夏天，内蒙古蒙古文专科学校终于被重新认定了大专建制。学校成立于一九五三年，建校伊始就为大专院校，“文化大革命”结束后，学校依然招收高中毕业生入校学习，却不明不白的变成了中等专科学校。

重新确认蒙专[①]的大专建制是自治区民族教育发展史上的一件大事。把蒙专的事情办好是大家共同的期盼，我作为蒙专的校长，深感责任重大。

一天，我去请教时任内蒙古自治区党委副书记、内蒙古自治区人大主任的巴图巴根同志。巴图巴根同志向我推荐了赵真北同志。他说，蒙专曾经主要是培养蒙汉翻译人才，要关注牧区发展的问题，为三牧培养多种类人才是你们应该承担的责任。赵真北同志对牧区十分了解，他长期担任内蒙古畜牧业战线主要领导，又在锡林郭勒盟担任过盟委书记，赵真北同志既有理论又有实践，你去征求一下他的建议，会对你们学校的发展有所启发。

二

我虽然没有和赵真北老前辈有过直接的接触，但对老人家是十分崇敬的。我听到过他的传奇故事，也拜读过他写的文章。他的正直，他的果敢，他对马克思主义理论的学习和解读，尤其是对内蒙古畜牧业发展和牧区工作的真知灼见是非

① 蒙专指呼和浩特民族学院。

常独到的。

我怀着一个小学生请教学问高深的老先生的心情，代表学校亲自登门拜访了赵真北老前辈。

他老人家已经听说了蒙专被重新确认大专建制的事情，非常高兴地向我们表示祝贺！他对蒙专是很了解的。他讲到，自治区成立之初，非常缺乏蒙汉兼通的干部，乌兰夫同志力主成立的这所学校，当时自治区包括蒙专在内才有两三所高等院校。蒙专又是唯一一所以蒙古语授课为主的高等院校，你们为自治区的建设培养了大批人才，是有很大功劳的。

三

我向赵真北老人家说明了巴图巴根书记让我向他汇报一下蒙专办学情况，想听听他的意见和建议。“巴图巴根同志交代的事情我不能不重视。我虽然不从事教育工作，但我关心教育，特别是民族教育，愿意和你们交流，也可以谈一些个人不成熟的意见，起抛砖引玉的作用吧。”他非常亲和而谦虚地说。

四

我认真的向老人家汇报了学校的发展思路。他听了我的汇报后说，非常赞成巴书记让我们承担为牧区培养多种类人才的意见。他语重心长地说，五六十年代是我们内蒙古牧区发展的黄金时期。那个时候的政策对头，乌兰夫同志提出的“稳、宽、长”和“三不两利”的政策非常符合牧区的实际，牧区呈现了“人畜两旺”的发展势态。“十年动乱”牧区成为重灾区，发展受到阻滞，之后虽然纠正了错误，但有的地方照搬农村改革的做法，没有从牧区的实际出发，不尊重牧业生产的规律，闹出了不少笑话。牧业经济有它的特殊性，三牧问题要引起我们的高度重视。三牧问题说到底还是人才培养问题。他建议成立一个“牧区经济系”，专门为牧区培养人才。并向我推荐了一位叫那木亥若希的老专家。那木亥若希早年留学日本学习畜牧业，是全国人大代表，在乌兰察布盟工作。

五

向赵真北老前辈汇报后没过多久，我们开会正式聘任赵真北、那木亥若希为内蒙古蒙文专科学校高级顾问。后来两位老人家几次来到蒙专，与学校领导班子成员和专家教授们一起座谈、一起研究成立牧区经济系的具体事宜，为师生们做有关牧区改革发展的讲座，亲自参加和见证了牧区经济系的正式成立。

今年是赵真北老前辈逝世十周年。我谨以此篇短文追念老人家为民族教育事业做出的贡献，表达我个人对赵真北老前辈无尽的思念和缅怀！

（作者系原内蒙古自治区民族事务委员会主任）

关于赵真北同志的几点回忆 ①

车登扎布

我们草原上的人们都亲切地称他为“桑宝老师”。听老人们说，他曾在锡林郭勒盟干部学校 ② 任过教员。

我是锡林郭勒盟苏尼特左旗巴彦乌拉苏木巴彦塔拉嘎查牧民。上个世纪八十年代以来的三十多年里，在嘎查里任过文书、嘎查长和党支部书记。

八十年代初期的一次盟三级干部会议上，我第一次见到赵真北同志。在那次会议上，作为盟委书记的他给大家做了一次重要报告。我至今记得很清楚，赵书记在报告中深刻分析牧区生活的实际情况，牧民生产生活状况以及生产生活中遇到的种种困难，提出了许多具体的建设方案。

1984 年，我们家乡实行包产到户后，牧民遇到了一个问题：之前畜产品都由公社的供销合作社统一收购，现在供销社散伙了，畜产品往哪里销售？

旗政府及旗畜牧局领导召集我们几位嘎查领导讨论了这几个问题。讨论认为，顺应时代的步伐，走畜牧产品市场化道路，牧民自行解决牧畜产品销售的问题。决定在旗所在地建立冷库（当时我们旗里没有高压电设备，没有冷库），建立屠宰厂、肉联厂，由牧民群众自行经营。从而做出成立“苏尼特左旗牧区经济开发公司”的方案，1984 年春季开始具体实施。

旗里派我去呼和浩特找冷库设计师，赵真北先生听到这个消息后，约我去了他的家。在朴素、敞亮的平房里，我再次见到了赵书记。赵书记从筹备资金等多方面询问我们的情况，详细讲解党的方针政策，深刻分析未来的发展方向，更

① 原文为蒙古文，2020 年 11 月 3 日。

② 指锡察地方干部培训团。

充分肯定了我们的工作，鼓励我们再接再厉，积极投入到市场经济大潮中去。他还嘱咐我们充分认识市场和行进中的风险，还要充分掌握现代技术等等。回旗里后，我一一向旗里的领导传达了赵书记的教导。赵书记的嘱咐为我们解开了许多谜团，增强了我们的信心。

这一次与赵书记的会面，给了我以下几个方面的启发：

一、我们牧民不能仅仅从事农牧业生产，必须学会工商业，这是时代条件下的必经之路。

二、我们的邻国蒙古国，虽然是以传统牧业为支柱产业的国家，但他们已经开始加强工矿产业，自己从事牧区产品加工和销售。开始走产业化道路，这一点上我们需要向他们学习。而我们却连小小的纪念品都不会生产。

三、牧区的发展，必须以搞好经济建设为主。必须提高人民群众的物质文化生活水平。

于是，20 个嘎查的牧民，出资 150 万元，建起了牧畜产品加工厂，投资了 305 万元建了 350 吨容量的大冷库。厂里的面积 1233 平方米，屠宰车间有吊宰功能。有 1981 平方米的半机械化车间，其他车间 321 平方米，住宅区占地面积 860 平方米。院墙 820 米长，安装了 32 个中冷库设备，召集 24 名牧民进入工厂工作。从事经营管理和生产工作中，培养了内蒙古自治区首批农牧民产业人员。我们能如此迅速地走上牧业产业化道路，与我们老领导的谆谆教导是分不开的。

1985 年，我们的企业成为锡林郭勒盟先进乡镇企业。这一年，我代表我们企业参加在赤峰市召开的全区乡镇企业工作会议，向自治区副主席白俊卿汇报了工作。

进入上个世纪 90 年代，旗委任命我担任巴彦乌拉苏木党委书记，我才离开企业到地方工作。调任之前，我与投资入股的各个嘎查把企业转给旗人民政府，为 20 多名工人兄弟争取到了职工编制。

出任巴彦乌拉苏木书记之后，我响应上级号召，积极推进个体工商业，去福建省厦门市考察回来后，决定去素有“水上公园”“钢琴岛”美誉的鼓浪屿创办个体企业。在鼓浪屿北山公园筑起了 5 个蒙古包，请 16 名蒙古族青年建了“蒙古民俗城”。“蒙古民俗城”里主要经营苏尼特羊肉火锅，饭店里唱长调，拉马头琴，展示蒙古搏克手和蒙古服饰，吸引了许多游客。一些东南亚报刊还报道了

"蒙古民俗城"。①

之后，赵真北同志又一次见了我。我们已经是老熟人了。听到我们把冷库转给了旗里，赵书记不是很高兴。他认为，牧民刚开始学会从事工商企业，理应大力支持，不能让其半途而废。他马上给东苏旗领导打电话，提出了批评。

这次，我向他详细地汇报了在鼓浪屿开发旅游点的事情，并进一步听取了他的指导。

这几年赵真北先生给我的印象：

我是一名文化程度低，能力水平不高的牧民。但赵书记一直对我平等对待，潜心听取我的汇报。他关心牧区人民的生活，关心牧民发展，心里装着牧民群众，是一位真心与人民群众心连着心的领导。

他是一个没有领导的官架子，清醒耿直，坚守原则，对歪风邪气不留情面的人；他遵守党的各项规章制度，有气魄，理论水平很高；他有丰富的实战经验，党性强，是一位立场坚定的革命老同志。

他长期工作生活在牧区，并不断在基层调查研究，为牧区经济建设，为提高农牧民生活水平呕心沥血，艰苦奋斗，为改善我们草原牧民的生活质量作出了卓越贡献。

我们之前并不相识，经过几次会面和谈话，以及通过听取他的报告，他给我留下了深刻的印象。他是我们的好领导，革命的好干部。

（作者系原锡林郭勒盟苏尼特左旗政协副主席）

① 从中国旅游协会了解到，因其特殊地理位置，鼓浪屿1980年代才向内地省区开放，"蒙古民俗城"为鼓浪屿开放后入驻的第一家外省区旅游项目。

回忆赵真北对草原生态保护工作的贡献

特力更

赵真北厅长是我在几十年工作生涯中遇到的，最让我敬佩的我党优秀的少数民族领导干部。无私敬业、廉洁奉公是他的优秀品质；为保护草原，为了草原上的广大蒙古族牧民能够安居乐业，为了边疆稳定和民族团结呕心沥血，他奉献了一生，一生都在工作和战斗。

回想一下，赵厅长对牧区牧民和对草原的感情、关心程度超出我的想象。他经常与我们研究探讨草原牧区的事情，包括草原的权属、草原管理、草畜平衡、以草定畜、畜股报酬和牧民生产生活中的很多具体问题。另外让我印象深刻的是他下乡调研从来都是轻车简从，而且不让当地领导陪同，直接去牧民家里，了解他们的生活，倾听他们的意见。

我认为赵厅长为内蒙古牧区最大的贡献之一就是对内蒙古《草原管理条例》（简称《条例》）的修订。1965 年的《条例》共十三条；1973 年《条例》共十四条；1983 年修改后的《条例》（试行）共六章三十五条，在 1973 年《条例》基础上增加了二十一条；1984 年正式颁布的《条例》共六章四十条，比 1983 年的试行《条例》增加了五条；2004 年《条例》共九章五十二条，又增加了十二条。

制定《条例》是我国《宪法》赋予的权力。试行《条例》制定时的 1978 年《宪法》第三十九条规定民族自治地方有权“依照当地民族的政治、经济和文化的特点，制定自治条例和单行条例”，之后历次修改的《宪法》和现行《宪法》均在第一百一十六条有同样的规定。

1978 年《宪法》第五条规定现阶段生产资料所有制主要有全民和集体两种所有制；第六条规定“矿藏，水流，国有的森林、荒地和其他海陆资源，都属于全民所有。”没有对草原的权属做出规定。

1982 年《宪法》第九条采纳了试行《条例》关于草原所有制的规定：“矿藏、水流、森林、山岭、草原、荒地属于国家所有，由法律规定属于集体所有的森林、山岭、草原、荒地除外。”

1980 年 8 月赵真北任自治区畜牧厅长，根据当时的形势，在他的带领下，开始了对《条例》的修订工作。

80 年代改革初始，十一届三中全会精神要贯彻落实，当时农村已经开始运作联产承包责任制，比如几定几奖、包产到户、大包干等等。牧区怎么办，责任制肯定是要搞的，定奖也好、包干也好、联产也罢（还有牧区的苏鲁克等形式），总归是要改革的。然而如果要改革，就必须首先解决草原的权属问题，因为中华人民共和国成立以来牧区的草原是“全民所有”，嘎查牧民只是草原的使用者而非所有者，对此乌兰夫同志在全国人大民委五届二次会议上就曾提到：“农民历来靠着在土地播种为生，牧民历来靠着在草原上放牧为生。农民对耕地有集体所有权，牧民对草原没有集体所有权，这显然是不合理”，他认为这实际上就是鼓励开垦草原。

巴图巴根同志 1983 年在试行《条例》试行工作总结会议上指出，破坏草原的因素很多，草原的全民所有就是主要因素之一。同时明确指出：试行《条例》颁布实施以后要用一两年的时间把草原所有权的问题解决了（发证）。

试行《条例》的试行工作和颁布，赵真北厅长做了大量工作，功不可没。

大集体没有了，要搞联产承包，农牧民从骨子里最关心的是什么呢？就一个字“分”，所有大集体的东西都要分，而且要彻底分，即便是拖拉机也要拆开分，房屋拆掉门窗檩材也要分。在牧区牲畜分了，草原怎么办？不能再吃“大锅饭”了，否则农民要吃，牧区外的单位个人要吃，谁来了都想吃。因为草原是“全民所有”，大家“吃”合理合法。

为此，政府亟需形成一个行之有效的解决方案。构成合同基本的要素之一就是要有甲乙方，且双方身份合法。对于草原来说，就是所有权人和使用者两方。显而易见草原使用者一方是作为劳动者的牧民；在 1978 年《宪法》框架内，草原所有权人是国家，这样的话就需要让政府代表国家直接和牧民签订承包合同，既不现实，又起不到解决吃草原“大锅饭”的问题。对此赵真北厅长深入牧区，和基层干部、牧民群众以及专家学者们座谈讨论，做了大量的调查研究，在当时的 1978 年《宪法》规定的范围内开始研究构思《条例》的框架。这一切都本着以法律为根据，从实际出发的原则，根据 1978 年《宪法》对生产资料所有制和民族自治地方权利的规定，按照畜牧业的特点，行使民族区域自治权，解决了内蒙古草原的嘎查牧民集体所有权问题。

草原归嘎查集体所有是试行《条例》的亮点，也是国家首例，这也是符合内蒙古当时的情况的。在历史上和近现代很长时期内牧区的生产生活条件优越于内蒙古周边的农村，侵耕蚕食挤压牧区的草原也成了历史传统。解放后，在我党保护少数民族利益的民族政策指导下，草原的天然属性和它作为牧民生产生活依靠的重要性都得到了认可。所以要从根本上解决问题，只能从法律和政策上入手，通过制度解决。这是《宪法》允许的，可以通过《条例》加以落实，这就是新《条例》的最大亮点。

试行《条例》的第二大亮点是实现了草原责、权、利的统一，把对草原的管理、保护、利用、建设责任与草原的承包者的权利联系在一起。

试行《条例》的第三个亮点是牧区的草原不再是“荒地”，与农村的耕地同等对待，任何个人和组织都不能侵犯。

试行《条例》的第四个亮点是牧区要实行“以草定畜”和“草畜平衡”制度。在我的印象里这是赵厅长最先提出来的，因为他多次与我商讨过此事。目前来看，这项制度虽不尽完美，例如增加草料，就可以增加饲养量的误区，但这在当时已经是一个了不起的进步了，因为上级管理决策部门一直一味地鼓励增加牧区牲畜饲养量，而从不考虑草原的承载能力。赵厅长在带领我下乡调研中多次提到过这一观点，所以我的印象非常深刻。

试行《条例》的第五个亮点是解决了任意强占草原、破坏草原和吃草原“大锅饭”的问题，《条例》解决了“草原无主，牧民无权，侵占无妨，破坏无罪”的状况。破坏草原的原因很多，但是单一的草原全民所有制是重要原因之一。

牧区草原积累下来的矛盾和问题较多，需要政策指导和法律规范，最根本最重要的就是应尽快促成《草原法》和草原《条例》的修订，不是微调，而是需要实质性的改变。

主要包括：

一、牧区以外的单位和个人承包占用牧区草原的问题；

二、关于在草原上引种种草和改良牧草问题；

三、关于草原围栏问题；

四、关于休牧禁牧和舍饲圈养问题；

五、关于发展牧区旅游业问题。

赵真北厅长非常热爱草原，热爱草原上的山山水水、一草一牧，关心牧民的生产生活。他在很多场合反复讲，草原虽然广阔，但资源有限，而且不能再生，为了使草原能够被永续利用，为人类造福，就必须限制牧区人口和牲畜数量的增长。草原的历史是人草畜协调发展的历史。1947 年牧区的牲畜头数是 350 万头只，到 1952 年发展到 700 多万头只，1965 年猛增到 3500 万头只，过去的半个多世纪，牲畜头数始终徘徊在 3200 万—4000 万头只之间无法突破，原因何在？众所周知，草原的承载能力早已经达到极限，而且又经历了半个多世纪的超极限饱和负载，因此牧区的人口和牲畜不能再增加了。赵真北厅长在锡盟任职期间，刚结束的十一届三中全会做出把工作重点转移到社会主义现代化建设上来的战略决策，在各个领域开展拨乱反正，中央各部委颁布了一系列文件要求各地加强户口管理，控制农村人口流动，控制计划外用工；不久内蒙古出台有关畜牧业政策的文件要求各盟旗按照中央有关文件，结合牧区实际情况，认真清理流入牧区的人口，以减轻牧业地区的政府财政负担和对草原的破坏。赵真北按照中央和自治区的要求清理流入牧区的外来人口，但是由于种种原因，工作刚开始就遇到一些阻力，这样其他盟的牧业区的清理工作也没有铺开。接下来，尽管中央和内蒙古都在不断颁布各类文件重申控制农村人口流动、控制自治区外农村人口流入牧区林区，但是内蒙古并没有采取任何类似于锡盟当初的系统性清理遣返措施，以至于接下来二十年里大量非牧业人员涌入牧区呈现出一定程度上的失控状态。其后果是草原超载加剧、生态恶化、草原沙化，2000 年代初开始北京持续发生沙尘暴天气，有记者发表调查文章指出环境恶化的重要原因之一就是外来非牧民人口挤占草原导致超载过牧，部分干部占用草原与牧民争利。朱镕基总理考察内蒙古，强调严禁超载过牧和对草原的掠夺性经营；要求调查整顿侵占草原破坏生态的问题。内蒙古党委和政府成立专项工作小组，我代表自治区农牧厅参与了这项工作，包括调研和文件的起草，2003年出台了《内蒙古自治区党委、政府关于清理非牧民占用牧区草场和依法规范草牧场使用权流转的意见》（内党发〔2003〕3号）。意见对清理非牧民占用草原的工作进行了全面安排和部署，重点对党政机关和事业单位及党员干部，离退休人员占用草原与牧民争利的问题进行了彻底的清理，取得了很大的成效。内党发〔2003〕3号文件的核心和自治区成立以来（“文化大革命”时期除外）的草原管理使用保护政策措施一脉相承：草原是畜牧业的基本生产资料，是牧民赖以生存的基础，不能以任何借口侵犯牧民的合法权益、破坏草原。清理工作虽然意见不一，也有阻力，但因为有中央的精神，总理亲自过问和自治区的部署，所以这项工作才能全面展开，才能形成观念和政策层面上的突破。这些有力地说明了赵真北厅长的前瞻性和远见卓识，令人钦佩。

另外对牧区的畜股报酬等重大问题，赵真北厅长都是非常关注的，曾与我讨论并形成材料向自治区领导反映。

赵真北厅长言传身教，对我影响最大的有三点：一是深入基层，深入农牧户调查研究是做好畜牧业管理工作的前提；二是保护好这片草原就是保护国家的重要生态防线，严禁乱垦、乱挖、乱占、乱用，限制牧区人口和牲畜的盲目增长，这是边疆稳定民族团结的基础；三是解决牧区遗留问题对牧区经济和牧民民生很重要，比如畜股报酬问题等。

赵真北厅长是内蒙古自治区成立以来少有的，能够始终如一以保护草原生态、维护牧民权益、发展牧民民生、维护民族团结和边疆稳定为使命的，我党十分优秀的少数民族领导干部。他一生为民，永不停息，无私奉献的优秀品质永远是我们学习的榜样。

（作者系原内蒙古自治区农牧业经管站站长）

我和玛奈达日嘎赵真北[①]

张卫国

我曾答应涛娣写点关于她父亲赵真北的文字，但一直迟迟未能动笔，不单单是因为才疏学浅文笔生涩，更多的是反复思忖如何尽可能准确记述这位我心底敬重的长者，保留他在我心中的形象。因此一直担心把握不好分寸——就像早些年我们刚有了自己的住房，大家都想装修得好一点，结果一使劲要不就弄成了酒店客房，要不就装成了卡拉 OK。一落笔才发现自己多虑了，赵真北就是赵真北，就是普普通通的一个领导干部，但是他有理想、有抱负、尊重常识、认真工作、真实做人，没有任何私心，这让他与众不同。他属于他的时代，他不负他的时代。

写赵真北，有必要交代一下我的个人经历以及我和赵真北相识的时代背景。

一九七五年下半年，社会上传言内蒙古生产建设兵团要改制交地方，我和当时所有兵团知青一样不知所措，对前途充满迷茫。我一九六九年初中毕业，在内蒙古兵团六年，做过班长、排长、司务长、副连长、连长、指导员，一级台阶也没落下。我一九七一年入党，第二年进入兵团党委，同时还是师、团党委委员，看大“内参”、配专车、看起来可谓风光无限，可代价是招工、招兵、上学、病退、困退回城与我无缘，我知道自己把退路堵死了。

我借在包头住院治疗期间的空当给兵团倪子文政委写了一封信，想证实这些传言的是否属实，希望为自己今后的出路做些准备。住院期间我们团政治处组织股长代表团党委带了点糖果来看望我，我心情很矛盾。组织股股长端着架子和我母亲单独谈话，大意是我是兵团知青的一面旗帜，家长要支持我扎根边

① 玛奈达日嘎是蒙古语，意思是我们的领导。

疆干革命，不要搞什么病退、拔旗。我母亲大怒，把这个政工干部当场从我们家撵走了。事后我妹妹告诉我，我妈妈气得把茶杯都摔了。于是就此家里开始筹划我的病退。

倪政委很快回信，证实了兵团的改制，并询问我的身体状况 ，提出约我去呼市他家里面谈。

在内蒙古党校倪子文政委家里我第一次见到石汝麟和赵真北。他们两位分别是内蒙古自治区农牧管理局的主持工作的正副局长，赵真北当时是主持工作的副局长。倪政委告诉我兵团将交地方政府，成立了农牧场管理局，交接工作很快会开始。此间双方有一个换文，其中涉及我的内容是，在提拔使用我的同时，适当时间保送我上大学，以提高我的文化政策水平。赵真北代表组织向我承诺换文是严肃的。这应该是一九七五年九月。

这期间我放弃了母亲对我病退回城的期望，抱着从政当官的期待，沾沾自喜地回到连队。内蒙古党委组织部的两位处长贺金钟、王吉祥代表组织下连队与我谈话，大意是兵团党委推荐我进内蒙古农牧场管理局的班子任副局长。那个年代流行老中青三结合。我虽然觉悟不高，但自知之明还是有点。于是我表示如果是征求我自己的意见，那我不同意。作为一个小学文化程度的知青，我自知不具备担任自治区直属机关领导工作所需的文化政策水平。我同时表示，希望组织上让我在基层工作一段时间后，给我一个脱产学习的机会，否则我可能难以胜任将来的工作。

区党委接受了我的个人意见。据说时任伊盟书记的巴图巴根同志对我的选择很感兴趣，把我安排到伊盟农牧场管理局任党组副书记、副局长。那一年我不满二十二岁。

伊盟农牧场管理局下辖九个国营农牧场，其中县团级四个，分别是兵团的二十、二十三、二十五和三十四团；公社级五个，如乌审旗的八一牧场、鄂托旗的上海庙牧场等。当时农管局一共有五个局长和副局长，一九七六年粉碎“四人帮”后，除了我以外其他四位都进了学习班隔离审查。一九七六至七九年基本是我主持日常工作，工作组负责清查。

当时的管理体制是条块结合：业务以自治区农管局为主，负责基本建设、农田水利基础设施的投资，干部由地方政府管理任命。

那个年代鄂尔多斯没有一条柏油路，从东胜出发到任何一个团场最少需要一天的路程。夏季下雨就要在道班住下，等路干了才放行。那时牧户生活也非常穷困，有时在路边歇脚，走进路边牧户家里，沙子堆上北墙，南向窗户没有玻璃只有几根木棍，我甚至见过一户五口只有一条裤子的人家。据说暴音巴图当盟委书记时讲得更夸张，说一张报纸包能包得住两只伊盟的山羊。

因为年轻，我多数时间在下面蹲点，抓“农业学大寨”，“牧业学乌审召”；也要经常去自治区向农管局汇报工作，要钱要物。向赵真北局长汇报工作的时候，他的要求永远是要有数据，所以不认真准备是过不了关的。自负盈亏是最基本的要求，但我们九个团场全部亏损。

一九七七年十一月在北京召开粉碎“四人帮”后的第一次全国国营农场工作会议。色音敖力布以内蒙古农委主任身份带队，农管局赵真北局长领着我们一行十几个人参加会议，分别是锡盟、巴盟、乌拉盖、伊盟几个农管局局长，自治区农管局计财处副处长周君球；参会的还有自治区计委农财处处长，巴盟盟委许集山副书记。会议在前门饭店，开了两个月。六十天的中心议题就是如何办好国营农牧场。会议期间华国峰同志特地题词：一定要把国营农牧场办好！

会议各级领导在大会上讲话后，小组会议充分讨论。我负责准备的材料主要是两个方面：一是农牧场知青的现状，二是伊盟农牧场扭亏的困难。赵局长认真听取我的发言，不断地提出问题，鼓励我大胆讲出真实情况。因为长时间的近距离接触，我已经比较放松，就提到了我在二十团蹲点的经历。

会议期间赵局长单独就知青问题和我谈了两次，问得很具体很详细，但并没有表明他自己的态度。

扭亏的问题也很紧迫。过去我所在的连队是兵团行政管理的典型连队，粮食自给，种水稻，养猪，平均半个月吃一顿红烧肉。但连队种一斤水稻的成本是一块八，粮店的大米不足一毛钱一斤。

会议的汇报提纲是赵局长自己亲自动手写的，我和周君球用复写纸抄了几份，人手一份。中心思想是国营农牧场具备条件的一定要办好，不具备条件的下决心调整。也就是实事求是，一切从实际出发，坚定不移的扭亏解困增盈。农场知青问题政策性强，但要还原真相不回避问题，妥善解决。

会议结束后，在贯彻会议精神的过程中，我向时任伊盟盟委书记千奋勇作了汇报。我陪千书记两次赴内蒙古农管局和赵真北局长汇报交换意见。四个兵团留下的团场撤销，我提供了这四个团场的固定资产的净值，作为开荒种地造成土地沙化给予当地集体、人民公社的补偿，千书记对此十分满意，地方上拖拉机、汽车、房屋不动产，接收了一大批。但是在当时这在政策上是有风险的，全民所有制的资产转给集所有制的公社理论上是有问题的，但赵局长很智慧地变通了，而且破坏草场的确严重影响了政府和人民群众的关系，道理上也成立。赵局长交代我算个账，开了多少荒造成多大的经济损失，和我们现有的净资产大体上能对应上就行，我心领神会，组织人给自治区政府写了报告。

赵局长和千书记在知青问题上一拍即合，让我把口子开大一点，通过病退、困退全部放人。我们又组织了两个工作组赴北京、天津、上海、青岛几个主要城市的知青办，推动他们接收当地下乡的知青。上海顶着不同意，工作组问我怎么办？我给赵局长打电话请示，赵局长指示："告诉他们，北京知青办都同意了，让他们自己看着办。"到了北京我们依葫芦画瓢，告诉他们上海都同意了，也让他们自己看着办。到一九七八年底七九年初，我们的知青问题基本解决。内蒙古没有出现云南、黑龙江、新疆那样的知青上访群体事件。赵局长大智若愚，采用化整为零的办法，把内蒙古兵团知青礼送回城。

回想起来他昂头挺胸，举重若轻，坦荡爽朗的笑声，仿佛就在耳边。这种笑声给你感觉单纯得像个孩子。他不一定"聪明"，但有大智慧。

一九七九年初，自治区批准伊盟农牧场调整方案，开始实施。这期间盟委组织部干部科科长私下向我透露，全盟三十多个"文化大革命"期间提拔的年轻干部按"双突"[①]处理，全部下基层，哪来哪去。我是唯一有争议的，最后决定不按"双突"处理，但下放伊金霍洛旗任副旗长。我听到这个消息第一个想到的是当年兵团与自治区政府的换文是否还有效力，赵真北局长的承诺是否还算数。

听到消息的第二天，我自己开车直奔呼市——当年盟农管局在盟里是最阔气的大局，五个局长一人配备一台崭新的二一二吉普车。下乡我基本是自己开车，司机坐副驾驶。有一次去八一牧场，下车后场领导把司机迎进去洗脸喝茶，我在外面凉快了半个小时，场领导才知道他们迎错了人，局长还在外面呢。

石汝麟局长听了我的来意，请来赵真北局长。我把盟委组织部的意见和我自己的态度讲了，主要是想确认当时换文的有效性。赵真北局长当即表示他要去锡盟

① 指"文化大革命"期间推行的突击入党、突击提拔干部。

当第一书记，让我去锡盟乌拉盖，因为乌拉盖农管局是自治区农牧场管理局直属分局，干部人事安排归自治区管理。我权衡利弊后表示同意，两天以后自治区组织部的调令就下来了。赵局长对我一个知青干部做出承诺认真负责，我也相信他。

乌拉盖草原是森林草原向草甸草原过渡的草原，水草丰美，植物茂盛。满山遍野地开着各种颜色的野花，雨后路边的蘑菇圈里野生的白蘑鲜嫩可口，黄羊、旱獭成群结队。当时我们管理着六个县团级牧场，包括宝格达山林场和霍林河，辖区土地一万平方公里，一万人口，三十万头牲畜。

牧业生产有其自身的规律，牧民祖祖辈辈逐水草而牧。我们最好的管理方式应该是尊重常识，给牧民提供生产和生活的方便。牧业生产的脆弱性反映在对自然条件的依赖，在气候上，冬天雪大了是白灾，不下雪是黑灾。乌拉盖虽然很少有黑灾，但狼灾确实很严重，一年下来马群遭狼咬死的超过一千匹。

一年多时间我走遍几个牧场和牧场的农业队。一次去盟里开会我向赵真北书记汇报工作的时候，对牧业年度的接羔成活率及存档头数增长率沾沾自喜，赵书记严肃地提醒我，要重视出栏率和商品率。他说牧民的传统是惜售，一群羊里三岁五岁的比比皆是，浪费草场，制约经济效益的提高，要求我回去后和牧场领导商量能否当年出栏，提高商品率，这在当年是非常超前的思路。同时赵书记对自治区农管局给下达的新增开荒指标持坚决反对态度，他代表盟委的意见和态度是我们基层工作的干部能够理解和乐见的。草原开荒种地，风会把土壤全都吹走，两到三年就毁掉一个耕作层。锡盟草原五十至八十公分以下是干沙，几年就会破坏殆尽，而破坏了的草原是无法恢复的。

走近一个人，你可以熟悉他的容貌，在人群中分辨出他与众不同的口音，但了解一个人一定要共同经历一些事情，并站在他的角度和立场上理解他的言行。

时隔太久有些事情记不清了，手头又没有资料可供参考。大约是一九八〇年，盟公署召开边防工作会议，中心议题是动员部署三清工作①，要求各旗县主要领导书记或旗长以及旗县公安局局长参加会议。乌拉盖分局在行政上是锡盟公署驻乌拉盖办事处，一套人马两个牌子，我带宝格达山林场场长和分局公安局长包平参加了会议。盟公安局长全宝山主持会议，参加会议的各旗县领导全穿蒙古袍，主席台上盟长穿着华丽的蒙古袍用韵律极具感染力的蒙古语讲话，我虽然一句也没听懂，但感

① 指清理盲目流入人员、无户口人员和计划外用工。

受得到庄严肃穆的气氛。会议大会发言及分组讨论全部是蒙古语，会议形成的文件也都是蒙古文的。当时适逢中央在全国开展拨乱反正，31 号文件[①] 成为全国民族工作的指导性文件；借此东风自治区主要领导也亦步亦趋在牧区宣传 31 号文件内容。在这个大背景下，两三天的会议包平虽然给我翻译了一个大概，但我深深地感受到了重获新生的激情。

对这种状况我隐隐感到一些困惑。会议间隙我去赵书记办公室，给他讲了会议的情况，他让我陪他出去走走。在盟委院里散步的时候，他充满感情地给我讲内蒙古的近代历史，自治区解放初期到六十年代初的人畜两旺，“文化大革命”给草原和这里的人民造成的损害，农耕和牧业的矛盾，大批人口盲目地涌入草原所带来的不可逆的破坏，盟里根据中央和自治区政府要求出台相关政策的背景等。赵书记最后讲到，局面会不可控，最后的责任是一定会让他来承担的。我当时感觉到他的压力和清醒。

赵书记提出的理念和意见至今无人能够超越，比如人抓教育，畜抓草……他不是学者，没听说过有什么学术专著，但很多学者在研究他的牧区建设的理念以及对现实的指导意义。

20 世纪 80 年代初他再次被下岗前给自治区农管局的主要领导打电话，要求组织上开具介绍信，送我带职带薪入北京农业大学农业经济系进修两年半，我终于也混上了大专学历。他兑现了组织上的承诺。

在他担任自治区工商局局长期间，我为办理公司的工商执照去他办公室，办公桌上立着一个包装箱撕下来的纸盒，上面用毛笔写了几个大字：莫谈人事。

他走了十几年，今天还有多少人记得这个一口土默特旗口音汉语的蒙古汉子？他深情地热爱草原，热爱那里的牧民。他盘膝坐在蒙古包里，坐在草地上用流利的蒙古语与牧民们家长里短，喝茶倾谈，笑声朗朗。

赵真北是一代有理想的共产党领导干部，始终忠诚自己的信仰。他属于那个时代，他不负那个时代。

（作者系原内蒙古农业学校校长，曾任锡林郭勒盟乌拉盖农牧场管理局和伊克昭盟农牧场管理局副局长）

---

① 《西藏工作座谈会纪要》（中发 [1980]31 号文件）。

回忆赵真北在内蒙古自治区工商行政管理局工作二三事

潘景玉

二十世纪八九十年代，正是中国改革开放从以计划经济为主、市场调节为辅进入经济体制改革的时期，国家提出发展个体、私营经济[①]。在农牧业方面着力改革农畜产品流通体制，并确定了新时期民族工作“以经济建设为中心，全面发展少数民族的政治、经济和文化，不断巩固社会主义的新型民族关系，实现各民族的共同繁荣”的总指导思想和根本任务[②]。国家把牧区发展商品经济作为“振兴牧区经济，实现民族进步不可逾越的阶段，是必由之路。”[③]

一、发展少数民族个体工商业与保护草原生态

赵真北同志是一位德高望重、光明磊落、坚持真理、求真务实、勇于直言、不唯上只唯实的老领导，也是享有盛誉的畜牧业专家。在担任内蒙古自治区工商行政管理局局长期间，按照当时国家和自治区发展个体私营经济的政策精神，结合内蒙古的实际情况，提出要实现各民族的共同繁荣，必须发展基于社会分工必需的少数民族工商业，大力发展个体私营经济，努力提高社会生产力，这样才有可能发展真正的商品经济。根据他多年的畜牧业管理工作实践经验，强调发展经

① 1982年9月党的十二大报告提出个体经济是公有制经济的必要的、有益的补充，并确立计划经济为主、市场调节为辅的原则；1987年10月党的十三大报告提出私营经济是社会主义公有制经济的补充；1988年第七届全国人大一次会议通过了宪法修正案明确了私营经济的法律地位；1992年邓小平南巡讲话提出要建立和完善社会主义市场经济体制，强调以公有制为主体多种经济成分共同发展；1992年10月党的十四大明确我国经济体制改革的目标是建立社会主义市场经济体制；1993年第八届全国人大一次会议通过了宪法修正案明确了实行社会主义市场经济。

② 《关于民族工作几个重要问题的报告》(中共中央发[1987] 13号文件)。

③ 田纪云:《争取我国牧区经济有个较大的发展》，见《田纪云文集》(农业卷)，112页，北京，中国民主法制出版社，2016。

济的同时还要必须做好生态保护，特别是要突出抓好草原生态保护工作。

赵真北同志特别注重调查研究，这也是他的一贯作风。曾几次亲自带领相关处室的人员赴锡林郭勒盟、哲里木盟、阿拉善盟就“扶持发展少数民族个体工商业”进行专题调研，摸清扶持发展少数民族尤其是蒙古族个体工商业工作中实际存在的三个主要问题：（1）观念问题，当时全社会对个体工商业从业者仍抱有歧视态度；（2）意识问题，蒙古族和内蒙古另外三个主体少数民族（达斡尔、鄂温克、鄂伦春）没有长期大量从事工商业的意识和历史，极度缺乏实践经验；（3）信息问题，少数民族地区普遍信息不畅，上级的政策措施在基层往往不能及时知晓等。为寻找解决这些具体问题的有效途径，他多次主持召开大力扶持发展少数民族个体工商业的研讨会、座谈会，研究制定了《内蒙古自治区工商行政管理局扶持发展少数民族个体工商业的意见》《内蒙古自治区工商局发布的关于在牧区、山老边区扶持发展个体工商业户的意见》。

针对这些问题，赵真北同志建议：（1）各级工商行政管理部门领导要在思想上引导干部和少数民族群众端正对蒙古族等少数民族开展工商业的认识和态度，进行有所侧重的优惠政策扶持，做到真正的平等相待，体现中国以“民族平等、民族团结和各民族共同繁荣”为目的的民族政策，为个体工商业者做好政策宣传咨询、商品经济知识培训并上门服务，协助办理“证、照”等多方面服务。（2）采取多维度的扶持政策和措施，包括税收优惠、重点发展少数民族聚居区、与扶贫相结合，重点培养并发挥商品经济意识强、善于经营管理并获得成功的能人的典型示范效应。（3）盟（市）旗（县）政府培训工商行政管理干部，引导牧民发展个体工商业。（4）主动向自治区分管主席汇报工作，积极争取自治区政府的支持，提请自治区人大和政府制定出台以发展少数民族工商业为重点专门法规、政策①。这些想法和建议具有前瞻性，比如上门服务这一条，国家工商行政管理总局几年后才提出类似的建议，至今仍然值得政府决策和行政执法部门学习和借鉴。

各级工商行政管理部门严格要求内部人员的规范执法、不徇私情、杜绝各种违规执法行为，并号召广大个体工商业者监督行政执法并公布监督举报电话，“真正做到两个公开、双向监督”，这些做法得到国家工商行政管理总局和自治

① 赵真北：《我区发展个体工商业的若干问题》（未刊稿），1990 年 5 月 31 日。

区政府的肯定。同时，充分发挥个体劳动者私营企业协会的作用，指示做好个体工商业从业人员的法律法规和从业技能的培训并抓好个体工商业从业者“自我管理、自我教育、自我服务”的“三自”工作。

赵真北同志担任内蒙古个协会长期间（1988—1993年），正值蒙古国在前苏联影响下开始进行政治、经济体制改革。应蒙古人民共和国私人工商业者联合会邀请，1991年10月赵真北同志率团出访蒙古人民共和国，拜会了蒙古人民共和国劳动部、蒙古人民共和国总工会、小型工业中心，会见了蒙古国私人工商业者、合作社、私营企业代表，与蒙古国私人工商业者和合作社代表座谈交流了发展个体工商业的做法和经验，并与蒙古人民共和国小型工业中心就内蒙古方面协助蒙古国方面建设私人工商业等事宜签订了合作项目、与蒙古人民共和国私人工商业者联合会签署了合作协议。根据协议，内蒙古方面将提供陶瓷、砖瓦、酿造等生产加工技术和种植技术，探讨合作建厂的可能性，包括粮食机械、玻璃纤维、小型制造、食品加工等工厂。次年蒙古人民共和国代表团回访来到内蒙古考察时，赵真北同志与相关处室的负责人陪同代表团参观呼和浩特、包头、伊克昭盟等盟市，介绍了我区发展少数民族个体工商业的经验和做法。安排蒙古人民共和国代表团与我区较有实力的私营企业主座谈会，商讨两国企业民间合作的可能，为我区私营企业走出国门进行了实质性的探索。并就进一步落实上年出访蒙古人民共和国时签订的协议等事宜。

二、抓队伍建设，提高素质，增强能力

赵真北同志在工商局工作期间十分重视工商行政管理系统队伍素质建设，根据工商行政管理系统恢复组建时间短、人员构成复杂、素质参差不齐的状况，提出大力培训教育，提高人员综合素质，并针对执法实践的需要提出：工商行政管理人员要“四会”即：会办文、会办会、会办事和会办案。当时工商行政管理系统人员素质参差不齐，在文化上有的人从壹到零的大写数字都不会写；在工作中的简单粗暴，违规执法，吃拿卡要的现象时有发生。针对这种情况赵真北同志提出加强工商行政管理学校的工作，加强队伍的培训教育学习，提高思想业务素质，增强执法办案能力。还根据国家民族工作的要求和我区的实际情况，在工商行政管理学校开设了民族班，为区内外培养了大批少数民族执法能手，我区工商

行政管理学校的各项工作在全国工商行政管理系统是排位在前四分之一的。

三、收放结合的领导艺术；严于律己，以身作则

工商行政管理对赵真北同志来说是一个新的工作领域，他一方面学习新知识掌握新政策，另一方面能够很好地掌控原则和方向，充分放权，鼓励发挥分管领导的主观能动性。赵真北同志在任时，局领导有六位副局长和一位纪检书记，其中有两位正师职军队转业干部，且个性都较强，赵真北同志展现出了他精彩的领导艺术，极好地团结各位局领导，充分发挥每位领导的特长，放心放权，很好地推动了各项工作的开展。

有一件事让我印象深刻。那个年代行政单位各种会议较多，凡是赵真北同志参加的会议，参会人员都在开会前就先去卫生间，以免在会议中间离开会场。这是因为有一次他用开玩笑的方式不点名地批评了开会坐不住，中途上卫生间或办其他事的现象。他说："我一个有糖尿病的老年人都能三个多小时不去厕所，你们健健康康的年轻人怎么就坐不住啊？"从那以后大家都养成了习惯，开会前去卫生间，杜绝了中途离开会场的现象。赵真北同志从不批评、训斥干部职工，都是以鼓励、启发、引导的方式教育属下，全系统各级领导及干部职工都非常尊重和爱戴他。

因为年代久远，有些具体细节的记忆不一定准确，但是主要的内容都是个人亲身经历或有事实根据的。

（作者系原内蒙古自治区工商行政管理局处长、内蒙古个体劳动者协会副秘书长。1986 年底从部队转业到内蒙古自治区工商行政管理局工作，先后在局办公室、个体经济处、市场监管处、消费者权益保护处和巡视办公室工作。赵真北的女儿涛娣在写作过程中予以协助）

我的爸爸　我的英雄

涛娣

2010年8月7日，立秋，爸爸离开了我们。经历了八十四年的风风雨雨，度过了不平凡的一生，留下了很多未尽的心愿，留给我们无尽的思念，爸爸终于可以和他分别了将近八十年的父母团聚了。

2015年，爸爸去世五周年的夏天，我们兄妹陪妈妈去爸爸的第二故乡——锡林郭勒盟，在那里有人跟我说，“你父亲没有给你留下什么物质财富，但是他留给了你无价之宝——他的精神和品行。”爸爸还留给了我对“英雄”这个词最直观的认识和感受。用现在的网络语言来说，英雄就是敢为人之所不敢为，敢当人之所不敢当，坚强刚毅的人；英雄就是被现实打击，却从未放弃对光明的追寻，依然微笑着坚定前行的人。

在很长时间里，对爸爸的认识仅仅限于他是世界上最疼爱我的人，也是我最亲近的人。小时候爸爸是我的保姆，一直到1975年他恢复工作。记忆中的很多片段似乎都还是不久前的事：爸爸骑自行车带我去他的朋友、老领导家聊天、每天晚上给我讲他自编的故事、他给我买的红布鞋和绿袜子……也常常想起和爸爸无数次的聊天，从天下大事到我们三兄妹的童年趣事和侄女的憨稚，他总是那么睿智、幽默、敏锐和客观。到现在每当发生重大事件的时候，还是想和爸爸聊聊。

2010年准备爸爸追悼会的过程中才开始了解到爸爸的其他方面，渐渐理解了人们尊重他的原因。读了爸爸的文章、重听他的谈话录音、采访了爸爸生前的好友和同事、回忆爸爸的点点滴滴，终于理解了为什么爸爸追悼会上的挽联中几次出现“英雄”一词：“一身正气仗义执言坚持真理典范留后世，情系草原民族英雄高风亮节精神传千古”；“崇拜长生天坚韧不拔的忠诚者，守护草原的坚强不屈的英雄”。

2020 年 5 月，请爸爸的忘年交敖仁其大哥看我 2012—2013 年写的关于爸爸工作和研究概览文章的时候，他的反应让我既吃惊，又兴奋，更多的是欣慰。吃惊的是过了这么多年还会有人对爸爸的工作和思想感兴趣；兴奋的是可以不必再像过去九年那样独自摸索了，可以有机会和专家学者集思广益；欣慰的是爸爸毕生为之奋斗的事业可以通过另一种方式继续。

在准备文选的过程中，听到各位学者、生前友好讨论他的工作实践和思想，让我对爸爸的记忆更生动，也更加深了我对爸爸的爱戴和敬佩。爸爸曾经说过，过世后，官方悼词怎么写无所谓，他最在意的是老百姓尤其是牧民对他的评价，学者们、爸爸的生前友好的讨论和撰文的全过程其实就是对他最好的缅怀。曾经担任内蒙古锡林郭勒盟苏尼特左旗巴彦乌拉苏木巴彦塔拉嘎查长、旗政协副主席的车登扎布叔叔写道：“赵书记关心牧区人民的生活，关心牧民发展，心里装着牧民群众，是一位真心与人民群众心连着心的领导。”以前在内蒙古畜牧厅工作的雅柱叔叔回忆畜牧厅同事对爸爸的评价：他是“一位平易近人、敢于说真话、善于提建设性意见的领导”，“一辈子就是为了我们蒙古人，保护草原，一点都不考虑自己。”内蒙古大学的杨理老师认为，作为改革先行者，爸爸的“不唯上、不唯书、只唯实”的精神是后人所应学习的精髓，我们应秉承这一精神，坚持创新意识，继续完善牧区制度体系。

爸爸将一生献给了内蒙古大草原和广大牧民，以实现民族的富强、草原的葱郁和牧区的兴旺为毕生理想，全身心地致力于保护草原生态、发展牧区经济、维护牧民利益。为保护内蒙古草原的绿色、促进畜牧业现代化发展呕心沥血，无私无畏；始终以身作则、廉洁奉公、清政为民，生前为世人做出表率，离世后成为后人典范，为人们所深深钦佩和怀念。爸爸之所以令人敬佩，是因为他的一生就是铭记初心、使命与责任的最佳范例，更重要的是这样的坚持并非为了扬名立传或者流芳百世，而是为了实现他的理想，为了他所珍爱的草原和千百年来生活在草原上的牧民。

研究爸爸的人生经历和毕生的工作，听别人对他的评价，第一次由衷地感觉到那些过去让人觉得空洞的褒扬词句的必要性，也深感那些词语不足以描述爸爸，更无法表达我的感情。

回忆爸爸，不能不想到妈妈。爸爸妈妈给了我们一个健康、温馨、稳定的家庭，他们彼此支持共同度过生活中的风风雨雨，爸爸尊重妈妈的事业发展，妈妈支持爸爸的工作，作为他们的女儿，我从来没有感觉到女孩子不如男孩子，因为是最小的孩子，又是唯一的女儿，小时候倒是享受了不少“特权”。爸爸妈妈言传身教，培养我们任何时候都不要偏离做人的基本原则——正直、善良、无私、勤勉、不轻言放弃；待人平等，不卑不亢；要有理想、做对民族和社会有用的人。有些人认为爸爸妈妈这样的教育不够现实，因为现实世界不是世外桃源，社会上的人并不都是谦谦君子。但是，爸爸妈妈的教育让我能够在人生路上坦荡前行，不忘使命，不为名利所累。

乐观豁达　能屈能伸

爸爸给我们的是润物细无声的影响，通过潜移默化，教我们做人的原则。妈妈对我们的教育更多的是苦口婆心，爸爸的身教都是由她解读给我们。从爸爸的身上学会了脚踏实地，不因为一时的成功或者顺境而沾沾自喜，也不因为暂时的挫折或逆境而垂头丧气。

妈妈经常跟我们说爸爸童年生活那么艰辛，后来又经历过不少挫折和不公，但是他一直很乐观，从来没有一蹶不振或者怨天尤人。印象最深的是我上初中的时候（1982—1985 年），妈妈常让我们向爸爸学习，“这才是真正的大丈夫，能屈能伸。”记得当时大哥补充，“爸爸是真正的男子汉。”

我的记忆里只见过一次爸爸表现出低落。2006 年爸爸脑溢血脱离危险期后留下了后遗症，他的记忆经常停留在青年时期，偶尔会有片刻的正常。有一次通电话，我问他好不好，爸爸说“不好，我连自己在哪儿都不知道。”第一次听到坚强乐观的爸爸流露出迷茫、伤感，强压住心里涌上来的难以言表的痛和束手无策的无助，安慰爸爸，劝他好好治疗修养，康复后我们一起去锡盟。记得当时不由想起三伯（爸爸最亲近的堂弟）去世后，听说爸爸哭得浑身颤抖，他们两人胜似亲兄弟又是有共同理想的挚友，记得他们俩周末经常一起热烈地讨论他们共同关注的问题，天黑了也不开灯。丈夫有泪不轻弹，只是未到伤心处。

爸爸去世后，常常想，他面对困境的坦然是家庭熏陶，还是环境使然？还是二者兼有？听爸爸说过，爷爷在世的时候别人借债时经常请他做担保人，这说明爷爷人品正派、在当地声望高。爷爷奶奶给周围人家准备结婚的新人做“莫日古鲁格森阿爸额吉”，汉语意思是“梳头父母”，对“梳头父母”的要求之一就是人品好、心地善良、德高望重①。是爷爷奶奶赋予的优秀品质让年幼失去双亲的爸爸不为成长道路上的各种艰难险阻所惧，反而更加坚强坦荡，一路上的风风雨雨更铸牢了爸爸的坚韧。感谢从未谋面的在天堂里的爷爷奶奶给了我世界上最优秀的爸爸，一个毕生心无旁骛地为民族奋斗的顶天立地的男子汉。

没有爸爸的日子里，在工作上生活中遇到困难或者不快的时候，我会常常问自己：如果爸爸遇到这样的情况会这样？和爸爸比起来，我所经历的困难真的是微不足道。除了他的坚韧，爸爸用他的豁达和幽默来面对生活中的各种情况。

对现实中遇到的各种状况，爸爸有时候用打油诗来抒发心绪。1985 年爸爸恢复工作，我的日记里记着爸爸当时写了四首打油诗，但是他没让我看，后来妈妈告诉我其中一首的一部分，“花甲之年重返政，拨乱反正六年半”。在爸爸的工作笔记里看到他随手写的另外几首，其中之一：“伯乐识马君遛马，北国名驹驰欧亚，家骥不爱改训驴，驴儿怎能当马骑。”

“文化大革命”刚开始爸爸还没有被隔离审查之前，有一天去内蒙古自治区革委会开会，偶遇某直属机关批斗小组汇报该局局长沈某某的“特务”罪行，革委会领导请爸爸发表看法，爸爸委婉地指出批斗小组所谓的证据中的漏洞。几天后，批斗小组的几个人来到爸爸办公室告知沈去世了，爸爸既吃惊又愤怒，责问他们是否使用了暴力，他们承认使用了轻度体罚。“文化大革命”后爸爸参加了为沈平反并补开的追悼会，会上沈的女儿在发言中称其父去世后，那些批斗的人都跑到赵真北的办公室去汇报、表功。事后爸爸以前的老领导常振玉告诉爸爸，沈的子女不了解情况，常老给他们解释爸爸当年其实是在保护沈，于是他们请常老替他们向爸爸道歉，爸爸告诉常老，他不责怪他们，因为他能够理解子女们失去父亲的心情，也知道他们并不了解当时的情况。

① 按照蒙古人习俗，青年结婚时，必须认一对“莫日古鲁格森阿爸额吉”。蒙古姑娘传统上梳一条辫子，结婚时，梳头母为新娘的辫子分为两条，俗称“分头”。见波·少布：《蒙古风情》，133，137 页，香港天马图书有限公司，2000。李晓青：《土默特蒙古族习俗中的“梳头额吉”》，载《档案与社会》，2021（2）。

潜移默化　人生指南

爸爸很少会对我们说教，但是他和妈妈的身教为我们营造了春风化雨的环境，耳濡目染，在我们心中根植了正义和良知，像远洋航船上的指南针，让我们无论在什么样的水域或者天气状况都不会偏航。偶尔看到因为情况变化周围有的船只“另辟蹊径”的时候，心里动摇过：父母给予的指南针是否落伍了，是不是应该“与时俱进”？这时候会问自己“爸爸妈妈遇到这样的情况会怎么做？”

1993 年夏。(涛娣提供)

爸爸妈妈常说我的成长过程有一个重大缺陷，就是没有吃过任何苦，两个哥哥童年的时候经历过“文化大革命”，父母被隔离，被别的小朋友叫“小黑帮”。爸爸妈妈反复告诫我不能有优越感，小时候不太理解他们的话，但是留下一个印象就是我的成长环境有问题，我必须通过努力来弥补。

研究生毕业后，准备出国期间，爸爸建议我去看望一位叔叔（爸爸以前的老部下），因为这位叔叔很关心我的工作问题，尽管我决定出国，爸爸认为我应该对人家的关心表示感谢。我去了这位叔叔的办公室，还见到了另一位叔叔，也是爸爸的熟人，两位都是这个单位的领导，他们很希望我到那里工作。很快他们意识到我已经决定要出国了，爸爸的老部下半开玩笑地说，他们这么热心是出于对爸爸的尊敬，并不是因为我有多优秀。记得当时心里说，“一定要到一个谁也不知道我爸爸的地方，用自己的努力证明自己的能力，否则我取得什么样的成就都会被认为是沾了爸爸的光。”多年后和爸爸妈妈说起这件事的时候，我觉得当年决定出国是一个非常正确的决定，补上了吃苦一课，也证明了自己的能力。记得当时爸爸微笑着看着我，妈妈有点激动“你真的这么想的？看来我们真的没白教育你。”

熟悉我们家的人都知道，爸爸对我非常溺爱，小时候我只挨过一次爸爸的打，两个哥哥可能挨爸爸打的次数多一点。我上初中的时候，爸爸请住在一起的表哥帮忙一大早去内蒙古医院口腔科给我挂号。表哥回来叫我，我睡懒觉不起来，爸爸也来叫我几次，最后爸爸掀开被子打了我一巴掌，我惊呆了，然后大哭，表哥也很吃惊。午饭的时候表哥说起这件事，谁都不相信，他说看见爸爸事后在卫生间流泪，我记得午饭时爸爸的表情还是有点难过。后来爸爸跟我说，父母打孩子比他们自己挨打还难受，但是，他打我是为了让我知道人必须信守承诺，尊重别人的劳动，表哥那么早起来替我去排队挂号，我不起床一方面是对他的劳动的不尊重，另一方面言而无信，因为头一天我答应了按时起床去医院。从此我学会了不轻易承诺，但是一旦承诺，一定要尽全力兑现。

1977 年我上小学，赶上举国上下奋发图强，挽回“文化大革命”造成的巨大损失。爸爸妈妈更是夜以继日的工作，于是让我就近上了一所当时条件很差的小学，一年级是二部制，更不用提教学方面的情况了。为了让我学习母语，爸爸向朋友借了他们的孩子的小学课本，不下乡的时候，晚上抽时间教我。当时的课本内容枯燥，加上周围的小朋友们都不说母语，上了几次课以后，我就没兴趣了。事后每每回想起来，都懊悔不已。1993 年夏天和爸爸一起去内蒙古伊克昭盟伊金霍洛旗参加一个国际蒙古学学术讨论会。会上有一位蒙古族老师表示自己的汉语不太流利，但是他还是要用汉语发言。其实他自谦了，全程只有一处小差错，他把一个成语说颠倒了，我当时笑了，爸爸立刻很严肃地说：“你不要笑话人家，你的蒙古语连人家的汉语的一半都不如。”我的记忆里爸爸第一次这么严肃地跟我说话。

因为战乱，爸爸并没有完成高等教育[①]，但是他从未停止学习。记得妈妈说爸爸给她的好感之一就是他的好学。爸爸一边工作一边学习马克思经济学原理、畜牧业理论以及党的民族理论和政策，并经常深入牧区调研，在工作之余笔耕不辍。我的印象里，爸爸在家里总是在读书、写作，离休以后更是全身心地投入。

① 爸爸 1944 年 12 月从厚和蒙古中学毕业后，被学校送到兴蒙学院，后转去蒙古高等学院。伪蒙疆政权的教育体制中，以兴蒙学院、蒙古高等学院等来培养教师、官吏及技术人员为目的的学校代替高等教育。蒙古高等学院前身为 1941 年 8 月成立的蒙古留日预备学校。该校由“财团法人蒙古留学生后援会”主办，招收蒙古族学生，主要补习日语为留学日本做准备，属于私立公助性质。1943 年 3 月蒙古自治邦政府（即伪蒙疆政府）将该学校改建为蒙古高等学院，并由私办公助转变为官办，仍由吴鹤龄任院长。1945 年 8 月日本战败，学校停办，爸爸返回家乡。

爸爸脑溢血住院后，他的书桌上还摊着没有修改完的稿件，床头柜上放着他看了一半的 Jack Weatherford 的《成吉思汗与今日世界之形成》。专家学者、生前友好讨论爸爸的论文和理念的时候提到爸爸的文章都是在亲自调研的基础上，自己动笔撰写的。整理爸爸书稿的时候，看到很多字迹已经开始扩散褪色的手稿，大部分手稿都是写在另一面已经用过的稿纸上的。

廉洁奉公　黜奢崇俭

我上高中的时候有一年初春下雪，早上路上都是薄冰。有一天我推着自行车出门，接爸爸上班的单位司机让我等一下，他去问问爸爸可不可以顺路送我（从内蒙古农委去在呼和浩特新华广场的内蒙古自治区工商局当时的办公楼正好路过我的学校），结果爸爸不同意，因为“别的孩子都自己骑车子走”，从小受的教育让我觉得爸爸如果同意了反而不正常。多年后那位司机师傅告诉我，接下来几天里几乎天天早上看见我在路上摔跟头。

爸爸曾被别人称为全自治区最廉洁的干部。我的成长过程中从来没有感觉到生活窘迫，一直觉得比同龄人生活优裕。直到二十世纪住房商品化之后，才知道爸爸妈妈基本上没有什么积蓄。二十世纪九十年代末，我们住了二十多年的内蒙古农委大院交由开发商建商品房，原住居民的单位宿舍改为单位福利房，爸爸第一次也是唯一一次向子女求助，他给我和二哥写信，我们才知道即使动用他们老两口的所有积蓄，他们也负担不起购买他们的福利房。爸爸妈妈的工资不算低，但是负担也不轻。姥姥一直和我们生活，她微薄的退休金不足以支付她的生活开销，尤其是她脑溢血卧床后；我们兄妹三人上大学（加上我上研究生三年）、两个哥哥成家立业，也主要靠爸爸妈妈的工资；对有困难的亲友，爸爸妈妈一向慷慨解囊。之后我和二哥先后出国，爸爸妈妈又把刚刚积攒的一点积蓄分别给了我们。我出国后有一次爸爸在电话上充满歉意地说：“你们在外边不容易，我和你妈妈没有钱，也帮不上你们。”

2005 年 9 月爸爸轻度脑梗住院，我陪床，可能爸爸预感到自己的身体状况不容乐观，那一星期里他容易感伤。当时内蒙古工商局的福利房在装修，有一天我从建材市场回到病房，跟爸爸说抽水马桶最贵的居然一万多元的，我选了三千多元的，本来是想开玩笑逗爸爸开心，没想到爸爸眼圈泛红，“我小时候连像样的衣服都没有，有时候饭都吃不饱，现在用这么贵的厕所……”我一边自责，一边安慰爸爸。看得出来爸爸期待搬到新房子，他感叹，“我和你妈妈什么都没有，没有你和你二哥帮忙，我们哪里买得起这两套房子。”

爸爸不仅在工作上廉洁，在生活上也非常简朴。妈妈听爸爸的同学们说，爸爸小时候衣不蔽体，衣服可能是捡来的，两只袖子长短不一，脚上是两只不一样的鞋。爸爸从来不讲究衣着，有时候让大家闺秀，优雅有品位的妈妈感到有点难为情，也让我小时候在同学面前觉得没面子。

有一年冬天爸爸坐火车出差，在软卧包厢下铺正在休息的时候，一个年轻的女乘务员带了一位乘客进来，让爸爸换到上铺，爸爸说他的票是下铺的，乘务员说上下铺票价是一样的，爸爸笑了“小姑娘，我坐软卧的时候，你还没有出生呢吧？”乘务员尴尬地带着熟人离开了。爸爸回来后当成笑话讲给我们，妈妈叹气“你穿着那件破大衣，她把你当成卖菜的老农民了。”爸爸穿戴只求舒适实用，他当时穿的是一件褪了色的老式军队棉大衣，戴着一顶两个哥哥干活的时候戴的劳动布帽子，帽檐洗得皱皱巴巴的，像赵本山演小品时的帽子。

爸爸离休后更加专注于研究和写作，经常出去查资料、走访老朋友老同事。有一次农委大院里的熟人跟我说经常看见爸爸背着一个军挎在等公交车，在那个年代背军挎代表老土，并不是后来流行的复古风，所以爸爸背着军挎的样子让人觉得滑稽。我问他为什么不用单位的车，爸爸说那是给单位几位离休老干部共用的车，如果他用了车，万一别的老干部需要去医院的话，就让人家很不方便了。我和妈妈已经放弃对爸爸的衣着提要求了，很担心他的安全。那时候他已经七十多岁了，“文化大革命”造成的腰伤的影响越来越严重。我教他坐出租车，给他买了一个时髦的黑色挎包。爸爸依然背着军挎，开始站在路边打车。

1977 年爸爸去北京参加全国“农业学大寨会议”回来，给我买了一双红布鞋和一双绿袜子，因为受妈妈的小资情调熏陶，从小就自认为有品位，觉得爸爸买的东西太土，而且很可能在脸上表现出来了。妈妈悄悄跟我说，她知道我不喜欢爸爸买的东西，但是我的表现让他伤心了，爸爸出差从来没有给家人买过礼物。因为从小就是孤儿流离失所，他也不会买东西，“文化大革命”后恢复工作第一次出差就只给我买了礼物。不记得我有没有和爸爸说什么，因为家里人都不

2015 年 6 月 30 日锡林郭勒盟阿巴嘎旗（涛娣摄）

善于直接表达感情（除了爸爸对我，他会直截了当地夸奖、亲吻、拥抱，写信都用蒙古语开头“我的宝贝女儿”），隐约记得跑到爸爸身边腻歪了一会儿，希望爸爸明白一个 7 岁小女孩想表达的歉意。不过不到一年，鞋和袜子就都小了，但是一直记得红条绒有小白花的布鞋和绿底有红白两色小花的尼龙袜子。留在记忆里的除了红布鞋和绿袜子，还有第一次知道小孩子也会让大人伤心时的惊讶，以及随之而来的奇怪的感觉（长大以后知道那是内疚）……

我小时候没有觉得爸爸和同龄人的爸爸有什么不一样，上初中的时候开始觉得他太老，加上又不太修边幅，让我感到没面子。好在他也没时间给我开家长会，都是优雅的妈妈去。上初中的时候有一次忘了带家庭作业，因为一直是好学生，不好意思不交作业，只好给家里打电话，当时内蒙古畜牧厅被解散爸爸赋闲在家，他放下电话就出门给我送到学校来。我们当时在学校的平房教室，爸爸从窗口走过，坐在我后边一个男生：“咦（四声，呼和浩特口音），来了个外国人！”爸爸连鬓胡子、大肚子，记得当时是 5、6 月份，他一头汗，平时搭在头顶上的那一缕细细长长的卷发也耷下来了。我猜他从内蒙古农委大院走路到公交车站，坐 2 路公交车到鼓楼站，然后走到我的学校。爸爸直接推门进来，站在教室前面，操着带土默特左旗口音的汉语问四十多个初中生：“涛娣在哪？”我觉得羞愧难当，走上前一句话也没说，拿了本子就赶紧回到座位上，始终低着头，窘迫不堪，只听到教室里叽叽喳喳：“这人是谁？”“涛娣她爸！”“啊？她爸是埃及人？”“不对，是土耳其的。”

远见卓识　忠告善道

准备文选的过程中，学者们和爸爸的老同事都谈到他的前瞻性。爸爸的远见对我的人生也有非常重要的影响。

1988 年高考结束报志愿的时候，作为一个 80 年代的热血青年，又是我们中学第一份学生报纸的创刊记者之一，我立志要当新闻记者，揭露时弊，拯救全人类。连着两天早上喝奶茶的时候，妈妈建议我报法律专业，她认为今后国家会允许律师个人执业，这样我可以有一个不受他人制约的谋生手段，我当时觉得这样的想法没有情怀，东拉西扯地说服了妈妈。第三天爸爸亲自出马了。他循循善诱，建议我学法律，最后让我一直感觉是我自己决定学法律的。爸爸先肯定了我想学新闻的想法，而且没有批评我把学法律比喻成学屠龙术。爸爸问我当了记者怎么解决揭露出来的问题，我无言以对。他接着给我解释，既然我选择了文科，他认为文科里对民族和国家发展最有用的是经济和法律这两个专业，因为我不喜欢数学，他建议我学法律。爸爸还认为我的屠龙术比喻有道理，但是他认为这是暂时情况，经过“文化大革命”后，他坚信任何民族和国家的生存发展都离不开法律保障，必须抓紧时间培养这方面人才。

1997 年在美国法学院毕业前，我觉得父母尤其是爸爸一定希望我毕业后回国。没想到和家里通电话时，爸爸建议我在美国工作几年再回国。他说，法律是应用学科，我没有过工作经验，又在法制相对成熟的国家受了教育，国内的法制建设还在起步阶段，我马上回国可能不适应，会觉得没有用武之地；在美国工作几年可以积累经验，同时国内的司法体系也会逐步发展起来，到时候回国会更有价值。当然几年变成了二十多年，爸爸脑溢血住院后我回国工作了七年，但是那时候他已经不记得我们 1997 年的对话了。

无私无怨　铁肩道义

从三四岁刚识字开始，妈妈就经常给我买各种少儿读物，我长大后那些书都送给亲友的小孩子了。保存下来的仅有的几本小时候很喜欢的书里，有一本是中国少儿出版社 1979 年出版的《唐宋诗选讲》。记得二十世纪八十年代初爸爸回到内蒙古自治区畜牧厅工作后，有一天他翻看这本书，笑着跟我说，“这个诗写得好！‘葡萄美酒夜光杯，欲饮琵琶马上催。醉卧沙场君莫笑，古来征战几人回。’”这是我所知道的爸爸很喜欢的唯一一首唐诗，记得后来他去兰州出差，特意买了一对夜光杯，包装盒上印着这首诗，这一对酒杯是爸爸妈妈的专用杯。爸爸平时不喝酒，只有在春节、爸爸妈妈结婚纪念日或者其他重大日子才用这个酒杯喝一点，有时候会笑着念王翰的这首《凉州词》。

不少人包括一些亲近的人不理解爸爸的执着，有些人认为爸爸的义无反顾不值得，他的付出和“收获”不成比例，也有人认为爸爸的百折不挠另有所图。这些看法不足为奇，爸爸的想法和做法的确和当今讲求性价比的价值观显得格格不入。对爸爸来说，职位和名声不是他奋斗的目标，也不是用来炫耀的奖牌或者勋章，更不是谋私利的手段，而是让他可以更有效地工作的工具，他可以更好地保护草原、推动牧区发展、提高牧民生活水平。

爸爸当内蒙古自治区政协常委后，我觉得奇怪，他不是一直想退下来在家专心写文章么？爸爸给我解释，当政协常委是为了可以继续做他想做的事——为草原保护、牧区发展做实事，政协能够提供这样的资源，他可以去牧区调研、写提案，否则一个普通离退休人员的呼声不容易引起重视。

我上中学的时候，有一次两个哥哥跟爸爸聊天，他们听说爸爸 25 岁就当了锡盟西部联合旗的旗委书记，他俩很佩服也很羡慕，爸爸笑了，告诉他们，“我们那时候当领导是苦差事，工作要走在前面，出了问题要首先站出来承担责任。”

过去这些年采访爸爸以前同事的时候，有一位叔叔谈某一个重大事件时，意识到我并不知道其实是爸爸的下属在工作中考虑欠周而使事情复杂化了，这位老人眼圈红了，颤抖地说，“我知道你爸爸肯定跟谁都没说过，而是他自己承担了所有的责任，这就是你的爸爸。”

2002 年底回去看爸爸妈妈的时候，花了几天时间请爸爸讲述他的生平、工作。重听他的谈话录音的时候，注意到经常出现的内容总是围绕着牧民、老百姓的生活和牧区社会进步，让我印象最深的就是他反复强调作为领导干部，要对人民负责，切忌做劳民伤财的事，否则“我们这些干部不会有损失，工资照发，老百姓怎么办?”

知恩图报　古道热肠

爸爸在内蒙古畜牧厅工作的时候，有一年除夕下午他出去了，过了一会儿带着畜牧厅车队值班的老人回来，和我们一起吃年夜饭，爸爸给他斟酒，让他不要客气。后来知道那位老人独身也没有子女，幼年失去双亲又是独子的爸爸一定想起了自己的童年经历。小时候不懂事地问过爸爸，他小时候逢年过节看到别的孩子和父母在一起，穿着父母给的新衣服的时候，想不想自己的父母，记得爸爸叹一口气说“怎么能不想呢?”“那你怎么办呢?”“那能怎么办呢? 羡慕呗……”2019年妈妈去世后，遇到各种节日的时候，我才切身体会到了爸爸当年的感受，听出了他幽幽的语气里的伤感。

爸爸经常讲起小时候亲戚、朋友对他的关心和照顾，但是从来没说过他有经济来源后给别人的帮助。爸爸的好朋友苏和大爷后来跟我说，当年他子女多生活负担重，爸爸经常慷慨解囊，有时候会把一个月的工资都给他；别的朋友同事也都得到过爸爸的接济，有一个他们共同的朋友在内蒙古农牧学院读书四年的费用都是爸爸出的。记得小时候听苏和大爷和爸爸的其他好友说过，爸爸在内蒙古自治区党委农牧部工作的时候，常年在牧区调研，就把工资放在机关财务处，让有需要的同事随时支取，成了公用基金；和妈妈结婚后相当长一段时间里，爸爸的工资还是放在单位，妈妈觉得奇怪，后来她去机关财务处询问，公用基金才停止运营，但是爸爸妈妈对有困难的亲友同事依然倾力相助。爸爸是吃百家饭长大的，他始终铭记自己有困难的时候，别人给予的点滴关心和帮助。

舐犊情深　父爱如山

十多年过去了，还是难以相信爸爸真的永远离开我们了。第一个说“时间可以治愈一切”的人一定没有经历过失去至亲的伤痛，肯尼迪总统的母亲，罗丝•肯尼迪，经历了两个儿子被暗杀后说，伤痛永远会留在那里，只不过随着时间推移，人的自我保护心理给伤口盖上了疤痕，疼痛略有减轻而已。我还要补充一下，在之后漫长的岁月里，一些在旁人看来不起眼的小事会突然激活久远的回忆，像老电影一样在脑海中掠过，留下的是萦绕在心里的温暖，有时伴随着锥心的悲恸。

爸爸在“文化大革命”末期赋闲三年多，那段时间里我们俩天天在一起。他会领我去内蒙古林学院院里赏花，爸爸最喜欢紫丁香，我也跟着喜欢，现在看到紫丁香，闻到花香味就会想起爸爸……他经常骑自行车带我出去串门聊天，常去内蒙古政府大院他的老领导老同事家，长大后见到那些老人们，他们都说：“坐你爸车子上的小卷毛长这么大了！”爸爸去世后，一位亲戚（杜莲姨）见到我第一句话就是：“小时候你爸去哪儿都把你带在车子上。”（蒙古语）我顿时泪如雨注……

1975 年爸爸恢复工作后，不能给我当“保姆”了，于是我被送到呼和浩特第二幼儿园全托，另一个原因是性格孤僻，父母有点担心。之前从来没上过幼儿园托儿所，除了爸爸，只有一个好朋友住我们楼下。突然离开家和一群素昧平生的小孩子和老师住在陌生的地方，只有周六下午才被接回家，周一一大早又被送到幼儿园，有生以来第一次感觉到真正的恐惧和无助。刚去的时候特别想家，天天哭。有一天，爸爸下班回家顺路到幼儿园看我，我抱着他的脖子哭着让他带我回家，他从兜里掏出来一小块快化了的巧克力给我，让我答应不哭了，我答应了，吃完后接着哭。不记得哭了多久，最后老师带我到另一个房间，拿出来平时锁在柜子里的新玩具让一个小朋友陪我玩，爸爸趁机溜走了。晚上躺在床上想起来爸爸来过，眼泪又下来……爸爸回家告诉妈妈和哥哥们我哀求他时说的话，那些话成了家人很多年的笑料：“这里没有鸽子蛋吃（二哥养了很多鸽子），呜呜呜……我想你和妈妈，我连大哥二哥都想（小时候两个哥哥老逗我，我当时非常不喜欢），呜呜呜……”估计爸爸被妈妈批评了，后来他再也没去看过我，不过经过了以泪洗面的头几个月，我渐渐喜欢上了幼儿园生活。初中一年级开学典礼后，邻班一个女生跑来问我是不是叫涛娣、上过二幼，我答是，可是我一点儿也不记得她，她说：“我记得你，你老哭！”

我们住在内蒙古师范学院家属院的时候，大概 4 岁那年的一天晚上，爸爸批评俩哥哥（估计他俩实在太调皮，需要爸爸出面）：“你们这么不听话，我和你们妈妈这么大年纪，把我们气死怎么办？谁管你们？”当时真的很担心，希望父母至少活到我 20 岁（在 4 岁的孩子眼中 20 岁已经很成熟了），要不然谁给我们做饭、谁给我梳辫子，生病了谁带我去医院？一系列现实问题让 4 岁的我忧心忡忡。记得当时妈妈在帮我洗脸，我把毛巾蒙在脸上，怕妈妈看见自己的眼泪。感谢上苍，让爸爸在我 40 岁那年才离开。从爸爸 2006 年住院起，我就做好了他可能会离去的准备，可是真的到了那一刻，还是觉得像世界末日，觉得又回到了 4 岁住在师院家属院的日子……

这些年想起来爸爸，经常浮现出来点点滴滴的片段。记得有一次听《蓝色多瑙河》的时候，一向喜欢古典音乐的妈妈赞叹："多优美的音乐，蓝色的多瑙河。"爸爸笑眯眯地说，"你咋就能听出来是多瑙河呢？我觉得也可以是大黑河么①。"我们兄妹三人小时候感冒咳嗽的时候，爸爸给我们拔火罐，真的是手到病除，我们觉得爸爸的火罐很神奇："一下就把咳嗽吸住了"，"嗯，就是！想咳嗽也咳嗽不出来了。"记得爸爸用的是一个缺了把儿的小瓷杯，杯子上有红色的像水墨画的水果图案。我小时候每天最期待的就是晚上爸爸给我讲故事，后来两个哥哥说那些故事都是爸爸自己编的。多年后看到英国作家罗尔德·达尔传记中提到，达尔的儿童文学的素材就来自于每晚孩子们睡觉前他给他们讲的故事。估计谁也想不到爸爸会做家务，更别说织毛衣了。我大概 4 岁的时候跟妈妈学织毛衣的基本针法，笨手笨脚地学了几天后，妈妈放弃了，我眼泪汪汪地觉得很委屈，于是爸爸拿过我织了一小段的残次品，教我怎么织上下针，尽管没有妈妈织得那么熟练，但是我当时觉得他织得不比妈妈差，记得妈妈在旁边难以置信地看着爸爸慢慢地一针一针地织……

多年前回去看望父母的时候，妈妈给我讲了爸爸的"受骗记"。我刚出国后不久，有一天，突然家里来了一个年轻人，当时只有爸爸和保姆在家，那个人自称是我的同学，我急需生活费，委托他到家里取钱带给我。爸爸立刻掏出身上所有的钱，还借了保姆的菜钱，凑了四五百元，交给了这位"同学"。那个人离开后，爸爸可能感觉到事情有点蹊跷，妈妈回来后，两人一致认为那个人是骗子。妈妈跟我说："看看你爸爸，一听说宝贝女儿需要钱，着急得什么都不想了。"爸爸脸上露出略带窘色的笑。

很多年来一直有点遗憾，没有直接向爸爸妈妈表达过我对他们的爱和感激，

① 大黑河流经呼和浩特市近郊，于托克托县城附近注入黄河。

尽管行动上的表示非常明确，每年也会在母亲节、父亲节贺卡上写下平时羞于表达的词句。在医院陪妈妈度过的最后两个月里，病房里没有别人的时候，我会轻轻地在妈妈耳边用蒙古语告诉她我爱她。细心的妈妈把我的中学日记、从小学到高中所有的假期通知书、奖状证书都保存起来了。最近翻看高中日记的时候，突然想起来出国后有一次在电话上妈妈问我为什么没带走小时候的日记，因为当年我费尽心机不让任何人看我的日记。成年以后觉得无所谓了，所以妈妈问她和爸爸能不能看我的日记时，我和她开玩笑："可以看，你们肯定早就看完了。"后来爸爸写信曾经评价我的中学日记——单纯、积极、向上，那么他应该看到过我1985年8月29日的日记，于是遗憾被释然和欣慰取代了，又为自己15岁时的青涩和幼稚的文字感到难为情：

"具有性格的人，首先不是博取他上级的欢心，而是极力忠于自己的职守。他那带刺的个性和不讲情面的行动，使他得不到那些不懂得应该使用有坚强意志的下属的上级的宠爱。——夏尔·戴高乐"（作者注：当时误把尼克松在《领袖们》中对戴高乐的评价当成了戴高乐的原话。尼克松在书中还写道"只有少数人是逆境造就的，戴高乐就是这少数人中的一个"。）

爸爸就是戴高乐所说的"有性格的人"。

……

他是很有性格的人，从来不会博取上级的欢心，而是坚持真理。他作为一个领导者，从来没有想过为自己谋取点儿什么，而是一心为人民。……爸爸有胆有识、敢说敢干，而且很有远见。

……

总有一天，所有的人会知道，爸爸是好人，是一个人才。

随着时间的推移，人的记忆会慢慢提笔去美化逝去的挚爱亲人。不可否认我一定也理想化了记忆中的爸爸，人无完人，爸爸也不例外。"文化大革命"末期爸爸恢复工作以后，我会希望爸爸能够像别的小朋友的爸爸那样经常带我出去玩；后来也不太理解为什么爸爸可以给别人家的子女在工作上提供帮助，却不帮自己的孩子；听到别人说爸爸太固执太直率的时候也感到困惑，觉得这是爸爸的缺点。随着自己年纪的增长，阅历的丰富，尤其是通过研究爸爸的人生经历和工作，开始慢慢领悟到了爸爸的这些不足之处给我的影响，尽管他每年大部分时间在牧区调研，但是他在家的时候总是抽时间和我在一起，和我聊天，或者看着我玩或者看书；他不帮助自己的子女的确看似不可理喻，现在回想自己的成长经历，爸爸的做法实际上让我了解了独立的重要性，学会了不依赖他人。随着年纪的增长和个人阅历的丰富，也理解了这其实就是爸爸的品行——不谋私利；爸爸的固执和直率也确实显得和现实社会格格不入，但是他的固执和直率是有针对性的，而且这样的品行也越来越多地被各种励志文章、热门帖子所推崇。现在看来，爸爸的这些不足之处其实是与众不同，面对让大多数人为难的情况，爸爸做出了他认为问心无愧的决定，他用始终如一的行动践行了人类千百年来的美德，而不是仅仅把这些美德写在被频频转发的怡然理顺的文章中，也不是用来点缀点击率极高、粉丝无数的热门帖子里字字珠玑的说教。

邵燕祥先生的描述更为贴切："年轻的后来者！你们也许惋惜、同情、怜悯我，你们也许讥诮、奚落、蔑视我，以为我是盲目、愚昧的白痴吧！你们这样做，是因为你们不理解像我和跟我有相似经历的同志，而我希望你们能够理解：我们有值得你们嫉妒的炽热的爱，燃烧着对党和人民的信心，即使在我们的天真、幼稚、轻信和形而上学的错误里，也伴生着高于个人荣辱与毁誉的执着的追求。"①

爸爸并不是高官也不是名流富豪，他是一个心地无私、坦坦荡荡的人；他倾尽毕生精力义无反顾地追求理想；他早早就经历了常人没有经历过也不应该经历的坎坷，在人生道路上他一路披荆斩棘，初心不改；他从来没有忘记自己是那个吃百家饭长大的苦孩子，这个世界上没有什么可以让他畏惧或是值得去委曲求全的。

整理爸爸的书稿时，看到几十本工作笔记。其中有一本显得与众不同，不是那种可以装在口袋里的小本子，而是大一点薄薄的一本。翻开后看到熟悉的爸爸特有的字体，是二十世纪八十年代中期（1984—1985年左右）爸爸在赋闲期间参加内蒙古自治区整党学习的心得。在最后几页，爸爸总结了他对自己一生的工

① 徐晓：《无题往事》，见刘禾主编：《持灯的使者》，206页，桂林，广西师范大学出版社，2009。

作的看法：

我的态度：

一、作为一个党员按义务和权利参加好整党，有意（见）就提，不提是党性问题。

二、有错误检查，如该受批评或处分，就甘心接受。

三、再工作特别是任职的主客观条件已不复存在，只要求清清楚楚、明明白白，最好高高兴兴到时退休。已三上三下，这次下的过程和过去不同。这三年零四个月靠边站同过去七年零三个月的情况不同，应给予明确的答复为好。特别是要整党，应分清是哪一类人；同时也可以少使亲友受株连。

四、有官无官，都不放弃马克思主义的真理，为人民服务的宗旨，党员的权利和义务。只要不违犯（反）党章（准则在内）、宪法和党和国家的各项政策法令，就没什么可怕的。遇到问题时对上边的错误顶了不行，批判时出头也不行，只好守中庸之道，作为一个党员也不行。

研究、书写爸爸的一生相当有挑战性，重要原因之一就是爸爸不谈论他自己，更不历数他的成就。记得 2002 年底曾经央求爸爸把他的文章收集起来，把他的生平写下来，爸爸觉得没必要，我只好上纲上线“这不仅仅是你一个人的经历，是一个民族的历史的一部分。”然后爸爸给了我一份他的干部履历表的复印件：“都在这里边”，我根据爸爸的履历表写了一份简单的生平，请爸爸批改，才算有了一个比较完整的“大事记”。后来我又花了几天时间请爸爸给我讲他的一生，录了音。爸爸去世后，花了不少时间精力收集、整理他的文章、讲话稿。这样，爸爸讲述生平的录音、简历、文章、讲话稿、工作笔记就成了最宝贵的资料。

爸爸去世后这些年整理、研究他的文稿，其实是在和爸爸做跨越时空的对话。通过读他的文章、听他的谈话录音，我越来越理解他毕生的追求——民族的繁荣振兴，敬佩他义无反顾的执着。爸爸追悼会后我代表家人致词时说过，真理和正义这两个词贯穿爸爸的一生，同时他也是一个很理想化的人，希望全社会都能尊重真理、正义，遵守法律。他毕生以实现民族的富强、草原的郁郁葱葱为理想，在追求理想的过程中，他始终坚持真理、秉持正义。

听爸爸的谈话录音时，我体会最深的就是他对民族的使命感和紧迫感，爸爸从来没有忘记自己人生道路上的坎坷，也从来没有忘记父老乡亲的过去和依旧面临的挑战。爸爸离开后，通过研究他的一生，我找到了自己的使命——保留、传承爸爸留下来的巨大精神财富，为继续爸爸未竟的事业尽绵薄之力。

2019 年 8 月 7 日是爸爸离开我们九周年纪念日，8 月 2 日那天妈妈离开了我们。失去父母让人心碎，但是想到妈妈生前最后一两年常常长时间地注视爸爸的相片，也由衷地为他们高兴，时隔九年他们终于可以团聚了，不再受病痛折磨，也没有尘世间的任何不愉快。妈妈离开后的第一个春天，在梦里第一次看到爸爸高兴地开怀笑着，妈妈也笑眯眯地坐在他身边。

想起爸爸的时候，脑海里时常浮现出 2015 年拜访锡林郭勒盟阿巴嘎旗宝格达圣山时的情景。当时站在阿巴嘎草原上，想到自己脚下是近七十年前爸爸第一次踏上的草原，头顶是曾经照耀过爸爸的烈日和同一片蓝天，这是爸爸为之奋斗终生的土地，想起了那些天里别人介绍我们是爸爸的家人的时候，那么多白发苍苍的老人握着妈妈的手热泪盈眶的情景，不禁心潮澎湃，放眼望去，蓝天白云下，无垠的绿草上一行白马在向宝格达圣山缓缓走去……

2015 年 6 月 30 日锡林郭勒盟阿巴嘎旗（涛娣摄）

动荡不安的2020年初春，在傍晚时分的西北天空——覆盖在我的家乡的皑皑雪原、茫茫草原和面积越来越大的漫漫黄沙之上的同一片天空——镶着金边的彩云上，经常能够看到爸爸妈妈微笑着注视着我。接下来在家上班的日子里，每天在住家附近散步时，看着路边的随着季节交替绽放的各种鲜花、变换色彩的树叶和西北天空大朵大朵的云彩，总是不由地想起爸爸妈妈，他们现在在干什么呢？他们知不知道我有多想念他们？自从疫情爆发以来，更经常地想起他们，感谢上苍，让他们免受这样的灾祸。渐渐地，云端的爸爸妈妈的样子没有春天的时候那么清晰可见了，但是每每感觉到他们注视的目光，所有的焦虑和孤独感都被抚平了，心底里充满感激——幸运如我，爸爸妈妈的优秀品质给我打下了不可磨灭的烙印，用我的一位大学老师在最后一节课下课前的话来形容爸爸妈妈，尤其是爸爸，留给我的无价之宝——“在个人的生存之上，还有良知与正义，理想与信念。”我永远不会忘记赋予我生命和一切的爸爸妈妈。

真正能评判一个人的是岁月，真正的英雄经得起岁月的评判。英雄无论沉默与否，都将被世人记住。

2021.5.11

附 录

附录一：赵真北论文选编座谈讨论纪要

二〇二〇年十月十八日

内蒙古大学桃李湖宾馆迎宾馆

参加人员：

敖仁其（召集人、主持人），内蒙古社会科学院研究员

暴庆五，内蒙古社会科学院研究员

雅柱，原内蒙古畜牧业经营管理站站长

特力更，原内蒙古自治区农牧业经管站站长

盖志毅，内蒙古农业大学教授、博士生导师，内蒙古政协委员、内蒙古政协农牧委员会副主任

那顺巴依尔，内蒙古大学民族学与社会学学院教授，博士生导师

达林太，内蒙古楚日雅牧区生态研究中心研究员，内蒙古大学蒙古学研究中心专职研究员

阿拉坦宝力格，内蒙古大学民族学与社会学学院教授，博士生导师

孟慧君，内蒙古大学经济管理学院教授

杨理，内蒙古大学经济管理学院教授，硕士生导师

文明，内蒙古自治区社会科学院牧区发展研究所副所长、研究员

代琴，内蒙古大学法学院副教授，法学博士

吉雅，内蒙古社会科学院副研究员

敖仁其发言：

今天这个机会大家聚在一起有很多缘由。今年本想开个会，纪念赵真北去世

十周年，因为种种原因，至今没开成。现在想出一个论文集，希望论文集里收录一些大家对赵真北理念的评论或者读后感，希望在座的各位都贡献一些力量。那老师还采访过赵真北两个多小时，肯定掌握很多第一手资料。我觉得咱们大家从不同角度去写，三个月交稿？三千到五千字？大家商量商量。希望出一本赵真北的论文选集也是对他的纪念。怎么写、评价赵真北这位老人，特别是作为有价值的历史资料存留，这是具有重要理论价值和实践意义的。在座的各位有的是生前好友，有的是生前共事的同志，也有从事畜牧业经济研究的年轻的学者，我们跟老一代学者、行政干部学了不少东西，以前我有时候读点历史、政策方面的书，有不懂的地方也请教过赵真北，他非常认真地给我解读历史、政策，我觉得他是一个非常优秀的人。

赵真北虽然是一个官员，但是他对学问还是非常严谨的，不说没有证据的话。他写的文章概括性很强，实际上来源于生活、田野调查。所以我们有机会纪念这个老人家，把我们的评论和感想加在里边，我觉得是一件好事。

所以，特别感谢今天大家来，也请各位来宾说两句。

特力更发言：

这几个月正赶上疫情影响，各种会都开不成，但是这个会叫座谈会也好，研讨会也好，纪念会也好，我觉得有必要去召开。因为赵厅长是一个非常特殊的人物，虽然表面上看，他就是一个厅级干部，但是他不是一般的厅级干部，他有资历、有历史，在他的整个工作生涯中，他做了很多很多事情。我一参加工作就在他的手下，他出门有时候领着我。他是一个非常敬业的老革命，他说，要搞好工作不搞调研不行，搞调研官员们陪同不行。他出门就两个人陪同，一个是我，另一个是电台的记者。经常就是我们三个人出门，我问他要不要和旗里打招呼，他说千万别打招呼，我们就直接去老乡家里。有几次都走了两三天了，盟里旗里的领导才发现。所以他的工作作风是我们现在的年轻人做不到的，像他这样的干部，从我参加工作到我退休，少有，我没遇见过他这样的领导，非常优秀的一位少数民族领导干部。

我觉得出版论文集这件事也非常必要。赵厅长做了非常重要的几件事：《草原管理条例》，给我安排的就是条例的事情。1983 年颁布的是内蒙古自治区的第三个条例，修改工作是从 1980 年开始，赵厅长负责的。《草原管理条例》修改有很多亮点，很多都是他亲口提到，他跟我讨论的时候，他会提到，比如草原使用权、管理、承包问题，必须把关系捋顺了，这些涉及很多复杂的问题，外来开垦、挤占、破坏草原的太多，外来人口也太多，他感到很焦心。赵厅长提出的牧区草原归集体所有，这是一个创新，全国独此一家。赵厅长当年鉴于很多因素考虑，提了牲畜不能增加、人口不能增加，包括做了一些清理非牧民的工作，他是比较超前的，在那个年代、形势下，他能提出那样观点，还付诸实践，是非常难能可贵的。但是也正因为这件事，他也受到了很多牵连。到了 2003 年自治区看到这个严重问题，又提出来要清理非牧民，为这件事还下了文件 [指内蒙古自治区党委、政府《关于清理非牧民占用牧区草场和依法规范草牧场使用权流转的意见》(内党发〔2003〕3 号) 2003 年 1 月 13 日]，由自治区纪检委牵头，我们自治区农牧业厅配合。所以说，从赵厅长从 70 年代末 80 年代初就做这件事，他是很超前的。包括“以草定畜”等理念，我就不展开了。还有牧区的畜股报酬的事情，老同志们都知道，年轻人不一定知道。他专门给自治区领导、党委书记打过报告，提出来畜股报酬返一定要返还给牧民。但是当时内蒙古党委下达了 91 号文件，把赵厅长的观点和牧民的观点全部否定了，当时就没法运作了。后来在 2014 年，又有牧民反应这个问题，我就提出来一个意见，根据历史情况和牧民的座谈，听当事人的反映，说明内蒙古党委 84 年的 91 号文件的定论是不对的。

暴庆五发言：

赵真北实际上是属于民族领袖式的人物，很多人对他不太了解，年纪大一点的人接触过，年轻人可能连名字都没怎么听说过。他是领导干部里的学者，像他这样写论文、搞调研的，在厅级干部里只有他一个，找不到第二个。他能看懂蒙古文的《红楼梦》，咱们干部里有几个人能看得懂蒙古文的《红楼梦》？他的蒙古文程度不错。

我建议咱们从学术角度研究他，第一个是特力更刚才讲到的《草原管理条例》，这个问题对内蒙古非常重要。《草原管理条例》里，最重要的一点就是提出草原可以有两种所有制，人民公社管理的那部分草原为集体所有，牧户有使用权，这样就堵死了外省区来占草原的路子，要不然草原全民所有，各地都可以来侵占。当时赵真北当厅长时，在《草原管理条例》里写的一句关键的话，“人民公社管理的那部分草原为集体所有”，非常重要。

赵真北理念还有几个关键的地方：

1. 提出了“变被动抗灾为主动防灾”。因为他长期在基层调查，知道牧区的情况。他从1950年代开始在牧区工作。过去一遇雪灾，畜牧厅干部就要下乡抗灾，挨家挨户、到各户各队去抗灾。赵真北认为长期这样下去不行，于是提出了“变被动抗灾为主动防灾”，他的这篇文章写得相当不错。自治区畜牧厅长于铁夫，非常赞同这个观点，后来畜牧厅采纳了赵真北的建议。建立了抗灾、防灾基地，种玉米、建打草场。

2. “三不两利”问题。“三不两利”这个政策很多年轻人可能听说过不一定知道是怎么回事。“三不两利”就是不分、不斗、不划阶级，牧工、牧主两利。制定这个政策有一段故事，是赵真北告诉我的。

牧区土改开始，也像农区剥夺地主的土地分给农民，在牧区也把牧主的牲畜分给牧民。结果出了很多问题：在赤峰也斗牧主，牧主意识到斗争是来分自己的牛马羊，于是把自己的牲畜都宰杀了。牲畜是生产资料，是活的有生命的生产资料，和同为生产资料的土地不一样，土地是不动产，没有生命。杰尔格勒当时在兴安盟科右前旗乌兰毛都搞土改，也遇到了类似问题，于是他骑马赶到乌兰浩特，见到云泽（乌兰夫），提出在牧区能不能不分牲畜？不斗牧主？乌兰夫同意了，后来又加了不划分阶级，这样就产生了“三不两利”政策。这不是秀才坐在家里写文章想出来的，是根据实践经验得出来的。这是当时从实际出发最典型的例子，乌兰夫把这个政策报到中央，国家民委和国家领导人都很赞同这样适应牧区的实际情况制定的特殊政策，这就是牧区的制度特色。后来这个政策被中央推广到全国牧区。所以，和当时相比，我们现在的好多政策都是按照一个模式出来的，不行啊。乌兰夫跟毛泽东讲内蒙古有地区特点、民族特点。

当时1950年代初赵真北在锡盟阿巴哈纳尔旗做过一个调查，这个调查后来证实了“三不两利”政策确实符合实际。牧主的牲畜占总头数30%，而贫苦牧民占总人口的80%，但他们占有的牲畜总头数占当地牲畜总头数的70%，所以即使按照农村土改方式把牧主占有30%的牲畜分给牧民，牧民也得不到多少利益。所以这件事上必须实事求是。

所以我说赵真北是一个领袖型的人物，好多牧民听他的，他们不一定听那些厅长、旗委书记的。我考虑，咱们年轻的老师要真想写赵真北，是要费点儿脑筋的。如果按照现在的眼光写他，会写得一塌糊涂；必须按照当时的时代和社会背景、思路去写他，他是什么样的思路，需要实事求是地去写。不管马克思主义怎么发展，实事求是是最根本的一条，脱离实事求是就会犯错误。

关于论文集的问题，我赞成出一本论文集。

雅柱发言：

我认识赵厅长比较晚。我刚去的时候，赵厅长已经调走了，但是我听到比较多关于赵厅长的事，畜牧厅的干部职工议论赵厅长在畜牧厅的时候如何如何，他提出来的如何如何。所以我不认识赵厅长的时候，就对他特别有好感，原来我们还有这么好的厅的领导，调走了。这样我心里对他有崇拜感，就专门去他家拜访他。他家里全是书，他的办公桌上盖了一块塑料布，是破的，你们可能也去过见过，我觉得他是在生活上非常简朴的一位领导，我把他当成我的直接领导一样。赵厅长对牧区工作的贡献很大，他对牧区工作真动了脑筋，做了很多事。

第一次全区畜牧业经营管理站站长会议，我作为站长参加，会议中间，赵厅长过来聊天，说："你们是做统计的，特别是牧区的牧业'三牧'统计，统计工作非常重要，统计数字准确不准确，领导按照你们的数字来做决策，你们要提供可靠的决策依据，所以统计很重要，一定要求真务实。"他举了一个例子，牧区有富裕户、贫困户，把他们的收入统计在一起，然后按人口平均计算，这个数字能说明什么？最好分段统计，收入高的是多少，比例是什么，低的是多少。从这里能看出来，赵厅长在聊天的时候给我们提的意见，非常务实，非常重要。赵厅长给我的感觉是，他对牧区和牧民的生产生活和牧区社会非常关心，他提出了很多积极的办法，我非常佩服，很多事情我不一定知道很多。

盖志毅发言：

咱们这顿饭不亚于一次高层次的学术研讨会。对我们这些快要步入老年还有在座的年轻人来说，今天的讨论可以说是一部关于牧区经济、社会发展的活历史。我建议把大家今天说的整理一下以后作为文选的一部分，因为这样的讲话比书面润色后的发言更生动、直率。

我快奔六了，从 20 多岁的时候就开始和赵老师在两次畜牧业经济研讨会接触过，还有一次就是咱们内蒙古社科院的陈献国老师几位组织编写的《蒙古学文库》和《蒙古学百科全书》时，赵老师也做出了很大贡献。我没记错的话，几十年前大家说，赵老师调研的很多小本子，如果能找到了将会有多大价值。刚才几位前辈说的，实事求是、不唯上、不唯书，绝对是赵老先生的风范。

我也听我们经管学院的老前辈，像王秉秀①老师他们讲过，赵老先生很硬气，敢顶上，对不太切合实际、不从实际出发的观点，包括形成文件，他是一位敢顶上的领导。

有一次开会时，他对我说，“我觉得我在工商局这个位置上还是可以思考解决这些重要问题：一是减少不该进入牧区的人口，再一个就是可以分工分业，让牧民不要单一地从事草原畜牧业，把他们向二三产业转移。”（这个理念也是当前一二三产融合的理念），所以我这次承担的一个任务就是，把赵老先生从畜牧厅转到工商局的工作思路，以及在第二个角色上，他如何换了一个角度思考草原畜牧业的发展，我想做一个整理，来缅怀咱们这样一位非常令人尊敬的老人。

那顺巴依尔发言：

我是通过我的导师认识赵真北老先生的。我的导师是钦达木尼老师②，钦老师是不佩服一般人的，但是钦先生特别佩服赵真北老先生的理念和工作方式。所以我读研究生时，经常听到老师讲赵真北老先生的事情。我毕业来内大工作后，我的导师还是跟我说，“你应该研究赵真北，这是一个值得研究的人。”他亲自

① 王秉秀（1929—2017），中国著名畜牧业经济管理专家、畜牧业经济管理学科创始人之一。1955 年自北京农业大学农业经济系毕业后自愿来到内蒙古农牧学院（现内蒙古农业大学）任教。王秉秀教授对我国畜牧业经济管理的学科发展和内蒙古农大畜牧业经济管理专业的建立和建设做出了突出贡献。

② 原内蒙古师范大学蒙古语系外国文学教授，《内蒙古日报》蒙古文版的创始人之一，《人民日报》的首位少数民族记者。

把我领到赵真北家介绍给赵真北，我和赵真北整整聊了一个下午（后来赵真北病了就没有继续研究下去）。所以我乐意参与这件事，参与这个工作也有个人感情的因素，我打算写一篇文章，从感情上去完成一个没有完成的任务。我准备写赵老的牧区工作理念，关于牧民的主题定位的理念，如果大家有什么想法，可以提些意见。

达林太发言：

我认识赵真北是在2000年，当时在锡盟正蓝旗开了一次会。后来陆陆续续大概见过赵真北十几次。我们那时候经常在敖老师家、赵先生家里开会讨论。

赵先生的理念给我最大的感受就是，他研究很多移民的问题，他经常会给我资料，每次去他家，他就给我很多资料，我拿了资料就到经管站[①]去复印，那儿的人就说“赵真北理念还是这样的。”但是现在也留下很多他给的资料，每次去他都要给我一些东西。我经常在经管站和赵先生聊天，也大概有十几次。我的印象里，他对草原畜牧业经济和牧区特别熟悉，而且，他是最早倡导牧区开展乡镇企业的，包括后来东苏旗的车登扎布搞了一个冷库，最早我们牧区去鼓浪屿开发旅游，也是在赵先生的指导、鼓励下开展的，在厦门的鼓浪屿最早是我们东苏旗的几个牧民去开发旅游的[②]。

赵真北做了很多有益于牧民的事情。我举一个例子，东乌旗有人利用乌拉盖的芦苇做原料搞了一个造纸厂，结果造成了严重污染，好多牲畜饮用污水死了，怎么办？牧民就维权。当时赵真北说你们要用法律，《宪法》《民族区域自治法》都可以。后来在法庭辩论中，《内蒙古自治区草原管理条例》等法律法规就发挥了重要作用。[③]

① 指内蒙古农牧业经营管理站。

② 指时任巴彦乌拉苏木书记的登扎布带领该苏木15名蒙古族青年于1993年6月在鼓浪屿北山公园兴建开办的“蒙古民俗城”。从中国旅游协会了解到，“蒙古民俗城”为鼓浪屿开放后入驻的第一家外省区旅游项目。

③ 指达木林扎布等起诉东乌珠穆沁旗淀花浆版厂、东乌旗政府一案，上诉至内蒙古高级人民法院，内蒙古高院于2004年8月9日判决达林扎布等胜诉（2004）(内民一终字第82号）。

雅柱补充：

法庭辩论阶段，政府提供的是草原站的测量数据，牧民（原告方）不同意。法官宣布暂时休庭。赵厅长写了条子告诉原告律师，草原站是政府下属的一个草原管理部门，它的职责不包括测量污染面积，这是环保部门的职能。继续开庭后原告律师就提出来草原站测量的数据在法律上不应该被支持，然后法庭上的风向就逆转了。

达林太发言：

这样就算是牧民胜诉了，造纸厂搬走了。还有就是包钢的污染也是在赵厅长和布和厅长的帮助下解决的，当时畜牧厅知道乌拉特前旗沙德盖苏木牧民的山羊因为氟中毒得了“长牙病”，死了很多。后来他们俩就不停地领着牧民维权，后来包钢也做了赔偿。在当时，牧民能够跟那么大的国企维权获胜，也算是中国第一例吧？赵真北还持续关注达茂旗和白云鄂博稀土矿污染等事情。而且赵厅长对牧民生态移民政策转变也起了很大作用。

这次敖老师让我写一部分，我决定写污染的一些事情吧，对这个问题我还是比较了解的。

杨理发言：

我非常感兴趣。虽然我没机会得到赵先生的当面指教，但是确实非常感谢敖老师给我这个机会，不仅今天能够有机会得到各位尊敬的长辈的指导，而且，我主要是搞草原管理政策、草原保护方面的，其实我刚开始是通过文章，从敖老师那里得到的文章，去了解赵先生的，然后发现真的是敬佩老先生老前辈的精神，对赵先生不唯上只唯实的精神感触非常深。因为我经常跑牧区，我主要是自己去，直接和牧民访谈，看看到底现实情况是怎么样的。我觉得老一辈人，确实在很多方面，不管是他们的做法，还是为牧民着想的精神，都值得我们后辈认真去学习，所以我特别愿意参与进来，去真正深刻体会、反映牧区的情况，怎样去管理。现在来讲，牧区的矛盾还是很大，牧民也有很多怨言。怎么样传承老一辈的精神，更好地完善适合现代市场经济发展的机制，在这个过程中，我们也希望能够参与其中，能够去完善它。我们现在看到，赵先生很早就提出“以草定畜”，但是这在以前很难理解，因为以前政策鼓励大家去养畜、去利用草原，但是，赵真北看到制度发生变化后，很早就能提出“以草定畜”，而且能够真正从牧民的角度去制定政策，包括《草原管理条例》。但是现在来讲，很多东西都没有能够很好地去体现牧民的利益，包括我们现在看到的，不管是大力推荐的改良也好，还是我们在做的保护也好，很多情况下，应该更多地从牧区、牧民去考虑，从草原真正的规律去考虑。我们的毛病也是对牧区了解少，不太扎实。所以我希望从这个过程中能够进一步深入学习，了解更多的知识，也向前辈更多地学习请教。

阿拉坦宝力格发言：

我今天真的是抱着学习的态度来的。我们在国内开会，别人也问我们，“你们在内蒙古搞民族学搞什么？最主要是什么？”因为如果在河北搞，农业肯定最重要，但是内蒙古什么最重要？牧业是不是最重要的领域？牧区研究有很多方面可以搞，是研究牧区的生态？草原？还是什么？所以我们一直在做这个。我刚参加工作的时候，也想做牧区研究，去找敖仁其老师，敖仁其老师当时跟我说，“有一个年轻人出来搞牧区研究也不错啊。”那时候很少。

敖仁其老师把我引入牧区领域里面，其实我也一直跟着学。前一段拿到这个通知，我看了赵真北先生写的东西，其实感受很深。从暴老师刚才讲的，如何从被动抗灾变成主动防灾，这是很重要的。赵真北先生提到的牧区现代化、牧区自力更生啊，让牧民自己变成主动防灾发展畜牧生产等等，我们一直在努力去做，仍然没有做好。所以我今天来听了老前辈们谈到赵真北先生的一些事迹和经验，感受很深，的确很有感触。

文明发言：

刚才阿老师说的《变被动抗灾为主动防灾》这篇文章，我在 2002 年刚入职就看了，但是当时不知道赵真北是谁，是通过文章才了解的。刚才达林太老师提到的 2003 年交给畜牧厅关于牧区生态移民的调研报告，但是我当时刚入职，对整个环节记忆不是太深。我为什么积极参加呢？第一，是想要学习赵老先生的一些理念，最好在当时的历史环境当中看他的文章，通过他的文章学习他的思路。第二，参加项目的老师们，特别是像暴老师、敖老师等各位老师们的思路，我一直在学习，所以希望通过这个活动可以进一步学习各位前辈的理念和工作方式、方法。第三，通过这样的学习，结合赵先生和各位老师的理念、观点去解决现在牧区发展当中出现的一些问题，我们作为后辈，需要将这些理念观点和现实结合起来，将这些宝贵的理念观点融入在实践当中。我是出于这样三个考虑参加这个会议。同时也表个态，作为年轻人，我们一定会努力去做，而且努力完成好。

吉雅发言：

从老师们刚才的讲述当中，我也对赵老先生有了非常生动的认识和了解，也为他生前的工作态度、作风和勇气所震撼，也被他的所作所为感动。我是八〇后，我从小生长在姥姥姥爷的关照之下，他们是巴彦淖尔盟乌拉特中旗边境上的牧民，我从小每天醒来就听他们讲五十年代他们在牧区亲身经历的一些故事，所以一直到今天，我虽然是在社会学研究所，我的研究一直在牧区，我有的时候想，我的很多想法、理念、认识还停留在牧民的孩子的角度上，还没有上升到一个学者、研究人员的层面，所以我一直认为自己有这个使命和任务，我一直都非常关注牧区、牧民还有牧区社会的事。今天很荣幸能有机会参与此事，也希望在接下来的工作中继续努力学习赵老先生和各位老师的理念、态度、精神。

代琴发言：

我也汇报一下我的感想。在座各位中我可能是接触草原比较晚的，我本科和研究生都是学法律的。我是 2011 年去中国政法大学读研究生，读的是民商法专业，我的导师是江平老先生。我是他的第一个少数民族学生，他说，“你是内蒙古来的，想写什么题目?”我想写土地，他说，“内地对土地研究得比较多，你是内蒙古来的，你就写草原吧。法律领域里研究草原的基本没有，但是你选了这个题目，我可能也指导不了你。”然后我就写了草原制度的毕业论文。写的过程中遇到很多困难，当时就找过敖老师，我也参考学习过在座的老师们的写的专著、论文。我在学习过程发现，可以借鉴的东西较少，尤其是在草原法律领域，我的研究可以说是开创性的。所以当时也来请教过在座的老师，像敖老师、达老师。

今天有机会参与这样的课题，有这样的学习机会，我也非常高兴。

法律领域里，从法律的角度来研究草原牧区的真的很少，从社会学或者其他角度的研究多一些。从草原牧区法律建设方面来讲，我还是需要进一步学习，还需要扩展学习的领域，所以参与此事也是一个很好的学习机会。赵老先生的文章我接触得非常晚，就是上次敖老师发了以后，我才知道有这样的研究。看了之后，有非常深刻的体会，赵真北先生，他既是研究学者，又是管理人员，可以从政策制定者的角度来看问题，在很多情况下，我们没有这样的好资源，而且他提出来的都是实实在在能够解决问题的看法，这些对我们来说太宝贵了，尤其对我们接触的材料也不太多。像赵真北先生以亲身经历过以后写出来的东西，以及相关的政策制度，这些对我们来说是非常宝贵的学习资料，也是一个宝贵的学习机会。我看过在座的老前辈们的文章和书，这次参加这个活动，能够当面聆听各位老师们的发言，发自肺腑地感谢各位老师，收获很多，也希望各位老师今后多多指教。

孟慧君发言：

既然来了，我肯定愿意承担一部分内容，我一直在思考这方面的问题，觉得参与其中还是非常有意义的。现在牧区振兴的背景下——振兴新牧区、绿色发展、生态文明建设、畜牧业现代化，涉及很多问题。譬如草原畜牧业究竟如何定位？这个问题以前是清楚的，但是近些年来越来越模糊了，畜牧业的基础地位不提了，甚至是强化农区畜牧业，弱化草原畜牧业。再譬如，草原牧区的特殊性，我们现在很多政策为什么会出现一些误区？很多政策走偏了，带来了一些潜在的资源环境问题，或者是牧区的隐性贫困问题，我觉得关键还在于我们的政策的出发动机是好的，但是没有把握牧区的生态特质，没有把握草原牧区的特殊性，但是这个特殊性在赵先生的文章中涉及到了，但是有些东西隐含起来了，他的学术理念和指导方针下，我们在后边是大有拓展的空间的。还有一个核心问题，就是草原牧区和农区畜牧业是什么关系？畜牧业和农业是什么关系？草原畜牧业的发展与工业发展是什么关系？草原畜牧业的现代化转型和工业化、城镇化是什么关系？绿色发展、生态文明建设，我想这些都是急需研究的内容，进一步在理论上提升。

在对赵先生过去的思路和指导方针的归纳总结的基础上，我们能够加以拓展、从理论上加以分析，来指导我们现在的实践。为什么我觉得这件事现在非常重要呢？因为在现在新的背景之下，更多的政策的制定好像是脱离实践。我想在这种情况下，我们一方面传承老一辈，像暴老师、雅柱先生，实际上有很多脚踏实地的精神，像敖老师、特站长，深入实际调研；另一方面，把赵先生的思路进行提炼，有一些理性思考，提一些理论依据，能够结合现在的背景，提出一些政策建议。所以我想做的就是对赵真北思路的精华的提炼，可以从多学科多角度来做，从生态经济角度，用生态经济和草原畜牧业的整体思维来思考，提一些理论依据。第三，绿色发展、现代化转型、生态文明建设，都可以从赵先生的论文中得到启示，结合现在的发展背景，从这几个方面对草原畜牧业的定位上也可以提一些政策建议。总之，我想从启示、理论思考、政策建议三个方面去总结赵真北先生的成果。

另外，我谈一点自己的建议。论文集可不可以分两个部分？第一部分是赵真北先生的论文，主要论述草原牧区的发展，第二部分每个学者分别写一些评论或者建议。

敖仁其：

最后，我总结一下，希望在座的每个人自己选择一个主题写一篇文章。谢谢各位！

附录二：1990 年赴蒙古人民共和国进行乳制品加工技术考察交流随感（片段）及手稿图片

1990 年 6 月 2 日我们 5 人受自治区科协委派赴蒙古人民共和国进行乳制品加工技术考察交流，于本月 15 日归来。

我们同行的有金世琳（蒙名阿拉坦巴根）①、乌云达来、乌兰巴特尔、旺楚克。金世琳为著名乳品专家，乌云达来亦为乳品总工程师，乌兰巴特尔为家畜改良方面的专家。

我们这次出国，正遇上乌兰巴托—呼和浩特间一节车厢首次从呼和浩特发车。上车时，人多，停车时间 15 秒，没有秩序，拥挤，电视记者拍照困难，维持秩序的警察感到太不文明。

上车后，蒙古列车员恩和托雅、普日布罕达边安排座位，边呼吁送行者下车。两位列车员都毕业于乌兰巴托铁路学校，后者有 20 年的工龄，她经常跑北京，也跑莫斯科。

同车的有乌兰巴托铁路局副局长满代和“鸡毛信”报社记者舍旺道尔吉。他们是为首次通车来呼和浩特的。我们之间进行了友好的交谈。并与车上前往乌兰巴托探亲的内蒙古名歌星乌日才呼进行了联欢、合影。

过二连已 10 点多，经 15 分钟即进入蒙古的口岸扎门乌德。开始进行各种检查，只看了我的护照和防疫证，让填写了携带的外币、贵重物品等。检查后即入睡，翌日醒来。

---

① 金世琳（1919—2007），蒙古族，中国著名乳品专家、乳业泰斗、乳品技术及发展的奠基人，蒙古族，教授级高级工程师。1942 年毕业于日本京都帝国大学化工系。中华人民共和国成立后，先后任职于内蒙古自治区人民政府工商部、内蒙古轻工科学研究设计院。曾任第三届全国人大代表，第七届全国政协委员。曾被评为全国少数民族地区科技先进工作者，首批享受国务院特殊津贴者。曾任中国科协第三届委员、国际乳品联合会中国专家委员会委员等。

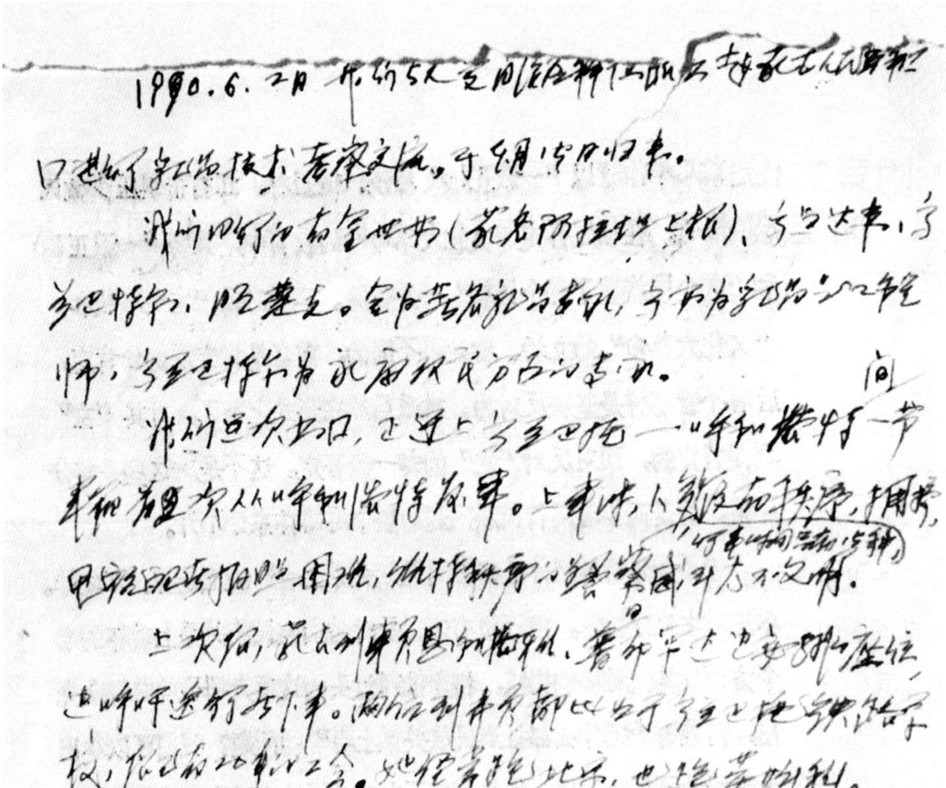

手稿

附录三：1991 年率内蒙古个体劳动者协会代表团出访蒙古人民共和国考察交流的媒体报道和所签署的协议

蒙古通讯社文稿译文

据蒙古广播电台报道

中华人民共和国内蒙古个体劳动者协会会长赵真北率领的代表团来我国进行了考察交流，会见了私人工商业、合作社、私营企业主代表，并同他们就互利合作前景进行了商谈。中方个体劳动者协会代表还到达尔汗市、额尔登特市作客，就有偿对私人工商业、合作社、私营企业协助建设问题提出了建议。为此，同蒙古人民共和国劳动部小型工业中心签订了1991年至1992年合作项目安排，并商定进一步拓宽合作领域。

蒙古私人工商业者联合会
中华人民共和国内蒙古个体劳动者协会
合 作 协 议

1991年10月1日　　　　　　乌兰巴托市

蒙古私人工商业者联合会同中华人民共和国内蒙古个体劳动者协会，就建立联系，并从以下方面进行进一步合作达成了如下协议：

一、蒙古私人工商业者联合会同中国内蒙古个体劳动者协会建立直接联系，互通各自工作情况，交流经验。

二、两个组织向各自的会员通报情况，给有合作兴趣的会员、工厂间建立关系，并对其合作提供介绍服务。

三、对双方要求投资、联合建厂的企业主提供考察咨询服务。

四、双方各自确定一定数量的会员代表互派交流经验。

五、双方以各自会员的产品到对方进行展览、展销活动。

六、双方组织各自的以培训为目的的旅行者到对方。

七、双方互通感兴趣的机械、设备、商品、原料及其生产方面的情况。

八、双方对有对方具体洽谈项目及培训内容的邀请，并持本协会、联合会证明来访的会员给予业务方面的协助。

九、双方交流各自的报社新闻人员，互相采访个体工商业者工作经验。

十、双方负责对方应邀因公来访的代表在邀请国期间的食、宿、车辆费用。

十一、制订根据这一总协议制订的具体实施细则。由于双方经济体制的实际情况和联合会、协会职能所限，某些项目须向各自国家有关政府请示后确定。

十二、此协议用蒙古、汉两种文字各制两份，分别在双方机关存档。

蒙古人民共和国	中华人民共和国
私人工商业者联合会	内蒙古个体劳动者协会
总统：额·宁木桑布	会长：
签字：	签字：

中华人民共和国内蒙古个体劳动者协会
同蒙古人民共和国劳动部小型工业中心
关于１９９１年——１９９２年合作项目安排

１９９１年１０月１日　　　　　　　　　乌兰巴托市

根据中华人民共和国内蒙古个体劳动者协会同蒙古人民共和国劳动部小型工业扶助局于１９９１年３月18日签订的意向书：

一、相互通报有关建立小型工厂、企业方面的机械、设备、原材料的选购及合建项目的可能性。在有邀请书和派出证明的条件下，交流代表，对其建立联系给予协助，并在每年年终相互通报一次工作总结。

期限：１９９１年——１９９２年。负责方：双方。

二、根据蒙方要求，中方提供陶瓷、砖瓦、啤酒、糕点、酱、醋、咸菜等生产加工及细菜种植技术，对学习掌握上述产品的应用技术感兴趣者给予协助，并组织技术传授。费用由学习方负担。

期限：１９９１年——１９９２年。负责方：中方。

三、为了学习个体、私营小型工业的生产经验，双方各派10名代表到对方考察、学习。（食、宿、国内交通费用以双方代表自付的学习费交换使用）。期限：1992年2—3季度。负责方：双方。

四、对附件中提到的具体项目进行考察、探讨，并给感兴趣者牵线搭桥。期限：1991年——1992年。负责方：双方。

五、为购进蒙古个体、私营企业主所需劳动工具、小型设备，和在中华人民共和国和蒙古人民共和国合建这方面的小型工厂、企业提供信息咨询。期限：1992年上半年。负责方：双方。

六、组织双方私人、个体、合作社的产品到对方展销。期限：1992年3—4季度。负责方：双方。

七、为了进一步增进两国人民的友谊和相互了解，双方各组织10名个体、私营企业主代表进行对等旅游。（食、宿、国内交通费用以双方代表自付的旅游费交换使用）。期限：1992年3季度。负责方：双方。

八、根据1991年意向书精神，在呼和浩特签署1993年合作项目安排。期限：1992年3季度。

2

负责方：双方。

九、小型工业中心和个体劳动者协会职能以外的事宜，各自须向本国有关政府请示后确定。负责方：双方。

中华人民共和国	蒙古人民共和国
内蒙古个体劳动者协会	劳动部小型工业中心
会长（签字）：赵真北	主任（签字）：河内

中华人民共和国内蒙古个体劳动者协会
同蒙古人民共和国劳动部小型工业中心
1991年——1992年合作项目安排的附件

关于探讨可能合建的工厂明细

1、粮食机械（包括磨面机、打麸机等）；
2、玻璃纤维生产；
3、食用、工业用碱、苏打生产；
4、小型铸造；
5、小型海棉、泡沫塑料生产；
6、文具生产；
7、小型沙发厂；
8、小型缝纫厂；
9、小型日光灯生产；
10、砖瓦生产；
11、小型陶瓷生产；
12、切面加工；
13、玉器宝石加工；
14、土豆淀粉、粉条加工；
15、小型啤酒生产；

16、酱、醋、咸菜生产加工；

17、土法生产礁炭；

18、糕点加工；

19、缝纫机械设备。

МОНГОЛЫН РАДИОГООР УНШСАН ҮГ

БНХАУ-ын Өвөр Монголын Өөртөө засах орны хувийн аж ахуйтны нийгэмлэгийн дарга Жао-Жэнь-Бэй тэргүүтэй төлөөлөгчид манай улсын хувийн хэвшлийн аж ахуй эрхлэгчид болон хамтран ажиллахыг сонирхсон хувийн үйлдвэр, хоршоо, пүүсийнхэнтэй уулзалт зохиож тэдэнтэй харилцан ашигтай, хамтран ажиллах цаашдын чиглэлийг тогтоосон байна. Хятадын хувийн аж ахуйтны нийгэмлэгийн төлөөлөгчид Дархан, Эрдэнэт хотод зочилж хувийн үйлдвэр, хоршоо, хувиараа хөдөлмөр эрхлэгчдэд хувийн аж ахуйг үр өгөөжтэй эрхлэх асуудлаар зөвлөлгөө өгч ярилцасны дээр БНМАУ-ын Хөдөлмөрийн яамны жижиг үйлдвэрийн төвтэй 1991-1992 онд хамтран ажиллах тодорхой төлөвлөгөө гаргаж, харилцаагаа өргөжүүлэхээр тохиролцсон байна.

МОНГОЛЫН ХУВИЙН ҮЙЛДВЭРИЙН ЭЗДИЙН ХОЛБОО, БНХАУ-ЫН ӨМӨЗО-НЫ ХУВИЙН АЖ АХУЙТНЫ НИЙГЭМЛЭГИЙН ХАМТЫН АЖИЛЛАГААНЫ ГЭРЭЭ

1991 оны 10 дугээр сарын 01-ны өдөр　　　　Улаанбаатар хот

МХҮЭХ, ӨМӨЗО-ны ХААН-ний хооронд харилцаа тогтоож цаашид дараахи чиглэлээр хамтран ажиллахаар тохиролцов.

1.МХҮЭХ, ӨМӨЗО-ны ХААН-ний хооронд шууд харилцаа тогтоож өөрсдийнхөө үйл ажиллагааны талаар харилцан мэдээлж туршлага солилцож байх.

2.Хоёр байгууллага өөрийн гишүүдийнхээ дунд мэдээлэл хийж сонирхсон гишүүн үйлдвэрүүдийн хооронд холбоо тогтоож хамтран ажиллахад нь зуучлан туслаж байх.

3.Хоёр тал харилцан хөрөнгө оруулах,хамтарсан үйлдвэр байгуулах сонирхолтой үйлдвэрүүдийн эздийг судлан зуучилж туслах.

4.Хоёр тал өөрийн гишүүдээс тодорхой тооны төлөөлөгчдийг харилцан солилцож туршлага судлуулах.

5.Хоёр тал өөрсдийнхөө гишүүн үйлдвэрүүдийн бүтээгдэхүүнээр үзэсгэлэн, яармаг худалдаа гаргаж сурталчлах.

6.Хоёр тал өөр өөрийн эх орноо сурталчлах зорилгоор жуулчид солилцох.

7.Хоёр тал харилцан сонирхож байгаа техник, технологи, бараа түүхий эд болон үйлдвэрийн талаар мэдээлэл солилцож байх.

8.Хоёр тал тодорхой асуудлаар хэлэлцээр хийх, сургалт явуулахаар уригдаж холбоо нийгэмлэгийн шугамаар албан томилолттойгоор ирж ажиллаж буй хүмүүсийн ажилд туслалцаа үзүүлэх.

-2-

9.Хоёр тал тус тусын хэвлэл мэдээллийн ажилтнуудыг солилцож хувийн үйлдвэр, хувийн аж ахуйтны үйл ажиллагааг харилцан сурвалжилж, туршлага солилцож ажиллана.

I0. Хоёр тал тус тусын улсад тогтоогдсон журмын дагуу уригдсан албан ажлын төлөөлөгчдийг урьсан талд байх хугацааны хоол, унаа, байрны зардлыг бүрэн хариуцаж байх.

II.Энэхүү ерөнхий гэрээг үндэслэн тухайн арга хэмжээг явуулахад шаардагдах тодотголыг хийж байх, хоёр талын эдийн засгийн зохицуулалтын бодит байдлаас шалтгаалж гарсан болон, холбоо, нийгэмлэгийн ажил үүргийн хүрээнд багтахгүй зүйлүүдийг тус тусын орны засгийн газрын холбогдох байгууллагад мэдүүлж тохирно.

I2.Энэхүү гэрээг Монгол.Хятад хоёр хэл дээр тус бүр 2 хувь үйлдэж хоёр байгууллага хадгалав.

МОНГОЛЫН ХУВИЙН ҮЙЛДВЭРИЙН
ЭЗДИЙН ХОЛБООНЫ ЕРӨНХИЙЛӨГЧ

Л.НЯМСАМБУУ

ӨМӨЗО-НЫ ХУВИЙН АЖ АХУЙТНЫ
НИЙГЭМЛЭГИЙН ДАРГА

ЖАО-ЖЭНЬБЭЙ

БНМАУ-ЫН ХӨДӨЛМӨРИЙН ЯАМНЫ ЖИЖИГ ҮЙЛДВЭР САНААЧЛАГЧДАД ТУСЛАХ ТОВЧОО, БНХАУ-ЫН ӨМӨЗО-НЫ ХУВИЙН АЖ АХУЙТНЫ НИЙГЭМЛЭГИЙН ХООРОНД I99I ОНЫ 3 ДУГААР САРЫН I8-НД БАЙГУУЛСАН ШУУД ХАМТРАН АЖИЛЛАХ ТУХАЙ ПРОТОКОЛЫН ДАГУУ БНМАУ-ЫН ХӨДӨЛМӨРИЙН ЯАМНЫ ЖИЖИГ ҮЙЛДВЭРИЙН ТӨВ, БНХАУ-ЫН ӨМӨЗО-НЫ ХУВИЙН АЖ АХУЙТНЫ НИЙГЭМЛЭГИЙН ХООРОНД I99I-I992 ОНД ХАМТРАН АЖИЛЛАХ ТӨЛӨВЛӨГӨӨ

I.Жижиг үйлдвэр,аж ахуй байгуулах зорилгоор машин,тоног төхөөрөмж,материал түүхий эд сонгох болон хамтарч үйлдвэрлэл зохион байгуулах хүсэлтэй Хоёр талын иргэдийн хүсэлтийг хүлээн авч тухай бүрд нь харилцан мэдээлэл хийж,хүлээж авах талын урилга,илгээгч талын албан ёсны томилолт бичгийн үндсэн дээр төлөөлөгчдийг харилцан солилцуулж өөр хоорондоо холбоо тогтооход нь туслахын зэрэгцээ тэдний ажлын үр дүнг нэгтгэн жил бүр харилцан мэдээлж байх;

I99I,I992 онд.Хоёр тал

2.Монголын талын саналын дагуу вааран эдлэл,дээврийн ваарандцар хавтан,пиво,нарийн боов үйлдвэрлэх жан,цуу,шанцай зэрэг хоолны нарийн ногоо тарих,бэлтгэж хүнсэнд хэрэглэх үйлдвэрлэлийн технологи эзэмшихэд нь монголын сонирхогч үйлдвэр,аж ахуйн газруудын захиалга,зардлаар Хятадын талаас тодорхой хугацаагаар мэргэжилтэн ажиллуулах арга хэмжээг зохион байгуулах;

I99I-I992 онд.Хятадын тал

3.ӨМӨЗО-ны хувийн жижиг үйлдвэр,хувиараа хөдөлмөр эрхлэгчдийн туршлага судлуулахаар Дархан,Эрдэнэт хотын төлөөлөгчдийг оролцуулан БНМАУ-ын жижиг үйлдвэрийн I0 хүртэл хүнийг БНХАУ-ын ӨМӨЗО-нд,БНМАУ-ын хувийн жижиг үйлдвэр,аж ахуйн газрын болон малчдын дотор таваарын аж ахуй хөгжүүлэх талаар зохиож буй ажлын туршлага судлах I0 хүртэл хүнийг БНМАУ-д тус тус 7 хоногийн хугацаагаар ажиллуулж туршлага судлуулах./Хоол,байр,тус тусын улсад байх тээврийн зардлыг төлөөлөгчид харилцан солилцох үйлдвэрийн зардлаар тооцно/

I992 оны П,Ш улиралд.Хоёр тал

2.

4.Энэ төлөвлөгөөний хавсралтад цурдсан үйлдвэрлэлийг хамтарч байгуулах боломжийг судалж,харилцан мэдээлж,хоёр талын сонирхогчдыг олж холбох үндсэн дээр хэрэгжүүлэх ажлыг зохион байгуулах.

1991 онд.Хоёр тал

5.Монголын хувиараа хөдөлмөр эрхлэгчдэд хөдөлмөрийн багаж хэрэгсэл,жижиг төхөөрөмж худалдан нийлүүлэх,энэ чиглэлээр хамтарсан үйлдвэрийг ӨМӨЗО,БНМАУ-д байгуулах боломжийг судалж, цаашид авах арга хэмжээг хамтарч зохион байгуулах.

1992 оны эхний хагас жилд
Хоёр тал

6.БНМАУ-ын хувийн болон хоршооллын жижиг үйлдвэр,хувиараа хөдөлмөр эрхлэгчийн бүтээгдэхүүний болон бусад сонирхсон барааны үзэсгэлэн-худалдааг БНХАУ-ын ӨМӨЗО-нд,БНХАУ-ын ӨМӨЗО-ны хувийн жижиг үйлдвэр,аж ахуйн газрын бүтээгдэхүүний болон хөдөлмөрийн жижиг төхөөрөмж,багаж хэрэгслийн үзэсгэлэн-худалдааг БНМАУ-д зохион байгуулах.

1992 оны Ш,IУ улиралд.Хоёр тал

7.Хоёр орны ард түмний найрамдалт харилцааг бэхжүүлж,хүн ардын ойртон нягтрах үйл явцыг улам сайжруулах зорилгод нийцүүлэн БНХАУ-ын ӨМӨЗО-ны хувийн үйлдвэр,аж ахуйн газрын I0 хүртэл ажилтныг БНМАУ-д БНМАУ-ын Жижиг үйлдвэр,үйлчилгээний газрын I0 хүртэл ажилтныг БНХАУ-ын ӨМӨЗО-нд харилцан тохиролцсон маршрутаар харилцан хүлээн авч аялал зохион байгуулах./Байр,хоол,тус тусын улсад байх тээврийн зардлыг аялагчид харилцан солилцох үйлдвэрийн зардлаар тооцно./

1992 оны Ш улиралд.Хоёр тал

3.

8.Хоёр талын шууд хамтран ажиллах I99I оны протоколын дагуу I993 онд хамтарч ажиллах төлөвлөгөөний тухай санал солилцож,төлөвлөгөөнд Хөх хотод гарын үсэг зурах.

1992 оны Ш улиралд.Хоёр тал

9.Жижиг үйлдвэрийн төв,хувийн аж ахуйтны нийгэмлэгийн хариуцсан ажил үүрэгт хамаарагдахгүй аливаа асуудал гарвал уг асуудлыг засгийн тус тусын холбогдох байгууллагад мэдүүлж тохиролцоно.

Хоёр тал

БНМАУ-ЫН ХӨДӨЛМӨРИЙН ЯАМНЫ ЖИЖИГ ҮЙЛДВЭРИЙН ТӨВИЙН ЗАХИРАЛ

Н.ХАНОЙ

БНХАУ-ЫН ӨМӨЗО-НЫ ХУВИЙН АЖ АХУЙТНЫ НИЙГЭМЛЭГИЙН ДАРГА

ЖАО-ЖЭНЬБЭЙ

I99I оны I0 дугаар сарын I-ний өдөр

Улаанбаатар хот.

БНМАУ-ын Хөдөлмөрийн яамны жижиг үйлдвэрийн төв,БНХАУ-ын ӨМӨЗО-ны Хувийн аж ахуйтны нийгэмлэгийн хооронд I99I-I992 онд хамтран ажиллах төлөвлөгөөний хавсралт

ХОЁР ТАЛААС ХАМТАРЧ БАЙГУУЛАХ БОЛОМЖИЙГ СУДЛАХ ҮЙЛДВЭРЛЭЛИЙН ЖАГСААЛТ

I.Гурил үйлдвэрлэх үйлдвэрийн төхөөрөмж /тээрэм,шигших төхөөрөмж/

2.Хаягдал шилээр барилгын шилэн хөвөн үйлдвэрлэх жижиг үйлдвэр;

3.Хүнсний болон техникийн сод үйлдвэрлэх жижиг үйлдвэр;

4.Ширмэн хоолой үйлдвэрлэх жижиг үйлдвэр;

5.Пролон үйлдвэрлэх жижиг үйлдвэр;

6.Зөөлөн мебелийн жижиг үйлдвэр;

7.Тэмдэглэлийн дэвтэр үйлдвэрлэх төхөөрөмж;

8.Оёдлын жижиг үйлдвэр;

9.Өдрийн гэрэлийн жижиг үйлдвэр;

I0.Тоосго,дээврийн вааранцар хавтан үйлдвэрлэх жижиг үйлдвэр;

II.Вааран эдлэлийн жижиг үйлдвэр;

I2.Хоолны хэрчсэн гурил бэлтгэх төхөөрөмж;

I3.Хагас үнэт чулуу боловсруулж бүтээгдэхүүн хийх жижиг үйлдвэр;

I4.Төмсөөр крахмал,пүнтүүз үйлдвэрлэх жижиг үйлдвэр;

I5.Пиво үйлдвэрлэх жижиг үйлдвэр;

I6.Жан,цуу,шанцай үйлдвэрлэх технологи;

I7.Энгийн аргаар нүүрс коксжуулах технологи;

I8.Нарийн боов үйлдвэрлэх жижиг үйлдвэр;

I9.Оёдлын үйлдвэрийн машин төхөөрөмж.

---o0o---

后 记

先父赵真北毕生致力于草原保护和牧区发展，“以草定畜”“畜草平衡”成为我国畜牧业生产管理、草原生态保护的核心理念之一。时隔四十余年，这一理念的重要意义依旧。

父亲生前笔耕不辍，无论是担任行政主管职位，还是两次赋闲期间，或是离休后，我的记忆中，他总是在读书写作。父亲去世后，我开始收集整理他生前的文稿，父亲生前公开发表的蒙汉文文章、讲话40余篇，未刊稿（包括致有关部门信函）50余篇，其中大部分都与草原生态保护、畜牧业现代化、牧区工作等问题有关，如原内蒙古自治区党委书记毕力格巴图尔曾对父亲说，“内蒙古畜牧业发展凝聚了你的心血”①。随着对父亲工作的进一步了解，特别是在过去的几年，开始意识到他几十年前提出的想法、建议和工作实践，不但没有过时，而且和当今国家关于草原生态保护和畜牧业发展的战略和政策高度契合，于是逐渐萌生想法——把父亲一生的心血分享给致力于草原生态保护、牧区发展、牧民民生的专家学者和有关部门，这也应该是父亲的心愿。

2010年8月7日父亲离开了我们，我强压着心里的痛，投入到追悼会的准备工作中，每晚筋疲力尽地入睡，居然没有失眠。直到父亲的遗像准备好了，放在我的卧室里，接下来的几天晚上看着相片里的父亲，难以入睡，依然难以置信“难道今后只能在相片里看见爸爸了？”

父亲临终前双眼紧紧地盯着我，当时我的脑海一片空白。之后意识到父亲可

① 内蒙古自治区公安厅公安史研究室编：《毕力格巴图尔——永不消逝的记忆》，549～553页，北京，中国人民公安大学出版社，2011。

能是在嘱托我照顾好母亲，没有领悟到他的另一个期望。

父亲追悼会后，我开始收集整理他的文稿，难度超出了预期。父亲离休后特别是突发脑溢血住院前几年，夜以继日地写作，母亲让我劝他注意休息。父亲跟我说他感觉到时间不多了，因为他的父母早逝，而且父亲五十岁出头心血管就开始出现问题。在2002—2003年间采访父亲时，我曾“要赖”央求父亲把他的文章讲话收集起来，这是父亲唯一一次“食言”。很多文稿散布在父亲的书房和储藏间，和其他杂物放在一起，被层层灰尘所覆盖。父亲的文稿绝大部分都是原单位工作人员用老式打字机打出来的铅印稿，因为年代久远，不少都已经字迹模糊，本来就不是很好的纸质变得更加薄脆。字符识别工具OCR减轻了一些工作量，但是铅印稿经过OCR的处理结果往往只显示出每一页的1/2甚至1/3，而且乱码重重。有人建议请别人把文稿转换成文字，我再继续整理，但是我觉得逐字逐句转换成文字的过程，是一个了解父亲的工作，掌握一点草原畜牧业的基本知识的最好的机会，看似枯燥的工作让我开始略知这一领域的细微皮毛。这个学习过程中也感受到了母亲经常提到的她对父亲研读马列、毛泽东经典的钦佩，同时也注意到在父亲撰文的年代还没有论文参考文献的统一规范，有的文章中引用部分未标注出处，虽然经过查询尽可能做了补充，但因时隔久远，查找难度极大，还是留下了一些缺憾。另外，还有相当一部分是手稿，父亲的笔迹万马奔腾，尽管和父母多年通信已经熟悉了他的字体，但是因为不少手稿写在用过的纸的背面，父亲的字体还是不容易辨认，加上文章涉及的专业内容对我而言太过生疏。当然这样一来进展就慢了很多，断断续续延续了近十年。

收集整理之初的想法只是为了保存史料，供我慢慢研究父亲不平凡的一生。在父亲的追悼会之前，我对他的爱戴除了父女之情，还有小时候从家里的客人们的谈论中感受到的人们对他的尊敬。在准备追悼会过程中更加深切地感受到大家对父亲的敬佩，其中印象很深的一件事是他的老朋友兼同事丁岐山叔叔几次登门，反复叮嘱我在悼词、挽联中务必强调父亲提出的“以草定畜”和“变被动抗灾为主动防灾”，因为这些主张彻底改变了内蒙古畜牧业的政策制定和生产管理。他还与几位内蒙古农牧系统的老同志老领导商讨，写下了他们的敬佩和怀念之情。我和内蒙古大学生命科学学院薛晓先老师讨论后，他集中了丁岐山叔叔和父亲的其他生前友好还有我的一些想法，挥笔写下了对父亲的一生最真实、贴切的写照。追悼会后这幅挽联挂在父母家中的客厅里，母亲每天都会久久地注视着，轻轻地逐字逐句地诵读，然后就笑眯眯地点着头说："这就是你爸爸。"因患阿兹海默症，母亲的记忆力日渐衰退，但是她居然把这幅挽联的内容一字不差地背诵下来了。

父亲的追悼会后，陆续收集到了他的大部分文稿，2012 年我完成了一篇关于他一生的工作和研究概述，以及生平介绍的文章。当时无法从亲情的角度去写，更无法重听当年的采访录音。这个过程和之后的工作也让我开始意识到父亲临终前注视的目光中还包含着让我继续他未尽事业的期望。

2020 年 8 月 7 日是父亲逝世十周年纪念日。因为疫情，我无法前往祭扫，所以打算修改一下 2012 年的文章，发到网上作为纪念。通过敖其姐，我联系到了敖仁其哥，他们的父亲布和叔叔是内蒙古畜牧厅原副厅长，父亲的生前好友，敖仁其哥也是父亲生前的忘年交。我和他谈了自己的想法，也请他对文章提出修改意见。没想到，他看了之后马上提出这样的纪念太过简单，因为父亲在草原畜牧业领域的见解和实践有重要的学术价值和政策制定的参考价值，现在很多人还对他的理念和实践很感兴趣。敖仁其哥建议召集专家学者和父亲生前的同事举办一个研讨会，然后把父亲的文稿和研讨会上的主旨发言整理成文集，作为学术资料和史料在会后出版。因疫情等其他原因，那一年举办纪念活动有诸多不便之处。在敖仁其哥的建议和安排下，我们决定直接出版纪念文集。他组织了专家学者、父亲的生前友好讨论、撰文，探讨父亲在内蒙古畜牧业现代化、牧区经济发展、生态文明建设方面的实践和研究，和对当今政策制定的借鉴意义。经过大家三年多的努力，将父亲生前撰写的相关论文和信函、发表的讲话，专家学者的评论，以及生前友好和家人的回忆文章汇集成书，以期为内蒙古畜牧业和牧区经济发展提供参考，希望在主管部门、畜牧业工作者、专家学者和所有热爱草原的人们的共同努力下，能够实现父亲毕生奋斗的理想——草原永远葱郁、牧民生活富足。

本书收入父亲生前发表的以及部分未刊文章、讲话29篇，向内蒙古自治区有关领导建议信函4篇；专家学者论文9篇；生前友好和子女回忆文章8篇。

如郝时远大哥在序言中所说，父亲关注和研究的领域不仅涉及草原生态保护和畜牧业发展，而且关涉到全区诸多工作和思想领域，从什么是社会主义的理论探讨，到党的民族理论和民族政策实践研究，乃至扶持发展少数民族工商业的论述，还有对自治区建立前后牧区和畜牧业改革的研究以及前人业绩的回顾等。精力和能力所限，还有不少父亲在上述领域的文稿仍在整理校对中，日后会继续与大家分享。

本书编纂过程中得到了各方大力的支持和无私的帮助。各位专家学者和父亲的生前友好在百忙之中研读、讨论父亲的文稿并撰写文章，让我不胜感激。其中文精叔叔生前不顾年迈且大病初愈，为本书撰写序言；郝时远大哥在撰写序言的同时还提供了很多宝贵的建议；暴庆五姑父、雅柱叔叔、特力更大哥不仅撰文，还向大家介绍了他们与父亲共事和交往的经历、父亲工作及论文写作的时代背景；铁木尔大哥（父亲生前好友金海如大爷之子）、纳日碧力戈大哥、那日苏大哥、万喜老师、盖志毅老师、那顺巴依尔老师都非常耐心地提供了宝贵的建议和帮助，纳日大哥还无私地分享了他当年采访父亲的录音；杨理老师在撰文的同时还帮忙做了很多细致的工作。苏向东大哥（父亲生前好友苏启发叔叔之子）除了帮助查找收集父亲生前发表的文章，还和锡林郭勒盟政协文史办的林占军老师耐心地解答我的问题，帮忙核查往事的具体细节。内蒙古人大的孟根其其格姐帮忙找到了一份父亲在锡盟三干会议上的讲话稿中的缺失部分。本书定稿过程中史料的查实得到了内蒙古师范大学历史文化学院张建军老师和我表姐云小凤（云光霖姑父之女）的热心相助；内蒙古师范大学旅游学院郝志成老师对本书的体例特别是对我的文章给予了很多关键性的指点；部分文章的翻译得到了内蒙古师范大学历史系铁柱老师的协助。我表弟阿斯楞（武淑莲姨祖母的外孙，荣奋先姑姑和暴庆五姑父之子）和他的千金海琳娜倾其心力设计了封面和装帧，期间得到了内蒙古师范大学历史文化学院贺奇业力图老师的悉心指点；表哥图图（呼琦图）慷慨地提供了他拍摄的草原风光图片供封面设计使用。我大哥和我侄女琦丽梦，还有堂外甥张潮歌（三伯瓦琪尔的外孙），先后帮忙对父亲的部分文稿和相片进行了扫描、文字转换、校对；也得到了堂侄锡林呼及时雨般的相助。本书责任编辑阿茹汗的专业细致和耐心保证了本书的总体质量和出版。最后要特别由衷地感谢敖仁其大哥，没有他的提议、组织、耐心指导、无私奉献和坚持不懈，就不可能有本书的产生，他对草原、牧民的热爱和执着令人感动、钦佩。

篇幅所限，在此谨向在本书编写过程中给予过帮助的每一个人一并致谢，你们的支持和无私奉献，是对先父最好的纪念和告慰，我会永记于心。大家以不同方式参与本书的编纂出版，这也代表了所有热爱草原的人们为保护内蒙古大草原所做的共同努力。

涛娣
2023 年 7 月

图书在版编目（CIP）数据

内蒙古草原畜牧业发展问题探索：纪念赵真北先生文集 / 涛娣，敖仁其编辑整理 . -- 北京：民族出版社，2023.8

ISBN 978-7-105-17066-1

Ⅰ . ①内… Ⅱ . ①涛… ②敖… Ⅲ . ①赵真北—纪念文集 Ⅳ . ① K826.3-53

中国版本图书馆 CIP 数据核字（2023）第 165430 号

内蒙古草原畜牧业发展问题探索：纪念赵真北先生文集

责任编辑：阿茹汗
责任校对：韩继红
出版发行：民族出版社
网　　址：http://www.mzpub.com
地　　址：北京市和平里北街 14 号
邮　　编：100013
印　　刷：北京盛通印刷股份有限公司
经　　销：各地新华书店
版　　次：2023 年 12 月第 1 版　2023 年 12 月北京第 1 次印刷
电　　话：010-58130062（蒙文室）
　　　　　010-58130904（蒙文室发行部）
开　　本：787 毫米 ×1092 毫米　1/16
印　　张：35.25
字　　数：580 千字
书　　号：ISBN 978-7-105-17066-1/K · 2932（汉 1685）
定　　价：86.00 元